JN426188

제 2 판

현대 노사관계론

-이론 · 제도 · 사례중심-

신철우 · 윤정현 · 김대수

탑북스

제2판 머리말

21세기의 문턱에서 세계경제의 성장둔화 양상을 경험하고 있는 선진산업국가들은 경제성장 지속을 위한 새로운 돌파구로서 4차 산업혁명의 길을 선택하였다. 경제전문가들은 4차 산업혁명의 성공을 위한 방안으로 적극적인 기술투자와 함께 인적자원의 개발을 추천하고 있으며, 특히 4차산업혁명을 선도할 인적자원의 능력개발, 동기부여, 노사협력에 집중할 것을 주문하고 있다.

최근에 우리나라 노사관계의 특징을 살펴보면 일찍이 선진산업사회의 노동운동역사에서 찾아볼 수 없었던 노사갈등과 투쟁이 전반적 산업으로 확산되고 있으며, 투쟁방법과 정도가 매우 극렬한 양산을 띠면서 노사분쟁이 장기화되고 있다는 것이다. 또한 우리나라의 노사관계는 노사 당사자의 경제적·사회적 이해관계의 개선을 위해 진행되기보다는 정부의 노동정책 방향에 따라 노동분쟁이 변모해 가고 있다는 것이다.

노사관계의 악순환은 기업생산성을 악화시킬 뿐 아니라, 국민경제의 성장을 저해하고 국가경쟁력을 약화시키며 사회불안을 조성하는 부정적 영향을 초래하게 된다.

우리나라는 2020년 국내총생산 성장률이 전년도에 비하여 −0.9% 낮아졌으며, 2020년 수출은 전년대비 −5.5% 감소한 5,124억 달러, 수입은 −7.1% 감소한 4,676억 달러이며, 무역수지는 548억 달러의 흑자를 기록하였다.

한편 우리나라는 2020년말 취업자수 26,904천명으로 전년보다 1,219천명 감소하였고, 경제활동참가율은 62.5%로 전년대비 0.8% 증가하였으며, 실업자수는 1,108천명, 실업률은 4.0%로 전년대비 0.2% 증가하였고, 특히 청년실업률은 2000년 이후에 지속적으로 증가하여 2020년 청년실업자수 370천명, 청년실업률 9.0%를 기록하였다. 또한 노동생산성 증가률은 2014년(0.4%) 이후에 다소 증가하여 2015년 1.3%였다가 2020년에 0.3%로 감소하였다.

이와 같은 경제저성장, 실업률 상승, 노동생산성 감소 등의 난관은 4차 산업혁명의 성공적 성취를 통하여 해결이 가능할 것이다. 여기에서 4차 산업혁명의 성공은 노사정의 협력적 노력이 중요한 과제로 대두되고 있다.

1997년 노동법 개정에서 정당한 노동권을 보호하고, 부당한 노동쟁의와 요구를 억제하는 노사 양자규제정책을 시행하고, 한편으로 학계와 협력하여 선진국의 노사민정이 참여하는 협의체 방식의 분쟁해결 및 협력제도를 도입하면서 노사분쟁이 2010년 86건, 2015년 105건, 2018년 134건, 2019년 141건으로 증가하는 추세를 보이고 있다.

그러나 노사관계는 자본과 노동 사이에 본질적으로 대립과 갈등의 소지가 상존하므로 노사협력과 산업평화가 법률적 제도만으로 해결되는 것은 아니며, 노사가 대립과 투쟁으로 얻을 수 있는 이익보다 상호 이해와 협력으로 더 큰 이익을 얻을 수 있는 경영관리제도를 확립해 나아가는 것이 중요하며, 한편으로 서구의 선진 산업국가에서 성공적으로 실시하고 있는 노사민정이 참여하는 협의체제를 도입하여 노사가 신뢰하고 소통하는 상생의 노사관계를 구축해 나아가야 할 것이다.

이러한 맥락에서 필자는 선진 노사협력 제도를 탐구하기 위하여 정부의 연구비 지원을 받아 북유럽과 일본을 방문하여 "덴마크와 핀란드의 노사민정 협력을 통한 노사평화와 고용안정제도" 및 "일본의 노사민정 협의를 통한 노사안정과 일자리 창출방식"을 연구하여, 정부에 제출한 『연구보고서』를 바탕으로 노사관계의 이론과 법제도 그리고 사례를 중심으로 본 저서를 집필하였으며, 본 저서의 기본적 특징은 다음과 같다.

첫째, 노사관계를 경영관리 측면에서 접근하여 경영관리 및 노사관계의 이론적 배경에 관하여 깊이 있게 다루었고, 현행 「노동조합 및 노동관계조정법」에서 규정하고 있는 노동조합의 합법적 설립과 운영, 단체교섭 및 단체협약, 노동쟁의와 조정, 부당노동행위와 구제제도 등에 관하여 법률적 제도 측면에서 상세하게 접근하였다.

둘째, 노사관계를 개별적 노사관계와 집단적 노사관계로 구분하여 개별적 노사관계는 근로기준법을 기준으로 고용관계, 임금과 보상 및 근로조건에 관하여 근로자의 보호차원에서 서술하였으며, 집단적 노사관계는 근로자의 근로3권을 중심으로 단결권, 단체교섭권, 단체행동권의 보장에 초점을 두고 자세하게 설명하였다.

셋째, 독자들의 이해를 돕기 위하여 필자가 노동위원회 공익위원으로 10여년간 재임하면서 근로자 부당해고에 관한 심판, 노동쟁의의 조정과 중재, 부당노동행위의 심판 등에 관한 경험을 바탕으로 노동위원회와 법원의 판례를 분석하여 첨가하였다.

넷째, 노사분쟁을 노・사・공익의 위원이 참여하는 노동위원회가 노동쟁의를 조정・중재하고, 부당해고 및 부당노동행위와 비정규직근로자의 차별시정을 위한 조정과 심판에 관한 제도의 운영과 절차에 관하여 상세하게 설명하였다.

다섯째, 노사관계는 근본적으로 인간관계라는 사실에 바탕을 두고 근로자들이 적극적으로 경영에 참여하여 경영현실을 이해하고 자발적으로 창의력을 발휘하여 노력할 수 있는 협력적 제도로서 경영참가제도와 노사협의회제도의 형태와 운영절차에 관하여 심도있게 살펴보았다.

여섯째, 조직의 목적을 공공성과 공익성에 두고 있는 공공부문의 노사관계에 있어서 공무원노동조합과 교원노동조합의 노동3권 보장과 제한에 관한 합법성과 현실성을 논의하였다.

일곱째, 국제경쟁이 치열한 세계화 경영에서 생존전략의 하나로 활용되고 있는 "노동시장 유연화"에 관하여 이론적으로 접근하고, 정규직근로자의 절반을 차지하는 비정규직근로자의 보호를 위한 제도와 차별시정에 관하여 이론과 법제도를 살펴보았다.

이 책은 14장으로 구성되었으며, 구체적으로는 노사관계의 기본이론, 근로기준법에서 규정하고 있는 개별 근로자의 노사관계와 근로조건의 보호, 노동조합을 중심으로 한 노동조합・단체교섭 및 단체협약・노동쟁의 등 노동3권의 보장, 사용자의 부당노동행위와 구제제도, 근로자의 자발적 협력을 위한 경영참가제도와 노사협의제도, 공공부문으로서 공무원 및 교원노동조합의 권리 보호와 제한, 노동시장 유연화에 따른 비정규직근로자의 보호와 차별시정 등에 관하여 경영이론, 법제도, 외국의 제도 및 국내의 조정・심판 사례를 폭넓고 깊이 있게 다루었다.

우리나라의 노사관계가 선진화하여 노사협력과 산업평화가 정착함으로써 4차 산업혁명이 조기에 완성될 수 있도록 노동계, 경영계, 학계에 유용하게 활용되기를 바라면서, 이에 필자는 산업현장의 노사관계 담당자들이 법률과 제도 및 환경의 변화에 신속히 적응할 수 있도록 내용을 개선・개정하여 언제나 착실한 노사관계의 지침서로서 거듭날 것을 다짐하는 바입니다.

끝으로 이 책이 출간될 수 있도록 참여와 지도를 아끼지 않으신 도서출판 탑북스 김광식 사장님을 비롯한 임직원 여러분의 노고에 감사드리는 바이다.

2022년 7월
서초동 서재에서 저자 씀

차 례

제1장 노사관계의 기초개념

제2장 노동시장과 노동운동

제3장 개별적 노사관계와 근로조건

제4장 노동조합

제5장 단체교섭제도

제6장 단체협약

제7장 노사분규의 발생과 해결

제11장 경영참가제도

제12장 노사협의회제도

제13장 노동위원회제도

제14장 노동시장 유연화와 비전형근로자 고용관계

제 1 장 노사관계의 기초개념

제1장 노사관계의 기초개념

제1절 노사관계의 개관

노사관계에 있어서 산업평화의 유지는 국가의 경제발전 및 사회안정과 불가분의 관계에 있다. 즉, 조직(기업)은 노동과 자본이 결합된 공동체이므로 노사관계의 선진화 없이는 기술발전과 경제성장을 기대할 수 없고, 산업평화 없이는 국가발전을 기대할 수 없다.

노사분쟁은 산업화 과정에서 필연적으로 대두되는 기업 및 사회의 중요한 이슈로서 노사관계의 직접 당사자인 경영자, 근로자, 정부는 물론 국민 모두가 노사관계를 국가경제와 산업발전에 주어진 환경여건 내지 상황조건으로 받아들이고 이를 전략적으로 관리하도록 노력하지 않으면 안 된다.

우리는 노사갈등이나 분쟁을 우발적인 사건이나 순간적으로 회피할 수 있는 단순한 사항으로 이해해서는 안 되고, 또한 노사관계를 부정적인 측면으로만 보거나 산업발전의 역기능의 존재로만 인식해서도 안 된다. 여기에서 노사갈등을 주어진 상황으로 인식하고 역기능을 순기능으로, 또한 걸림돌을 디딤돌로 전환시키려는 발상의 전환이 필요하다. 따라서 노・사・정이 함께 노사관계에 대한 적극적인 전략을 수립하고 관리하여야 하며, 국민 전체가 이에 대한 관심과 공감대가 이루어져야 한다. 여기에서 노사관계의 개념을 이해하기 위해서 노사관계의 정의와 기본특성을 살펴보도록 한다.

1. 노사관계의 정의

조직(기업)은 목표를 달성하기 위해서 자본과 노동을 효율적으로 결합하여 성과를 창출하는 협동시스템이다. 자본과 노동은 기업의 유지·발전을 위한 기본요소이며, 자본을 공급하는 자본가와 노동을 제공하는 근로자들은 상호협력을 통하여 조직의 발전을 추구하고 개인의 목표를 성취하고 있다. 그러나 기업은 규모가 확대되고 조직이 복잡화됨에 따라 관리기능과 작업기능이 분리되고 자본가와 노동자 또는 경영자와 근로자의 계층이 형성되면서 경영자(사용자)와 노동자(근로자)의 새로운 인간관계가 대두되게 되었다.

오늘날 노사관계를 표현하는 용어로 industrial relations, union-management relations, labor-management relations, employer-employee relations 등으로 사용되고 있는데, 우리는 노사관계를 조직에 있어서 근로자(노동자)와 사용자 관계 또는 노동조합과 경영자의 협력적 관계라고 정의할 수 있다.

레스터(R. A. Lester)는 "노사관계란 근로자조직과 산업경영자 간에 근로자의 처우뿐만 아니라 임금, 생산성, 고용보장, 경영자의 고용관행, 노동조합정책 및 노동문제에 대한 정부의 행동을 포괄하는 노동의 모든 영역을 포함한다"고 정의하고 있다.[1] 또한 던럽(J. T. Dunlop)에 따르면 "노사관계란 노동관계의 직접 당사자인 근로자와 경영자, 그리고 그들 관계에서 노사정책, 단체교섭, 노사분쟁에 관한 규정을 설정하고 다루는 정부를 포함하여 노·사·정의 상호관계로 정의하고 있다.[2]

기업에서 사용자와 근로자의 관계를 보다 상세하게 분석해 보면 다음과 같은 두 가지 측면에서 접근할 수 있다.

첫째, 법률적 측면에서의 노사관계이다. 즉, 근로자와 사용자 개인 간의 동등한 입장에서 행해지는 계약관계라고 할 수 있다. 사용자나 근로자는 상대방에게 어떤 법률적 강제력을 행사할 수 없기 때문에 개인의 계약자유가 실현된다. 이때 국가의 책임은 계약이 자유롭게 이루어지고 쌍방이 계약을 엄수하도록 하는 것이다.

둘째, 경제적 측면에서의 노사관계이다. 즉, 사용자와 근로자가 자기의 이윤극대화를 위해 합리적인 행위를 한다는 가정을 기초로 하여 구매자와 판매자의 입장에서 시장거래가 형성되는 것이다. 여기에서 기업은 생산비의 개념으로 노동자를 고용하며, 근로자 역시 임금과 근로조건을 고려하여 거래관계에 참여하는 것이다.

그러나 19세기 말에 접어들면서 종래의 노사관계에서는 보지 못했던 새로운 문제가 등장하였다. 즉, 그 첫 번째 계기는 노사 사이에 국가권력이 개입하기 시작한 것이다. 미국에서는 일찍이 빈곤의 문제와 실업문제가 커다란 사회문제로 대두되면서,

---

1) R. A. Lester, *Labor and Industrial Relations*, The Macmillan Co., 1961, P. 3.

2) J. T. Dunlop, *Industrial Relations System*, Southern Illinois University Press, 1958, pp. 4-6.

건강보험이나 실업보험이라는 새로운 형태로 정부가 노사문제에 간여하였던 것이다. 노사 사이에 개입하게 된 또 하나의 중요한 문제는 노동조합 세력의 증대에 있다. 즉, 노동조합의 세력이 강대해짐에 따라 노동운동을 자본주의 경제체제의 본질적인 문제로 규정하고, 노사의 충돌・분쟁에 어떠한 규칙을 설정해 두려는 정부의 노동정책 내지는 경제정책을 해결대안으로 채택하게 되었다. 여기에서 정부는 노사관계 그 자체에 대한 '공공정책'(public policy)의 담당자로서 등장한 것이다.

이리하여 오늘날 노사관계를 구성하는 요소, 즉 노사관계의 당사자로 사용자와 근로자(노동조합) 그리고 정부의 3자가 무대에 등장하게 된 것이다. 다시 말하면 오늘날과 같은 산업사회에 있어서 노사관계는 사용자와 근로자(노동조합) 그리고 정부라는 3자관계로 파악하여야 한다. 따라서 이상적인 노사관계는 근로자(노동조합)와 경영자의 힘이 균형상태를 지속하여야 하므로, 정부의 기능은 양자의 관계에 있어서 서로 힘의 균형이 유지되도록 작용해야 한다는 것이다.

2. 노사관계의 특성

노사관계는 사용자와 근로자, 그리고 정부의 3자관계로 정의하고 있으나 보다 직접적이고 핵심적인 관계는 사용자와 근로자의 관계라고 할 수 있다. 이러한 노사관계에서 근로자는 기업의 종업원인 동시에 노동조합의 조합원이라는 이원적 또는 양면적 신분관계를 갖는다. 여기에서 노사관계의 이원성을 다음과 같이 구체적으로 살펴볼 필요가 있다.

첫째, 노사관계는 근로자(종업원)와 경영자의 관계, 또는 조합원과 사용자의 관계라는 이원적인 측면에서 이해하여야 한다. 즉, 종업원은 조합원이 될 수 있으며, 조합원은 종업원의 신분을 유지해야 한다.

둘째, 노사관계는 개별적 인간관계와 집단적 노사관계에서 이해하여야 한다. 즉, 근로자 개인과 경영자의 관계, 또는 노동조합원과 사용자의 관계로 인식하는 것으로서 개별적 노사관계는 고용계약에 바탕을 두고, 집단적 노사관계는 단체협약에 근거를 둔다.

셋째, 노사관계는 본질적 측면에서 협력적 노사관계와 대립적 노사관계의 양면성을 가지는 것으로 이해하여야 한다. 즉, 근로자가 직무를 수행하는 생산적 측면에서는 협력적 관계를 유지하나, 성과배분의 측면에서는 대립적 관계를 갖는다.

넷째, 노사관계는 경제적 관계인 동시에 사회적 관계의 이원성에서 이해하여야 한다. 즉, 노사관계는 기본적으로 경제적 목적을 달성하기 위한 관계이지만, 한편으로 직무활동을 중심으로 사회관계 내지는 인간관계를 형성하게 된다.

다섯째, 노사관계는 종속적 관계와 대등한 관계의 이원성에서 이해할 수 있다. 즉, 종업원은 경영자의 지휘 · 명령에 따라 직무를 수행하여야 할 의무를 갖는 종속적 관계에 있으나, 노동조합은 임금이나 근로조건에 관한 단체교섭이나 단체협약에 있어서는 대등한 관계가 법률로 보장되어 있다.

3. 노사관계의 기본구조

산업화는 한편으로 생산활동을 통하여 부가가치를 창출하고 부(富)를 풍요화하는 긍정적인 측면이 있으나, 다른 한편으로는 사회계층 간의 소득격차와 사회적 갈등을 증폭시키는 부정적 측면도 있으므로 산업사회의 갈등을 해소하고 산업평화를 유지하기 위한 합리적인 노사관계의 정립이 필수적으로 중요하다.

산업화의 부정적 측면은 다음 두 가지의 갈등구조에서 설명할 수 있다. 즉, 거시적 차원에서는 급격한 프롤레타리아의 발생에 따른 분배구조의 갈등과 미시적 차원에서는 급격한 근로자의 욕구증폭으로 인한 욕구갈등을 야기함으로써 사회적 갈등과 대립을 낳을 수 있다.

따라서 노사관계 당사자들은 노사관계의 기본적 메커니즘을 이해하고 합리적인 노사관리 전략을 개발하여 대응하여야 할 것이다.

여기에서 합리적인 노사관계관리의 아이디어 개발에 도움이 될 수 있는 노사관계의 기본시스템과 구조에 관하여 살펴보기로 한다.

1) 노사관계의 시스템

노사관계의 시스템 견해는 하버드대학 노사관계연구소의 던럽(J. T. Dunlop) 교수에 의하여 제기된 것으로서, 노사관계를 하나의 시스템으로 파악하고 노사관계 시스템은 노사당사자와 그들의 공통된 이데올로기, 그리고 환경(기술 · 시장 · 권력)의 상호작용을 일정하게 지배하는 규칙시스템이라고 정의할 수 있다.[3] 다시 말하면 노

3) J. T. Dunlop, *Industrial Relations and Industrial Society in Unions, Management and the Public,* ed. by Kon and Anrod, Harcourt Brace & World, 1960, pp. 2-8.

사관계는 경영자, 근로자, 정부 3자 간에 서로 영향을 주고받는 시스템으로서 노사관계 시스템은 경제시스템, 정치시스템, 사회시스템의 하위시스템이며, 또한 노사관계 시스템은 당사자, 상호 관련되는 환경, 시스템을 결합하는 이념, 그리고 근로환경에서 당사자들을 다스리기 위한 규칙(rules) 등으로 구성된다.

(1) 당사자

노사관계의 당사자들(actors)은 ① 기업의 경영자 및 사용자단체, ② 근로자 및 조직 내외의 근로자 조직, ③ 노사관계를 규정하는 정부기관(노동부 · 법원 · 각종 위원회)이다. 이러한 당사자들의 특징은 그들이 근본적으로 사람으로 대표되며, 그들은 상호작용 관계에 있다는 것이다. 당사자들의 행동은 경제적 · 정치적 환경 여건에 영향을 받게 된다. 그러나 무조건 경제적 이해나 정치적 힘에 의해서 행동하는 것은 아니다. 따라서 특정의 노사관계를 이해하기 위해서는 이들 당사자의 조직특성과 대표자들의 개성 및 사상을 이해하는 것이 필요하다.

(2) 관련환경

노사관계 당사자들은 다음과 같은 환경조건(contexts)들의 일정한 관계 속에서 행동하며, 이러한 환경들의 상호관계는 노사 당사자들이 규칙을 형성하는데 결정적인 역할을 한다.

① 기술적 환경(technological contexts)

생산과정에 관련된 환경요인으로서 ㉠ 생산에 필요한 노동력의 규모, 노동력의 집합, 노동이동, ㉡ 노동력의 숙련도와 교육수준, ㉢ 숙련공 · 반숙련공 · 미숙련공의 구성, ㉣ 성별 · 연령별 구성 등이다.

② 시장환경(market contexts)

시장환경은 제품시장과 고용시장의 여건에 따라 노사관계에 영향을 미친다. 제품시장에 있어서 제품이 완전경쟁으로 이윤이 낮게 되면 노사관계도 긴장하게 되나, 제품이 시장독점으로 충분한 이윤이 확보되면 노사관계가 여유 있는 입장이 될 수 있다. 고용시장에 있어서 노동력의 수요 · 공급 상황과 실업률이 노사관계에 영향을 미치게 된다. 즉, 고용시장에서 노동력의 수요가 증가하면 노동조합의 세력이 강화되고, 공급이 증가하면 사용자의 세력이 강화되고 노동조합의 세력은 약화된다.

③ 권력환경(power contexts)

권력환경은 조직의 종업원 채용 · 해고 · 승진 또는 임금결정에 있어서 사용자와 노동조합 간의 권력관계를 말한다. 권력관계는 노조의 결성과 능력에 따라 달라지게 되며 또한 사회시스템의 영향을 받게 된다. 사회적 권력이 사용자에게 집중되어 사용자의 권한이 강화되면 노조의 결성과 활동이 위축된다.

(3) 규칙

노사관계 당사자들은 상호작용을 통하여 노동현장이나 산업사회의 질서를 유지할 수 있는 공식적 규칙(rules)을 제정한다. 규칙은 작업현장을 규제하는 규정으로부터 사용자와 근로자의 행동을 규제하는 법률도 있다. 이러한 규칙은 법률, 법령, 노동조합 규정, 단체협약, 회사의 인사관계규칙 등을 포함한다.

(4) 이념

노사관계 당사자들이 공통으로 갖는 이데올로기, 즉 사상이나 가치관 및 신념을 말하는 것으로서 노사관계를 통합하는데 중요한 역할을 한다. 따라서 각 당사자들이 공통된 이념을 가질 때 노사관계는 안정을 유지하게 된다.

2) 노사관계의 구조

산업사회의 발전과정에서 기업경영에 있어서 소유와 노동이 분리되면서 임금근로자가 출현하게 되었다. 산업화 초기의 사용자와 근로자들은 자유로운 고용계약의 체결을 바탕으로 노동력을 제공할 수 있었으나 근로자들은 경제적 약자인 까닭에 정당한 노동의 대가를 요구할 수 없었으며, 근로자들은 단결된 힘을 이용하여 고용 및 근로조건의 유지 · 개선을 요구할 수 있었으며, 또한 정치 · 사회의 민주주의 발전으로 근로자들의 기본권인 단결권, 단체교섭권, 단체행동권을 보장받을 수 있게 되었다.

노사관계는 기본적으로 대등한 힘의 균형을 통하여 산업평화를 추구하고 있다. 즉, 노동조합과 사용자는 힘(power)을 바탕으로 대립과 투쟁보다는 단체교섭을 통한 상호협력과 쌍방이익을 선호하는 거래관계로 인식하고 산업평화를 유지 · 발전시켜 나아가고 있다. 이러한 거래관계에서 교섭력(bargaining power)은 노사 간 힘의 균형을 통한 산업평화를 유지시킬 수 있는 바람직한 노사관계의 틀을 형성하는 원동력이 된다.

[그림 1-1]에서 보는 바와 같이 근로자들은 헌법이나 노동관련 법령에 의하여 보장된 단결권, 단체교섭권, 단체행동권을 바탕으로 사용자와 대등한 입장에서 강력한 교섭력을 갖는다.

[그림 1-1] 노사관계의 기본 틀

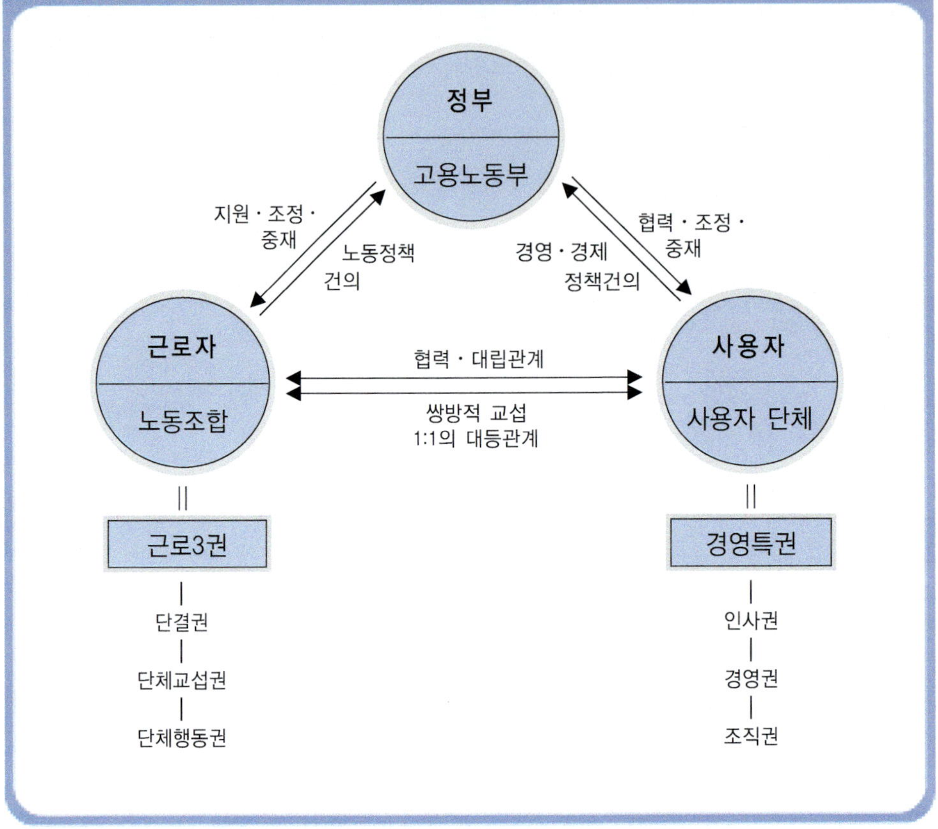

한편, 사용자는 기업경영에 있어서 전반적인 경영특권(management prerogative)을 행사할 수 있다.4) 경영권은 사용자가 전반적인 경영활동에서 행사할 수 있는 감독권, 인사권, 조직권, 의사결정권 등으로서 종업원들의 행동에 직접적인 영향을 미치게 된다.

또한 현대 노사관계에 있어서 정부의 역할이 중요한 비중을 차지하고 있다. 즉, 정부는 공익을 실천하는 초연한 입장에서 노동조합과 사용자가 힘의 균형을 유지할 수 있도록 노동관련 법률을 제정하고 노동정책을 실천함으로써 노사문제를 지도하고 해결할 수 있어야 한다. 따라서 정부는 근로자 측에 대하여 약자의 입장을 고려하여 근로3권을 보장해 주고 지원 · 조정 · 중재의 역할을 수행하며, 사용자측에 대하여는 강자의 입장을 고려하여 협력 · 조정 · 중재의 역할을 수행해야 할 것이다.

---

4) Athur A. Sloane and F. Witney, *Labor Relations*, 4th ed., Englewood Cliffs, NJ: Prentice Hall, 1981, p. 387.

제2절 노사관계관리의 목적

노사관계는 산업평화를 통한 사회안정과 국가경쟁력 제고에 불가분의 관계가 있다. 현대 산업사회에서 노사관계의 개선 없이는 국가의 경제발전이나 사회발전을 기대할 수 없게 된다. 예를 들면 우리나라는 노사분규로 인한 제조업의 생산차질에서 야기되는 경제적 손실이 연간 2조 원을 넘고 있다. 자본주의 경제체제의 산업사회에서 노사의 갈등과 분쟁은 필연적으로 발생하는 사회문제로서 기업과 노동조합 그리고 정부가 해결해야 할 공통의 과제이다.

따라서 노사관계의 당사자인 기업, 노동조합, 정부는 노사갈등을 산업화 과정에서 필연적으로 발생하는 해결과제로 인식하고 산업평화와 경제발전을 위하여 충실하게 대응하고 관리해 나가야 할 책임이 있다.

여기에서 노사관계관리의 목적을 전통적인 측면과 현대적인 측면으로 구분하여 산업평화의 유지와 국가경쟁력 강화의 차원에서 살펴볼 필요가 있다. 전자는 노사관계의 분쟁해소를 위한 소극적인 대응전략인 반면에 후자는 노동력 내지는 인적자원 개발에 초점을 두는 적극적인 개발전략이라고 할 수 있다.

1. 노사관계와 산업평화 유지

산업사회의 발전은 부가가치의 창출을 통한 국민경제의 성장을 성취시키게 되고 국민들의 물질적·경제적 풍요를 증대시키는 순기능을 실현하는 반면에 산업화의 진전은 자본주의의 시장경쟁의 논리에 따라 부익부 빈익빈(富益富 貧益貧)현상이 가속화 되면서 자본과 노동 사이 또는 사용자와 근로자 사이에 소득과 지위의 격차가 심화됨에 따라 '가진 사람'과 '갖지 못한 사람' 사이에 사회적 장벽이 두터워지고 갈등이 증폭되는 역기능을 표출하게 되었다. 이러한 산업화의 역기능은 프롤레타리아(prolétariat)의 분배구조 갈등과 근로자의 욕구불만 분출로 사회불안의 요인으로 등장하고 있다. 따라서 노사갈등과 사회불안을 합리적으로 해소하고 산업평화를 유지하기 위한 노사관계관리가 필요하게 된 것이다.

1) 분배구조의 갈등해소

무산계급인 임금근로자들(프롤레타리아)은 산업화와 자본주의 진전의 결과 필연적으로 나타나는 분배구조의 갈등과 상대적 빈곤을 해결하기 위해서 지속적으로 노사분쟁을 유발함으로써 경제적 손실과 사회적 불안을 초래하게 된다. 따라서 노사분쟁을 근본적으로 해결하기 위해서는 무산계급을 중산계급으로 전환시키려는 노력이 필요하며, 또한 근로자들이 사용자와 대등한 입장에서 노동의 대가를 공정하게 분배받을 수 있는 제도적 메커니즘을 마련하여야 할 것이다.

첫째, 자본주의 사회의 기본 틀인 사유, 자유, 영리를 실현시킬 수 있는 시장경쟁의 원리를 적용시키기 위한 능력주의·성과주의 분배구조의 관리시스템을 정착시키는 것이 중요하다.

둘째, 임금근로자들이 노동을 착취당하지 않고 정당한 노동의 대가를 받으며 땀 흘려 열심히 노력하는 사람은 언제든지 중산층으로서 풍요를 누릴 수 있다는 비전을 제시하여야 한다.

셋째, 근로3권은 자본주의 시장경제체제에서 노동을 공정하게 거래할 수 있는 근로자의 권리를 효과적으로 보장하는 기준으로서 노사공존공영을 성취하는데 활용하여야 하며, 근로자들이 근로3권을 남용하여 기업의 지불능력을 초과하는 과다한 요구를 주장함으로써 기업의 도산을 유도하거나 경쟁력을 잃게 하여서는 안 된다.

2) 근로자 욕구불만의 갈등해결

산업사회가 발전할수록 국민경제의 성장과 더불어 사회구성원이나 근로자들의 소득이 증대하고 생활이 풍요로워지게 된다. 이러한 소득의 급격한 증대는 근로자들의 다양한 욕구를 자극하게 되므로 욕구불만의 갈등을 증폭시키는 부작용을 자아내게 된다.

근로자들은 자신의 개인적 특성이나 사회적 여건에 따라 다양하고 독특한 욕구를 지니게 되며 그들의 욕구구조는 우선순위를 갖게 된다. 근로자들의 욕구구조는 그들의 행동을 자극할 수 있는 동기부여의 원천이 되므로 경영자는 그들의 욕구를 기업의 목표달성을 위한 바람직한 방향으로 유도함으로써 효율적인 직무행동을 자극하여야 한다. 경영자들이 근로자들의 욕구불만족을 해결하기 위해서는 그들의 다양한 욕구구조를 신속하고 정확하게 파악할 수 있어야 한다. 일반적으로 인간의 욕구구조에 관하여는 많은 행동과학자들, 즉 매슬로우(A. H. Maslow), 허즈버그(F. Hergberg),

맥그리거(D. McGregor), 맥클리랜드(D. C. McClelland)에 의하여 연구되었다.

보편적으로 근로자들은 산업화의 진전으로 소득이 증대됨에 따라 그들의 생존에 필요한 의식주와 같은 저차원의 욕구보다는 문화생활이나 여가생활을 즐길 수 있는 고차원의 욕구로 다양하고 급속하게 증폭되는 현상으로 나타나고 있다. 따라서 기업은 이렇게 급속도로 증가하는 다양한 욕구를 어떻게 효율적이고 공정하게 충족시킬 수 있는가에 초점을 두고 조직구성원들의 욕구갈등을 해결할 수 있도록 노력하여야 할 것이다. 그러므로 경영자들은 근로자들의 다양한 욕구를 파악하여 수렴하고 그들의 욕구를 효율적으로 해결할 수 있는 정책과 제도를 마련하여 조직적·체계적으로 대처함으로써 근로자들의 욕구불만을 해결하여 노사 간의 갈등을 해소하고 산업평화를 유지하도록 해야 할 것이다.

그러기 위해서는 첫째, 근로자들에게 합리적이고 공정한 훈련개발 기회 제공, 이동 승진제도, 보상시스템, 복리후생제도 등의 인적자원관리제도를 확립하고, 둘째, 합리적이고 편리한 고용안정 보장, 근로조건 개선, 인간관계 개선, 고충처리시스템을 정비하도록 해야 할 것이다.

2. 노사관계와 경쟁력 강화

노사관계관리의 목적은 근로자 보호와 산업평화 유지라는 소극적 차원뿐 아니라, 인적자원개발을 통한 산업발전과 국가경쟁력 강화라는 적극적 차원에서도 매우 중요한 과제로 등장하고 있다. 오늘날 세계화의 경쟁시장에서 기업의 경쟁우위를 확보하고 경쟁력 강화를 위해서는 인적자원의 개발과 근로자의 협력이 무엇보다도 중요한 시점이다. 따라서 경영자들은 기업의 경쟁전략 차원에서 인적자원의 개발을 통한 기술개발·경영혁신을 추구하는 적극적인 노사관계의 새로운 패러다임으로 전환하지 않으면 안 된다.

1) 인적자원 중심의 경쟁력 강화

경쟁력이란 특정한 기업이나 제품이 일정수준 이상의 수익성을 획득하면서 지속적인 성장을 유지하고 경쟁기업이나 제품보다 우월한 시장지위를 차지하는 것을 말한다. 이러한 우월한 시장지위의 확보를 통한 경쟁력을 제고하기 위해서는 다양한 경영전략의 수행을 필요로 한다.

오늘날 국제사회에서 한 나라의 국력은 그 나라의 경제력에 달려있고, 국가의 경제력은 산업과 기업의 생산성과 경쟁력에 달려 있으며, 그 생산성과 경쟁력은 그 조직을 움직이는 핵심요소인 '사람'에 달려있는 것이다. 따라서 산업과 기업의 구성원인 경영자와 근로자들이 능력이 부족하고 근로의욕을 잃게 되면 그 조직의 생산성과 경쟁력은 하락할 수밖에 없으며 나아가서 국가의 경쟁력도 기대할 수 없게 된다. 일찍이 선진국들은 한결같이 인적자원을 기업과 산업은 물론 국가의 성장과 발전을 위한 경쟁전략의 원동력으로 인식하고 인적자원의 효율적인 개발과 활용을 위한 전략을 정책적으로 추진하고 있다.5)

한편 국가의 경제성장이나 발전을 위해서는 산업이나 기업 경영자들의 전문적인 관리능력과 성취욕구, 그리고 근로자들의 기술능력과 근로의욕이 경쟁력의 원동력이 된다. 국가경쟁력의 핵심적인 성공요인은 기술형성이며, 기술개발의 원천은 근로자의 능력개발에서 비롯된다. 즉, 모든 기술은 사람에 의하여 개발되고 사람에 의하여 발휘되므로 기업의 기술수준은 근로자의 기술능력을 말하고 근로자의 능력개발은 기업의 기술개발을 의미한다.

따라서 산업이나 국가의 경쟁력을 강화하기 위해서는 인적자원의 중요성을 인식하고 인적자원의 기술능력을 개발하며 그들의 동기를 자극할 수 있는 인적자원 개발정책을 마련하여 협력적 노사관계의 개선을 구현하여야 한다.

2) 신노사관계의 패러다임 정립

현대 산업사회에서 기업의 생산성 향상이나 국가의 경쟁력 강화는 근로자들의 개인적 능력이나 의욕만으로 성취될 수 있는 것은 아니다. 즉, 노사관계가 호의적이거나 협력적이지 않고 대립적·투쟁적 관계로 치닫게 된다면 아무리 유능한 인적자원을 확보하고 있을지라도 노사협력을 통한 시너지효과를 얻을 수 없게 되므로 기업의 생산성 향상이나 경쟁력 강화는 기대할 수 없게 된다. 따라서 오늘날 산업국가들은 생산적·협력적 노사관계를 산업발전과 국가경쟁력 강화를 위한 핵심적 과제로 인식하고 효과적인 노사관계전략을 실천하기 위하여 적극적인 투자와 노력을 기울여야 한다.

여기에서 전통적인 노사관계의 이념적 특징을 살펴보면 첫째, 노사관계를 노동의

---

5) R. B. Reich, *The Work of Nation-Preparing Ourselves for 21st Century Capitalism*, Vintage Books, A Division of Random House, New York, 1992; R. Ozaki, *Human Capitalism*, Penguin Books, 1992.

거래관계로 인식하였다. 즉, 근로자는 노동이라는 상품을 팔아서 생활하는 사람이고, 사용자는 노동력을 사서 이익을 남기려는 사람으로 인식하여 근로자는 되도록 많은 임금을 받으려 투쟁하고 사용자는 임금을 적게 주려고 맞서게 된 것이다.

둘째, 노사관계를 절대적 주종관계로 인식하였다. 즉, 사용자는 근로자를 하인으로 부리고 먹여살리며, 근로자는 사용자를 주인으로 따르고 일해야 하는 가부장적 지배와 복종의 관계를 유지하여 온 것이다.

현대 산업에서 이러한 전통적인 노사관계이념은 점점 사라지고, 세계화의 진전으로 기술경쟁, 시장경쟁이 치열해지면서 대립적 노사관계로는 더 이상 공존공영을 기대할 수 없고 공멸할 수밖에 없으며, 기업이 망하면 근로자도 설 땅을 잃게 된다는 위기의식과 노사는 이해공동체 내지는 운명공동체라는 의식이 확산되면서 노사협력을 통한 공동번영의 길을 추구하게 된 것이다.

앞으로의 노사관계는 제로섬(zero-sum) 또는 네거티브섬(negative-sum) 게임에 의한 이해관계의 대립적 관계에서 플러스섬(plus-sum) 또는 포지티브섬(positive-sum) 게임을 통한 이해관계의 통합적 관계로 전환하지 않으면 안 된다. 다시 말하면 협력적 노사관계를 통한 노사 공동의 노력으로 생산성 향상을 이룩하고 가치창출을 성취하며 분배의 원천인 이익을 축적하여 노사합의에 의한 사용자, 근로자, 사회의 몫으로 공정하게 분배하도록 해야 할 것이다.

여기에서 노사협력을 통한 생산성 향상과 공정한 분배를 실현하기 위한 신노사관계전략의 과제를 다음과 같이 설명할 수 있다.

첫째, 근로자와 사용자는 생산성 향상의 노력이 노사 각자를 위한 것이 아니라, 노사 공동의 이익을 위한 노력이라는 이해공동체 의식이 필요하다.

둘째, 근로자와 사용자는 공통의 목표를 공동의 노력으로 달성해야 한다는 공동의 책임을 인식하고, 공동의 노력으로 성취된 성과에 대하여는 균등하게 분배하여야 한다는 의식이 중요하다.

셋째, 바람직한 신노사관계의 패러다임은 계층 간의 갈등과 분배의 투쟁을 지속하는 대립적 구도에서 벗어나, 사용자와 근로자가 적극적인 협력과 노력으로 근로자의 능력개발과 근로의욕을 유발하여 기대 이상의 경제적 가치를 창출하고 성과를 공정하게 분배하도록 하는 협력적 구도로 전환하지 않으면 안 된다.

제3절 노동의 기본권리

인간은 노동을 통하여 재산을 형성하고 부(富)를 축적하며, 인간다운 생활을 영위할 수 있다. 그러므로 근로자들은 근로를 통하여 재산을 소유하고 행복을 추구할 수 있는 기본권을 필요로 한다. 그러나 자본주의는 본질적으로 사회의 부익부 빈익빈(富益富 貧益貧) 현상을 초래하게 되므로 근로자는 현실적으로 자신들의 생활조건을 개선할 수 없기 때문에 국가는 근로자의 경제적·사회적 지위를 향상시키고 생존권을 보장할 수 있는 정책적 기초를 마련해야 할 책임이 있다.

산업사회에서 국민 대부분은 노동에 참여하고 근로소득으로서 생활하고 있으며 인간다운 삶의 질을 개선해 나아가고 있으므로 노동의 기본권은 자유주의 경제체제의 존립을 위한 필수불가결한 제도가 될 것이다.

우리나라 헌법은 국민에 대한 근로의 권리(제32조 1항)와 의무(동조 2항), 인간의 존엄성을 보장할 수 있는 근로조건의 기준에 관한 법률제정 의무(제32조 3항), 단결권·단체교섭권·단체행동권(제33조 1항)을 보장하는 노동기본권을 규정하고 있다. 따라서 이러한 헌법 규정에 따라 국가는 국민들의 근로기회를 창출하기 위한 정책을 추진해야 하며, 근로자들의 근로조건 개선을 위한 입법적 조치를 취해야 할 책무가 있는 것이다.

1. 노동과 자본의 조화와 협력

기업은 자본주의 사회에 있어서 자본과 노동을 결합하여 생산활동을 영위함으로써 재화를 생산하여 공급하고 소비자의 생활을 풍요롭게 하며, 사회적 부(富)를 축적함으로써 국민경제의 원동력을 제공하는 사회적 집단이다.

따라서 우리나라 헌법은 노동을 생활의 수단으로 하는 근로자를 보호하기 위하여 노동의 기본권을 보장하고, 한편으로 기업의 경제활동을 촉진하고 재산권을 보장하도록(헌법 제23조) 규정하고 있다. 자본주의체제 하에서 기업의 경제활동과 재산권 행사를 보장함으로써 기업의 설립·운영·소유·지배·소멸 등이 자유화됨에 따라 자칫 노동권의 침해나 마찰을 일으킬 수 있을 것으로 우려되고 있으나, 기업은 이윤을 창출하지 않으면 생존할 수 없는 입장이므로 사용자의 재산권과 근로자의 노동권 사이에는 상호 협력과 협조의 필요성이 전제되므로 노사 간에 상호 조화로운 양보와 견제를 적절히 활용함으로써 상생의 공생관계로 발전시켜 나아갈 수 있다.

사용자는 생산수단의 소유, 이윤의 귀속, 재산의 처분, 이윤의 분배 등의 경영권을 보유하고 있으므로 근로자의 고용, 보상, 근로조건 등과 서로 갈등과 대립될 수 있으나, 기업의 발전과 번영은 근로자의 창의적이고 적극적인 생산활동을 전제로 하기 때문에 경영권과 노동권은 상호 의존적·교호적 관계에 있다. 다시 말하면 근로자 없는 기업도 경영자 없는 기업도 존재할 수 없으므로 상호 필요불가분의 관계에 있는 것이다.

따라서 사용자는 근로자의 근로3권을 보장함으로써 근로자들의 자유로운 창의력을 유도하고 그들의 자발적이고 적극적인 노동력 발휘를 촉진시키도록 하며, 능력과 성과에 따라 보상하는 성과주의 인적자원관리를 실현하여 근로자의 노력과 협력을 자극함으로써 기업이윤을 최대화하고 근로자의 만족(소득)을 극대화하는 협력시스템을 구축해야 할 것이다.

2. 근로의 권리와 의무

우리나라 헌법 제32조 1항에는 "모든 국민은 근로의 권리를 가진다"라고 규정하고 있고, 동조 2항에서는 "모든 국민은 근로의 의무를 가진다"라고 규정한 것은 국민들의 생존과 국가의 경제적 번영을 위한 근로의 권리와 의무를 규정한 것이다. 따라서 국가는 국민들에게 근로의 권리를 보장할 수 있는 법률적 제도를 만들어 국민들이 안전하고 안정된 근로생활을 할 수 있도록 법률을 제정해야 하고, 한편 근로자들은 근로에 참여하여 개인의 풍요로운 생활을 영위하고 국가 사회의 발전에 기여할 수 있는 직무를 선택하여 성실히 수행해야 할 신성한 의무를 다 해야 한다. 따라서 국가는 국민들이 근로의 의무를 성실히 이행할 수 있도록 양질의 일자리를 많이 창출하고, 법률적·제도적으로 쾌적하고 만족스러운 근로환경과 근로조건을 조성하여 근로자들의 근로생활의 질(quality of work life)을 개선해 나아가도록 해야 할 것이다.

한편, 헌법 제32조 1항에서 국가는 고용증진과 적정임금의 보장에 노력하고, 최저임금제를 법률로 정하도록 하고 있으며, 동법 제32조 4항과 5항에서는 여성과 연소자의 특별 보호와 고용·임금 및 근로조건의 부당한 차별금지를 규정함으로써 근로환경과 근로조건에 관한 기본 틀을 규정하고 있다.

헌법 제32조 3항에서 "근로조건의 기준은 인간의 존엄성을 보장하도록 법률로 정한다"고 규정함에 따라 국가는 근로기준법을 제정하여 임금・근로시간・휴가・휴식・작업환경・재해보상 등을 제정하여 근로자의 근로조건을 보장하고 있으며, 특히 여성근로자와 연소자의 근로조건에 대하여는 헌법의 규정에 따라 근로기준법(제64조~75조)에서 특별규정을 마련하여 그들의 근로조건을 보장하고 있다.

근로기준법 이외에도 산업안전보건법, 임금채권보장법, 근로자퇴직급여보장법 등은 근로자의 신체상 피해나 재산상의 손해를 보호하도록 하고 있고, 남녀고용평등과 일・가정 양립지원에 관한 법률은 여성근로자의 고용평등과 안정적 직장생활을 보장하도록 하고 있으며, 또한 국가는 근로자의 최저생활을 보장하기 위해서 최저임금법을 제정하여 시행하고 있다.

3. 근로3권의 보장

1) 근로3권의 성격

우리 헌법 제33조 1항은 "근로자는 근로조건의 향상을 위하여 자주적인 단결권, 단체교섭권, 단체행동권을 가진다"고 규정하고 있다. 이 규정에서 단결권이라 함은 근로자로 하여금 사용자와 대등한 위치에서 근로조건을 결정하기 위하여 자율적으로 노동조합을 결성할 수 있는 권리이고, 단체교섭권이라 함은 근로자 단체인 노동조합의 구체적인 목적활동으로서 사용자와 교섭을 통하여 단체협약을 체결할 수 있는 권리이며, 단체행동권이라 함은 단결체(노동조합)가 단체교섭에 의하여 평화적으로 소기의 목적을 달성할 수 없을 때에 그의 주장을 관철하기 위하여 실력행사를 할 수 있는 권리를 말한다.

근로3권은 근로자들의 근로조건과 경제적・사회적 지위의 향상을 도모하기 위하여 보장하는 것으로서, 근로자들이 그들의 핵심적인 목적을 달성하기 위하여 노동조합을 결성하고, 노동조합이 주체가 되어 사용자와 교섭을 실시하여 소기의 목적을 위한 합의를 도출하고 합의된 내용에 대하여 단체협약을 체결하며, 노사 간에 원만한 합의가 이루어지지 않을 때에는 실력행사로서 단체행동을 보장하는 근로자의 자율적 권리보장시스템이다.

근로3권은 근로자가 자주적으로 단결하여 근로조건의 유지・개선을 통한 근로자의 사회적 · 경제적 지위의 향상을 도모함을 목적으로 자유롭게 단체(노동조합)를 결성하고, 이를 바탕으로 근로조건에 관하여 자유롭게 교섭하며, 교섭이 실패할 경우에는 근로자들이 요구를 관철하기 위하여 단체행동을 할 수 있는 자유를 보장하는 자유권적 성격을 갖는다. 또한 노동조합 및 노동관계조정법 제4조는 노동조합이 단체교섭 · 쟁의행위 기타의 행위로서 동법의 목적을 달성하기 위하여 한 정당한 행위에 대하여는 형법 제20조(정당행위)의 정당행위로 인정하여 처벌하지 아니한다고 규정하고 있어 근로3권의 보장을 강화하고 있다. 다시 말하면 헌법 제33조의 근로3권은 노동조합 및 노동관계조정법에 의하여 실질적으로 보호를 받고 있다.

2) 단결권

(1) 단결권의 의의

우리 헌법은 조직(기업)에 있어서 근로자에게만 단결권을 인정하고 있으므로 사용자는 단결권이 없으며, 다만 사용자는 단결권자인 근로자(노동조합)의 상대방이 되는 것이다.

단결권은 근로자들이 근로조건의 유지 · 향상을 도모하기 위하여 그들에게 단결체(노동조합)의 조직 및 가입을 보장하고, 단결체의 존립 및 활동을 보호하기 위한 헌법상의 권리이다.

(2) 단결권의 내용

근로자의 단결권은 막강한 자본의 힘을 배경으로 기업주(사용자)가 보유하고 있는 경영권에 대항하여 실질적으로 평등한 위치를 유지할 수 있도록 법률로 보장한 권리이다. 즉, 단결권은 자유자본주의사회에 있어서 자본과 노동 사이에 본질적으로 내재하고 있는 이해의 대립을 전제로 하여 근로자들의 민주적이고 자주적인 단결을 보장하려는 권리형태이다.

그러므로 사용자가 근로자들의 단결의 자유를 제한하려는 약정은 무효이며, 단결을 방해하는 조치는 위법한 행위이다. 따라서 근로자의 단결권을 침해하는 사용자의 행위는 노동조합 및 노동관계조정법(제81조)상의 부당노동행위가 되며, 조합원을 인종, 성별, 종교, 신체조건, 고용형태, 신분에 따라 차별적으로 처우하거나(동법 제9조) 조합원에 대한 불이익처분(동법 제81조 1항) 또는 노동조합에 대한 지배 · 개입(제81조 4항) 등 사용자의 근로자에 대한 단결권 침해행위는 위법한 행위로서 처벌받게 된다(동법 제90조).

3) 단체교섭권

(1) 단체교섭권의 의의

우리나라 노동관계법은 단결권을 기반으로 한 단결체(노동조합)를 대상으로 하기 때문에 근로자 개개인은 단체교섭권을 행사할 수 없다. 따라서 단체교섭의 주체는 노동조합이 되므로 근로자 개개인은 단체교섭을 요구하거나 수행할 수 없으며, 단체교섭의 대상은 개별근로자의 요구사항이 아니라 근로자집단의 교섭 요구사항이 된다.

단체교섭의 대상은 노동조합과 사용자가 교섭의 대상으로 삼을 수 있는 사항을 말하는 것으로서, 노동조합이 단체교섭을 요구할 수 있는 교섭사항은 원칙적으로 단체협약의 체결대상이 되는 근로조건에 관한 사항들이다.

(2) 단체교섭의 내용

노동조합은 헌법 제33조 1항에 따라 사용자에 대하여 단체교섭을 요구할 수 있는 권한이 있으며, 노동조합 및 노동관계조정법 제29조와 제30조에서는 노동조합이 단체교섭을 요구할 수 있는 권한과 사용자가 단체교섭에 응해야 하는 의무를 규정하고 있다.

단체교섭의 대상은 헌법 제33조 1항에서 규정한 바의 근로조건의 향상, 노동조합 및 노동관계조정법 제1조 및 제2조 4호에서 규정한 근로조건의 유지·개선과 기타 근로자의 경제적·사회적 지위의 향상, 그리고 동법 제2조 5호에 규정한 임금·근로시간·복지·해고 기타 대우 등의 근로조건을 포함하게 된다.

그러나 단체교섭의 대상은 이에 한정되지 아니하고 단체교섭 당사자가 노사관계를 발전적으로 규율할 수 있는 사항에 대하여 교섭대상으로 포함할 수 있다. 상세한 내용은 다음 제5장에서 다루도록 한다.

4) 단체행동권

(1) 단체행동권의 의의

단체행동권은 단결체의 존립과 목적을 달성하기 위하여 실력으로 의사를 관철하려는 투쟁수단을 말하는 것으로서, 단체행동의 허용은 노동법분야를 제외하고는 그 유례를 찾아 볼 수 없는 특수한 권리형태이다.

단체행동을 인정하는 것은 근로자들이 실력행사를 이용하여 그들의 경제적·사회적 지위를 향상시키도록 허용하는 법제적 제도로서, 근로자들과 사용자 사이에 이해관계의 관철을 위하여 투쟁행위로서 해결할 수 있도록 인정하는 제도를 말한다.

노동조합 및 노동관계조정법(제2조 6호)에서 "쟁의행위라 함은 파업·태업·직장폐쇄 기타 노동관계 당사자가 그 주장을 관철할 목적으로 행하는 행위와 이에 대항하는 행위로서 업무의 정상적인 운영을 저해하는 행위"라고 규정하고 있다.

(2) 단체행동권의 내용

단체행동권은 단체교섭권과 마찬가지로 근로자 개개인이 가지는 권리가 아니라, 근로자가 집단구성을 전제로 부여되는 권리로서, 조합활동권과 쟁의행위권을 포함한다. 조합활동권은 노동조합의 설립과 운영에 필요한 활동, 근로자에 대한 노조 홍보활동, 단체교섭 및 쟁의행위의 준비활동 등을 포함하며, 쟁의행위권은 근로자들의 근로조건의 유지·개선을 관철시킬 목적으로 사용자와의 교섭과정에서 일어나는 대립과 갈등을 해결하기 위한 여러 형태의 집단적 행동의 권리를 포괄한다.

근로자를 위해 보호되는 단체행동(쟁의행위)으로는 파업·태업·준법투쟁·보이콧·피켓팅·직장점거 등이 있으며, 사용자 측의 쟁의행위는 직장폐쇄가 있다.

5) 근로3권의 제한

근로3권은 사회적 현실과 기본권과의 내재적 관계에 따라 제한될 수 있다. 특히 단체행동권은 국민의 생명이나 신체적 위험에 처하게 만들 수 있는 경우를 상정하여 쟁의행위를 제한하도록 규정하고 있다.

헌법 제37조 2항에 따라 국가안전보장, 질서유지 또는 공공복리를 위해서 필요한 경우에는 법률로서 기본권을 제한할 수 있도록 규정하고 있기 때문에 근로3권 중에서 특히 단체행동권은 공공의 복리와 관련해서 제한해야 할 이유가 발생할 수 있다.

이를테면 헌법 제33조 2항에는 공무원인 근로자는 법률이 정하는 자에 한하여 근로3권을 보장하도록 하고, 동조 3항에서는 주요 방위산업에 종사하는 근로자의 단체행동권을 제한할 수 있도록 규정하고 있다.

(1) 공무원인 근로자의 근로3권 제한

공무원인 근로자는 일반근로자와 달리 법률에 정하는 자에 한하여 근로3권이 인정된다(헌법 제33조 2항). 헌법재판소(헌재 1992.4.28, 92헌바15)는 공무원에 대하여 근로3권을 제한하는 이유를 공무원의 근로관계가 갖는 특수성에 근거를 두고 설명하고 있다. 즉, ① 공무원은 그 임용주체가 궁극적으로 주권자인 국민 또는 주민이므로 국민에 대하여 봉사할 책임이 있고, ② 공무원이 담당하는 업무는 국가 또는 공공단체의 공적인 직무를 수행하므로 공공성·공정성·성실성·중립성 등이 요구되며, ③ 공무원의 보수수준 등 근로조건의 결정은 주권자의 대표기관인 국회에서 민주적인 절차에 따라 예산의 심의·의결을 통하여 결정되므로 법률상·예산상의 제약을 받는다.

그러나 국가공무원법(제66조 1항)과 지방공무원법(제58조 1항)은 사실상 노무에 종사하는 공무원 이외에는 노동운동을 위한 집단적 행동을 할 수 없다고 규정하고 있다. 이와 같이 일반직 공무원에 대해서는 근로3권을 제한하고 있으나, 사실상 노무에 종사하는 공무원에 대해서는 그와 같은 제한을 두지 않고 있기 때문에 자유롭게 근로3권을 행사할 수 있으므로 노동조합 및 노동관계조정법에 따라 노동조합을 설립하고 단체교섭 및 쟁의행위를 할 수 있다.

따라서 사실상 노무에 종사하지 아니하는 공무원에 대하여는 「공무원의 노동조합 설립 및 운영 등에 관한 법률」(이하 공무원노조법이라 함)이 적용되므로 이 법이 적용되는 공무원은 단체행동권을 가질 수 없으며, 단체교섭권도 제한적으로 행사할 수 있을 뿐이다.

(2) 교원의 근로3권 제한

종래에는 국·공립교원 및 사립학교 교원에 대해서는 근로3권이 인정되지 않았다. 그러나 OECD회원국을 포함한 대부분의 국가에서 교원의 노동기본권이 보장되는 것이 보편화되고, ILO·OECD 등 국제기구로부터 여러 차례 교원의 노동기본권 보장을 권고받으면서 국제사회의 문제로 제기되었다.

1998년 10월 노사정위원회에서 노동조합 결성권을 보장하는 합의가 이루어짐에 따라 1999년 1월 29일 「교원의 노동조합 설립 및 운영 등에 관한 법률」이 제정되었다.

이 법 제8조에서 "교원의 쟁의행위는 금지한다"고 규정함으로써 교원의 근로3권은 쟁의행위가 제한을 받고 있다.

(3) 주요 방위산업체 종사자의 쟁의권 제한

주요 방위산업체에 종사하는 근로자의 단체행동권은 법률이 정하는 바에 따라 이를 제한하거나 인정하지 아니할 수 있다(헌법 제33조 3항). 그리고 노동조합 및 노동관계조정법(이하 노동조합법이라 함) 제41조 2항에서는 방위산업법에 의하여 지정된 주요방위산업체에 종사하는 근로자 중 전력, 용수 및 주로 방산물자를 생산하는 업무에 종사하는 자는 쟁의행위를 할 수 없으며, 주로 방산물자를 생산하는 업무에 종사하는 자의 범위는 대통령령으로 정하도록 규정하고 있다.

(4) 필수공익사업 종사자의 쟁의권 제한

노동조합법 제71조 1항에서는 공중의 일상생활과 밀접한 관련이 있거나 국민경제에 미치는 영향이 큰 사업으로서 ① 정기노선 여객운수사업 및 항공운수사업, ② 수도사업 · 전기사업 · 가스사업 · 석유정제사업 및 석유공급사업, ③ 공중위생사업 · 의료사업 및 혈액공급사업, ④ 은행 및 조폐사업, ⑤ 방송 및 통신사업으로 규정하고 노동쟁의와 관련하여 특별한 규제를 하고 있다(동법 제42조의2 제2항).

또한 업무의 정지 및 폐지가 공중의 일상생활을 현저히 위태롭게 하거나 국민경제를 저해하는 ① 철도사업 · 도시철도사업 및 항공운수사업, ② 수도사업 · 전기사업 · 가스사업 · 석유정제사업 및 석유공급사업, ③ 병원사업 및 혈액공급사업, ④ 한국은행사업, ⑤ 통신사업은 필수공익사업으로 규정하여 단체행동권을 제한하는 특별규정을 두고 있다(노동조합법 제42조 및 벌칙 89조 1항).

제4절 노사관계의 발전형태

노사관계는 18세기 산업혁명 이후에 공장제공업의 발전으로 임금근로자가 출현하면서 성립되었으며, 시대의 발전에 따라 경제환경의 변화와 함께 정치적 · 사회적 환경변화의 영향을 받아 노사관계의 형태도 발전을 거듭하게 되었다. 따라서 노사관계의 발전형태는 공업화 과정에서 나타난 노사관계 당사자의 특성과 그 시대의 노동정책과의 복합적인 관계에 따라 단계적으로 특징을 나타내게 되었다.[6]

1. 전제적 노사관계

전제적 노사관계는 대체로 19세기 중반까지 존재하였던 형태로서, 이 단계에서 자본은 아직도 개인기업 또는 합명 · 합자회사 형태로 유지되면서 자유로운 자본시장이 충분히 형성되지 않았고, 그 결과 경영은 대부분 소유자에 의하여 관장되는 이른바 '소유경영'(owner management)의 단계에 있었으므로 자본의 전제적 성격을 띠는 것이 일반적이다.

한편 노동력은 아직 농촌사회에서 완전히 분리되지 않았을 뿐더러, 근대적 노동

6) C. Kerr, J. T. Dunlop, F. Harbison & C. A. Myers, *Industrialism and Industrial Man,* Harvard University Press, 1980, p. 131.

시장 역시 확실히 성립되지 않았으며, 근로자의 기능도 전반적으로 신뢰할만한 수준을 이루지 못하고 있다. 따라서 고용은 주로 연고모집이나 구빈(救貧)의 형태로 이루어지며, 자연히 고용의 결정은 자본에 의해 거의 일방적으로 이루어졌다.

이와 같은 결합의 필연적인 결과로 근로자의 노동조건은 자본가의 일방적 의사에 의하여 결정되었고, 자본가와 근로자의 관계는 절대명령과 복종이 존재하는 종속관계로서 근로자의 인간적 요소는 무시되었다. 근로자의 기본권은 자본가의 이윤극대화의 도구로 전락하였고 근로자의 임금, 노동시간, 근로조건은 자본가로부터 착취당하는 시기였다.

따라서 근로자들은 임금, 근로시간, 근로조건을 착취당하고 있다는 의식이 팽배하여 사용자에게 저항하고, 사용자는 전제적 관리방식으로 근로자의 저항을 억압하고 지배하는 대립적 주종관계가 존속하였으며, 이러한 근로자의 저항은 높은 결근율・이직률로 나타나기 시작하여 점차 분쟁・시위・폭동으로 발전하여 보다 강력하게 집단화되고 조직화됨으로써 노동조합 생성의 기초가 되었다.

2. 온정적 노사관계

자본과 노동은 여전히 전제적 주종관계에 놓여 있으면서도 어느 정도의 인간적 접촉을 통하여 가족주의적 사회관계가 성립되고, 그 결과 노사 간에는 온정주의적・은혜주의적 관계가 나타나게 되었다. 즉, 사용자는 근로자의 기본적 욕구를 어느 정도 충족시키면서 기업의 생산성을 증대시키려 했고, 근로자는 사용자가 주는 임금을 사용자가 베푸는 은혜로 생각하여 이에 보답해야 한다는 온정주의적 사고와 은혜적 보답의 사고방식이 경영관리 방식으로 나타나기 시작한 것이다.

온정적 노사관계는 19세기 초 영국의 사회주의자의 한 사람이며, 산업자본가였고, '고임금의 경제론'을 주장하면서 실제 기업경영에 이것을 실천한 로버트 오웬(Robert Owen)에서 비롯되어 거의 1세기에 걸쳐 일반화 되었던 노사관계의 형태이다. 이를 가리켜 친권적(paternalistic) 노사관계라고도 하며, 종래에 독일과 일본에서 흔히 볼 수 있었던 형태이다.

3. 완화적 노사관계

완화적 노사관계는 종래의 자본에 의한 전제적 지배에서 완화되고 온정적 가족주의가 남아있으면서 합리주의가 생성되는 시기이다. 산업혁명이 일단 완성되는 19세기 말에 나타난 형태로서 자본이 집중되기 시작하였으며, 기업형태로서 유한회사와 주식회사가 등장하였다. 따라서 경영의 규모도 종래보다 확대되어 이 무렵에는 테일러(F. W. Taylor)에 의한 과학적 관리기법(scientific management)의 등장으로 경영의 합리화가 발전을 보게 되었다.

한편, 노동에 있어서도 고용의 정착, 직무전문화, 그리고 숙련의 객관화 내지 사회화가 실현되고, 근대적 노동시장이 형성되어 갔다. 이러한 노동력의 집중화와 사회화는 또한 횡단적인 직업별 노동조합(craft union)을 출현시켰다.

여기에서 자본과 노동의 관계는 필연적으로 종래와 같은 자본의 절대적 입장에서 어느 정도의 변화를 가져오게 되었다. 그러나 근로자의 종업원적인 성격은 여전히 강하게 남아 있을 수밖에 없었으며, 단체교섭에 있어서도 노동조합의 힘은 아직도 미약하여 자본가측은 종래의 전제적 관리방식을 어느 정도 완화하는데 그쳤을 뿐이다. 이리하여 한편으로는 약간의 합리주의적 관리방식을 발전시키면서도 다른 한편으로는 종래의 온정적·가족주의적인 관계가 다분히 남아있던 시기이다.

4. 민주적 노사관계

제1차 세계대전이 끝나고 특히 1930년대 초 세계대공황 이후에 자본의 집중·독점화가 고도로 진전되고 또 경영규모도 더욱 확대되었다. 여기에서 자본과 경영의 분리가 촉진되어 경영직능의 분화, 전문화, 전문경영자의 등장, 경영자단체의 조직화 등이 일반화되었다. 한편 생산양식의 기계화·표준화가 진전됨에 따라 반숙련공 및 미숙련공이 대량으로 배출됨으로써 노동조합도 산업별 노동조합(industrial union)의 형태가 등장하였다. 또한 노동의 성격도 종래의 개별 기업의 종업원이었던 성격에서 점차로 계급연대적·총노동적인 성격을 강하게 띠게 되었다. 여기서 노사관계는 종래의 종속관계에서 대등관계로 바뀌고 단체교섭을 통한 고용조건의 결정이라는 산업민주주의(industrial democracy)의 이념이 형성된 것이다.

1930년대 이후 세계 각국의 자본주의가 전반적으로 심각한 위기에 처하게 되자 정부는 노사관계에 더욱 적극적으로 개입하기 시작하였으며, 노동조합에 대한 적극적인 보호육성정책을 채택하였다. 또한 산업사회학이나 경영사회학 등에서 논의되는 경영협동론을 강조하고, 인간관계론이 도입되어 이른바 건설적 노사관계를 주장하게 된 것도 이 무렵이다.

제5절 노사관계론의 접근방법

노사관계의 학문적 이론은 조직이 목표를 수행하는 과정에서 구성원들 간에 일어나는 현상을 다루는 학문으로 매우 광범위하게 정의되고 있다. 따라서 노사관계의 이론적 접근방법은 매우 다양하므로 노사관계론을 하나의 특정한 독립된 학문분야로 정의하기에 어려움을 겪고 있다. 이를테면 노사관계론은 근로자의 고용조건을 규정하는 노동정책이나 노동문제에 관련된 법률적 측면, 노동관계의 사회경제적 영향력을 비교분석하는 경제적 측면, 또한 직장 내의 노사관계가 조직의 효율성에 미치는 영향관계를 다루는 경영적 측면을 포함하고 있다.

노사관계에 관한 연구는 산업화 과정에서 등장하는 노사관계 현상에 대하여 19세기 초부터 시작되었으나, 노사관계론을 경제학이나 사회학으로부터 분리하여 독립된 학문분야로 다루기 시작한 것은 제2차 세계대전 이후라고 할 수 있다.

1. 노사관계의 이론적 접근방법

초기의 노사관계학자들은 노사관계 현상을 고전주의경제학파가 주장하는 '노동은 하나의 생산요소'라는 견해와 마르크스주의자들이 주장하는 바와 같이 '자본주의 사회에서 노동관계를 영원한 갈등관계'로 보는 견해가 주류를 이루었다. 그러나 위스콘신학파(Wisconsin School)의 견해는 노사관계가 순수한 갈등관계도 아니고, 노동이 단순히 생산의 한 요소일 수도 없다고 주장하면서, 노동은 근로자의 삶, 가족, 복지, 인격 등을 근로자와 분리할 수 없으며, 노동은 토지나 자본과 같은 비인간적 요소처럼 단순한 생산요소로 볼 수 없으므로 근로자의 노동권은 특별히 보호받아야 한다고 주장하고 있다. 한편 근로자와 사용자 사이에는 서로 다른 이해의 갈등관계가 있을 수 있으나 이는 타협과 조정을 통하여 해결할 수 있으며, 보다 효과적인 협상과 조정을 위한 제도로서 단체교섭이나 법률적 조정제도가 있다.

노사관계의 이론적 접근방법은 크게 세 가지 형태로 구분할 수 있는데 첫째, 마르크스의 견해인 갈등론적 접근방법, 둘째, 고전학파의 생산요소 견해인 관리론적 접근방법, 셋째, 앞의 양극단의 중도적 입장에서 이해갈등을 조정하기 위한 제도론적 접근방법을 포함하고 있다.

1) 관리론적 접근방법

고전경제학자들은 산업사회에 있어서 노동의 기능에 대한 합리적 분석을 통하여 노사관계를 정의하려 하였다. 그들에 의하면 노동은 특별한 생산요소가 아니고, 토지나 자본과 유사한 생산요소로서 수요와 공급의 법칙에 의하여 가격이 결정되므로 작업장에서 근로자의 역할에 대해서도 특별한 주의를 기울일 필요가 없으며, 노동시장에서도 '보이지 않는 손'에 의하여 근로자와 사회의 이익이 되는 방향으로 작용하게 된다는 것이다.

경영학자들은 조직차원의 분석에서 고전경제학자들의 견해인 관리론적 접근방법(managerial approach)을 취하고 있다. 그들은 근로자와 사용자 사이에 갈등론자나 제도론자의 견해처럼 서로 다른 이해관계나 갈등관계가 있다는 것을 부정하고, 사용자와 근로자의 관계를 오직 공통적으로 추구하는 목표를 향하여 공동으로 노력하여야 한다는 것을 강조하고 있다. 예를 들면 경영학의 선구자인 헨리 페이욜(Henri Fayol)은 그의 저서 『일반적 관리』에서 조직경영에 있어서 경영자의 관리행동을 중시하고 조직의 목표달성을 위해 조직구성원들의 협력적 행동(team spirit)을 강조하며, 조직의 이익과 구성원 개인의 이익이 상충될 때에는 조직의 이익을 우선해야 한다는 조직이익 우선의 원칙을 강조함으로써 조직의 가치를 종업원의 가치보다 중요시하고 조직과 구성원의 이익갈등을 인정하지 않았다.

이와 같이 관리론적 접근방법에서는 조직의 효율성과 목표달성만을 강조함으로써 조직의 가치와 종업원의 가치가 다를 수 없고 노사간의 갈등은 있을 수 없으며 반드시 협력적 관계를 유지해야 한다는 것이다.

2) 갈등론적 접근방법

갈등론적 접근방법은 자본주의 구조가 변화하지 않는 한 노사관계에서 변함없이 역동적 갈등현상이 일어날 것으로 보는 견해이다. 대표적인 노사관계의 갈등론 주창자인 마르크스는 자본주의체제 하에서 노동자들은 자본가에 의하여 지속적으로 착취당하게 되므로 노동자들은 빈곤과 소외감을 떨칠 수 없으며 결국 계급의식을 갖게 된다는 것이다. 자본주의의 그러한 모순으로 인하여 노동자들이 계급의식을 가지고 투쟁하기 위한 수단으로 노동조합을 만들게 된다는 것이다.

다렌도르프(R. Dahrendorf)는 마르크스와 다른 관점에서 갈등론을 전개하고 있다. 즉, 노사갈등의 원천을 물질적·경제적인데에 두지 않고 권력관계의 구조에서 설명하고 있다. 모든 산업조직에는 사업목적 달성을 위한 결정을 내리고 명령하는 지배집단과 그 결정이나 명령에 따라 행동하는 피지배집단이 존재하게 되는데, 이들 집단 사이에 권력에 대한 상충되는 이해관계가 존재한다는 것이다. 그러나 그는 자본주의 사회가 발전함에 따라 노사간 갈등이 점차 해소되고 있는 것은 첫째, 소유와 경영이 분리되고 전문경영자가 출현함에 따라 자본가계급 자체가 분화되었고, 둘째, 산업기술이 고도화 됨에 따라 다양한 기술, 직종, 임금수준 등에서 근로자 계층이 형성되어 이러한 계층간에 상호 이동이 증대되었으며, 셋째, 자본주의 사회가 발전함에 따라 정치적 기본권과 사회적 평등권이 보장되면서 집단들 사이에 갈등해결의 메커니즘이 제도화되었기 때문이라는 것이다.

따라서 현대와 같은 다원주의사회에서는 갈등을 공식적으로 인정하면서 갈등해소를 위한 제도적 장치를 마련함으로써 갈등은 빈번하게 일어날 수 있으나 제도장치에 의해 규제가 이루어지므로 난폭해지거나 급진화 되지는 않는 것이다.

3) 제도론적 접근방법

미국의 대표적인 제도학파인 코먼스(J. R. Commons)는 신고전경제학파의 노동에 대한 상품이나 거래의 개념에서 탈피하여 노사관계에 집단행동의 거래와 규칙(transactions and working rules of collective action)이라는 개념을 도입하였다. 코먼스를 비롯한 제도학파 경제학자들은 노동자와 사용자, 그리고 정부의 서로 다른 이해관계를 인정하고, 각자의 상이한 이해관계를 조정하기 위한 사회적 협상(negotiations)과 타협(compromise)을 강조하고 있다. 코먼스를 중심으로 한 위스콘신대학의 연구자들은 노동이란 노동을 소유한 근로자로부터 분리될 수 없고, 신고전학파들이 주장하는 바와 같이 자유경쟁시장체제 하에서 사용자와 노동자는 동등한 교섭력(bargaining power)을 가질 수 없다고 판단하였다. 따라서 자유경쟁체제 하에서의 노동자들은 특별히 보호를 받아야 할 필요가 있으므로 협상력이 약한 노동자들이 노동조합을 형성하여 협상력을 강화시킴으로써 그들의 근로조건을 개선하는 역할을 담당하도록 해야 한다고 주장하고 있다.

여기에서 정부가 해야 할 중요한 정책적 과제는 첫째, 근로자들이 노동조합에 가입할 권리를 보호하여야 하고, 둘째, 노동법을 제정하여 근로자의 안전과 건강, 어린이 근로의 규제, 최저임금제도, 실업 및 산재보험제도, 사회보장제도 등을 시행함으로써 사용자의 전횡을 규제하고 근로자를 보호하는 제도장치를 마련하는 것이다.

따라서 자본주의 시장경쟁체제 하에서 근로자와 사용자 사이에 나타나는 이해관계의 갈등은 법률적 규제를 통하여 노사의 균등한 보호와 견제를 이룩함으로써 해결할 수 있으며, 나아가서 공식적 · 비공식적 노사협의제도, 고충처리제도, 그리고 경영참가제도 등의 법률적 · 관리적 제도를 마련하여 실천함으로써 노사협력을 유도할 수 있게 된다.

2. 노사관계의 학제적 접근방법

노사관계의 연구는 경영조직 내에서 이해가 상반되는 사용자와 근로자집단들이 자신들의 이해관계를 관철시키기 위해서 대립과 협력이 빈번하게 교차하고 있는 현상에 대하여 탐색하고 조사분석하는 학문영역으로서, 노사관계는 노사의 갈등과 대립, 또는 협력과 평화의 정도에 따라 국가의 사회경제에 미치는 영향이 중대하므로 노사관계의 연구는 경제적, 사회적, 경영적, 법률적 측면에서 접근하여야 한다.

1) 경제학적 접근방법

노사관계의 경제학적 접근방법은 노사관계를 경제적 측면에서 인식하고 고용과 임금에 초점을 둔다. 즉, 노동을 생산성 향상을 위한 경제적 단위로 인식하고 노동을 급부로 하여 고용, 임금, 복리후생 등의 반대급부의 관계를 분석하는 노사관계의 경제학이다. 이러한 노사관계의 경제학적 연구는 가치계산적 사고에서 경제성이라는 합리적 수단을 선택하는데 초점을 두고 있으며, 또한 분배정의의 실현을 추구하는데 목적을 두고 있다. 즉, 경제학에서는 노동의 수요 · 공급의 균형을 위한 임금분석, 고용수준과 경제적 효과의 분석, 노동조합의 긍정적 · 부정적 경제효과에 관한 분석에 관심을 두고 접근하고 있다.

2) 사회학적 접근방법

노사관계의 사회학적 접근방법은 노사관계를 사회적 단위로 인식하고 인간의 사회적 측면에서 접근하려는 방식이다. 노사관계를 근로자와 사용자의 상호 조화에 의한 결합을 추구한다는 사회적 관점에서 접근하는 것으로서 직업사회학, 조직사회학, 조직행동론 등을 연구영역으로 하고 있다.

노사관계의 사회학적 개념은 노사관계를 인간중심적 사고에 바탕을 두고 조직을 구성하는 근로자라는 인간과 사용자라는 인간의 조화를 중심으로 노사의 사회관계에 접근하는 방식이다.

3) 경영학적 접근방법

노사관계의 경영학적 접근방법은 근로자와 사용자의 관계를 노무관리・인간관계관리의 입장에서 근로자들의 직무만족, 동기부여를 향상시킴으로써 노동의 질적 생산성을 유도하고자 하는 접근방식이다. 다시 말하면 노사관계는 노사 공동의 노력으로 경영목표를 달성하기 위한 노동과정에서 비생산적인 대립과 투쟁을 극소화하고 지원과 협력을 통하여 보다 높은 가치를 생산하도록 하는 접근방식이다. 노사관계의 경영학적 개념은 경영의 효율성을 높이기 위해서 근로자는 생산 내지는 근로기술을 개발하고, 사용자는 관리능력을 개발하여 노사 공동의 참여를 바탕으로 노사가 공동으로 기술을 발휘함으로써 조직의 발전과 근로자의 성공을 성취하고자 하는 접근방식이다.

4) 제도적 접근방법

노사관계의 제도적 접근방법은 노사관계를 법률적 기준에서 근로자와 사용자의 행동에 대해서 규제와 균형을 유지하려는 입장이다. 제도(institution)란 개인이나 집단의 행동을 규제하고 보호하는 법률이나 규칙, 방법이나 절차 등의 행동기준을 설정하여 노사관계를 어떤 통일된 제도에 따라 정립하고 체계화하려는 견해이다.

따라서 제도적 접근방법에서는 근로기준법, 노동조합 및 노동관계조정법, 노동위원회법, 직업안정법, 근로자참여 및 협력증진에 관한 법률, 남녀고용평등법, 최저임금법, 산업재해보상보험법, 산업안전보건법, 고용보험법, 파견근로자 보호 등에 관한 법률 등을 연구대상으로 하고 있다.

5) 종합 학제적 접근방법

노사관계는 이해관계가 복잡하고 갈등관계가 첨예하기 때문에 근로자 측도 만족할 수 있고 사용자 측도 만족할 수 있는 다양한 접근방법을 필요로 한다. 따라서 노사관계는 바람직한 협력관계를 유도할 수 있는 종합적인 학제적(interdisciplinary) 연구가 필요하다. 즉, 노사관계는 단순히 노무관리나 노동법률뿐 아니라, 경제학, 경영학, 노동경제학, 사회복지학, 사회정책학, 산업심리학, 산업사회학, 인간관계론, 행동과학론 등 광범위한 학제적 이론과 응용에 관한 종합사회과학의 개념으로 접근하는 것이 필요하다.

[그림 1-2] 노사관계의 종합 학제적 접근방법

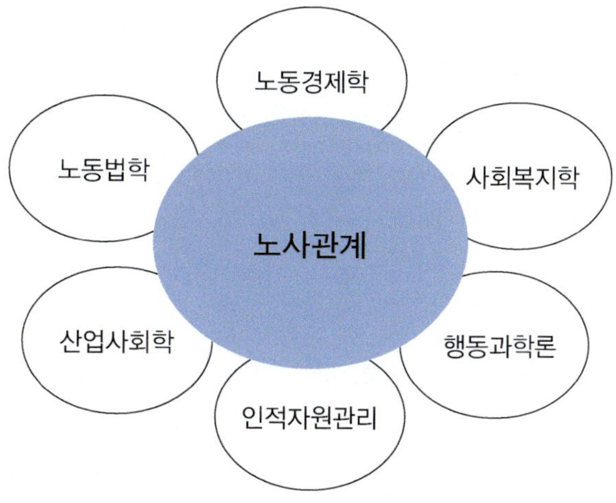

3. 노사관계론의 연구방법

노사관계론이 사회과학으로서의 학문적 정체성을 갖기 위해서는 고유의 연구방법과 반드시 거기에 알맞은 접근방법이 정립되어야 한다. 노사관계론의 연구는 사회과학 분야에서 공통적으로 응용되고 있는 일반적인 연구방법으로서 관찰적 방법, 귀납적 방법, 연역적 방법, 직관적 방법, 역사적 방법 등을 사용하고 있다. 그러나 노사관계론은 이론과 실천을 중시하는 학문적 성격에 따라 자연과학과 공학의 영향을 받은 다음의 네 가지 특수한 연구방법을 활용하고 있다.

1) 사례접근방법

사례접근방법은 흔히 사례연구(case study)로 불리는데, 개개의 실제 사례를 망라하여 거기에서 어떤 일반원칙을 도출하려는 연구방법으로서, 여러 가지 사례의 자세한 관찰과 분석이 연구의 기초가 되고 있다. 사례란 사례 작성자가 실제의 노사문제를 노사관계 교육교재로 제공하기 위하여 기업을 방문하고 경영자나 근로자를 면접하거나 설문응답을 통하여 자료를 수집하고 노동조합 활동이나 노사분쟁에 관한 구체적인 상황을 교육목적의 관점에서 기술하는 것을 말한다.

경영사례 연구는 1912년 미국의 하버드대학에서 처음으로 실시된 이후에 오늘날 미국 경영학의 대표적인 연구방법으로 일반화되고 있다. 특히 노사관계의 사례연구는 1950년대 이후에 하버드대학에 이어 코넬대학, 미네소타대학 등에서 실제로 성공했거나 실패한 생생한 노사관계 사례를 중심으로 집단토론방식에 의하여 해결함으로써 매우 우수한 학습효과를 거두고 있다. 다만 과거와 똑같은 상황이 미래에도 일어날 것이라는 전제에서 토론하고 학습하기 때문에 과거의 사례에 너무 집중하고 있다는 비판을 받고 있다.

2) 모델접근방법

모델접근방법(model method)은 일반적으로 어떤 현상이나 사건을 설명하고 표현하기 위해서 설계된 모형을 활용하는 방법으로, 그 현상이나 사건에 영향을 주는 여러 변수들 간의 관계를 나타내는 모델을 개발하고 계량적인 접근방법을 응용하여 연구하는 방법이다. 이러한 방법론은 수리적 통계자료를 이용함으로써 과학적 연구를 가능하게 해주고 있다.

1950년대 이후의 많은 연구논문들은 컴퓨터의 출현으로 방대한 계량적 통계자료를 신속·정확하게 처리할 수 있었으며, 연구모델을 바탕으로 여러 가지 새로운 분석방법들이 창출되어 각 분야의 사회과학연구에 활용되고 있다.

3) 통계적 접근방법

통계적 방법(statistical method)은 특정집단을 구성하는 요소의 분포특성을 수치화하여 계산해 내는 방법으로서 모든 과학에 공통적으로 폭넓게 응용되고 있다. 특히 통계는 사회현상을 연구하는 사회과학 연구나 기업경영분석에 풍부한 정보를 제공하고 있기 때문에 통계적 연구방법은 경영학 연구에 중요한 위치를 차지하고 있다.

특히 노사관계론의 연구에 있어서 통계적 접근방법은 기업, 노동조합, 노동정책 등이 기업성과, 노동현상 또는 경제 및 사회현상에 미치는 영향관계를 계량적 통계 분석을 실시하여 검증하고 있다.

4) 사회적 접근방법

노사관계론은 사용자와 근로자집단으로 구성되는 사회적 공동체를 연구대상으로 하는 이론으로서, 인간과 인간의 관계에 초점을 두고 접근하는 연구방법이 사회적 접근방법이다.

인간은 복합적인 유기체로서 근로자와 사용자의 관계는 그들의 사회적 요소, 심리적 요소, 생리적 요소가 복합적으로 작용하기 때문에 이에 대응하기 위해서는 산업사회학, 산업심리학 등의 접근방법이 요구되고 있다.

제 2 장 노동시장과 노동운동

제2장 노동시장과 노동운동

제1절 노동시장의 개관

노동시장은 노사관계의 당사자인 근로자의 원천이 되는 활동기반으로서 노사관계 관리에 있어서 대단히 중요한 역할을 하는 요소이다. 노동시장은 노사관계의 직접 당사자인 근로자의 고용, 임금결정, 단체교섭, 노동쟁의 등에 중요한 영향을 미치게 되므로 산업평화와 노사공존의 노사관계관리를 구축하기 위해서 반드시 분석해야 할 필요가 있다. 또한 국가의 노동시장 특성과 구조에 따라 노사관계의 전략과 정책의 방향도 달라지게 되므로 노동시장은 노사관계의 원천적 기반으로서 대단히 중요한 위치에 있는 것이다.

1. 노동시장의 의의

일반적으로 시장이란 재화의 수요와 공급에 의하여 가격이 형성되고 거래에 의하여 소유권이 교환되며 실질적인 재화의 이동이 이루어지는 어떤 범위를 말한다. 여기서 시장은 구체적 시장과 추상적 시장으로 구분되는데, 전자는 특정 재화의 수요와 공급이 집약되고 매매쌍방이 항시 또는 정기적으로 집합하여 재화가 거래되는 실질적인 장소를 말하고, 후자는 구체적 시장에서 결정된 특정 재화의 가격이 통용되어 교섭·거래되는 범위를 말한다. 노동시장도 인력시장이나 직업소개소 등과 같이 노동력의 수요자와 공급자가 직접 만나는 특정한 장소로서 이해한다면 이는 구체적 노동시장이 될 것이나, 추상적 노동시장은 경제학의 시장 개념에서와 같이 매매가 이루어지는 특정하고도 구체적인 장소보다는 수요와 공급이 계속적으로 결합함으로써 재화의 매매가 실질적으로 이루지는 사회적 기구로서 전국시장·국제시장을 예로 들 수 있다.

노동시장이란 노동력의 거래가 이루어지는 곳을 의미한다. 즉, 노동의 공급자인 근로자와 노동의 수요자인 사용자가 노동력의 거래를 위하여 만나는 장소를 말한다. 노동시장에서 일반적으로 사용자는 노동의 가치와 질을 제시하고 근로자는 임금과 근로조건을 협의하여 고용을 결정하게 된다. 다시 말하면 노동시장을 통하여 노사 쌍방의 주요 관심사인 임금과 근로조건의 결정이 이루어지고, 국민경제의 주요 정책과제인 취업과 실업문제가 해결된다. 따라서 근로자・기업・국가차원에서도 노동시장 문제에 관한 이해는 매우 중요하며 노동시장의 건전한 육성이야말로 국민경제의 발전을 위해서도 중요한 정책적 과제가 되는 것이다.

따라서 노동시장을 분석하는 경우에 노동시장의 개념을 구체적 시장으로서보다는 추상적 시장으로서의 개념으로 파악하는 것이 유용하다. 그것은 거래상품인 노동력이 일반상품과 구별되는 특성을 갖기 때문이다. 자본주의 사회에서 노동력은 상품으로서의 특징을 갖는다. 그러나 노동력이 거래의 대상으로서 하나의 가격(임금)을 갖는다는 의미에서는 일반상품과 다를 바가 없으나 노동력은 일반상품과 달리 노동력의 소유자인 근로자의 인격으로부터 분리될 수 없는 특징을 지닌다. 근로자는 사용자와의 노동력 거래에 있어서 법률상 평등한 인격체로서 자신의 노동을 판매할 수 있어야 하며 그러기 위해서는 근로자가 약정한 근로시간이나 근로조건에서만 노동력을 판매할 수 있어야 한다. 이와 같은 노동력이 지닌 특성 하에서 존재하는 시장이 바로 노동시장이다. 즉, 노동시장은 어디까지나 상품의 거래관계를 기본으로 하면서도 위와 같은 노동력이라는 상품의 특수성으로 인하여 일반 상품시장과 구별되는 시장으로 볼 수 있다.

2. 노동시장의 특성

1) 시장의 다원성

노동시장은 어떤 특정한 노동을 위한 하나의 시장만이 존재하는 것이 아니라, 실제로 다양한 종류의 노동을 위한 수천의 시장이 존재한다.

노동시장은 크게 일차적 노동시장(primary labor market)과 이차적 노동시장(secondary labor market)으로 구분된다. 즉, 일차적 노동시장은 고임금, 좋은 근로조건, 고용안정, 승진기회 평등, 정당한 작업규칙 적용 등의 우월한 직무조건으로 구성되어 있으며, 이차적 노동시장은 저임금, 열악한 근로조건, 높은 이직률, 적은 승진기회, 자의적 감독 등의 열등한 직무조건으로 구성되어 있다.

고용에 있어서도 이 두 가지 노동시장은 차이가 있다. 즉, 일차적 노동시장에서는 엄격한 추천제도와 선발시험을 거치며, 어떤 특정학교 출신이나 혈연, 지연 같은 표면화되지 않은 방법을 중요시하기도 한다. 그러나 이차적 노동시장에 있어서는 공개모집, 수시모집과 같은 단순한 채용방법을 사용하며, 일반적으로 근무조건도 열악하고 근무연수도 짧으며 쉽게 이직할 수 있는 고용관계가 유지되고 있다.

노동시장은 기술수준에 따라 전문가노동시장, 숙련자노동시장, 미숙련자노동시장으로 구분하기도 하고, 지역에 따라 지역적 특성을 띠기도 하고 국제적 노동시장의 특성을 띠기도 한다.

그러나 각 노동시장에는 이동을 가로막는 장벽이 있게 마련이며, 직종간, 지역간 이동은 상당히 곤란하며 또한 비용이 따르기도 한다. 즉, 장벽이 없는 완전경쟁 노동시장이란 존재하지 않기 때문에 노동이동을 가로 막는 장벽이 무엇이고 어떻게 그 장벽을 제거할 것인가를 연구하는 것이 중요한 과제이다.

2) 집중거래소의 부재

곡물이나 사탕, 원유 등의 기초재화들은 집중거래소를 통하여 매매가 이루어지고 있으며, 가정용품, 사무용품, 놀이용품 같은 소비재 상품의 소매에 있어서도 판매장소가 집중되어 있어 거래소 사이에 정보가 원활하게 교환됨으로써 가격차이가 크게 나타나지 않는다.

그러나 노동시장은 구체적인 집중거래소가 존재하지 않고 고용이 이루어지는 추상적인 노동시장이 존재할 뿐이므로 노동시장에서 노동의 수요와 공급, 그리고 가격형성이 일반적으로 알려지지 않는다. 따라서 일반 상품시장처럼 정보망이 발달되어 있지 못하고 시장정보의 전달이 원활하지 못하며 정보의 흐름이 느리고 부정확하다. 이러한 현상은 근로자로 하여금 새로운 직장 탐색의 정보가 부족하고, 비용이 증가되어 직장을 옮기려 하지 못하게 되므로 사용자들이 임금을 비롯한 고용조건을 달리 적용할 수 있도록 하는 요인이 되기도 한다.

3) 노동력의 비표준화

제품・반제품・원재료 등의 상품들은 대부분 표준화되어 있으며, 비록 상표나 제조원이 다르다 하더라도 그들의 물질적 성분이나 성능은 크게 다르지 않다. 그러나 사람의 경우에는 우선 지적 수준, 육체적 조건, 작업경험의 유무와 정도, 특수 직무훈련의 내용과 정도에 있어서도 차이가 있다.

이와 같은 작업자의 능력은 선천적인 재능과 후천적인 학습 및 경험이 결합된 산물이다. 여기에서 후자를 보통 인적자본(human capital)이라고 부르며, 이러한 인적자본은 미래 작업능력의 원천으로서 미래의 수익이나 성과로서 회수되는 것이다. 따라서 경영자는 젊고 유능한 인적자원에 얼마만큼 투자할 것인가를 결정해야 한다. 즉, 사용자들은 각 종업원에게 어떤 교육훈련을 위해 얼마만큼 투자하고, 어떻게 훈련비용과 기대수익의 균형을 유지할 수 있을 것인가를 결정하여야 한다.

4) 고용관계의 지속성

일반상품의 매매는 일회성의 거래행위로 끝나지만 근로자의 고용관계에 있어서는 그렇지 않다. 어떠한 근로자도 한 직장에 고용되면 계속고용을 전제로 하는 것이 일반적이며, 이는 사용자와 근로자에게 다 같이 유익하다. 장기고용은 기업에는 기술보전이 유지되고 근로자에게는 직업안정을 제공한다. 즉, 근로자는 훈련개발을 통하여 능력이 향상되고, 직무수행의 경험을 통하여 숙련되며 보다 높은 생산성을 발휘하게 된다. 장기고용은 사용자의 입장에서 하나의 투자이고, 근로자의 교체는 투자를 포기하는 것이 된다. 또한 근로자의 이직은 새로운 근로자를 고용하기 위한 비용을 증가시키며, 이미 구축해 놓은 작업팀을 파괴하는 결과로 나타나기도 한다.

근로자들은 변화보다는 계속고용을 원한다. 그 이유는 작업방법, 작업조건, 동료작업자들과의 친숙한 관계가 자신의 생활을 보다 풍요롭고 윤택하게 만들기 때문이다. 또한 근속기간의 증가는 더 많은 임금 및 유급휴가, 더 많은 퇴직금 및 연금, 더 높은 선임권 등의 중요한 특전을 누릴 수 있기 때문이다.

5) 노동력과 인격의 불가분성

근로자가 직장에서 근무한다는 것은 노동력만을 제공하는 것이 아니라 자신의 몸과 마음을 바쳐 일하는 것이다. 우리는 흔히 고용조건을 결정하는데 있어서 임금이나 근로시간 또는 작업환경과 같은 물리적 조건을 중요시한다. 그러나 회사의 인사정책이나 상사의 감독방법 등의 인적자원관리 과정에 있어서 합리성이나 공정성과 같은 사회적 조건이 보다 중요하며, 근로자들은 고차원의 욕구, 즉 사회적 욕구, 존경의 욕구, 자아실현욕구와 같은 인격적 욕구의 충족을 위해서 동기부여된다는 사실을 잊어서는 안 된다.

따라서 사용자는 우량한 노동력을 확보하기 위해서 여러 가지 방법을 활용할 수 있다. 그 하나는 임금 기타 근로조건과 같은 물리적 조건을 개선하는 것이고, 다른 하나는 여러 가지 동기부여 기법에 의한 우수한 사회적 조건을 개발하는 것이다.

3. 노동시장 구조분석

사용자와 근로자는 노동시장을 통해서 서로 유리한 조건에서 거래하려고 노력한다. 즉, 사용자는 노동수요의 측면에서 값싸고 양질의 노동력을 구매하려고 노동시장을 탐색하고, 근로자는 노동공급의 측면에서 높은 임금, 안정된 직장에 노동상품을 판매하기 위해서 노동시장을 분석하게 된다.

노동시장에서 노사 당사자는 서로 유리한 조건에서 노동력을 거래하기 위해서 시장여건을 분석한다. 사용자는 노동의 수요자 입장에서, 근로자는 노동의 공급자 입장에서 자신들의 이해관계를 고려하여 노동시장을 분석하게 된다.

1) 사용자의 시장구조 분석

사용자는 노동시장에서 값싸고 우수한 자질의 노동력을 확보하기 위한 고용기준으로서 성별, 연령, 인종, 교육훈련, 숙련정도, 성취동기 등의 측면에서 노동시장을 탐색하고 분석한다.

첫째, 사용자는 기업의 직무를 '여성근로자에게 적합한 일'과 '남성근로자에게 적합한 일'을 구분하여 노동시장에서 적합한 노동력을 고용하려 한다.

둘째, 사용자는 직무의 특성을 고려하여 의욕과 정열을 가진 20대-30대 초의 젊은 근로자를 선택할 것인가, 또는 활동성과 순발력은 떨어지지만 신중하고 인내심이 강한 30대 후반-40대 초의 중년층을 선발할 것인가를 판단하고 노동시장을 분석하여 고용을 결정한다.

셋째, 사용자는 인종에 따라서 기술수준이 높지만 높은 임금과 까다로운 근로조건을 요구하는 한국인 근로자와 기술수준은 낮지만 저렴한 임금과 근로조건이 까다롭지 않으며 순종하는 외국인 근로자의 특성을 살펴보고 노동시장을 분석하여 고용을 결정한다.

넷째, 사용자는 교육수준에 따라서 전문적인 지식을 요구하는 직무에 대하여 전문분야의 교육을 받은 근로자들에 대한 노동시장의 수요·공급 분석결과에 따라 고용조건(임금 등)을 결정한다.

다섯째, 사용자는 특수한 전문적 기술을 필요로 하는 직무에 대하여 해당분야의 경험이나 숙련을 갖춘 근로자들에 대한 노동시장 분석을 통하여 고용조건을 결정하게 된다.

여섯째, 사용자는 특정한 직무의 수행에 있어서 어느 정도의 노력을 필요로 하는 경우에 근로자의 성취동기나 직무몰입의식을 고려하여 노동시장을 통하여 고용을 결정한다.

2) 근로자의 시장구조 분석

구직자들(job seekers)은 학교를 졸업하고 직장을 찾는 사람들 뿐만 아니라, 직장에서 해고되었거나 직장에 근무하면서 더 좋은 직장으로 옮기려는 사람들로서 그들은 새로운 직업을 구하기 위해 노동시장을 탐색하고 분석한다. 그들은 대체로 현재의 직장보다 높은 임금이 주어지거나 승진기회가 제공되며 또는 미래에 더 가치 있는 발전을 위해서 옮겨 간다. 이러한 근로자들은 대부분 관리직이나 전문직에 근무하는 사람들이다.

구직자들은 공식적 · 비공식적 노동시장 경로를 통하여 직장을 옮기게 되는데 공식적 경로로는 사용자의 구인광고, 노동조합, 직업안내소 등을 통하여 정보를 얻기도 하고, 비공식 경로로는 사용자의 측근이나, 동료근로자의 소개로 직장을 옮기게 된다. 이 경우에도 노동시장의 노동력 수요와 공급 상황이 매우 중요한 결정변수가 된다.

제2절 우리나라 노동시장의 구조

우리나라 노동시장은 여러 가지 측면에서 수요와 공급이 불균형을 이루고 있다. 즉, 고학력 전문직 근로자들은 공급이 수요를 초과하고, 저학력 단순근로자들은 수요가 공급을 초과하여 수요 · 공급의 불균형을 나타내고 있어 고학력 근로자는 실업자가 속출하는 반면에 저학력 근로자는 부족하여 외국인 근로자의 고용이 증가하고 있는 실정이다.

또한 우리나라 노동시장은 고용형태, 임금체계, 시장구조에 있어서 신속한 변화가 진행되고 있다.

1. 경제활동인구 현황

1) 경제활동인구의 개념

일반적으로 경제활동인구(economically active population)라고 하면 생산활동에 종사하는 사람들의 수를 가리키는 것으로, 이는 노동시장의 공급분석에 있어서 중요한 요인이 된다. 사람이 생산활동에 참가하기 위한 기본적인 조건으로 우선 연령을 고려하고 있다. 물론, 몇 살이 되면 한 사람 몫의 일을 하며, 몇 살이 되면 노동을 할 수 없다고 하는 절대적인 기준을 정할 수는 없다. 사람들은 직무수행에 있어서 육체적·정신적으로 성숙의 차이가 있으며, 그것은 사회적·문화적 여건에 따라 생산활동 연령은 크게 좌우될 수 있기 때문이다.

그럼에도 불구하고 오늘날 각국은 의무교육기간을 고려하여 생산연령인구(노동력)의 하한선을 책정하고 있으며, 미국은 16세, 일본 및 대만은 15세이며, 우리나라도 15세로 정하고 있다.

노동시장에 있어서 생산연령인구(15세 이상) 중에서 경제적으로 생산활동에 얼마나 적극적으로 참가하고 있느냐 하는 것이 중요하다. 따라서 노동력은 경제활동인구와 비경제활동인구로 대별할 수 있으며, 총노동력 중에서 경제활동인구가 차지하는 비율을 경제활동참가율이라고 한다. 경제활동인구의 측정방식에는 유업자접근방법과 노동력접근방법이 있다. 전자는 유업(有業)인구의 개념에 의한 경제활동인구의 측정방식으로 여기서 유업자란 직접 또는 간접으로 현금 또는 실물로 대가를 받고 일하는 자를 일컫는 것으로서 이를 경제활동인구로 보고 그렇지 못한 사람을 무업자(無業者)로 보는 개념이다. 후자는 1947년 ILO의 국제노동통계전문회의에서 채택된 측정방식으로 "특정일 또는 1주일을 넘지 않는 특정 기간에 평상의 경제활동 또는 직업개념을 묻지 않고 취업한 사람들 또는 취업하고자 하는 사람의 총체"를 노동력으로 정의하여 이를 경제활동인구로 보는 것이다(United Nations, 1951). 현재 우리나라에서도 이 방법을 채택하고 있으며, 생산연령인구의 하한선을 15세로 정한다면 경제활동상태를 [그림 2-1]과 같이 분류할 수 있다.

[그림 2-1] 노동력의 경제활동 상태분류

생산가능인구는 조사대상 주간을 기준으로 하여 우리나라에 상주하는 만 15세 이상인 자를 말하고, 경제활동인구는 15세 이상 인구 중에서 취업자와 실업자를 포함하며, 노동력 인구가 아닌 사람을 비경제활동인구라고 한다. 취업자는 조사기간 중 실제 1시간 이상 임금을 목적으로 일한 자, 가구단위에서 경영하는 농장이나 사업체에서 주당 18시간 이상 무급으로 종사하고 있는 자, 일시휴직자로서 조사기간 중 개인사정이나 기업사정 또는 파업으로 인해 직장을 임시로 쉬고 있으나 사정이 호전되면 작업을 계속할 자를 포함한다.

가사종사자로서 조사기간 중 한 시간도 일을 하지 않는 경우에는 휴업자가 아니라 비경제활동인구로 분류되며, 실업자는 취업의사나 능력을 갖고 있으며 구직활동을 하는 자로서 일자리가 주어지면 즉시 취업이 가능한 사람을 말한다(2021년 KLI 노동통계 p. 12).

2) 경제활동인구의 추이

우리나라의 2020년 현재 생산가능인구(15세 이상)는 44,785천명이며, 이 중 경제활동인구는 28,012천명으로 경제활동참가율은 62.5%이다. 우리나라 노동력의 경제활동참가율은 〈표 2-1〉에서 보는 바와 같이 1990년대 이후에 다소 증가하여 62% 정도를 유지하고 있으며, 특히 여성의 경제활동참가율은 눈에 띄게 증가추세를 보이고 있어 50%를 상회하고 있다. 이러한 추세는 장래의 노동력 공급이 주로 여성노동력의 참가를 통해서 이루어질 여지가 크다는 것을 시사하고 있다.

〈표 2-1〉 우리나라 경제활동참가율 변화추이

(단위: %)

연도	1990	1995	2000	2005	2010	2015	2018	2020
전체	60.0	61.9	61.0	61.9	60.8	62.8	63.1	62.5
여성	47.0	48.4	48.6	50.0	49.4	51.9	52.9	52.8

자료: 한국노동연구원, 2021 KLI 노동통계

한편 경제활동참가율을 성별・연령계층별로 구분하여 살펴보면 2000년대 이후에 10대와 20대의 청년층은 학업 및 군복무 등으로 낮은 참가율 수준을 유지하고 있으며, 30대와 40대에서 남성은 90%, 여성은 60%로 높은 증가를 보이고 있고, 50대는 남성이 88%, 여성이 65% 이상을 각각 나타내고 있어 다소 증가하는 추세이며, 60세 이상에서 남성은 55%, 여성은 35% 수준으로 참가율이 크게 감소하는 것으로 나타났다. 한편 연도별로 살펴보면 남성의 경우는 경제활동참가율이 연도별로 눈에 띄는 차이가 없는 반면에, 여성의 경우는 1990년도부터 현재 이르기까지 점차적으로 증가하는 추세를 보이고 있다. 따라서 여성의 노동시장 진출이 점차 강세를 보이고 있음을 알 수 있다.

〈표 2-2〉 성별・연령계층별 경제활동참가율 추이

(단위: %)

		15-19세	20-29세	30-39세	40-49세	50-59세	60세이상
1990	남성	10.8	79.6	97.1	95.0	87.6	49.9
	여성	18.7	53.5	53.2	62.2	57.5	26.4
1995	남성	9.5	76.9	97.0	96.0	87.8	54.1
	여성	14.5	57.1	53.3	63.4	56.4	28.7
2000	남성	11.5	72.0	95.5	93.6	84.0	49.6
	여성	12.4	58.1	53.9	64.1	53.3	30.1
2005	남성	7.9	68.3	94.2	93.5	85.3	49.7
	여성	10.2	64.1	54.5	64.2	54.2	28.1
2010	남성	5.4	63.5	92.9	93.4	87.3	50.1
	여성	8.4	62.0	55.1	65.5	57.8	26.8
2012	남성	6.2	62.1	93.0	93.5	88.2	51.2
	여성	9.0	62.4	55.8	65.8	59.0	28.3
2015	남성	7.7	62.9	93.8	94.1	89.1	52.8
	여성	9.9	64.3	58.7	67.6	63.2	30.0
2020	남성	6.5	60.7	91.0	92.2	88.0	55.0
	여성	8.0	61.8	63.8	65.5	65.0	35.0

자료: 노동연구원, 2021 KLI 노동통계

한편 경제활동인구의 구성을 종사방법에 따라 분석해 보면 남자의 경우 임금・봉급근로자가 차지하는 비율이 연령증가에 따라 일관되게 줄어들고 있다. 구체적으로

15~24세 연령은 대다수인 84.8%가 임금·봉급 노동을 하고 있는데 반하여, 40대 후반에는 그 비율이 50% 미만이 되고, 55~59세에 이르면 불과 30.7%만이 이 부문에 종사하고 있다. 자영업의 경우에는 반대로 연령증가에 따라 증가하고 있다. 즉, 15~24세 인구 중 자영업에 종사하는 사람은 4.9%에 불과하나, 이후 지속적으로 증가하여 50대 중반에 이르면 절반 이상의 경제활동인구가 자영업에 종사하고 있는 것으로 나타났다. 이러한 현상은 상당수의 남성근로자들은 은퇴연령에 도달하기 훨씬 전에 전업을 하는 것으로 보인다.

여성의 경우도 남성과 마찬가지로 대부분의 초임 종사직이 임금·봉급 근로활동을 하고 있으며 그 비율은 오히려 남성보다도 높다. 그러나 연령이 증가함에 따라 그 비율이 급격히 감소하는데, 15~24세 여성근로자는 94.0%가 임금·봉급근로자이지만, 25~34세가 되면 66.8%, 그리고 35~44세 이르면 절반도 안 되는 근로자만이 임금·봉급 노동을 하고 있다.

여기에서 주목할 것은 남성근로자는 연령이 증가함에 따라 자영업으로 전환이 증가하는 반면, 여성근로자의 경우는 무급가족종사자의 비율이 급격히 증가하고 있다는 것이다. 이러한 현상은 우리나라 남성의 대다수가 임금·봉급근로자로 경제활동을 시작하여 자영업으로 전업하고, 여성은 임금·봉급생활로 시작하여 남편의 자영업을 보조하는 무급가족종사자로 전환된다는 것이다.

2. 노동시장 구조의 변화

1) 고용형태의 변화

2000년대 이후에 우리나라 노동시장의 노동공급 측면과 노동수요 측면의 동향을 살펴보면 몇 가지 중요한 특징을 발견할 수 있다. 우선 노동공급의 측면에서는 ① 여성의 활발한 노동시장 진출, ② 인구구성의 변화에 따른 취업자의 고령화, ③ 취업자의 고학력 현상을 들 수 있다. 또한 노동수요 측면의 변화를 살펴보면 첫째, 농림어업과 제조업의 고용이 감소하는 반면, 서비스업의 고용이 크게 증가하였다. 둘째, 노동절약적인 생산기술의 발전(생산 자동화)에도 불구하고 경제성장이 지속되면서 고용흡수력이 증대되어 노동시장에 인력부족 현상이 나타나고 있다. 셋째, 파견근로, 재택근무, 단시간근로 등 고용형태가 다양화되고 있다. 넷째, 중소기업의 생산직 인력난에도 불구하고 대기업의 사무직·관리직 인력의 공급과잉현상이 두드러지면서 노동력 수급의 불균형이 노동시장의 해결해야 할 우선과제로 등장하고 있다.

(1) 여성근로자의 급속한 진출

여성의 경제활동참가자와 취업자가 〈표 2-2〉에서도 볼 수 있는 바와 같이 남성에 비하여 두드러지게 증가하고 있다. 여성 경제활동참가자가 지속적으로 증가하는 이유는 첫째, 여성에 대한 성차별이 점차 줄어들고 있다. 즉, 1988년 4월부터 「남녀고용평등법」이 시행됨에 따라 모집·채용·해고·정년 등 고용의 전 과정에서 남녀 차별을 금지함으로써 여성 스스로가 보다 적극적으로 사회활동에 참여하게 되었다. 둘째, 가사활동과 보육활동에 필요한 가전제품의 기술발전과 보급으로 여성의 노동시장 진출이 용이하게 되었다. 셋째, 여성의 학력수준 향상으로 전문성이 확보됨에 따라 임금수준이 높아졌으며, 산업사회에서 정보화 사회로 변화됨에 따라 여성 적합 직종이 늘어나고 직무에서 남녀의 구분이 사라졌기 때문이다. 넷째, 우리나라 노동시장에서 상당기간 인력난 현상이 나타남에 따라 여성 노동력을 활용하려는 노력이 커졌기 때문이다.

(2) 생산가능인구의 중고령화

노동공급에 있어서 생산가능인구의 중고령화 현상이 점차 높게 나타나고 있다. 즉, 인구증가율이 둔화되면서 생산가능인구에서 고연령층의 비중이 늘고 있다. 낮은 연령층의 생산가능인구는 점점 감소하고 있는 반면에 생산가능인구의 고연령층이 상대적으로 증가하고 있다.

취업자수에 있어서도 이러한 고령화 현상은 더욱 심해지고 있다. 15~19세의 젊은 연령층의 취업자수는 감소하는 반면에 50세 이상의 고령층 취업자수는 증가하고 있다. 낮은 연령층의 취업자율이 낮은 것은 인구감소와 함께 상급학교 진학률이 높은 때문으로 파악되고 있다.

정부는 고령화 시대에 대비하고, 인력난을 해결하기 위해서 1991년 「고령자고용촉진법」을 제정하여 고령자 적합직종 개발, 고령자 고용장려금 지원 등의 고용촉진 정책을 펴고 있다. 취업자의 연령이 중고령화되면서 기업의 조직구조가 대부분 피라미드형 조직구조에서 항아리형구조로 바뀌게 되었고 과거와 같은 연공서열방식의 승진제도나 임금인상제도로는 감당할 수 없게 되었다. 따라서 기업들은 팀제를 도입하거나 연공급 대신 성과급 임금체계로 개선하지 않을 수 없게 되었다.

(3) 고학력 노동력의 증가

우리나라는 1980년대 초반 교육개혁 이후에 대학 입학정원이 늘어남에 따라 전국민의 교육수준이 급속도로 향상되었고 이에 따라 노동시장에 진입하는 고학력자의 비중도 급속히 증가하였으며, 노동의 질도 개선되었다.

그러나 고학력자의 양적 증가에도 불구하고 질적으로 우수한 전문인력이 대량으로 배출되었다고 보기는 어렵다. 대학이나 대학원 정원이 이공계보다 인문사회계로 집중되어 증가함에 따라 노동시장에 있어서 기능의 부적합(skill mismatch)이 발생하여 고학력 사무직·관리직은 인력과잉으로 실업이 증가하는 반면에 저학력 생산직·작업직은 인력부족으로 구인난에 시달리는 노동력 수급불균형의 양극화 현상이 나타나고 있다.

(4) 서비스업의 고용증가

산업구조의 변화와 함께 서비스업이 크게 발전하면서 서비스분야의 취업자수가 크게 증가하고 있다. 산업화와 정보화 사회로 발전하면서 농림어업 분야의 취업자수는 1988년 3,483천명(20.6%)에서 2020년 1,445천명(5.4%)으로 크게 감소하였고, 제조업분야는 자동화 기술의 발전으로 생산성은 향상되었음에도 불구하고 생산직 취업자수는 1990년 4,911천명(27.2%)에서 2020년 4,376천명(16.3%)으로 감소하였으며, 서비스업 취업자수는 1990년 8,441천명(46.7%)에서 2020년 18,829천명(70.0%)으로 두 배 이상 증가하였다.

최근 2005년 이후의 업종별 취업자 비율을 살펴보면 〈표 2-3〉에서 보는 바와 같이 농림어업 취업자 비율은 크게 감소하는 반면에 서비스산업의 비중이 크게 향상하였고, 제조업과 건설업이 정체현상인 동시에 금융·부동산업과 공공서비스업은 점차적인 증가추세를 보이고 있다.

〈표 2-3〉 업종별 취업자비율 추이

(단위: %)

	2005	2010	2012	2014	2016	2018	2020
농림어업	7.9	6.6	6.2	5.6	4.8	5.0	5.4
제조업	18.1	16.9	16.6	17.2	17.4	16.8	16.3
전기 가스 수도	0.3	0.3	0.3	0.7	0.7	0.7	0.8
건설업	7.9	7.4	7.2	7.1	7.1	7.6	7.5
서비스업(전체)	65.7	68.8	69.6	69.4	70.0	69.8	70.0
도소매 음식 숙박	25.4	23.0	22.7	23.0	22.9	22.2	21.0
운수 통신업	7.9	8.2	8.4	8.3	8.4	8.4	8.7
금융 부동산업	11.4	13.6	14.1	13.8	14.3	14.1	14.1
공공서비스업	13.3	16.4	16.6	17.4	17.9	18.7	19.5
기 타	7.7	7.7	7.9	7.3	6.5	6.5	6.7

자료: 2021 KLI 노동통계, 한국노동연구원

(5) 인력난과 외국인근로자

산업구조에 있어서 서비스산업의 비중이 급속도로 발전하면서 서비스산업의 고용이 확대됨에 따라 중소 제조업의 인력부족 현상이 매우 심각한 실정에 이르렀다. 정부는 이러한 인력부족 현상의 대책으로서 1992년 산업기술연수생제도를 도입하여 해외로부터 외국인근로자를 공식적으로 받아들이기 시작하였다. 외국인근로자의 도입은 중소기업의 인력난을 해소하고 인건비 부담을 완화하는 효과를 얻을 수 있었고 외국인근로자에 대한 고용기회의 제공과 산업기술 훈련효과도 거둘 수 있었으나, 산업연수생들이 노동시장의 임금수준보다 낮은 임금을 받게 됨에 따라 불법으로 고용하는 사례가 증가하여 외국인 불법체류와 외국인 차별대우라는 법률적・사회적 문제가 발생하였고, 이에 대하여 정부는 2004년 외국인근로자 고용허가제를 도입하여 외국인 불법체류를 규제하고 차별대우를 할 수 없도록 법제화하였다. 2004년 8월 17일부터 시행하고 있는 외국인 고용허가제는 우리나라에서 취업을 희망하는 외국인에게 소속 국가의 정부기관을 통하여 한국정부에 고용허가를 신청하여 허가를 받도록 하여 3년까지 일할 수 있고, 다시 2년 이내에서 연장할 수 있도록 하고 있다.

주요 고용조건으로는 외국인근로자에 대하여 임금 및 근로조건에 있어서 내국인과 동등한 대우를 하도록 하고 있으므로 상여금, 퇴직금, 연차수당 등을 지급하여야 하고, 근로3권의 보장과 근로기준법, 최저임금법, 산업안전보건법 등 노동관계법을 적용하여야 한다.

(6) 다양한 비정규직근로자의 고용

기업들은 경영환경의 변화에 신속하게 대응하기 위해서 적정인원을 적기에 공급하여 효과적으로 활용하려는 경영전략의 일환으로 임시직, 파트타임직, 계약직, 파견근무, 재택근무 등 다양한 고용형태의 비정규직 근로자를 고용하고 있다.

비정규직근로자라는 용어는 상시고용계약에 의한 근로형태인 정규직근로자에 대칭되는 말로서 임시근로자 또는 일용근로자로 불리고 있다. 2002년에 정규직근로자수는 10,190천명(72,6%)이고, 비정규직근로자는 3,839천명(27.4%)이었으나, 2010년에는 정규직근로자수가 11,475천명(66.8%)이고, 비정규직근로자는 5,715천명(33.2%)이며, 2020년에는 정규직근로자수는 13,020천명(63.7%)이며, 비정규직근로자는 7,426천명(36.3%)으로 비정규직근로자수와 비율이 크게 증가하는 추세를 보이고 있다.

비정규직근로자수를 성별로 구분하여 살펴보면 2002년 남성 정규직근로자수는 6,320천명(76.5%)이고, 비정규직근로자는 1,938천명(23.5%)이었으나, 2020년 남성 정규직근로자수는 8,027천명(70.6%)이고 비정규직근로자는 3,336천명(29.4%)으로 남성 비정규직근로자가 1,398천명 증가하고 증가율은 5.9% 증가한 반면에, 2002년 여성 정규직근로자수는 3,870천명(67.1%)이고 비정규직근로자는1,902천명(32.9%)이었으나, 2020년의 여성 정규직근로자수는 4,994천명(55.0%)이고 비정규직근로자는 4,091천명(45.0%)으로 나타남에 따라 여성 비정규직근로자수는 2,189천명이 증가하고 증가율은 12.1%로 높은 상승율을 나타내고 있다.

현재 비정규직근로자는 전체 근로자의 36.3%에 이르고 있으며, 그들에 대한 임금 및 근로조건의 차별에 따른 노사갈등과 사회불안이 심각한 사회문제로 대두되고 있다.

비정규직근로자의 고용에 대하여 노동단체와 근로자들은 비정규직근로자의 고용으로 인하여 고용불안이 야기되고 임금수준이 낮아지며 근로조건이 열악하게 됨으로써 정규직근로자와 임금 및 근로조건에 있어서 불합리한 격차가 발생한다고 주장하고 있으며, 사용자들은 노동시장에서 고용의 유연성을 기함으로써 기업의 생산성이 제고되고, 주부・고령층・청년층 등 다양한 근로자 계층의 취업기회를 확대할 수 있다는 주장이 제기되고 있다.

비정규직근로자 고용이 증가하는 이유는 첫째, 노동조합의 정규직근로자에 대한 보호 강화로 기업의 원가상승과 경영권 압박에 대한 기업의 전략적 대응조치이고, 둘째, 서비스산업의 비중이 확대되고 서비스업의 생산 및 직무활동의 비정규성으로 인하여 비정규직 근로의 수요가 증가하고 있으며, 셋째, 정보통신기술의 발달로 재택근무, 이동사무실(mobile office) 등 다양한 형태의 근무활동이 가능해졌기 때문이다.

(7) 주 5일 근무제 시행

우리나라는 2004년 7월 1일부터 법정근로시간이 종전의 주 44시간에서 주 40시간으로 단축되어 주 5일 근무제 시대가 열리게 되었다. 2004년 7월 1일부터 공공사업, 보험금융, 1,000인 이상 사업장에 대하여 주 5일 근무제를 실시하기 시작하여 현재는 모든 사업장에서 주 40시간 근로제를 실시하고 있다.

주 5일 근무제의 시행은 근로자들에게 여가시간이 증가됨에 따라 자기개발, 사회참여, 봉사활동, 가족활동 등의 건전한 소비문화가 조성됨으로써 삶의 질이 개선되며, 사회경제적으로 문화, 관광, 레저, 운동 등의 서비스산업이 활성화됨으로써 고용창출과 경제활성화에 기여할 것으로 기대하고 있다. 한편 기업들은 근로시간 단축에 따른 생산성 감소, 인건비 부담 증가 등에 대한 대응전략으로 인적자원 및 조직관리의 선진화와 경영혁신의 과제를 안게 되었다.

주 5일 근무제는 선진국의 보편화된 제도로서 우리나라의 경영자들은 글로벌화의 환경변화를 인식하고 국제기준에 걸맞는 근로시간 및 인적자원관리제도를 정비하고 인적자원의 능력과 태도를 개발하여 근로자들의 근로의욕 향상, 창의력 개발, 직무능력 개발을 통한 기업의 고부가가치 창출과 근로자의 삶의 질을 개선할 수 있도록 노력을 기울여야 할 것이다.

2) 임금체계의 변화

(1) 임금수준의 급상승

근로자들의 임금수준은 1987년 이전까지는 정부의 선성장 후분배의 경제정책에 따라 임금인상을 억제하여 오다가 1987년 6.29민주화 선언 이후에 과거에 억제되었던 임금인상이 단기간에 폭발적으로 상승하였으나 1990년대 이후에 노동시장의 안정과 함께 경제성장이 지속되면서 임금인상도 안정세에 접어들었다.

한편 1987년 민주화 선언 이후에 임금인상률이 노동생산성 상승률을 상회하는 현상이 거듭되면서 기업들의 생산성 악화로 자금압박이 심화하는 어려움을 겪어 왔으나, 〈표 2-4〉에서 보는 바와 같이 2000년대 이후에 노동생산성이 저조한 가운데 임금인상률도 낮은 상태에서 균형을 유지하는 안정세를 유지하고 있다.

〈표 2-4〉 실질임금인상률과 노동생산성 증감률 비교

연도	1988	1990	2000	2005	2010	2011	2015	2020
임금인상률	7.8	9.4	5.6	3.6	3.5	-4.5	2.6	-0.5
노동생산성 상승률	6.6	5.4	4.0	3.2	5.1	1.5	1.3	0.3

자료: 2021 KLI 노동통계, 한국노동연구원

(2) 임금격차의 상존

노동시장에서 또 다른 근로자 임금구조의 특징은 학력별 · 직종별 · 규모별 · 성별 · 연령별 임금수준의 현격한 격차가 존재한다는 사실이다.

학력별 임금수준을 살펴보면 2020년 대졸근로자 월평균임금은 4,834천원, 전문대졸이 3,493천원, 고졸이 3,046천원으로 학력이 높을수록 임금수준이 높았고, 특히 대졸자의 임금이 전문대졸 근로자보다 월등히 높게 나타났다.

직종별 임금수준은 2020년 전문직 월평균임금이 4,587천원, 사무직 4,318천원, 판매직 3,480천원, 기능직 3,652천원으로 전문직이 가장 높았으며 다음은 사무직 순이었다.

규모별 임금수준은 2019년 500인 이상 대기업의 월평균임금은 5,383천원이고, 300인

이하 중기업은 4,744천원, 30인 이하 소기업은 4,186천원으로 기업의 규모가 클수록 임금수준이 높은 것으로 나타났다.

성별 임금수준은 2020년 남성근로자의 월평균임금이 4,486천원이고, 여성의 임금은 2,966천원으로 남성과 여성근로자의 임금 격차가 매우 큰 것으로 나타났다.

연령별 임금수준은 2020년 20대의 월평균임금은 2,643천원, 30대 3,883천원, 40대 4,657천원, 50대 4,359천원, 60대는 3,095천원으로 40대까지는 연공서열 임금체계에 따라 임금이 상승하다가 50대부터는 조기퇴직 또는 임금피크제 도입으로 임금수준이 낮아지는 임금구조를 나타내고 있다.

고용형태별 임금수준은 2020년 정규직근로자의 월평균임금은 3,234천원이고, 비정규직근로자의 월평균임금은 1,711천원으로 높은 차이가 존재하는 것으로 나타나 있다.

3) 노동시장의 변화

(1) 취업구조의 변화

우리나라 생산가능인구는 〈표 2-5〉에서 보는 바와 같이 1980년 24,463천명에서 2000년 36,186천명으로 11,723천명이 증가하였고, 2020년에는 44,785천명으로 8,599천명이 증가하였으며, 그 중에서 취업자 수는 1980년 13,683천명, 취업률 55.9%에서 2000년에는 취업자수 21,156천명, 취업률 58.5%로 취업자 7,473천명이 증가하였고, 2020년의 취업자수는 26,904천명, 취업률 60.1%로 취업자수는 5,748천명이 증가하였으며 취업률은 1.6% 상승한 것으로 나타났다.

여성생산가능인구는 1980년 12,659천명에서 2000년 18,667천명으로 6,008천명이 증가하였고, 다시 2020년에는 22,750천명으로 4,083명이 증가하였으며, 그 중에서 1980년 취업자수는 5,222천명, 취업률 41.3%이고, 2000년 취업자수는 8,772천명 취업률은 47.0%로 취업자수가 3,550천명이 증가하고 취업률은 3.7% 상승하였으며, 2020년 취업자수는 11,523천명 취업률 50.7%로 취업자수는 다시 2,751천명이 증가하고 취업률은 3.7% 상승한 것으로 나타났다.

〈표 2-5〉와 〈표 2-6〉에서 보는 바와 같이 생산가능인구와 경제활동인구는 점차적으로 증가하고 있으나 경제활동참가율은 60% 수준에 머무르고 있으며, 취업률도 60%를 하회하는 수준에서 눈에 띠는 변동이 없는 반면에 실업률은 4.0% 수준에서 유지되는 것으로 나타나 있다.

〈표 2-5〉 경제활동인구추이(전체)

(단위: 천명, %)

	생산가능인구	경제활동인구	경제활동참가율	취업자	취업률	실업자	실업률
1980	24,463	14,431	59.0	13,683	55.9	748	5.2
1990	30,887	18,539	60.0	18,085	58.6	454	2.4
1995	33,659	20,845	61.9	20,414	60.6	430	2.1
2000	36,186	22,069	61.0	21,156	58.5	913	4.1
2005	38,300	23,689	61.9	22,856	59.7	833	3.5
2010	40,590	24,748	61.0	23,829	58.7	920	3.7
2015	43,239	27,153	62.8	26,178	60.5	976	3.6
2020	44,785	28,012	62.5	26,904	60.1	1,108	4.0

〈표 2-6〉 경제활동인구추이(여성)

(단위: 천명, %)

	생산가능인구	경제활동인구	경제활동참가율	취업자	취업률	실업자	실업률
1980	12,659	5,412	42.8	5,222	41.3	190	3.5
1990	15,980	7,509	47.0	7,376	46.2	133	1.8
1995	17,382	8,410	48.4	8,267	47.6	143	1.7
2000	18,667	9,069	48.6	8,772	47.0	332	3.6
2005	19,683	9,835	50.0	9,526	48.4	309	3.1
2010	20,741	10,211	49.2	9.914	47.8	297	2.9
2015	22,018	11,426	51.9	11,022	50.1	404	3.5
2020	22,750	12,007	52.8	11,523	50.7	484	4.0

자료: 2021 KLI 노동통계, 한국노동연구원.

(2) 실업구조의 변화

우리나라는 지난 1997년 12월 IMF 금융위기 이후에 노동시장이 급속도로 악화되어 실업률이 1997년 11월 2.6%에서 1998년 1월 4.5%로 증가하였고, 그해 7월에는 7.6%로 실업자수 1,651천명을 기록한 적이 있다.

그러나 2000년부터 점점 안정되기 시작하여 〈표 2-5〉에서 보는 바와 같이 1980년 전체실업자수는 748천명(실업률: 5.2%)이었으나, 2000년 913천명(실업률: 4.1%)으로 165천명이 증가하였고, 2020년에는 실업자 1,108천명(실업률 4.0%)으로 실업자 195천명이 증가하였다.

또한 여성실업자는 〈표 2-6〉에서 보는 바와 같이 1980년 190천명(실업률: 3.5%)에서 2000년 332천명(실업률: 3.6%)으로 실업자수가 138천명이 증가하였으며, 2020년에는 여성 실업자수가 484천명(실업률 4.0%)으로 실업자수와 실업률이 상승한 것으로 나타났다.

제3절 노동운동의 개념

당초의 노동운동은 노동자들이 자신들의 경제적 목적을 달성하기 위하여 노동조합을 결성하여 단결된 힘을 배경으로 투쟁을 시작하였으나 점차 세력이 확대되면서 힘을 바탕으로 교섭을 통하여 경제적 · 정치적 실리를 추구하기 위한 급진적이고 계급투쟁적 양상으로 발전하였다.

노동운동에서 공통적으로 발견되는 세 가지 요인은 ① 근로자들의 이익보호, ② 경제적 반대세력에 대한 저항, ③ 산업사회의 가치실현 분배참가 등이다.

노동운동의 공통된 현상은 시간이 지나면서 노동조합의 세력이 왕성해지고 노동운동이 강화되면서 국경을 넘어 세계화되어 가고 있다. 노동운동이 국제화 · 세계화되는 이유는 개방화 시대에 국제적 노동조건을 동일화하고 정보를 교환하며 국제적 협력을 강화하여 국제사회의 산업평화를 이룩하기 위한 것이다.

각국의 노동운동은 이념적 · 종교적 차이에 따라 운동의 내용과 전개방식이 차이가 있으며, 경제적 수준이나 문화적 차이에 따라 노동운동의 강도가 차이가 있다.

1. 노동운동의 의의

노동운동은 산업자본주의의 발전과정에서 나타난 산업민주화운동으로서 노동자들이 자본가의 경영독재(management dictatorship)를 극복하고 경영민주화를 이룩하기 위해서 시작되었다. 노동운동(labor movement)이란 노동자들이 노동자조직을 결성하여 자신들의 근로조건을 유지하고 개선하기 위해서 사용자 및 사용자단체와 교섭 및 투쟁을 전개하는 운동을 말한다.[1)]

노동운동은 넓은 의미로 노동조합운동, 협동조합운동, 공제조합운동, 노동정치운동 등을 포함하고 있으나, 협동조합운동은 노동자나 군소생산자들이 유통과정에서 상업자본의 중간착취를 배제하고 생산자와 소비자의 직접연결을 도모함으로써 자신들의 이익을 얻으려는 조직적 운동이고, 공제조합운동은 노동자들이 질병, 상해, 양로, 사망, 실업 등으로 불시의 지출에 대비하기 위하여 노동자들이 기금을 조성하거

1) 이종법 · 류태모 · 윤대혁, 노사관계론, 도서출판 대명, 2003, p. 75.

나 정부와 자본가의 보조금으로 기금을 운영하여 상호부조하는 조직활동이며, 노동정치운동은 노동조합운동만으로 노동자의 복지생활을 보장할 수 없다는 판단에서 노동자들이 정당을 조직하여 근로조건의 개선을 위한 정치적 지원을 받으려는 운동이다.

노동운동은 좁은 의미로 노동조합운동을 말하는 것으로, 이는 자본주의 초기에 기업 또는 직장단위로 자본가나 노무관리자에 대하여 산발적인 투쟁을 벌이어 왔으나, 그 후에 '부르조와 자본주의 혁명'에 의하여 산업자본이 자유롭게 발전되고 자본가의 지배권이 확립되면서 노동자들은 자신들의 생활이 위태롭게 되자 이에 대한 자기방위의 수단으로 투쟁조직인 노동조합을 조직하여 단결력을 바탕으로 노동자 상호경쟁 제한, 인금인상, 노동시간 단축, 기타 근로조건 개선을 쟁취하기 위한 운동을 전개하게 되었다. 따라서 노동운동은 노동조합운동이 중심을 이루고 있으며, 노동조합의 이해에 따라 노동운동의 방향과 활동이 결정되게 된다.

2. 노동운동의 특성

노동운동의 정의와 발생배경을 중심으로 노동운동의 기본특성을 다음과 같이 설명할 수 있다.

첫째, 노동운동은 산업화 과정에서 출현한 임금노동자들이 조직적 활동을 통하여 노동문제를 효율적으로 개선하려는 운동이다. 산업화 이전의 노동자들은 사용자와 개인적인 주종관계에서 노동조건에 대한 불평과 불만이 있을지라도 이를 개선하려는 운동을 전개할 수 없었으나, 산업화가 진전되면서 자본가와 임금노동자계급이 형성되었고 임금노동자들은 조직적인 활동을 통하여 자신들의 이익과 근로조건의 개선을 주장할 수 있게 되었다.

둘째, 노동운동은 노동자 스스로 노동조합을 결성하여 단결력을 발휘하고 확대하기 위한 운동이다. 노동자들은 노동조합을 결성하여 단결력을 바탕으로 자신들의 지위를 주종관계에서 대등관계로 유지하고 세력을 확대하기 위하여 노동조합조직을 특정한 기업이나 지역으로부터 전국적·세계적으로 확대해 나아가는 운동을 전개하고 있다.

셋째, 노동운동은 노동자들이 노동조합조직을 바탕으로 임금, 기타 근로조건의 유지·개선을 위하여 단체교섭이나 집단투쟁을 전개하려는 운동이다. 여기에서 임금, 기타 근로조건이란 임금근로자가 노동을 제공한 대가로 받는 보상과 노동시간 및 휴식시간, 휴일 및 시간외 근무, 복지후생에 관련된 모든 조건을 말하는 것이다. 이러한 임금 및 근로조건의 개선을 위해서 단체교섭이 매우 중요하다. 단체교섭은 노동조합대표와 사용자가 대등한 입장에서 임금 및 근로조건의 개선에 대하여 민주적·평화적으로 협상하는 활동으로서 산업민주주의 실현을 위한 중요한 절차이다. 이러한 절차에 의하여 단체교섭이 원만한 해결에 이르지 못 할 경우에 노동자들은 단결력을 기반으로 파업, 태업, 피켓팅 등의 투쟁활동을 전개하게 된다. 노사가 합의를 이끌어내지 못하고 투쟁에 돌입하게 되면 노사 쌍방이 모두 불리한 손실을 입게 되므로 가능한 한 단체협상을 통하여 타결을 보는 것이 가장 바람직한 일이다.

제4절 각국 노동운동의 발전

산업사회에서 노사문제가 대두되기 시작한 것은 1760년대 영국에서 일어난 산업혁명으로 임금노동자가 출현하면서부터이다. 산업혁명 이후에 생산형태가 소규모 가내공업에서 대규모 공장제 공업으로 발전하면서 기업은 많은 노동자를 고용하게 되었고, 노동자들은 대부분 토지(농촌사회)로부터 이탈한 농민출신으로서 생활수단을 소유하지 않고 단순노동을 제공하고 받은 화폐임금으로 생활하는 임금노동자들이었다.

산업화 초기의 공장에서 일하는 노동자들의 근로조건은 상상할 수 없을 만큼 열악하였다. 농촌으로부터 몰려드는 단순 노동력은 공급이 수요를 크게 웃돎으로써 그들은 생계비에도 못 미치는 낮은 임금을 받으며 하루 16시간 이상의 장시간 노동을 감수할 수밖에 없었다. 한편 대부분의 자본가계급은 고압적이고 관료적인 감독방식으로 노동자에게 장시간 노동과 저임금을 강요하는 착취형태를 일삼았다. 따라서 당시의 노사관계는 자본가와 노동자 사이에 지배관계가 형성됨으로써 자본가에 대하여 반발하고 항거하는 노동자들의 노동조합운동이 나타나게 되었던 것이다.

1. 영국의 노동운동

1) 노동운동의 등장

18세기 말 영국에서 일어난 산업혁명 이후에 생산공장이 대규모화됨에 따라 대량의 임금노동자들이 출현하게 되었다. 여기에서 노동자들은 임금과 노동시간 그리고 근로조건의 개선을 위해 단결하여 투쟁하기 시작하였고, 한편으로 실업이나 질병 등으로 곤란한 처지에 놓인 근로자를 돕기 위해 기금을 모으기도 하였다. 그러나 1799년 영국 정부는 근로자단결금지법(Combination of Workmen Act)을 제정하여 임금 및 근로조건의 향상을 목적으로 하는 노동자의 단결이나 동맹파업을 금지함에 따라 노동운동이 표면적으로는 공제조합과 같은 상부상조의 기능을 표방하고 있었다.

영국에서는 1871년 노동조합법(Trade Union Act)를 제정함으로써 세계 최초로 노동조합의 단결권을 보장하게 되었다. 그 후 노동자단체들은 노동자를 위한 정당 활동을 전개하여 1900년에는 사회주의정당과 노동자단체를 결속시켜 노동자대표회의(Labor Representative Committee)를 탄생시켰고, 1906년 영국 총선거에서 노동자대표회의가 크게 승리하면서 명칭을 노동당(Labor Party)으로 바꾸었다.

20세기 들어 제1차 세계대전까지는 대체로 큰 변동이 없었으며, 대전의 발발로 노동운동은 일시 중지되었으나 전쟁이 끝나면서 노동운동의 형태는 커다란 변혁을 가져왔다. 즉, 종전의 직업별조합들이 서로 결합하여 산업별조합(industrial union) 형태로 변화를 가져오게 된 것이다.

제2차 세계대전 중에는 제1차 세계대전 때와 마찬가지로 노동조합은 스트라이크를 중지하고 전쟁을 승리로 이끌기 위하여 협력하였으며, 이러한 스트라이크의 중단은 노동조합이 정치상의 입지를 높이는데 기여하게 되었다. 제2차 세계대전 이후에 정권을 잡은 정당들은 노동조합의 협력 없이는 어떠한 정책도 추진할 수 없을 정도로 노동조합의 세력이 강화되었다.

2) 노동조합의 현황

영국의 노동조합은 19세기 후반부터 계속 증가하여 1979년에는 조합수 453개, 조합원수 1,330만 명에 이르러, 비농업 노동자 중에서 노조가입률이 55%에 달하기도 했으나, 보수당 정권의 집권 이후에 노조에 대한 강경정책으로 노조의 수가 점점 줄어들어 1995년에는 조합수 256개, 조합원수 약 7,275천명으로 노조가입률은 32.1%로 떨어졌다. 이와 같은 조직률은 미국·일본·그리스·프랑스·이탈리아 등에 비하여 다소 높은 편이지만, 스칸디나비아 제국이나 벨기에 등에 비하면 낮은 수준이다.

한편 영국 노동조합의 특색 중 하나는 공공부문의 노조가 차지하는 비중이 매우 크다는 것이다. 제2차 세계대전 이후에 철도·석탄·철강산업을 주축으로 한 국영기업이 급속도로 팽창하였으며, 특히 중앙정부·지방공공기관·국영기업체에 종사하는 근로자수가 급격히 증가하여, 노조조직률도 매우 높았다. 즉, 공공부문의 노동조합은 양적・질적으로 급격히 팽창하여 1979년 현재 공공부문의 조합원수는 519만 명으로서 영국 전체 조합원수의 40.9%를 차지하였다. 노조조직률은 군대를 제외한 중앙정부 91%, 교원・경찰을 포함한 지방공공기관 78%, 국영기업 96% 등으로 영국 전체 노조조직률 53.6%에 비하여 현저히 높다. 이와 같이 공공부문의 조직률이 크게 높은 이유는 제2차 세계대전 이후에 복지정책의 확대, 완전고용의 실현 등의 경제정책을 실천하면서 공공부문의 노조결성을 장려했을 뿐 아니라, 1970년대 이후에 정부의 재정적자폭이 확대됨에 따라 공공부문의 임금수준이 사기업에 비하여 현저하게 낮아진데 따른 불만에서 비롯된 것으로 보인다.

영국 노동운동의 커다란 특징 중의 하나는 처음부터 정치성을 강하게 띠고 있다는 것이다. 초기의 전국적 노동조합연맹체인 노동조합회의(Trade Union Congress)는 노동당 조직의 기반을 구축하였을 뿐 아니라, 양측 대표로 구성된 연락위원회가 노동당 안에 설치되어 노동조합회의의 정책을 그대로 반영시키고 있다. 노조조합원의 노동당 가맹률은 평균 84%에 이르고 있으며, 노동조합은 총선에서 노동당을 적극 지원하고 당의 정책수립에 크게 영향을 행사하고 있을 뿐 아니라, 노동조합회의는 정부의 여러 기관에 대표를 파견하여 정부의 정책수립에도 깊이 관여하고 있다.

3) 사용자 단체

영국에서 단체교섭은 전국적 수준이나 지역별 차원에서 진행되는 것이 원칙이기 때문에 사용자들도 노동조합과의 단체교섭에 대응하기 위하여 전국적 수준 또는 지역별 단위로 고용조건을 규제하는 역할을 담당하고 있다.

사용자단체의 조직구조는 세 가지 유형으로 구분되고 있다.

첫째, 지역단위의 협회들로 구성된 전국연합체로서 엔지니어링 사용자연합회(Engineering Employer's Federation)가 대표적이며, 이 연합회는 6,000여 개의 회원조합을 갖고 있다.

둘째, 하나의 전 산업을 망라한 전국협회의 형태로서 화학산업협회(Chemical Industrial Association)의 경우는 160여 업체의 회원을 갖고 있다.

셋째, 지역단위로 특정 산업의 이익을 대표하는 지역별협회가 있다. 이들 사용자단체에 가맹하고 있는 회원업체는 제조업의 경우에는 전체의 75%나 되며, 공공부문의 사용자단체로서 주의회협회(Association of Country Councils)와 지방의회협회가 있다.

2. 미국의 노동운동

1) 노동조합의 발전현황

미국에서 처음으로 노동조합이 조직된 것은 1794년 필라델피아의 제화공(製靴工) 조직에서 비롯되었으며, 그 후 인쇄공 · 목공 · 재단공들이 자신들의 임금과 근로조건 및 복지를 개선할 목적으로 노동조합을 조직하였다. 당시의 노동조합은 숙련공의 권위를 확보하기 위한 클로즈드숍(closed shop)제를 채용하고 있었으며, 조합을 통하여 근로조건의 향상을 위한 단체교섭을 시도하고, 여의치 않을 경우 파업으로 맞서는 전략을 앞세웠다. 그러나 당시의 노동조합은 법원의 지원을 받은 사용자의 압력, 주기적인 공황, 경쟁조합과의 분쟁 등으로 성쇠가 극심하였다.

1850년 경기가 회복되면서 지역단위의 노동조합들은 각각 전국적인 노동조합을 결성하기 시작하였으며, 특히 미국의 남북전쟁(1861-1865년) 이후에 공업화의 급속한 진전과 함께 자본주의가 신속하게 진행됨에 따라 미국의 노동운동이 급속도록 확산되었다.

1886년 노동기사단(Knights of Labor)의 전국적인 노동쟁의 대실패의 여파로 그 해 12월 미국노동총연맹(American Federation of Labor: AFL)이 결성되었다. AFL의 지도자 곰퍼스(Samuel Gompers)는 노동기사단의 대실패를 보면서 노동자의 정치활동은 노동조합의 파멸을 초래한다고 보고 정치활동을 부정하고 오로지 단체협약에 의한 노동조건의 개선을 목적으로 하였다. AFL은 숙련노동자를 중심으로 한 직능별조합으로서 다음과 같은 지도원칙을 제시하고 있다. ① 연합조직 내에서 전국노동조합의 자주성 부여, ② 단일직업의 단일노동조합 결성이라는 독점적 관할권 부여, ③ 임금중심의 경제투쟁, ④ 정치에 불관여, ⑤ 목표달성 수단으로서 파업의존 등이다.

제1차 세계대전 중에는 산업이 눈부시게 발전하였고 노동력 부족 현상으로 노동조합이 급속도로 신장하였으며, 정부도 조합을 보호하는 정책을 채택함으로써 1920년 조합원수가 5백만 명을 넘었다. 이와 함께 임금이 상승하고 근로조건이 향상되며 근로시간도 주 46시간으로 단축되었다. 그러나 대전 후에 정부의 보호정책의 후퇴, 사용자측의 공세 강화, 조합 리더십의 결핍 등으로 노조의 힘이 약화되면서 특히 1929년에는 조합원수가 297만 명으로 감소하게 되었다.

뉴딜정책의 하나로 1935년 노동관계법(일명 Wagner Act)이 제정되면서 노동자의 단체교섭권 보장, 클로즈드 숍제의 허용, 사용자의 부당노동행위 금지 등 노동자의 이익을 옹호하고 노동조합을 적극적으로 보호 육성하기 위한 입법조치가 이루어졌으며, 1938년에는 공정근로기준법(Fair Labor Standard Act)이 제정되어 노동자의 권익이 크게 보장되었다. 그러나 대규모 생산기업에서 대다수를 점하고 있는 미숙련공들이 직업별조합을 조직할 수 없게 됨에 따라 AFL 내부에 미숙련자를 가입시키기 위해서 산업별조직으로 바꾸려는 운동이 일어나게 되었다. 여기에서 숙련자와 미숙련자 간의 격렬한 논쟁과 분열로 인하여 산업별조직을 원칙으로 하는 산업별노동회의(Congress of Industrial Organization: CIO)가 결성되었다. CIO는 자동차·철강산업의 노동자를 중심으로 인종·종교·국적 등에 관하여 무차별의 원칙을 적용함에 따라 조직을 급속히 확대할 수 있어 단시간에 AFL에 대등할 정도의 세력으로 성장함으로써 AFL과 CIO는 미국 노동운동의 양대 세력으로 발전하였다.

1941년 제2차 세계대전이 발발하자 정부는 전쟁승리를 위하여 노사 쌍방으로부터 전쟁기간 동안 파업과 직장폐쇄의 중지를 약속받아 냈으나, 전쟁 중에 CIO를 중심으로 조직 내에 공산주의 세력이 침투하여 임금인상을 둘러싼 노동쟁의가 전 산업에 걸쳐서 계속됨에 따라 기업들의 생산중단으로 생활필수품의 공급이 줄어들어 국민들은 노동자의 파업을 규탄하였고, 민심은 노동자편에서 국가편으로 돌아서게 되었다. 여기에서 1947년 태프트 하틀리법(Taft-Hartley Act)이 제정됨으로써 종전의 노동정책이 크게 전환되게 되었다. 즉, ① 클로즈드 숍제의 금지, ② 노동조합의 부당노동행위 규제, ③ 국가비상파업 규제, ④ 정치활동의 금지 및 노동조합으로부터 공산당 추방 등을 규정하였다.

AFL과 CIO는 조직구성의 특성이나 원칙이 달라 경쟁관계에 있었으나 통합을 요청하는 목소리가 높아지면서 1955년 두 조합이 통합협정에 조인함으로써 자유세계 최대의 노동조직인 미국노동총연맹 및 산업별노동회의(AFL-CIO)가 탄생하였다.

미국의 노동조합은 1995년 1월 현재 전국노동조합 150개, 지방노동조합 7만개, 조합원수 1,400만 명이며, 이 중 73개의 전국노조, 6만개의 지방노조, 그리고 14,158,000명의 조합원이 AFL-CIO에 가입해 있다. 총노동인구에 대비한 조직률은 1945년 35.5%를 최고로 하여 점점 떨어져 1978년 23.6%, 1995년에는 14.9%에 머물고 있으며, 이는 비농업노동자에 대한 비율로 보면 11.2%에 지나지 않는다.

이와 같이 노조조직률이 하락하게 된 이유는 고용관리의 변화, 법률의 제정 및 개정, 경영자의 대노조관 변화, 노조의 조직화 노력 감소, 그 외에 일반대중의 노동조합 인식 변화, 노조의 이념 및 가치관의 변화, 노조의 리더십 부족 등을 들 수 있다.

미국의 사용자들은 노동조합에 대한 교섭력의 강화를 도모하기 위하여 전국상공회의소, 전국 제조업자협회 등 많은 사용자단체를 결성하고 있다. 미국의 사용자단체는 크게 ① 산업별 사용자단체, ② 지역별 사용자단체, ③ 사용자단체연합체 등 세 가지로 구분되고 있다.

2) 단체교섭

미국의 노동운동은 자본주의체제 하에서 노동자들이 실리를 추구하기 위해서 노동조합을 통하여 조합원의 임금인상, 복지증진, 근로조건 개선 등을 요구함에 있어 노사간의 단체교섭으로 해결하고 있다. 노사의 단체교섭은 '이기고 지는 관계'가 아니라 신의성실(in good faith with)의 원칙에 입각하여 '주고받는'(give and take) 절충을 통하여 마침내 단체협약의 체결을 이끌어 낸다. 단체교섭은 기업별 · 산업별 · 직능별 · 지역별 등 다양한 형태로 이루어지는데, 대부분의 경우 전국적인 노동조직과 단일 사용자에 의해 단체교섭을 진행하고 있다. 그러나 전국적인 노동조합과 이에 상응하는 사용자단체 사이에 이루어지는 통일교섭도 약 40%나 채택되고 있다.

미국의 단체교섭은 각종 노동법에 의하여 규제를 받는데, 보통 교섭의무사항, 교섭임의사항, 그리고 교섭금지사항으로 구분된다. 특히 미국은 노동조합의 적법성 문제를 해결하고 노조의 안정을 돕기 위해서 노조의 교섭단위시스템(bargaining unit system)을 채택하고 있는데, 이 제도의 특징은 첫째, 특정 사업장단위의 근로자를 대표하는 노조가 되기 위해서는 근로자 과반수 이상의 지지를 얻어야 하고, 둘째, 적법한 노동조합으로 인정되면 그 노조가 근로자의 가입여부에 관계없이 그 사업장의 전체 근로자들을 보호하고 대변하도록 되어 있으며, 셋째, 노동조합은 사용자에게 단체교섭에 성실히 응하도록 법적으로 요구할 수 있고, 넷째, 교섭단위의 설립에 의문이 있으면 국가노동관계위원회(National Labor Relations Board)에 신청하여 판정을 받도록 하고 있다.

3. 일본의 노동운동

1) 노동조합 발전현황

일본의 근대화는 명치유신(明治維新)을 계기로 봉건국가에서 중앙집권적 전제주의 국가로 전환되는 과정에서 시작되었는데, 이러한 정치적 통합에도 불구하고 사회 ·

문화적 배경은 그대로 연속성을 유지하고 있었다.

일본에서 노동운동이 시작된 것은 1896년 노동조합기성회(勞動組合期成會)가 결성되면서부터이다. 일본은 청일전쟁 직후 자본주의가 확립되는 과정에서 군수공업을 중심으로 공업이 발전하면서 임금노동자가 증가하게 되었다. 전후 물가가 크게 오르고 근로조건이 열악한데 대한 불만으로 각지에서 노동운동이 급격하게 확산되었다.

노동조합기성회의 지도하에 근대적 형태의 노동조합이라고 할 수 있는 철공조합, 일본철도교정회, 철판공조합, 양복직공조합 등이 결성됨에 따라, 노동운동의 확대를 겁낸 정부가 1901년 치안경찰법을 제정하여 노동조합의 결사와 집회를 제한하고 노동운동자들을 탄압하였다.

1914년 제1차 세계대전이 발발하면서 중공업을 중심으로 일본경제가 비약적으로 발전함에 따라 대규모 공장으로 대량의 노동자가 집중되면서 노동자의 단결이 용이하게 되고 노동운동의 기반이 구축되게 되었다.

1918년 제1차 세계대전의 종전으로 불경기로 인한 공장폐쇄, 기업도산, 임금인하, 실업발생 등이 속출함에 따라 이에 대항하는 노동쟁의가 진전되는 과정에, 1917년 러시아혁명을 일으킨 공산주의 사상이 노동운동에 침투하여 총동맹이 좌파와 우파로 분열되고 양파간에 대립이 발생하게 되었다. 정부는 1925년 치안유지법을 제정하여 공산주의를 탄압하기 시작하였으나 노동조합의 조직은 매년 증가하여 1931년 노동조합수 818개, 조합원수 369천명에 달하여 전체 노동자의 7.9%를 차지하였다.

그 후 1941년 제2차 세계대전에 돌입하자 군국주의에 밀려 노동운동은 쇠퇴하기 시작하여 총동맹을 비롯한 모든 노동조합이 자진해서 또는 압력에 의하여 해산하게 되었다.

전쟁이 끝나고 점령군사령부가 노동조합의 보호・육성정책을 채택하면서 치안유지법・치안경찰법을 폐지하고, 1947년 노동조합법을 제정함에 따라 노동자의 단결권과 쟁의권이 처음으로 인정되었다. 여기에서 노동자들은 자신의 방위를 위하여 많은 직장에서 노동조합을 결성하면서 노동운동이 급속도로 진전되었다.

전국적 조직으로서는 1946년 8월에 일본노동총동맹과 전일본산업별노동조합회의, 그리고 9월에는 일본노동조합회의가 결성되었다. 그 후 일본의 노동조합은 급속도로 성장하여 1950년 조합원수가 5,774천명이 되었고 전체 근로자의 46.2%가 노조에 가입했으며, 조합원수가 꾸준히 증가하여 1975년에는 조합원수 12,590천명으로 증가하였으나 노조조직률은 34.4%으로 감소하였다. 그리고 1993년에는 조합수 71,000개, 조합원수 12,396천명, 조직률 24.4%에 그치게 되었다.

2) 단체교섭 및 노사협의

일본에 있어서 단체교섭은 기업단위로 사용자와 노동조합 사이에 이루어지고 있다. 최근의 조사에 따르면 기업별 노조가 전체의 90%를 넘고 단체협약의 83.6%가 기업별로 체결되고 있는데, 이러한 기업별 단체교섭구조는 놀랄만큼 높은 노사안정을 가져다주고 있다. 기업별 교섭방식은 각 기업의 노동조합과 사용자 간에 교섭이 진행되므로 기업의 경영실적과 기타 노동조건의 특수성을 잘 반영시킬 수 있다는 장점이 있으나, 동종 또는 유사 산업 내의 기업간 임금 및 근로조건에 상당한 격차가 발생할 수도 있다.

일본의 단체교섭에서 빼놓을 수 없는 것이 바로 춘투(春闘)이다. 기업별교섭에 있어서 교섭력이 강한 노조도 있고 약한 노조도 있는데, 교섭력이 약한 노조들이 모여 근로조건을 향상시키기 위한 발상에서 나온 것이 일본 특유의 교섭전략인 춘투이다.

춘투는 1955년 합화노련, 탄로, 사철, 전산, 전국금속, 화학동맹, 전기노련 등 8개 산업별 노동조합의 공동투쟁회의에서 출발하였다. 춘투의 설립배경은 첫째, 기업별 노동조합의 약한 교섭력을 통일적인 공동투쟁으로 보강하고자 하는 노조측의 교섭력 강화, 둘째, 1950년대 중반부터 노동운동의 초점이 정치투쟁에서 경제투쟁으로 서서히 전환되고 있는 노조의 행동변화, 셋째, 연중의 시기에 있어서 봄철이 가장 적합하다는 노동조합측의 공통된 인식 등이다. 일본의 많은 조합이 봄에 임금인상 교섭을 추진해 왔고, 이를 보다 조직적인 형태로 추진하기 위해서 1967년 중앙임금투쟁위원회를 결성하여 춘투라 불리는 춘계임금교섭을 전국적으로 진행하였다.

춘투의 임금교섭방식은 노동조합의 교섭전략으로서 일정한 시기에 전체 산업규모에서 투쟁을 집중시켜 임금인상의 사회적 시세를 형성하고, 이를 미조직 근로자를 포함한 전체 근로자에 확대·파급시키고 있다. 이때 춘투의 시세설정자는 대표업종의 대표기업 노동조합이라 할 수 있는데, 오랫동안 철강과 사철이 시세설정자로서의 역할을 담당하고 있었다. 이처럼 춘투의 임금결정방식은 대기업을 중심으로 이루어지고 있으며, 중소기업에서는 시세설정자의 임금인상률을 준거로 하여 각 사용자들과 임금교섭을 진행하고 있다. 한편 공공부문의 임금교섭은 민간부문의 시세에 준거하여 이루어지므로 공공부문의 노동조합들은 민간부문의 임금시세를 높이는데 힘을 집중시켜 주고 있다.

그러나 최근 들어 기업간의 임금지불능력의 격차가 확대되면서 춘투의 기반이 무너지기 시작했고, 게다가 경영자들이 개별 기업의 노무관리 대책을 수립·실천해 가면서 노동운동의 기반이 더욱 약화되어 오늘날에는 제대로 춘투의 실효를 거두지 못하는 실정이다.

일본의 노사협의회제도는 명치 말기부터 몇몇 대기업에서 공장위원회가 설치되었는데, 제2차 세계대전 후 노동운동이 자유로워지면서 쟁의를 협의에 의해 해결하기 위해서 사용자와 노동조합이 단체협약을 통해서 설치한 상설의 협의기관이다. 일본에서 노사협의회는 단체교섭과는 달리 법률적으로 제도화되지 않고 노사간의 단체협약으로 설치하여 실시하고 있는데 그 내용은 다음과 같다.

첫째, 회사와 노동조합은 상호 원만한 관계를 유지하기 위하여 노사협의회를 설치한다.

둘째, 노사협의회는 노사쌍방을 대표하는 각 10인 이내의 위원으로 구성되고, 종업원 대표는 노동조합의 추천으로 선출된다.

셋째, 노사협의회는 월 1회 정기적으로 개최할 수 있는데 회사 또는 노조 중 일방의 신청에 의하며 수시로 개최할 수 있다. 협의회 부의사항으로는 협의결정 사항, 보고사항 및 고충처리 사항, 근로자의 복지 및 안전보건, 임금 및 근로조건에 관한 사항, 경영문제에 관한 사항 등을 광범위하게 다루고 있다.

넷째, 노사협의회의 협의사항은 필요하다고 인정되는 부분을 기록하여 회사와 노동조합이 협정서를 작성하여 기명·날인하고 있는데, 그 효력은 단체협약과 동일하다.

다섯째, 노사간 협의가 안 되는 문제는 단체교섭에서 심도 있게 다루어진다. 보편적으로 기업 내의 세부사항은 노사협의회에서 이루어지므로 단체교섭은 명분상으로 개최되는 경우가 많다.

최근의 노사협의제 실태를 보면 30인 이상 규모의 사업체 중에서 84.2%가 노사협의회를 갖고 있으며, 이 중에서 단체협약에 의하여 노사협의기구를 설치하고 있는 사업체는 전체의 70.9%나 된다. 그리고 노사협의회를 설치하고 있는 경우 단체교섭과 노사협의회에서 다루는 항목을 구분하지 않고 있는 사업장이 35.2%에 달하고 있다.

4. 우리나라의 노동운동

1) 한국 노동운동의 태동

우리나라의 노동운동은 일제의 탄압에 저항하기 위한 반식민지 투쟁으로 출발하였던 역사적 배경으로 인하여 대립적·투쟁적 성격을 강하게 지니고 있다.

우리나라 최초의 임금노동자들은 민족자본으로 설립·운영되는 공장형태의 기업에 의하여 고용기회가 창출된 노동자가 아니라, 조선말기의 수공업에 종사하던 독립 자영업자들이 개화기에 들이닥친 일본의 정치적·경제적 세력의 침투에 밀려 민족 자본 형성의 계기를 잃게 됨에 따라 일부 일본 자본과 제휴한 영리추구지향적인 기업에서 종사하는 노동자들이었으며, 또한 개항 이후에 부두에 유입되는 화물을 처리하는 유통업에 종사하는 노동자들이었다.

일제는 한국에서 일본 자본과 제휴한 민족기업만이 사업을 안정되게 영위할 수 있는 장소와 여건을 제공받을 수 있도록 하였고, 순수 민족자본을 억압함으로써 민족기업가를 일본자본의 시녀로 전락시키고 말았다. 이와 같이 민족자본이 육성될 수 없는 가운데 외국자본 특히 식민자본에 의하여 고용된 임금노동자들은 필연적으로 동족 내의 노사관계와는 다른 이민족(異民族) 간의 노사관계 특성을 형성하게 되었다. 다시 말하면 일본 제국주의 자본가와 여기에 고용된 조선인 근로자의 관계는 노사관계 차원을 넘어 민족감정의 대결 양상을 띠게 됨으로써 투쟁적 노사관계의 전통이 생기게 되었다고 할 수 있다.

1920년대의 한국 노동자들은 3·1독립운동을 계기로 일본 제국주의에 대하여 정치적으로 크게 각성하게 되었고, 산업의 발전으로 공장규모가 커지고 임금노동자가 급증하였으며, 일본 독점자본에 의한 지나친 착취행위로 노동자계급이 절대적·상대적으로 궁핍하게 되었다. 한편으로 러시아에서 일어난 레닌의 공산주의 혁명의 영향을 받아 국제노동운동이 활발하게 진행됨에 따라 노동운동의 조직성, 격렬성, 지속성이 강화되었다.

1920년대의 노동운동은 식민자본의 착취에 대한 저항운동으로, 때로는 폭력적이고 투쟁적으로 발전하였으나 이는 반식민지 민족해방운동의 일익을 담당했다는 점에서 대중의 지지를 받았던 것이다. 그 당시는 합법적인 노동쟁의 행위가 허용되지 않은 상태이므로 일제 경찰은 치안유지법을 적용하여 노동운동을 탄압하기에 이르렀고 노동운동은 점점 폭력을 수반하게 되고 또한 지하운동으로 침투하게 되어 마침내 이는 항일투쟁으로까지 발전하게 되었던 것이다.

2) 해방 이후의 노동운동

우리나라는 1945년 해방을 맞으면서 생산시설이 파괴되지 않고 그대로 남아있었으나 그 시설을 제대로 운영할 수 있는 경영진의 부족, 기술역량의 결여, 주인의식의 결핍 등으로 이를 관리할 역량을 갖추지 못하였다.

1945년 10월 30일 미국 군정청(군정법령 제19호)은 국가긴급사태 선언에서 노동조합의 결성을 보장하고 파업, 태업, 직장폐쇄 등의 쟁의행위를 허용하면서 일제 하에서 탄압에 의해 잠복하였던 노동운동이 매우 활발하게 전개되었다. 1945년 11월 5일 좌익진영에 의하여 조선노동조합전국평의회(전평)가 결성되었고, 행동강령으로 임금 및 근로조건에 관한 기본적 욕구와 초보단계의 민주화 조건을 채택하였으며, 공장위원회가 일제와 친일파 소유 기업을 관리한다는 사회주의적 요구를 포함하고 있었다. 그러나 전평주도의 노동운동은 사실상 경제투쟁보다는 정치투쟁을 우선하여 정치적 목표를 실현하려 하였다.

한편, 전평의 확대된 조직에 의하여 전개되고 있는 사회주의 정치운동 세력을 타도하기 위해 미군정청의 지원을 받아 관영·공영·대사업장을 중심으로 민주진영에 의하여 1946년 3월 10일 대한노동조합총연맹(대한노총)이 결성되었고, 행동강령으로 민주주의를 기본원칙으로 하고, 노사협조와 건국에 헌신하기 위해 반공·반전평을 주된 내용으로 채택하였다.

국내 노동조합운동은 공산주의를 지지하는 좌익계의 조선노동조합전국평의회(전평)와 거기에 맞서는 우익계의 대한노동조합총연맹(대한노총)을 중심으로 노동운동이 정치활동으로 변질되어 가는 복잡한 상태에 있었으므로 미군정청은 법령 97호(1946. 7. 23)를 공포하여 노동문제에 관한 공공정책을 발표하였다. 그 법령의 요지는 ① 민주주의적 노동조합의 발전을 장려하고, ② 노동자는 노동운동을 통해 자율적으로 노동조합을 조직하고 가입하며, ③ 노사간에 합의된 임금·노동시간·근로조건을 명기한 노동계약을 평화적으로 체결하도록 하고, ④ 임금근로자의 보호와 복지증진을 위해 노동부의 설치가 필요하다는 것 등이다. 그러나 우리나라에는 노동관계 전문인력의 부족으로 노동관계 법령이 제대로 이행되지 않을 뿐 아니라, 전평(좌익진영)은 파괴행위와 노조의 정치적 도구화를 위해서 투쟁을 일삼고 있었고, 우익진영은 건전한 노동운동은 환영하지 않으면서 대한노총을 전평타도의 수단으로 이용하려 함으로써 자유로운 노동운동이 건전하게 발전할 수 없었다.

전평과 대한노총 간의 치열한 싸움이 계속되면서 전평이 1946년 9월과 1947년 3월 두 차례에 걸쳐 총파업을 감행하였다. 이에 미군정청이 포고령(1947년 3월)으로 전평을 불법화함으로써 좌익진영의 노동운동은 1949년 완전 해체될 때까지 지하로 잠입하게 되었다.

우리나라는 1948년 정부수립과 더불어 헌법에 근로3권의 보장을 명시하고, 정부는 1949년 근로기준법, 노동조합법, 그리고 노동쟁의조정법의 초안을 완성하여 심의하는 과정에 6.25 한국전쟁이 발발함에 따라 국회통과가 지연되었고, 마침내 전쟁

중이던 1953년 부산에서 동법이 제정·공포되었다. 그러나 전쟁으로 파괴된 시설이나 폐허가 된 민족자산을 부흥시키기 위해서 여념이 없는 정부, 기업 그리고 노동자들도 노동문제에 대해서는 관심을 둘 여지가 없었다. 그런 과정에서 5.16 혁명을 주도한 군사정부는 혁명정부의 포고령 하나로 노동관계 법률의 효력을 정지시키고 한국노동조합연맹을 해산시켰다.

3) 경제성장기의 노동운동

근대적 기업경영의 틀이 형성되고 산업화가 본격적으로 시작한 것은 1960년대에 들어서부터이다.

5·16 혁명 직후에 혁명정부(포고령 제6호)에 의하여 노동단체가 해체되었다가 8월 30일 임시조치법이 공포되면서 11개의 산업별노동조합이 결성되었으며, 현재의 한국노동조합총연맹(한국노총)이 조직되었다. 1963년 두 차례에 걸쳐 노동조합법 및 노동위원회법이 개정되었는데 주요내용으로는 첫째, 기업별노동조합에서 산업별노동조합으로의 전환이었고, 둘째, 노동조합의 단체행동을 제한하였으며, 셋째, 노사협의제를 적극 권장하는 것이었다.

1971년 12월 국가비상상태의 선포와 함께 국가보위에 관한 특별조치법이 국회를 통과하면서 단체교섭과 단체행동이 크게 제약되었으며, 사실상 합법적인 노동운동은 불가능하게 되었다. 당시 노동입법의 특징은 경제성장이라는 국가목표의 달성을 위해서 노동조합 활동을 제약하고 정부가 노사관계 내지 노동문제에 적극 개입하도록 한 것이다.

1979년 10·26사태 이후의 정치 공백상태 하에서 우리나라의 노동운동은 1980년 4월의 폭력적인 사북탄광 노동쟁의를 시작으로 노사분규가 급증하는 양상을 보이었으나, 1980년 5월 비상계엄이 전국으로 확장되었고, 그 해 12월 국가보위입법회의에서 노동관계법이 개정되었으며, 주요 개정내용으로는 산업별 노조체제에서 기업별 노조체제로의 전환, 노동조합의 설립과 제3자의 개입금지, 단체교섭권의 위임금지, 노동조합 설립요건의 강화, 노조 임원의 자격제한, 단체협약의 유효기간 연장, 유니온 숍(union shop)의 불인정, 노동조합 재무사항 공개의무 등이었다. 이 법의 개정으로 노동운동을 약화시키고 쟁의활동을 최소화시키는 규제가 강화되었다.

정부의 잦은 공권력 개입으로 그동안 노동조합운동이 좀처럼 활성화되지 못하였으나 1983에 들어서 그동안 기업들이 고도성장을 이룩하면서도 누적된 이익의 분배 소홀, 열악한 근로조건, 저임금, 노동활동의 규제 등에 대한 불만이 표출되면서 점차 집단적인 노사분규 양상을 띠기 시작하였다.

이와 같이 경제성장기의 노동운동의 특징은 1960년대 이후에 기업이 놀라운 속도로 성장하면서 임금근로자의 급팽창을 가져왔으며, 노사문제는 경영자 독자적인 경영정책이나 노동조합의 단체교섭 능력에 따라 협상이 이루어지기 보다는 정부주도의 경제개발정책에 따라 언제나 정부가 개입해서 문제를 해결하는 방식이었다. 결과적으로 노사가 대좌하여 협상해야 할 자리에 노동조합과 정부가 노사문제를 다루고 해결하는 노정(勞政)관계를 연출하였던 것이다.

4) 민주화 이후의 노동운동

1987년 6・29 정치민주화 선언과 함께 폭발한 노동운동은 노동조합의 규모와 수, 노동쟁의의 질과 양에 있어서 일대 획기적인 변혁을 일으키는 계기가 되었다. 즉, 노동자들의 폭발적인 노사분규는 과거의 권위주의적이고 타율적인 노사관계에 대한 강력한 불만의 표출이었으며, 정부의 기업위주의 노동정책과 사용자 우위의 노사관계의 유지, 공권력에 의한 일방적인 노동자 탄압에 대한 반항의 폭발적인 분출이었다.

6・29선언 이후에 전개된 노동운동의 특징을 보면 첫째, 노동조합의 양적 증가와 조직률의 급격한 상승을 들 수 있다. 즉, 6・29선언 직전(6월30일)의 단위노동조합 수는 2,725개이었으나, 6개월 후(12월 31일)에는 4,086개로 늘어나 약 50%의 상승률을 나타내었으며, 노사분규 건수도 1986년 276건에서 1987년 3,749건으로 13.5배의 상승률을 기록하였다.

둘째, 생산직뿐만 아니라 사무직과 전문기술직을 포함한 다양한 노동조합운동이 활성화되었다. 즉, 화이트칼라의 급속한 증가와 함께 대기업의 노동조합 조직률이 급속히 확장되었으며, 젊은 노동자들이 노동운동의 중심세력으로 등장하게 되었다.

1990년대에 들어서 지난 3년 동안 격렬한 노동조합운동의 영향으로 노동생산성을 크게 웃도는 임금인상이 이루어졌고, 이러한 급격한 임금인상이 국제경쟁력의 약화요인으로 작용한다는 진단이 제기되면서 합리적인 임금결정과 임금격차 해소가 중요한 임금정책의 과제로 부각되었다.

한편 정부는 그동안 ILO가 수차 개정을 권고하였던 제3자 개입금지, 복수노조 금지조항들에 대하여 개정논의가 본격화되면서 노동관계법연구위원회를 구성하여 구체적인 검토를 착수하였고, 1996년 5월 노사대표, 학계대표, 공익대표로 구성된 노사관계개혁위원회가 발족되어 노동관계법 개정방안을 논의하고 1997년 3월 새로운 노동관계법이 여・야 합의로 개정되어 시행되게 되었다.

1997년 3월 노동법 개정에서는 복수노조의 허용, 노조 정치활동 금지규정 삭제, 제3자 개입금지 규정 삭제 등 노동권의 괄목할만한 신장이 이루어졌고 노조전임자의 급여지급도 2002년부터 금지함으로써 노동조합의 자주성과 책임도 강조하였다. 또한 노사협의회의 의결사항을 신설하여 근로자 참여를 확대하고, 노동위원회의 조정・심판기능을 강화하여 정부의 직접적인 노사관계 개입을 자제하도록 하였다. 그리고 정리해고, 변형근로시간제 등을 입법화하여 노동시장의 유연성을 제고하였다.

5) 한국 노동운동의 과제와 방향

2000년대에 들어서 우리나라의 노동운동은 급변하는 국내외의 환경변화에 신속하게 대응하고 노사의 공존공영과 국가사회의 발전을 기할 수 있는 바람직한 노동운동의 방향을 모색하는 것이 중요하다.

첫째, 올바르고 정당한 노동운동이념을 정립하고 운동방향을 결정하도록 해야 한다. 노동운동의 이념은 노동조합 본래의 목적과 임무를 수행한다는 전제에서 설정되어야 하고, 노동운동의 방향은 노동자들의 현실적인 욕구와 목표를 달성할 수 있는 범위에서 결정되어야 한다.

둘째, 근로자들의 참여를 유도하여 조직률을 높여야 한다. 노동조합이 사용자와 대등한 입장에서 협상력을 발휘하려면 보다 많은 근로자들이 참여하는 노동운동이 뒷받침되어야 한다. 노조조직률이 낮은 노동조합은 노사협력을 이끌어내기 어렵다.

셋째, 경제투쟁과 정치투쟁을 통합적인 방향에서 전개하는 것이 바람직하다. 노동조합의 경제투쟁은 근로자들의 생활수준을 보다 개선하기 위한 것이다. 우리나라는 1997년 노동조합 및 노동관계조정법의 개정에서 노동조합의 정치활동이 허용되었다. 노동조합의 정치활동은 정치목적이 아닌 경제투쟁의 목표를 달성하기 위한 수단으로서 전개되어야 한다.

넷째, 노동조합의 자주성과 민주성을 확립해야 한다. 노동조합은 조합의 설립과 운영, 조합원의 지위와 권리, 조합의 의사결정, 단체활동 및 재정운영에 있어서 조합민주주의의 바탕에서 운영되어야 하고, 노동운동은 외부의 어떤 정치세력이나 사회세력의 영향을 받아서도 안 된다. 대내적 민주성을 확립하지 못하면 대외적인 자주성을 발휘할 수 없게 된다. 즉, 노조가 내부적인 민주성의 결여로 정통성 시비에 사로잡히게 되면 사용자나 외부세력으로부터 부당한 간섭이나 지배를 받게 되고 어용성 시비에 휘말리게 된다.

다섯째, 노동운동은 대중운동 및 국제노동운동조직과 유대를 강화하도록 해야 한다. 노동운동은 일반 국민들로부터 광범위한 지지를 획득할 수 있어야 하므로 농민운동, 청년운동, 여성운동, 시민운동 등의 협력관계를 강화하도록 하고, 국제노동운동조직과 유대를 강화함으로써 협력기반을 확립할 수 있다.

우리나라의 노동운동은 역사적 배경에 있어서 일제 식민지 하의 제국주의에 대한 독립저항운동, 해방 이후의 정치이데올로기의 차이에 따른 좌익 대 우익진영의 정치투쟁운동, 경제성장기의 독재정권에 대한 반대투쟁운동 등으로 탄압과 좌절을 딛고 대립과 투쟁으로 일관하는 노동운동이 계속적으로 전개되고 있었다.

2000년대의 우리나라 노동운동은 급속한 국내외 환경변화에 신속하게 대응하면서 국가의 경제·사회의 발전에 기여하고 세계의 선진국 대열에 진입하기 위해서 바람직한 노동운동의 방향을 모색하여 성숙한 노사관계를 정립하여야 할 것이다. 그러기 위해서는 정당한 노동운동이념을 재정립하고, 근로자들의 노동운동 참여를 유도하며, 노동조합의 민주성과 자주성을 확립하고, 노동조합의 경제적·정치적 투쟁을 통합하며, 노동운동을 대중운동 및 국제노동운동과 유대를 강화하는 방향으로 전개해 나아가야 할 것이다.

제5절 국제노동운동 활동

각국의 노동운동은 그 나라의 경제체제, 종교적·정치적·사회적 이념의 차이, 사회문화적 특성에 따라 차별적인 방식으로 전개되고 있다. 노동운동은 막강한 힘을 가진 자본가와의 투쟁에서 유리한 입장을 확보하고 자신들의 이익을 관철하기 위해서 국내 노동운동은 물론 국제 노동운동조직과 유대를 강화하고 세력을 규합하게 되었다. 이와 같이 노동운동은 노동자들의 목표달성을 추구하고 노동운동세력을 국제적으로 확장하기 위해서 노동운동의 국제화를 추진하게 되었다.

1. 국제노동운동의 등장

1) 제1 인터내셔널 결성

영국에서 시작한 조직적인 노동운동이 유럽대륙으로 전파되면서 각국의 노동자들 사이에 서로 연대하려는 시도가 나타나기 시작하였다. 1860년대에 들어 서구 여러 나라에서 노동운동이 발전하게 되면서 노동운동지도자들 사이에 국제적 연대의 필요성이 인식되게 되었다.

1863년 폴란드 반란의 진압에 항의하는 망명사회주의자들이 영국과 프랑스의 노동자집회에 참여하여 1864년 9월 28일 영국 런던에서 각국의 사회주의자 그룹, 노동조합, 협동조합, 노동자 교육단체 등이 결집하여 국제노동자협회라는 명칭으로 제1 인터내셔널(The First International)이 결성되었다.

제1 인터내셔널의 목적은 각국의 노동운동을 국제적으로 결합시키고 교류를 통해서 노동조건을 개선시키며 노동자생활을 개선하기 위한 것이었다. 결성 후에 토지, 광산, 교통기관의 사유폐지, 조세제도의 개혁 등의 정치문제를 가지고 국제적 노동운동을 전개하기도 하였다. 그러나 국제노동자협회는 처음부터 사회주의자나 무정부주의자의 침투로 행동통일이 어려웠고 활동이 점차 약화되어 마침내 1872년 활동이 중지되었다.

2) 제2 인터내셔널 결성

제1 인터내셔널의 활동이 중지된 이후에 노동운동의 국제적 연대활동이 없었으나 1889년 7월 프랑스혁명 100주년을 맞아 세계 20개국의 노동자 및 사회주의자 대표 395명이 파리에서 모여 제2 인터내셔널을 결성하였다. 제2 인터내셔널은 각국의 노동운동조직의 연합체 형식을 취하고 있어 통합된 행동강령이나 운영지침도 없었다. 그러나 1914년 제1차 세계대전이 발발하자 와해되고 말았다.

2. 국제노동조합기구의 결성

1) 국제노동조합연맹

1903년 유럽 여러 나라에 있던 인쇄공, 방직공, 금속공 노동조합들이 국제간에 정보와 통계를 상호 교환하기 위한 정보연락기관으로서 국제노동조합서기국(International Trade Secretariats)을 설립하였고, 1913년 국제노동조합총연맹(International Federation of Trade Union)으로 명칭을 바꾸었다.

제1차 세계대전이 발발하면서 한때 조직이 해체되었다가, 1919년 네덜란드 암스테르담에서 다시 설립되어 유럽과 북아메리카의 노동조합들이 가맹하여 전성기에는 회원이 2,300만 명이 넘었다. 그러나 제2차 세계대전이 발발하기 전에 모든 활동이 중단되었으며 1945년 세계노동조합연맹이 창립되면서 정식으로 해체되었다.

2) 국제자유노동조합총연맹

1939년 제2차 세계대전이 발발하자 독일・이탈리아의 파시즘에 저항하기 위해 각국의 노동조합이 결속을 다지려 하였다. 영국이 미국・러시아의 노동조합과 협력하여 노동조합의 국제협력을 위해서 1945년 2월 런던에서 세계노동조합회의를 개최하였다. 그 회의의 결과 그해 10월 세계노동조합연합이 결성되었다. 그러나 세계노련은 소련을 비롯한 공산주의 제국과 미국을 비롯한 자유진영 간에 심각한 이념분쟁으로 인한 충돌이 심화되어 1949년 1월 미국을 비롯한 많은 나라의 노동조합이 탈퇴하였다.

미국과 영국을 비롯한 유럽 여러 나라가 세계노련을 탈퇴한 비공산권노동조합은 1949년 런던에 모여 국제자유노동조합연맹(International Confederation of Free Trade Union)을 결성하였고, 우리나라의 한국노총대표도 여기에 참석하여 창립회원이 되었다. 창립총회에 참석한 사람은 51개국으로부터 261명의 대표들이었으며, 각국에서 온 대표들은 4,800만명의 조합원을 대표하는 사람들이었다. 1996년 현재 ICFTU는 137개국 1억2천4백만명의 조합원을 대표하는 노동조합이 가입해 있다.

자유노련의 최고정책결정기구는 각국의 대표로 구성되는 총회가 있고, 2년에 한 번씩 개최된다. 이사회는 1년에 2회 개최되고 일상업무는 사무총장이 관장한다. 상설기구로서 총서기국이 관할하는 서기국본부는 브뤼셀에 있으며, 그밖에도 제네바, 워싱턴, 뉴욕에 상설사무소를 두고, 기타 주요지역에는 특수 대표국을 두고 있다. 자유노련은 국제노동기구(ILO)와도 긴밀히 협조하고 있으며, 특정 문제에 관한 조사와 보고를 위해 세계 여러 곳에서 조사단을 파견하기도 한다.

3. 국제노동기구의 설립과 활동

1) 설립과 목적

국제노동기구(International Labor Organization : ILO)는 UN 전문기구의 하나로서 전 세계의 사회정의의 실현, 노동조건의 개선, 생활수준의 향상을 목적으로 설립하였다.

ILO는 베르사유평화조약에 따라 제1차 세계대전 직후인 1919년에 노동자가 경제

발전에서 차지하는 역할이 매우 중요하기 때문에 노동문제를 국제적으로 결부시켜 대처하지 않으면 안 된다고 인식하고, 1918년 런던에서 개최된 연합국의 노동조합 대회에서 "노동입법, 조합의 권리, 이민, 사회보험에 관하여 정신적·물질적으로 최소한도는 보장하여야 한다"는 선언문을 채택하였다. 이 대회에서 노동문제를 다룰 국제기관의 설치준비를 위하여 15개국 대표로 국제노동입법위원회가 구성되었다. 이 위원회가 노동문제를 다룰 국제연맹의 한 기관으로서 ILO로 발전한 것이다. 제2차 세계대전 후 국제연맹은 없어졌으나 ILO는 국제연합(UN)과 협정을 맺고 노동문제에 관한 국제연합의 전문기관으로 활동하게 되었다.[2)]

ILO의 본부는 스위스의 제네바에 있으며, 가맹국은 2017년 현재 187개국에 달하며, 우리나라는 1983년 6월부터 옵저버 자격으로 파견되었으며, 1991년 12월 152번째 회원국으로 가입하였다.

ILO의 목적과 기본정신이 10개 항목의 의무로서 제시되고 있다.

① 완전고용 및 생활수준의 향상
② 숙련 및 기능을 최대한으로 발휘할 수 있고, 복지에 최대한 공헌할 수 있는 직업에의 고용
③ 직업훈련 및 노동자의 이동을 위한 편의 제공
④ 임금·근로조건에 관해서 성과를 공정하게 분배하는 제도 및 최저생활 임금의 보장
⑤ 단체교섭권의 인정
⑥ 생산능률 개선을 위한 노사협력
⑦ 사회보장의 확장
⑧ 근로자의 생명과 건강보호
⑨ 레크리에이션 및 문화시설의 제공
⑩ 교육 및 직업의 기회균등 보장 등이다.

2) 조직과 활동

ILO의 조직으로는 최고의사결정기구인 총회, 사업의 집행기관인 이사회, 상설 국제노동사무국으로 구성되어 있다.

---

2) E. E. Beal & J. P. Begin, *The Practice of Collective Bargaining*, 6th ed., Homewood, Illinois, Richard D. Irwin, 1982, p. 163.

총회는 각 회원국의 4인 대표로서 구성되며, 매년 6월 첫째 수요일에 3주간의 회의로 개최된다. 총회에 파견되는 가맹 회원국의 대표는 정부대표 2인, 사용자대표 1인, 노동자대표 1인으로 구성된다.

이사회는 정부를 대표하는 28명, 사용자대표와 노동자대표 각 14명으로 도합 56명으로 구성되며, 임기는 3년이다. 그리고 상임이사회는 10대 선진산업국으로 구성되는데, 미국, 영국, 러시아, 브라질, 프랑스, 중국, 이탈리아, 인도, 독일, 일본 등이다. 이사회는 매년 3회 제네바에서 개최되는데, ① 총회의 의제 선정, ② 사무총장의 임명, ③ 사무국 기타의 일반적 감독, ④ ILO의 예산안 작성 등의 활동을 수행한다.

국제노동사무국은 총회의 의제에 관한 서류작성, 서류의 수집 및 배포, 각국의 산업노동 사정의 조사, 그에 따른 참고 간행물의 발행 등의 일을 수행한다. 한편 미주, 아시아, 아프리카 및 유럽 등 4개 지역회의가 별도로 개최되는데, 아시아지역 사무소는 태국의 방콕에 있다.

3) ILO의 정책결정과 기능

ILO의 정책결정은 조약(convention) 및 권고(recommendation)의 형태로 이루어지며, 3분의 2 이상의 찬성을 요한다. 1919년 제1회 총회 이래 채택된 조약과 권고의 수는 현재 조약이 170여건, 권고가 180여건이 되고 있다. 조약을 비준하느냐 않느냐는 각국의 자유이나, 어느 국가에 의해서 비준이 되면, 해당 국가를 구속하는 조약의 효력을 갖는다. 한편, 권고는 국제적 협약을 발생시킨 것은 아니나 회원국에 국내적인 입법 내지 행정활동의 기준과 지표를 제시한다는데 큰 의미가 있다.

ILO의 또 다른 중요한 기능은 조사와 정보, 기술원조이다. 사실 ILO의 전문 직원들은 전 세계에 걸쳐 회원국 정부 등을 통하여 노동조건에 관한 정보를 수집하고, 조사・분석하며, 그를 편집・출판하여 각국에 배포하고 있다. 또한 ILO는 UN과 제휴하여 각국에 전문가를 파견하여 기능공의 훈련, 노동시장의 발전, 사회보장제도의 개발 등에 관하여 각국을 지원하고 있다.

제 3 장 노사관계와 근로조건

제3장 개별적 노사관계와 근로조건

제1절 개별적 노사관계의 개관

노사관계는 개별적 노사관계와 집단적 노사관계로 구분하여 접근할 수 있다. 개별적 노사관계는 개별근로자와 사용자의 관계를 다루는 것으로 근로자와 사용자가 대등한 입장에서 계약당사자가 되어 근로조건을 협의하여 근로계약을 체결함으로써 고용관계가 성립한다.

개별근로자와 사용자 사이의 근로관계는 근로기준법을 적용하여 고용관계의 성립, 근로조건의 내용, 근로자의 안전과 보호, 근로관계의 종료 등에 관하여 종합적으로 규정하고 있으므로 개별적 노사관계에서는 근로기준법이 중심이 되어 고용관계를 규율한다. 그 밖에 개별적 노사관계는 남녀고용평등법, 기간제 및 단시간근로자 보호 등에 관한 법률, 파견근로자 보호 등에 관한 법률, 최저임금법, 산업안전보건법, 퇴직급여보장법 등이 적용된다.

집단적 노사관계는 노동자단체인 노동조합을 대상으로 하며 노동조합 및 노동관계조정법을 적용하여 노동자단체와 사용자 또는 사용자단체 사이에 전개되는 단체교섭, 단체협약의 체결, 쟁의행위 등을 규율한다.

1. 근로기준법과 근로자 보호

근로기준법(이하 근기법이라 함)은 헌법 제32조 3항에서 "근로조건의 기준은 인간의 존엄성을 보장하도록 법률로 정한다"는 규정을 근거로 제정된 법률로서 근로자의 근로조건을 일정 수준 이상으로 유지하기 위한 목적을 가지고 있다. 따라서 근로자는 근로기준법상의 근로조건을 위반하는 사용자의 행위에 대하여 이 법률에서 규정하고 있는 근로기준의 이행을 청구할 수 있는 권리를 인정하고 있다(근기법 제15조 및 19조).

근로기준법은 기본적으로 근로자를 보호하기 위한 법률로서 이 법이 규정하는 근로조건은 최저기준을 규정하는 것이므로 근로자와 사용자 사이에 체결한 근로계약, 취업규칙 또는 단체협약의 약정은 근로기준법의 기준을 하회하여서는 아니 되며(근기법 제3조), 사용자와 근로자는 당사자 사이에 약정한 근로계약이나 취업규칙 또는 단체협약을 지키고 성실히 이행하여야 할 의무를 진다(근기법 제5조).

2. 근로기준법의 적용대상

1) 적용 사업장

근로기준법은 상시 5명 이상의 근로자를 사용하는 모든 사업 또는 사업장에 적용된다(근기법 제11조). 여기서 상시(常時)라 함은 상태(常態)적으로 사용하는 근로자 수를 말하는 것으로서 해당 사업장에 계속 근무하는 근로자 뿐 아니라 필요에 따라 사용되는 일용근로자도 포함된다(대법원 판례 2000.3.14, 99도1243).

사용하는 근로자수가 수시로 변동하는 사업장에서 상시 사용하는 근로자수를 산정하는 방법에 대하여 근로기준법 제11조 3항 및 동법 시행령 제7조의2에는 "해당 사업장에서 근로자수 산정사유의 발생일 전 1개월 동안에 근로한 연인원을 그 기간의 가동일수로 나누어 산정한다"고 규정하고 있다.

그러나 근로기준법 제11조 1항 단서는 동거하는 친족만을 사용하는 사업 또는 사업장과 가사(家事) 사용인에게는 동법을 적용하지 아니한다고 규정하여 예외를 인정하고 있다.

한편 근로자를 보호하는 법률 중에는 근로기준법의 규정과 달리 상시 사용 근로자수에 관계없이 적용되는 법률들이 있다. 이를테면 최저임금법, 남녀고용평등법, 임금채권보장법, 산업안전보건법, 퇴직급여보장법에서는 예외적으로 1명 이상의 근로자를 사용하는 사업 또는 사업장에도 적용된다.

2) 근로자

근로기준법 제2조 1항 1호에서 "근로자란 직업의 종류와 관계없이 임금을 목적으로 사업이나 사업장에 근로를 제공하는 자를 말한다"고 매우 광범위하고 추상적으로 규정하고 있으나, 대법원 판례(2012.1.12, 2010다50601)는 "근로기준법상의 근로자에 해당하는지의 여부는 실질적으로 근로자가 사업 또는 사업장에 임금을 목적으로 종속적인 관계에서 사용자에게 근로를 제공하였는지 여부에 따라 판단하여야 한다"고 지적하고 있다. 따라서 근로기준법상의 근로자란 사용 종속적인 관계에서 사용자의 지휘·명령을 받으면서 임금을 목적으로 근로를 제공하는 자라고 할 수 있다.

여기에서 사용종속관계의 존부는 ① 사용자의 지휘·명령을 받으면서 근로를 제공하는지 여부, ② 임금을 목적으로 근로를 제공하는지 여부를 일반적 판단기준으로 삼고 있다.

근로기준법에서 근로자의 개념은 근로자의 보호라는 관점에서 규정하고 있다. 주식회사와 같은 기업의 과장, 부장, 이사 등의 관리자들도 직무수행 형태에 따라 근로자성(性)을 인정하게 된다. 다시 말해서 회사의 간부나 임원이라 하더라도 사업주 또는 최고경영자의 지휘·명령에 따르면서 임금을 목적으로 노무를 제공하는 경우에는 근로자의 지위에 있다고 할 것이므로 재해보상, 퇴직금, 해고 등과 관련하여 근로자로서의 보호를 받아야 할 것이다.

3) 사용자

사용자는 근로자와 근로계약을 체결하는 당사자로서 근로자의 노무제공과 관련하여 지휘·감독권을 행사하는 동시에 근로자의 노동제공에 대하여 임금지급의무를 부담하는 자라고 할 수 있다. 근로기준법 제2조 1항 2호에서 "사용자란 사업주 또는 사업경영 담당자, 그 밖에 근로자에 관한 사항에 대하여 사업주를 위하여 행위하는 자를 말한다"고 규정하고 있다.

여기에서 사업주는 사업체의 소유 및 경영자를 말하는 것으로 개인사업의 경우 소유경영주를 가리키고, 법인경영의 경우 법인 자체를 가리키며, 사업경영담당자는 사업경영 전반에 관하여 책임을 지는 사람으로서 사업주로부터 사업경영 전부 또는 일부에 대하여 포괄적 위임을 받고 대외적으로 사업을 대표하거나 대리하는 자를 말하는 것으로서, 예를 들면 주식회사의 대표이사, 합명회사 및 합자회사의 업무집행사원, 유한회사의 이사나 지배인 등을 가리킨다.

한편 근로자에 관한 사항에 대하여 사업주를 위하여 행위하는 자는 기업에서 사업주로부터 인사·급여·복지 등의 노무관리와 근로조건의 결정 및 실시에 관하여 지휘·명령·감독의 권한을 위임받아 실질적으로 집행하는 자를 말한다. 그런데 위에서 설명한 바와 같이 예를 들어 회사의 과장·부장·이사 등은 근로자를 관리·

감독하는 측면에서는 사용자의 지위에 있으나, 기업을 위한 자신의 직무를 수행해야 하는 책임의 측면에서는 근로자로서의 위치에 있다고 하겠다.

3. 차별금지제도

1) 차별금지의 원칙

차별이란 특정 개별 근로자나 일정한 집단의 근로자를 다른 근로자와 구별하여 달리 처우하는 것을 말하며, 차별금지의 원칙이라 함은 어떤 특정한 근로자나 근로자집단을 다른 근로자나 근로자집단의 대우에 비하여 합리적인 이유 없이 차별하여서는 아니 된다는 원칙을 말한다.

여기에서 차별은 헌법이나 근로관련 법률에서 금지하고 있는 성별·국적·종교·사회적 신분이나 연령·장애·기간제 및 단시간 근로자·혼인·임신 등을 이유로 다른 근로자에 비교하여 불리한 처우를 금지하는 것을 의미하는 것이다. 그러나 합리적인 이유가 있는 경우에는 차별적 처우를 정당한 것으로 인정하고 있다.

여기에서 합리적인 이유란 조직(기업)의 목표를 달성하기 위해서 해당 근로자가 수행해야 할 업무의 종류나 직무수행 조건에 있어서 차별이 어쩔 수 없이 필요한 경우로서 차별목적이 분명하고 직무요건이나 필요성이 적정하여 적법하게 차별한 것은 합리적인 차별로 인정하여야 할 것이다. 합리적인 이유의 구체적인 판단기준으로는 근무시간과 장소, 근속시간, 직무의 성질과 내용, 근무형태, 능률 및 성과, 직급과 직책, 권한과 책임, 작업조건 등이 제시되고 있다.

사용자는 동일한 가치가 있는 노무나 직무를 수행하는 근로자에 대하여 임금 및 기타 대우를 차별하여서는 아니 되고, 동일한 대우를 제공해야 할 의무를 가진다. 헌법 제11조 1항은 "모든 국민은 성별·종교 기타 사회적 신분에 의하여 정치적·경제적·문화적 생활에 있어서 차별을 받지 아니 한다"고 규정하고, 동법 32조 4항에서는 "여성근로자는 고용·임금·근로조건에 있어서 부당한 차별을 받지 아니한다"고 규정함으로써 차별금지를 기본권의 내용으로 강조하고 있다.

헌법의 차별금지의 원칙에 따라 근로기준법 제6조에서 "사용자는 근로자에 대하여 남녀 성(性)을 이유로 차별적 대우를 하지 못하고, 국적·신앙 또는 사회적 신분을 이유로 근로조건에 대한 차별적 처우를 하지 못 한다"고 규정하고 있고, 1987년 남녀고용평등법이 제정된 이후에 차별금지의 범위와 내용이 확대되었으며, 고용형태

(기간제 및 단시간근로자법 제8조, 파견근로자법 제21조)를 이유로 하는 차별금지, 장애인근로자 차별금지법(제10조), 연령차별금지법(제4조의4), 외국인근로자 고용법(제22조), 노동조합 및 노동관계조정법(제9조) 등 여러 가지 고용형태나 근로자 유형에 따라 차별금지제도가 확대되고 있다.

2) 차별의 구제방법

헌법 및 각 법률의 차별금지 규정은 사용자 또는 사업주의 정당한 이유 없는 근로자에 대한 차별적 대우를 금지함으로써 근로자의 재산상 또는 정신적 불이익을 보호하는 것을 목적으로 하고 있다. 따라서 사용자 또는 사업주의 근로자에 대한 차별적 처우의 금지를 규정하고 있는 각 법률은 차별행위에 대한 무효와 구제방법을 각각 별도로 규정하고 있다.

(1) 「근로기준법」의 차별금지 원칙

근로기준법 제6조에서 "사용자는 근로자에 대하여 남녀의 성(性)을 이유로 차별적 처우를 하지 못하고, 국적 · 신앙 또는 사회적 신분을 이유로 근로조건에 대한 차별적 처우를 하지 못 한다"고 규정하고 있다.

여기에서 사용자가 근로자에 대하여 차별을 금지해야 하는 근로조건이라 함은 임금 · 근로시간 · 휴일 · 휴가(동법 제17조), 그리고 취업의 장소, 종사해야 할 업무(동법 시행령 제8조), 또한 승급, 퇴직, 퇴직급여, 임금계산 및 지급방법, 가족수당 지급방법, 교육시설, 안전보건, 출산전후 휴가, 육아휴가, 재해부조(동법 제93조) 등이 포함된다.

(2) 「남녀고용평등과 일 · 가정 양립지원에 관한 법률」의 차별금지

이 법은 헌법의 평등이념에 따라 고용에 있어서 남녀의 평등한 기회와 대우를 보장하고, 남녀고용평등을 실현하여 여성의 고용을 촉진함과 동시에 여성의 일과 가정의 양립을 지원함으로써 국민들의 삶의 질을 향상시키기 위한 것이다.

「남녀고용평등과 일 · 가정 양립지원에 관한 법률」에서 차별은 남자 또는 여자라는 성(性) 이외에도 혼인, 가족 안에서 지위, 임신, 출산을 차별금지 사유로 규정하고 있다. 따라서 사용자(사업주)는 위와 같은 이유로 근로자를 모집 · 채용 · 임금 · 배치 · 승진 · 정년 · 해고 등에서 차별적 처우를 하여서는 아니 된다(동법 제7조 내지11조).

그러나 동법 동조에서는 차별에 있어서 다음의 예외를 인정하고 있다. 즉, 첫째, 직무성격에 비추어 특정 性이 불가피하게 요구되는 경우, 둘째, 여성근로자의 임신 · 출산 · 수유 등 모성보호를 위한 조치를 취한 경우, 셋째, 그 밖에 이 법 또는 다른 법률에 따라 적극적 개선조치를 취한 경우로 예외규정을 두고 있다.

따라서 사용자는 여성근로자에 대하여 ① 여성근로자를 모집하거나 채용할 때 그 직무수행에 필요하지 않은 용모 · 키 · 체중 등의 신체적 조건을 요구하여서는 안 되고(동법 제7조), ② 사용자는 성별에 관계없이 동일한 가치의 직무를 수행하는 근로자에 대하여는 '동일노동 동일임금의 원칙'에 따라 임금지급을 차별하여서는 아니 되며(동법 제8조), ③ 사용자는 임금 이외에 금품의 융자나 복리후생에 있어서도 남녀를 차별하여서는 안 되고(동법 제9조), ④ 근로자의 교육 · 배치 · 승진 · 배치전환 · 파견 등에서 차별하여서는 안 되며(동법 제10조), ⑤ 근로자의 정년 · 퇴직 및 해고에 있어서도 남녀를 차별하여서는 아니 된다(동법 제11조).

4. 직장 내 성희롱 금지

1) 성희롱의 개념

근로자는 직장 내에서 근로관계를 유지하면서 노동과 인간의 상호관계나 업무상 종속관계의 불가분성으로 인하여 인격적인 피해를 당하게 되고, 업무의 진행과정에서 신체적 접촉, 언어적 교류, 제스처의 사용으로 인하여 상대방에게 성적 수치심이나 혐오감을 느끼게 되어 어떤 성희롱으로 간주되기도 한다.

남녀고용평등과 일 · 가정 양립지원에 관한 법률 제12조는 "사업주 · 상급자 또는 근로자는 직장 내 성희롱을 하여서는 아니 된다"고 규정하여 성희롱을 금지하고 있으며, 동법 제2조 2호에서는 "직장 내 성희롱이란 사업주 · 상급자 또는 근로자가 직장 내의 지위를 이용하거나 업무와 관련하여 다른 근로자에게 성적 언동 등으로 성적 굴욕감 또는 혐오감을 느끼게 하거나 성적 언동 그 밖의 요구 등에 대한 불응을 이유로 고용에서 불이익을 주는 것을 말한다"고 규정하고 있다.

여기에서 성희롱의 전제요건인 '성적언동'이란 남녀 간의 육체적 관계나 남성 또는 여성의 신체적 특징과 관련된 육체적 · 언어적 · 시각적 행위로서 사회공동체의 건전한 상식과 관행에 비추어 볼 때 객관적으로 상대방과 같은 처지에 있는 일반적이고도 평균적인 사람에게 성적 굴욕감이나 혐오감을 느끼게 할 수 있는 행위를 의미한다(대법 판례 2008.7.10). 성희롱이 성립하기 위해서는 행위자의 동기와 의도 보다는 당사자가 처한 상황, 행위자의 행위가 일회적 또는 단기간이 아니고 계속적이어서 객관적으로 상대방과 같은 처지에 있는 일반적인 사람도 성적 굴욕감이나 혐오감을 느낄 수 있음이 인정되어야 한다.

2) 성희롱의 조치

직장 내 성희롱은 불법행위이므로 사용자가 근로자를 성희롱 한 때에는 그 사용자가 직접적인 책임을 부담하여야 하며, 간부나 다른 근로자가 성희롱을 한 경우는 사업주의 감독소홀로 인한 피해에 대한 책임을 피할 수 없게 된다.

사업주, 상급자 또는 직장 내에서 성희롱을 금지하도록 규정하고, 직장 내에서 성희롱 발생이 확인된 경우 지체 없이 행위자에 대하여 징계나 그 밖의 이에 준하는 조치를 취하도록 규정하고 있으며(동법 제14조 1항), 직장 내의 성희롱 예방교육을 실시하여 쾌적한 직장 분위기를 조성하도록 규정하고 있다(동법 제13조 1항).

또한 사업주는 고객 등 거래관계자가 업무수행 과정에서 성적인 언동 등으로 근로자에게 성적 굴욕감 또는 혐오감을 느끼게 하여 근로자가 그로 인한 고충해소를 요청할 경우 근무장소 변경, 배치전환 등 가능한 조치를 취하여야 한다고 규정하고 있다. 이러한 경우에 성희롱 피해근로자를 해고하거나 그 밖의 불리한 조치를 하여서는 아니되는 것으로 금지하고 있다(동법 14조 2항).

따라서 사업주나 사용자는 여성근로자에 대한 어떠한 성희롱도 발생하지 않도록 예방교육을 실시하고, 만일 성희롱 사건이 발생할 경우에는 적절한 징계조치를 이행함으로써 명랑하고 안정된 직장 분위기를 조성할 책임이 있다고 하겠다.

제2절 근로계약과 근로관계관리

고용은 노동을 매체로 하여 이루어지는 하나의 거래형태로서 근로자는 사용자에게 일정한 노동을 제공하기로 하고, 사용자는 그 노동의 대가로 임금을 지급하기로 약속하는 행위로서 이해할 수 있다. 계약이란 사법(私法)상 법률적 효과를 발생할 목적으로 두 사람 이상의 당사자가 합의에 따라 약속을 성립하는 법률행위라고 정의할 수 있다.

근로계약은 근로자가 임금을 목적으로 노동력의 제공을 약정하고, 사용자는 근로자의 노동력 이용의 대가로서 임금을 지급할 것을 약정함으로써 양 당사자는 각각 채권·채무가 발생하게 된다. 따라서 근로계약의 체결은 근로자와 사용자 사이에 근로관계가 성립되면서 채권·채무가 발생하는 법률행위인 것이다.

1. 근로계약의 성립

1) 근로계약의 정의

근로계약이란 "근로자가 사용자에게 근로를 제공하고 사용자는 이에 대하여 임금을 지급하는 것을 목적으로 체결된 계약을 말한다"(근기법 제2조 1항 4호)고 정의하고 있다. 따라서 근로계약은 근로자가 사용자에게 대가를 받는 것을 조건으로 노무 제공을 약속하는 계약인 것이다.

근로기준법에서 정하는 근로조건은 최저기준(근기법 제3조)이므로 이 법에서 정하는 기준 이하의 근로조건은 무효이며(근기법 제15조), 또한 사용자는 이 기준을 이유로 근로조건을 낮추어서는 아니된다.

2) 근로계약과 근로관계

근로계약은 근로자의 노무제공의 실현을 통하여 비로소 법률관계(권리·의무 관계)가 성립하고, 당사자의 권리·의무가 효력을 발휘하게 되며, 근로자에 대한 보호문제가 현실화 하게 된다.

그러나 일반적으로 근로계약의 체결과 동시에 근로자와 사용자 사이에 근로의 제공과 임금지급을 중심으로 한 권리·의무가 발생되면서 근로관계가 성립하게 되므로 근로계약은 법률행위이고 근로관계는 법률관계가 되는 것이다.

3) 근로자와 사용자의 의무

(1) 근로자의 의무

근로자는 기본적으로 근로계약의 체결과 함께 사용자에게 자신의 노동력을 제공해야 한다. 고용은 근로자가 사용자에게 노무를 제공할 것을 약정하고 사용자가 이에 대하여 보수를 지급할 것을 약정함으로써 효력이 발생한다(민법 제655조). 따라서 근로자는 사용자와 근로계약을 체결함으로써 사용자에게 노무를 제공할 의무를 부담하게 된다.

(2) 사용자의 의무

사용자는 근로계약의 당사자로서 근로자가 제공하는 근로의 대가로 임금을 지급할 의무를 부담한다. 사용자의 임금지급의무는 근로자의 근로제공의무와 쌍무적 관계로서 여기에서 임금은 근로자가 제공한 근로에 대한 반대급부로서의 의미를 갖는다. 사용자가 지급해야 할 임금액은 당사자 사이에 약정한 근로계약, 취업규칙, 단체협약 등에 의하여 결정된다(근기법 제17조 2항).

2. 근로계약의 체결

1) 근로조건의 명시

근로계약을 체결하는 경우 사용자는 근로자에게 임금, 소정근로시간, 휴일, 유급휴가, 종사해야 할 업무, 퇴직에 관한 사항, 출산 및 육아 휴가, 안전보건, 재해부조 등을 명시하도록 규정하고 있다(근기법 제17조).

2) 근로계약의 당사자

근로기준법 제2조 1항의 정의에서 근로계약이란 근로자가 사용자에게 근로를 제공하고 사용자는 이에 대하여 임금을 지급할 것을 체결하는 계약이므로 근로계약의 당사자는 근로자와 사용자가 된다.

(1) 근로자

근로자는 직업의 종류와 관계없이 임금을 목적으로 사업이나 사업장에 근로를 제공하는 자를 말한다(근기법 제2조 1항 1호). 그러므로 근로계약의 체결 당사자인 근로자는 기본적으로 임금을 목적으로 상대방인 사용자의 지휘·감독 하에서 노무를 제공할 것을 약정한 자를 말하는 것으로서, 어떤 일정한 위탁받은 사무의 처리나 어떤 도급받은 일을 완성할 것을 약정한 당사자는 그 도급계약의 수급인 또는 위임계약의 수임자가 될 뿐이지 근로계약의 당사자는 아니다.

그러므로 근로기준법에서 보호하고자 하는 근로자는 실지로 임금을 목적으로 노무를 제공하고, 사용자의 지휘·감독을 받아서 근로행위를 수행하는 자가 근로기준법상의 당사자가 되는 것이다.

(2) 사용자

근로기준법 제2조 1항 2호에서 "사용자는 사업주 또는 사업경영 담당자, 그 밖에 근로자에 관한 사항에 대하여 사업주를 위하여 행위하는 자를 말한다"고 포괄적으로 규정하고 있고, 동법 동조 4호는 근로계약의 정의에서 사용자는 자신의 지휘·감독 하에 노무를 제공하는 근로자에 대하여 임금지급의무를 부담하도록 약정한 계약의 당사자로 명시하고 있다.

따라서 사용자는 근로자에 대하여 노무를 지휘·감독할 권한을 행사하고, 실질적으로 임금결정 권한이 있으며, 그의 계산 하에 임금지출이 이루어지고 있는 경우에 사용자의 지위는 인정되어야 한다.

그러나 형식적으로 근로계약의 당사자가 아닌 자가 사용자로 인정되는 경우도 있다. 예를 들면 사내 하도급의 경우 하도급업체의 사용자와 근로계약을 체결하고 원사업주업체의 사업장에서 근로를 제공하는 근로자의 경우에 실질적으로 원사업주로부터 임금을 지급받고, 원사업주의 사업장에서 원사업주의 지시와 감독에 따라 직무를 수행하는 근로자는 원사업주를 근로관계의 당사자인 사용자로 볼 수 있다.

3) 미성년자의 근로계약

근로기준법 제64조는 15세 미만의 소년에 대하여는 근로자로 고용할 수 없도록 규정하고 있으며, 동법 제67조 2항에 따라 미성년자(15세 이상 18세 미만)가 근로계약 체결에 있어서 근로계약이 미성년자에게 불리하다고 인정하는 경우, 친권자, 후견인 또는 고용부장관은 이를 해지할 수 있으나, 친권자나 후견인은 미성년자의 근로계약을 대리할 수 없다(근기법 제67조 1항)고 규정하고 있다.

3. 취업규칙

1) 취업규칙 신고 및 근로조건 명시 의무

취업규칙이란 사용자가 사업장에 근무하는 근로자 및 종업원들의 개별적 근로관계를 통일적으로 다루기 위하여 근로자들이 지키고 적응해야 할 일반적 규정을 말하는 것이다. 다시 말하면 취업규칙은 사용자가 사업 또는 사업장의 질서유지와 효율적인 업무수행에 필요한 전체 근로자에게 적용할 근로조건과 복무규율을 정한 준칙을 말한다(대법원, 1997.11.28, 97다24511). 근로기준법은 사용자가 취업규칙에서 규정하는 근로조건이나 노사의 권리 · 의무 등에 관하여 근로자의 의견을 들어 작성하여 정부에 신고하도록 함으로써 이를 근로자 보호수단으로 활용하고 있다.

근로기준법 제93조에서 상시 10명 이상의 근로자를 사용하는 사용자는 업무시간 및 휴게 · 휴일 · 휴가, 임금의 결정 및 지급방법, 승급, 가족수당, 퇴직 및 퇴직급여, 최저임금, 식비 및 용품, 교육시설, 출산전후휴가 및 육아휴직, 안전보건, 재해부조, 표창과 제재 등에 관한 사항을 규정한 취업규칙을 작성하여 고용노동부장관에게 신고하여야 하고 또한 이를 변경하는 경우에도 신고하도록 규정하고 있다.

2) 취업규칙의 작성 및 변경 절차

취업규칙은 사용자가 작성하거나 변경할 수 있으며, 노사가 합의하여 작성하는 것이 아니므로 사용자가 일방적으로 자신에게 유리하고 근로자에게 불리하게 작성하거나 변경할 가능성이 있기 때문에 근로기준법은 근로자 보호의 관점에서 근로자에게 불리한 작성이나 변경을 억제할 수 있도록 요건을 강화하고 있다. 다시 말하여 근로기준법 제94조에 의하면 사용자는 취업규칙의 작성 · 변경에 관하여 해당 사업 또는 사업장의 근로자 과반수로 조직된 노동조합이 있는 경우에는 그 노동조합, 근로자의 과반수로 조직된 노동조합이 없는 경우에는 근로자 과반수의 의견을 들어야 한다. 다만 취업규칙을 근로자에게 불리하게 변경하는 경우에는 근로자 과반수의 동의를 받도록 하고 있다. 따라서 사용자가 취업규칙을 신고할 때에는 노동조합 또는 근로자 과반수의 의견을 적은 서류를 첨부하여 신고하도록 하고 있다(동조 제2항).

3) 취업규칙의 효력

취업규칙은 복무규정, 인사규정, 근무수칙 등 그 어떤 명칭에도 불구하고 해당 사업장의 근로조건이나 근로형태를 규정한 규약으로서 사업장의 특성에 따라 명칭을 사용할 수 있으며, 근로자 일부에 적용되는 취업규칙을 만들 수 있다.

근로기준법 제96조에서 취업규칙은 법령이나 해당 사업 또는 사업장에 대하여 적용되는 단체협약에 어긋나서는 아니된다고 규정하고 있다. 여기에서 '어긋나서는 아니 된다'라는 의미는 취업규칙에서 규정하고 있는 근로조건이 법령이나 단체협약에서 규정하는 근로조건 보다 불리한 부분은 무효이고, 반대로 취업규칙의 근로조건이 법령이나 단체협약보다 유리한 경우는 그대로 인정하는 단체협약 우선의 원칙을 따르도록 하고 있다. 이 경우에 고용노동부장관은 법령이나 단체협약보다 불리하게 어긋나는 취업규칙을 변경하도록 명할 수 있는 강행규정을 두고 있다.

제3절 임　금

임금은 사용자의 측면에서는 중요한 원가요소가 되며, 근로자에게는 생계소득의 원천이 된다. 또한 임금은 근로자의 직무수행 태도와 행동에 중요한 영향을 미치는 생산성 요인이 되며, 임금은 기업(조직)이 근로자를 유치(고용)하고 유지(이직방지)하기 위한 중요한 수단이 된다.

따라서 근로자의 임금은 우수한 근로자를 유지하기 위한 경쟁의 수단이 되고, 근로자의 직무사기를 진작할 수 있는 도구가 되며, 근로자들의 근로 원동력을 개발할 수 있는 소득의 원천이 된다.

1. 임금의 개념

1) 임금의 정의

임금이란 근로자가 사용자에게 제공하는 노동의 대가로 근로자에게 지급하는 금전적 보상을 말한다. 근로기준법 제2조 1항 5호는 "임금이란 사용자가 근로의 대가로 근로자에게 임금, 봉급, 그 밖에 어떠한 명칭으로든지 지급하는 일체의 금품을 말한다"고 규정하고 있다.

임금은 근로자가 사용자의 지휘・명령을 받아서 제공하는 근로의 대가를 받는 금품이므로 사용자는 노무를 제공하는 개별 근로자에 대하여 법률상・계약상 임금지급의무를 부담한다. 따라서 임금은 근로의 대가로 지급되는 금품으로서 정기적・계속적으로 지급되고, 근로제공과 관련하여 사용자에게 지급의무가 있어야 한다(대법원 판례 2002.12.10. 2002다54615).

그러나 근로자에게 지급되는 경조금이나 근로자의 특수한 근무수행에 필요한 실비변상적 지출(작업복, 차량유지비 등) 또는 근로자를 위한 복지후생적 지출(주택 제공, 식대, 복지시설 비용 등) 등은 임금에 해당하지 않는다.

2) 평균임금과 통상임금

(1) 평균임금

평균임금이란 평균임금을 산정하여야 할 사유가 발생한 날 이전 3개월 동안에 그 근로자에게 지급된 임금의 총액을 그 기간의 총일수로 나눈 금액을 말한다(근기법 제2조 1항 6호). 또한 취업한 후 3개월 미만인 경우도 이에 준한다(동법 동조항 후단)고 규정하고 있다.

평균임금은 퇴직금, 휴업수당, 연차유급휴가수당, 재해보상금과 제재로서의 감액, 산재보험법에 의한 보험급여 등의 산출 기초로 사용된다.

평균임금은 해당 근로자에게 사유발생 전 3개월 동안 임금으로 지급된 것뿐만 아니라, 1개월을 초과하는 기간을 정하여 지급하는 상여금, 정근수당, 체력단련비 등을 포함한다. 그러나 일시적 또는 일부 근로자에게 지급되는 교통비, 자가운전보조비, 자녀의 학자금보조금 등과 같은 순수한 의미의 복리후생비는 근로의 대가로 볼 수 없으므로 평균임금 산출에서 제외된다(대법 판례 1995.5.12 94다55934).

평균임금의 계산은 근로자의 통상적인 임금을 산출하는데 목적이 있으므로 수습기간이나 사용자 귀책사유 또는 업무상 재해로 인한 휴업기간, 출산전후 휴가기간 및 육아기간, 쟁의기간, 향토예비군설치법 및 민방위기본법에 따른 의무이행을 위한 휴직기간 등과 같이 정상적인 임금지급이 이루어지지 아니한 임금은 평균임금 산정에서 제외된다(동법 시행령 제2조 1항).

(2) 통상임금

통상임금이란 근로자에게 정기적·일률적으로 소정근로 또는 총근로에 대하여 지급하기로 정한 시간급금액, 일급금액, 주급금액, 월급금액 또는 도급금액 등을 말한다. 이에 대하여 대법원은 근로자에게 소정근로 또는 총근로의 대가로 정기적·일률적으로 지급되는 임금이면 원칙적으로 모두 근로기준법상의 통상임금에 속하는 임금이라 하겠으나, 통상임금의 취지와 필요성에 비추어 보면 어떤 임금이 통상임금에 해당하려면 그것이 정기적·일률적으로 지급되는 고정적인 임금이어야 하는바 실제의 근무성적에 따라 지급 여부 및 지급액이 달라지는 임금은 고정적인 임금이라 할 수 없으므로 통상임금에 해당하지 아니한다고 판단하고 있다(대법원 판례 2007. 4. 12. 2006다 81974).

통상임금은 소정기간의 근로에 대한 대가로서의 성격을 지녀야 하고, 정기적·일률적으로 지급되는 고정적인 임금의 성격을 띠어야 한다. 따라서 소정근로와 관계없이 지급되는 연장・휴일근무수당, 특근수당, 실적수당, 일시적 포상금 등 가변적・임시적・상황적인 금품은 통상임금에 해당하지 않는다.

통상임금은 해고예고에 갈음하는 임금지급(근기법 제 26조), 연장・야간 및 휴일근로에 대한 가산임금(동법 제56조), 연차유급휴가수당을 산출하는 기초로서 적용된다.

2. 근로자의 임금보호

임금은 근로자 생활의 원천이며 생계의 유지와 직접 관계가 있으므로 근로기준법은 근로자에 대한 임금의 지급원칙, 최저임금의 결정, 임금체불의 제재 등에 대하여 사용자를 규제함으로써 근로자의 경제생활을 보호하고 임금지급과 관련된 노사 간의 분쟁을 방지하여 사회적 안정을 도모하고자 하는 법률적 제도이다.

1) 임금지급의 원칙

근로기준법은 근로자에 대하여 임금이 확실하고 안정적으로 지급될 수 있도록 근로자를 보호하는 임금지급 방법을 4가지 원칙으로 규정하고 있다. 즉, 근로기준법 제43조 1항은 "임금은 통화로 직접 근로자에게 그 전액을 지급하여야 한다. 다만 법령 또는 단체협약에 특별한 규정이 있는 경우에는 임금의 일부를 공제하거나 통화 이외의 것으로 지급할 수 있다"고 규정함으로써 직접지급의 원칙, 전액지급의 원칙, 통화지급의 원칙을 설명하고 있으며, 동조 2항에서는 매월 1회 이상 정기지급의 원칙을 규정하고 있다.

첫째, 사용자가 임금을 근로자에게 직접 지급해야 하도록 한 것은 근로자에 의한 임금수령을 확실히 함으로써 임금지급으로 인한 분쟁을 방지하고 근로자의 생계를 보장하기 위한 것이다. 따라서 근로자가 제3자에게 임금수령을 위임 또는 대리하는 행위는 법률상 무효이다.

둘째, 사용자는 임금전액을 근로자에게 지급하여야 하며, 임금의 일부 공제는 법령이나 단체협약에 특별규정이 있는 경우에 한하도록 하고 있다. 예를 들면 법령에 의한 임금의 공제는 갑종근로소득세 및 주민세, 국민저축, 국민연금, 건강보험료 등이며, 단체협약에 의한 공제는 노조원의 조합비 공제를 노조의 규약으로 규정한 경우에 공제가 가능하다.

셋째, 사용자가 근로자에게 지급하는 임금은 법령이나 단체협약이 있는 경우를 제외하고 합법적 통용력이 있는 화폐로 지급하여야 한다. 이를테면 사용자는 회사 제품이나 상품권 등으로 임금을 대신하여 지급할 수 없다.

넷째, 사용자는 임금을 매월 1회 이상 일정한 기일을 정하여 근로자에게 지급하여야 한다. 이는 근로자가 안정적이고 정상적인 경제생활을 유지할 수 있도록 하기 위한 것이다.

그러나 임시로 지급하는 임금이나 수당 등은 이 원칙을 적용받지 않는다. 즉, ① 1개월 이상 기간의 출근성적에 의하여 지급하는 정근수당이나 근속수당, ② 1개월 이상의 기간에 대한 성과나 능률의 평가에 의하여 지급하는 성과급, 능률수당, 상여금, 장려금, ③ 기타 부정기적으로 지급되는 제 수당이 포함된다.

사용자가 지정된 기일에 임금을 지급할 수 없었던 것이 경영부진에 따른 불가피한 자금사정의 악화로 인한 것이 아닌 경우에는 근로기준법 제109조의 벌칙에 따라 처벌을 받을 수 있다.

2) 도급사업의 임금지급

근로기준법 제44조는 "사업이 여러 차례의 도급에 따라 행하여지는 경우에 하수급인(下受給人)이 직상 수급인의 귀책사유로 근로자에게 임금을 지급하지 못한 경우에는 그 직상 수급인은 그 하수급인과 연대하여 책임을 진다. 다만 직상 수급인의 귀책사유가 그 상위 수급인의 귀책사유에 의하여 발생한 경우에는 그 상위 수급인도 연대하여 책임을 진다"고 규정하고 있다.

하도급 관계의 사업장에서 근무하는 근로자의 임금지급을 담보하기 위하여 상·하도급사업자 사이에 부담해야 할 지급에 대하여 연대책임관계를 규정한 것은 하수급인은 일반적으로 사업규모가 영세할 뿐 아니라, 하수급인은 대체로 도급인이나 상위 수급인에게 경제적·재정적으로 의존해야 하므로 상위 도급인이 정당한 사유 없이 도급금액을 지급기일에 지급하지 않거나, 원자재 공급을 늦게 하거나, 도급계약을 이행치 아니하여 하수급인의 하도급사업을 정상적으로 수행할 수 없게 되어 하수급인이 근로자에게 임금을 지급하지 못하게 되는 경우에 직상 수급인과 당해 수급인이 연대하여 임금지급을 부담하도록 한 것이다(근기법 시행령 제24조).

3) 임금체불의 제재

임금체불이란 사용자가 근로자에게 지급의무가 있는 임금, 보상금 및 기타 금품의 전부 또는 일부를 정해진 시기에 지급하지 못하게 된 것을 말한다.

사용자는 근로자에게 근로의 대가로 임금을 지급할 의무를 부담하며, 사용자는 근기법 제43조에 따른 임금지급 방법을 준수해야 하고, 사용자는 근로자에게 자신의 귀책사유로 인한 휴업수당을 지급해야 하며(동법 제46조), 근로자의 연장・야간 및 휴일근무 시 가산임금을 지급해야 하고, 또한 사용자는 근로자의 부상이나 질병에 대하여 보상이나 금품을 지급해야 하며(근기법 제78조), 그 밖의 사유로 임금 이외의 금품을 지급해야 할 경우(근기법 제36조)에 임금 또는 금품지급의 체불이 발생할 수 있다.

이와 같은 임금체불이 발생할 경우 사용자는 3년 이하의 징역 또는 2천만 원 이하의 벌금이 과해진다(근기법 제109조).

4) 임금채권의 우선변제

근로자의 임금 또는 근로와 관련하여 사용자에 대하여 발생한 채권은 우선하여 변제하여야 한다. 근로기준법 제38조 1항은 "임금, 재해보상금, 그 밖에 근로관계로 인한 채권은 사용자의 총자산에 대하여 질권(質權)・저당권 또는 「동산・채권 등의 담보에 관한 법률」에 의한 담보권에 따라 담보된 채권 외에는 조세・공과금 및 다른 채권에 우선하여 변제되어야 한다. 다만 질권・저당권 또는 「동산・채권 등의 담보에 관한 법률」에 따른 담보권에 우선하는 조세・공과금에 대하여는 그러하지 아니하다"고 규정하고 있고, 제2항에서는 "제1항의 규정에도 불구하고 '최종 3개월분의 임금이나 재해보상금'에 해당하는 채권은 사용자의 총자산에 대하여 질권・저당권 또는 「동산・채권 등의 담보에 관한 법률」에 의한 담보권에 따라 담보된 채권, 조세・공과금 및 다른 채권에 우선하여 변제되어야 한다"고 규정하여 근로자의 임금채권 보호를 강화하고 있다.

또한 근로자의 퇴직금 채권과 관련하여 '퇴직급여보장법' 제12조 1항에서는 "사용자에게 지급의무가 있는 퇴직금은 사용자의 총자산에 대하여 질권 또는 저당권에 의하여 담보된 채권을 제외하고는 조세・공과금 및 다른 채권에 우선하여 변제되어야 한다. 다만 질권 또는 저당권에 우선하는 조세・공과금에 대하여는 그러하지 아니하다"고 규정하고 있다. 그러나 동조 제2항에서는 1항의 규정에도 불구하고 위의 임금채권과 마찬가지로 최종 3년간의 퇴직금에 대하여는 조세・공과금 및 다른 채권에 우선하여 변제하여야 하도록 규정하고 있다.

한편, 기업이 도산하여 책임재산의 부족으로 근로자의 임금, 퇴직금, 휴업수당 등이 체불되어 현실적으로 지급이 어려운 경우에 이들에게 지급을 보장함으로써 근로자의 기본생활의 안정을 보장하기 위하여 1998년 7월 1일부터 「임금채권보장법」을 시행하여 국가가 근로자를 위한 임금채권보장기금을 조성하고 이를 근로자의 기본 생활 안정에 지원하고 있다.

3. 최저임금제

1) 최저임금제의 의의

최저임금제(minimum wage system)는 근로자에게 지급되는 임금의 최저액을 정하는 제도로서, 국가가 노사 간의 임금결정 과정에 개입하여 임금의 최하수준을 정하고 사용자가 그 수준 이상의 임금을 지급하도록 법으로 강제함으로써 저임금 근로자의 생계를 보호하기 위한 제도를 말한다.

임금은 당사자가 합의하여 결정하는 것이 원칙이지만 당사자의 자유로운 교섭에 맡길 경우 노동시장의 불균형이나 사용자의 인사권 또는 경영권의 남용으로 근로자의 임금협상권이 침해될 수 있으므로 이를 방지하기 위하여 국가가 개입하여 임금액의 최저한을 정하고 사용자로 하여금 이를 준수하도록 법적으로 강제하는 제도가 최저임금제이다.

최저임금제는 1894년 뉴질랜드에서 시작되었으며, 오늘날 많은 선진국에서 근로자의 생활안정을 도모하기 위하여 단체협약, 국가 입법, 기타 임금위원회나 중재재판소의 결정으로 최저임금을 정하고 있다.

우리나라는 1953년 근로기준법을 제정하면서 최저임금을 규정하였으나, 1986년 12월 31일 최저임금법이 제정되었고, 1988년 1월 1일부터 최저임금제가 시행되었다.

2) 최저임금법의 적용대상

최저임금법은 근로자를 사용하는 모든 사업 또는 사업장에 적용한다. 다만 동거하는 친족만을 사용하는 사업과 가사사용인(최저임금법 제3조 1항), 그리고 선원법의 적용을 받는 선원과 선박의 소유자에게는 적용하지 아니한다(동법 제3조 2항).

그러나 최저임금법의 적용사업장이라 하더라도 ① 정신장애나 신체장애로 근로능력이 현저히 낮은 자, ② 그 밖에 최저임금을 적용하는 것이 적당하지 아니하다고 인정되는 자 등에 대해서는 고용노동부의 인가를 받아 최저임금을 적용하지 아니할 수 있다(동법 제7조).

3) 최저임금의 결정방식

우리나라는 노사 쌍방의 대표 각각 9명과 공익 대표 9명의 총 27명으로 구성하는 최저임금위원회에서 최저임금을 심의 · 결정하는 방식을 채택하고 있다. 고용노동부장관은 최저임금위원회에 최저임금에 관한 심의를 요청하고, 심의요청을 받은 위원회는 근로자의 생계비, 유사근로자의 임금, 노동생산성 및 소득분배율을 고려하여 심의요청을 받은 날로부터 90일 이내에 최저임금안을 심의 · 의결하여 고용노동부장관에게 제출하도록 하고 있다(동법 제8조 2항).

이러한 절차를 거쳐 고용노동부장관은 매년 8월 5일까지 최저임금액을 결정하여야 하고(동법 제8조 1항), 최저임금액은 시간 · 일 · 주 또는 월을 단위로 하여 정하는데, 이 경우 일(日) · 주(週) 또는 월(月)을 단위로 최저임금을 정하는 때에는 시간급으로도 이를 표시하여야 한다(동법 제5조 1항).

최저임금은 1988년 시행된 이후에 1991년에 가장 높은 18.8%가 인상되었으며, 그 이후에 매년 인상되어, 2000년에 16.6%, 2010년 2.75%, 2015년 7.1%, 2018년 16.4%, 2019년 10.9%, 2020년 2.87%, 2020년 5.1%가 각각 인상되었다.

〈표 3-1〉 최저임금의 변동추이

(단위 : 원)

	2000년	2005년	2010년	2015년	2020년	2021년	2022년
시간당	1,600	2,840	4,110	5,580	8,590	8,720	9,160
1일당	12,800	22,720	32,880	44,640	68,720	69,760	73,280

제4절 근로시간 및 휴게 · 휴일 · 휴가

근로시간이란 근로자가 직무와 관련하여 사용자의 지휘 · 감독에 따라 노동을 제공하는 시간을 말한다. ILO는 1919년 제1회 총회에서 제조업의 근로시간을 1일 8시간, 1주 48시간으로 제한하는 협약을 채택하였고, 1935년 총회에서는 1주의 근로시간을 40시간으로 단축하는 협약을 채택하였다.

우리나라는 1953년 근로기준법을 제정하면서 근로시간을 1일 8시간, 1주 48시간으로 규정하였으나, 1989년 근로시간을 1주 44시간으로 개정하고, 2003년 근로기준법 개정에서 1주 40시간으로 단축하여 현재 시행하고 있다.

1. 근로시간

1) 근로시간관리의 중요성

인간은 유기체이므로 기계처럼 휴식 없이 계속하여 일할 수 없으며, 근로자는 근로생활의 질을 개선하기 위하여 근로시간 단축을 요구하고 있다. 근로시간은 근로자의 노동력 재생산, 근로의욕의 유지, 기업의 생산성 향상, 그리고 근로자의 근로생활의 질에 중요한 영향을 미친다. 또한 근로자의 근로시간이 지나치게 많은 경우에 육체적·정신적 피로가 축적되어 질병발생이나 안전사고 발생이 증가하여 노동생산성의 저하를 초래하게 된다.

근로자들은 끊임없이 근로시간의 단축을 요구하고 있다. 근로시간의 단축은 사적 생활의 여가를 확보함으로써 일과 가정, 일과 생활, 일과 문화의 병존이 가능하게 되며, 근로자가 충분한 사적 생활을 확보함으로써 가정적·사회적·문화적 활동을 향유할 수 있게 되어 인간의 존엄과 가치를 향상시킬 수 있다.

따라서 사업주나 경영자들은 유능한 노동력의 확보, 동기부여의 향상, 노동생산성의 개선을 위하여 근로시간의 단축을 포함한 근로시간의 배치와 휴게·휴일·휴가의 적정한 운영이 매우 중요시되고 있다.

2) 법정근로시간

법정근로시간이란 근로자가 근로를 제공할 근로시간을 법률로서 규정한 기준근로시간을 의미하는 것으로서, 일반적으로 근로시간은 일(日) 또는 주(週) 단위로 근로의 상한선을 나타내고 있다. 근로기준법 제50조는 1주간의 근로시간은 휴게시간을 제외하고 40시간을 초과할 수 없도록 하고, 1일의 근로시간은 휴게시간을 제외하고 8시간을 초과할 수 없도록 규정하고 있다.

(1) 유해·위험작업의 기준근로시간

산업안전보건법 제46조는 "사업주는 잠함·잠수작업, 갱내작업, 고열·저온물체작업, 라디움 방사선 취급, 먼지 소음작업, 납·수은·크롬 등 중금속 취급 등의 유해 또는 위험작업에 종사하는 근로자의 근로시간은 1일 6시간, 1주 34시간을 초과하여서는 아니된다"고 규정하고 있다.

(2) 소년근로자의 기준근로시간

15세 이상 18세 미만인 소년근로자의 근로시간은 1일에 7시간, 1주일에 35시간을 초과하지 못한다. 다만 당사자 사이의 합의에 따라 1일에 1시간, 1주일에 5시간을 한도로 연장할 수 있다(근기법 제69조).

(3) 여성근로자의 야간 및 휴일근로 제한

사용자는 18세 이상의 여성에게 오후 10시부터 오전 6시까지의 시간이나 휴일에 근로시키려면 근로자의 동의를 얻어야 하고, 임산부나 18세 미만자를 오후 10시부터 오전 6시까지의 시간 및 휴일에 근로시키려면 당사자의 동의나 청구에 의하여 할 수 있다(근기법 제70조).

3) 근로시간의 유연화제도

(1) 탄력적 근로시간제

탄력적 근로시간제는 업무의 내용이나 특성에 따라 근로자의 근로시간을 탄력적으로 운영하는 제도로서, 회사의 업무량이 많은 기간에는 근로시간을 늘리고 업무량이 적은 기간에는 근로시간을 줄이도록 하는 효율적인 근로시간 관리방식이다.

근로기준법 제51조 1항에서 사용자는 근로자에 대하여 2주 이내의 기간을 평균하여 1주간의 근로시간이 40시간을 초과하지 아니하는 범위에서 특정한 주에 40시간(동법 제50조 1항)을, 특정한 날에 8시간(동법 50조 2항)을 초과하여 근로하게 할 수 있다. 다만 특정한 주의 근로시간은 48시간을 초과할 없다고 규정하고 있다.

동법 제51조 2항에서는 사용자가 근로자대표와 서면 합의에 따라 3개월 이내의 단위기간을 평균하여 1주간의 근로시간이 40시간을 초과하지 아니하는 범위에서 특정한 주에 40시간을, 특정한 날에 8시간을 초과하여 근로하게 할 수 있다. 다만 특정한 주의 근로시간은 52시간을, 특정한 날의 근로시간은 12시간을 초과할 수 없다.

(2) 선택적 근로시간제

사용자는 취업규칙 또는 기타 규정에 의하여 업무의 시작 및 종료 시각을 근로자의 결정에 맡기기로 한 근로자에 대하여 근로자대표와의 서면 합의에 따라 대상 근로자의 범위나 정산기간 등을 정하면 1개월 이내의 정산기간을 평균하여 1주간의 근로시간이 40시간을 초과하지 아니하는 범위에서 1주간에 40시간의 근로시간을, 1일에 8시간을 초과하여 근로하게 할 수 있다(근기법 제52조).

(3) 연장근로시간제

연장근로시간제는 조직(기업)의 증가된 업무량을 신속하게 처리하기 위해서 근로자의 근로시간을 연장하는 제도이다. 근로기준법 제53조 1항은 사용자와 근로자의 합의가 있는 경우에 1주간에 12시간을 한도로 동법 제50조의 근로시간을 연장할 수 있다고 규정하고 있다.

한편 동법 제56조에서 사용자는 연장근로(동법 제53조 · 제59조 · 제69조 단서)와 야간근로(오후 10시부터 오전 6시까지) 또는 휴일근로에 대하여는 통상임금의 100분의 50 이상을 가산하여 지급하여야 한다고 규정하고 있다.

2. 휴게 · 휴일 · 휴가

1) 휴 게

근로자들의 육체적 · 정신적 노동으로부터 야기되는 피로를 회복시킴으로써 산업재해를 예방하고 직무능률을 향상시키기 위해 적절한 휴게시간의 제공이 필요하다.

근로기준법 제54조에 따르면 "사용자는 근로시간이 4시간인 경우에는 30분 이상, 8시간인 경우에는 1시간 이상의 휴게시간을 근로시간 도중에 주어야 한다"고 규정하고, 동조 제2항에는 "휴게시간은 근로자가 자유롭게 이용할 수 있다"고 규정함으로써 근로자들이 휴게시간을 점심시간으로 대체할 수 있도록 허용하고 있다.

2) 휴 일

휴일이란 근로자에게 노동을 제공할 의무를 배제하여 사용자의 지휘 · 명령으로부터 벗어날 수 있도록 허용하는 날을 의미한다. 오늘날 1주에 1일의 휴일을 두는 것은 세계적으로 보편화된 제도로서, 이는 ILO가 1921년 "제조업의 경우 모든 근로자에 대하여 7일 동안에 적어도 한번 계속해서 24시간의 휴일을 제공하여야 한다"고 규정함으로써 주 1일 휴무제가 국제적 기준으로 확립되었다.

근로기준법 제55조에서 "사용자는 근로자에게 1주일에 평균 1회 이상의 유급휴일을 주어야 한다"고 규정하고, 주 1회의 유급휴일을 가질 수 있는 자는 1주 동안의 소정근로를 개근한 자에 한한다(근기법 시행령 제30조)고 명시하고 있다.

우리나라가 실시하고 있는 주 5일 근무제는 근로기준법에서 주 2일 휴무제를 명시적으로 규정하지는 않고 있으나, 소정근로시간을 1주 40시간, 1일 8시간으로 규정

(근기법 제50조)함으로써 자연적으로 주 2일의 근무하지 않는 날이 발생하여 주 2일 휴무제를 실시하는 것이다.

사용자가 근로자에게 제공하는 휴일에는 주 1일 또는 주 2일의 유급휴일 이외에 국경일, 국가가 제정한 공휴일, 단체협약이나 취업규칙에서 규정한 임시공휴일에 대해서도 유급휴일을 적용하고 있다.

근로기준법 제56조는 유급휴일에 근로를 제공하는 경우에 사용자는 근로자에게 통상임금의 100분의 50 이상을 가산하여 지급하도록 규정하고 있다. 따라서 근로시간이 1주에 40시간의 소정근로시간을 넘는 근로시간이나 공휴일에 제공한 근로시간은 연장 및 휴일근로에 해당하므로 가산임금을 지급하여야 한다.

3) 연차 유급휴가

(1) 연차 유급휴가의 의의

연차 유급휴가는 장기간 노동한 근로자의 피로를 회복하고 노동의 재생산을 촉진하며 문화생활을 유지할 수 있도록 하기 위하여 휴일 이외에 유급휴가를 허용하는 것을 말한다. 근로기준법 제60조 1항에서 "사용자는 1년간 80% 이상 출근한 근로자에게 15일의 유급휴가를 주어야 한다." 그러나 동조 2항에서는 "계속하여 근로한 기간이 1년 미만인 근로자 또는 1년간 80% 미만 출근한 근로자에게 1개월 개근 시 1일의 유급휴가를 주어야 한다"고 규정하고 있다.

따라서 근로자는 1년간 전체 근로일의 80% 이상을 출근하여야 15일의 연차휴가권이 발생하며, 80% 미만 출근한 근로자에게는 연차휴가가 발생하지 아니한다. 여기에서 1년간 80% 이상의 출근이란 1년간 소정근로일수(노사가 근로하기로 정한 일수)에서 휴일 등을 제외한 근로일수의 80% 이상을 출근한 것을 말한다. 그러나 근로자가 업무상 부상 또는 질병으로 휴무한 기간과 임신 중의 여성이 동법 제74조 1항부터 3항까지의 규정에 따른 휴가기간은 출근한 것으로 본다(근기법 제60조 6항).

또한 계속 근로기간이 1년 미만이거나, 1년간 80% 미만 출근한 근로자에 대해서는 1개월 개근 시 다음 달 첫날 1일의 연차휴가가 발생한다(근기법 제60조 2항).

근로기준법 제60조 4항은 계속 근로한 근로자의 총 휴가일수의 한계를 명시하고 있는데, "사용자는 3년 이상 계속하여 근로한 근로자에게는 제1항에 따른 휴가에 최초 1년을 초과하는 계속 근로년수에 대하여 매 2년마다 1일을 가산한 유급휴가를 주어야 한다. 이 경우 가산휴가를 포함한 총 휴가일수는 25일을 한도로 한다"고 규정함으로써, 가산휴가를 받기 위해서는 우선 3년 이상을 근속해야 하고 또한 지난

1년간 80% 이상 개근해야 한다.

(2) 연차휴가권의 효과

일정한 연차휴가권을 취득한 근로자는 근로기준법 제60조 5항의 규정에 의하여 휴가시기 지정권을 행사할 수 있다. 즉, 사용자는 근로자가 신청한 시기에 휴가를 주어야 한다. 다만 근로자가 청구한 시기에 휴가를 주는 것이 사업운영에 막대한 지장이 있는 경우에는 그 시기를 변경할 수 있다(동조 5항). 따라서 근로자가 자신의 휴가일수의 범위 내에서 휴가의 시기와 일수를 결정하여 청구하는 경우 사용자는 휴가를 주어야 한다. 그러나 사업운영에 막대한 지장이 있는 경우에는 사용자는 휴가시기 변경권을 행사할 수 있으며, 사용자의 시기변경권의 행사가 없는 한 근로자의 휴가시기는 확정된다.

또한 사용자는 근로자에게 연차휴가기간에 대하여 취업규칙이나 단체협약 등에서 정하는 통상임금 또는 평균임금을 지급해야 한다(동조 5항).

(3) 휴가사용 촉진 및 소멸시효

근로자 휴가제도의 근본취지는 근로자의 노동력 재생과 문화적 생활의 유지에 있으므로 휴가제도를 개선하여 휴가사용을 활성화하는 것이 필요하다. 근로기준법은 연차휴가를 휴가근로수당 청구를 통한 소득보전의 수단으로 이용하는 것을 억제하기 위하여 사용자의 근로자에 대한 휴가사용 권유를 의무화하고 있으며, 동시에 사용자의 적극적인 사용권유에도 불구하고 근로자가 휴가를 사용하지 않는 경우 사용자의 금전보상의무를 면제하는 연차유급휴가 사용촉진제도(근기법 제61조)를 두고 있다.

사용자의 휴가사용 촉진 조치로는 첫째, 동조 제60조 7항(1년간 휴가를 사용하지 않는 경우) 휴가청구권의 소멸시효기간이 끝나기 6개월 전을 기준으로 10일 이내에 사용자가 근로자별로 사용하지 아니한 휴가일수를 알려주고, 근로자가 그 사용시기를 정하여 사용자에게 통보하도록 서면으로 촉구할 것,

둘째, 이러한 촉구에도 불구하고 근로자가 촉구를 받은 때부터 10일 이내에 사용하지 아니한 휴가의 전부 또는 일부의 사용시기를 정하여 사용자에게 통보하지 아니하면 제60조 7항 본문의 규정에 의한 기간이 끝나기 2개월 전까지 사용자가 미사용 휴가의 사용시기를 정하여 근로자에게 서면으로 통보할 것이다.

따라서 사용자는 근로자가 지정된 휴가일에 출근한 경우에 노무수령 거부의사를 명확히 표시하여야 하며, 명확한 노무거부 의사에도 불구하고 노무를 제공한 경우

에는 연차휴가 근로수당을 지급할 의무가 없다 할 것이다.

한편, 연차유급휴가의 소멸시효는 근로기준법 제60조 7항에 따라 휴가권 취득일로부터 1년간 행사하지 아니하면 소멸한다. 다만, 사용자의 귀책사유로 사용하지 못한 경우에는 그러하지 아니하다고 규정하고 있다. 그러나 유급휴가제도는 임금을 지급하면서 휴가를 주려는 제도이므로 휴가를 청구할 수 없는 경우에는 비록 휴가권은 소멸된다 하더라도 그 휴가일수에 해당하는 연차휴가근로수당에 대한 청구권까지 소멸되었다고 할 수는 없으므로 이때에는 연차유급휴가 미사용수당이 지급되어야 한다(대법원 판례 1990.12.26. 90다카12493). 근로자가 연차휴가를 사용하지 않고 근로한 경우 유급으로 지급된 임금 이외에 유급휴가일의 근로에 대한 통상임금이 지급되어야 한다. 그러나 사용자가 근로기준법 제61조의 연차휴가 사용촉진 조치를 이행하였음에도 불구하고 근로자가 사용하지 않은 휴가에 대하여는 보상할 의무가 없다.

3. 여성과 소년의 특별보호

우리 헌법 제32조 4항에서 "여자의 근로는 특별한 보호를 받으며, 고용 · 임금 및 근로조건에 있어서 부당한 차별을 받지 아니한다". 그리고 5항에서는 "연소자의 근로는 특별한 보호를 받는다"는 규정을 기초로 하여 근로기준법 제5장은 여성과 연소자의 근로에 대한 특별보호를 구체적으로 규정하고 있다.

1) 여성과 소년의 공통 보호

(1) 15세 미만인 자 등의 사용금지

15세 미만인 자 또는 중학교에 재학 중인 18세 미만인 자는 근로자로 사용하지 못하도록 규정하고, 다만 고용노동부장관이 발급한 취직인허증을 받은 자는 근로자로 사용할 수 있도록 하고 있다(근기법 제64조).

(2) 유해 · 위험사업에 대한 사용규제

사용자는 임신 중이거나 산후 1년이 경과되지 아니한 여성(임산부)과 18세 미만인 자를 도덕상 또는 보건상 유해 · 위험한 사업에 사용하지 못하며(근기법 제65조 1항), 또한 사용자는 임산부가 아닌 18세 이상의 여성을 제1항의 규정에 의한 보건상 유해 · 위험한 사업 중 임신 또는 출산에 관한 기능에 유해 · 위험한 사업에 사용하지 못한다(동조 2항)고 규정하고 있다.

(3) 야간 · 휴일근로의 규제

임산부가 아닌 18세 이상의 여성근로자는 자신의 동의가 있는 경우에 야간(오후 10부터 오전 6시까지) 및 휴일근로를 허용하고 있다(근기법 제70조 1항).

그러나 사용자는 임산부와 18세 미만자를 야간 및 휴일에 근로시키지 못한다. 다만, ① 18세 미만자의 동의가 있는 경우, ② 산후 1년이 지나지 아니한 여성의 동의가 있는 경우, ③ 임신 중의 여성이 명시적으로 청구하는 경우에 대하여 고용노동부장관의 인가를 받으면 야간 및 휴일근로를 하게 할 수 있다(동조 2항).

(4) 갱내 근로의 규제

여성과 18세 미만자는 육체적 · 정신적으로 힘든 갱내에서 근로시키지 못한다(근기법 제72조). 갱내에서 발파, 채굴, 굴삭, 운반 등의 근로에 취업을 금지시키는 것이고, 보건, 의료, 보도, 취재 등의 일시적으로 필요한 업무의 수행은 그러하지 아니하다.

2) 소년의 특별보호

연소자의 사용금지(근기법 제64조 1항)나 미성년자의 근로계약 체결의 규제(근기법 제67조)에 관하여는 앞에서 설명한 바 있다.

소년의 근로시간에 관한 보호는 근로기준법 제69조에 "15세 이상 18세 미만인 자의 근로시간은 1일에 7시간, 1주일에 35시간을 초과하지 못한다. 다만, 당사자 사이의 합의에 따라 1일에 1시간, 1주일에 5시간을 한도로 연장할 수 있다"고 규정하고 있다.

3) 여성에 대한 특별보호

(1) 생리휴가의 허용

사용자는 여성근로자가 청구하면 월 1일의 생리휴가를 주어야 한다(근기법 제73조)고 규정하고 있는데, 이 규정은 2003년 개정되기 전에는 근로자의 청구와 관계없이 월 1일의 생리휴가를 주도록 하였으나, 현재는 근로자의 청구가 있는 경우에 1일의 무급 생리휴가를 주어야 한다. 근로자가 생리휴가를 청구한 날에 근로하더라도 가산 임금은 지급되지 아니한다.

(2) 출산전후휴가

근로기준법 제74조 1항에서 "사용자는 임신 중의 여성에게 출산 전과 출산 후를 통하여 90일(한 번에 둘 이상 자녀를 임신한 경우에는 120일)의 출산전후휴가를 주어야 하며, 이 경우 휴가기간의 배정은 출산 후에 45일(한 번에 둘 이상 자녀를 임신한 경우에는 60일) 이상이 되어야 한다"고 규정하고, 동조 2항에서는 임신 중인 여성근로자가 유산의 경험 등 대통령령으로 정하는 사유로 출산전후휴가를 청구하는 경우 출산 전 어느 때라도 휴가를 나누어 사용할 수 있도록 규정하고 있다.

또한 사용자는 임신 후 12주 이내 또는 36주 이후의 여성근로자에 대하여 1일 근로시간을 6시간이 되도록 근로시간을 단축할 수 있도록 하고 있다(동법 제74조 7항 및 8항).

사용자는 임신 중인 여성이 유산 또는 사산한 경우로서 그 근로자가 청구하면 대통령령으로 정하는 바에 따라 유산 · 사산 휴가를 주어야 한다. 다만 임신중절수술에 의한 유산은 그러하지 아니하다(동조 3항)고 규정하고 있다.

또한, 사용자는 임신한 여성근로자가 「모자보건법」 제10조에 따라 임산부 정기건강검진을 받는데 필요한 시간을 청구하는 경우 이를 허용하도록 규정하고 있다(동법 74조의 2).

한편, 근로기준법 제75조는 "생후 1년 미만의 유아(乳兒)를 가진 여성근로자가 청구하면 1일 2회 각각 30분 이상의 유급 수유시간을 주어야 하도록" 규정하고 있다.

(3) 출산전후휴가급여 지급

출산전후휴가와 유산 · 사산휴가 중 최초 60일은 유급으로 한다(근기법 제74조 4항). 다만, 「남녀고용평등과 일 · 가정 양립 지원에 관한 법률」 제18조에 따라 출산전후휴가급여 등이 지급된 경우에는 그 금액의 한도에서 사용자가 지급한 것으로 본다. 즉, 원칙적으로 출산전후휴가와 유산 · 사산휴가를 사용한 근로자에 대하여 최초 60일은 사용자가 통상임금을 지급하고 나머지 30일은 국가가 고용보험에서 부담하도록 한 것이다.

(4) 출산휴가 종료 후의 직무복귀 보장

근로기준법 제74조 6항은 "사업주는 제1항에 따른 출산전후휴가가 종료된 후에는 휴가 전과 동일한 업무 또는 동등한 수준의 임금을 지급하는 직무에 복귀시켜야 한다"고 규정하고, 임신 중인 여성근로자에 대하여 탄력적 근로시간제를 시행할 수 없으며(동법 제51조 3항), 또한 여성근로자가 출산전후휴가 중이거나 휴가 후 30일 동안은 해고하지 못하도록 규정함으로써(동법 제23조 2항) 여성근로자의 안전과 안정된 근로를 보호 및 보장하고 있다.

4. 일 · 가정의 양립 지원

국가경제의 성장과 국제경쟁력의 향상을 위해서는 여성의 경제활동을 통한 노동력 활용이 필요하며, 사회적 남녀평등을 현실적으로 실현하고 실질적으로 여성의 삶의 질을 높이기 위해서는 여성들의 사회진출을 유도할 수 있는 적극적인 노동정책이 필요하다.

여성들이 본질적으로 결혼, 출산, 육아에 대한 부담으로 노동시장 진출을 단념함으로써 여성 고용률의 감소에 따른 국가적인 노동력 상실을 초래하고 있으며, 또한 여성들이 육아·교육비 등의 생계비의 부담으로 출산을 기피함에 따라 저출산이 미래의 가장 심각한 사회문제로 대두되고 있다. 따라서 여성이 노동시장에 안심하고 편안하게 참여할 수 있고, 자연스럽게 출산·육아할 수 있는 편리한 환경여건을 마련할 필요가 있다.

2007년 「남녀고용평등과 일·가정 양립 지원에 관한 법률」(이하 남녀고용평등법이라 함)을 정비하여 여성의 경제활동과 가정생활을 지원할 수 있는 사용자의 의무와 정부의 지원을 구체적으로 규정하고 있다.

1) 육아휴직제도

현행 「남녀고용평등법」은 근로자가 근로관계를 유지하면서 일정기간 동안 자녀의 양육을 위한 휴직을 보장함으로써 일과 가정을 양립시킬 수 있도록 육아휴직제도를 규정하고 있다.

남녀고용평등법 제19조는 영·유아의 육아휴직에 관하여 규정하고 있는데, ① 사업주는 근로자가 만 8세 이하 또는 초등학교 2학년 이하의 자녀(입양한 자녀를 포함한다)를 양육하기 위하여 휴직을 신청하는 경우에 이를 허용하여야 한다(동조 1항). ② 육아휴직기간은 1년 이내로 한다(동조 2항). ③ 사업주는 육아휴직을 이유로 해고 기타 불리한 처우를 해서는 아니 되며, 육아휴직기간에는 그 근로자를 해고하지 못한다. 다만 사업을 계속할 수 없는 경우에는 그러하지 아니하다(동조 19조 3항). 이는 근로기준법상의 출산전후휴가기간과 같은 근로자 보호규정이다. ④ 사업주는 근로자가 육아휴직을 마친 후에는 휴직 전과 같은 업무 또는 같은 수준의 임금을 지급하는 직무에 복귀시켜야 한다. 또한, 2항의 육아휴직기간은 근속기간에 포함한다(동법 제19조 4항). ⑤ 육아휴직은 원칙적으로 무급휴직이나, 국가는 근로자의 생계비용 일부를 지원할 수 있다(동법 제20조 1항)고 규정하고, 이에 근거하여 국가는 고용보험법 제70조에 따라 일정한 요건 하에서 육아휴직급여를 지급할 수 있도록 규정하고 있다.

2) 육아기 근로시간 단축

사업주는 동법 제19조 1항에 따른 육아휴직을 신청할 수 있는 근로자가 그 대신 근로시간 단축을 신청하는 경우에 이를 허용하여야 한다. 다만 대체인력 채용이 불가능하거나 정상적인 사업운영에 중대한 지장을 초래하는 경우 등 대통령령으로 정하는 경우에는 그러하지 아니하다(동법 제19조2의 1항)고 규정하고 있으며, 사업주는 근로시간 단축을 허용하지 않는 경우에는 해당 근로자에게 그 사유를 서면으로 통보하고 육아휴직을 사용하게 하거나 그 밖의 지원할 수 있는 방안을 협의해야 한다(동조 2항).

육아기 근로시간 단축을 허용하는 경우 단축 후 근로시간은 주당 15시간 이상 30시간 이내로 하여야 하고(동조 3항), 그 육아기 근로시간 단축기간은 1년 이내로 한다(동조 4항)고 규정하고 있다.

육아휴직이나 육아기 근로시간 단축을 하려는 경우 1년의 범위 내에서 1회 또는 2회로 나누어 사용할 수 있다. 1년의 범위 내에서는 육아휴직과 육아기 근로시간 단축은 각각 1회만 사용할 수 있다(동법 제19조의4).

사업주는 육아기 근로시간 단축을 하고 있는 근로자에 대하여 근로시간에 비례하여 적용하는 임금 · 수당 외에는 육아기 근로시간 단축을 이유로 근로조건을 불리하게 하여서는 아니 된다(동법 제19조의3).

육아기 근로시간 단축 중의 근로조건은 서면으로 정하고(동법 제19조의3 2항), 육아기 근로시간 단축을 한 근로자의 평균임금을 산정할 때는 그 기간(임금이 낮아 불리하므로)을 산정에서 제외한다(제19조의3 4항).

사업주는 육아기 근로시간 단축기간에 있는 근로자에게 연장근로를 요구할 수 없으며(제19조의3 3항), 또한 육아기 근로시간 단축을 이유로 해당 근로자에게 해고나 그 밖의 불리한 처우를 해서는 아니 되며(제19조의2 5항), 육아기 근로시간 단축이 끝난 후에는 그 근로자를 그 전과 같은 업무나 또는 같은 수준의 임금을 지급하는 직무에 복귀시켜야 한다(제19조의2 5항)고 규정함으로써 해당 근로자를 보호하고 있다.

3) 그 밖의 세제 및 재정 지원

남녀고용평등법은 국가가 일·가정 양립 지원을 위해 세제 및 재정지원의 의무를 규정하고 있다. 즉, 국가는 사업주가 근로자에게 육아휴직이나 육아기 근로시간 단축을 허용한 경우 그 근로자의 생계비용과 사업주의 고용유지비용의 일부를 지원하고 있고(동법 제20조 1항), 직장어린이집을 설치해야 하는 사업주나 자발적으로 설치하는 사업주에게 국가가 그에 관한 지원·지도를 하도록 규정하고 있으며(동법 제21조, 21조의2), 일·가정 양립프로그램의 도입·확산, 모성보호 조치의 원활한 운영 등을 지원하기 위한 조사·연구 및 홍보 등의 사업, 전문적인 상담 서비스와 관련 정보 등의 제공 및 경비부담의 의무규정을 두고 있다(동법 제22의3).

5. 고령자 고용차별 금지

연령을 직무능력의 기준으로 하는 것은 논리적·과학적으로 설득력이 없다. 고령자라 할지라도 근로의욕과 교육훈련에 따라 조직(기업)의 직무성과에 이바지할 수 있는 여지는 충분히 있을 수 있다. 특히 직무경력이 풍부한 경력자는 그 경험과 능력을 사장시킴으로써 국가경제나 기업 생산성에 중대한 손실을 초래할 수 있다.

우리나라는 「고용상 연령차별 금지 및 고령자 고용촉진에 관한 법률」(이하 고령자 고용법이라 한다)을 제정하여 합리적인 이유 없이 연령을 이유로 하는 고용차별을 금지하고 고령자의 고용안정에 대하여 세제 및 금융지원을 하고 있다.

여기에서 고령자란 55세 이상 근로자를 말하며, 준고령자는 50세 이상 55세 미만 근로자를 말하는데(동법 시행령 제2조), 제조업의 경우 상시근로자의 2%, 운수·부동산임대업의 경우 6%, 그 이외 산업의 경우는 각각 3%의 고령자를 고용하도록 하고 있다.

1) 고용상 연령차별 금지

사업주는 합리적인 이유없이 고령이라는 이유로 근로자를 고용, 임금, 복지, 교육훈련, 배치전직, 해고 등에서 차별해서는 안된다(동법 제4조의 4). 다만 해당 고령근로자가 수행할 직무특성, 직무경력, 취업규칙이나 단체협약의 정년규정에 의한 차별은 합리적인 차별로 인정하고 있다(동법 제4조의 5).

여기에서 연령차별을 당한 근로자는 국가인권위원회에 차별사실을 진정할 수 있고, 인권위원회는 고용노동부가 시정명령을 하도록 권고함으로써 해당 근로자에 대하여 차별행위 중지, 원상회복 등의 조치를 취하도록 하고 있다(동법 제4조의 7).

2) 고령자 취업지원

국가경제의 활성화와 고령자 생활안정을 위하여 고령자의 취업지원활동을 전개하고 있다. 고용노동부와 광역자치단체는 고령자 고용촉진을 위하여 고령자 관련 구인(求人) 및 구직(求職) 정보를 수집하여 구직자와 사업주에게 제공하고 취업알선, 직업상담, 적성검사 등의 직업지도와 지원을 제공하고 있다.

한편 고용노동부는 고령자의 직무능력 개발·향상을 위한 직업능력개발훈련을 실시하고, 고령자를 고용하는 사업주에 대하여 채용, 배치, 작업환경 등 고령자 관리에 대한 상담, 자문 등의 필요한 지원을 제공하도록 하고 있다(동법 제6조 및 7조).

3) 고령자 고용촉진과 정년

(1) 고령자 고용촉진 및 지원

사업주는 고령자의 기준고용률 이상을 고용하도록 노력해야 할 의무가 있으며(동법 제12조), 정부는 고령자 고용촉진 및 안정을 위하여 기준고용률을 초과하여 고령자를 고용하는 사업주에 대하여 조세감면과 금융지원을 실시하도록 법제화하고 있다(동법 제14조).

(2) 정년연장

2013년 5월 22일 노사정 합의로 종전에 취업규칙으로 정하고 있던 근로자의 정년을 60세 이상으로 정할 것을 법으로 제정하여(고령자 고용법 제19조), 상시근로자 300인 이상의 사업장은 2016년 1월 1일부터, 300인 이하의 사업장에서는 2017년 1월 1일부터 시행하도록 하였다.

정년연장에 따른 사업주의 경제적 부담을 경감하기 위하여 동법 제19조의 2에서는 근로자 과반수의 동의를 얻어 사업장의 임금체계(예 : 임금피크제) 등의 조치를 하도록 규정하고 있다.

또한 사업주는 정년에 도달한 근로자가 그 사업장에 다시 취업하기를 희망하는 경우에는 직무수행 능력에 적합한 직종에 재고용하도록 하여야 하며, 이 경우에는 이전의 근로조건이나 임금결정에 달리하여 새롭게 고용하는 것으로 협의하여 근로조건 및 임금을 결정할 수 있다(동법 제21조).

제5절 안전보건 및 재해보상

생계의 수단을 노동력에 의존하고 있는 근로자에게는 육체적·정신적 건강과 생명이 절대 중요한 자산이며, 기업은 안전사고로 인한 기계시설의 손상, 생산일정의 지연, 부상자의 치료 및 보상비 등 많은 비용을 초래하게 된다. 이러한 산업재해 손실은 사용자의 효율적인 안전관리 의식과 철저한 법률적 제도를 확립함으로써 극복할 수 있다.

안전관리란 인간존중의 이념을 바탕으로 근로자의 고귀한 생명과 기업의 귀중한 재산을 보호하기 위하여 사업장의 산업재해요인을 정확히 분석하여 발생요인을 사전에 예방하고 발생 재해에 대하여 신속하게 대책을 강구하는 체계적이고 합법적인 관리체계를 말한다.

1. 산업안전보건제도의 개관

1) 산업재해의 의의

산업안전보건법 제2조 1항에서 "산업재해란 근로자가 업무에 관계되는 건설물, 설비, 원재료, 가스, 증기, 분진 등에 의하거나 작업 기타 업무로 인한 사망 또는 부상하거나 질병에 걸리는 것을 말한다"고 규정하고 있다.

우리나라의 산업재해는 다음 〈표 3-2〉에서 보는 바와 같이 산재보험법 적용 사업장수나 대상근로자수는 늘어나고 있는 반면에 재해발생률이나 재해자수, 사망자수, 경제적 손실, 근로손실일수는 점차 감소하는 추세를 보이고 있으며, 이는 정부, 기업, 근로자들의 꾸준한 노력의 결과로 평가되고 있다.

〈표 3-2〉 산업재해발생 및 경제적 손실 추이

연도	적용사업장 수(천개)	대상근로수 (천명)	재해자수 (명)	사망자수	재해율	경제적 손실 (억원)	근로 손실일수 (천일)
1981	50	3,457	117,938	1,295	3.4	3,811	25,655
1990	130	7,543	132,893	2,236	1.8	26,968	43,588
2000	706	9,486	68,976	2,528	0.7	72,813	44,090
2005	1,130	12,070	85,411	2,493	0.8	158,188	71,164
2010	1,608	14,199	98,645	2,200	0.7	176,187	56,708
2015	2,367	17,968	90,129	1,810	0.5	203,955	47,539
2016	2,457	18,431	90,656	1,777	0.5	214,002	47,035
2017	2,507	18,560	89,848	1,957	0.5	221,801	47,355
2018	2,654	19,073	102,305	2,142	0.5	251,695	52,758
2019	2,681	18,725	109,242	2,020	0.6	276,468	54,545

자료: 2021 KLI 노동통계, 한국노동연구원, p. 145.

2) 산업안전보건법의 목적

우리나라는 산업화의 급속한 진전과 중화학공업의 발달과정에서 안전사고와 직업병의 증가로 많은 인명피해와 재산손실을 초래하는 사건・사고를 예방하기 위한 입법조치를 필요로 하게 되면서, 1981년 12월 31일 산업안전보건법이 제정되었고, 그 이후에 여러 차례의 법률 개정을 거치면서 오늘에 이르고 있다.

산업안전보건법 제1조(목적)는 "근로자의 산업안전・보건에 관한 기준을 확립하고, 그 책임의 소재를 명확하게 하여 산업재해를 예방하고 쾌적한 작업환경을 조성함으로써 근로자의 안전과 보건을 유지・증진함을 목적으로 한다"고 규정하고, 이러한 목적을 달성하기 위해서 동법은 ① 근로자의 안전・보건에 관한 정부의 책임과 사업주 및 근로자의 의무를 규정하고, ② 안전보건기준 및 재해방지기준을 구체적으로 명시하며, ③ 유해물질의 제조와 유통의 규제를 강화하고, ④ 안전보건관리규정을 준비 및 준수하도록 하며, ⑤ 안전 및 보건관리책임자의 임명과 그의 산업재해의 예방책임 등을 규정하고 있다.

또한 근로자 및 관리책임자에 대한 산업안전과 보건교육을 실시하고, 근로자에 대해 정기적으로 건강진단을 실시하며, 작업환경을 측정하여 유해・위험방지계획 및 안전보건 개선계획을 수립하고, 산업재해 예방시설을 설치하여 산업재해 예방활동을 촉진하도록 규정하고 있으며, 특히 사용자와 근로자가 동수로 참여하는 산업안전보건위원회를 구성하여 운영하도록 하고 있다.

이와 같이 우리나라의 산업안전보건법은 산업안전 및 보건기준을 확립하고 사용자·근로자·정부의 산업안전 및 보건에 관한 책임을 명확히 하여 산업재해의 예방과 쾌적한 작업환경의 조성, 근로자의 안전과 보건의 증진에 중점을 두고 있다. 따라서 이 법에서는 국가의 책무에 중점을 두고 있으며, 사용자의 의무는 근로자에 대한 의무가 아니라 국가에 대한 공법상의 의무로 규정하고 있다.

2. 정부의 책무와 사업주의 의무

1) 정부의 책무

산업안전보건법 제4조는 제1조의 목적을 달성하기 위하여 정부는 다음의 여러 가지 책무를 이행하여야 한다고 규정하고 있다.

① 산업안전·보건정책의 수립 집행, 조정 및 통제

② 재해 다발 사업장에 대한 재해예방 지원 및 지도

③ 유해하거나 위험한 기계·기구·설비 및 물질 등에 대한 안전·보건 상의 조치기준 작성 및 지도·감독

④ 사업의 자율적인 안전·보건 경영체제 확립 지원 및 홍보·교육, 연구개발 시설 운영

⑤ 그 밖의 근로자 안전 및 건강의 보호·증진을 위한 지도·감독

2) 사업주의 의무

산업안전보건법 제5조에서 사업주는 이 법에서 정하는 산업재해 예방을 위한 기준을 지키며, 해당 사업장의 안전·보건에 관한 정보를 근로자에게 제공하고, 근로조건을 개선하여 적절한 작업환경을 조성함으로써 신체적 피로와 정신적 스트레스 등으로 인한 건강장해를 예방함과 동시에 근로자의 생명을 지키고 안전 및 보건을 유지·증진시켜야 하며, 국가의 산업재해 예방시책에 따라야 한다. 이 경우 사업주는 이를 준수하기 위하여 지속적으로 사업장 유해·위험요인에 대한 실태를 파악하고 이를 평가하여 관리·개선하는 등 필요한 조치를 하여야 한다고 규정하고 있다.

동법 제23조에는 사업주가 사업을 할 때 유해·위험을 예방하기 위한 필요한 안전조치를 다음과 같이 규정하고 있다. 즉, ① 기계·기구, 그 밖의 설비에 의한 위험, ② 폭발성, 발화성 및 인화성 물질에 의한 위험, ③ 전기, 열, 그 밖의 에너지에

의한 위험, ④ 굴착, 채석, 하역, 벌목, 해체, 중량물 등을 취급할 때의 위험, ⑤ 추락할 위험이 있는 토사·구축물 등의 붕괴 위험 등이 명시되어 있다.

한편, 동법 제24조는 사업주가 사업을 할 때는 근로자의 건강장해를 예방하기 위하여 다음의 보건조치를 하여야 한다고 규정하고 있다. 즉, ① 원재료·가스·분진·흄(fume)·미스트(mist)·산소결핍·병원체 등에 의한 건강장해, ② 방사선·유해광선·고온·저온·진동·이상기압 등의 건강장해, ③ 사업장에 배출되는 기체·액체 또는 찌꺼기 등에 의한 건강장해, ④ 계측감시, 컴퓨터 단말기 조작, 정밀공작 등의 건강장해, ⑤ 단순 반복작업 또는 인체에 과도한 부담을 주는 작업의 건강장해, ⑥ 환기·채광·조명·보온·방습·청결 등의 적정기준을 벗어나서 발생하는 건강장해 등을 명시하고 있다.

3) 산업안전보건관리체제 유지

기업의 산업재해를 방지하기 위해서는 기업 자체의 산업안전보건관리 책임자를 임명하여 효율적으로 관리할 필요가 있다. 따라서 산업안전보건법은 일정규모 이상의 사업장(동법 시행령 19조에 따른 상시근로자 100명 이상 사업장)에서는 안전보건관리책임자를 선임하여 동법 제13조에서 명시하고 있는 산업재해 예방계획, 안전·보건교육, 작업환경 점검, 건강관리 및 건강진단, 산업재해 재발방지대책 등에 관하여 책임을 지며, 동법 제15조와 제16조에서 규정하는 안전관리자와 보건관리자를 지휘·감독하며, 제18조에서는 산업재해를 예방하기 위한 업무를 총괄 관리하기 위한 안전보건총괄책임자를 지정해야 하도록 규정하고 있다.

또한 산업안전보건법은 고용노동부령이 정하는 일정한 사업장에 대하여는 사업장의 안전·보건을 유지하기 위한 안전보건관리규정을 작성하여 각 사업장에 게시하고 근로자들에게 널리 알리도록 규정하고 있으며(동법 제20조), 이때 작성하는 안전보건관리규정은 당해 사업장에 적용되는 단체협약이나 취업규칙에 반할 수 없다. 이 규정은 산업안전보건위원회의 심의·의결을 거쳐야 하고(동법 제19조), 위원회가 설치되어 있지 아니한 사업장에서는 근로자대표의 동의를 얻어야 한다(동법 제21조).

3. 보건관리제도

보건(health)이란 육체적·정신적·사회적으로 평안한(well-being) 상태를 말하는 것으로, 보건관리는 근로자의 육체적·정신적 건강상태를 유지하기 위하여 작업장 내의 화학적·물리적 유해물질로 인한 직업병이나 스트레스에 대한 문제를 인식하고 질병을 미연에 예방함으로써 인적·경제적 손실을 방지하려는 관리활동을 의미한다.

사업주는 유해한 작업환경으로부터 근로자의 건강을 보호하고 쾌적한 사업장을 만들기 위하여 인체에 해로운 작업장에 대하여 고용노동부령으로 정하는 자격을 가진 자로 하여금 작업환경을 측정·평가하도록 하고, 근로자대표의 요구가 있을 때에는 작업환경의 측정에 근로자대표를 입회시켜야 하며(산업안전보건법 제42조 1항), 작업환경 측정의 방법·횟수, 그 밖에 필요한 사항은 고용노동부령으로 정하여(동법 제42조 2항), 사업주는 작업환경 측정의 결과를 근로자들에게 알려야 하고 그 결과에 따라 당해 시설의 설치 또는 개선 등의 조치를 취하여야 한다(동법 제42조 3항).

1) 건강진단

산업안전보건법이 적용되는 모든 사업장(동법 제3조)의 사업주는 고용노동부장관이 지정하는 기관 또는 「국민건강보험법」에 따른 건강검진을 하는 기관에서 건강진단을 하여야 한다. 이때 근로자대표의 요구가 있을 때에는 건강진단에 근로자대표를 입회시켜야 한다(동법 43조 1항). 사업주는 사무직에 종사하는 근로자에 대해서는 2년에 1회 이상, 그 밖의 근로자에 대해서는 1년에 1회 이상 일반건강진단을 실시하여야 한다(동법 시행규칙 제99조 1항).

산업안전보건법 제43조 5항에서 사업주는 건강진단 결과 근로자의 건강을 유지하기 위하여 필요하다고 인정할 때에는 작업장소의 변경, 작업전환, 근로시간 단축, 작업환경 측정, 시설·설비의 설치 또는 개선, 그 밖에 적절한 조치를 하여야 한다고 규정하고 있고, 또한 사업주는 산업안전보건위원회 또는 근로자대표의 요구가 있을 때에는 직접 또는 건강진단을 실시한 건강검진기관으로 하여금 건강진단 결과를 설명하도록 하여야 한다. 다만, 본인의 동의 없이는 개별근로자의 건강진단 결과를 공개하여서는 아니 된다(동법 제43조 6항).

2) 유해·위험작업의 제한

사업주는 일정한 유해·위험한 작업의 경우 이에 필요한 자격·면허·경험 또는 기능을 갖지 않은 근로자에게 작업을 하게 하여서는 아니 된다(동법 제47조)고 규정하고 있다. 또한 사업주는 감염병·정신병 또는 근로로 인하여 병세가 현저히 악화될 우려가 있는 질병으로서 고용노동부령으로 정하는 질병에 걸린 자에게는 의사의 진단에 따라 근로를 금지하거나 제한하여야 한다(동법 제45조 1항).

한편 사업주는 유해·위험한 작업에 종사하는 근로자에게는 1일 6시간, 1주 34시간을 초과하여 근로하게 하여서는 아니 된다(동법 제46조)고 규정하고 있다.

4. 재해보상제도

재해보상제도는 산업사회가 발달하면서 생산시설이 대규모화하고 기계설비가 고도화됨에 따라 산업현장에서 안전사고가 빈번하고, 산업제품이 화학적·물리적으로 다양화하면서 중금속 등의 독성물질의 사용이 증가함에 따라 사업장의 유해·위험성이 증가하여 질병 발생률이 증대함으로써 산업재해의 구제 필요성이 대두된 것이다.

재해보상제도는 근로자가 근로수행과 관련하여 업무상 부상하거나 질병에 걸리거나 또는 치료 후에 신체에 장해가 있거나 사망한 경우에 해당 근로자 또는 유족을 보호하기 위하여 마련한 제도이다.

근로기준법 제8장에서 사용자는 근로자가 업무상 부상 또는 질병에 걸리면 필요한 요양을 행하여야 하고, 요양·휴업·장해·유족보상 등을 부담하여야 한다고 규정하고 있으며, 산업재해보상보험법 제1조(목적)는 "산업재해보상보험 사업을 시행하여 근로자의 업무상 재해를 신속하고 공정하게 보상하며, 재해근로자의 재활 및 사회복귀를 촉진하기 위하여 이에 필요한 보험시설을 설치·운영하고, 재해예방과 그 밖에 근로자의 복지증진을 위한 사업을 시행하여 근로자 보호에 이바지하는 것을 목적으로 한다"고 규정하여 재해보상제도의 취지를 밝히고 있다.

이와 같이 재해보상제도는 근로기준법상 사용자의 재해근로자에 대한 요양 및 보상책임과 산재보험법상의 국고 참여에 의한 사회보험의 보장을 축으로 하는 보상제도가 정형화되어 있다.

1) 재해보상제도의 의의

산업재해보상제도는 산업사회의 고도화와 다양화에 따라 산업재해가 불가피하고 빈번하게 발생함에 따라 산재보상이 개별적인 사용자의 손해배상책임으로는 근로자의 보호가 충분하지 않을 뿐 아니라, 대규모의 산업재해로 인한 기업체의 도산위험도 간과할 수 없게 됨에 따라 사용자가 산재보험에 가입함으로써 재해보상제도를 개별 사용자의 책임으로부터 사회보험의 부담으로 전환함으로써 근로자에 대한 보상범위도 확대하고 사용자의 책임도 완화하도록 하였다.

따라서 근로자는 업무와 관련하여 부상이나 사망 또는 질병에 걸린 경우 근로기준법 제78조의 규정이나 산재보험법 제36조의 규정에 의한 보상을 청구할 권리가 보장된다.

(1) 근로기준법의 재해보상

근로기준법상의 재해보상제도는 근로자와 사용자 사이의 근로계약관계를 중심으로 업무와 관련하여 재해가 발생할 경우 사용자가 근로자에게 일정한 보상을 해야 할 의무를 규정한 것으로, 근로자는 업무상의 재해로 일정한 요건이 갖추어지면 근로기준법에 따라 사용자에게 재해보상을 요구할 수 있는 권리를 갖는다.

이러한 재해보상제도는 현대 산업사회에서 일반적으로 발생하고 있는 안전사고나 질병발생에 대하여 근로자의 사용자 과실에 대한 입증책임과 관계없이 사용자에게 보상액 지급의 의무를 규정한 것이다.

(2) 산재보험법의 재해보상급여

산재보험법은 국가가 근로복지공단으로 하여금 보험제도를 운영하도록 하고, 사용자는 의무적으로 보험에 가입하여 보험료를 납부함으로써 직접 재해보상의무를 배제하고, 업무상 재해를 입은 근로자가 국가(공단)에 보상을 신청함으로써 국가가 보상급여를 지급하도록 하는 제도이다.

산재보험제도는 근로기준법상의 보상책임이 사용자의 책임재산을 기초로 하기 때문에 지급능력의 한계가 있을 뿐 아니라, 지급의사가 없는 경우에 근로자 보호에 한계가 있으므로, 보험제도를 통한 사용자들의 공동투자(보험료 납부)와 국가의 지원하에 사회보험제도로서의 산재보험이 출범하게 된 것이다.

산재보상제도가 사회보험화 되면서 사용자는 큰 부담 없이 보험에 가입하여 보험료를 납부함으로써 재해를 입은 근로자를 안심하고 보호할 수 있게 되고, 기업들은 대규모 재해로 인한 보상책임으로부터 벗어날 수 있게 되었다.

2) 산재보험법의 적용범위

(1) 적용사업

산재보험법은 근로자를 사용하는 모든 사업 또는 사업장에 적용한다. 다만, 사업의 위험률, 규모 및 사업장소 등을 고려하여 대통령령으로 정하는 사업에 대해서는 산재보험법을 적용하지 않는다(산재보험법 제6조)고 규정하고 있는데, 구체적으로 공무원연금법, 군인연금법, 사립학교교원연금법, 선원법 등에 따라 보상이 되는 사업과 사업규모나 위험률 등을 고려하여 적용이 제외되는 사업으로는 소규모 건설공사로서 건설업자가 아닌 자가 시공하는 사업장이나 법인이 아닌 소규모 농업, 임업, 어업 등의 사업장은 적용하지 아니한다. 그러나 비적용 사업은 근로복지공단의 승인을 얻어 산재보험에 임의 가입할 수 있다(보험료징수법 제5조 4항).

당연적용사업의 사업주는 그 사업이 시작한 날, 또는 비적용사업이 적용사업으로 된 경우는 그 적용사업이 되는 날에 산재보험법상 보험가입자가 되며, 그 밖에 비적용사업으로서 임의 가입한 경우에는 근로복지공단에 보험가입신청서를 접수한 날의 다음 날 보험관계가 성립한다(보험료징수법 제7조).

(2) 적용근로자

근로기준법상 재해보상을 받을 수 있는 자는 당연히 근로기준법상의 근로자가 된다. 산재보험법 제5조 2항에서 "산재보험법상 근로자는 근로기준법상의 근로자를 말한다"고 규정하고 있으므로 재해를 받은 자가 산재보험의 적용을 받을 수 있는 근로자인지 여부는 근로기준법상의 근로자의 판단기준과 동일하다.

그러나 산재보험법 제122조 내지 126조에서는 근로기준법상 근로자로 인정되지 않는 자에 대하여 특례규정을 두어 일정한 특수유형의 취업자를 산재보험의 근로자로 의제하여 보호대상으로 규정하고 있다. 예를 들면 보험가입자가 해외 파견되어 근무 중 재해를 입은 자(제122조), 현장 실습하는 학생 및 실습생(제123조), 중소기업 사업주로서 공단의 승인을 받아 보험에 가입한 자(제124조), 특수형태 근로 종사자(제125조), 국민기초생활보장법 제15조의 자활급여 수급자(제126조) 등은 근로기준법상의 근로자가 아닌 자임에도 산재보험법의 적용을 받는 보호대상 근로자에 포함된다.

3) 업무상 재해의 요건

특정한 재해로 인한 부상이나 질병이 근로기준법상의 재해보상이나 산재보험법상의 보험급여의 대상이 되기 위해서는 그것이 업무상 재해이어야 한다. 근로기준법에는 업무상 재해에 대하여 정의하지 않고 있으나, 산재보험법 제5조 1호에서는 "업무상 재해란 업무상의 사유에 따른 근로자의 부상·질병·장해 또는 사망을 말한다"고 규정하고 있다.

여기에서 '업무상의 사유'란 해당 재해가 업무의 수행과 연관해서 비롯되어야 하고(업무수행성), 업무와 재해 사이에 일정한 인과관계(업무기인성)가 있어야 한다. 업무수행성은 근로자가 재해발생 중에 근로관계에 있다는 것을 의미한다. 즉, 근로자가 근로계약을 체결하고 사업주의 지휘·명령을 받아 업무를 수행하는 경우이다. 업무기인성은 근로자가 사업주의 지배하에 있음으로 해서 수반하는 위험이 재해나 질병 또는 사망으로 현실화한 것으로 인정되는 것을 의미한다.

이와 같이 현행법에서는 업무상 재해의 판단기준을 업무수행성과 업무기인성 두 가지를 모두 엄격하게 갖출 필요는 없는 것으로 보고 있으며, 업무수행성을 업무기인성과 별개의 인정기준으로 보지 않고, 단지 업무기인성의 1차적 판단기준으로서 업무수행성이 인정되면 특별한 반증이 없는 한 업무기인성을 인정하는 것이 일반적인 경향이다.

4) 업무상 재해의 인정기준

산재보험법 제37조 1항은 "근로자가 다음의 어느 항에 해당하는 사유로 부상·질병 또는 장해가 발생하거나 사망하면 업무상의 재해로 본다. 다만, 업무와 재해 사이에 상당 인과관계가 없는 경우에는 그러하지 아니하다"고 규정하고 있으며, 동법 동조와 동법 시행령 제27조 이하에서 이와 같은 업무상 재해의 인정기준을 유형화하여 상세히 규정하고 있다. 따라서 여기에 명시된 업무상 재해의 어느 하나에 해당하면 업무성을 인정하거나, 업무와 재해 사이에 상당한 인과관계가 있는 것으로 본 것이다.

산재보험법 제37조의 업무상 사고와 업무상 질병의 인정기준은 다음과 같다.

(1) 업무상 사고

(가) 근로자가 근로계약에 따른 업무를 하던 중 발생한 사고

(나) 사업주가 제공한 시설물을 이용하던 중 시설의 결함이나 관리소홀로 발생한 사고

(다) 삭제〈2017.10.24〉

(라) 사업주가 지시하거나 지시에 따라 참여한 행사의 준비·참여 중에 발생한 사고

(마) 휴게시간 중 사업주의 지배관리 하에서 행한 행위로 발생한 사고

(바) 그 밖에 업무와 관련하여 발생한 사고

(2) 업무상 질병

(가) 업무수행 과정에서 물리적 인자(因子), 화학물질, 병원체, 신체에 부담을 주는 업무 등을 취급하거나 그에 노출되어 발생한 질병

(나) 업무상 부상이 원인이 되어 발생한 질병

(다) 「근로기준법」 제76조의 2에 따른 직장내 괴롭힘, 고객의 폭언 등으로 인한 정신적 스트레스로 인한 질병

(라) 그 밖에 업무와 관련하여 발생한 질병

산재보험법 시행령 제34조는 업무상 질병의 인정기준을 규정하고 있는데, 동조 제1항 1호에서는 "근로자가 업무수행 과정에서 위의 유해・위험요인을 취급하거나 유해・위험요인에 노출된 경력이 있을 것"과 동조 동항 3호에서는 "근로자가 유해・위험요인에 노출되거나 취급한 것이 원인이 되어 그 질병이 발생하였다고 의학적으로 인정될 것" 등으로 규정하고 있다.

그러나 산재보험법 제37조 2항은 "근로자의 고의・자해행위나 범죄행위 또는 그것이 원인이 되어 발생한 부상・질병・장해 또는 사망은 업무상의 재해로 보지 아니한다"고 규정하고 있어 업무상 재해의 인과관계의 한계를 명확히 하고 있다.

5) 근로기준법상 재해보상과 산재보험법상 보험급여

근로자에게 업무상 재해가 발생한 경우에는 근로기준법 제8장에 의한 재해보상과 산재보험법 제36조 1항에서 규정하고 있는 보험급여를 행하게 된다.

(1) 근로기준법상의 재해보상

근로기준법 제8장은 근로자의 업무와 관련한 재해에 대하여 사용자의 보상책임을 규정하고 있다. 즉, 근로자가 업무수행에 있어서 부상 또는 질병에 걸리거나 사망한 경우에 요양보상, 휴업보상, 장해보상, 유족보상, 장례비 지급, 일시보상 등을 지급하도록 하고 있다.

근로기준법상의 재해보상은 모든 사업장에 적용되며, 산재보험법 제40조 3항(업무상 사유로 인한 부상 또는 질병이 경미하여 3일 이내에 치유될 수 있는 경우에는 요양급여를 지급하지 아니한다)에서 제외하고 있는 3일 이내의 요양의 경우에도 근로기준법에서는 사용자가 부담하도록 보상의무를 규정하고 있다.

① 요양보상

근로기준법 제78조는 "근로자가 부상 또는 질병에 걸리면 사용자는 그 비용으로 필요한 요양을 행하거나 필요한 요양비를 부담하여야 한다"고 규정하고 있고, 요양의 범위(근기법 시행령 44조)는 진찰, 약제, 진료재료와 의지(義肢) 그 밖의 보조기의 지급, 처치・수술 기타의 치료, 병원 또는 진료소에의 수용, 개호 및 이송 등 요양상

적당한 것이어야 한다.

사용자는 보상을 받는 근로자가 요양을 시작한 지 2년을 경과하여도 부상 또는 질병이 완치되지 않는 경우에는 그 근로자에게 평균임금 1,340일분의 일시보상을 하여 그 후의 이 법에 따른 모든 보상책임을 면할 수 있다(근기법 제84조).

② 휴업보상

사용자는 제78조에 따라 요양 중에 있는 근로자에게 평균임금의 100분의 60을 휴업보상으로 지급하여야 한다(동법 제79조). 그러나 근로자의 중대한 과실로 업무상 부상과 질병이 발생하고 또한 사용자가 그 과실에 대하여 노동위원회의 인정을 받으면 휴업보상이나 장해보상을 하지 아니하여도 된다(동법 제81조).

③ 장해보상

사용자는 근로자가 업무상 부상 또는 질병에 걸려 완치된 후에 신체장해가 있으면 그 장해정도에 따라 평균임금에 별표에서 정한 일수를 곱한 금액의 장해보상을 하여야 한다(동법 제80조). 사용자는 보상을 받는 자의 동의를 받아 장해보상, 유족보상, 일시보상의 금액을 1년에 걸쳐 분할 지급할 수 있다(동법 제85조).

④ 유족보상

사용자는 근로자가 업무상 사망한 경우에 그 유족에게 평균임금 1,000일분의 유족보상을 하여야 한다(근기법 제82조). 선원이 사망한 경우에는 승선평균임금의 1,300일분에 상당하는 유족보상을 지급하여야 한다(선원법 제99조).

유족의 범위와 지급순위(근기법 제82조 2항)에 관하여는 근기법 시행령 제48조 내지 제50조의 규정에 따른다.

⑤ 장례비 지급(근기법 제83조)

사용자는 근로자가 업무상 사망한 경우에는 지체 없이 평균임금 90일분의 장례비를 지급하여야 한다(동법 제83조).

(2) 산재보험법상 보험급여

보험급여는 산재보험법의 적용을 받는 사업장의 근로자가 업무상 재해를 당한 경우 재해근로자나 그 유족에게 지급되는 금품을 말하는 것으로서, 산재보험법 제36조 1항은 업무상 재해를 받은 근로자에 대하여 요양급여, 휴업급여, 장해급여, 간병급여, 유족급여, 상병보상연금, 장례비, 직업재활급여를 지급한다고 규정하고 있다.

① 요양급여

요양급여는 근로자가 업무상의 사유로 부상을 당하거나 질병에 걸린 경우에 근로복지공단이 해당 근로자에게 지급한다(산재법 제40조 1항). 요양급여는 요양비의 전액이 지급된다. 그러나 부상 또는 질병이 3일 이내의 요양으로 치료될 수 있으면 근로기준법상의 요양보상이 행하여진다(동조 3항).

요양급여의 범위는 진찰 및 검사, 약제 또는 진료재료와 의지 그 밖의 보조기의 지급, 처치・수술・그 밖의 치료, 재활치료, 입원, 간호 및 간병, 이송, 그 밖에 고용노동부령으로 정하는 사항이 포함된다(동조 4항).

요양급여를 받은 자가 치유 후에 요양의 대상이었던 업무상의 부상 또는 질병이 재발한 경우에 적극적인 치료가 필요하다는 의학적 소견이 있으면 다시 제40조에 따른 요양급여(재요양)를 받을 수 있다(제51조).

업무상의 재해로 요양 중에 그 업무상의 재해로 이미 발생한 부상이나 질병이 추가로 발견된 경우 또는 그 부상이나 질병이 원인이 되어 새로운 질병이 발생하여 요양이 필요한 경우에는 그 추가상병에 대하여 요양급여를 신청할 수 있다(제49조).

② 휴업급여

휴업급여는 업무상 사유에 의해 부상을 당하거나 질병에 걸린 근로자에게 요양으로 인하여 취업하지 못한 기간에 대하여 지급한다. 지급액은 평균임금의 100분의 70에 상당하는 금액으로 한다. 다만, 취업하지 못한 기간이 3일 이내이면 지급하지 아니한다(산재법 제52조).

③ 장해급여

장해급여는 근로자가 업무상 사유로 인한 부상 또는 질병을 치료하였으나 신체 등에 장해가 있는 경우에 지급한다(산재법 제57조 1항). 장해급여는 장해등급에 따라 별표 2에 따른 장해보상연금 또는 장해보상일시금으로 하되, 대통령령이 정하는 장해등급기준에 따라 지급한다(동조 2항).

또한 장해보상연금 또는 장해보상일시금은 수급권자의 선택에 따라 지급한다(동조 3항).

장해보상연금의 수급권자가 재요양을 받는 경우에 그 연금의 지급을 정지하지 아니한다(동법 제60조). 또한 재요양을 받고 치유된 후 장해상태가 종전에 비하여 호전 또는 악화된 경우에도 장해상태에 해당하는 장해등급에 따라 장해급여를 지급한다(동조2항).

장해보상연금의 수급권자가 사망 또는 국외거주를 위해 출국, 기타 사유가 발생하면 수급권을 상실한다(동법 제58조). 이 경우에 이미 지급한 연금액이 장해등급에 따른 장해보상일시금(별표 2)의 지급일수에 못 미치면 정해진 방법으로 산정한 금액을 유족 또는 그 근로자에게 일시금으로 지급한다(동법 제57조 5항).

〈표 3-3〉 장해등급별 보상일수

장해등급	장해보상연금	장해보상일시금	장해등급	장해보상연금	장해보상일시금
제1급	329일분	1,474일분	제8급		495일분
제2급	291일분	1,309일분	제9급		385일분
제3급	257일분	1,155일분	제10급		297일분
제4급	224일분	1,012일분	제11급		220일분
제5급	193일분	869일분	제12급		154일분
제6급	164일분	737일분	제13급		99일분
제7급	138일분	616일분	제14급		55일분

자료: 산재보험법 제57조 2항 별표 2호.

④ 유족급여

유족급여는 근로자가 업무상의 사유로 사망한 경우에 유족에게 지급한다(산재법 제62조 1항). 여기서 유족이란 사망한 자의 배우자(사실상 혼인관계에 있는 자)・자녀・부모・손자녀・조부모 또는 형제자매를 말한다(동법 제5조 3항).

유족급여는 유족보상연금 또는 유족보상일시금으로 지급하게 되는데, 원칙적으로 유족보상연금을 지급하는 것으로 하되, 유족보상연금을 받을 자격이 있는 자가 없는 경우에 예외적으로 유족보상일시금으로 지급한다(동조 제62조 2항).

유족보상연금을 받을 수 있는 자격자가 원하면 별표 3의 유족보상일시금의 100분의 50에 상당하는 금액을 일시금으로 지급하고 유족보상연금은 100분의 50을 감액하여 지급한다(동조 3항).

유족보상연금의 수급자격자의 범위와 수급권자인 유족의 순위에 대해서는 동법 제63조와 제65조에 상세하게 규정하고 있다.

⑤ 장례비(산재법 제71조)

근로자가 업무상 부상이나 질병으로 사망한 경우에 장례비로 평균임금의 120일분에 상당하는 금액을 장례를 지낸 유족에게 지급한다. 다만, 장례를 지낼 유족이 없거나 부득이 유족이 아닌 자가 장례를 지낸 경우에는 평균임금의 120일분에 상당하는 금액의 범위에서 실제 드는 비용을 그 장례를 지낸 자에게 지급한다(산재법 제71조 1항).

⑥ 간병급여

간병급여는 요양급여를 받은 자 중에서 치유 후에 의학적으로 상시 또는 수시로 간병이 필요하여 실제로 간병을 받은 자에게 지급한다(산재법 제61조 1항). 간병급여의 지급기준과 지급방법은 대통령령으로 정하며(동법 시행령 59조), 요양 중의 간병비는 요양급여에 포함되어 있으므로 별도로 지급하지 아니한다(동법 제40조 4항 6호).

⑦ 상병보상연금

요양급여를 받는 근로자가 요양을 시작한 지 2년이 지난 이후에 그 부상이나 질병이 치유되지 아니한 상태이고, 그 부상이나 질병에 따른 폐질의 정도가 대통령령 제64조와 65조에 정하는 폐질등급기준(별표 8)에 모두 해당하고, 요양으로 인하여 취업하지 못하였을 경우 휴업급여 대신 상병보상연금을 그 근로자에게 지급한다(산재법 제66조 1항).

〈표 3-4〉 중증요양상태등급의 기준(제65조 제1항 관련)

1. 업무상 부상 또는 질병(진폐는 제외한다)으로 요양 중인 근로자의 중증요양상태등급 기준은 다음과 같다.	
가. 제1급	1) 두 눈이 실명된 사람 2) 말하는 기능과 씹는 기능을 모두 완전히 잃은 사람 3) 신경계통의 기능 또는 정신기능에 뚜렷한 장해가 있어 항상 간병을 받아야 하는 사람 4) 흉복부 장기의 기능에 뚜렷한 장해가 있어 항상 간병을 받아야 하는 사람 5) 두 팔을 팔꿈치관절 이상의 부위에서 잃은 사람 6) 두 팔을 영구적으로 완전히 사용하지 못하게 된 사람 7) 두 다리를 무릎관절 이상의 부위에서 잃은 사람 8) 두 다리를 완전히 사용하지 못하게 된 사람
나. 제2급	1) 한쪽 눈이 실명되고 다른 쪽 눈의 시력이 0.02 이하로 된 사람 2) 두 눈의 시력이 0.02 이하로 된 사람 3) 두 팔을 손목관절 이상의 부위에서 잃은 사람 4) 두 다리를 발목관절 이상의 부위에서 잃은 사람 5) 신경계통의 기능 또는 정신기능에 뚜렷한 장해가 있어 수시로 간병을 받아야 하는 사람 6) 흉복부 장기의 기능에 뚜렷한 장해가 있어 수시로 간병을 받아야 하는 사람
다. 제3급	1) 한쪽 눈이 실명되고 다른 쪽 눈의 시력이 0.06 이하로 된 사람 2) 말하는 기능 또는 씹는 기능을 완전히 잃은 사람 3) 신경계통의 기능 또는 정신기능에 뚜렷한 장해가 있어 전혀 노무에 종사하지 못하는 사람 4) 흉복부 장기의 기능에 뚜렷한 장해가 있어 전혀 노무에 종사하지 못하는 사람 5) 두 손의 손가락을 모두 잃은 사람 6) 위의 3)과 4)에 정한 장해 외의 장해로 전혀 노무에 종사하지 못하는 사람
2. 삭제 〈2010.11.15.〉	

자료 : 산업재해보상보험법 시행령 별표 8. 〈개정 2018.12.11.〉

⑧ 직업재활급여

직업재활급여는 ㉠ 장해급여 또는 진폐보상연금을 받은 자나 장해급여를 받을 것이 명백한 자로서 대통령령으로 정하는 자 중에서 취업을 위하여 직업훈련이 필요한 자에 대하여 실시하는 직업훈련비용 및 직업훈련 수당, ㉡ 업무상 재해가 발생할 당시의 사업에 복귀한 장해급여자에 대하여 사업주가 고용을 유지하거나 직장적응훈련 또는 재활운동을 실시하는 경우에 각각 지급하는 직장복귀지원금, 직장적응훈련비 및 재활운동비를 지급한다(산재법 제72조 1항).

(3) 재해보상의 소멸시효

근로기준법에 따른 재해보상청구권은 3년간 행사하지 아니하면 시효로 소멸한다(근기법 제92조). 또한 산재보험법 제36조 1항에 규정된 요양급여 등 각종 보험급여는 3년간 행사하지 아니하면 시효로 소멸한다(산재법 제112조 1항)고 규정하고 있으므로 재해보상이나 산재보험급여는 청구권이 확정된 날로부터 3년을 경과하도록 행사하지 않으면 효력을 잃게 된다.

제6절 해고의 제한

근로자가 사용자와 고용관계를 단절하고 사용자의 지배로부터 이탈하여 종업원의 신분에서 벗어나는 것을 퇴직이라 하고, 이러한 퇴직은 종업원의 사정으로 인하여 자발적으로 조직을 이탈하는 사직과 종업원(근로자)의 의사에 반하여 조직의 사유로 인하여 그 조직을 떠나야 하는 비자발적인 이직이나 해고로 분류된다.

근로자의 의사나 개인적 사정에 의한 사직이나 이직은 근로자의 보호 측면에서는 별다른 문제가 없겠으나, 근로자의 의사와 관계없이 기업의 사정으로 인하여 해고하는 경우에는 근로자 보호문제가 제기될 수 있다. 근로기준법은 근로자의 정당한 해고에 관하여 엄격하게 제한하고 있다.

1. 정당한 해고

1) 해고 정당성의 범위

정당한 해고는 근로자의 고의 또는 중대한 과실로 인하여 기업이나 동료 근로자들과 함께 근무할 수 없는 경우 또는 기업이 경기불황이나 기술능력 부족으로 생산 및 판매의 경쟁력을 잃게 되어 부득이 구조조정이나 고용조정을 통하여 회생을 도모하기 위하여 일부 근로자를 일시적 또는 영구적으로 퇴직시키는 것은 합리적인 것으로 인정하는 것을 의미하는 것이다.

근로기준법 제23조에서 "사용자는 근로자에게 정당한 이유 없이 해고, 휴직, 정직, 전직, 감봉 그 밖의 징벌(이하 부당해고 등이라 한다)을 하지 못한다"고 규정함으로써, 이는 사용자가 정당한 이유 없이 근로자를 해고 등의 징벌적 조치를 할 수 없다는 것을 의미하고 있으나, 정당한 이유가 있는 경우에는 해고 등의 조치를 취할 수 있는 것으로 해석된다.

자유민주주의는 사람의 인권존중과 자유권 보장을 기본이념으로 하고 있기 때문에 근로자에게 노동권을 보장하는 것과 마찬가지로 자본주의 경제체제는 사유재산권과 시장경제의 원리를 기본사상으로 하고 있기 때문에 경영자의 자본(기업)운영에 대한 조직권, 경영권, 인사권이 보장된다. 다시 말하면 경영자는 경영활동을 통하여 이익을 창출하고 경제적 부(富)를 형성하여야 하며, 조직원들의 소득과 복지를 부담하여야 할 책임이 있는 사람으로서 기업경영의 경영권이나 인사권이 보장되어야 한다.

따라서 경영자가 기업경영의 성과를 높이고 손실을 방지하기 위하여 근로자를 해고할 수 있는 정당한 이유에 관하여 단체협약이나 취업규칙에 규정하는 것이 보통이다. 이러한 규정은 일반적으로 사회통념상 사용자와 근로자 사이에 근로관계를 계속 유지할 수 없는 근로자측의 귀책사유 또는 근로자의 일신상의 사유가 있는 경우를 규정하는 것을 의미한다.

(1) 근로자 일신상 해고 사유

근로자 해고의 일신상의 사유라 함은 근로자에게 근로계약상의 노무제공 의무를 이행할 수 없도록 정신적·육체적으로 부적격한 사유가 발생하여 사용자가 정당하게 요구하는 업무를 감당할 수 없게 된 경우를 말한다.

이를테면 ① 근로자가 전문적 지식능력이 부족하거나 자격증이 없어서 근로계약상의 노무제공이 불가능한 경우, ② 근로자 개인의 적성이 적합하지 않거나 집단의 통솔력이 부족하여 협동성를 유도할 수 없는 경우, 또는 ③ 근로자가 쉽게 치유될 수 없는 질병으로 신체장애가 발생하여 정상적인 직무수행이 불가능한 경우에 해고 사유가 될 수 있다.

(2) 근로자 행태상 귀책 해고사유

근로자 해고의 행태적 사유는 근로계약상의 책무를 이행하지 않거나, 고의 또는 중대한 과실로 기업의 재산상・영업상 손해를 끼치거나, 또는 상사나 동료근로자들의 직무수행을 방해하는 등 공동질서나 사회질서를 파괴하는 행위를 일컫는다.

근로자 행태의 사유는 ① 근로자가 직무수행의 성실의무를 저버리고 무단결근・지각・조퇴를 반복하는 행위, ② 근로계약상의 의무를 거부하거나 상사의 지시・명령에 불응하는 행위, ③ 작업능력을 발휘하지 않아 불량품을 생산하거나 사고를 촉발하는 행위 등을 시정하지 아니하는 경우 그 밖에 ④ 근로자가 사회적 범법행위를 하여 신체상 구속되거나, 기업 내부에서 부정행위 또는 부도덕한 행위를 하여 다른 근로자에게 손해를 끼치는 행위는 해고의 귀책사유가 될 수 있다.

(3) 경영상 이유에 의한 해고

근로기준법 제24조 1항에서 "사용자가 경영상 이유에 의하여 근로자를 해고하려면 긴박한 경영상의 필요가 있어야 한다"고 규정한 것은 기업이 경영악화로 인원정리가 불가피하게 필요한 경우에는 근로자 해고를 정당화한 것으로 인정한 규정이라고 해석된다.

그러나 해고를 정당화하기 위한 조건으로 ① 사용자의 근로자 해고가 기업도산을 방지하기 위하여 긴박한 경영상의 필요가 있어야 하고, 해고를 피하기 위하여 노력을 다하여야 하며, 합리적이고 공정한 해고기준에 따라 해고 대상자를 선정해야 한다(동조 2항). ② 사용자는 해고를 피하기 위한 방법과 해고기준에 대하여 해고하려는 날 50일 전까지 노동조합 또는 근로자대표와 성실히 협의하여야 한다(동조 3항). 사용자는 위와 같은 노력의무 요건을 성실히 이행함으르로서 정당한 이유 있는 해고로 인정받을 수 있다(동조 5항).

2) 사용자의 의무

(1) 해고의 예고

사용자는 근로자를 해고(경영상 이유에 의한 해고 포함)하려면 30일 전에 예고하여야 하고, 예고를 하지 아니한 경우는 30일분 이상의 통상임금을 지급하여야 한다(동법 제26조)고 규정하여 근로자의 생계보호 조치를 취하고 있다.

(2) 해고 근로자의 우선 재고용

경영상 이유에 의하여 근로자를 해고한 사용자는 근로자를 해고한 날부터 3년 이내에 해고 당시에 담당했던 업무를 수행할 근로자를 채용하려는 경우에는 그 해고자를 우선적으로 고용하여야 한다(동법 제25조)고 규정한 것은 해고 근로자의 생계안정을 보호하려는 것이다.

(3) 해고사유 서면통지

사용자는 근로자를 해고하려면 해고사유와 해고시기를 서면으로 통지하여야 효력이 있다(동법 제27조)고 규정하여 해고절차의 정당성을 규정하고 있다.

2. 노동위원회에 의한 부당해고의 구제

1) 구제신청

사용자가 근로자를 부당하게 해고를 하면 근로자는 노동위원회에 구제를 신청할 수 있으며(동법 제28조), 구제신청은 부당해고가 있었던 날부터 3개월 인내에 하여야 한다(동조 2항)고 규정하여 구제신청의 시효기간을 명시하고 있다.

구제신청을 받은 노동위원회는 지체 없이 필요한 조사를 하도록 규정하여(동법 제29조) 신속한 해결을 통한 근로자의 권익을 보호하려는 것이다.

2) 구제명령

노동위원회는 조사와 심문을 마치고 부당해고가 성립한다고 판정하면 사용자에게 구제명령을 하여야 하고, 부당해고 등이 성립하지 아니한다고 판정하면 그 구제신청을 기각하는 결정을 하여야 한다(동법 제30조). 구제신청의 판정에 의한 구제명령이나 기각결정은 사용자와 근로자에게 서면으로 통지하여야 한다.

노동위원회는 사용자에게 구제명령을 할 때에는 근로자의 원직복직을 명령하여야 하고, 근로자가 원직복직을 원하지 아니하면 원직복직을 명하는 대신 근로자가 해고기간 동안 근로를 제공하였더라면 받을 수 있던 임금 상당액 이상의 금품을 근로자에게 지급하도록 명할 수 있다.

(1) 구제명령 등의 확정

노동위원회의 구제명령이나 기각결정에 불복하는 사용자나 근로자는 구제명령서나 기각결정서를 받은 날부터 10일 이내에 중앙노동위원회에 재심을 신청할 수 있고(동법 제31조 1항), 제1항에 따른 중앙노동위원회의 재심판정에 대하여 사용자나 근로자는 재심판정서를 송달받은 날부터 15일 이내에 행정소송을 제기할 수 있다(동조 2항). 제1항과 제2항의 기간 이내에 재심을 신청하지 아니하거나 행정소송을 제기하지 아니하면 그 구제명령, 기각결정 또는 재심판정은 확정된다.

(2) 이행강제금

노동위원회는 구제명령을 받은 후 이행기한까지 구제명령을 이행하지 아니한 사용자에게 2천만원 이하의 이행강제금을 부과하며(동법 제33조 1항), 부과하기 30일 전까지 이행강제금을 부과・징수한다는 뜻을 사용자에게 통지하여야 한다. 사용자가 계속하여 구제명령을 이행하지 아니하는 경우에는 이행될 때까지 매년 2회의 범위 내에서 이행강제금을 부과・징수할 수 있고, 이 경우 이행강제금은 2년을 초과하여 부과・징수하지 아니한다(동조 5항).

부당해고 심판 및 판결 사례

Ⅰ. ○○○○공단 부당해고 구제신청 사건.
Ⅱ. 주식회사 I 부당해고 구제 재심신청 사건.
Ⅲ. 회장에 대한 인신모욕적 유인물 배포의 방조를 면직 사유로 판결한 사례.
Ⅳ. 근로기준법상 사용자성 여부가 문제된 사건에서 심판상 화해한 사례.

Ⅰ. ○○○○공단 부당해고 구제신청 사건

판결요지

이 사건 근로자에 대한 대기발령 및 직위해제 처분이 무효라고 할 수 없고, 이 사건 근로자의 직위해제 및 대기발령 사유가 소멸되어 이 사건 사용자가 마땅히 직위를 부여하여야 할 사정이 있음에도 합리적인 이유 없이 직위를 부여하지 아니하였다고 보기 어려운 점 등을 종합하여 볼 때, 직위해제 처분을 받은 후 직위해제 기간 동안 직무수행 능력이 향상되었거나 개전의 정이 보이지 않는 이 사건 근로자에 대한 직권면직 처분은 정당하다고 할 것이다.

▶ 중앙노동위원회 재판판정서

사 건	중앙2010부해○○○ ○○○○공단 부당해고 구제 재심 신청
근 로 자 (재심신청인)	전○○
사 용 자 (재심피신청인)	○○○○공단
판 정 일	2011. 0. 00.

우리 위원회는 위 재심신청사건에 대하여 심사하고 주문과 같이 판정한다.

주 문

이 사건 근로자의 재심신청을 기각한다.

재심신청취지

1. 초심판정을 취소한다.
2. 이 사건 사용자가 2010. 0. 00. 이 사건 근로자에게 행한 면직처분은 부당해고임을 인정한다.
3. 이 사건 사용자는 이 사건 근로자를 즉시 원직에 복직시키고, 해고기간 동안 정상적으로 근로하였더라면 받을 수 있었던 임금상당액을 지급하라.

이 유

1. 당사자

가. 근로자

이 사건 근로자는 2009. 0. 00. ㅇㅇㅇㅇ에 입사하여 2010. 0. 00. 직무수행 능력 부족 및 업무지시 거부 등을 사유로 면직처분(이하 '이 사건 면직처분'이라 한다)을 당하였다고 주장하는 사람이다.

나. 사용자

이 사건 사용자는 1998년 설립되었고, 위 주소지에서 상시근로자 80여명을 사용하여 산업기술 연구개발, 시험생산 제조, 기술검사 서비스업 등을 하는 법인이다.

2. 재심신청에 이른 경위

가. 이 사건 근로자는 이 사건 사용자가 행한 면직처분이 부당해고에 해당한다며 ㅇㅇ지방노동위원회(이하 '초심지노위'라 한다)에 구제를 신청하였다.

나. 초심지노위는 이 사건 구제신청에 대해 이유 없다며 기각하는 판정을 하였다.

다. 이 사건 근로자는 초심 지노위 판정서를 수령하고, 이에 불복하여 우리 위원회에 초심판정의 취소를 구하는 이 사건 재심을 신청하였다.

3. 당사자의 주장 요지

가. 근로자의 주장 요지

이 사건 근로자는 수습기간 동안의 평가 결과에 따라 부당해고 되었다가 복직되었음에도 이 사건 사용자가 동일한 사유로 다시 대기발령 후 면직 처분한 것은 부당하며, 대기 발령 중 이 사건 부서장으로부터 지시받은 업무를 수행하지 못한 것은 인사권자로부터 보직이 부여되지 않았기 때문이고, 공공의 이익에 부합하는 불법사실을 외부에 알린 것은 그 위법성이 조각되므로 이러한 사실 등으로 이 사건 근로자를 면직처분한 것은 부당해고라고 주장한다.

나. 사용자의 주장 요지

이 사건 사용자는 수습기간 동안 업무능력이 부족하다는 평가 결과만으로 이 사건 근로자를 대기발령 한 것이 아니라 임용해지 되었다가 복직된 후에도 이 사건 근로자가 여전히 인사관리규정 제33조(보직해임 등)의 '직무수행 능력 부족으로 업무 또는 근무성적이 불량하다고 인정될 때'에 해당되어 대기발령 조치한 것이며, 대기발령 이후에도 업무를 태만히 하는 등 보직을 부여받을 수 있도록 어떠한 노력도 하지 않아 근무성적의 향상을 기대하기 어려울 뿐만 아니라, 이 사건 사용자의 업무지시를 거부하면서 오히려 부서장과 인사담당자를 고소하였고, 직원의 ID를 무단으로 도용하여 내부시스템에 접속하여 정보를 유출하였으며, 언론기관 등에 허위사실을 유포하고 연봉계약 체결을 거부하는 등 업무를 방해하였기에 더 이상 근로관계를 지속시킬 수 없어 인사관리규정 제32조(당연면직)에 의거 면직으로 처분한 것이므로 정당하다고 주장한다.

4. 인정사실

다음 사실들은 당사자 사이에 다툼이 없거나 입증자료의 각 기재내용, 재심이유서 및 답변서, 초심사건 기록의 전 취지와 심문회의에서의 당사자 진술내용을 종합하면 이를 인정할 수 있다.

가. 이 사건 근로자는 이 사건 사용자의 직원채용 모집분야 중 4년제 대학 이상 졸업자로서 7년 이상 관련경력을 가진 열처리, 소재관련 전공자가 응시할 수 있는 열처리・마케팅, 장비관리 분야에 응시하여 임용되었고, 이 사건 사용자로부터 기술혁신본부로 인사발령을 받았다.

나. 이 사건 사용자는 신규 채용자들을 대상으로 OJT 교육을 실시하면서 신규 채용자들에게 수습기간 3개월이 있음을 구두로 통보하였고, 같은 해 8월 초 이 사건 근로자를 포함한 신규채용 직원들과 임용계약서, 연봉계약서, 연봉적용동의서를 각

소급하여 작성하였다.

다. 이 사건 사용자는 이 사건 근로자를 포함한 수습직원을 대상으로 직무평가(기본자세 및 업무능력 등 종합적인 평가), 평판조사(이전 소속기관의 직원을 통한 평판조사), 학력검증(최종학위에 대한 검증)을 평가내용으로 하는 「수습직원 정규임용을 위한 평가기준(안)」을 마련하였다.

라. 이 사건 근로자가 소속된 기술혁신본부는 팀장과 부서장이 모두 없어 부서장을 겸직하고 있는 기술혁신본부장 1인이 평가하여 이 사건 근로자의 직무평가표를 제출하였는데 여기에는 이 사건 근로자가 경력자로 입사했음에도 해당 업무에 자신감이 없으며 업무처리 능력이 미비하여 현 업무에 적합하지 않다는 의견과 평가항목별 평균점수가 60점[기본자세 59점(문제), 업무능력 61점(미흡)]으로 직무수행이 미흡하다고 평가하였다.

마. 이 사건 사용자는 위 '다'항의 평가기준에 의거 이 사건 근로자를 포함한 8명(1명은 퇴사)에 대하여 평가를 완료하였는데, 직무평가 결과 60점(D등급, 미흡)으로 평가된 이 사건 근로자에 대하여는 직무부적합으로 임용계약 해지, 신청 외 1명은 수습기간 2개월 연장, 신청외 6명은 정규임용을 결정하고, 같은 달 18일 임용해지를 통보하였다.

바. 이 사건 근로자가 위 '마'항의 임용해지 처분이 부당하다며 ㅇㅇ지방노동위원회에 부당해고 구제를 신청하자 이 사건 사용자는 동 처분이 수습기간 3개월을 경과한 이후의 처분으로 하자가 있음을 인지하고 심문회의 당일 임용계약 해지 결정 취소 및 원직복직 명령을 하였으며, ㅇㅇ지방노동위원회는 이 사건 근로자가 '복직명령은 사직서 제출을 전제로 한 것으로 동 문서를 수령하거나 응할 수 없다'고 주장함에 따라 이 사건 근로자의 구제신청을 '각하'판정 하였다.

사. 이 사건 사용자는 소속 직원 10명에 대하여 인사발령 조치하면서 기술혁신본부 기술실장 ㅇㅇㅇ을 기술혁신본부 ㅇㅇㅇㅇ실장으로 겸직토록 하였고, 사업본부 기업지원실의 신청 외 ㅇㅇㅇ에 대하여 직무수행능력 부족을 사유로 관리본부 행정실 대기(3개월)를 명하였다.

아. 이 사건 사용자는 이 사건 근로자의 수습직원 정규임용을 위한 평가결과와 그 간 보여준 근무태도 및 업무실적 등을 근거로 이 사건 근로자를 인사관리규정 제33조(보직해임 등)에 의거 직무부적합 및 직무수행능력 부족으로 업무 또는 근무성적이 불량하다고 인정하고 기술혁신본부 보직을 해임하고 3개월 대기를 명하였다.

자. 이 사건 사용자는 이 사건 근로자에게 위 '아'항의 보직해임 및 대기발령에 대하여 이 사건 근로자의 소속 부서 자체를 면한 것이 아니므로 보직이 부여될 때까지 현 업무는 중지하고 진행해 온 업무에 대하여는 ○○○○실장에게 인계할 것과 열처리・마케팅, 장비관리 등 기술개발 지원요원으로 채용된 직원으로서 해당업무를 충실히 수행할 수 있도록 경주하여 보직을 부여받을 것을 안내하였으나, 이 사건 근로자는 인사권자에 의해 보직이 부여되지 않아 부서장으로부터 지시받은 업무를 재개할 경우 보직해임 및 대기발령에 반하는 결과가 되어 징계사유가 될 수 있다며 업무지시를 거부하였다.

차. 이 사건 사용자는 이 사건 근로자의 업무지시거부에 대하여 수차례에 걸쳐 업무지시를 한 후 서면경고 하였고, 이 사건 근로자는 업무지시 명령과 관련하여 이 사건 사용자의 인사담당 총무팀장과 소속부서장인 ○○○○실장을 업무방해 혐의로 관할경찰서에 고소하였다.

카. 이 사건 사용자는 이 사건 근로자의 연봉계약체결 관련 인사고과 평정결과(D등급), 목표 달성률, 업무수행 능력 등을 반영하여 2010년도 연봉액을 책정한 후 이 사건 근로자에게 연봉 계약 체결을 요청하였고, 이 사건 근로자가 이를 거부함에 따라 조정된 연봉을 이 사건 근로자에게 지급하였으며, 2010년도 성과급에 대하여는 자체 지급 범위를 연봉월액의 0%~600%까지 차등 지급한다는 기준에 따라 지급하지 않았다.

타. 이 사건 사용자는 이 사건 근로자의 대기발령 기간이 만료됨에 따라 이 사건 근로자의 인사사항을 심사하기 위한 인사위원회를 개최 예정임을 이 사건 근로자에게 문서로 통보하였고, 이 사건 근로자는 동인사위원회에 출석하였다.

파. 이 사건 사용자는 인사위원회를 개최하여 이 사건 근로자에 대하여 근무성적의 향상을 기대하기 어렵고, 보직해임 및 대기발령 중인 기간 동안의 계속적인 업무지시 거부, 담당직원 형사고소, 허위사실 유포를 통한 재단 명예훼손 및 업무방해, 직원 ID 무단도용 및 정보(문서) 유출 등의 사유가 있다며 면직처분으로 의결하고 인사발령 통보하였다.

하. 이 사건 사용자는 이 사건 근로자가 타 직원의 ID와 비밀번호를 이용하여 무단으로 내부시스템인 전자결재시스템에 침입하였고, 이 사건 근로자의 언론 제보 등으로 명예를 훼손당하였다며 '정보통신망 이용촉진 및 정보보호 등에 관한 법률' 및 '명예훼손혐의'로 이 사건 근로자에 대하여 관할경찰서에 고소하였으나 불기소 의견으로 검찰에 송치되었다.

거. 이 사건 근로자는 위 '아'항의 보직해임 및 대기발령 처분이 부당하다며 ○○지방노동위원회에 구제를 신청하였고, ○○지방노동위원회는 이 사건 근로자의 구제신청을 '각하'판정 하였다.

너. 이 사건 근로자는 위 '거'항의 보직해임 및 대기발령에 대한 판정이 부당하다며 우리위원회에 재심을 신청하였고, 우리위원회는 이 사건 근로자의 재심신청을 '기각'판정하였다.

더. 이 사건 사용자의 장비관리 현황의 문제점 등이 SBS, CBS 등 언론기관에 수차례 보도되었고, 이 사건 근로자는 이 사건 사용자와 관련된 대부분의 언론기사가 자신의 제보 또는 제보된 자료의 인용보도임을 인정하였다.

러. 이 사건 근로자는 대기발령 기간 동안 수차례에 걸쳐 진정, 고소 등 사건을 제기하였고, 그 동안 이 사건 근로자와 이 사건 사용자 간 진행된 주요 진정, 고소 등 총 7차례의 사건현황은 아래와 같다(아래 표 생략).

5. 판단

이 사건에 대한 당사자의 주장요지가 위와 같으므로 이 사건의 주요쟁점은 이 사건 면직 처분의 사유 및 절차의 정당성 여부에 있다 할 것이다.
이에 대하여 이 사건 재심과정에서의 당사자의 주장, 초심지노위의 기록, 우리 위원회에 제출된 각종 입증자료와 심문사항 등을 종합하여 다음과 같이 판단한다.

가. 면직처분의 정당성 여부
대법원은 "일단 직위해제 처분이 정당하게 내려진 경우라면 그 후 3월의 기간 동안 직무수행 능력의 회복이나 근무태도 개선 등 직위해제 사유가 소멸되어 마땅히 직위를 부여하여야 할 사정이 있음에도 합리적인 이유 없이 직위를 부여하지 아니하는 등의 경우가 아닌 한 당연퇴직 처리 그 자체가 인사권 내지 징계권의 남용에 해당한다고 볼 수 없다(대법 1995.12.5. 선고 94다43351 판결 참조)."라고 판시하였다.
이 사건 근로자는 대기발령 중 부서장으로부터 지시받은 업무를 수행하지 못한 것은 인사권자로부터 보직이 부여되지 않았기 때문이고, 공공의 이익에 부합하는 불법 사실을 외부에 알린 것은 그 위법성이 조각된다고 주장한다. 살피건대, ① 위 4. 인정사실에서와 같이 이 사건 근로자에 대한 보직해임 및 대기발령 처분이 무효라고 할 수 없는 점, ② 보직 해임 초기 이 사건 근로자가 업무지시 사항에 대하여 혼란스러웠던 점을 인정하더라도 위 4. 인정사실과 같이 이 사건 사용자가 수차례에 걸쳐 명확히 업무지시를 하였음에도 이를 거부하였으며, 위 업무지시와 관련하여 인사담당자와 소속 부서장을 업무방해 혐의로 고소한 점, ③ 이 사건 근로자가 업무수행 능력 부족으로 대기발령 조치되었음에도 보직을 부여받을 수 있도록 어떠한 노력도 하지 않아 근무성적의 향상을 기대하기 어렵고, 개전의 정이 보이지 않았다는 이 사건 사용자의 주장에 수긍이 가는 점, ④ 위 4. 인정사실 '너'항 및 '더'항에서와 같이 이 사건 근로자는 언론기관에 제보하였던 사실을 인정하고 있으며, 당사자 간 진정・고소가 수건에 이르는 점, ⑤ 따라서, 이 사건 근로자의 직위해제 및 대기발령 사유가 소멸되어 이 사건 사용자가 마땅히 직위를 부여하여야 할 사정이 있음에도 합리적인 이유 없이 직위를 부여하지 아니하였다고 보기 어려운 점 등을 종합하여 볼 때, 직위해제 처분을 받은 후 직위해제 기간 동안 직무수행 능력이 향상되었거나 개전의 정이 보이지 않는 이 사건 근로자에 대한 직권면직 처분은 정당(대법 1996. 10. 29. 선고 95누15926판결 참조)하다고 할 것이고, 사회통념상 더 이상 근로관계를 지속할 수 없을 지경에 이르렀다고 보인다.

나. 면직처분의 절차적 정당성 여부

대법원은 "면직처분과 징계처분이 따로 규정되어 있으면서도 면직처분에 관하여는 일반의 징계처분과 달리 아무런 절차규정도 두지 아니하고, 그 면직사유가 동일하게 징계사유로 규정되어 있는 것도 아니라면, 사용자가 면직처분을 함에 있어 일반의 징계절차를 거쳐야 한다고 할 수 없고, 면직처분에 있어 징계규정이 정한 징계기준에 구속받을 리도 없으니, 이 사건 처분이 징계규정을 따르지 아니하였다고 하여 위법하다 할 수 없다."(대법 95. 6. 30. 선고 94다35350 판결)라고 판시하였다.

이 사건의 경우, 이 사건 사용자는 위 '4. 인정사실'에서와 같이 이 사건 근로자에 대하여 인사관리규정 제32조(당연면직)에 의하여 면직 처분한 것으로 인사규정에 따라 인사위원회의 의결을 거쳐 면직 처분한 것이 정당한 인사권의 범위를 벗어나거나 인사권을 남용하였다고 단정할 수 없다할 것이다.

6. 결론

그렇다면, 이 사건 면직처분에 대하여 우리위원회와 결론을 같이한 초심지노위의 판단은 정당하므로, 이 사건 근로자의 재심신청은 기각하기로 하여 근로기준법 제30조, 노동위원회법 제26조에 따라 주문과 같이 판정한다.

Ⅱ. 주식회사 I 부당해고 구제 재심신청 사건

〈심판사례 중앙2010부해36〉

1. 사건개요

송○○(이하 '이 사건 근로자'라 한다)는 2010. 1. 4. 주식회사 I사업장에 회계과장(팀장)으로 입사하여 회계업무를 담당하여 오던 중 수습기간 중에 업무지시를 불이행하거나 부하직원과의 마찰이 있었다는 등의 사유로 같은 달 28일 징계 해고되어 근로관계가 종료되었다.

2. 쟁점

이 사건의 주요 쟁점은 첫째, 해고사유와 해고시기를 서면으로 통지하였는지 여부, 둘째, (해고사유와 해고시기를 서면으로 통지하였다면) 해고의 정당성여부 등이라 하겠다.

3. 판단

가. 해고사유 및 해고시기의 서면 통지 여부

(1) 근로기준법 제27조 제1항은 사용자는 근로자를 해고하려면 해고사유와 해고시기를 서면으로 통지하여야 한다고 규정하고 있고 같은 조 제2항은 근로자에 대한 해고는 제1항에 따라 서면으로 통지해야 효력이 있다고 규정하고 있다. 그러므로 사용자가 근로자를 해고하기 위해서는 해고를 하기 전에 해고사유와 해고시기를 기재한 서면으로 통지하여야 효력이 있다고 할 것이고, 이러한 서면에 의하지 않은 해고는 해고로서의 효력이 있다고 볼 수 없다고 할 것이다.

(2) 살피건대, 이 사건 근로자는 2010. 1. 28. 이 사건 사용자의 회계책임자인 임○○ 사장에게 불려가 아무런 이유 없이 일방적으로 고용을 취소한다는 구두 통보를 받았을 뿐 해고사유와 시기를 기재한 서면의 해고통보서를 받은 바 없다고 주장한다. 그러나 앞서 인정한 사실에서 알 수 있듯이 ① 2010. 1. 28. 이 사건 사용자의 회계책임자인 임○○ 사장이 이 사건 근로자를 사장실로 불러 정식 채용이 부적합한 사유 및 정식 채용 취소일을 기재한 전산 출력물('수습 관련 입사 취소 처리' 통보서)의 내용을 읽어 주면서 동 서면(출력물)을 직접 전달하였으나 이 사건 근로자가 그 수령을 거부하였다며 위 전산 출력물을 증거자료로 제출한 점, ② 이 사건 근로자는 위 전산 출력물은 작성 날짜를 수정할 수도 있는 것이라며 그 진위 여부를 의심하고 있으나 '만든 날짜'가 '2010. 1. 28. 목요일 오후 1:20:13'로 기재되어

있고 이를 수정한 날짜가 '2010. 5. 4. 화요일 오후 1:33:05', 액세스한 날짜가 '2010. 7. 20. 오늘 오후 7:10:40'로 각 기재되어 있는 것으로 보아 이 사건 해고 통보일인 2010. 1. 28. 위 전산 출력물을 작성하였다고 보이는 점, ③ 이에 반하여 이 사건 근로자는 진위 여부에 대하여 막연히 의심을 하고 있을 뿐 반증을 하지 못하고 있고 달리 이를 인정할 만한 증거나 정황 또한 찾을 수 없는 점 등에 비추어 보면 위 전산 출력물은 이 사건 근로자에게 해고를 통보한 2010. 1. 28. 작성되었음을 인정할 수 있고 그 기재된 내용으로 볼 때 근로기준법 제27조에서 정하고 있는 서면의 해고통보서라고 볼 수 있는 점, ④ 이 사건 근로자가 위 해고통보서의 수령을 거부하였다고 하더라도 거부할만한 특별한 이유를 발견할 수 없고 그 내용을 이 사건 근로자에게 통지한 점 등 제반 사정에 비추어 볼 때 이 사건 사용자가 해고사유 및 해고시기를 기재한 서면의 해고통보서를 2010. 1. 28. 이 사건 근로자에게 통지하였다고 보는 것이 상당하다.

나. 해고의 정당성 여부

(1) 이 사건 근로자가 수습(시용) 근로자인지 여부

(가) 취업규칙에 신규 채용하는 근로자에 대한 시용 기간의 적용을 선택적 사항으로 규정하고 있는 경우에는 그 근로자에 대하여 시용기간을 적용할 것인가의 여부를 근로계약에 명시하여야 하고 만약 근로계약에 시용기간이 적용된다고 명시하지 아니한 경우에는 시용근로자가 아닌 정식사원으로 채용되었다고 보아야 할 것이다(대법원999. 11. 2. 선고99다30743 판결 참조).

(나) 위 법리에 비추어 이 사건 근로자가 수습(시용) 기간의 적용을 받는 수습근로자에 해당하는지 여부에 대하여 살펴보면, 이 사건 근로자는 입사 당시 수습 근로계약을 체결하거나 수습기간을 적용받는다는 통보를 받은 바 없이 경력직 회계과장(팀장)으로 채용되었기 때문에 정규직 근로자라고 주장하고 있으나 ① 이 사건 사용자의 인사규정 제12조 제3항에서 '수습기간에 있는 자로서 교육 및 근무성적이 불량하거나 소질이 적합지 않다고 인정되는 경우는 채용을 취소할 수 있다'라고 규정하고 있어 평가를 통하여 교육, 근무성적 또는 소질이 적합하지 않다고 판단할 경우 정식 채용을 취소할 수 있음을 예정하고 있으므로 '수습'을 '시용'의 의미로 볼 수 있는 점, ② 아울러 같은 규정 제12조 제1항에서 '신규로 채용된 사원에 대하여는 3개월의 수습기간을 두며, (중간생략) 단, 경력을 인정하여 채용된 사원은 수습기간을 단축 또는 면제할 수 있다'고 규정하여 수습기간의 적용을 선택적 사항으로 규정하고 있기 때문에 그 적용 여부를 개별 근로계약에 명시하여야 함에도 불구하고 이 사건 사용자는 이 사건 근로자와 근로계약 자체를 체결하지 않았기 때문에 이 사건 근로자에 대하여 정식사원이라고 단정할 수 없는 점, ② 이 사건 사용자가 취업정보 업

체인 잡코리아에 '역량 있는 회계과장(팀장)급을 모집합니다'라는 제목으로 구인광고를 하면서 그 구인광고의 내용에 '회계, 세무, 총무경력 5년 이상, 더존 회계프로그램 사용 경력자, 코스닥 등록법인 근무 경력자 우대'라는 자격요건을 제시하여 그 결과 이 사건 근로자가 채용되었으므로 이 사건 근로자가 경력직 사원(과장 또는 팀장)으로 채용된 것은 부인할 수 없는 사실로 보이나 경력직 사원으로 채용된 것이 곧 정식 사원으로 채용된 것이라고 단정할 수 없는 점, ③ 이 사건 근로자와 마찬가지로 2010. 2. 9. 경력직 사원으로 입사한 최○○도 3개월의 수습기간을 거친 후 같은 해 5. 9.자 정규직으로 전환되어 현재까지 근무 중에 있다고 진술하고 있는 점(노위 제15호증 진술서 참조) 등 제반사정을 종합하여 보면 모든 근로자를 채용할 때 경력과 무관하게 관행적으로 수습기간 3개월을 적용하고 수습기간 중 역량 등이 부족할 경우 정식채용을 취소하고 있다는 이 사건 사용자의 주장에 더욱 수긍이 간다.

(다) 따라서 이 사건 근로자는 수습시용 근로자로 채용되었고 수습기간 중 정식채용이 취소(해고)되었다고 보는 것이 상당하다.

(2) 해고의 정당성 여부

(가) 이 사건 근로자는 업무지시를 불이행하거나 부하 직원과의 마찰이 있었다는 이 사건 사용자의 주장은 전혀 사실이 아니며, 오히려 이 사건 사용자에게 '부하 직원에게 월급을 주어야 일을 적기에 진행시킬 수 있으니 월급을 지급해 주십시요'라고 요청을 한 사실이 있어 이 사건 사용자가 기분이 나빴을 수도 있었으나 결국 부하 직원을 다독이며 당장 시급한 부가세 신고업무를 아무런 문제없이 마무리할 수 있었다고 주장한다.

(나) 그러나, ① 앞서 인정한 사실에서 알 수 있듯이 이 사건 사용자가 주식회사 I사업장 등 두 개 법인의 영업을 양수도하면서 담당 직원마저 퇴직을 앞두고 있어 부가가치세 신고 및 결산 준비 등 회계업무를 담당할 과장급의 경력직 사원을 시급히 채용할 필요성이 있어 이 사건 근로자를 채용하게 되었음을 인정할 수 있고, 사정이 이러함에도 불구하고 이 사건 근로자는 자기 방식대로 부가가치세 관련 업무를 처리하고 팀원들과 불화가 발생하여 팀원 중 한 명이 이 사건 근로자와 함께 일하는 것이 어렵다며 퇴사의사를 밝히는 등 팀장으로서의 역량이 부족하고 업무처리가 미숙하였으며, 또한 인수인계 및 결산 준비 소홀 등 업무지시를 불이행한 사실이 임직원들의 진술에 의해 확인되는 점(노위 제15호증 임직원 진술서 6부참고), ② 이 사건 근로자는 앞서 인정한 사실에서 보듯이 최근 3년 동안 다른 기업들을 상대로 수 차례에 걸쳐 부당해고 구제를 신청하여 대부분 합의금을 받고 취하 또는 화해한 사실이 있는 점에 비추어 보면 이 사건 근로자가 이 사건에 대해서도 부당해고 구제신청을 통하여 합의금을 요구하였을 것이라는 짐작을 전혀 배제할 수는 없고 그렇다면 이 사건 사용자가 2010. 1. 28. 이 사건 근로자에게 해고를 통보하면서

2010. 1. 31.까지만 근무하라고 하자 이 사건 근로자가 오늘까지 근무한 급여를 달라며 당일 바로 퇴사하였으므로 이 사건은 해고가 아니라 사실상 '권고사직'의 성격에 가깝다는 이 사건 사용자의 주장에 어느 정도 수긍이 가는 점(이 사건 근로자는 사직서를 제출하지 않았다), ③ 앞서 본 바와 같이 이 사건 근로자는 수습 또는 시용 근로자로 채용되었고 수습(시용) 기간 중에 있는 근로자를 해고하거나 본 계약의 체결을 거부하는 경우 보통의 해고보다 넓게 인정되는 점(대법원 2008. 12. 11. 선고 2006두 13220 판결 등 참조) 등 제반사정을 고려하여 보면, 이 사건 사용자가 이 사건 근로자에 대하여 정식 채용을 취소(해고)한 것은 인사규정 제12조 제3항에 근거한 것으로서 정당하다.

다. 소결론

위에서 살펴본 바와 같이 이 사건 근로자는 수습(시용) 근로자에 해당하고 수습(시용)기간 중 업무처리 미숙, 업무지시 불이행, 팀원들과의 불협화음 등을 이유로 정식 채용을 취소한 것이므로 이 사건 해고는 정당하다.

4. 판정사항

인사규정에 수습기간의 적용을 선택사항으로 두더라도 근로계약을 체결하지 않았고 신규채용 시 관행적으로 수습기간을 적용하였다면 수습근로자로 보아야하고 수습기간 중 업무 부적격 등을 이유로 정식 채용을 취소하였다면 정당하다고 판정한 사례

Ⅲ. 회장에 대한 인신모욕적 유인물 배포의 방조를 면직 사유로 판결한 사례

〈대법원 2011. 2. 24. 선고2010두6872 판결〉

원 고	사단법인 A중앙회
피 고	중앙노동위원회위원장
피고보조참가인	박○○
주 문	피고의 항소를 기각한다.

1. 사건개요

○ 이 사건 사용자는 △△시에 본부를 두고, 전국에 40개의 지회 및 221개의 지부에서 상시근로자 1,380 여명을 고용하여 일반음식점 영업을 하는 43만여 회원들의 권익증진을 목적으로 설립된 사단법인이고, 이 사건 근로자는 1985년경 입사 후, 2005. 7. 14.부터 사무총장으로 근무하였음.

○ 이 사건 사용자는 아래와 같은 징계사유로 이 사건 근로자를 2008. 12. 30. 해고하였음.

① 인사규정 부당개정: 이 사건 근로자는 1995년 식품위생법(미성년자 윤락) 위반으로 벌금 300만원, 1997년 같은 법 위반으로 징역 6개월에 집행유예 2년을 선고받았고, 이는 인사규정 제31조 제1항 제6호의 당연퇴직사유에 해당되며, 이로 인하여 2007. 6. 18. 사무총장 직무집행정지 가처분신청이 제기된 상태임에도 2007. 6. 26. 이사회에서 이사들에게 이러한 제반 사정을 알리지 않고 위 당연퇴직 근거조항의 개정(삭제)안을 통과시킴.

② 급여부당인상: 이 사건 근로자는 2004년 총무국장 재직 당시 급여 6%(132,200원) 인상안을 원고 이사회에 보고하면서, 급여인상표에 자신의 급여는 14.29%(310,000원) 인상된 것으로 기재하여 총무국장의 급여를 부당하게 인상시켜 같은 해 7. 29.까지 수령함.

③ 이 사건 사용자가 발간한 잡지 부당입찰: 임·직원과 관련된 업체는 심사에서 제외시키기로 하였음에도 2004년, 2005년 잡지 제작업체 선정을 위한 입찰시 사실상 이 사건 근로자의 동향 후배를 낙찰자로 선정함.

④ 이사들에 대한 협박 발언으로 인한 품위손상: 2007. 11. 13. 열린 이사회에서 이 사건 근로자에 대한 진정서를 조사하는 위원회의 구성 여부를 논의하던 중 이사들에게 협박성 발언("조사위원회가 구성되면 임원이든 직원이든 관련된 사람은 똑같이 처벌해야 합니다. 저도 잘못된 것이 있으면 처벌받을 것입니다.")을 함.

⑤ 유인물 배포 관여행위: 2008. 3.경 국장인 송○○에게 지시하여 전국 40여개 지회에 국장승진시험과 관련하여 이 사건 사용자의 회장을 비방하는 내용의 유인물

을 배포하도록 함.

2. 경 과

- ▽▽지방노동위원회(2009부해85) : 부당해고 인정

1) 징계사유의 정당성

- 위 징계사유 ② 급여부당인상, ③ 이 사건 사용자가 발간한 잡지 부당입찰은 이 사건 사용자의 상벌규정상 징계사유가 발생한 날로부터 2년이 도과하여 이 사건 사용자의 징계권은 소멸되었으므로 징계사유로 정당하지 않음.

- 위 징계사유 ① 인사규정 부당개정은 지회장 허○○이 발의한 안건이었던 점, 이 사건 근로자는 사무총장으로서 이사회 의결권이 없었던 점, 이 사건 근로자를 상대로 제기된 직무정지가처분신청 또한 기각된 점 등을 고려하면 징계사유로 정당하지 않음.

- 위 징계사유 ④ 이사들에 대한 협박 발언으로 인한 품위손상은 이 사건 근로자도 이를 인정하고 있고, 이 사건 근로자가 사무총장으로서 타직원들의 모범을 보여야 할 직책에 있었던 점을 고려할 때 징계사유로 정당함.

- 위 징계사유 ⑤ 유인물 배포 관여행위는 이 사건 사용자가 이 사건 근로자의 유인물 유포에 적극적으로 가담한 객관적인 입증자료를 제출하지 못하고 있으나(이 사건 사용자가 이를 알게 된 것은 회장의 지시에 따른 불법도청에 의한 것이고, 이는 통신비밀보호법 제4조에 의거 재판·징계절차에서 증거로 사용할 수 없음), 이 사건 근로자가 송○○이 유인물 배포 의사를 밝히자 "정 하고 싶으면 신분이 노출될 수 있으니 다른 지역에서 뿌려라"라고 말한 사실은 인정하고 있고, 회장의 명을 받아 사무국의 업무를 관장하는 사무총장의 직책에 있었던 점을 고려하면 회장을 비방하는 유인물 배포를 적극적으로 만류하지 못한 책임이 있어 징계사유로 정당함.

2) 징계양정의 적정성

- 위 징계사유 중 ④ 이사들에 대한 협박발언으로 인한 품위손상, ⑤ 유인물 배포 관여행위는 징계사유로 인정되지만, 이 사건 사용자가 유인물 배포에 이 사건 근로자의 적극 가담 여부에 대한 객관적 입증자료를 제출하지 못하고, 이를 알게된 것은 회장의 지시에 의한 불법도청에 의한 것이었으며, 불법도청에 의해 지득된 통신내용의 경우 통신비밀보호법 제4조에 의거 재판·징계절차에서 증거로 사용할 수 없는 점 등을 종합할 때, 징계의 종류 중 가장 중한 면직 처분을 한 것은 그 양정이 너무 지나침.

○ 중앙노동위원회(2009부해302) : 초심판정유지 (부당해고인정)

○ 서울행정법원(2009구합25330) : 부당해고인정

3. 판결주요내용

가. 결론

○ 사무총장인 참가인이 허위사실과 인신모욕적인 표현으로 원고의 대표자인 회장 등을 비방한 행위는 원고 조직 전체의 명예와 인화단결 및 조직기강을 해치는 중대한 비위행위로서 위 사실 하나만 가지고서도 원고의 징계의결 양정기준상 면직 사유에 해당하며, 참가인이 저지른 다른 징계사유들을 참작할 때 사회통념상 원고가 그 고용관계를 계속할 수 없는 정도에 이르렀다고 봄이 상당하므로 부당해고에 해당한다고 볼 수 없음.

나. 판결이유

1) 징계사유의 정당성

○ 징계사유 ⑤ 유인물 배포 관여행위와 관련하여 참가인이 송○○이 참가인에게 유인물 배포 의사를 밝히자 "정 하고 싶으면 신분이 노출될 수 있으니 다른 지역에서 뿌려라"라고 말한 사실을 스스로 인정하였으므로 참가인은 송○○과 공모하거나, 적어도 구체적인 배포방법 등을 말하면서 이를 방조한 사실을 인정할 수 있음.

○ 참가인은 사무총장으로서 회장의 명을 받아 산하조직의 업무 전반에 관한 사항을 관장 처리하며 1,000여명 이상의 직원을 통할하고 회장 등을 보필하는 중요한 지위에 있었으면서도 허위사실과 인신모욕적인 표현으로 원고의 대표자인 회장 등을 비방한 행위는 사무총장으로서의 업무의 본지에 벗어나 회장의 정상적인 업무수행에 심각한 지장을 초래할 수 있고, 원고 조직 전체의 명예와 인화단결 및 조직기강을 해치는 중대한 비위행위로서 위 사실 하나만 가지고서도 원고의 징계의결 양정기준상 면직 사유에 해당함.

2) 징계양정의 적정성

○ 징계사유 중 ④ 이사들에 대한 협박 발언으로 인한 품위손상과 비록 징계시효가 도과하였지만 위법사실이 명백한 징계사유 ② 급여 부당인상은 비위내용이 가볍다고 볼 수 없고, 징계사유 ① 인사규정 부당개정 역시 징계양정의 참작사유가 됨.

○ 참가인이 저지른 각 비위행위들의 내용 및 경위와 함께 원고가 영위하는 사업의 목적과 성격, 특히 원고 단체에서 사무총장인 참가인에게 요구되는 도덕성과 공정성 및 담당직무의 중요성, 참가인의 비위행위들로 인하여 원고단체의 질서에 미칠 영향, 과거의 근무태도 등을 종합적으로 고려해 보았을 때, 참가인이 저지른 비위행위들로 인하여 사회통념상 원고가 그 고용관계를 계속할 수 없는 정도에 이르렀다고 봄이 상당하므로 이 사건 면직의 징계처분은 부당해고에 해당한다고 볼 수 없음.

4. 참고판례

1) 사내통신망에 이사 등을 비방한 것을 이유로 한 해고의 정당성을 인정한 사례

○ 원고가 참가인의 인트라넷 자유게시판에 허위사실과 임원을 비방하는 글을 게재하여 이사 등의 명예를 훼손하고, 특별감사반의 출석요구에 응하지 아니한 비위행위를 이유로 한 징계해고는 정당함(서울행정법원2006. 3. 10. 선고2005구합24902).

- 원고는 피해자로부터 직접 들었거나 사실이 확인되지도 않았고, 단지 소문이 있다는 막연한 상태임에도 불구하고 자유게시판에 구체적인 내용과 원색적이고 자극적으로 비방하는 표현의 글을 게재하여 이사장을 모욕하고 이사들의 명예를 훼손하였으며, 그에 관하여 참가인의 특별감사반의 원고에 대한 출석요구에 응하지 아니한 비위행위는 참가인의 인사규정에 정한 직원의 성실의무 및 품위유지의무, 감사규정에 정한 출석요구에 응하여야 할 의무 및 인트라넷 업무처리지침에 정한 비방금지 등의 의무에 위배되어 징계사유에 해당함.

- 원고가 모욕 또는 명예훼손의 글을 게재한 행위, 회수 및 그 내용, 원고가 특별감사반의 조사요구에 응하지 않은 경위, 원고가 참가인에 복직된 경위 및 이 사건 징계처분 이후에도 비방의 글을 인터넷 싸이트에 게재하는 등 이 사건 징계처분을 전후하여 원고가 참가인에 대하여 취한 태도 등 제반 사정을 종합하면, 이 사건 징계처분이 사회통념상 현저하게 타당성을 잃어 징계권자에게 맡겨진 재량권을 남용한 것이라고 볼 수 없음.

2) 사내통신망에 회사를 비방한 것을 이유로 한 해고의 정당성을 부정한 사례

○ 근로조건 향상을 위해 사내통신망과 인터넷 홈페이지에 회사를 비방하는 글을 게시한 것을 이유로 한 징계해고 한 것은 부당함(고등법원2001. 9. 6. 선고2000누16694).

- 원고가 회사의 승낙 없이 근무시간 중 2회에 걸쳐 노동조합 합동간부회의와 대의원대회에 임의로 참석하여 근무를 태만히 한 것은 징계사유로 인정됨.

- 원고가 사무직 근로자의 노동조합 가입을 추진하는 과정에서 사내통신망에 회사를 비방하는 성명서와 게시문을 게시한 목적이 참가인 회사의 이익을 침해하거나 명예를 훼손하는 것이 아니라 근로자의 단결권에 포함될 수 있는 사무직 근로자의 노동조합 가입을 촉구하는데 있는 것으로 보여지므로 징계사유로 삼을 수 없음.

- 원고가 근무시간 중 2회에 걸쳐 노동조합 합동간부회의와 대의원대회에 임의로 참석한 것은 사무직 근로자들의 노동조합 가입을 추진하는 과정에서 비롯된 것이어서 그 동기에 참작할 점이 있고, 참석한 시간은 총 8시간에 불과한 점 등을 종합하면, 참가인이 징계 중 가장 중한 해고를 택한 것은 그 징계양정이 과중하여 징계권을 남용한 부당한 해고임.

5. 평가

○ 법원은 징계양정을 판단함에 있어서 사업의 종류와 특성을 고려하여 근로자의 비위행위가 '기본적 경영질서를 문란하게 하는지 여부'를 중점적으로 고려하여 판단하고 있으나, 이때 근로자의 사업장 내 지위도 고려하고 있음.

○ 위 판례는 서울행정법원도 중노위의 판단과 동일하게 징계양정이 과중하여 부당한 해고로 판결을 하였으나, 원고 단체의 회장 등을 보필해야 하는 사무총장으로서 허위사실과 인신모욕적인 표현으로 회장 등을 비방하여 조직전체의 명예와 인화단결 및 조직기강을 해치는 중대한 비위행위로 위 비위사실 하나만 가지고도 충분히 면직 사유에 해당한다고 판결한 사례임.

Ⅳ. 근로기준법상 사용자성 여부가 문제된 사건에서 심판상 화해한 사례

〈충북지방노동위원회 사례〉

Ⅰ. 사건 개요

1. 당사자

가. 근로자

김○○(이하 '이 사건 근로자'라 한다)은 2005. 5. 15. H사에 고용되어 판촉업무를 수행하며 근무하던 중 2011. 8. 1. 해고되었다고 주장하는 사람이다.

나. 사용자

H사(이하 '이 사건 사용자'라 한다)는 1957. 3. 설립되어 위 주소지에서 상시근로자 98명을 고용하여 희석식소주 등을 제조・공급하는 종합주류업을 행하는 법인이다.

2. 이 사건 해고의 경위

가. 이 사건 근로자는 2005. 5. 15. 이 사건 사용자 소속으로 채용되어 판촉업무를 수행하였다.

나. 이 사건 사용자와 신청외 D사는 2006. 2. 21. 충북도내 판촉업무 및 본사 건물 내의 경비업무를 대상으로 같은 해 3. 1.을 시기로 하는 도급계약을 체결하였다.

※ **도급계약서**(일부 발췌)

H사(이하 "갑"이라 한다)와 D사(이하 "을"이라 한다)는 상호 신의성실의 원칙에 따라 다음과 같이 도급업무 계약을 체결한다.

제1조 〔계약의 목적〕
본 계약은 "갑"이 "을"에게 "갑"의 일부 업무를 도급하고, "을"이 수급업무를 완수함에 따르는 "갑"과 "을"간의 권리와 의무 관계를 명확히 하는데 그 목적이 있다

제2조 〔계약의 대상 및 범위〕
"을"은 "갑"의 '충북도내 판촉업무 및 본사 건물 내의 경비업무' 도급을 수행하며, 세부 내역은 별도의 '도급업무 주문서'에서 정하는 바에 따른다.

제3조 〔계약 기간〕
① 본 계약의 계약기간은 2006년 3월 1일부터 2007년 2월 28일까지로 한다. (이하 생략)

제14조 〔계약의 해지〕
1. 제3조의 계약기간 중이라도 "갑"은 경영상의 이유로 "을"과의 사전 협의에 따라 본 계약을 해지할 수 있다.

다. 이 사건 근로자는 2006. 2. 28. 이 사건 사용자 회사에서 퇴사하기로 하여 사직서를 제출하고 퇴직금 810,383원을 지급받았다.

※ **신청인 제출 사직서**

사 퇴 서

소 속 : 충주지점
직 위 : M/L
성 명 : 김○○
사직사유 : 개인사유
상기 본인은 위와 같은 사정으로 인하여 06년 2월 28일부로 사퇴하고자 하오니 선처하여 주시기 바랍니다.

06년 2월 28일 신청인 : 김○○ (인)

라. 이 사건 근로자는 2006. 2. 28. 신청외 D사와 같은 해 3. 1.부터 판촉업무를 담당하기로 하는 근로계약을 체결하였다.

※ **신청외 D사와의 근로계약서**(일부 발췌)

근로계약서(계약직)

근로자와 회사는 근로자가 회사에 재직 중 노동법령 및 회사의 취업규칙을 각각 성실하게 준수할 것을 서약 확인하고 다음과 같이 근로계약을 체결한다.

1. 근무처 및 직책 : 근무처(H사), 직책(사원)
2. 근로자 취업직종 : (판매, 판촉)
6. 근로조건 및 기타

다. 근로계약기간 : 2006년 3월 1일 ~ 2007년 02년 28일까지
입사일로부터 도급 계약만료일까지 하되(사업주체측 사정에 의해 변동될 수 있음) 계약기간 만료일 전에 쌍방에서 해약에 대한 통지가 없는 경우에는 동일한 조건을 자동적으로 1년간 연장되는 것으로 한다.

7. 계약의 해지
⑩ "을"이 근무하는 사업장의 사업주체와 D사와의 용역도급계약이 해지 또는 종료된 경우

8. 특약사항
① "을"은 한시적 계약직 근로자로서 근로계약기간이 종료되거나 근로계약기간 중이라도 용역도급관리가 해지되는 경우에는 본인과 D사와의 근로계약은 자동해지 및 종료되는 것이어서 이와 관련하여 민·형사상의 어떠한 이의도 제기하지 않을 것을 서약합니다.

마. 이 사건 근로자가 2011. 8. 1. 해고 전까지 근무한 충북 제천시 의림동 216-33 소재 H사 충주지점 제천영업소(이하 '제천영업소'라 한다)에는 이 사건 사용자 소속 직원인 소장과 대리 등 2명의 남자직원과 신청외 D사 소속 직원으로 판촉업무를 담당하는 이 사건 근로자를 포함한 여직원 3명이 근무하였다.

바. 이 사건 근로자는 오전 9시에 영업소에 출근한 후, 혹은 영업소에 출근하지 않고 곧바로 직접 음식점이나 상점 등 업소에 가서 18시 또는 21시까지 소주컵, 물컵, 포스터 등을 전달하는 판촉활동을 한 후 영업소에 들른 후 또는 판촉 현장인 업소에서 바로 퇴근하였으며, 이 사건 근로자는 본인이 직접 출근부를 작성하였고 판촉 활동 시 주로 혼자 근무하였다.

사. 이 사건 근로자는 이 사건 사용자가 신청외 D사와 도급계약을 체결한 사실을 알고 있었으며, 2006. 3. 이후 이 사건 근로자가 가입된 국민연금 및 건강보험 사업장이 신청외 D사이었고 신청외 D사로부터 급여가 지급된 사실도 알고 있었다.

아. 이 사건 사용자는 2011. 5. 1. 신청외 L사에 인수된 후 신청외 D사와의 도급계약을 같은 해 7. 31.자로 해지하고 같은 해 새로운 도급업체인 신청외 K사와 도급계약을 체결하였다.

자. 신청외 D사는 이 사건 사용자로부터 도급계약 해지통보를 받은 이후 판촉업무 담당 근로자들에 대해 새로운 도급업체인 신청외 K사로의 고용승계절차를 진행하였다.

차. 이 사건 근로자는 급여, 복지 등 근로조건이 기존보다 못하다는 이유로 신청외 D사에서 새로운 도급업체인 신청외 K사로의 고용승계를 거부하였고, 신청외 D사는 이 사건 근로자에 대해 2011. 8. 1.자로 퇴사처리 하였다.

카. 이 사건 근로자는 2011. 8. 10. 신청외 D사로부터 해고예고수당과 미사용연차수당, 중간 정산으로 인한 5개월분의 퇴직금을 포함한 퇴직위로금 등 4,689,212원(실수령액)을 지급받았다.

타. 이 사건 사용자 소속 직원인 제천영업소장은 2011. 8. 1. 이 사건 근로자의 출근을 제지하였고, 같은 달 9일 이 사건 사용자 소속 직원인 권○○ 경영지원팀장(당시 충주지점장)은 이 사건 근로자에게 새로운 도급업체인 신청외 K사와의 계약을 권유하였으나 이 사건 근로자는 이에 응하지 아니하였고, 이 사건 사용자 소속 직원인 권○○ 경영지원팀장(당시 충주지점장)은 같은 달 16일 이 사건 근로자의 면전에서 이 사건 근로자가 사용하던 책상을 밖으로 내놓으라고 하였고, 같은 해 9. 2. 이 사건 근로자가 영업소 사무실 현관열쇠를 항상 소지하고 있어 기존의 사무실

열쇠를 변경하였다.

파. 이 사건 사용자는 2011. 9. 26. 같은 해 8. 1. 이후 계속되는 이 사건 근로자의 영업소 무단 출입에 대해 출입을 금하고 업무방해행위를 금하여 줄 것을 내용으로 하는 문서를 내용증명우편물로 발송하였다.

※ **업무방해관련 내용증명**(일부 발췌)

제목 : **제천영업소 무단출입으로 인한 업무방해의 件**

1. 귀하의 무궁한 발전을 기원합니다.
2. 안녕하십니까? H사 인사담당자 정00입니다.
3. 당사는 2011년 7월 31일부로 귀하가 소속되어 있는 D사와의 도급관계가 종료되었습니다.
4. 그동안 협력사에서 보여주신 열정과 노력에 감사 드립니다.
5. 2011년 7월 31일 D사와의 사업파트너 종결 이후에도 귀하께서는 당사의 제천영업소에 계속적으로 무단출입을 하고 있다는 보고를 계속적으로 받고 있습니다. 아쉽지만 당사는 2011년 5월 1일부터 ㅇㅇ와의 M&A를 통한 인수합병으로 대표이사 변경 및 도급사를 D사에서 K사로 부득이하게 변경하였으며, 귀하께서는 K사의 고용승계 제안도 일방적으로 거부하여 당사와의 관계 또한 종료되었음을 다시한번 알려드립니다. 이에 귀하께서는 당사의 모든 영업소에 출입할 수 없습니다.
6. 귀하는 2011년 8월 1일부터 지금까지 제천영업소에 무단출입을 하고 있습니다. 이에 당사는 영업소 잠금장치를 변경하였음에도 계속적으로 무단출입이 이루어지고 있습니다.
   귀하의 이러한 행동으로 제천영업소는 업무에 막대한 지장과 피해가 발생되고 있습니다.
7. 다시한번 무단으로 당사의 영업소에 무단출입이 이루어진다면 이에 따른 모든 민/형사상 책임 및 업무방해에 대하여 책임을 물을 것이며, 이 모든 책임은 귀하에게 있음을 알려드립니다.

하. 이 사건 근로자는 2011. 10. 18. 대전지방고용노동청 충주지청에 이 사건 사용자를 상대로 같은 해 8월 및 9월 임금을 지급받지 못했다는 내용의 진정을 제기하였다.

※ 진정 내용 : 2011. 8. 1. 이후부터 현재까지 계속해서 판촉활동을 수행하고 있으며, 이 사건 사용자가 영업소 출입을 제지하여 영업소에 출입이 불가능하기에 사무실에 들르지 않고 곧바로 업소 등 현장으로 출근하여 판촉활동을 하다가 곧바로 퇴근하고 있으므로 계속 근무하고 있는 것이며, 임금을 지급하여야 한다는 내용임.

【관련규정】

《근로기준법》

제23조(해고 등의 제한)

① 사용자는 근로자에게 정당한 이유 없이 해고, 휴직, 정직, 전직, 감봉, 그 밖의 징벌(이하 "부당해고 등"이라 한다)을 하지 못한다.

제27조(해고사유 등의 서면통지)

① 사용자는 근로자를 해고하려면 해고사유와 해고시기를 서면으로 통지하여야 한다.

② 근로자에 대한 해고는 제1항에 따라 서면으로 통지하여야 효력이 있다.

《노동위원회규칙》

제60조(판정)

① 심판위원회는 심판사건이 다음 각 호 중 어느 하나에 해당하는 경우에는 각하한다.

3. 당사자 적격이 없는 경우

3. 이 사건 구제신청에 이른 경위

이 사건 근로자는 2011. 8. 1. 이 사건 사용자가 행한 해고가 부당하다고 주장하며 같은 해 10. 12. 우리 위원회에 구제를 신청하였다.

II. 당사자의 주장 요지

1. 근로자의 주장 요지

이 사건 근로자는 2005. 5. 15. 이 사건 사용자 소속으로 입사하여 판촉업무를 수행하던 중 2006. 3. 이 사건 사용자로부터 충북도내 판촉업무 및 본사 건물내의 경비업무를 도급받은 신청외 D사 소속으로 변경되어 2011. 7. 31. 까지 근무하였으나, 6년 이상 근무하였기 때문에 이 사건 사용자 소속 근로자이고, 따라서 이 사건 사용자가 2011.8. 1. 퇴사처리 한 것은 부당하다고 주장한다.

2. 사용자의 주장 요지

이 사건 사용자는 이 사건 근로자와의 근로계약관계는 이 사건 근로자가 자발적인 사직서를 제출함에 따라 2006. 2. 28.자로 종료되었고, 이 사건 근로자는 같은 해 3. 1. 도급업체인 신청외 D사와 새로운 근로계약을 체결한 후 2011. 7. 31.까지 D사의 관리·감독 하에 아무런 문제제기 없이 판촉업무를 수행하여 왔던 자로, 이 사건 근로자와 이 사건 사용자 간에는 사용종속관계에 있지 아니하여 당사자 적격이 없다고 주장한다.

III. 화해 결과(화해조항)

1. 이 사건 사용자는 이 사건 근로자에게 이 사건 사용자의 도급업체인 D사와의 도급관계가 2011. 7. 31. 종료된 이후 이 사건 사용자가 이 사건 근로자를 채용하지 아니함에 따라 이에 대한 위로금으로 일금 오백만(5,000,000)원을 2011. 12. 15.까지 이 사건 근로자에게 계좌 이체한다.
2. 양 당사자는 향후 본 건과 관련하여 일체의 민·형사 및 행정상 이의를 제기하지 않는다.(부제소특약)
3. 양 당사자는 향후 본 건과 관련한 일체의 내용에 대해 비밀을 유지하며, 위반 시 그에 대한 책임을 진다.

IV. 의의 및 평가

이 사건은 피신청인인 H사가 L사에 인수합병되어 H사와 도급계약을 맺은 하청인 D사의 도급관계가 종료됨에 따라 D사가 근로계약을 맺은 신청인에게 근로계약의 해지를 통보한 사건이었다. 그러나 신청인은 하청인 D사가 아니라 원청 H사가 신청인에 대한 실질적 사용자라고 주장하며 H사 소속 근로자의 고용관계는 인수합병한 L사에 승계되었으므로 D사의 근로계약 해지 통보는 효력이 없고 부당해고에 해당한다며 구제를 신청한 사건이었다. 당시 H사의 하청인 D사 소속 근로자들 대부분은 합병회사인 L사와 새로이 도급계약을 맺은 K사 소속으로 고용관계를 변경하였으나 신청인은 근무시간 감소에 따른 임금저하를 이유로 K사 소속으로의 고용관계 변경에 응하지 않고 기존의 근로조건 유지를 주장하였다.

신청인이 우리 위원회에 부당해고 구제신청서를 제출하기 전에 하청인 D사로부터 근로계약 해지에 따른 해고예고수당, 미사용 연차수당, 퇴직금 및 퇴직위로금 등을 수령하였음에도 원청인 H사를 사용자라고 주장하는 것은 신의칙에 위반되는 것으로 판단될 여지도 있었다. 그리고 이 사건 심문회의에 참석한 ○○ 노총 소속 근로자위원은 신청인에게 위장도급을 주장하라고 부추기는 상황이었다. 그럼에도 우리 위원회는 심문회의를 일시 정회하고 양 당사자가 서로 조금씩 양보할 것을 제안하여 화해가 성립되었는데, 그 의의는 다음과 같다.

첫째, 이 사건 양 당사자가 화해를 수용하지 않고 소송 등을 통하여 계속 다투었을 경우 향후 예상되는 해고관련 소송비용과 시간을 화해를 통해 절감할 수 있는 효과를 가져왔다.

둘째, 위원장을 포함한 공익위원과 사무국장 및 담당 조사관은 심문회의를 포함하여 화해 성립 시까지 5시간 이상 화해의 효용성을 안내하고 양 당사자의 양보를 권유하는 등 적극적인 화해노력으로 인해 행정의 효율성 제고는 물론 노동위원회의 위상과 신뢰도를 향상시켰다.

셋째, 피신청인을 포함한 이 사건 관련 업체 관계자들에게 위장도급 등 노동관계법 위반에 대한 주의를 환기시켜 향후 발생할지도 모르는 법위반사항에 대해 예방함으로써 노사관계 안정에 기여하였다.

제4장 노동조합

제4장 노동조합

제1절 노동조합의 개관

노사관계는 개별근로자와 사용자 사이에 근로계약을 통하여 노동상품을 거래하는 개별적 노사관계와 근로자들이 단결하여 단체(노동조합)를 구성하고 그 단체와 사용자 사이에 효과적으로 노동상품의 거래를 전개하는 집단적 노사관계로 구분할 수 있다.

개별적 노사관계는 근로자와 사용자가 1:1의 독립된 인간으로서 자유로운 거래계약을 맺고 신의성실의 원칙에 따라 권리와 의무를 이행하는 쌍무적 책임관계이고, 집단적 노사관계는 사용자와 근로자가 고용관계의 특성에 따라 상하관계 내지는 주종관계라는 현실적인 불평등을 인정하면서, 근로자가 단결력을 바탕으로 사용자와의 불평등을 극복하고 대등한 입장에서 임금 및 근로조건에 관하여 협상할 수 있는 제도적 관계이다.

따라서 국가와 사회는 근로자들이 자유롭게 노동조합이라는 단체를 구성할 수 있도록 하고, 그의 단결력을 이용하여 사용자와 대등한 관계에서 근로조건의 개선에 관하여 협상하도록 하고 있다.

1. 노동조합의 정의

노동조합은 부익부 빈익빈(富益富 貧益貧)의 상징으로 되어 있는 자본주의사회에서 임금근로자들이 자신들의 임금 및 근로조건을 개선하고 권익을 보호하기 위해서 자주적으로 단결하여 결성한 단체로서, 노동조합은 자본주의적 산업관계의 성립과 발전과정에서 발생하였다.

노동조합의 개념에 대하여 여러 학자들이 다양하게 정의하고 있다. 일찍이 웹 부처(Sidney Webb and Beatrice Webb)[1]는 그들의 저서 『노동조합주의의 역사』에서 "노동조합이란 임금노동자들이 근로생활에 있어서 여러 가지 근로조건의 유지 · 개선을 목적으로 조직한 항구적인 단체"라고 정의하고 있고, 헤네만과 요더(H. Heneman, Jr. and D. Yoder)[2]는 "노동조합이란 사용자와의 협상을 통해서 양보를 얻어내고, 그 협상결과의 집행을 감시하기 위하여 만들어진 조직된 노동자들의 상설단체"라고 정의하고 있으며, 또한 국제자유노동조합연합(ICFTU)에서는 "노동조합이란 노동자가 직장에서 단체교섭을 통하여 노동조건을 개선하고 보다 잘 살 수 있도록 하는 한편, 사회문제에 대하여 노동자들의 의사를 대변함으로써 노동자들의 권익을 보호하고자 조직된 계속적 · 항구적 · 민주적 · 자주적 단체"라고 정의하고 있다.

한편, 우리나라 「노동조합 및 노동관계조정법」 제2조 4호에서 "노동조합이라 함은 근로자가 주체가 되어 자주적으로 단결하여 근로조건의 유지 · 개선 기타 경제적 · 사회적 지위의 향상을 도모함을 목적으로 조직하는 단체 또는 연합단체를 말한다"고 규정하고 있다.

이러한 여러 정의를 살펴보면서 노동조합은 다음의 세 가지 공통된 의미를 지니는 것으로 파악할 수 있다.

첫째, 노동조합은 근로자의 자주적인 단체이다. 즉, 노동조합은 근로자의, 근로자에 의한, 근로자를 위한 조직체(organization of the employees, by the employees, for the employees)이다. 근로자는 사용자와의 개별적인 교섭으로는 그들에게 유리한 근로조건을 획득할 수 없으므로 단결체를 조직하여 이를 배경으로 집단적으로 교섭하고자 하며, 이와 같은 목적을 달성하기 위하여 근로자가 자주적으로 조직한 단체가 바로 노동조합이다. 여기에서 근로자란 "직업의 종류를 불문하고 임금, 급여, 기타 이에 준하는 수입에 의하여 생활하는 자를 말한다"(노동조합법 제2조 1호).

둘째, 노동조합은 근로조건의 유지 · 개선을 주요목적으로 하는 단체이다. 즉, 근로자들이 자주적으로 조직한 단체라 하더라도 주된 목적은 근로조건의 개선 · 유지에 있는 것이고, 그 밖에 정치적 · 종교적 · 문화적 활동이나 근로자 상호간에 상호부조하는 공제적 활동은 부차적 목적이 될 수 있다.

셋째, 노동조합은 근로자들의 항구적인 단체이다. 근로자의 사회적 · 경제적 지위

---

1) Sidney Webb and Beatrice Webb, *The History of Trade Unionism,* Longmans Green, New York, 1920. p. 1.

2) H. G. Henemand, Jr. and Dale Yoder, *Labor Economics,* South Western Pub., Cincinati, 1965, p. 175.

향상은 일시적인 활동으로 실현될 수 없고 지속적으로 개선되어야 하므로 노동조합은 항구적 · 지속적으로 존재하지 않으면 안 된다.

우리나라 노동조합 조직은 1970년대 정부와 공권력에 의한 탄압으로 노동조합수가 3,500개, 조합원수 473천명에 불과하였으나, 시간이 경과하면서 꾸준히 증가하여 오다가 1987년 6.29 민주화 선언으로 노동조합의 설립과 활동이 자율화되면서 노동조합 조직이나 조합원수가 폭발적으로 증가하여 1989년 노동조합 7,883개, 조합원수 1,932천명, 노조조직률 18.6%로 절정에 이르렀다. 그러나 〈표 4-1〉에서 보는 바와 같이 1990년대 들어서 노사관계의 안정화 추세를 보이면서 2000년대에 들어 조합 및 조합원수가 더욱이 감소하여 2019년에는 노동조합 6,156개, 조합원수 2,540천명, 노조조직률 14.1%를 기록하면서 노조조직률이 다소 상승하고 있다.

〈표 4-1〉 연도별 노동조합 수, 조합원수 및 조직률 추이

연도	노동조합수(개)	노동조합원수(천명)	조직률(%)
1970	3,500	473	12.6
1980	2,635	948	14.7
1987. 6.	2,742	1,050	11.7
1987	4,103	1,267	13.8
1988	6,164	1,707	17.8
1989	7,883	1,932	18.6
1990	7,698	1,887	17.2
1995	6,606	1,615	12.5
2000	5,698	1,527	11.4
2005	5,971	1,506	9.9
2010	4,420	1,643	9.7
2015	5,794	1,939	10.2
2017	6,239	2,088	10.7
2018	5,868	2,331	11.8
2019	6,156	2,540	14.1

주: 조직률 = 조합원수 / 전체 임금근로자수 1 × 100.
자료: 2021년 KLI노동통계, 한국노동연구원, p. 161.

2. 노동조합의 기능

노동조합의 활동은 경제사회의 발전과 더불어 다양한 변화를 거듭하였다. 이러한 사회변화 속에서 노동조합의 기능은 조합의 목적활동에 따라 [그림 4-1]에서 보는 바와 같이 경제적 기능, 공제적 기능, 정치적 기능으로 분류할 수 있다.

[그림 4-1] 노동조합의 기능

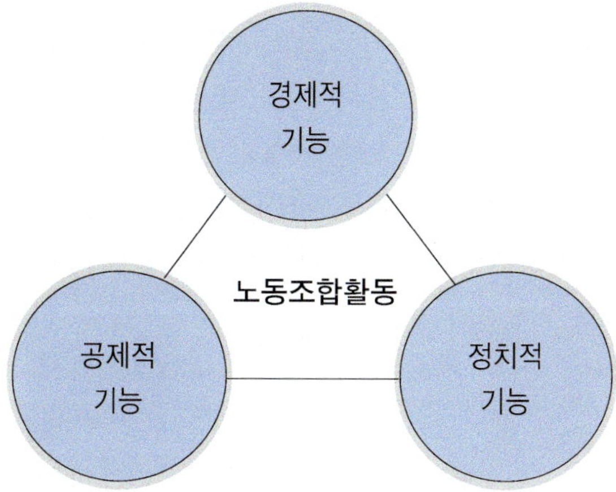

1) 경제적 기능

오늘날 노동조합의 기본목적은 사용자와의 단체교섭을 통하여 임금 및 근로조건을 유지·개선하는 것이다. 경제적 기능은 노동조합이 단결된 힘으로 사용자와 단체교섭을 통하여 근로자들의 경제적 이익을 도모하는 활동이다. 개별근로자는 사용자와 종속관계에 있으므로 고용계약에 있어서 불리한 조건으로 노동력을 제공할 수밖에 없다. 그러나 동일한 기술과 기능을 가진 근로자들이 노동조합을 조직하여 단결된 힘을 바탕으로 단체교섭을 실시하여 노동력을 제공하게 되면 보다 높은 임금인상과 우량한 근로조건의 개선을 요구할 수 있게 된다.

노동조합은 사용자와 단체교섭을 실시하여 근로조건의 개선에 대한 합의에 이르게 되면 단체협약을 체결하고 사용자가 합의된 협약을 실천함으로써 노동조합은 경제적 이익을 얻게 되며, 만일 단체교섭이 합의에 이르지 못하면 투쟁수단으로 노동쟁의에 돌입하게 된다. 오늘날 노동조합은 단체교섭을 통하여 경제적 기능을 수행하고 있으며, 단체교섭은 노동쟁의를 수단으로 효율성을 높이고 있다.

2) 공제적 기능

역사적으로 노동조합은 공제적 기능을 중심으로 태동하였으며, 산업화 초기에는 노동조합의 설립 자체를 금지하였으므로 노동자들의 재난이나 질병에 상부상조하기 위한 공제적 기능이 가장 중요하였다. 노동운동의 초기에 있어서 노동조합은 사용자와 단체교섭이란 생각할 수도 없었으므로 조합원이 질병, 재해, 고령, 사망, 실업 등으로 노동능력을 일시적 또는 영구적으로 상실하는 경우를 대비하여 노동조합이 기금을 설치하여 상부상조하는 공제활동을 수행하였다.

초기에는 노동조합이 조합원의 경조행사에 상호부조의 활동을 담당하는 공제적 기능을 수행하였으나, 오늘날에는 노동조합이 조합원을 위하여 병원이나 진료소를 건립・운영하는 것을 비롯하여 주택공급사업, 요양소, 오락시설, 소비조합, 숙박 또는 급식시설, 장학제도, 퇴직 위로금이나 연금의 지급, 노동금고, 조합원의 실업, 기타 사고에 대한 위로금과 생활원조 등의 여러 가지 공제적・복지후생적 활동을 광범하게 전개하고 있다. 그리고 노동조합은 단체교섭을 통하여 사용자로부터 부가급부(fringe benefits)로 불리는 많은 복리후생제도를 얻어내고 있으며, 또한 오늘날 국가는 노동조합이 담당했던 공제적 기능을 사회보험이나 사회보장제도로 발전시켜 실시하고 있다. 이와 같은 사회보험이나 사회보장제도가 발전하여 근로자의 경제적・사회적 생활이 보장되면 노동조합의 공제적 기능은 이것들에 의하여 대치될 수 있게 된다.

3) 정치적 기능

노동조합의 정치적 기능은 경제적 기능과 불가분의 관계에서 발생하는 기능이다. 즉, 노동조합은 경제적 목적을 달성하기 위하여 부득이 정치적 활동을 전개하지 않을 수 없다. 근로자의 임금이나 근로조건의 개선을 둘러싼 단체교섭이나 노동쟁의에 관계되는 노동관계 법령의 제정 및 개정이나, 최저임금제도, 노동정책, 조세 및 물가정책, 사회보장제도 등에 대한 정부의 정책적 결정은 근로자의 생활향상과 직접적인 관계가 있다. 그러므로 노동조합은 특정 법률의 제정이나 개정을 촉구하거나 반대를 위한 정치적 발언권을 행사하려 하며, 또한 이러한 주장을 실현하기 위하여 특정 정당을 지지하거나 반대하며, 특정 입후보자의 선거를 지원하거나 조합대표를 의회에 진출시키는 정치활동을 전개함으로써 경제적 목적을 달성하려 한다.

원래 자본주의는 정치와 경제가 분리될 수 없는 것처럼 노동조합의 정치활동과 경제활동을 구분하기도 매우 어려우며, 정치와 경제가 밀접하게 연결되어 있는 만큼 노동조합의 정치활동영역이 점점 확대되고 있다. 그러나 노동조합은 정치활동을 주요 임무로 하는 정치단체가 아니므로 단체교섭권을 수단으로 한 경제적 기능을 수행하도록 하는 것이 바람직하며, 정치적 활동을 일정한 수준에서 제한하도록 하는 것이 일반적인 추세이다. 따라서 노동조합의 정치적 활동은 조합원의 정당지지, 정당가입, 정치활동의 자유를 보장하는 정도에서 유지되어야 할 것이다.

3. 노동조합의 역할

노동조합의 역할에 대해서는 상반된 견해가 존재한다. 즉, 노동조합의 긍정적 역할과 부정적 역할을 주장하는 견해가 있다.

1) 긍정적 역할

노동조합의 긍정적 역할로는 첫째, 경제적 효율성을 제고시킬 수 있다. 즉, 노동조합은 직장 내 민주화를 촉진시키는 역할을 수행하여 근로자의 사기를 제고시키고, 이직률을 낮추어 숙련기술을 유지시키며, 적절한 정보의 흐름이 원활해진다. 또한 경영자의 효율적인 경영활동을 자극하여 경영능률을 발휘하도록 할 수 있다.

둘째, 소득분배의 공정성을 제고시킨다. 즉, 노동조합의 표준임금정책의 시행으로 기업이나 산업 내 근로자들의 보상불공정성을 감소시킨다. 노동조합은 사용자와의 단체협약을 통하여 근로자의 승진, 해고, 재고용 등에 대하여 사용자의 자유재량 범위를 제한함으로써 근로자들의 균등한 대우를 확보한다.

셋째, 노동조합은 사회정치적 역할을 수행한다. 즉, 노동조합은 조합원들의 의사를 대표하고, 저소득층의 불이익을 제거하는 역할을 수행한다.

2) 부정적 역할

노동조합의 부정적 역할은 첫째, 노동조합은 국민생산과 경제적 효율성을 저하시킨다. 즉, 노동조합이 있는 기업은 경쟁수준 이상으로 임금인상을 요구하므로 효율성이 떨어지며, 기업은 효율성 감소를 억제하기 위하여 근로자수를 감소시킨다. 그리고 노동조합의 규칙은 작업배치나 인력관리의 유연성을 거부하고 경직성을 고수함으로써 생산성을 감소시킨다. 따라서 기업의 생산감소는 기업의 효율성을 낮추고 국민총생산을 감소시킨다.

둘째, 노동조합은 소득분배의 불공정성을 야기시킨다. 즉, 노동조합은 근로자의 능력이나 성과에 따른 보상보다는 조합원에 대한 균등한 보상을 우선으로 하기 때문에 능력있고 높은 성과자들의 동기부여를 저해할 뿐 아니라, 그들로 하여금 분배의 불공정성을 지각하게 만든다.

셋째, 노동조합은 사회적 정당성에 역행하고 있다. 즉, 노동조합은 개인적·집단적으로 조직보다는 자신들의 이익만을 위하여 정치적으로 행동하며, 노동조합의 주도권을 위하여 부당하고 비민주적인 행동을 한다.

따라서 노동조합은 산업평화의 유지와 노사관계의 발전을 통하여 조직의 효율성을 제고하고 근로자들의 안정과 성장을 이룩하기 위하여 부정적 역할을 최대한 억제하고 긍정적 역할을 최대한 발휘하도록 노력하여야 할 것이다.

4. 노동조합의 가입방법과 조합비 징수

노동조합이 여러 가지 활동과 기능을 원활히 수행할 수 있도록 조직을 강화하기 위해서는 조합원을 충분히 확보하여야 하고, 조합운영을 위한 자금을 용이하게 확보할 수 있어야 한다.

1) 노동조합 가입방법

노동조합원의 확보를 위한 조합가입방법으로는 클로즈드 숍, 오픈 숍, 유니언 숍, 에이젠시 숍, 프레퍼런셜 숍, 메인터넌스 숍 등의 제도가 있다.

(1) 클로즈드 숍

클로즈드 숍(closed shop)은 기업의 근로자 신규채용이나 결원보충에 있어서 사용자는 조합원 중에서 고용해야 하는 제도를 말한다. 즉, 조합가입이 고용의 전제조건이 되는 가장 강력한 제도로서, 단체협약에 의하여 종업원의 채용·해고 등을 노동조합의 통제 하에 두고, 조합원 이외에는 종업원으로 채용할 수 없고 반드시 조합원 중에서 채용하는 방식이다. 미국의 경우 1935년 와그너 법(Wagner Act)에서 이 제도를 인정하였으나, 1947년 태프트 하틀리 법(Taft-Hartley Act)에서 불법화 되었다.

(2) 오픈 숍

오픈 숍(open shop)은 회사가 종업원의 고용에 있어서 노동조합의 가입과 관계없이 자유로이 채용할 수 있는 제도이다. 우리나라의 「노동조합 및 노동관계조정법」(제81조 제2호)에서는 근로자가 노동조합에 가입하거나 탈퇴할 것을 고용조건으로 하는 행위를 부당노동행위로 규정함으로써 오픈 숍 제도를 채택하고 있다.

(3) 유니언 숍

유니언 숍(union shop)은 위의 두 가지 숍제도의 중간형태로서, 이 제도는 사용자가 노동조합원 이외의 근로자도 자유로이 고용할 수 있으나 일단 고용된 근로자는 일정기간 내에 조합원이 되지 않으면 안 되는 제도이다.

(4) 메인터넌스 숍

메인터넌스 숍(maintenance shop)은 조합원 자격유지 숍이라고도 하는데, 이 제도는 일단 단체협약이 체결되면 협약체결일 현재 조합원인 근로자는 일정기간 내에 노조에서 탈퇴할 수 있으나 그 기간에 탈퇴하지 않으면 협약기간 동안 노동조합원 자격을 유지하여야 한다.

(5) 에이젠시 숍

에이젠시 숍(agency shop)은 종업원들이 노조에 가입하도록 강제되지는 않지만 조합원들의 단체교섭활동을 지원하기 위하여 비조합원들도 조합원들이 납부하는 입회비와 조합비에 상당하는 금액을 노동조합에 정기적으로 불입하도록 하는 제도이다.

(6) 프레퍼런셜 숍

프레퍼런셜 숍(preferential shop)은 비조합원의 고용도 가능하지만 고용에 있어서 조합원에 대하여 차별적 우대를 해주는 제도이다. 차별적 우대의 한 예는 종업원 채용에 있어서 조합원에게 우선순위를 부여하여 채용하는 것을 들 수 있다.

2) 조합비 징수방법

노동조합은 조합의 기능을 활발히 수행하기 위해서 조합원으로부터 조합비를 징수하고 있다. 우리나라의 「노동조합 및 노동관계조정법」 제22조(조합원의 권리와 의무)에는 “노동조합의 조합원은 균등하게 그 노동조합의 모든 문제에 참여할 권리와 의무를 가진다. 다만, 노동조합은 그 규약으로 조합비를 납부하지 아니하는 조합원의 권리를 제한할 수 있다”고 규정하고 있어 조합비 납부의무를 명시하고 있다.

노동조합이 조합비를 징수하는 방법으로는 조합원 개개인으로부터 조합비를 걷는 방법과 회사가 급여계산 시에 급여에서 일괄 공제하여 조합에 인도하는 체크오프(check off)제도가 있다. 노동조합은 조합원 2/3 이상의 동의가 있으면 체크오프의 조항을 둘 수 있다.

우리나라의 노동조합은 대부분 체크오프제도를 채택하고 있으며, 미국의 경우에도 현재 90% 이상의 기업에서 이 제도를 채택하고 있다.

제2절 노동조합의 유형

노동조합의 형태는 노동조합에 가입하는 조합원의 자격요건에 따라 구분하는 단위노동조합 형태와 단위노동조합이 결합하여 거대한 연합조직을 형성하는 연합노동조합 형태로 구분할 수 있다. 전자에는 직업별, 산업별, 기업별 조합과 지역별 또는 일반노동조합이 포함되며, 후자는 결합방식에 따라 산업별 연맹, 전국적 연맹, 국제적 연맹으로 분류된다.

1. 단위노동조합 형태

1) 직업별노동조합

직업별노동조합(craft union)은 가장 오래된 노동조합형태로서 직종별 또는 직능별 노동조합이라고도 한다. 직업별노동조합은 산업이나 기업에 관계없이 동일한 직종(직업)을 갖는 근로자들이 그들의 경제적 이익을 확보하기 위하여 횡적으로 결속한 노동조합 형태이다. 이 조합은 인쇄공조합, 제화공조합, 선반공조합, 목공조합 등과 같이 숙련노동자가 중심이 되어 '직업독점'이나 '노동력 공급제한'을 목적으로 하는데 특색이 있다. 직업별노동조합은 숙련노동자가 고용관계에 있어서 노동시장을 배타적으로 독점하기 위해서 조직되었기 때문에 미숙련 노동자의 가입을 제한하였다.

직업별 조합의 순수한 형태는 단일의 직업이나 직종에 따라 조직되고 있으나, 산업의 발전에 따라 단일의 직종은 노동력 구성에 있어서 비중이 낮아지게 되므로 하나의 직업별 조합에 유사한 몇 개의 관련 직종이 포함되는 사례가 발생하였다. 또한 기계산업이 발전하면서 기술이 단순화되고 노동에 있어서 숙련과 미숙련의 차이가 줄어들게 되어 직종의 구분이 명확치 않게 됨에 따라 직업별조합의 주도적 지위가 무너지고 새로운 조합형태인 산업별노동조합이 등장하게 되었다.

직업별노동조합의 장점으로는 첫째, 동일직종의 근로자들로 조직되었기 때문에 동일한 이해관계를 가지므로 단체교섭 요구사항이 명확하다.

둘째, 동일직종 근로자들 끼리이므로 상호유대의식과 단결력이 강하여 어용화될 가능성이 낮다.

셋째, 직장단위의 조직이 아니므로 실직한 후에도 조합가입이 가능하고, 조합원의 실업을 예방할 수도 있다.

직업별노동조합의 단점으로는 첫째, 노동조합이 지나치게 배타적 성격을 띠므로 산업사회에서 전체근로자의 분열을 초래할 수 있다.

둘째, 기업을 초월한 조직이므로 사용자와의 관계가 소원할 수 있다.

2) 산업별노동조합

산업별노동조합(industrial union)은 직업이나 계층에 관계없이 동일산업에 종사하는 모든 근로자가 하나의 노동조합을 구성하는 조직형태이다. 예를 들면 운수산업·섬유산업·철강산업 등에 종사하는 근로자가 자기가 종사하는 기업 또는 직종에 관계없이 자신이 속해 있는 산업을 중심으로 조합을 조직하는 형태를 말한다.

생산작업의 기계화·자동화의 발전으로 노동의 단순화와 대체성이 증가하여 숙련공의 기능이 기계나 미숙련공으로 대체되면서 숙련노동자의 기능은 한계에 직면하게 되었다. 역사적으로 볼 때 산업별조합은 직업별조합이나 일반조합보다 늦게 발달한 조합이며, 미숙련노동자가 노동시장을 수적으로 크게 차지하게 됨에 따라 이들의 조직화를 위하여 발달한 조직형태이다. 오늘날 대부분의 선진국에서 산업별 형태가 압도적으로 많이 증가하고 있다. 그것은 산업별노동조합이 다음의 장점을 갖고 있기 때문이다.

첫째, 직종이나 기업을 초월한 조직이므로 조합원수에 있어서 거대화 될 수 있고, 단결력을 강화시켜 압력단체로서의 지위를 확보할 수 있다.

둘째, 산업의 발전에 따른 자본의 집중화에 대응하여 단체교섭에 있어서 산업수준의 통일을 유지할 수 있다.

단점으로는 ① 산업별 조직 내부에서 직종간의 이해 대립과 반목을 초래할 수 있고, ② 조직이 형식적인 단결에 그치면 힘을 발휘할 수 없게 된다.

3) 기업별노동조합

기업별노동조합(company union)은 동일기업 내에 종사하는 근로자들에 의하여 조직되는 노동조합형태로서, 이 조합은 기업을 단위로 하여 조직되므로 직종이나 산업은 고려되지 않는다. 기업별노동조합은 일반적으로 근로자가 아직 뚜렷한 횡단적 연대의식을 갖지 못한 단계에서 조직되거나 동종산업 또는 동일직종이라 하더라도 단위기업간의 시설규모나 지불능력의 차이로 말미암아 기업 간 격차가 큰 곳에서 많이 나타난다. 또한 기업별노동조합은 횡단적 노동조직이 자기 기업으로 확대되는 것을 방지하고, 이에 대항하기 위하여 사용자측이 미리 조직하게 하는 경우도 흔히 있다.

우리나라에서는 해방 이후 노조의 생성과정에서 기업별 조직이 등장하였으며, 5·16혁명 직후 한 때 산업별 조직으로 개편되었으나 대부분이 기업별 조직으로 되어 있어 명목상 산업별이라고 하는 일종의 연합체와 같은 형식으로 유지해 왔었다. 그러나 1980년 노동조합법의 개정으로 모두 실질적인 기업별 조직으로 다시 개편되었다.

기업별노동조합의 장점으로는 첫째, 노동조합원이 모두 동일기업의 종업원들이기 때문에 근로조건을 통일적·종합적으로 결정하기가 용이하고, 둘째, 노동조합이 평소에 회사의 사정에 정통함으로 무리한 요구로 인한 노사분규가 발생하지 않으며, 셋째, 사용자와의 관계가 밀접하여 노사공동체의식을 통한 노사협력에 노력할 수 있다.

기업별노동조합의 단점으로는 첫째, 모든 조합원이 사용자와 종속관계에 있는 종업원이므로 쉽게 어용화될 수 있고, 둘째, 기업별노동조합은 직종에 관계없이 형성된 조직이므로 직종간의 요구를 공평하게 처리하기 어려우므로 직종간의 반목이나 대립을 초래할 수 있다.

4) 일반노동조합

일반노동조합(general union) 또는 지역 노동조합은 기업이나 직업 및 산업을 구별하지 않고 특정한 지역이나 수개의 산업에 걸쳐 흩어져 있는 일반근로자들에 의해 폭넓게 조직하는 노동조합의 형태이다. 특히 초기단계에 있어서 이 조합은 직업별조합에서 배제된 미숙련노동자들을 중심으로 자신들의 입장을 옹호하기 위해 조직된 것이었다. 그리고 근대 산업이 과거와 달리 개인적 기능이나 숙련노동을 필요로 하지 않고, 생산작업의 분업화 · 단순화 · 표준화가 확대됨에 따라 일반근로자들이 이른바 노동의 대체성을 보장받으면서 대부분의 산업분야에서 미숙련자들이 주체의식을 확고히 하기 위하여 이 조합의 생성을 보게 된 것이다.

특히 일정 지역의 특정 산업이나 직업에 종사하는 노동자들이 기업을 초월하여 노동조합을 조직하기도 하는데 이를 지역노조라고 부르기도 한다.

일반노동조합은 생산기술의 발달에 따른 대량생산체제 하에서 창출된 미숙련근로자들이 숙련근로자들로만 조직된 직업별노동조합이 지나치게 특권적이고 폐쇄적인데 대한 반발에서 미숙련자들의 세력을 강화하기 위해서 조직된 단체로서, 19세기 말 영국에서 발달하였으며, 미국의 노동기사단(Knights of Labor)을 비롯하여 AFL-CIO(American Federation of Labor and Congress of Industrial Organizations) 산하의 일부 노동자들이 이에 해당된다.

이러한 일반노동조합의 특징은 첫째, 능률을 확보하는데 필요한 최저생활권 보장을 위한 임금의 원리에 기초를 둔다. 둘째, 근로생활을 영위하기 위한 최저생활의 필요조건으로 안정된 고용, 근로시간의 최고한도, 임금의 최저한도 등의 규제를 확립하도록 한다. 셋째, 조직주체의 취약성 때문에 입법규제를 중시한다.

일반노동조합의 단점으로는 첫째, 미숙련자들을 결속시키고 그들의 노동조합의식을 강화시키기 위해서 강력한 중앙집권적 노동조합이 등장하게 되므로 조합민주주의 실현이 어렵다. 둘째, 조합원들의 단결력이 부족하고 여러 집단 간의 근로조건에 대한 이해관계가 엇갈려 단체교섭기능이 취약하게 된다.

2. 연합노동조합 형태

노동조합 조직력을 강화하기 위해서 단위노동조합을 결합하여 상위의 연합체를 만든다. 즉, 노동조합연합체는 지역별노동조합 또는 기업별노동조합이 독립된 노동조합의 자격을 가지면서 지역적 · 전국적 · 국제적 연합조직의 구성원이 되는 조직형태를 말한다. 이러한 상위 노동조합은 근로자 개인자격으로 가입할 수 없고, 단위노동조합이 연합단체의 구성원 자격으로 가입하게 되므로 노동조합연합체(affiliated union)라고 부른다. 이러한 노동조합연합체는 사업장을 중심으로 결성한 단위노동조합들이 기업단위로 가입한 기업별 연합노동조합이 있을 수 있고, 기업별 단위노조나 기업별 연합노조가 산업별로 결성한 산업별 연합노동조합이 있을 수 있다.

우리나라의 한국노총, 민주노총이나 미국의 AFL-CIO, 영국노동조합총연맹(TUC) 등은 전국적 연합체조직이고, 세계노동연맹(WFTU), 국제자유노조연맹(ICFTU) 등은 국제적 연합체조직이다.

1) 산업별 연합조직

산업별 연합노동조합(연맹)은 특정 산업에 있어서 산업별, 직업별, 기업별 노동조합들이 관련 산업에 공통적으로 영향을 미치는 문제들에 대처하기 위하여 연합한 노동조합형태이다. 사용자나 정부관계에 있어서 효율적으로 대처하기 어려운 산업정책이나 사회정책 등에 공동으로 참여하여 영향력을 발휘하기 위하여 세력을 연합하고 있다.

산업별연합노동조합은 외부적으로 노동외교, 정치활동, 로비 등의 활동을 수행하며, 내부적으로는 단위노조들의 전략을 조정 및 통합하는 역할을 수행할 뿐 아니라, 개별단위노조가 독자적으로 하기 힘든 교육훈련, 연구조사 등의 활동을 수행한다.

우리나라는 대부분 기업별노동조합 형태를 취하고 있는 단위노동조합으로 구성된 50여개의 산업별연합노동조합이 조직되어 있으며, 그 중에서 철도, 전력, 체신, 전매사업에 있어서는 산업별 연맹의 성격도 있으나, 하나의 사업체로 구성되어 있으므로 실질적으로 전국규모의 단위노동조합으로서의 기능을 하고 있다.

2) 전국적 연합조직

전국적 연합노동조합은 각 산업별노동조합 또는 기업별노동조합이 독립된 노동조합의 자격을 가지면서 전국적인 노동조합연합체의 구성원이 되는 조직형태를 말한다. 즉, 전국적인 연합체의 구성원인 노동조합을 단위조합이라 하고, 지역적 또는 전국적 조직을 연합조직(연맹)이라 한다.

전국적 연합조직은 단체교섭이나 단체협약과 같은 활동은 하지 않으며, 주로 정부, 국회 또는 정당을 상대로 정치적·정책적 활동을 수행한다. 전국적 연합조직으로는 영국의 TUC, 독일의 DGB, 미국의 AFL-CIO, 프랑스의 CGT 등이 이에 해당된다. 우리나라에는 한국노동조합총연맹(한국노총), 민주노동조합총연맹(민주노총), 국민노동조합총연맹(국민노총)이 있으며, 2014년 한국노총과 국민노총의 조직이 통합되었다. 2019년 현재, 한국노총 산하에는 24개의 전국규모 산업별 연맹이 포함되어 있고, 민주노총 산하에는 12개의 산업별 연맹이 포함되어 있다.

3) 국제적 연합조직

각국의 노동조합들은 국경을 넘어서 단결하고 세력을 규합할 필요성을 느끼면서 종교적・정치적 이념에 따라 국제적 연합조직을 형성하였다. 즉, 국제적 연합조직은 국가 간의 노동조건을 동일하게 하고, 재정적 지원을 하며, 정보교환 및 상호협력을 다양하게 추진하고 있다.

국제적 연합조직으로 제2차 세계대전 이후에 세계노련(WFTU)이 결성되었으나, 공산주의 노동운동 세력이 세계노련을 주도하게 되자 미국을 비롯한 자유진영 국가의 노동조합조직이 이탈하여 1949년 국제자유노련(ICFTU)을 새로 결성하면서 대부분의 비공산주의 노동조합조직이 여기에 가맹하였다. 국제자유노련은 각 대륙에 지역사무소를 두고 있으며, 아시아 지역 사무소는 태국 방콕에 있다.

제3절 노동조합의 설립과 운영

노동조합은 노사관계의 기본적 당사자로서 노사관계의 구체적인 양상을 형성하는 중요한 요소이다. 따라서 각 나라들은 바람직한 노사관계의 형성과 발전을 위해서 노동조합의 설립자격과 절차에 대한 기준을 마련하여 이에 부합할 경우에 법적 자격을 부여한다. 여기에서 노동조합의 설립자격과 과정에 관하여 법률적 규정을 중심으로 살펴보기로 한다.

1. 노동조합의 설립원칙

노동조합은 근로자가 자신들의 경제적・사회적 지위향상을 목적으로 조직한 단체로서, 노동조합의 설립에 관하여는 일반적으로 각국의 헌법에서 보장하고 있는 단결권에 기초를 두고 있다. 그러나 헌법에 보장된 권리라 할지라도 각 나라의 실정 법률의 규정에 따라 설립방법이나 절차가 다를 수 있다. 즉, 헌법에서 보장된 단결권을 행사하는 과정에서 실정 법률규정의 차이에 따라 노동조합의 설립은 자유설립주의, 신고주의, 준칙주의의 세 가지로 구분할 수 있다.

1) 자유설립주의

자유설립주의는 근로자의 노동조합 설립이나 가입이 헌법에서 보장하는 단결권에 근거하여 완전히 자유롭게 이루어질 수 있다는 원칙이다. 이 원칙의 경우에는 단결권의 보장이라는 헌법정신에 따라 근로자가 법률이 규정하는 어떤 특정한 노동조합을 설립한다거나 법률이 규정하는 절차에 의하여 가입해야 한다거나 행정관청에 신고해야 하는 일체의 절차를 필요로 하지 않는다.

미국은 노동조합의 자유설립주의를 채택하고 있다. 그러나 노동조합 활동이 법률과 관계없이 자유롭게 보장되는 것은 아니다. 이를테면 단체교섭과 같은 노조의 활동에 대하여는 구체적인 절차를 법률로 규정하고 있다.

2) 준칙주의

준칙주의는 법률로 노동조합의 형태, 설립방법, 그리고 가입절차 등을 상세하게 규정하고, 근로자들이 법률의 규정에 의해서만 노동조합을 설립할 수 있다는 원칙이다. 이 원칙 하에서 행정적인 방법이나 절차는 분명하고 효과적이지만 근로자의 전반적인 단결권을 저해할 우려가 있다.

3) 신고주의

신고주의는 자유설립주의와 준칙주의의 중간형태로서, 근로자가 노동조합을 조직하여 행정관청에 신고하도록 하는 원칙이다. 우리나라는 헌법 제33조 제1항에서 “근로자는 근로조건의 향상을 위하여 자주적인 단결권・단체교섭권 및 단체행동권을 가진다”라고 규정함으로써 근로자의 노동조합 설립권을 보장하고 있으며, 한편 노동조합 및 노동관계조정법 제10조 제1항에는 “노동조합을 설립하고자 하는 자는 다음 각 호의 사항을 기재한 신고서에 ……규약을 첨부하여…… (관공서)에 제출하여야 한다”고 규정함으로써 노동조합 설립의 신고주의를 채택하고 있다. 신고주의는 자유설립주의에 비하여 노동조합의 대외적 자주성과 대내적 민주성을 촉진시키려는 의도에서 채택된 제도이다.

2. 노동조합의 설립요건

노동조합을 설립하기 위해서는 갖추어야 할 요건이 있다. 우리나라 「노동조합 및 노동관계조정법」(이하에서는 노동조합법이라 함)은 제2조와 제10조에서 노동조합의 설립요건으로 실질적 요건과 형식적 요건을 각각 규정하고 있다.

1) 노동조합설립의 실질적 요건

노동조합이 법률적 효력을 인정받기 위해서는 실질적 요건을 구비해야 하는데, 실질적 요건이란 노동조합법 제2조 4호의 적극적 요건을 충족해야 하고, 제2조 단서의 소극적 요건에 해당되지 않아야 함을 의미한다.

(1) 적극적 요인

우리나라의 「노동조합법」 제2조 제4호에서 "노동조합이라 함은 근로자가 주체가 되어 자주적으로 단결하여 근로조건의 유지 · 개선 기타 근로자의 경제적 · 사회적 지위의 향상을 도모함을 목적으로 조직하는 단체 또는 그 연합단체를 말한다"고 규정함으로써 노동조합의 적극적인 자격요건을 명시하고 있다. 여기에서 노동조합이 갖추어야 할 요건으로서 조직측면에서 대외적 자주성과 목적측면으로서 근로조건의 유지 · 개선으로 구분하여 이해할 필요가 있다.

조직측면의 요건이란 노동조합은 근로자가 주체가 되어 자주적으로 조직한 단체이어야 한다는 것으로서 근로자의 신분을 가진 사람들이 자발적 의사에 의하여 조직하여야 한다는 것을 의미하는 것인데, 이는 대외적 자주성을 강조한 것으로 사용자, 정부 또는 정당으로부터 자주적 · 독립적으로 조직한 단체이어야 한다는 것을 규정한 것이다. 여기에서 근로자란 직업의 종류를 불문하고 임금 · 급료 기타 이에 준하는 수입으로 생활하는 자를 말한다.

또한 목적측면의 요건이란 노동조합이 근로조건의 유지 · 개선 기타 경제적 · 사회적 지위의 향상을 도모함을 목적으로 하여야 한다는 것은 노동조합이 근로조건의 유지 · 개선을 주된 목적으로 하여야 하며, 부차적인 목적으로 공제, 복지 기타 문화활동을 할 수 있음을 의미한다. 여기에서 근로조건이란 임금, 근로시간, 기타 근로와 관련되는 경제적 조건들을 의미한다.

(2) 소극적 요인

노동조합의 소극적 요인은 「노동조합법」 제2조 제4호의 단서에서 규정하고 있는 결격요인을 말하는 것으로 여기에 해당하는 경우에는 노동조합으로서의 지위를 인정받지 못하게 된다.

첫째, 노동조합은 사용자 또는 그 이익대표자의 참가를 허용하지 않아야 한다. 이는 노동조합의 결성・운영에 있어서 노동조합의 자주성을 확보하고 그의 어용화를 방지하기 위한 것이다. 여기서 사용자의 이익을 대표하는 자의 범위에 대하여는 각 기업의 노동운동의 구체적인 실태에 따라 판단할 수밖에 없다. 일반적으로 ① 회사 임원, ② 업무명령・지휘감독에 관여하는 공장장・부장・과장, ③ 생산관리・인사관리・기타 전문적 사항에 참여하여 인사・급여・후생・노무에 종사하는 직원, ④ 중역실에 근무하는 비서, ⑤ 회사의 경비를 맡은 수위 등을 들 수 있다.

둘째, 노동조합은 그 경비의 주된 부분을 사용자로부터 원조를 받아서는 아니 된다. 이는 조합의 자주성을 확보하고 어용화를 방지하는데 있다. 여기서 경비라고 함은 조합운영을 위한 경비로서 조합사무소의 설비・비품 등의 비용과 인건비, 즉 조합 간부를 비롯한 전임 직원의 급료・출장비 등을 포함한다(노동조합법 제24조 2항).

셋째, 공제・수양 기타 복리사업만을 목적으로 하여서는 아니 된다. 노동조합은 경제적 목적을 제일의 목적으로 하는 단체이므로 조합원의 근로조건의 유지・개선의 목적을 도외시하고 공제・수양 기타 복리사업만을 목적으로 하는 것은 노동조합이라고 할 수 없다.

넷째, 노동조합은 근로자가 아닌 자의 가입을 허용하여서는 아니 된다. 여기서 '근로자가 아닌 자'의 정의에 대해서 종래의 노동부의 해석은 해당 직장에서 실제로 근로하지 않는 자라는 입장을 취하였다. 그러나 현행 노동조합법상 근로자가 되기 위해서 사용자와의 근로계약관계가 반드시 전제되는 것은 아니다. 실업자나 해고된 근로자라 하더라도 근로자에 해당된다고 볼 수 있다. 노동조합법 제2조 4호에 따르면 해고된 자가 노동위원회에 부당노동행위의 구제신청을 한 경우에는 중앙노동위원회의 재심판정이 있을 때까지는 근로자로 해석하여야 한다는 규정이 있다. 특히 직업별 조합 또는 산업별 조합에 있어서는 실업중인 근로자에게도 구성원의 자격을 부여하고 있는 것이 일반적이다.

다섯째, 노동조합은 정치운동을 주된 목적으로 하여서는 아니 된다. 1997년 노동조합법 개정에서 노동조합의 정치활동 금지 규정이 삭제되었다. 그러나 노동조합의 정치단체화를 방지하기 위하여 정치활동을 주된 목적으로 하는 단체는 노동조합으로 간주하지 않기로 하였다. 따라서 노동조합의 정치활동은 어디까지나 부수적인 활동에 그쳐야만 할 것이다.

한편, 1997년 노동조합법 개정에서는 복수노조의 금지규정이 삭제됨으로써 근로자들이 기업, 산업, 직업에 따라 하나의 노동조합만을 설립할 수 있는 것이 아니고, 뜻이 맞는 근로자들끼리 두 개 이상의 노동조합을 따로 설립할 수도 있다.

2) 노동조합 설립의 형식적 요건

노동조합 설립의 형식적 요건이란 노동조합법 제10조 제1항과 동법 제11조에서 규정하고 있는 필요한 기재사항을 기록한 신고서에 노동조합 규약을 첨부하여 관할 행정관청에 제출하도록 한 것이다.

(1) 노동조합의 설립신고

현행 노동조합법에 따르면 근로자는 직업별, 산업별, 기업별 등의 형태로 자유롭게 노동조합을 설립할 수 있으며, 민법상의 조합에 관한 규정이 적용되므로 근로자 2인 이상이면 노동조합을 설립할 수 있다. 다만 노동조합을 설립하고자 하는 근로자는 설립신고서에 규약을 첨부하여 행정관청에 제출하여야 한다.

설립신고는 연합단체인 노동조합이나 2개 시(市)·도(道) 이상에 걸쳐있는 단위노동조합은 고용노동부장관에게, 그 외의 노동조합은 광역시장 또는 도지사에게 제출하도록 하고 있다.

설립신고의 기재사항(동법 제10조 제1항)으로는 ① 명칭, ② 주된 사무소의 소재지, ③ 조합원 수, ④ 임원의 성명과 주소, ⑤ 소속된 연합단체가 있는 경우에는 그 명칭, ⑥ 연합단체인 노동조합에 있어서는 그 구성단체의 명칭, 조합원 수, 주된 사무소의 소재지 및 임원의 성명·주소 등을 기재하여야 한다.

노동조합의 신고서가 행정관청에 접수되면 동법 제12조 제3항의 경우를 제외하고는 3일 이내에 신고증을 교부하여야 한다. 따라서 동조 제4항의 규정에 따라 노동조합이 신고증을 교부받은 경우에는 설립신고서가 접수된 때에 설립된 것으로 간주한다.

(2) 노동조합의 규약

노동조합의 규약은 노동조합의 조직과 운영에 관한 기본규칙을 말하는 것으로서, 동법 제11조에는 노동조합은 조직의 자주적·민주적 운영을 보장하기 위하여 노동조합의 규약에 필수적 기재사항을 규정하고 있으므로 다음 사항을 반드시 기재함으로써 노동법률의 보호를 받을 수 있게 된다.

즉, ① 명칭, ② 목적과 사업, ③ 주된 사무소의 소재지, ④ 조합원에 관한 사항(연합단체인 노동조합에 있어서는 그 구성단체에 관한 사항), ⑤ 소속된 연합단체가 있는 경우에는 그 명칭, ⑥ 대의원회를 두는 경우에는 대의원회에 관한 사항, ⑦ 회의에 관한 사항, ⑧ 대표자와 임원에 관한 사항, ⑨ 조합비 기타 회계에 관한 사항, ⑩ 규약변경에 관한 사항, ⑪ 해산에 관한 사항, ⑫ 쟁의에 관한 사항, ⑬ 대표자와 임원의 규약위반에 대한 탄핵에 관한 사항, ⑭ 임원 및 대의원의 선거절차에 관한 사항, ⑮ 규율과 통제에 관한 사항 등이다.

3. 노동조합의 운영과 관리

노동조합은 근로자들이 자발적인 의사에 의하여 설립된 단체로서 외부로부터의 어떤 간섭이나 개입이 배제되도록 자주성을 인정하여야 하며, 노동조합은 근로자들의 경제적·사회적 지위향상을 도모하기 위하여 결성된 자주적 단체이므로 민주적으로 운영되어야 조직 내부의 대립과 분열을 방지할 수 있으므로 민주성의 확립이 중요하다. 다시 말하면 조직의 민주성 확보가 노동조합의 자주성 유지의 기본이 되기 때문이다. 따라서 우리나라 노동조합 관련 법률은 노동조합의 운영에 관하여 원칙적으로 자주적으로 결성된 노동조합의 민주적 결정에 맡기고 있으며, 다만 노동조합의 규약이 법령을 위반하거나 공익을 해칠 염려가 있는 경우에 한하여 행정관청에서 적절한 조치를 취할 수 있도록 하고 있다.

1) 노동조합의 운영기구

노동조합의 운영기관으로는 ① 조합의 전체 의사를 결정하는 의결기관인 총회와 대의원회가 있고, ② 의결된 사항을 집행하는 위원장, 부위원장, 사무국장 등의 임원이 있으며, ③ 집행된 내용에 대하여 회계감사를 실시하는 감사원이 있다.

(1) 서류의 비치

노동조합이 거대화되면 조합운영의 민주화가 중요하다. 우리나라 「노동조합법」 제14조에 의하면 노동조합은 조합설립일로부터 30일 이내에 주된 사무소에 ① 조합의 업무, ② 규약, ③ 임원의 성명·주소록, ④ 회의록, ⑤ 재정에 관한 장부와 서류를 비치하도록 규정하고, ④와 ⑤의 서류는 3년간 보존하도록 하고 있다. 또한 노동조합의 대표자는 회계연도마다 결산결과와 운영상황을 공표하도록 하고, 조합원의 요구가 있을 때에는 이를 열람하도록 하고 있다.

(2) 총 회

총회는 노동조합의 최고의결기관이다. 총회는 조합원 전원에 의하여 구성되지만 조합원 전원의 참가가 어려운 대규모의 조합에서는 총회에 갈음하여 대의원회를 둘 수 있다. 총회는 정기총회와 임시총회가 있고, 정기총회는 매년 1회 이상 개최하여야 하며, 노동조합의 경우 대표자는 총회의 의장이 된다(동법 제15조).

(3) 총회의 결의사항

「노동조합법」 제16조에는 총회의 결의사항으로 ① 규약의 제정과 변경에 관한 사항, ② 임원의 선거와 해임에 관한 사항, ③ 단체협약에 관한 사항, ④ 예산・결산에 관한 사항, ⑤ 기금의 설치・관리 또는 처분에 관한 사항, ⑥ 연합단체의 설립・가입 또는 탈퇴에 관한 사항, ⑦ 합병・분할 또는 해산에 관한 사항, ⑧ 조직형태의 변경에 관한 사항, ⑨ 기타 중요한 사항 등을 규정함으로써 이는 반드시 총회의 결의를 거치도록 하고 있다. 동법에 규정된 이외의 사항에 대해서도 규약으로 총회결의를 거치도록 규정할 수 있다. 그러나 노동조합 총회의 결의가 노동관계법령 또는 규약에 위반하거나 공익을 해칠 염려가 있다고 인정하는 경우에는 행정관청은 노동위원회의 의결을 얻어 그 시정을 명할 수 있다(동법 제21조 1항).

총회는 재적조합원 과반수의 출석과 출석조합원 과반수의 찬성으로 의결하도록 하고 있으며, 다만 규약의 제정 및 변경, 임원의 해임, 합병 및 해산 등 조직의 변경에 관한 사항에 대하여는 재적조합원 과반수의 출석과 출석조합원 3분의2 이상의 찬성으로 의결하도록 하고 있다.

(4) 대의원회

동법 제17조에 따르면 노동조합은 규약으로 총회를 갈음하는 대의원회를 둘 수 있도록 규정하고 있으며, 노동조합은 조합의 대규모화, 사업장의 분산, 조합업무의 전문화 등의 이유로 대의원회를 둘 수 있다. 대의원은 조합원의 직접・비밀・무기명 투표에 의하여 선출되고, 대의원의 임기는 규약으로 정하되 3년을 초과할 수 없으며, 대의원회는 총회에 관한 규정을 준용하도록 하고 있다.

(5) 임원의 선거

노동조합 운영의 민주성 확보에 있어서 가장 중요한 것은 집행기관을 얼마나 민주적으로 구성하느냐에 달려있다. 동법 제23조에 따르면 노동조합의 임원은 그 조합원 중에서 선출되도록 하고 있으며, 동법 제16조 제4항에서는 선거방법을 조합원의 직접・비밀・무기명 투표에 의하도록 규정하고 있다. 또한 임원의 임기는 규정으로 정하되 3년을 초과할 수 없도록 하고 있다.

(6) 노동조합의 회계감사

노동조합은 재정운영에 관한 공정성과 민주성을 확보하기 위하여 노동조합의 모든 재원 및 용도, 주요한 기부자의 성명, 현재의 경리 상황 등에 대하여 회계감사를 실시하고 이를 공개해야 한다. 즉, 노동조합의 대표자는 회계감사원으로 하여금 6월에 1회 이상 회계감사를 실시하게 하고 감사결과보고서를 작성하여 전체조합원에게 공개하도록 하고 있다. 또한 회계감사원은 필요하다고 인정할 경우에는 노동조합의 감사를 실시하고 그 결과를 공개할 수 있다.

한편 노동조합의 대표자는 회계연도마다 회계감사를 받은 결산결과와 운영상황을 공개하여야 하고 조합원의 요구가 있을 때에는 이를 열람하도록 함으로써 조합운영의 투명성을 보장하도록 하고 있다.

(7) 근로시간 면제제도

우리나라는 노동계의 요구에 따라 노동조합법 제24조의 개정에 착수하여 '근로자는 단체협약으로 정하거나 사용자의 동의가 있는 경우에는 사용자 또는 노동조합으로부터 급여를 지급받으면서 근로계약 소정의 근로를 제공하지 아니하고 노동조합의 업무에 종사할 수 있다'고 개정하였다(2021.1.5.). 이는 선진산업사회의 노조전임자에 대한 임금지급이 수익자 부담의 원칙에 위배된다는 논리에 부적합하며, 노조가 사용자로부터 임금이나 운영비를 지원받음으로써 노조전임자의 임무를 소신껏 수행할 수 없으며, 노조의 자주성과 독립성을 해칠 우려가 따르게 된다.

근로시간 면제자에 대한 근로시간 면제 한도를 정하기 위하여 경제사회노동위원회에 근로시간면제심의위원회를 설치하여 그 위원회가 근로시간 면제 한도를 심의·의결하고, 3년마다 적정성 여부를 재심의하여 의결하도록 하고 있다. 의결한 사항은 고용노동부장관에게 즉시 통보하여야 하며, 고용노동부장관은 위원회가 통보한 근로시간 면제 한도를 고시하여야 한다(신설 2021.1.5.).

근로시간면제심의위원회는 노동계와 경영계가 추천하는 각 5명과 공익위원 5명으로 구성하며(동법 제24조의 2, 5항), 위원회는 재직위원 과반수의 출석과 출석위원 과반수의 찬성으로 의결한다(동조 제7항).

(8) 근로시간면제 협약

근로시간면제심의위원회가 심의·의결하고 이를 고용노동부장관이 공고한 근로시간 면제한도 내에서 사용자와 노동조합은 근로시간이 면제되는 면제시간과 그 면제시간이 적용되는 대상 업무를 단체협약으로 정할 수 있다.

2) 노동조합원의 권리와 의무

노동조합은 근로자에 의하여 자발적으로 결성된 조직이므로 노조조합원들은 자주성·민주성에 바탕을 둔 권리와 의무를 갖는다. 「노동조합법」 제22조에서 "노동조합의 조합원은 균등하게 그 노동조합의 모든 문제에 참여할 권리와 의무를 진다. 다만, 노동조합은 규약으로 조합비를 납부하지 아니한 조합원의 권리를 제한할 수 있다"고 규정하고 있다. 따라서 조합원은 누구나 총회에 참여하여 발언 및 의결권을 가짐은 물론 임원의 선거권이나 피선거권을 갖는다. 또한 조합원은 조합비를 납부하지 않음으로써 권리행사가 제한될 수 있으므로 조합비 납부의 의무를 지게 된다.

3) 복수노조의 설립과 운영

(1) 복수노동조합의 의의

복수노동조합이란 하나의 사업 또는 사업장에 근로자가 조직하거나 가입할 수 있는 노동조합이 2개 이상인 경우를 말한다. 우리나라 헌법 제33조는 근로자들이 자유롭게 노동조합을 조직하고 이에 가입할 수 있는 단결권이 보장되어 있다. 또한 「노동조합법」 제5조에서도 근로자는 자유로이 노동조합을 조직하거나 이에 가입할 수 있다고 규정함으로써 복수 노조의 설립이나 가입이 제한되지 않고 있다.

복수노조를 허용하는 것은 노동조합의 조직 및 가입의 자유를 보장하고 있는 헌법질서에 따라 정당화 될 수 있으나 현실적으로 하나의 사업장에 두 개 이상의 노조가 존재할 경우에 과도한 경쟁으로 상대방 노조에 대한 비판과 대립이 심화하고 노노갈등으로 인한 노동조합의 세력을 약화시킬 수 있다. 그러나 우리나라처럼 복수노조체제 하에서 창구단일화 절차를 통하여 교섭대표노동조합이 채택되는 경우에 각 복수노동조합들은 조직력을 강화하기 위하여 노조의 자주성과 민주성을 강화하고 선명성 경쟁을 통하여 노조의 건전한 발전을 기할 수도 있을 것이다.

복수노조의 설립은 1997년 3월 13일 「노동조합 및 노동관계조정법」 제정 당시에 복수노조의 설립을 인정하고 시행을 2002년부터 시행하기로 하였으나, 단체교섭의 창구 단일화 절차에 관한 제도를 노·사·공익·정부가 합의안을 이룩하지 못하여 그 동안 두 차례나 시행을 미루어 오던 중에 2010년 1월 1일 국회에서 복수노조와 교섭창구 단일화에 관한 법안이 통과하여 2011년 7월 1일부터 시행하게 되었다.

(2) 교섭창구 단일화제도

하나의 사업 또는 사업장에서 노동조합의 조직형태와 관계없이 근로자가 설립하거나 가입한 노동조합이 2개 이상인 경우에 노동조합이 사용자와 단체교섭을 원활하게 진행하기 위해서 합리적인 교섭창구 단일화 절차를 통하여 교섭대표노동조합을 결정하고 그 교섭대표노조로 하여금 단체교섭을 진행하도록 하는 제도이다.

교섭에 참여하려는 노동조합 중에서 교섭대표노동조합을 정하는 절차는 노사간 자율적 결정의 원칙을 보장하면서 다음과 같이 단계적 방법으로 진행한다.

① 자율적 단일화

교섭창구 단일화 절차에 참여한 노동조합 간에 자율적으로 교섭대표노동조합을 정하여 사용자와 교섭하도록 한다.

② 과반수 노동조합으로 정하는 단계

자율적으로 단일화가 되지 않는 경우에는 교섭창구 단일화 절차에 참여한 모든 노동조합의 전체 조합원 과반수로 조직된 노동조합을 교섭대표노동조합으로 하여 사용자와 교섭하도록 한다.

③ 공동교섭대표단 구성 단계

과반수 노동조합이 없는 경우에는 교섭창구 단일화에 참여한 노동조합의 전체 조합원의 10% 이상인 노동조합이 공동교섭대표단을 구성(노동조합이 자율적으로 결정하지 못하는 경우에는 노동위원회에서 결정)하여 사용자와 교섭하도록 한다.

4) 노동조합의 해산

「노동조합법」 제28조 1항은 노동조합의 해산사유를 다음과 같이 규정하고 있다.

① 규약에서 정한 해산사유가 발생한 경우

② 합병 또는 분할로 소멸한 경우

③ 총회 또는 대의원회의 해산결의가 있는 경우

④ 노동조합의 임원이 없고 노동조합으로서의 활동을 1년 이상 하지 아니한 것으로 인정되는 경우로서 행정관청이 노동위원회의 의결을 얻는 경우이며, 또한 위의 ①, ②, ③의 사유로 노동조합이 해산한 경우에는 노동조합의 대표자는 해산한 날로부터 15일 이내 행정관청에 신고하도록 규정하고 있다(동조 2항).

제 5 장 단체교섭제도

제5장 단체교섭제도

제1절 단체교섭제도의 개관

노사관계가 대립적인 관계로 지속될 것인가, 협력적 관계를 유지할 것인가는 단체교섭의 결과에 달려있다. 즉, 단체교섭에서 노사가 합의를 이끌어내면 단체협약을 체결하고 협약을 성실하게 이행함으로써 협력적 관계를 유지할 수 있으며, 단체교섭에서 노사가 합의에 이르지 못하면 주장의 불일치로 분쟁을 일으킴으로써 대립적 관계를 지속하게 된다.

따라서 사용자와 노동조합은 산업평화와 노사협력을 유지하기 위하여 단체교섭에 의존하고 있으며, 특히 근로자들은 헌법에 보장된 근로3권의 하나인 단체교섭권을 활용하여 근로조건의 향상을 도모하고 있다. 이와 같이 노동자와 사용자들은 일찍부터 노사협력을 유지하고 근로조건을 개선하기 위해서 단체교섭을 실시해오고 있다.

1. 단체교섭의 의의

1) 단체교섭의 정의

우리나라에서 단체교섭은 헌법 제33조에서 근로자에게 단체교섭권을 보장함으로써 실현되게 되었다. 웹 부처(Sidney and Beatrice Webb)[1]는 "단체교섭이란 노동자와 사용자가 대등한 입장에서 근로조건에 관한 집단적 거래관계를 타협하는 과정"이라고 정의하였고, 데슬러(G. Dessler)[2]는 "단체교섭은 경영자와 노동조합대표가 단체협약을 체결하기 위하여 교섭하는 과정"이라고 정의하였다. 따라서 단체교

1) Sidney and Beatrice Webb, *Industrial Democracy*, London, 1920, p. 173.

2) Gary Dessleler, *Human Resource Management*, 6th ed., Prentice Hall, 1994, p. 556.

섭(collective bargaining)이란 임금, 근로시간 기타 근로조건에 관한 협약을 체결하기 위하여 노동조합대표와 사용자 또는 사용자대표가 타협을 모색하고 협약을 이끌어내는 과정이라고 정의할 수 있다. 즉, 조합원의 단결력을 배경으로 노동조합과 사용자가 계약자유의 원칙에 기반을 두고 서로 대등한 입장에서 평화적 수단에 의하여 임금, 근로시간 및 근로조건을 결정하는 과정이다.

「노동조합 및 노동관계조정법」 제29조는 "노동조합의 대표자는 그 노동조합 또는 조합원을 위하여 사용자나 사용자단체와 교섭하고 단체협약을 체결할 권한을 가진다"고 규정함으로써 노동조합의 단체교섭권을 법적으로 보장하고 있다. 그러므로 단체교섭은 근로자 개인이 경영자에게 임금이나 근로조건의 개선 등을 요구할 수 있도록 하는 것이 아니고, 노동조합의 대표를 통하여 모든 노동조합원들의 근로조건에 관하여 일괄적으로 교섭할 수 있도록 함으로써 노사관계를 원활히 하기 위한 제도이다.

2) 단체교섭의 특성

단체교섭은 근로자들이 근로조건의 유지·개선을 위하여 자주적으로 단결하고, 단결된 힘을 바탕으로 사용자와 대등한 입장에서 교섭을 벌이는 노동운동이다. 이러한 단체교섭은 여러 가지 측면에서 다양한 특성을 지니고 있다.

단체교섭은 법률적 측면에서 살펴보면 평등한 당사자관계를 유지하려는 집단적 노력이고, 경제적 측면에서 보면 사용자의 비용의 논리(비용 최소화)와 근로자의 소득의 논리(소득 극대화) 사이에서 일어나는 교환적 행동이며, 정치적 측면에서 이해하면 기업조직 내부의 지배권 안배를 위한 타협과정이고, 사회적 측면에서 고려하면 사회계층간의 집단행동의 성격을 갖는다. 한편 단체교섭을 경영이라는 현실에서 보면 사용자와 노동조합이 기업내부에서 발생하는 문제들을 해결하기 위하여 끊임없이 의사소통하는 과정이라고 할 수 있다.

3) 단체교섭의 기능

단체교섭은 근로자들의 단결된 힘을 배경으로 근로자들의 경제적 지위 향상을 도모하기 위하여 사용자 또는 사용자단체와 교섭하는 것으로서 집단적 노사관계의 핵심과정이다. 단체교섭은 노사가 의사소통을 통하여 근로조건에 관하여 타협함으로써 경영활동에 대한 견제와 균형을 유지하고 능률적·효율적 기업경영을 유도하며, 노사협력과 산업평화를 이룩하는 원동력이 되기도 한다. 이러한 맥락에서 단체교섭은 다음과 같은 중요한 기능을 수행하고 있다.

(1) 근로조건을 통일적으로 형성하는 기능

노동조합이 근로자의 힘을 집단적으로 조직하고 통제하며 사용자와 단체교섭을 함으로써 근로조건이 개별적인 근로자에 대하여 제각기 결정되지 않고 전체 근로자들에게 통일적으로 형성됨으로써 공통된 이해관계를 갖게 된다.

(2) 근로자의 욕구불만을 조정하는 기능

노동조합은 조직 내의 근로자 욕구와 불만을 검토하여 집약하고, 이를 단체교섭을 통하여 사용자측에 제기함으로써 조정하게 된다. 만약 단체교섭을 행하지 않으면 근로자의 여러 가지 욕구나 불만이 해결되지 않음으로써 사기저하는 물론 결근 또는 이직 등의 원인이 되어 결국 기업의 생산성을 저하시키게 된다.

(3) 경영의 합리적 조정기능

단체교섭의 중심과제는 새로운 근로조건의 결정에 있으며, 이는 경영자의 여러 가지 경영성과에 밀접한 관련이 있고, 교섭의 결과는 경영의 모든 분야에 영향을 미치게 된다. 예를 들면 단체교섭에 의한 임금수준의 인상은 생산원가의 증대라는 측면에서 경영이익을 압박하는 요인이 되지만, 반면에 종업원의 사기앙양과 경영합리화라는 측면에서 생산성 향상의 결과를 가져오기도 한다.

(4) 노사의 공동체 의식을 조성시키는 기능

단체교섭을 통하여 노사간의 의사소통을 도모하고 서로 상대방을 이해하며 협력관계가 조성되도록 한다. 따라서 근로자는 불만과 욕구가 조정되고 사용자는 경영의 합리화로 생산성이 향상되며 기업의 노사공동체 의식이 조성됨으로써 기업이 발전하게 된다.

그 밖에도 단체교섭은 노사관계를 대등한 관계로 발전시키고 단체협약을 이끌어내며 노사협력에 기여하는 중요한 기능을 한다.

2. 단체교섭의 주체

「노동조합법」 제29조 1항은 "노동조합 대표자는 그 노동조합 또는 조합원을 위하여 사용자나 사용자단체와 교섭과 단체협약을 체결할 권한을 가진다"고 규정함으로써 노동조합의 대표자와 사용자 또는 사용자단체는 단체교섭과 단체협약의 당사자가 될 수 있고, 동조 제3항은 "노동조합과 사용자 또는 사용자단체로부터 단체교섭 또는 단체협약의 체결에 관한 권한을 위임받은 자는 그 노동조합과 사용자 또는 사용자단체를 위하여 위임받은 범위 내에서 그 권한을 행사할 수 있다"고 규정함으로써 노동조합의 대표자와 교섭을 위임받은 자는 단체교섭 및 단체협약의 담당자가 된다. 따라서 단체교섭과 단체협약 체결의 당사자는 노동조합 대표자와 사용자 또는 사용자단체가 되며, 노동조합 대표자 또는 노동조합으로부터 단체교섭 및 단체협약의 체결 권한을 위임받은 자와 사용자는 단체교섭 및 단체협약의 담당자가 된다고 할 수 있다.

그리고 동법 제30조는 단체교섭의 행동원칙을 명시하고 있는데, 즉 노동조합과 사용자 또는 사용자단체는 신의에 따라 성실히 교섭하고 단체협약을 체결하여야 하며, 그 권한을 남용해서는 아니 된다고 규정하고 있으며, 또한 노동조합과 사용자 또는 사용자단체는 정당한 이유 없이 단체교섭 또는 단체협약을 거부하거나 해태하여서는 아니 된다는 성실의무 규정을 두고 있다.

1) 단체교섭의 대상

단체교섭의 대상이란 법률의 규정 또는 노사 당사자 간의 합의에 의하여 단체교섭의 주제 또는 목적으로 부의된 사항을 말한다. 단체교섭의 대상은 노조의 성격이나 구조, 산업의 성격과 구조, 경영목표에 따라 차이가 있을 수 있다.

우리나라의 경우 단체교섭 대상에 관하여 명백한 법률의 규정을 두지 않고 있으나, 「노동조합법」 제2조 제4호에서 노동조합의 목적을 '근로조건의 유지·개선 기타 근로자의 경제적·사회적 지위의 향상을 도모하는 것'으로 규정하고 있으므로 단체교섭의 대상이 광의의 근로조건 전반으로 해석되고 있다. 실제로 한국노동총연맹이 조사한 바에 의하면 조합활동, 근로조건, 안전·보건, 복리후생, 재해보상, 취업규칙, 노동쟁의 등 노사관계 전반을 포함하는 것으로 나타나 있다.

미국의 전국노사관계위원회가 설정한 기준에 의하면 단체교섭의 영역을 교섭의무사항, 교섭임의사항, 교섭금지사항으로 구분하고 있다.

첫째, 교섭의무사항은 임금, 근로시간 기타 근로조건에 관련된 사항을 말한다.

둘째, 교섭임의사항은 임금, 근로시간 기타 근로조건 이외의 사항으로서, 예를 들면 회사제품의 가격결정 참가, 생산방법의 기술변화, 사업활성화 방안 등이 될 수 있다.

셋째, 교섭금지사항은 불법적인 사항으로서 클로즈드 숍, 인종·성별·종교에 의한 종업원 선발이나 차별대우 등이 해당된다.

2) 단체교섭의 당사자

(1) 노동조합

헌법상 근로자의 단체교섭권은 개별 근로자의 권리로서 보장하고 있으나 실제에 있어서 단체교섭권은 근로자단체인 노동조합을 통하여 행사할 수 있다. 따라서 근로자측 단체교섭의 당사자는 노동조합이 된다. 즉, 노동조합이 단체교섭 및 단체협약의 체결에 있어서 권리・의무의 주체가 되는 당사자이다.

그러나 「노동조합법」 제29조 1항은 "노동조합의 대표자는 그 노동조합 또는 조합원을 위하여 사용자나 사용자단체와 교섭하고 단체협약을 체결할 권한을 가진다"고 규정하고 있으므로 노동조합의 대표자가 단체교섭의 당사자임을 명확히 규정하고 있다.

또한 동조 제3항은 노동조합과 사용자 또는 사용자단체로부터 교섭 또는 단체협약의 체결에 관한 권한을 위임받은 자는 그 위임받은 범위 내에서 그 권한을 행사할 수 있도록 함으로써 권한을 위임받은 자도 위임의 범위에서 단체교섭 및 단체협약 체결의 당사자가 될 수 있다.

노동조합이 단체교섭의 당사자가 되는 것은 근로자들이 노동조합에 가입함으로써 노동조합에 대하여 대표권을 부여하고, 그 조합원들이 노동조합에게 단체교섭 및 단체협약을 체결하도록 결의함으로써 사용자와 단체교섭을 할 수 있는 권한을 갖게 된 것이다.

그러나 연합단체인 노총은 그 구성원이 단위노동조합이고 근로자가 아니므로 근로자를 직접 대표할 수 있는 교섭권한을 가진다는 것은 조직의 원리에 적합하지 아니하다. 그러므로 연합단체노조가 근로자들을 위한 교섭권한을 행사하려면 단위노동조합의 교섭권 위임이 있어야 한다. 여기에서 교섭권한의 위임은 단위노동조합의 규약에 의하거나 총회의 결의를 거쳐서 위임하여야 할 것이다.

노동조합과 사용자 또는 사용자단체는 단체교섭이나 단체협약에 관한 권한을 위임한 때에는 그 사실을 상대방에게 통보하도록 규정하여(동조 제4항) 단체교섭의 혼란을 방지하고 있다.

(2) 사용자

노동조합의 상대방으로 단체교섭의 당사자가 되는 사용자는 근로계약을 체결하고 근로자를 채용한 계약상의 당사자이다. 그러므로 사용자는 개인인 경우도 있고, 회사 등의 법인이 될 수도 있다. 단체교섭 당사자로서의 사용자는 근로계약의 체결과

관계없이 해당 근로자들을 실질적으로 지배하고 직무를 수행하게 하며 근로조건의 결정에 영향력을 행사하는 자를 말한다.

「노동조합법」 제29조 제1항에 "노동조합의 대표자는 그 노동조합 또는 조합원을 위하여 사용자나 사용자단체와 교섭하고 단체협약을 체결할 권한을 가진다"고 규정함으로써 사용자단체가 단체교섭의 당사자임을 명확히 하고 있다. 여기에서 사용자단체란 회사로부터 임금 및 근로조건에 관하여 노동조합대표와 조정·협상할 수 있는 권한을 위임받은 사용자집단을 말한다.

3) 단체교섭 담당자

단체교섭의 담당자는 단체교섭에 직접 참가하여 교섭활동을 담당하는 노동조합 및 사용자의 대표자를 말한다. 「노동조합법」 제29조 3항은 "노동조합과 사용자 또는 사용자단체로부터 단체교섭 또는 단체협약의 체결에 관한 권한을 위임받은 자는 그 노동조합과 사용자 또는 사용자단체를 위하여 위임받은 범위 안에서 그 권한을 행사할 수 있다"고 규정함으로써 단체교섭 담당자를 명백히 하고 있다.

(1) 노동조합측 단체교섭 담당자

노동조합의 대표자 또는 노동조합으로부터 위임을 받은 자는 단체교섭의 담당자가 될 수 있다. 여기에서 노동조합대표자와 조합의 규약에서 정하는 바에 따라 총회에서 선임된 임원으로서 위원장, 부위원장, 집행위원장 또는 단체교섭비상대책위원 등이 교섭담당자에 해당된다.

(2) 사용자측 단체교섭 담당자

사용자 또는 사용자단체의 대표자는 단체교섭의 담당자가 된다. 개인기업의 사용자나 주식회사의 대표이사가 직접 단체교섭을 담당하는 경우는 그들이 직접 단체교섭 담당자가 되므로 문제가 되지 않는다. 그러나 사용자측도 근로자측과 마찬가지로 단체교섭 또는 단체협약 체결에 관한 권한을 자유로이 위임할 수 있다. 그러므로 사업본부 또는 지점의 지배인이 단체교섭을 담당하는 경우에는 포괄적 대리권 또는 특별위임을 기초로 하여 단체교섭 담당자가 될 수 있다. 따라서 주식회사의 노무부장이나 과장도 일정한 범위의 특별위임을 근거로 단체교섭의 담당자가 될 수 있다(동법 제2조 2호).

4) 단체교섭의 기본자세

노사관계는 기본적으로 이해의 대립관계에 있으므로 이해의 상충에 따른 상호불신 또는 상호배반의 관계가 될 수도 있다. 그러나 단체교섭을 성공적으로 진행시키기 위해서는 무엇보다도 상호신뢰의 분위기가 조성되어야 한다. 사용자측은 노동조합에 대하여 이해와 우정으로 가족적인 분위기를 조성하고 노동조합측도 회사에 대한 협조심과 일체감을 갖고 평화적 노사관계의 바탕에서 교섭이 이루어지도록 노력해야 한다. 노사 양측은 교섭과정에서 언제나 성의 있는 자세와 인내심을 가지고 상대방의 주장에 귀를 기울여야 하며, 서로 양보의 미덕을 발휘해야 한다.

또한 경영간부나 노무관리자 등 노사관계의 사용자측 입장에 있는 사람들은 단체교섭에 관련된 문제에 대하여 회사의 경영목표에 부합되도록 행동하여야 하며, 노동조합측에서도 회사의 경영방침, 회사의 경영사정, 경제·사회적인 환경여건 등을 충분히 고려하여 단체교섭에 임하는 태도가 이상적인 단체교섭의 기본자세라고 볼 수 있다.

5) 단체교섭의 절차

(1) 교섭준비단계

교섭준비단계는 단체교섭이 본격적인 협상에 들어가기 전에 행해지는 기초작업단계로서 다음과 같은 중요성을 갖는다.

첫째, 교섭준비는 교섭팀으로 하여금 파업 또는 직장폐쇄 전에 교섭목적과 양보할 수 있는 범위를 결정하도록 한다.

둘째, 교섭준비는 교섭팀의 요구안을 구체화하고 방어 가능하도록 한다.

셋째, 교섭준비는 교섭팀으로 하여금 상대방의 요구를 예견할 수 있도록 한다.

준비단계에서는 주로 단체교섭 시기, 단체교섭 장소 그리고 단체교섭위원(담당자)과 참석자수를 결정하게 된다.

(2) 문제의 제시단계

초기단계에 수차례의 회합을 거치면서 자기측의 주장을 상대방에게 설명하고, 한편 상대방의 주장을 듣는 가운데 그들의 진의를 파악하는 단계로서 서로 정보를 탐색하는 과정이 된다. 통상적으로 이 단계에서 노조측은 정치적 입장에서 터무니없이 높은 최초 요구를 제시하는 반면에, 사용자측은 최초 제시수준을 상식 이하의 낮은 수준을 제시한 뒤 점차 접근해 가는 경향이다. 이러한 최초의 요구수준이나 제시수준은 협상의 전망을 결정하는 중요한 변수가 된다.

(3) 교섭의 성숙단계

중간성숙단계에서는 노조의 요구수준과 사용자의 제시수준을 바탕으로 타결점을 향해 활발한 협상을 전개하게 된다. 여기에서 양측은 양보할 수 있는 최고한도와 받아들일 수 있는 최저한도를 비교적 확실하게 설정해야 한다. 이때 협상은 서로 '주고 받는' 신축성을 갖게 되며 제안과 반대제안 그리고 타협과 절충을 통하여 가능한 여러 가지 처리방법을 찾아내어 최종적으로는 일괄처리(package) 방식을 취하게 된다. 이를테면 일단 노사 양측이 시간당 비용액을 합의하면 이를 임률·상여율·수당 등의 인상과 조정에 적용하는 것은 어려운 일이 아니기 때문에 쉽게 일괄처리에 접근할 수 있다.

(4) 교섭의 마무리 단계

최종단계는 그 동안 진행되어 온 교섭을 마무리하는 과정으로서 교섭이 교착상태에 이르게 되면 실무회의·축소회의·조정위원 회의·대표자회의·연석회의 등의 회합을 갖고 합의를 도출해 간다. 이러한 회의의 궁극적인 목적은 어떻게 해서라도 파업이나 직장폐쇄와 같은 노동쟁의의 발생을 방지하고자 하는 것이다.

이렇게 하여 단체교섭이 타결되면 그 내용을 문서화하여 확인해 두어야 한다. 한편 단체교섭의 결과는 가능한 한 빨리 회사의 구성원들에게 주지시켜 회사 내부에 있을 수 있는 오해와 혼란을 예방하는 것이 바람직하다.

(5) 단체협약 단계

단체교섭을 통하여 교섭당사자간에 합의가 이루어지면 합의내용을 문서화한 단체협약서를 작성하게 된다. 당사자 간에 합의된 협약은 노동조합총회의 동의를 받음으로써 효력이 발생하게 된다.

3. 단체교섭의 유형

단체교섭은 노사관계에 있어서 힘을 배경으로 이루어지는 거래와 협상이므로 현행 우리나라 노동조합 및 노동관계조정법은 단체교섭의 방법이나 형태에 관하여 아무런 규정을 하지 않고 있다. 따라서 단체교섭의 방법 또는 형태는 노동운동의 성격과 노동조합의 조직형태에 따라 여러 가지 상이한 양상을 띠게 된다. 즉, 노동조합이 지역적 또는 전국적 규모의 조직인가, 산업별 또는 직업별 조직인가, 또는 우리나라와 같이 기업별 조직인가에 따라 단체교섭의 방법도 달라지게 된다. 또한 기업 조직의 규모와 노동시장의 형태가 단일적이냐 다원적이냐에 따라 교섭방법이 달라지게 된다.

1) 기업별 교섭

기업별 교섭(company bargaining)이란 특정한 기업 또는 사업장 단위로 조직된 노동조합 대표와 사용자대표 사이에 이루어지는 단체교섭방식을 말한다. 우리나라 노동조합의 조직형태는 대부분 기업별로 조직되어 있기 때문에 단체교섭도 대체로 기업별로 이루어지고 있다.

기업별 교섭에 있어서는 교섭의 양 당사자는 고용관계, 즉 사용자와 종업원이라는 종속관계로 말미암아 실질적으로 대등한 입장에서 교섭하기가 곤란하다는 것이 단점이며, 반대로 노사가 회사 사정을 잘 알기 때문에 무리한 요구나 제시를 하지 않으므로 이에 따른 노사분규를 방지할 수 있는 장점이 있다.

2) 통일교섭

통일교섭(multi employer-employee bargaining)이란 노동조합이 산업별 또는 직업별로 조직되어 노동시장을 전국적 또는 지역적으로 지배하고 있는 경우에 단체교섭이 산업별・직업별 노동조합대표와 이에 대응하는 사용자단체대표 사이에 통일적으로 이루어지는 단체교섭방식이다. 이 방식은 노동조합이 산업별 또는 직업별로 조직되어 노동시장을 지배하고 있는 반면에 기업의 규모는 크지 않고 재정력도 약하며, 또한 시장에서의 상호경쟁이 극심한 중소기업의 경우에 흔히 볼 수 있는 교섭방식으로, 미국・영국을 비롯한 유럽 각국에서 채택하고 있는 방식이다.

우리나라에서는 철도・전력・체신・통신・담배인삼・항운노조, 교원노조, 택시노조(지역별) 등에서 통일교섭이 이루어지고 있다.

3) 대각선교섭

대각선교섭(diagonal bargaining)이란 기업별 노동조합으로 구성된 상급단체인 산업별 노동조합이 개별사용자와 교섭하는 형태이다. 이러한 방식은 첫째, 사용자가 단독의 힘으로 전국적 노조와 대결할 수 있다고 믿는 경우에 실시되고 있다.[3] 예를

3) Arthur A. Sloane and F. Witney, *Labor Relations,* 3rd ed., Englewood Cliffs, NJ: Prentice Hall, 1997, p. 161.

들면 미국의 General Motors 나 U. S. Steel 같은 대규모 회사가 흔히 대각선교섭을 실시하고 있다. 둘째, 산업별 노동조합에 대응할만한 사용자단체가 없거나 또는 있더라도 기업의 특수한 사정이 있는 경우에 이 방식이 사용된다. 셋째, 산업별노동조합이 대표적인 사용자와 교섭(모범교섭)을 하여 협약을 체결하면 다른 사용자도 이를 수용하게 하는 경우에 행해진다. 따라서 이 방식은 기업별 노동조합이 갖는 약점을 어느 정도 보완해 줄 수 있는 장점이 있다.

[그림 5-1] 기업별 · 통일 · 대각선단체교섭

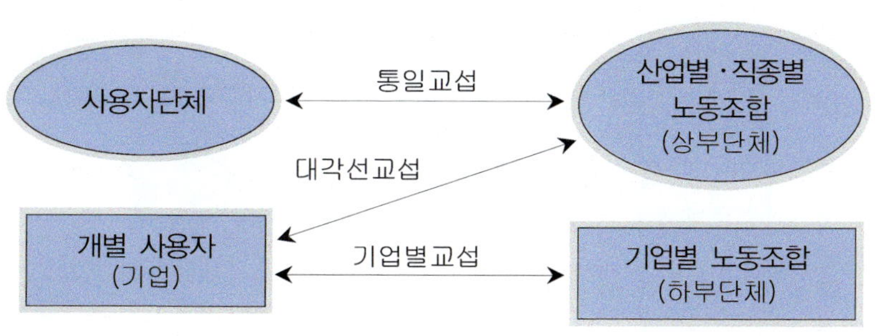

4) 공동교섭

공동교섭(joint bargaining)이란 노동조합이 기업별로 조직되어 있는 경우에 상부단체인 산업별노동조합이 하부단체인 기업별노동조합이나 기업단위의 노조지부와 공동으로 개별사용자와 교섭하는 방식을 말한다. 이 방식은 기업별 노동조합에 있어서 기업별 교섭이 갖는 약점을 어느 정도 보완해 줄 수 있는 장점이 있다.

[그림 5-2] 공동단체교섭

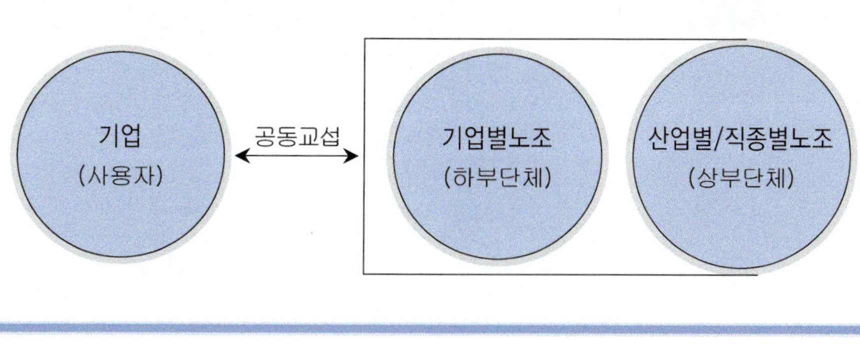

5) 집단교섭

집단교섭(united bargaining)이란 여러 기업별 노동조합이나 지부가 지역별 또는 업종별 집단을 구성하여 이에 대응하는 여러 기업의 사용자대표 집단과 집단적으로 단체교섭을 하는 방식이다. 이 방식은 노동조합측이나 사용자측이 산업별로 연합전선을 형성하여 교섭하는 것이므로 연합교섭이라고도 한다.

[그림 5-3] 집단단체교섭

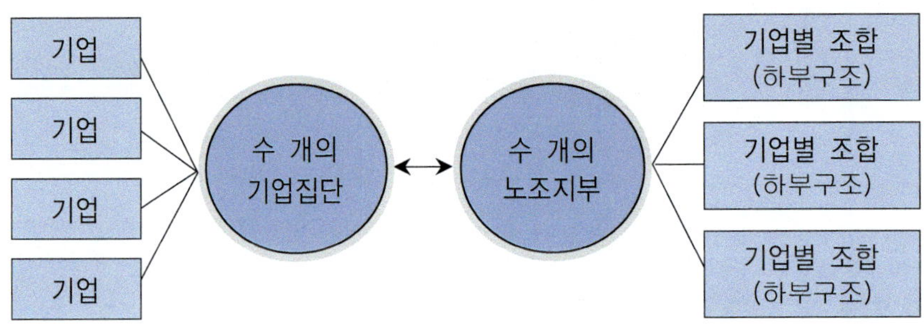

제2절 단체교섭의 전략적 접근방법

단체교섭은 노동조합과 사용자가 자주적으로 근로자의 근로조건에 관한 협상을 통하여 단체협약을 이끌어내기 위한 과정으로서 언제나 노동조합은 단체교섭권과 단체행동권을 배경으로 근로조건의 개선을 요구하고 있으며, 사용자는 경영권을 바탕으로 노조의 요구에 대응하고 있다.

노사 양측은 단체교섭을 성공적으로 진행하기 위해서 상대방의 요구와 제안에 대하여 논의하고 상대방에 대하여 양보와 타협을 이끌어 내며, 교섭이 결렬되어 노동쟁의가 발생하지 않도록 합의를 도출할 수 있는 다양한 전략적 접근방법이 필요하다. 여기에서는 단체교섭에 필요한 교섭력, 단체교섭의 기본전략, 그리고 단체교섭의 준비와 대책에 관하여 살펴보도록 한다.

1. 단체교섭의 교섭력

교섭력(bargaining power)이란 자신의 주장에 대하여 상대방이 동의할 수 있도록 설득하는 능력을 말하는 것으로, 교섭력의 강도는 주장하는 측의 조건에 대한 상대방의 태도에 의하여 평가된다.

단체교섭에서 노동조합과 사용자는 서로 자신들에게 유리한 방향으로 교섭을 진행시키려 하며, 노사 양측은 상대방에게 자기의 주장을 설득시키려고 노력한다. 이때 노사당사자들은 자기에게 유리한 합의를 유도하기 위하여 교섭역량을 발휘하게 되는데, 노사 양측은 상대방의 교섭력을 약화시키고 자신의 교섭역량을 높임으로써 유리한 타결을 도출하려는 전략을 구사하게 된다.

교섭력은 상대방이 제시하는 조건을 수용하지 않음으로써 발생하는 비용이나 손실의 크기와 상대방이 제시하는 조건을 수용함으로써 발생하는 비용이나 손실의 크기에 의하여 결정된다. 교섭력 평가모형에 따르면 〈표 5-1〉에서 보는 바와 같이 단체교섭에서 상대방의 요구를 거부하는 것이 합의하는 것보다 손실이 더 크게 평가된다면 상대방의 요구를 수용하게 될 것이다.

〈표 5-1〉 교섭력 평가모형

$$\text{노동조합의 교섭력} = \frac{\text{노조요구를 거부할 때의 경영측 손실}}{\text{노조요구를 수용할 때의 경영측 손실}}$$

$$\text{경영측의 교섭력} = \frac{\text{경영측 제안을 거부할 때의 노조측 손실}}{\text{경영측 제안을 수용할 때의 노조측 손실}}$$

자료: W. H. Holley and K. M. Jennings, *The Labor Relations Process*, The Dryden Press, 1980, p. 189.

구체적으로 말하면 단체교섭에서 상대방의 요구를 거부함으로써 파업이 발생하였을 때 어느 쪽이 더 큰 손실을 입게 될 것인가, 또는 합의에 도달했을 때 어느 쪽이 더 이익이 될 것인가에 따라 승부가 결정된다는 것이다. 예를 들면 노동시장의 실업률이 높은 환경에서는 근로자가 파업으로 인하여 실직하게 되면 일자리를 구하기 어렵고 사용자는 근로자를 구하기 쉬워지므로 파업은 노조에게 불리하게 작용하여 노조측이 양보할 것이다. 반면에 심각한 경쟁시장에서 파업이 발생하여 거래처에 납품기일을 지키지 못함으로 인하여 거래처를 빼앗김으로써 커다란 손실이 예상되는 환경에서는 경영자측에 불리하게 작용하여 경영자가 양보하게 될 것이다.

그러나 노사관계는 실제로 이와 같은 단순논리로만 설명될 수 있는 것은 아니며, 경제적 이해득실 뿐만 아니라 정치적 이해관계나 감정적 판단에 따라 진행될 수도 있다는 사실을 간과해서는 안 된다.

1) 노동조합의 교섭력 확보

노동조합은 사용자 또는 사용자단체와 교섭에 있어서 자신들의 목표를 달성하기 위한 교섭력을 강화하기 위한 수단으로 보통 인적·물적 세력을 확대해 나아가고 있다.

인적 세력의 확대는 숍(shop)제도에 의하여 노조 조합원 수를 증가시키는 수단이 될 수 있는데, 이를테면 클로즈드 숍(closed shop) 하에서는 모든 근로자가 조합원이 되지만 오픈 숍(open shop) 하에서는 조합원의 확보가 용이하지 않게 된다.

물적 세력의 확대는 조합원의 조합비 징수능력에 따라 확보가 가능하나 대부분의 노동조합들은 조합비 징수의 편의를 도모하고 조합의 단결력을 높이기 위하여 조합비를 일괄 징수하는 체크오프(check off)시스템을 활용하고 있다.

교섭력은 조합원 가입자 수의 증가만으로 강화되지 않으며 조합원들의 열성적인 참여와 단결된 힘으로 이루어질 수 있다. 따라서 조합의 조합비 징수정도는 교섭력 강화의 중요한 영향요인으로 작용할 수 있다.

2) 사용자의 교섭력 확보

사용자 또는 사용자단체의 교섭력은 경영자 또는 연합단체 회원기업들의 기획력, 자금력, 그리고 조직력으로부터 발휘되며, 회원기업의 수가 많을수록 교섭력은 커지게 된다. 사용자단체는 노동조합이 요구하는 임금수준, 작업환경 및 근로조건의 개선 요구에 대하여 설득력 있는 대응논리를 개발하고, 기업의 지불능력 정도를 투명하고 상세하게 제시하며, 기업생존을 위한 환경상황을 설득시킴으로써 노동조합의 요구수준을 낮추도록 하는 교섭력을 발휘하여야 한다.

2. 노사갈등 해결의 접근방법

노사관계는 이해관계가 매우 복잡하면서 기본적으로 이해의 대립적 양상을 띠고 있으므로 언제나 갈등의 여지가 상존하고 있다. 노사갈등을 해결하고 예방하기 위한 접근방법으로는 크게 두 가지 차원에서 접근하게 된다. 즉, 자기 자신의 이익을 충족시키려는 접근방법(주장)과 상대방의 이익을 충족시키려는 접근방법(양보)이 있다. 라임(M. A. Rahim)[4]은 이 두 가지 차원의 높고 낮은 조합을 이용하여 [그림 5-4]에서 보는 바와 같이 다섯 가지 갈등해결 접근방법을 제시하고 있다.

[그림 5-4] 갈등해결의 다섯 가지 접근방법

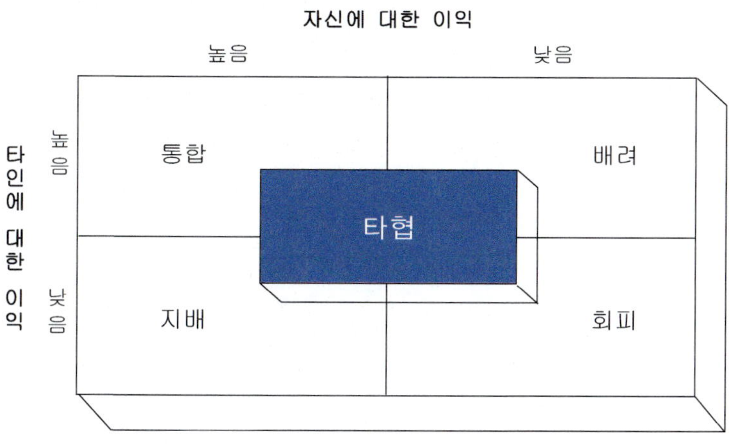

자료: M. A. Rahim, "Strategy for Managing Conflict in Complex Organizations", *Human Relations*, 1985, p. 84

(1) 통합형

통합(integrating)은 상대방의 이익과 자신의 이익을 높이려는 접근방법으로서 서로의 이익을 모두 만족시키기 위해서 문제의 본질을 정확하게 파악하여 문제해결의 통합적 대안을 도출해 내는 것을 말한다. 이 접근방법은 갈등관계에 있는 각 당사자가 모두 이익을 보게 되는 소위 쌍방승리(win-win)를 추구하는 것이다.

(2) 배려형

배려(obliging)는 상대방의 이익은 높게 자신의 이익은 낮게 하려는 접근방법으로서 상대방의 관심부분(이익·욕구)을 충족시켜 주기 위해서 자신의 관심부분을 양보 또는 포기하는 것을 말한다.

---

4) M. A. Rahim, "A Strategy for Managing Conflict in Complex Organizations", *Human Relations*, 1985, p. 84.

(3) 지배형

지배(dominating)는 자신의 이익은 높게 상대방의 이익은 낮게 하려는 접근방법으로서, 상대방의 입장은 전혀 고려하지 않고 자신의 이익을 위해서 공식적인 권위를 사용하여 상대방을 지배하고 복종을 강요하기 때문에 강요(forcing)라고도 한다. 따라서 이는 일방적 승리(win-lose)를 가져오게 된다.

(4) 회피형

회피(avoiding)는 자신의 이익이나 상대방의 이익도 충족시키려 하지 않는 무관심 접근방법으로서, 당면한 갈등문제를 무시하거나 도외시하며 문제해결을 회피함으로써 필요할 경우에 선택하려는 적합한 접근방법이다.

(5) 타협형

타협(compromising)은 자신의 이익과 상대방의 이익을 적절하게 양보하는 접근방법을 말하는 것으로서, 타협은 자신과 상대방이 서로의 이익을 양보하는 것을 말한다. 타협은 당사자들이 다른 목표를 갖고 있거나 비슷한 힘을 갖고 있을 때 가능하며, 협상·표결 또는 제3자의 개입에 의하여 이루어지는 것이 보통이다.

3. 단체교섭의 기본전략

단체교섭 당사자들이 선택하여야 할 교섭전략으로는 분배적 교섭전략과 통합적 교섭전략이 있다.

〈표 5-2〉 분배적·통합적 협상의 특징 비교

협상특징	분배적 협상	통합적 협상
분배구조	분배될 자원의 양이 고정됨	분배될 자원의 양이 변동적임
1차적 동기부여	나의 승리, 상대방 손실	상호이익
기본적 관심	서로 대립	서로 수렴
관계의 초점	단기 관계	장기관계

자료: R. J. Lewicki and J. A. Litterer, *Negotiation*, Homewood, IL: Irwin, 1985, p. 280.

1) 분배적 교섭전략

분배적 교섭(distributive bargaining)은 일방승리(win-lose)의 협상방식으로서 영

화(零和)게임조건(zero-sum conditions) 하에서 이루어지는 교섭을 의미한다. 다시 말하면 교섭당사자의 어느 한 쪽이 얼마만큼의 이익을 취하게 될 경우 다른 한 쪽은 그만큼의 손실을 감수해야 하는 결과를 가져오는 교섭방식을 말한다. 따라서 이러한 교섭에서는 어느 한 쪽의 교섭목표가 기본적으로 다른 한 쪽의 손실을 전제로 하여 달성될 수 있기 때문에 협상당사자들은 직접적인 갈등관계에서 교섭을 하게 된다.

단체교섭에서 근로자대표들은 사용자로부터 가능한 한 많은 임금을 얻어내기 위해서 교섭에 임하게 되는데 이때 임금의 인상은 근로자의 소득증가를 가져오게 된다. 그러나 사용자 입장에서는 임금인상은 곧바로 회사의 비용 상승으로 되어 이익의 감소(손실)로 나타나게 된다.

2) 통합적 교섭전략

통합적 교섭전략(integrative bargaining)은 교섭당사자의 어느 일방도 그의 목표를 달성하려는데 있어서 상대방이 달성하려고 하는 목표에 대해서 배제할 의도와 필요성을 갖지 않는다.

통합적 교섭전략에서는 노사관계를 '뺏고 빼앗기는 관계'가 아니라 '주고받음으로써 다함께 이익이 되는 관계'로 보는 것이다. 예를 들면 의류를 생산하고 있는 회사의 영업과장은 어떤 대리점의 외상매출금이 약속된 기일에 입금이 되지 않고 지연되자 그 대리점에 제품공급을 중단하게 된다. 이에 대하여 대리점 주인은 제품공급을 계속해 주어야 외상대금을 갚을 수 있다고 주장한다. 이때 영업과장과 대리점 주인은 논의 끝에 대리점 주인이 거래하는 은행의 지급보증서를 제출하기로 약속하고 거래를 계속하도록 합의하게 된다. 이러한 교섭에서는 당사자 쌍방이 동시에 만족할 수 있는 문제해결을 창출해 냄으로써 쌍방이 모두 승자가 될 수 있는 쌍방승리(win-win)전략이 되는 것이다.

4. 단체교섭의 실천전략

단체교섭을 성공적으로 수행하기 위해서는 노동조합과 사용자는 각각 사전준비와 실천전략이 필요하다. 여기에서 노동조합과 사용자측의 실천전략을 살펴보기로 한다.

1) 노동조합의 실천전략

(1) 교섭위원회의 구성

단체교섭에 있어서 노동조합측이 가장 먼저 해야 할 일은 교섭위원회(bargaining committee)를 구성하는 것이다. 교섭위원회의 구성은 단위노동조합이 단체교섭을 담당하는 경우나 지부 또는 분회에서 실시하는 경우에도 필요하다. 교섭위원은 보통 노동조합의 임원이 참여하고 있으나 특별히 조합원 중에서 위원을 선정하여 함께 참여시키는 것도 이상적이다. 이는 노동조합의 민주성을 고려하여 조합임원은 아닐지라도 조합 내 여러 이해집단의 대표를 참여시키도록 하는 것이 바람직하다.

교섭위원회는 다음의 기능을 수행하여야 한다.

첫째, 조합의 요구사항을 사용자에게 제시하여야 하고,

둘째, 잠정적인 협약에 대하여 협의해야 하며,

셋째, 해결방안으로 얻어낸 것과 얻지 못한 것을 조합원들에게 설명하고 그에 대한 조합원들의 동의를 받아야 한다.

단체협약은 「노동조합법」 제16조 제1항 3호에 따라 노동조합 총회의 의결사항에 해당하므로 교섭위원회의 합의내용이 총회의 지지를 받지 못하면 단체교섭은 다시 시작할 수밖에 없다.

(2) 요구사항 준비

단체교섭위원회가 구성되면 단체교섭에서 사용자측에 요구할 사항을 철저하게 준비하고 교섭에 참가해야 한다. 일반적으로 단체교섭 요구사항은 총회를 통하여 조합원들의 희망과 요구를 수렴하고 요구내용을 항목별로 정리하여 취사선택해야 한다. 따라서 노동조합은 일반적으로 요구사항을 개별항목으로 구분하여 토의하려 하며, 이에 반하여 사용자측은 포괄적인 회사의 비용측면에서 다루려고 하는 경향이다.

(3) 협약 또는 파업의 결정

단체교섭위원회는 단체교섭에서 노동조합의 요구가 사용자측에 의하여 거부되거나 합의에 도달하지 못하면 조합지도자나 교섭위원회는 파업을 결정하게 된다.

노동조합지도자는 단체교섭에서 교섭입장을 강화하기 위해서 파업이라는 무기를 이용하여 사용자를 위협하고 있으나 파업은 많은 위험을 수반하게 된다. 첫째, 파업은 무노동 무임금의 원칙에 따라 임금을 받지 못하게 되고, 둘째, 불법파업이 진행되는 경우 경찰과 검찰의 개입으로 사법처리의 위험이 따르며, 셋째, 파업이 장기화되면 조합원에 대한 생계비 보조로 조합기금이 고갈되어 파업이탈이 발생하게 된다.

따라서 유능한 노동조합지도자는 ① 파업에 대한 예상기간, ② 파업에 대한 비용, ③ 파업의 이익과 손실 등을 사전에 계산할 수 있어야 한다.5)

2) 사용자의 실천전략

(1) 교섭담당자의 결정

사용자측의 단체교섭담당자는 최고경영자가 직접 참여하지 않고 공장장이나 노사관계전문가팀에게 권한을 위임하여 단체교섭을 담당하도록 하는 것이 일반적이다. 그러나 노사관계전문가를 확보하지 못한 중소기업에서는 최고경영자가 노동조합과의 긴밀한 관계를 토대로 하여 직접 단체교섭에 참가하기도 한다.

최고경영자는 여러 차례의 단체교섭이 진행되는 과정에 따라 최종합의단계에 참가하여 합의를 결정하고 합의문서에 서명하기도 한다. 그러나 최고경영자는 노동조합과의 단체교섭이 진행되는 과정에서 ① 비용증가 문제, ② 내부갈등 문제, ③ 회사의 비전과 목표달성 문제, ④ 인적조직의 유지문제 등 전반적인 조직경영을 고려하여 합의를 유도하도록 관심을 기울여야 한다.

(2) 단체교섭의 준비전략

단체교섭은 경영성과와 직접적 관계가 있으므로 사용자도 노동조합측과 마찬가지로 단체교섭에 대하여 치밀한 준비를 하지 않으면 안 된다. 사용자가 단체교섭에 대비하여 준비하여야 할 사항은 회사에 따라서 또는 단체교섭의 내용에 따라서 차이가 있으나 일반적으로 단체교섭의 준비전략은 다음 세 가지로 구분하여 설명할 수 있다.

① 교섭담당자 및 지원팀 선정

단체교섭 목표를 성공적으로 수행하기 위해서는 가장 이상적인 교섭담당자와 지원팀을 선정해야 한다. 이상적인 교섭담당자란 교섭상대방인 노동조합측으로부터 거부감이 없어야 하고, 노조측의 요구사항을 깊이 인식하고 판단할 수 있어야 하며, 합리적인 사고와 공정한 판단, 그리고 의사결정에 대하여 책임을 질 수 있는 사람이어야 한다.

② 단체교섭의 방향결정

사용자(회사)는 단체교섭을 시작하기 전에 노동조합이 요구할 사항을 예견하고, 회사의 경영목표 달성과 대비하여 분석하며, 파업발생 가능성에 대한 시나리오를

---

5) D. Q. Mills, *Labor-Management Relations*, 2nd., McGraw-Hill, 1982, p. 250.

작성하여 해결방향을 결정하여야 하고, 단체교섭에서 특별히 문제가 될 사항에 대하여 해결대안을 제시하도록 준비하여야 한다.

③ 교섭일정의 준비

「노동조합법」 제32조에 단체협약 기간이 명시되어 있고, 단체교섭의 대상과 내용이 점점 복잡해짐에 따라 단체교섭 지연으로 인하여 예상 밖의 손실을 초래할 수 있다. 따라서 회사는 교섭일정을 치밀하게 준비하여 단체교섭 지연으로 인한 노사갈등을 유발하거나 노사분규를 촉발시키는 일이 없도록 하여야 한다.

(3) 노동조합과 협력분위기 조성

단체교섭은 한번으로써 모든 문제가 해결되지 않는다. 노동조합은 기업에 대하여 끊임없이 여러 가지 근로조건의 개선을 요구하고 있으므로 단체교섭은 계속하여 개최될 수 있다. 따라서 사용자는 노동조합과 특정한 단체교섭 요구사항에만 전략적으로 대응하여 해결하려 해서는 안 되고, 노동조합과 일상적으로 만나서 회사의 공식적·비공식적 문제를 논의하고 협력하는 분위기의 조성이 매우 중요하다.

따라서 경영자는 노동조합의 임원들과 평상시에 ① 근로조건, ② 임금수준, ③ 직무환경, ④ 사업의 계획과 성과, ⑤ 환경과 조직변화, ⑥ 복지후생 등에 관하여 정보를 교환하고 조합원들의 의식을 전환시키도록 하는 노력이 필요하다. 나아가서 사용자는 노조임원과 자주 접촉하여 근로자들의 요구사항과 회사의 경영상태에 대한 의사소통을 원활히 함으로써 상호이해와 인식전환을 통하여 협력적 분위기를 조성하고 직장생활의 질을 높이도록 해야 할 것이다.

제3절 단체교섭의 국제비교

단체교섭권은 근로자의 근로3권의 핵심으로 노사관계에 있어서 근로자 또는 근로자단체가 사용자와 대등한 입장에서 임금, 근로시간, 기타 근로조건에 관하여 교섭을 통하여 합의를 이끌어내도록 하는 제도로서 노사협력과 산업평화를 위한 중요한 절차이다. 따라서 단체교섭은 각 나라의 노동관계 법령이나 노동조합 형태에 따라 차이가 있으며, 이는 우리나라의 단체교섭제도를 이해하는데 중요한 의미가 있다.

1. 미국의 단체교섭제도

미국의 단체교섭제도는 교섭당사자가 교섭을 통하여 협약을 체결하고 체결된 협약을 지키는 것으로 요약된다. 단체교섭의 결과 단체협약(collective agreement)이 체결되는데, 단체협약은 노동조합과 사용자 사이에 체결된 협정으로서 서면으로 작성되고 양 당사자가 서명함으로써 성립된다.

단체협약은 노사의 대립 및 갈등을 예방하고 약정기간 동안 노사 간에 산업평화(産業平和)를 유지하는 협정이다. 단체협약의 중심적 기능은 근로조건에 관한 기준을 설정함으로써 조합원의 근로조건의 유지・개선을 달성하려는 데 목적이 있다.

사용자측과 노동조합측의 자율적 교섭이 원칙이며 단체교섭은 중앙집권적 교섭이 아니라 지부중심의 분권적 단체교섭이 특징이다. 미국의 연합당사자조직으로는 사용자측의 전국제조업자협회와 전국상공회의소 등이 있으며 노동자측은 AFL-CIO 노동조직이 있다.

미국은 노사당사자 간에 직무불만족 또는 노사분규가 발생하면 먼저 청원(petition)을 제출하여야 한다. 청원은 소정의 서류양식으로 제출되고 청원내용을 고충처리제도의 절차에 따라 청원인정을 요청하게 된다.

고충처리제도(grievance system)는 협약관리의 주요부분으로 협약의 집행과정에서 해석상의 문제를 해결하기 위한 제도로서 노동조건에 대하여 노사 양 당사자 간에 표출된 공식적 분규를 해결하기 위한 제도이다.

양측이 청원요청을 동의하면 곧바로 단체교섭에 들어간다. 그러나 동의를 하지 않으면 미국 국가노동관계위원회 및 지방사무소의 청문회나 노조설립에 대한 찬성・반대의 투표가 이루어진다. 이 과정을 선거(election)국면이라고 한다. 이 과정에서 노조의 설립여부가 판정된다.

선거국면을 지나면 확인(certification)과정을 거치게 되며 여기에서 노동조합측이 승리하면 단체교섭으로 돌입하고 반대로 경영자측이 승리하면 노조 없이 무노조주의를 계속할 수 있다. 그러나 노조설립 찬반투표에 있어서 경영자측의 부당한 행위나 간섭이 인정되면 국가노동관계위원회는 즉시 단체교섭 개시명령을 내릴 수 있다. 이와 같은 제도의 보완은 1969년 미국 대법원의 확정판결로 유효하게 되었다.

이와 같이 노동조합이 성립되면 경영자와 노동협약을 체결하기 위하여 다음과 같은 내용을 교섭하게 된다.

첫째, 계약의 성질, 경영자측의 권리 및 노조안정 규정
둘째, 임금 및 부가급부에 관한 보상
셋째, 직무기간과 직무안정
넷째, 작업시간, 작업일정 및 초과노동시간
다섯째, 물리적·사회적 차원의 작업조건
여섯째, 협약관리상의 고충처리절차

2. 독일의 단체교섭제도

독일의 노사관계는 이중구조의 특징을 갖고 있다. 즉, 기업수준의 노사관계와 산업수준의 노사관계는 전혀 다른 구조를 가지고 있다. 일반적으로 기업수준에서는 노동조합과 사용자 간에 단체교섭이 이루어지지 않고 근로자 참가와 노사공동결정이 이루어지며 대부분의 경우 지역단위로 산업수준에서 노동조합과 사용자단체 간에 단체교섭이 이루어진다.

고용문제 전반에 관한 단체교섭에 합법적으로 참여할 수 있는 교섭당사자는 개별사용자, 사용자협회 및 노동조합이다. 이에 따라 단체교섭은 다음의 세 가지 유형으로 이루어진다. 첫째 유형은 전국 수준의 단체교섭인데, 공공서비스 부문과 건설산업에서는 전국적 수준에서 노동조합과 사용자협회 간에 단체교섭이 이루어진다. 둘째 유형은 산업별 수준으로 특정 산업의 지역별 노동조합과 그 산업의 지역별 사용자연합회 사이에 이루어지는 것으로 독일의 대부분의 단체교섭이 여기에 속한다. 셋째 유형은 노동조합과 사용자단체에 속해 있지 않은 개별 사용자 사이에 이루어지는 개별기업차원의 단체교섭이다. 현재 개별기업차원의 단체교섭방식을 채택하고 있는 기업은 전체기업의 약 4분의 1에 달하고 있다.

독일의 단체협약은 다음의 네 가지 형태가 있다.

① 임금협약은 임금수준 및 임금인상을 정하며 1년 단위로 체결된다.

② 임금체계협약은 직무급을 위한 직무분류, 임금등급, 성과급 등의 규정을 정하며 일반적으로 5년에서 10년의 효력을 갖는다.

③ 단체협약은 노사관계와 근로조건(예: 야간근무, 교대근무, 잔업, 휴가, 주당근로시간, 수습기간)에 대해 자세하게 규정하며 일단 체결된 협약은 보통 2년 이상 유효하다.

④ 특별협약은 특정문제에 관한 협약으로, 예를 들면 시간제 노동이나 기업합리화

조치와 관련한 보호, 조기퇴직 등의 특별한 사안에 대한 규정을 들 수 있다.

단체협약은 노사쌍방이 약정한 기간 동안 체결당사자들과 그들에 속한 구성원에 대하여 법적 구속력을 갖는다. 따라서 협약 유효기간 중에 사용자가 사용자단체를 탈퇴했다고 하더라도 체결된 협약은 여전히 효력을 갖게 된다. 협약 유효기간이 끝나더라도 새로운 협약이 체결될 때까지는 기존의 단체협약이 효력을 유지하며 통산 4주의 예고기간을 거쳐 그 효력이 만료된다. 이에 따라 노동조합은 단체협약이 만료되기 4주 전에 사용자에게 요구사항을 통보하고, 교섭위원회가 설치되어 현행 단체협약 종료일 2주 전부터 새로운 단체교섭이 시작된다. 현행 단체협약의 종료일 후에는 4주간의 평화의무기간이 존속된다. 이 기간 동안 근로자는 시위와 기타 행동을 할 수 없다.

새로운 단체교섭이 합의에 실패할 경우 당사자의 한편 또는 양 당사자는 교섭결렬을 선언할 수 있으며, 노동조합교섭위원회는 파업찬반투표를 제안할 수 있고 투표에서 75% 이상의 찬성표를 얻게 되면 노동조합은 파업을 선포할 수 있다.

또한 단체교섭에서 노사간 합의에 실패한 경우 노사당사자는 문제를 조정위원회에 회부하여 결정할 수 있다. 이들은 협상의 결렬이 선포된 후 2일 이내에 공동으로 조정위원회에 회부할 수 있고, 또 하루가 경과한 후에는 어느 한쪽이 일방적으로 조정위원회의 도움을 신청할 수 있으며, 이때 다른 한쪽은 2일 이내에 조정절차에 참여하여야 한다. 이후 중립적인 조정위원회의 의장이 지체 없이 선출되어야 하고 이 위원회는 3일 이내에 회의를 소집하며 5일 이내에 조정안을 제출하여야 한다. 양쪽 당사자들은 이로부터 6일 이내에 조정안의 수락여부를 결정하여야 한다.

3. 일본의 단체교섭제도

일본의 노동조합은 그 조직 기반을 기업 내에 두고 있으므로 단체교섭도 기업별 교섭, 즉 기업별 조합과 개별사용자 사이에 행해지는 것이 일반적이다. 최근의 조사에서 기업별 조합이 전체 조합의 90%를 넘고 체결되는 단체협약의 83.6%가 기업별로 이루어지고 있으며, 기업별 교섭의 특징에 따라 일본의 단체교섭은 놀랄만큼 계속적인 안정성을 보여주고 있다.

기업별 노동조합의 조합원은 특정기업의 상용근로자이며 일반적으로 화이트칼라와 블루칼라가 모두 같은 조합의 조합원이다. 종업원이 해고되든가 퇴직을 하는 경우

조합원의 자격을 잃게 되며 임시근로자는 조합원이 될 수 없다. 사업장이 하나 이상 있는 경우에는 지부를 설치하거나 때로는 독립적인 노동조합이 설립되어 한 기업의 사업장별 조합들이 하나의 노동조합연맹을 만들기도 한다.

노동조합의 임원은 일반적으로 기업의 정규종업원의 선거로 선출되며 그들의 임기 중에도 종업원으로서의 지위를 지니고 있지만 임금은 조합에서 지급한다. 사용자조직의 연합체로서 대표적인 것은 일본경영자단체연맹이다. 일경련(日經連)은 구조상으로 연맹의 형태인데 특히 단체교섭에 관해서는 이런 성격이 더욱 두드러진다. 따라서 기업별로 행해지는 단체교섭에 끼치는 영향은 제한되어 있다.

일본에서의 단체교섭은 주로 기업별로 이루어지고 있으나 노동조합의 상부단체가 산하조합의 단체교섭에 관여하는 경우가 없지는 않다. 특히 노동조합의 산업별 전국조직이 기업별 조합의 약점을 극복하고자 산업별 조직을 강화함으로써 스스로의 단체교섭권을 확립하기 시작한 1954년 이후 시선을 받기 시작하였으며, 다음해 총평이 중심이 되어 시작한 산업별 통일투쟁으로서의 춘투(春鬪)의 진전과 더불어 부각되었다. 총평이 관여하는 방식으로는 통일교섭, 대각선 교섭, 공동교섭, 집단교섭 등이 있다.

집단교섭에 있어서는 노동조합의 상부 단체인 산업별, 전국 또는 지방조직 자체가 교섭의 직접적인 당사자가 되지 않기 때문에 노사 간 단체교섭구조를 둘러싸고 큰 문제가 없으나, 통일교섭, 대각선교섭, 공동교섭과 같이 노동조합의 산업별, 전국 또는 지방조직이 직접 당사자가 되어 교섭을 하는 경우에는 사용자가 이러한 교섭에 대하여 강력하게 반대하기도 한다.

한편 최근에는 산업 전반에 걸친 공식적인 단체교섭보다도 더 중요성을 지니는 것으로 철강, 조선, 자동차 및 전자제품 등과 같은 주요한 수출산업분야에서 1973년 이래로 발전되어 온 '사실상'의 교섭이 있다. 사실상의 교섭이란 산업별 노동조합연맹의 대표들이 가맹노조의 대리자로서 교섭을 할 수는 없으나 선도기업의 최고경영자와 연간 임금인상의 폭을 비공식적으로 그리고 직접적으로 교섭하는 것을 말한다.

단체교섭의 담당자는 조합측에서 조합의 대표자와 임원이 교섭의 담당자가 되는 경우가 많다. 이때 노동조합의 대표자는 규약에 근거하여 선출된 임원으로서 조합의 업무를 집행할 책임과 의무를 가지므로 단체교섭의 담당자가 되는 것은 지극히 당연한 일이다. 조합임원은 당연히 교섭을 할 권리를 가지고 있으며, 이 권한을 제3자에게 위임할 수도 있다. 교섭 위임은 누구이든 상관없으나 대부분의 경우 조합이 가맹하고 있는 상부단체의 임원이 된다. 일본에서는 기업별 조합이 대부분이므로 조합임원은 종업원 중에서 선출된 자가 대부분이다.

사용자측은 종업원 이외의 사람이 교섭에 나타나는 것을 싫어하는 경향이 있으나 단체협약에 특별히 규정을 하지 않는 경우에는 정당하게 위임을 받은 자와의 교섭에 응해야 한다.

교섭의 개시는 노사 어느 쪽이든 단체교섭을 하겠다고 상대방에게 신청을 함으로써 이루어진다. 대부분의 경우 노동조합이 사용자에게 신청을 하지만 사용자가 신청을 하는 경우도 없지는 않다. 단체교섭을 신청할 때 특별한 형식이 있는 것이 아니므로 구두로 신청을 해도 된다.

일본에서는 앞서 지적한 바와 같이 노동조합이 기업별로 조직되어 있으므로 교섭력이 약한 편이나 이러한 구조적 문제를 해결하는 일본 특유의 교섭전략으로 춘투(春闘)가 있다. 일반적으로 춘투(spring offensives)는 "일본에서 춘계에 행해지는 임금교섭"을 가리키는데 1955년에 형성된 이후에 일본의 임금결정에 중대한 영향을 끼쳤으며, 일본에서 노동조합을 중요한 사회집단으로 등장하게 만드는 데 큰 역할을 하였다.

춘투는 1955년 합화노련, 탄로, 사철, 전산, 전국금속, 화학동맹, 전기노련 등 8개 산업별 노동조합에 의한 '공투회의'에서 그 시초를 찾을 수 있다. 춘투의 설립배경으로는 첫째, 앞에서 언급한 대로 기업별 조합의 약한 교섭력을 통일적인 공동투쟁으로 보강하고자 하는 노동측의 교섭전략 강화, 둘째, 1950년대 중반 이후 노동운동의 초점이 정치투쟁으로부터 경제투쟁으로 서서히 옮겨졌다는 노동운동의 성격 변화, 셋째, 연중의 시기로 볼 때 봄철이 가장 적합하다는 노동조합측의 공통된 인식 등을 들 수 있다. 그 후 8개 산업별 노동조합의 공동투쟁은 총평 및 중립노련이 조직한 '춘투공투회의'에 의하여 대규모 운동으로 발전하였다. 동맹가입 조합들은 처음에는 춘투에 조직 전체가 참가하지 않았지만 점점 많은 조합이 봄에 임금인상 교섭을 해왔고 이를 좀 더 조직적인 형태로 추진한다는 뜻에서 1967년 중앙임금투쟁위원회를 결성하여 춘투라 불리는 춘계임금교섭을 전국적으로 진행함에 따라 춘투는 여러 단체가 참가하는 대규모 임금교섭 투쟁이 되었다.

춘투의 임금교섭방식은 노동조합의 교섭전략의 하나로서 일정시기에 전 산업규모에서 투쟁을 집중시켜, 임금인상의 사회적 시세를 형성하고, 이것을 미조직 근로자를 포함한 전 근로자에게 확대·파급시키고자 하는 것이다. 이때 춘투의 시세설정자는 대표적 업종의 대표적 기업별 노동조합이라 할 수 있는데 오랫동안 철강 및 사철이 시세설정자로서의 역할을 해 왔다. 이와 같이 춘투의 임금결정방식은 대기업을 중심으로 이루어지고 있으며 중소기업에서는 시세 설정자의 임금인상률을 준거로 하여 각 사용자들과 임금교섭을 한다.

한편 공공부문의 임금교섭은 민간부문의 시세에 준거하여 이루어지고 있으므로 공공부문의 노동조합은 민간부문의 시세를 인상시키는 데 힘을 집중시키고 있다.

제 6 장 단체협약

제6장 단체협약

제1절 단체협약의 개관

노사관계의 실질적인 대등성을 실현하는 것은 결국 근로자의 단체교섭권 보장을 통한 단체협약을 체결하는 것이다. 노동조합과 사용자 사이에 단체교섭이 원만하게 진행되어 합의에 이르게 되면 단체협약을 체결하고, 의견의 불일치로 합의를 도출하지 못하면 노동쟁의가 발생하게 된다.

이와 같이 단체협약은 단체교섭 과정에서 이루어지는 산업평화의 약정으로서 단체협약관리의 기준이 된다. 단체협약은 [그림 6-1]에서 보는 바와 같이 노동조합과

[그림 6-1] 단체협약의 체결과정

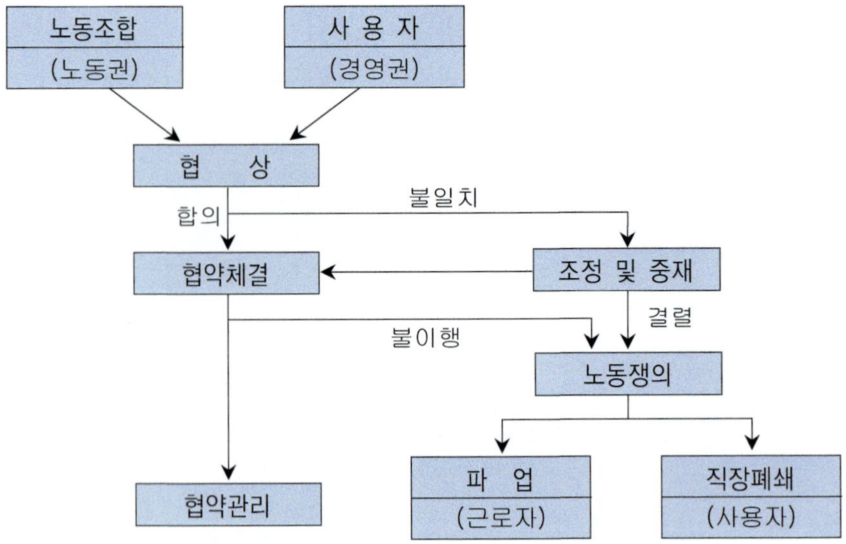

사용자 사이의 단체교섭, 단체협약, 단체협약관리로 이어지는 연속선상의 과정으로 이해할 수 있다.

노동조합과 사용자는 협상(단체교섭)과정에서 합의를 도출하여 단체협약을 체결하게 되거나, 의견이 불일치하는 경우에 조정・중재를 거쳐 협약을 체결할 수 있고, 또는 조정・중재가 실패하는 경우에 노동쟁의에 돌입할 수 있다. 그러나 단체협약이 체결되면 합의된 단체협약 내용을 해석하고 적용하는 협약관리 과정을 거치게 된다.

1. 단체협약의 의의

단체협약(collective agreement)이란 단체교섭 결과에 따라 노동조합대표와 사용자대표가 의견일치나 합의한 내용에 대하여 서면으로 약정을 체결하는 것을 말한다. 단체협약은 노동조합과 사용자간의 단체교섭을 통하여 성립하며, 이는 근로자의 대우와 근로조건에 관한 기준을 정하고 협약당사자가 협약내용을 준수하도록 채권・채무를 설정하는데 목적이 있다.

단체협약은 협약당사자인 노동조합과 사용자가 체결하는 서면상의 계약형식을 띠고 있으며, 그 내용은 여러 가지 다양한 요소들이 포함될 수 있다. 이를테면 임금, 근로시간, 근로조건, 근로자의 대우에 관한 사항, 조합원의 범위, 숍(shop)제, 조합활동을 위한 절차와 여건, 단체교섭 절차, 쟁의행위에 관한 사항 등이 포함된다.

단체협약은 노동조합과 사용자 또는 사용자단체의 합의에 의하여 성립되는 약정이므로 넓은 의미의 집단적 근로계약이다. 그러나 좁은 의미의 근로계약은 근로자 개인과 사용자 사이에 개별적인 근로조건에 관한 권리와 의무에 관한 약정인데 비하여, 단체협약은 노동조합과 사용자 사이에 전체 조합원의 근로조건에 관한 협정이라는데 차이가 있다.

2. 단체협약의 기능

단체협약은 노사관계에 있어서 협약당사자가 합의된 협약을 이행하고 준수함으로써 근로자들의 근로조건을 개선하고 기업의 산업평화를 유지하며, 경영안정을 기할 수 있는 기능을 하게 된다.

1) 근로조건 개선기능

근로조건 개선기능이란 근로자 개개인이 개별적으로 사용자와 교섭해서는 얻을 수 없는 보다 좋은 근로조건이 단체협약의 유효기간 동안 확보되는 것을 말한다. 단체협약은 노동조합의 단결력이나 투쟁력을 배경으로 근로조건의 개선을 주된 목적으로 하고 있기 때문에 단체협약에서 정해진 근로조건의 기준은 개별근로자와 사용자 사이의 교섭에서는 기대할 수 없는 좋은 근로조건을 확보하게 된다.

2) 평화적 기능

단체협약의 평화적 기능이란 노사쌍방이 단체협약의 내용을 준수하고 이행함으로써 쟁의행위를 방지하고 노사의 안정과 산업평화를 유지하는 것을 말한다. 사용자는 협약내용에 따라 근로자를 대우하고 근로조건을 개선하여야 하며 이를 이행하지 않을 경우에 조합에 대하여 책임을 지지 않으면 안 된다. 또한 단체협약을 성실히 준수해야 할 의무는 노동조합이나 근로자에게도 부과된다. 따라서 노사 쌍방은 단체협약을 성실히 지켜야 하고 노동조합은 협약기간 중에는 협약 내용에 반하는 어떠한 분규나 쟁의를 일으켜서도 안 된다.

3) 경영안정 기능

경영안정 기능이란 단체협약이 체결됨으로써 그 유효기간 중에는 임금 기타 근로조건이 일정수준으로 표준화・고정화되므로 기업의 입장에서 볼 때 비용의 예측이 가능하고 분쟁의 소지가 제거되므로 경영의 안정을 도모할 수 있다. 또한 단체협약이 산업별 규모로 약정되는 경우에는 당해 산업에 속해 있는 기업간의 근로조건 평준화를 통하여 불필요한 경쟁을 방지할 수 있다.

제2절 단체협약의 성립

단체협약은 노동조합과 사용자가 근로조건 등에 관하여 합의한 내용을 약정하는 서류양식으로서 협정서, 합의각서, 양해사항, 확인서 등 여러 가지 형태가 있을 수 있다. 그러나 단체협약이 법률적 효력을 가지려면 법률적 요건을 갖추어야 한다. 우리나라의 노동조합 및 노동관계조정법에서는 단체협약의 내용에 관해서 법률적으로 위반되지 않는 사항을 제외하고는 노사양측이 자율적으로 합의할 수 있도록 하고 있다. 그러나 단체협약 당사자와 단체협약의 작성에 대해서는 법률적 규정을 두어 이를 규제하고 있다.

1. 단체협약의 당사자

단체협약의 당사자란 법률적으로 단체협약을 체결할 수 있는 능력의 소유자를 말한다. 「노동조합법」 제29조 1항에 의하면 "노동조합의 대표자는 그 노동조합 또는 조합원을 위하여 사용자나 사용자단체와 교섭하고 단체협약을 체결할 권한을 가진다"고 규정함으로써 단체협약의 당사자는 노동조합의 대표자와 사용자 또는 사용자단체가 된다. 따라서 단체협약은 단결권에 의하여 설립된 단체(노동조합)이어야 하기 때문에 개별 근로자인 조합원은 단체협약의 당사자가 될 수 없다.

1) 노동조합측 당사자

노동조합법에서 노동조합과 사용자 또는 사용자단체는 단체협약의 당사자가 될 수 있다고 규정하고 있으므로 노동조합이 단체협약의 체결능력을 갖기 위해서는 동법 제2조 4호의 노동조합의 개념에 적격한 조합이어야 한다. 그러므로 다음에 해당하는 경우에는 적격한 단체협약 당사자라 할 수 없다.

첫째, 노동조합법에서 노동조합의 여건을 갖추지 않은 무자격 조합은 단체협약의 당사자가 될 수 없다. 즉, 「노동조합법」 제2조 4호의 요건을 갖추지 않은 비자주적·비노동적 조합, 그리고 동법 제2조 4호의 단서에서 규정하고 있는 공제·수양 기타 복리사업만을 목적으로 하거나 또는 주로 정치운동을 목적으로 하는 노동단체는 단체협약 당사자가 될 수 없다.

둘째, 노동조합이 산업별 또는 직업별 조합인 경우에 기업단위의 지부 또는 분회는 독자적인 규약을 가지고 조합원으로서의 실체를 갖는 경우에 협약능력이 인정될 수 있을 것이다.

셋째, 근로자가 특정한 목적을 위하여 일시적으로 단결한 노동단체는 노동조합이 아니므로 단체협약 능력이 없다.

넷째, 노동조합의 연합단체는 당연히 협약능력이 있으나, 「노동조합법」 제2조 4호의 요건을 갖추어야 하며, 동법 제29조 3항에 의하여 단위노동조합의 위임을 받아 권한을 행사할 수 있다. 여기에서 권한을 위임받은 연합단체는 단체협약의 담당자로서의 지위를 갖는 것이지 협약능력을 갖는 당사자는 아닌 것이다.

2) 사용자측 당사자

사용자 또는 사용자단체는 단체협약의 당사자가 된다. 기업별 조합인 경우에는 개인기업의 사용자 또는 회사기업의 대표이사가 협약당사자가 되며, 산업별 또는 직업별 조합인 경우에는 통일교섭 또는 대각선 교섭이 이루어지므로 사용자단체가 당사자가 될 것이다.

사용자단체가 협약당사자가 될 수 있으나, 일반적으로 그 단체 고유의 권한에 기초하여 노동조합과 단체교섭을 통하여 단체협약 체결을 목적으로 조직된 단체이거나 또는 단체교섭이나 단체협약 활동에 있어서 그 구성원들에 대하여 실질적으로 통제력을 행사할 수 있는 조건을 갖춘 단체라야 할 것이다. 우리나라의 경우는 당해 기업의 사업주인 사용자가 당사자가 되는 것이 보통이며 사용자단체가 단체협약의 당사자가 되는 경우는 거의 없다.

2. 단체협약의 방식

「노동조합법」 제31조 1항은 "단체협약은 서면으로 작성하여 당사자 쌍방이 서명・날인하여야 한다"고 규정하고 있고, 제2항은 "단체협약의 당사자는 단체협약의 체결일로부터 15일 이내에 이를 행정관청에 신고하여야 한다"고 규정하고 있으므로, 단체협약은 이를 반드시 서면으로 작성하고, 당사자의 서명과 날인을 하여 고용노동부에 신고하여야 유효한 단체협약으로 성립한다.

1) 서면작성

단체협약은 반드시 서면으로 작성하지 않으면 안 된다. 단체협약에 대해서 서면으로 작성할 것을 요구하고, 이에 대하여 법률상의 효력을 부여하고 있는 것은 협약의 성립 여부와 그 내용의 명확성이 확보되지 않으면 당사자 간에 이를 둘러싼 분쟁이 야기되어 노사관계의 안정을 파괴할 염려가 있기 때문이다. 따라서 서면에 의하지 않은 단체협약은 일체의 법률상의 효력이 인정될 수 없는 것이다.

2) 서명 · 날인

단체협약은 합의 내용을 문서화하여 양 당사자가 서명 또는 날인하여야 한다고 규정함으로써 서명 또는 날인이 없는 단체협약은 동 법률상의 효력을 인정하지 않는다. 서명 또는 날인은 당사자를 명백히 함과 동시에 그 최종적인 의사를 확인하기 위한 것이기 때문이다.

3) 단체협약의 신고

단체협약의 당사자는 단체협약 체결일로부터 15일 이내에 이를 고용노동부장관에게 신고하여야 한다(동법 제31조 2항). 행정관청은 단체협약의 내용 중에 위법 · 부당한 사실이 있는 경우에는 노동위원회의 의결을 얻어 시정을 명할 수 있다(동조 3항). 따라서 고용노동부장관에 대한 신고가 단체협약의 효력요건은 아니다.

제3절 단체협약의 효력과 유효기간

단체협약이 체결된 이후 협약당사자가 이를 위반함으로써 노사분쟁을 일으킬 수 있으므로 국가는 단체협약 위반행위를 방지하고 노사관계를 원활하게 유지하기 위해서 단체협약의 법률적 효력을 규정하고 있다.

단체협약을 보호하는 정도와 방법에 관하여는 영 · 미형태와 대륙형태로 구분되는데, 영 · 미형태의 단체협약은 하나의 신사협정으로서 가능한 국가가 법률적으로 간섭하지 않고, 산업별 노조의 막강한 힘을 이용하여 기업측의 협약위반행위를 저지하도록 하는 방식이다. 그러나 미국은 1947년 Taft-Hartley 법에서, 영국은 1971년 이후부터 단체협약의 법률적 효력을 인정하고 있다. 한편 대륙형태의 단체협약은 국가가 단체협약의 효력을 법률로 보호하는 방식이다.

1. 단체협약의 효력

단체협약의 효력은 단체협약의 내용에 따라 규범적 효력, 채무적 효력, 조직적 효력으로 구분하고 있으나, 노사관계의 형태가 다양하고 단체협약의 내용이 매우 복잡하므로 이를 명확하게 구분하기는 용이하지 않은 일이다. 그러나 단체협약의 내용을 법률적 효력과 관련시켜 구분해 보면 〈표 6-1〉과 같이 분류할 수 있다.

〈표 6-1〉 단체협약 내용의 구분

유형	기 준	내 용
규범적 부분	근로조건 기타 근로자의 대우에 관한 기준 -개별적 근로관계에 관한 부분-	임금, 상여금, 퇴직금, 근로시간, 유급휴일·휴가, 경조금, 복지후생, 안전 및 건강, 재해보상, 정년제 등에 관한 협정
채무적 부분	사용자와 노동조합의 관계를 정하는 부분, 즉 협약당사자의 권리·의무에 관한 사항 -집단적 노사관계에 관한 부분-	평화의무 및 평화조항, 단체교섭의 위임금지조항, 유일교섭단체조항, 조합활동조항, shop조항, 단체교섭의 절차·인원 등에 관한 조항, 시설이용에 관한 조항, 노동쟁의에 관한 조항 등
조직적 부분	제도·기관의 조직과 운영에 관한 단체협약 부분 -집단적·개별적 노사관계와 관련된 부분-	조합원의 해고동의 협정 및 협의, 노사협의회, 고충처리기관 등의 조직과 운영, 근로자의 복리증진, 교육훈련, 노사분규 예방, 징계, 해고, 등 인사에 관한 협의기구 구성 및 운영 등

1) 규범적 효력

규범적 효력이란 단체협약에서 근로조건 기타 근로자의 대우에 관한 기준을 약정한 부분에 대한 효력을 말한다. 우리나라 「노동조합법」 제33조 1항은 "단체협약에 정한 근로조건 기타 근로자의 대우에 관한 기준에 위반하는 취업규칙 또는 근로계약의 부분은 무효로 한다"는 강행적 효력을 명시하고 있고, 또한 동조 2항에서는 "근로계약에 규정되지 아니한 사항 또는 위 1항에 의하여 무효로 된 부분은 단체협약에 정한 기준에 의한다"고 규정함으로써 근로계약에 규정되지 않은 사항에 대해서도 단체협약에 따르도록 개별근로자에 대한 직접적 효력을 명백히 하고 있다.

이러한 강행적 효력과 직접적 효력은 취업규칙이나 근로계약에 의하여 배제될 수 없으며 어떠한 상황에서도 단체협약이 근로관계를 지배하도록 하고 있다.

(1) 강행적 효력

단체협약의 효력은 단체협약에서 약정한 기준을 위반하는 취업규칙이나 근로계약을 무효로 한다는 강행적 규정을 말하는 것으로서, 「노동조합법」 제33조 제1항의 규정과 동조 제2항에서 규정한 바와 같이 단체협약의 기준에 어긋나는 근로계약이나 취업규칙 등을 무효로 하고, 근로계약이나 취업규칙에서 규정되지 않은 사항은 단체협약을 따르도록 한 강행규정이다. 〈표 6-1〉에서 보는 바와 같이 단체협약의 규범적 부분에 해당하는 근로조건 기타 근로자의 대우에 관련된 임금, 퇴직금, 상여금, 복리후생, 안전 및 건강, 재해보상, 유급휴가, 제수당, 경조금, 정년제 등에 관한 단체협약은 원천적으로 강행적 효력을 갖는다.

(2) 직접적 효력

직접적 효력이란 단체협약이 개별적 근로관계에 직접 지배적인 효력을 미치는 것을 말하는 것으로서, 개별적 근로계약에 별도의 약정이 없거나 근로계약의 일부가 무효로 된 경우에 단체협약의 강행적 효력에 의하여 개별근로자에게 유익한 효력을 발휘하게 된다. 「노동조합법」 제33조 제2항에서 규정하고 있는 바와 같이 근로계약이나 취업규칙에 규정되지 아니한 사항이나 단체협약에 의하여 무효로 된 부분에 대하여는 단체협약을 따르도록 함으로써 개별근로자에게 직접적인 효력을 미치도록 하고 있다. 따라서 직접적 효력은 개별근로자들의 개인적인 근로계약, 합의, 동의 또는 취업규칙 등에 관계없이 단체협약의 영향을 받게 된다.

(3) 유리한 조건 우선의 원칙

단체협약의 규범적 부분은 강행적 효력을 가지므로 근로계약의 근로조건 약정이 단체협약에 위반되는 경우에는 아무런 효력을 가질 수 없다.

그러나 근로계약이 단체협약 내의 기준보다 유리한 근로조건을 규정하고 있을 때에는 단체협약은 강행적 효력을 갖지 않는다. 왜냐하면 단체협약은 근로자들을 보호하기 위하여 근로조건의 최저기준을 정한 것이기 때문에 당연한 것이다. 따라서 다른 약정(근로계약 또는 취업규칙 등)이 단체협약보다 근로자에게 유리한 경우에는 그 약정이 유효한 것이다. 이를 유리한 조건 우선의 원칙이라고 한다.

그러나 이러한 유리한 조건 우선의 원칙에도 불구하고 신단체협약이 구단체협약을 대치할 경우에는 신단체협약이 그대로 적용된다. 이러한 원칙을 질서원칙이라고 하며, 질서원칙이 적용되는 근거는 신법은 구법을 우선한다는 일반적 법률원칙에 근거하고 있는 것이다.

2) 채무적 효력

채무적 효력은 집단적 노사관계에 있어서 협약당사자들이 계약체결로 인하여 협약사항에 관한 권리・의무가 발생하는 부분에 대한 효력을 말한다. 단체협약은 당사자 사이의 계약이므로 협약이 당사자인 노동조합과 사용자 사이에 유효하게 성립하면 상대방에 대하여 성실히 이행하여야 한다. 따라서 단체협약은 협약당사자가 합의에 의하여 체결된 협약으로서 협약당사자는 협약 내용에 대하여 이행하여야 할 권리・의무가 발생하므로 당사자 간에 합의된 의무를 불이행하게 되면 일반적인 채무불이행에 대한 책임을 묻도록 법률적 효력을 부여하게 된다.

채무적 부분은 협약당사자인 노동조합과 사용자 또는 사용자단체에 대해서만 권리・의무가 발생하는 효력이며, 노동조합의 구성원인 조합원에 대하여는 권리・의무가 발생하지 않으며, 채무적 부분은 단체협약에만 적용되는 것은 아니므로 채무적 부분이 지니는 효력은 민법과 민사소송법에 따르게 된다.

현행 노동조합법에는 채무적 부분에 대한 아무런 규정이 없으므로 구체적으로 어떤 조항들이 채무적 부분에 해당되는가에 대하여는 명백하게 구분할 수 없으나, 일반적으로 채무적 부분으로는 ① 평화조항, ② 단체교섭 위임금지조항, ③ 유일단체교섭조항, ④ 조합활동에 관한 편의제공 조항, ⑤ 숍 조항, ⑥ 단체교섭의 절차와 인원 등에 관한 조항, ⑦ 시설 이용에 관한 조항, ⑧ 노동쟁의에 관한 조항 등을 들 수 있다.

3) 조직적 효력

조직적 부분은 경영에 있어서의 제도, 기관의 조직과 운영 등에 관한 단체협약의 부분을 말한다. 이는 종래에 조합원인 종업원의 해고에 관한 협의・동의 조항, 노사협의회와 고충처리기관 등의 조직과 운영에 관한 조항 내지 협정 등을 말하는 것으로서, 오늘날 노사간 협력적 관계가 보다 긴밀해지면서 이 조직적 부분의 중요성이 더욱 강조되고 있다.

원래 인사권에 속하는 근로자의 채용, 배치전환, 해고 등은 사용자의 전권 사항이지만 근로기준법 제23조에서 해고, 휴직, 정직, 전직, 감봉 기타 징벌은 정당한 이유 없이 할 수 없도록 규정하고 있으므로 단체협약 내에 해고협의 또는 동의 조항을 노동조합과 사용자가 약정한다는 것은 근로기준법의 규정을 전제로 해서 이루어지는 것이다.

우리나라는 「근로자참여 및 협력증진에 관한 법률」에 의거하여 근로자의 복지증진,

교육훈련, 노사분규 예방, 고충처리 등에 관한 사항뿐만 아니라, 이와 관련하여 징계·해고 등 인사에 관한 협의기관의 구성 및 운영도 노사협의의 대상이 될 수 있으므로 단체협약에 있어서 조직적 부분의 의의는 상대적으로 약화되었다고 볼 수 있다.

4) 일반적 구속력

(1) 사업장 단위의 일반적 구속력

단체협약의 규범적 부분의 효력은 협약당사자인 구성원에게만 미치는 것(단체협약의 구속력 범위)이 단체협약의 기본적 성격이다. 그러므로 단체협약은 비조합원에게는 효력이 미치지 않는다. 그러나 단체협약의 효력확장제도에 의하면 협약의 규범적 부분은 협약체결당사자의 구성원이 아닌 자에게까지 그 적용이 강행되므로 이를 일반적 구속력이라고 한다.

「노동조합법」 제35조는 "하나의 사업 또는 사업장에 상시 사용되는 동종의 근로자의 반수 이상이 하나의 단체협약의 적용을 받게 된 때에는 당해 사업 또는 사업장에 사용되는 다른 동종의 근로자에 대하여도 당해 단체협약이 적용된다"고 규정하고 있는데, 이것을 단체협약의 일반적 구속력이라고 한다.

사업장 단위의 일반적 구속력제도는 주로 기업별 노동조합이 체결한 단체협약의 효력을 사업장 내의 비조합원에게까지 확대 적용시킴으로써 그들의 근로조건을 단체협약의 효력과 동일하게 적용한다는 것이다. 만일 단체협약이 조합원에게만 적용되고 비조합원에게는 적용되지 않는다면 사용자는 단체협약에서 정한 기준 이하의 근로조건으로 근로자를 고용하려 하며, 조합원을 배척하고 비조합원으로 대체하고자 할 것이다.

(2) 지역단위의 일반적 구속력

「노동조합법」 제36조 1항은 "하나의 지역에 있어서 종사하는 동종의 근로자 3분의 2 이상이 하나의 단체협약을 적용받게 된 때에는 행정관청은 당해 단체협약의 당사자 쌍방 또는 일방의 신청에 의하거나 그 직권으로 노동위원회의 의결을 얻어 당해 지역에서 종사하는 다른 동종의 근로자와 그 사용자에 대하여도 당해 단체협약을 적용한다는 결정을 할 수 있다"고 규정하고 있는데, 이를 지역단위의 일반적 구속력이라고 한다.

지역단위의 일반적 구속력제도는 동일지역에 있어서의 동일노동 동일임금의 원칙을 실현시키고자 함을 목적으로 하는 제도라 할 수 있는데, 이는 동일지역에 있어서의 근로자 상호간의 경쟁으로 인한 근로조건의 저하를 방지할 수 있으며, 사용자가 종래 많이 이용했던 근로조건의 열하(劣下)라는 불공정 경쟁을 배제할 수 있는 효과도 있다.

2. 단체협약의 유효기간

단체협약은 협약체결 당시의 사회적 · 경제적 상황을 반영하여 노사의 역학관계에 따라 결정된다. 따라서 사회경제적 상황이 변화하고 노사쌍방의 입장이 바뀌게 되면 단체협약의 내용이 현실적으로 타당한가를 반성하게 되고 개정의 필요성을 느끼게 된다. 그러나 단체협약의 유효기간이 너무 짧으면 단체교섭의 평화적 기능이 약화되어 노사관계의 안정성을 잃게 된다.

그러므로 「노동조합법」 제32조 제1항은 "단체협약의 유효기간은 3년을 초과하지 않은 범위에서 노사가 합의하여 정할 수 있다(2021.1.5)"고 규정하고 있고, 제2항에서는 "단체협약의 유효기간을 정하지 아니한 경우 또는 제1항의 기간을 초과하는 유효기간을 정한 경우에 그 유효기간은 3년으로 한다"고 규정하고 있으므로, 단체협약 당사자들은 법률의 규정에 따라 단체협약의 유효기간을 3년 이내로 약정하도록 해야 할 것이다.

우리나라는 단체협약의 공백상태를 방지하기 위해서 동법 제32조 제3항에서 "단체협약의 유효기간이 만료되는 때를 전후하여 당사자 쌍방이 새로운 단체협약을 체결하고자 단체교섭을 계속하였음에도 불구하고 새로운 단체협약이 체결되지 아니한 경우에는 별도의 약정이 있는 경우를 제외하고는 종전의 단체협약은 그 만료일부터 3개월까지 계속 효력을 갖는다"고 규정하고 있으므로 단체협약의 최장 유효기간은 3년 3월이 되는 것이다. 그러나 노사쌍방의 협정에 의하여 새로운 단체협약이 성립할 때까지 종전의 단체협약 효력을 연장할 수 있다. 만일 종전의 단체협약 효력연장에 관하여 당사자 쌍방의 협정이 없는 경우에 당사자 일방은 단체협약을 해지하고자 하는 날의 6월 전에 상대방에게 통고함으로써 종전의 단체협약을 해지할 수 있다(동조 3항 단서).

3. 단체협약의 관리

1) 단체협약 관리의 중요성

노사관계에 있어서 노동조합과 사용자가 단체교섭을 원만하게 합의하고, 그 결과 단체협약을 체결함으로써 노사문제가 모두 끝나는 것은 아니다. 단체교섭제도의 정착을 위해서는 단체협약의 체결에 못지 않게 단체협약의 관리에 대한 노력이 중요하다. 단체협약을 실행하는 과정에서 협약내용을 어떻게 해석하고 적용해야 할 것인가에 대한 제도적 장치가 마련되지 않으면 힘들게 이룩한 단체협약이 실효성 없이 권리분쟁을 일으키게 될 것이다.

단체교섭에서 합의한 단체협약의 내용은 일반적으로 포괄적 약정으로 작성되는 경향이다. 그러나 단체협약을 실행하는 과정에서 협약의 세부적인 사항에 대하여 해석과 적용에 있어서 의견의 차이가 표출되게 된다. 흔히 경영자는 단체협약에서 보다 많은 것을 양보하고 있다고 주장하고, 노동조합은 단체협약에서 확보한 권리가 실행과정에서 침해당하고 있다고 불평하고 있다. 게다가 때로는 단체협약대로 처리될 수 없는 상황이 나타나기도 하고, 협약당사자의 일방 또는 쌍방이 협약의 변경을 요구함으로써 협약대로 실행되지 않는 경우도 흔히 있다. 따라서 단체협약의 관리는 경영자나 근로자측에 모두 중요한 관심사로 되어 있다. 이와 같이 단체협약을 체결하였더라도 노사쌍방이 협약을 준수하려는 노력이 없게 되면 단체교섭을 통한 효율적인 노사관계는 기대할 수 없게 된다.

단체협약의 내용은 매우 다양하고 복잡한 부분들, 즉 규범적 · 채무적 · 조직적 부분을 포함하고 있으며, 노동조합은 이들 협약내용의 실행을 기대하고 촉구하는 반면에 사용자측의 인사부서는 인적자원관리를 집행하는 과정에서 단체협약의 조항들과 상충되는 전략을 계획할 가능성이 있다. 이를테면 어떤 문제에 대해서는 단체협약에 아무런 약정이 없을 수 있고, 약정이 있는 경우에도 그 해석에 이견이 있을 수 있으며, 또한 경우에 따라서는 두 개의 협약이 서로 모순되는 현상이 나타날 수도 있다.

2) 권리분쟁의 해결

단체협약의 관리에 있어서 근본적으로 문제가 되는 것은 단체협약에서 경영자가 확보했다고 믿는 권리와 노동조합이 획득했다고 생각하는 권리에 대한 해석이나 집행상의 차이에서 오는 분쟁이다. 이것을 권리분쟁(rights dispute)이라고 부른다. 이는 단체교섭 과정에서 노사쌍방이 유리한 입장을 차지하려 하거나, 쌍방이 이익을 쟁취하려고 하는 이익분쟁(interest dispute)과 구분되고 있다.

이익분쟁이란 노동조합과 사용자가 임금 및 근로조건에 관한 새로운 협약을 체결하기 위하여 단체교섭을 실시하는 과정에서 합의에 도달하지 못함으로써 발생하는 분쟁을 말한다. 이에 반하여 권리분쟁은 단체협약 체결 이후에 협약의 이행이나 협약내용의 해석 및 집행과정에서 노사불일치로 일어나는 분쟁을 말한다.

단체협약의 해석과 적용을 둘러싼 권리분쟁의 해결을 위하여 「노동조합법」 제34조 1항은 "단체협약의 해석 또는 이행방법에 관하여 관계 당사자 간에 의견의 불일치가 있는 때에는 당사자 쌍방 또는 단체협약에 정하는 바에 의하여 어느 일방이 노동위원회에 그 해석 또는 이행방법에 관한 견해의 제시를 요청할 수 있다"고 규정함으로써 노동위원회가 권리분쟁을 공정하게 판단하도록 하였으며, 동조 제2항에는 "노동위원회는 제1항의 규정에 의한 요청을 받은 때에는 그 날부터 30일 이내에 명확한 견해를 제시하여야 한다"고 규정하여 노동위원회의 신속하고 정확한 판단의 의무를 명시하고 있다. 또한 동조 제3항에서는 "제2항 규정에 의하여 노동위원회가 제시한 해석 또는 이행방법에 관한 견해는 중재재정과 동등한 효력을 가진다"고 규정함으로써 노동위원회의 결정에 대하여 법률적 구속력을 부여하고 있다. 이는 다시 말하면 단체협약과 동일한 효력을 가진다(동법 제70조)는 것을 의미한다.

3) 이익중재와 권리중재

중재제도는 노사관계에서 발생하는 분쟁의 해결에 있어서 노동위원회에 설치된 중재위원회가 양 당사자를 구속하는 중재재정을 내리는 절차로서, 관계 당사자의 자주적 해결의 원칙을 적용하는 조정과 차이가 있다.

중재는 분쟁대상의 중재에 따라 이익중재와 권리중재로 구분된다.

앞에서도 언급한 바와 같이 노사관계에서 발생하는 분쟁은 분쟁대상에 따라 이익분쟁과 권리분쟁으로 크게 구분할 수 있다. 이익분쟁은 노사가 임금 및 근로조건에 관한 새로운 단체협약을 체결하기 위해서 단체교섭을 실시하는 과정에서 합의에 이르지 못함으로써 야기되는 분쟁을 말하는 것으로서, 이와 같은 맥락에서 단체협약 체결 조건에 대한 의견의 불일치로 발생한 분쟁을 해결하기 위한 중재를 이익중재라고 부른다.

또한 권리분쟁은 부당노동행위의 중지나 체불임금 지급 요구처럼 기존의 협약불

이행 또는 협약 해석의 차이로 인하여 발생하는 노사분쟁을 말하는 것으로서, 이러한 권리분쟁을 해결하기 위한 수단이 권리중재이다. 이는 단체협약 체결 이후에 협약관리를 위한 분쟁중재제도이다.

한편 중재는 관계 당사자의 쌍방이 함께 중재를 신청한 때, 또는 관계 당사자의 일방이 단체협약에 의하여 중재를 신청한 때에 개시할 수 있다(노동조합법 제62조).

그리고 중재는 노동위원회에 설치되는 중재위원회가 담당하며, 중재위원회는 중재위원 3인으로 구성되는데, 당해 노동위원회의 공익을 대표하는 위원과 공익을 대표하는 특별조정위원 중에서 관계당사자의 합의로 선정된 자에 대하여 노동위원회의 위원장이 지명한다. 그러나 관계당사자의 합의가 없을 경우에는 노동위원회의 공익을 대표하는 위원과 공익을 대표하는 특별조정위원 중에서 위원장이 지명한다.

중재위원회의 위원을 공익위원만으로 구성하는 것은 법률적 구속력을 부여하는 중재재정을 함에 있어서 중립성을 보장하기 위한 것이다. 중재위원회 위원장은 지명된 중재위원 중에서 호선하며, 협의는 구성원 전원의 출석으로 개의하고 출석위원 과반수의 찬성으로 결의한다.

중재재정서는 반드시 서면으로 작성하여야 하고, 그 서면에 효력발생 기일을 명시하여야 하며, 문서로 작성된 중재재정서는 지체 없이 관계 당사자에게 송달하여야 한다(노동조합법 제68조). 이렇게 결정된 중재재정은 단체협약과 동일한 효력을 갖는다(동법 제70조 1항).

그러나 관계 당사자는 중재재정이 위법이거나 월권에 의한 것이라고 인정하는 경우에는 중재재정서의 송달을 받은 날부터 10일 이내에 중앙노동위원회에 재심을 신청하거나 또는 중앙노동위원회의 재심결정서를 송달 받은 날부터 15일 이내에 행정소송을 제기할 수 있다(동법 제69조).

제 7 장 노사분규의 발생과 해결

제7장 노사분규의 발생과 해결

제1절 노사분규의 기본개념

기업은 이익목표를 달성하기 위하여 구성원들이 상호 협력하고, 협력을 통하여 이룩한 성과를 배분하는 과정에서 상반된 이해관계로 인하여 대립하고 갈등하며 나아가서 분쟁을 일으키기도 한다. 노사분규(industrial disputes)는 산업사회의 상반된 이해관계자 사이에 성과배분과정에서 필연적으로 발생하는 산물이다. 따라서 산업화를 이룩한 나라에서는 모두 노사분규를 체험하고 있다.

노사분규는 근로자와 사용자 모두에게 충격적인 손실을 가져다 줄 뿐만 아니라 국가경제에도 중대한 손실을 초래하게 되므로 정부는 노사분규를 해결하기 위하여 법률적·제도적으로 접근하고 있으나, 현실적으로 법률적·제도적인 접근방법으로는 근본적으로 해결할 수 없다는 사실을 알게 되었다. 따라서 노사분규의 해결을 위한 법률적 접근방법보다는 산업민주주의를 바탕으로 한 자주적 해결방법이 바람직하다. 그러므로 노사가 대화를 통하여 노동문제를 민주적·자주적으로 해결할 수 있는 풍토나 기틀을 마련하려는 노력이 필요하다. 노사분규의 원인을 분석하고 조직관리 측면에서 자주적으로 해결하기 위한 방법과 예방에 관하여 살펴보기로 한다.

1. 노사갈등의 기본특성

1) 노사갈등의 정의

조직(기업)은 구성원들의 상호작용을 통하여 조직의 목표와 개인들의 목표를 동시에 추구해야 하므로 조직에 있어서 갈등은 어떻게 보면 필연적으로 발생하는 불가피한 현상이다.

갈등이란 어떤 개인이나 집단이 다른 사람이나 집단과의 상호작용적 활동에서 상대적 손실을 지각한 결과 대립·다툼·적대감이 발생하는 어떤 행동[1]을 말하며, 사회적 갈등이란 대립되는 쌍방이 자신의 목적을 달성하기 위해서 상대방을 해치거나 물리치거나 제거하려는 의도에서 발생하는 가치투쟁과 신분·권력·희소자원 획득을 위한 권리투쟁[2]으로 정의하고 있다. 이러한 갈등은 개인간, 집단간 또는 조직간에 발생할 수 있으며, 구체적인 예로는 노동조합이 보다 높은 임금, 부가급부, 근로조건을 요구하면서 파업을 일으키는 노사갈등을 들 수 있다.

집단갈등은 구성원들이 조직의 목표달성에 관한 관심과 애착심의 표출이므로 갈등해결을 위한 창의적·혁신적 행동을 자극할 수 있는 순기능을 하는 반면에 집단갈등이 어떠한 수준을 넘어서 심각한 상태에 이르게 되면 기업의 정상적 운영을 해칠 수 있는 역기능을 하게 되어 위협요인이 되게 된다.

따라서 기업은 갈등의 순기능적 측면을 유지하면서 역기능을 억제하도록 조정·해결함으로써 부정적 영향을 극소화할 수 있는 방법을 모색하여야 할 것이다.

2) 노동력의 특성

(1) 노동상품의 특성

노사갈등은 노동력의 상품화에 그 기초를 두고 있기 때문에 노사갈등의 원인을 알기 위해서는 다음과 같은 노동상품의 특수성을 고찰할 필요가 있다.

① 노동력은 사용하지 않더라도 시간이 지나면서 소모되며 저장·보존이 불가능한 상품이다.

② 보통의 재화는 소비와 더불어 사용가치가 마모되지만 노동력은 소비, 즉 경험에 의해 그 질이 향상될 수 있다.

③ 노동력의 지역 간 이동은 근로자 가족의 이동을 수반하기 때문에 이동이 곤란한 상품이다.

(2) 노동력의 경제적 특성

① 노동력의 소비는 노동이고, 노동은 가치를 창조한다.

② 일반상품의 이동은 소유권 이전을 수반하지만 노동력은 사용권을 양여한다.

---

1) J. A. Litterer, "Research Department within Large Organization," *California Management Review,* 1970, Vol. 12, pp. 77-84.

2) J. S. Himes, *Conflict and Conflict Management*, The University of Georgia Press, 1980, pp. 11-17.

③ 근로자는 아무런 생활수단을 기지고 있지 못하기 때문에 그가 가진 노동력을 계속적으로 판매하지 않으면 안 되는 궁박판매가 강요되고 있다.

④ 노동력은 근로자의 육체와 떨어질 수 없기 때문에 노동력의 매매는 근로자가 일정기간 사용자의 지휘・통제 하에 들어가는 고용관계를 맺게 된다.

⑤ 노동력은 일반상품에 비하여 가격자율조정 기능이 매우 약하다. 예를 들면 일반상품은 가격이 떨어지면 공급량이 감소하게 되지만, 노동력은 임금이 감소하면 오히려 공급이 증가하는 특성을 지닌다. 즉, 근로자의 임금이 저하하면 가계보조를 위해 가족들이 노동시장에 뛰어들어 노동력 공급을 추가하게 된다.

이러한 노동력의 특수성을 기초로 한 노동시장의 긴급성, 경합성, 경직성이라는 불완전성과 근로자에 대한 불공정한 조건이 근로자의 저항을 유발하여 노사갈등의 원인이 된다.[3)]

2. 노사갈등의 원인

1) 노동력 판매에 있어서의 갈등

노동시장에 있어서 노사갈등은 노동력의 매매가 갖는 구체성에 기초한 것으로 노동력의 거래는 근로자의 생활과 연결되는 고용계약의 형태를 취하며 단순한 경제관계 이외에 사회적 관계가 성립되기 때문에 노사갈등이 제기된다.

특히 노동시장에서 제기되는 노사갈등의 원인은 일반적으로 노동력의 공급은 과잉되고, 과잉된 노동력은 고용되지 않고 실업이라는 형태로 나타난다. 실업은 근로자에게 생존 그 자체를 위협하기 때문에 고용불안정은 노사갈등의 원인이 된다.

2) 노동과정에 있어서의 갈등

자본주의 경제체제에서 생산과정의 노동활동은 가치증식 과정이다. 고용된 근로자는 사용자의 명령과 지휘에 따라 노동을 수행하게 된다. 즉, 사용자는 고용된 노동력을 어떻게 생산적으로 소비할 것인가는 사용자의 권리라고 주장한다. 그러나 노동력의 소유자인 근로자는 사용자의 지휘・명령에 무조건 복종하는 것이 아니라,

3) 신건호, 노사갈등과 노동관계시스템에 관한 연구, 중앙대학교 대학원, 박사학위 논문, 1987. 11, pp. 18-19.

고용계약이 체결된 고용조건에서 사용자에게 노동력을 양도한 것이라고 주장한다. 그러나 현실적으로 경영자는 근로계약에서 합의된 근로시간, 노동강도, 산업재해 기타 근로조건을 무시함으로써 노사갈등이 표출된다.

3) 소비생활에 있어서의 갈등

근로자는 임금으로 생활을 영위하고 있으며, 노령이나 질병으로 일시적·영구적으로 노동력을 상실할 경우에 대부분의 근로자들은 이에 대처할 수 있는 저축을 하지 못하고 있고, 특히 근로자의 소비생활 안정을 위해서 도입된 사회보장제도를 비롯한 각종 노동복지대책이 근로자의 생활을 안정시키지 못하기 때문에 노사갈등이 야기된다.

4) 권리행사에 있어서의 갈등

근로자는 공권력에 대해서 현실적으로 시민적 발언권을 충분히 보장받지 못하고 있다. 따라서 근로자는 공권력의 운영 및 행사가 정당하게 수행되고 있는가에 관심을 갖는다. 특히 노사관계에서 근로자측이 자신들의 요구를 실현하고, 제반 권리를 행사하기 위한 노력을 추진하는 과정에서 노사갈등이 발생한다.

또한 노동기본권의 확보와 정치적 권리의 신장을 목표로 한 근로자의 집단적인 노력이 권력의 통제와 충돌할 경우 권리행사를 통한 노사갈등이 다양한 형태로 나타난다.

위에서 고찰한 노사갈등의 원인은 별개의 것으로 존재하기 보다는 복합적으로 존재한다고 할 수 있다. 이러한 노사갈등을 조정·해결하기 위해 국가의 노력이 노사관계제도로 나타나게 된다.

3. 노사분규의 개념과 발생원인

1) 노사분규의 의의

노사분규(industrial disputes)는 노사분쟁, 노동쟁의(labor disputes) 또는 노사갈등(labor conflicts)으로 불리고 있는데, 이는 사용자와 근로자 사이에 고용조건, 근로조건, 근로환경 등에 대한 불만으로 야기되는 갈등·대립·투쟁의 상태를 말한다. 「노동조합 및 노동관계조정법」 제2조 제5호에서 "노동쟁의라 함은 노동조합과 사용자 또는 사용자단체 간에 임금·노동시간·복지·해고 기타 대우 등 근로조건의 결정에 관한 주장의 불일치로 인하여 발생한 분쟁상태를 말한다"고 정의하고 있고, 동조 제6호에는 "쟁의행위라 함은 파업·태업·직장폐쇄 기타 노동관계 당사자가 그 주장을 관철할 목적으로 행하는 행위와 이에 대항하는 행위로서 업무의 정상적인 운영을 저해하는 행위를 말한다"고 규정하고 있다.

그러나 사회통념상 노사 당사자 간에 의견의 불일치가 있고 조만간 실력행사가 예견되면 그것을 노사분규라고 부르며, 파업이나 직장폐쇄에 들어가더라도 여전히 노사분규라고 말한다. 즉, 여기에서 말하는 노사분규는 노동조합법상 노동쟁의와 쟁의행위를 포괄하는 개념이며, 그 의미는 노사 간의 협조적 평화관계가 지속되고 있는가의 여부를 구분하는 데 있다.

선진국 산업사회에서 흔히 발생하고 있는 노사분규 형태로는 노동조합 측에서 파업과 태업, 준법투쟁(work-to-rules), 비협력(non-cooperative measures), 잔업거부, 계획적 결근 등을 이용하고 있으며, 이에 대응하기 위해서 사용자 측에서도 위장폐업, 공격적 직장폐쇄, 폭력적 노조파괴행위를 사용하고 있다.

2) 노사분규의 원인

노사분규는 대립과 반목 그리고 투쟁을 포괄하는 의미를 갖는다. 기업내부에서는 흔히 이해당사자 사이에 분규가 발생하게 되는데, 사용자와 종업원 사이의 경제적 이해관계에 의하여 분규가 발생하고, 때로는 정부의 노동정책이나 노동위원회의 판정에 대한 불만이 분규로 발전할 수 있으며, 그리고 기업내부의 친노조파와 반노조파 같은 파벌대립이나 복수노조의 노노갈등이 노사관계를 악화시킬 수 있다. 또한 기업이 노동조합을 와해시키거나 노조의 단결력을 약화시키기 위해서 내부분열을 획책하는 행위로 인하여 오히려 강경투쟁을 유발할 수도 있다.

노사분규는 분쟁의 원인에 따라 크게 경제적 분규와 비경제적 분규로 나눌 수 있다. 경제적 분규는 임금, 근로시간 등 근로조건을 결정하는 과정에서 발생하는 분배관련의 분쟁상태를 말한다. 우리나라의 노사분규 발생통계를 보면 〈표 7-1〉에서 보는 바와 같이 임금과 근로조건을 원인으로 하는 노사분규가 압도적으로 많으며, 이러한 경향은 선진국에 있어서도 비슷하게 나타나고 있다.

〈표 7-1〉 노사분규 발생원인별 추이

(단위: 건)

	전 체	임금인상	단체협약	임단협	기 타
1998	129	28	14	43	44
2000	250	47	60	107	36
2002	322	44	46	203	29
2005	287	36	42	194	15
2008	108	22	13	59	14
2010	86	18	9	51	8
2015	105	45	10	47	3
2018	134	14	3	117	0
2019	141	48	10	83	0

주: 기타 건수에는 공장이전 지원금, 회사청산 위로금, 노조인정 등 포함.
자료: 2021년 KLI 노동통계, p. 168.

노사관계의 근본을 일에 대한 주도권 장악에 두고 있는 영국에서는 작업규칙·내부규율·신입사원 채용·임금계산방법 등 기법적인 면에 더 깊은 관심을 두고 이것이 분규요인으로 작용하는 데 비하여, 우리나라에서는 고용관계의 결과에 해당하는 임금·상여금·퇴직금 등의 인상에 더 관심을 나타내고 있으나 최근에 들어 단체협약의 이행과 관련한 쟁의가 가장 큰 비중을 차지하고 있다.

노사분규의 발생빈도가 가장 높았던 1987년의 분규요인 분석에 의하면 근로조건의 유지·개선 요구의 내용에는 ① 임금인상, ② 사납금 인상, ③ 차고 이전비용 요구, 상여금·퇴직금 누진제·장학금 지급요구 등으로 요약되고 있다. 노사분규의 원인은 노동조합의 경제적 요구가 주류를 이루지만, 비경제적 요구도 다양하게 나타났으며 1987년도 노사분규실태의 분석에 따르면 정치적 성격을 내포하고 있는 예로서 ① 위장취업 해고자 복직 요구, ② 불법파업 주동자 불처벌 약속 요구, ③ 외국인기업 주재대사 면담 요구, ④ 쟁의행위기간 중의 임금요구, ⑤ 동정파업, ⑥ 사회보장제 요구 등이 있으며 이 밖에도 구속자 석방·노동법 개정 요구 등이 있다.[4)]

노사분규 가운데는 노동조합의 단결권과 조직을 둘러싼 소위 노노분쟁이 노사분규로 발전하는 경우가 있다. 예를 들면 조합대표의 퇴진요구, 어용집행부 사퇴 요구, 내부집단간 세력투쟁이 노사분규로 연결되는 경우가 그것이다. 1987년과 1988년의 대규모 분규 중에는 몇몇 노노세력의 투쟁요인들이 분규의 장기화와 폭력화에 영향을 미쳤다. 최근의 노사분규 추이는 다소 상승하고 있으며 주로 임금과 관련한 단체협약을 이유로 발생하는 추세이다.

4) 이규창·신건호·김길생·이승계, 신노사관계론, 법문사, 2004, p. 322.

제2절 파업(노사분규) 결정이론

파업이란 근로자들이 보상이나 근로조건의 개선을 요구하면서 집단적으로 노동의 제공을 거부하는 행위를 말하는 것으로서, 다시 말하면 다수의 근로자가 근로조건의 유지 또는 개선이라는 목적을 쟁취하기 위하여 조직적인 방법으로 노무제공을 거부하는 행위[5]라고 정의할 수 있다.

파업이 발생하는 이유에 관한 이론으로서 경제적 요인에 의해서 파업이 발생한다고 보는 경제적 이론, 정치적 이유에 의해서 파업이 발생한다고 보는 정치적 이론, 그리고 심리적 요인에 의해서 파업이 발생한다고 보는 파업성향이론 등으로 나눌 수 있다.

1. 경제적 파업이론

1) 힉스의 파업이론

힉스(J. R. Hicks)[6]는 파업이 경제적 요인에 의해서 발생한다고 주장하는 대표적인 학자이다. 그에 의하면 노동조합은 근로자의 일상적인 생활수준을 유지할 수 있는 적정임금을 보장받기 위하여 근로자가 기업의 초과이윤에 대하여 적정배분을 요구하는 것을 통상적인 목표로 한다고 주장하고 있다. 따라서 노조가 파업을 결정하는 것은 근로자가 현재의 상태보다 더 유리한 조건을 보상받기 위한 무기라는 것이다.

Hicks의 모형은 노조와 사용자간의 거래(trade-off)에서 출발한다. 노조가 임금인상을 요구할 때 사용자가 선택할 수 있는 대안은 더 높은 임금을 지불할 것인지, 파업을 감수할 것인지에 대한 양자택일이다. 그러나 두 가지 대안은 모두 사용자의 수입 감소를 초래한다. 이 경우 사용자의 최적선택은 파업발생으로 인한 손실과 노조의 요구를 받아들이는데 따르는 기대비용이 일치하도록 임금수준을 선택하는 것이다. 이를 도시하면 [그림 7-1]의 사용자 양보곡선(employer's concession schedule: ECS)으로 표현할 수 있다. 한편, 노조의 입장에서는 더 낮은 임금보다는 오히려 파업을 선택하게 되는데 노조의 저항곡선(union's resistance curve: URC)으로 표시된다.

5) 신철우, 인적자원관리, 삼영사, 2003, p. 491.

6) J. R. Hicks, *The Theory of Wages*, 2nd., ed, London : MacMillan Co., 1963, p. 140,

[그림 7-1] Hicks의 파업모형

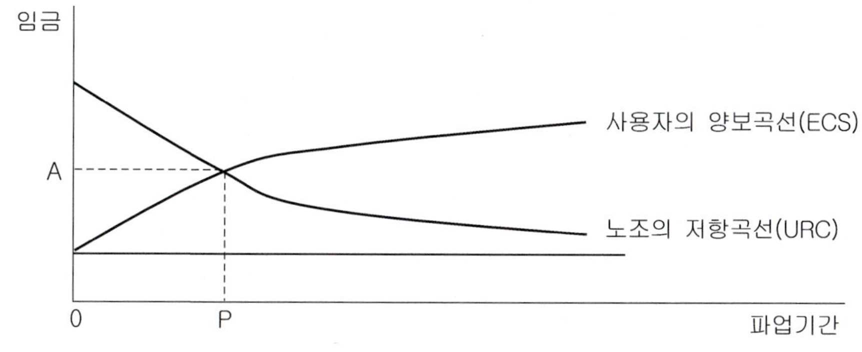

[그림 7-1]에서 보는 바와 같이 ECS는 우상향의 기울기를 가지고 있는데, 이유는 파업이 계속됨에 따라 노조측에서는 임금의 손실을, 기업측에서는 수익의 감소를 가져오기 때문이다. 펜(J. Pen)[7]은 이에 대해서 파업이 지속됨에 따라 노사간의 비용이 상승하기 때문에 나타난 결과라고 해석하고 있다.

또한 두 곡선의 기울기는 여러 요인에 의해서 결정되는데, URC는 파업기금의 크기, 노동시장의 조건, 사용자의 이윤에 대한 예측치, 파업에 대한 여론 등에 의해서 결정되고, ECS는 파업 직전의 재고량, 재무구조, 시장구조, 총비용 중 고정비용이 차지하는 비율 등에 의해서 영향을 받게 된다. 여기에서 OA는 성공적인 교섭으로부터 초래되는 임금수준을 나타내며, 이때 기대파업기간은 OP이다.

그러나 만일 양자가 지극히 합리적이고, 교섭에 관한 정보를 완전히 알 수 있다면 파업을 통하지 않고서 OA수준에서 성공적 교섭에 이를 수도 있다. 그러나 파업은 현실적으로 발생하고 있는데 이를 보통 힉스의 역설(Hicks Paradox)이라고 부른다. Hicks는 파업의 발생이유를 다음 두 가지로 설명하고 있다. 첫째, 노조가 파업을 일으키는 이유는 미래의 교섭능력을 높이기 위함이며, 둘째, 그릇된 협상의 결과로 파업이 발생한다는 것이다. Hicks는 후자의 이유를 더욱 중요한 파업원인으로 보고 있으며, 이는 주로 교섭당사자가 비합리적이거나 불완전한 정보(imperfect information)를 가지고 있기 때문에 상대방의 교섭상의 위치에 대한 그릇된 예측을 하게 되며, 따라

7) J. Pen, "A General Theory of Bargaining," *American Economic Review*, Vol. 42, March 1952, pp. 24-42,

서 상대방의 양보곡선에 대한 불충분한 지식으로 인하여 파업후의 결과를 자신에게 유리하다고 판단하기 때문이다.

2) 파업비용이론

레더와 뉴먼(M. Reder & G. Neumann)[8]에 의하면 파업은 노사 쌍방에게 손해를 끼치게 되므로 노사 쌍방은 파업이 발생하는 것을 피하고 타결점에 도달하기를 원한다고 주장하고 있다. 즉, 파업행위는 파업비용과 역의 관계에 있다는 단순한 이론을 제시하였다.

레더와 뉴먼은 단체협약을 체결하기 위한 일련의 단체교섭을 통해서 노사 쌍방은 상대방의 협상태도를 익혀나가며, 협상안(bargaining protocol)을 만들어 간다는 것이다. 협상안은 협상의 시기, 절차, 협상장소, 대표의 지위와 권한, 협약의 유효기간, 범위, 분쟁의 해결절차, 중재, 조정 등의 내용을 포함하고 있으며, 노사가 여러가지 협상안을 만들어 두면 예기치 못한 일로 발생하는 분쟁은 줄어들게 되고 파업의 발생가능성은 적어진다는 것이다. 또한 협상안을 개발하는 목적이 파업으로 인한 손실을 줄이는데 있다는 것이다. 따라서 협상안을 개발하는데 드는 비용이 클수록 상대적으로 파업발생손실은 줄어들게 된다는 것이다.

따라서 파업으로 인하여 생기는 손실을 회복하기 어려운 기업이나 산업일수록 협상안을 많이 개발할 수밖에 없으며, 많이 개발한 협상안은 파업발생 가능성을 줄이게 된다.

레더와 뉴먼은 파업비용에 영향을 주는 변수로 재고량의 조절, 출하량의 변동, 교섭단체의 선거횟수, 실업률, 상대적 임금수준을 가지고 분석하였는데, 분석결과 ① 재고조절이 쉬운 산업일수록 파업에 대비하여 재고를 늘릴 수 있기 때문에 파업으로 인한 손실이 적어 파업의 발생가능성이 커지며, ② 출하량의 변동이 큰 산업일수록 정확하게 생산예측을 하기 어렵기 때문에 파업으로 인한 손실이 크므로 파업의 발생가능성은 작아지며, ③ 조합대표자 선거가 자주 일어나는 산업일수록 협상안이 정착되지 못하여 파업의 발생가능성은 많아지며, ④ 실업률이 높아질 때 파업은 줄어들며, ⑤ 상대적으로 임금이 높은 산업일수록 근로자들의 파업으로 인한 손실이 커지기 때문에 파업이 발생할 가능성이 작아지는 것으로 나타났다.

---

8) M. Reder and G. Neumann, "Conflict and Contract: The Case of Strikes," *Journal of Political Economy,* Vol.88, No.5, 1980, pp. 867-886,

3) 비대칭정보이론

비대칭정보이론은 힉스가 주장한 파업발생이론 중의 하나인 교섭상대방에 대한 그릇된 판단에 그 기초를 두고 있다. 즉, 힉스는 파업이 노사양측에 손실을 가져다 줌에도 불구하고 파업이 발생하는 이유는 교섭과정에서 상대방의 의도에 대해서 그릇된 판단을 하기 때문이고, 대부분의 파업은 그릇된 협상의 결과이며 교섭상대방에 대한 정확한 정보는 교섭타결을 가능하게 할 것이라고 주장하고 있다.

비대칭정보이론은 교섭과정에서 노사 교섭단체가 상대방의 양보곡선을 알기 위해서는 교섭에 관련된 지식(교섭정보)이 필요한데, 이것을 얻기 위해 비용이 들며 이러한 형태의 비용이 파업이라는 것이다. 즉, 노사가 상대방의 의도를 모르기 때문에 상대방이 얼마나 양보할 수 있는지를 알아내기 위해서 전략적으로 파업을 사용한다는 것이다.[9)]

비대칭정보이론의 대표적인 학자인 헤이에스(Hayes)에 따르면 기업은 제품에 대한 수요를 알고 있지만 노조는 알지 못하고 있다는 기업성과에 대한 정보의 비대칭성을 기본적으로 가정하고 있다. 제품시장의 상태에 따라 유리한 기업과 불리한 기업으로 구분되며, 노조는 파업 없는 높은 임금과 일정기간 파업 지속 후의 낮은 임금이라는 두 가지 대안을 가정하게 된다. 이러한 제안은 유리한 기업의 경우 높은 임금을 즉시 수락하고, 불리한 기업은 낮은 임금으로 타결하기 위하여 파업을 감수하게 될 것이다.

Hayes는 제품시장의 상태가 유리한 상황에 있는 기업은 노조에 의해서 제시된 높은 임금 요구를 수락할 것이고, 불리한 기업은 노조의 임금인상 요구를 수락하지 않을 것이므로 파업이 발생하게 된다는 것이다.

2. 정치적 파업이론

파업이 정치적 요인에 의해서 발생한다고 보는 정치적 이론에는 자원동원이론과 정치적 교환이론이 있다.

1) 자원동원이론

자원동원이론은 파업과 같은 단체행동의 성공은 자원과 조직의 동원가능성에 달

9) J. Kennan, "Pareto Optimality and Economics of Strike Duration," *Journal of Labor Research*, Vol. 1, 1986, p. 77.

려있으며, 자원이나 조직의 동원 없이는 파업과 같은 단체행동은 성공할 수 없다는 이론이다. 쇼터와 틸리(E. Shorter and C. Tilly)[10]는 프랑스의 파업연구 결과를 통하여 근로자의 조직능력 증가는 파업의 형태를 변형시킨다고 주장하고 있다. 즉, 노동조합의 조직능력 향상은 파업참가자 비율을 증가시킴으로써 파업의 평균규모를 증대시키고, 노동조합의 정치화와 중앙집권화는 파업의 평균지속기간을 짧게 한다. 따라서 주요 파업의 성공은 근로자들의 조직력 확대에 기인한다는 것이다.

2) 정치적 교환이론

정치적 교환이론은 국가권력구조에서 근로자의 정치적 위치의 변화, 즉 근로자를 대변하는 정당의 집권과 같은 변화들이 파업의 추세에 영향을 미친다는 것이다. 힙스(D. Hibbs. Jr.)[11]는 정부가 근로자의 통제를 받는 상황 하에서는 파업의 압력이 노동시장이나 사기업부문으로부터 정치적 교환이 우세한 공공부문으로 이전된다는 것이다. 그러나 사기업부문은 자본의 이익이 노동자계급의 이익에 대하여 비교우위를 갖는 반면, 공공부분에서는 노동자계급의 정치적 차원이 보다 유효하게 작용한다는 것이다. 코르피와 샬리브(Korpi and Shalev)는 자본주의 국가에서의 파업은 북유럽이나 오스트리아 같은 노동자지향적인 사회민주주의 정당이 정부에 대해 안정적이고 지속적인 통제력을 갖고 있을 때 파업이 감소한다는 것이다.

Hibbs나 Korpi & Shalev는 진보적인 정부에 의해서 제도화된 복지정책이 파업을 감소시킨다는 것을 실증적으로 제시하였으며, 또한 단명의 진보적인 정부에 대해서는 근로자가 정부를 자기 측에 보다 우호적이라고 생각하기 때문에 상대적인 우위에 서서 파업을 증가시킨다는 것이다.

3. 파업성향이론

피시바인과 아젠(M. Fishbein and I. Ajzen)[12]은 의사(intention)와 행동(behavior)의 관계를 체계화시켜 행동에 직접적인 영향을 미치는 요인은 그 행동을 취할 것인가 아닌가에 대한 개인의 의사라는 것이다. 파업성향이론은 근로자가 가지고 있는

---

10) E. Shorter and C. Tilly, *Strikes in France 1830-1968,* London: Cambridge Univ. Press, 1974.

11) D. Hibbs, Jr., "On the Political Economy of Long Run Trend in Strike Activity," *British Journal of Political Science*, Vol. 8, No. 2, 1978, pp. 153-175.

12) M. Fishbein and I. Ajzen, *Understanding Attitudes and Predicting Social Behavior,* 1980, p. 8.

파업에 대한 태도나 의사가 실지로 파업을 결정하는 요인으로 보고 근로자의 파업에 대한 태도와 의사를 연구하는 이론이다. 따라서 파업의 성공은 근로자가 가지고 있는 파업참가에 대한 태도나 의지와 같은 심리적 요인에 의하여 결정된다는 것이다.

경제적 이론이나 정치적 이론들은 실업률이나 임금과 같은 통계적 자료를 이용하여 파업의 발생빈도나 파업참여의 정도 및 기간 등을 측정함으로써 파업의 국가간・산업간 차이를 설명하거나 시간에 따른 파업의 추세를 설명하는데 유용한 방법이었으나, 파업에 참여하는 근로자 개인의 주관적 심리상태를 반영하지 못하는 단점이 있다. 반면에 파업성향이론은 파업에 참여할 수 있는 개별근로자의 주관적 심리상태에 초점을 두고 있으므로 개별근로자들이 각 사업장에 대하여 갖는 불만이나 몰입과 같은 태도가 파업이라는 집단적 행동으로 표출되는 과정을 분석하는 행동과학적 연구이다. 따라서 개인수준에서의 파업성향 연구는 근로자 개인 및 집단의 태도・의식이 행동으로 이어지는 과정에 대한 연구로서 파업의 구체적 발생원인의 파악과 이에 따른 예방책을 강구할 수 있는 장점이 있다.

여기에서 파업성향이란 투쟁성(militancy; propensity to strike), 파업성(striking), 파업의사(willingness to strike) 및 노조활동 참가(participation in union activities) 등과 유사한 개념으로서, 이들 성향에 대한 광의의 개념으로 정의되고 있으며, 파업에 대한 질적 측정개념으로 이해할 수 있다.

파업의 성공은 파업에 참여하고 협조하려는 조합원들의 의지에 달려있다. 파업(strike)과 파업성향(militancy)의 차이에 있어서 파업은 실제적인 행동으로 나타내는 반면, 파업성향은 그러한 실제적인 행동에 참여하고자 하는 근로자들의 의지를 말한다. 그러므로 파업성향은 파업의 좋은 설명변수가 된다.

파업성향의 형태는 파업에 대한 지지, 파업에 대한 참가의사, 파업에 대한 실제참가 정도 등으로 구분하여 분석할 수 있다.

파업성향은 태도적 파업성향(attitudinal militancy)과 행동적 파업성향(behavioral militancy; propensity to strike)으로 구분되며, 태도적 파업성향은 파업이나 단체교섭, 노조결성(unionization), 직업별 연합체 등에 관한 근로자의 견해, 또는 어떤 이슈나 문제의 해결에 있어서 교섭상대방인 사용자측에게 영향력을 행사하고자 하는 경향[13]으로 정의되고 있으며, 행동적 파업성향은 파업 이외의 작업장 행동에 실제 참여, 고용관계의 노조정책에 대한 지원행동에 실제 참여하려는 의지, 또는 파업에

13) A. Cohen, "Attitudinal Militancy and Propensity to Strike Among Unionized Engineers and X-Ray Technicians," *Human Relations,* 1992, PP. 1333-1366.

실제 참여하려는 의사로 정의되고 있다.[14] 이와 같이 태도적 파업성향은 파업 등에 대한 일반적인 태도를 파업성향으로 보고 있으며, 행동적 파업성향은 파업에 의존하고자 하는 노조원들의 행동적 의사 또는 실제참여를 파업성향으로 보고 있다.

제3절 노사분규의 해결과 예방

오늘날 모든 산업국가에서 형태와 정도의 차이는 있으나 노사분규를 체험하고 있다. 노사분규는 노사 쌍방의 손실을 가져오기 때문에 노동조합과 사용자는 노동문제를 평화적으로 해결하고 노사분규를 예방하기 위해서 단체교섭을 실시한다. 따라서 단체교섭의 목적은 노사협력을 실현하는 수단이며, 노사분규의 목적은 새로운 노사협력을 추구하는 과정이라고 할 수 있다.

단체교섭에서 평화적인 교섭으로 합의에 도달할 수 있다면 노사분규를 예방할 수 있는 최선의 수단이 되므로 노사 쌍방은 단체교섭에 성실하게 임하여 합의를 도출하도록 해야 한다. 그러나 노사문제는 매우 복잡하고 미묘하기 때문에 성실성만으로 해결되기는 어려우므로 산업선진국들은 노사분규에 대한 여러 가지 대응책을 강구하고 있다.

산업선진국들이 개발하여 적용하고 있는 노사분규 대책으로는 ① 노사분규 발생을 예방하기 위한 방법, ② 노사분규가 발생하였을 경우에 원만한 해결을 지원하는 방법, ③ 노사의 대립적 구조를 재편성하는 방법이 있다.

1. 단체교섭과정에서의 문제

1) 당사자의 성실성 문제

노사분규는 노동조합과 사용자의 단체교섭 과정에서 주장의 불일치로 합의에 이르지 못하고 결렬됨으로써 쌍방이 대립, 갈등, 투쟁에 돌입하게 되는 상태를 말하는

14) A. Shirom., "Union Militancy: Structural and Personal Determinants," Industrial Relations, Vol. 16, 1977, pp. 152-162.

것으로서, 노사관계는 기본적으로 임금이나 근로조건과 같은 이해가 상반되는 문제들을 놓고 협상 내지는 힘겨루기를 해야 하므로 노사는 서로 상대방을 이해하고 설득하며 양보를 교환하는 성실성을 보여줌으로써 평화적으로 단체교섭을 성공시키고 노사분규를 예방할 수 있게 된다.

우리나라의 「노동조합 및 노동관계조정법」 제30조와 제81조 제3호에서는 단체교섭에 있어서 노사 쌍방의 성실성을 요구하고 있으며, 이를 위반하는 경우에 부당노동행위로 규정함으로써 단체교섭이 평화적으로 이루어지기를 기대하고 있다. 이와 같이 노동조합과 사용자가 성실성을 가지고 단체교섭에 임하여 문제해결에 평화적으로 합의하게 되면 노사분규는 일어나지 않는다. 따라서 노사분규의 가장 효과적인 예방은 단체교섭에서 노사가 성실성을 다하여 평화적으로 합의를 도출하는 것이다.

단체교섭에서 어떤 행동이 성실한가를 구체적으로 나열하기는 어려우나 플라너건(R. J. Flanagan, et al)15) 등은 성실한 행동이라고 할 수 없는 행동에 대하여 다음과 같이 설명하고 있다. ① 교섭장에 나와 상대방 요구사항을 경청만 하고 대안을 내놓지 않는 행위, ② 합의점에 도달하기 직전에 태도를 돌변하는 행위, ③ 자기주장의 합리성을 입증하는 자료를 제시하지 않으면서 고집만 부리는 행위, ④ 기본적인 근로조건과 거리가 먼 지엽적인 문제를 가지고 합의를 거부하는 행위, ⑤ 또는 상대방이 해결할 수 없는 부당한 요구를 강요하는 행위 등은 성실한 교섭행위라고 할 수 없다는 것이다.

그러나 단체교섭에 참여하는 당사자의 성실성만으로 모든 단체교섭이 원만하게 타결되거나 노사분규를 완전히 예방할 수 있는 것은 아니지만, 교섭성실성은 적어도 상대방의 감정적 대립을 유발하지 않을 것이므로 노사분규의 해결 및 예방에 크게 도움이 될 것으로 기대된다.

2) 당사자의 편견

단체교섭 당사자들은 자신의 손실보다는 이익에 집착한 나머지 상대방의 제안보다 자신의 주장이 유리한 것으로 생각하는 경향이 있다. 예를 들면 회사가 인플레이션이 없는 때에 2%의 임금인상을 제안하는 경우와 인플레이션이 10%인 때에 12%의 임금인상을 실시하는 것은 동일한 임금인상효과를 가져오게 되지만 종업원들은 후자를 선호하게 된다.

---

15) R. J. Flanagan, L. M. Kahn, R. S. Smith & R. G. Ehrenberg, *Economics of the Employment Relations,* Scott, Foresman, 1989, pp. 364-366.

또한 단체교섭 당사자들은 이익과 손실에 대한 인식의 차이에서 단체교섭 성과를 평가하려는 경향이 있다. 예를 들면 노동조합이 제안한 15% 임금인상안에서 조금이라도 후퇴하면 손실이라고 생각하여 타협하지 않으려 하면서, 회사에서 제안한 10% 인상안에서 조금만 양보하면 이익이라고 인식하여 타협이 용이하게 이루어지게 된다.

3) 자기주장에의 집착

단체교섭에서 당사자들은 자기가 양보한 것은 과대평가하고, 상대방이 내놓은 양보에 대하여는 과소평가하는 경향이 있다. 그것은 교섭에 임하는 사람이 마음을 비우지 못하고 선입견에 사로 잡혀 새로운 정보를 제대로 평가하지 못하기 때문에 일어나는 현상이다.[16]

예를 들면 무작위로 선발한 일단의 사람들에게 단체교섭에 제안된 내용을 보이면서 노조측에 유리한 제안인가, 아니면 경영측에 유리한 제안인가를 물어보는 실험에서 첫째, 노조측의 제안이라고 알린 집단에서는 경영측에 불리하다는 결론을 내리고, 둘째, 경영측에서 나온 제안이라고 알린 집단에서는 경영측에 유리하다는 결론을 내렸다. 이런 경향을 심리학에서는 반사적 지각(reactive perception)이라고 하는데, 단체교섭에서 상대방의 양보내용을 평가하는 데 작용하기 쉬운 편견이다.

단체교섭에서 상대방의 성의 있는 제안에 대하여 편견을 가지고 액면대로 인정하지 않으려 한다면 합의에 도달하기가 어렵게 될 것이다.

4) 무리한 힘겨루기

단체교섭에서 흔히 나타나는 현상 중의 하나가 교섭에 내놓은 비현실적 제안을 합리화시키기 위하여 계속해서 비현실적인 주장을 확대해 나가는 것이다. 예를 들면 노조대표가 처음부터 불가능하다는 것을 알면서 조합원에게 커다란 약속을 해놓고 그것을 밀고 나감으로써 사용자측의 반대를 불러일으키고, 그 다음은 요구사항을 쟁취하기 위하여 파업으로 몰고 가려 한다. 이때 노조대표는 조합원으로부터 강력한 투쟁력을 인정받게 된다.

한편 사용자측은 노동조합에 대하여 권위와 위신을 지키기 위해서 합의를 미루다가 무리한 부담을 자초하는 경우가 있다. 노사가 단체교섭을 통하여 실질적인 이익

16) 이규창 · 신건호 · 김길생 · 이승계 · 전게서, p. 327.

을 추구하기보다는 사용자로서의 체면을 지키고 힘을 과시하기 위하여 불합리한 주장을 고집하는 것은 일시적으로 가능할지 몰라도 장기적으로는 노동조합측의 반발을 일으킴으로써 노사분규를 자극할 수 있다.

2. 노사분규의 해결과정

1) 분규해결의 행동과학적 접근방법

노사분규도 인간사회에서 벌어지고 있는 집단갈등, 인종분쟁, 종교전쟁과 같은 범주에 포함되므로 행동과학의 원리에 따라 파악할 수 있다. 인간행동의 집단갈등을 해결하기 위한 전략으로서 직접대면, 설득과 협상, 준거기준의 통합, 상위목표의 설정, 통합자의 활용 등을 이용할 수 있다.

(1) 직접대면

갈등을 겪고 있는 노사당사자들을 직접적으로 대면시켜 서로의 입장과 원인을 밝히고 관련된 정보를 교환하며 문제를 터놓고 논의함으로써 상호 만족할만한 해결책을 찾도록 하는 것이다. 그러나 매우 복잡한 문제이거나 노사간의 가치관이 크게 다를 경우에는 대면을 통한 갈등의 해결은 기대하기 어렵다.

(2) 설득과 협상

설득(pursuation)은 논리적인 전개나 사실의 확인을 통하여 분쟁상대방을 호의적인 태도로 변화시킴으로써 갈등을 해소시키는 방법이다. 성공적인 설득을 위해서는 설득자가 신뢰를 받을 수 있도록 하여야 하고, 설득자가 일방적인 특별한 이해관계가 없다는 것을 상대방이 느낄 수 있도록 해야 한다.

협상(negotiation)은 당사자가 서로 양보를 통하여 합의에 도달하는 갈등해결방법이다. 교섭이 성공적으로 이루어지기 위해서는 교섭당사자는 교섭의 초점을 사람에 두지 말고 분규를 일으킨 문제 자체에 두어야 한다.

(3) 준거기준의 통합

노동조합대표와 사용자 사이에 상대방에 대한 인식이나 노사문제에 대한 인식수준의 차이가 있게 되면 단체교섭에 있어서 합의도출이 어렵게 된다. 예를 들면 사용자가 노동조합대표에 대하여 무책임하고 무리하며 성실성이 없는 사람으로 인식하거나, 반대로 노동조합대표가 사용자에 대하여 단체교섭 자체나 노동조합을 무시한다고 인식하게 되면 단체교섭이 쉽게 합의될 수 없을 뿐만 아니라 곧바로 노사분규로 이어질 수 있다. 또 다른 예로서 노동조합대표가 신기술이나 신제품개발에 관하여 단체교섭 의제로 제시하는 경우에 사용자가 이를 경영권에 대한 도전으로 인식하고 경영권 수호라는 명분으로 거부한다면 노동조합대표는 사용자가 노조를 무시하거나 노조말살을 의도하는 것으로 인식할 수 있으므로 단체교섭이 성공할 수 없을 뿐 아니라 쉽게 노사분규를 일으킬 수 있다. 따라서 노사가 준거기준을 통합할 수 있도록 상대방의 역할에 대하여 폭넓은 이해와 인식을 갖도록 노력하는 것이 중요하다.

(4) 상위목표의 설정

노사 당사자 간에 양립할 수 없는 목표의 차이로 인하여 갈등이 예상될 경우에 상위목표(上位目標: superordinate goal)를 설정하여 노사간의 상호의존관계・상호협력관계를 형성함으로써 갈등을 해소・예방할 수 있다. 예를 들면 외부 경쟁사와의 경쟁관계를 부각시킴으로써 내부대립관계에 있는 부서들에게 경쟁극복을 위한 단합을 촉구하는 경우이다. 이 방법이 성공하기 위해서는 상위목표가 각 집단 모두에게 바람직하고 매력적이어야 하며, 협동을 필요로 하고 달성가능한 것이어야 하며, 나아가서 목표가 달성된 후에 반드시 어떤 보상이 주어져야 한다는 것이다.[17]

(5) 통합자의 활용

설득이나 협상에 의하여 노사간의 대립이 해결되지 않는 경우에 통합자(integrator)에 의한 중재나 조정을 통하여 분규를 해결하도록 하는 방법이다. 통합자는 노사당사자 사이를 왕래하면서 계속적인 왕복외교(shuttle diplomacy)를 통하여 분규해결을 위한 의견일치를 유도하고 앞으로의 협력과제에 합의하도록 촉구함으로써 분규를 해결해 나아간다. 여기에서 통합자는 민간 조정자나 정부의 노동위원회가 될 수 있다.

2) 분규해결의 과정

노사분규의 해결은 우선 의견차이를 보이고 있는 당사자들의 해결하려는 의지와 노력이 중요하다. 당사자의 힘으로 해결이 곤란한 장벽을 인식하게 되면 내용을 잘 이해할 수 있는 제3자의 도움을 요청하는 것이 바람직하며, 제3자의 협력으로도 해

17) M. Scherief and C. W. Scherief, *Social Psychology*, New York: Harper and Row, 1969, pp. 228-262.

결될 수 없게 되면 정부의 판단에 의존할 수밖에 없게 된다.

(1) 당사자의 노력

노사관계에 있어서 단체교섭을 타결하거나 노사분규를 해결하기 위해서 기업의 상황과 상대방의 성격을 가장 잘 이해하고 있는 당사자들의 노력이 가장 중요하다. 따라서 노사당사자들은 먼저 직접대화 또는 일체화 노력을 통하여 분규를 해결하도록 시도하여야 한다.

① 직접대화

노사당사자가 서로 얼굴을 마주하고 의사소통이 빈번하게 이루어지면 상대방에 대한 충분한 이해와 기업목표에 대한 공감대가 형성되어 노사분규는 일어나지 않게 된다.

또한 노사가 한 자리에 모여 교섭을 진행하게 되면 새로운 정보와 지식을 얻게 되고, 그것이 타협의 실마리가 될 수 있을 것이다. 예를 들면 자사보다 뒤떨어지는 회사만 비교하며 우리 회사가 최고라고 믿는 사장에게, 앞서가는 회사의 증거를 노조가 제시한다면 단체교섭의 기회는 건설적인 자기확인 기회가 될 수 있다.

노사가 한 자리에서 얼굴을 마주보고 직접 대화하면서 공존관계나 공동운명체를 공언하면서 노조측은 회사가 망하는 것을 원치 않는다는 것을 다짐하고, 회사측에서는 노조활동을 방해할 의사가 없음을 확인하는 것이 중요하다. 노사의 직접대화에서 이루어지는 대화가 비공식적 발언이 될지라도 이런 말을 주고받는 과정에서 노사관계의 실상을 재인식하게 되고 상호신뢰가 구축되어 평화적 문제해결의 필요성을 자극하게 될 것이다.

② 이면대화

단체교섭이 노사간 대화창구의 중추적 역할을 담당하고 있으며, 고충처리는 노사관계의 이면적 대화의 통로를 제공하고 있다. 이를테면 단체협약이 체결됨으로써 노사관계의 안정화가 표면화될 수 있으나, 개별 조합원들은 협약내용의 해석과 적용에 대하여 불만족하거나 단체협약에서 다루지 못한 부분에 대한 불만이 표출할 수 있다. 조합원 개개인의 이해가 엇갈리면서 일어나는 현장차원의 수많은 문제들이 현장에서 처리될 수 있도록 만들어진 대화창구가 고충처리절차이다. 조합원의 개인적인 억울한 사정이 고충처리절차를 통하여 현장에서 조정될 수 있다는 체험을 하게 되면 종업원이 자기방어에 확신을 가지게 되고, 피해의식이나 열등감에서 벗어날 수 있게 될 것이다.

따라서 노사당사자들은 노동조합원들의 고충처리과정에서 그들과의 충분한 이면 대화를 통하여 노사분규를 해결할 수 있도록 노력하여야 할 것이다.

③ 일체화 노력

노사분규의 목적은 새로운 노사협력을 위한 수단이다. 즉, 노사분규는 노동조합 또는 사용자에 대한 불만 때문에 고용관계를 철회하거나 노동력 제공을 포기하려는 것이 아니라, 대립과 투쟁을 통하여 근로조건을 개선하고 개선된 조건에서 근로를 제공하겠다는 의지의 표현이다. 따라서 노사분규의 결과는 완전한 승자나 패자로 나타나지 않고 공존관계로 발전하기 위한 계기로 남게 될 것이다. 그러므로 기업은 노동조합대표와 사용자가 공존번영할 수 있는 터전임을 상호 인식하고 일체화를 위한 다각적인 노력이 필요할 것이다.

노조대표가 최고의사결정기관에 참가하는 유럽형 경영참가나 현장차원에서 참가의 효과를 살리는 미국형 참가적 관리, 우리나라의 노사협의제도 등은 모두 여기에 속한다. 이것은 관계집단 간의 상호 호혜적 원리를 강조하는 조합주의(corporatism) 주장과도 일치하는 것이다.

(2) 제3자의 지원

노사당사자의 노력으로 타협의 실마리가 풀리지 않게 되면 제3자의 도움을 받아 해결하는 것이 바람직할 수 있다. 노동조합대표는 조합원들의 기대가 크기 때문에 사용자측의 제안이 합리적이라는 사실을 알고 있으면서도 양보할 수 없는 경우가 있고, 사용자도 노조에 약하다는 평가를 받지 않기 위해서 주장을 고집하는 경우가 있다. 이런 상황에서 노사교섭대표들은 자신들의 입장을 지키기 위해서 신뢰받는 제3자에게 타협을 의뢰할 수 있다.

교섭당사자간의 합의로 신뢰하는 제3자를 선정하여 지원을 요청하면 임의중재가 되며, 쟁의신고를 받은 노동위원회가 조정이나 중재를 하게 되면 공적인 지원행위가 된다. 신뢰받는 제3자의 지원에 의한 조정은 풍부한 경험을 바탕으로 원만한 분규해결을 유도할 수 있다.

(3) 정부의 개입

노사분규는 기업내부의 문제로서 기업손실을 초래하지만 분규가 지속되면 국민경제 및 사회생활에 불편을 주게 되어 사회불안이 증폭되므로 정부가 개입하여 해결할 수밖에 없다. 우리나라의 노동조합 및 노동관계조정법이 채택하고 있는 쟁의조정이나 긴급조정제도는 노사관계를 공권력으로 해결하도록 하는 좋은 예이다. 그러나 영국이나 미국 등의 국가에서는 이러한 정부개입권을 유보하고 있다.

노사분규의 실질적인 해결을 위해서 정부가 개입하는 것은 합법적이지만, 정부가 위법행위를 처리하는 과정에 공정성을 잃게 되면 공권력의 부당한 개입으로 비난을 받게 된다.

3. 노사분규의 예방과정

1) 당사자의 평화협정

단체교섭을 통한 단체협약의 성립은 일종의 평화협상이라고 할 수 있다. 단체협약에 평화조항이 포함되어 있는 경우에는 말할 것도 없고, 평화조항이 없는 경우라 하더라도 근로조건에 관한 상호협정은 서로 지켜야 하므로 법률적으로 파업을 억제하는 역할을 한다.

미국에서는 자발적인 합의로 협약존속기간 중 파업을 억제한다는 약정을 무파업(no strike)조항이라 하며, 이탈리아에서는 '휴전'조항이라 한다. 독일과 스웨덴에서는 단체협약 자체가 '평화의무'를 가지고 있다.

이러한 단체협약에 의한 휴전조항이나 평화의무가 실지로 지켜지는 것이 중요하다. 그러나 대부분의 나라에서는 현실적으로 지켜지지 않고 있다. 평화의무의 준수는 노조의 태도, 분규처리절차, 평화의무 위반자의 형사처벌 여부 등이 변수로 작용하고 있다.

2) 노동조합의 자제

파업은 노사관계에서 최종적인 수단이므로 파업권의 행사는 노사 쌍방이 신중하게 결정하여야 하고 최대한 자제하여야 한다. 현행 노동조합법에서도 파업행위를 신중하게 처리하고 자제하도록 강제절차를 강구하고 있다.

① 조합원 전원에 의한 과반수 찬성 결의(동법 제41조 제1항)

② 쟁의행위 조정의 전치제도(동법 제45조 제1, 2항)

파업은 노사관계 당사자의 손실을 초래할 뿐만 아니라 국가의 경제・사회에 미치는 파장이 매우 직접적이고 중대하므로 노사당사자들의 특별한 자제가 필요하며 정부의 제도적 대응책이 반드시 정립되어 있어야 한다.

3) 입법적 조치

(1) 파업찬반투표제도

파업은 노사관계의 최종수단이므로 공식적인 절차를 거치지 않으면 불법파업으로 효력을 잃게 된다. 따라서 파업이 노동조합원의 의사에 의하여 결정된 것인가, 아니면 조합지도자의 개인적 야심에 의하여 결정된 것인가는 노사분규당사자는 물론 정부의 중요한 관심의 대상이 되고 있다.

영국에서는 1984년의 노동조합법에서 파업에 들어가기 전에 조합원의 비밀투표로 절대다수의 찬성을 받아야 한다는 규정을 도입하고 있는데, 이는 조합원이 영문도 모른 사이에 파업이 일어나는 상황을 막으려는 것이다.

미국 태프트 하틀리법에 의한 국가적 긴급사태 하의 분규처리절차를 보면, 사용자의 최종제안을 수락할 것인가의 여부에 관한 비밀투표를 실시하도록 규정하고 있다. 최종투표에서 사용자의 제안이 거부되었을 경우에만 파업을 시작할 수 있다.

우리나라 「노동조합법」 제41조에서 노사분규의 제한조치로서 노동쟁의를 전체 조합원의 직접 · 비밀 · 무기명 투표에 의한 과반수의 찬성으로 결정하도록 의무화한 것은 파업자제를 유도하기 위한 것이다.

(2) 성실의무

정부는 파업을 효과적으로 예방하기 위하여 단체교섭에 있어서 성실의무(bargaining in good faith)를 법제화하고 있다. 단체교섭에서 성실의무는 원래 사용자가 노조대표와 만나는 것 자체에 대하여 기피하려는 태도를 배제하기 위한 것으로 미국의 Wagner 법에서 처음으로 채택되었다. 단체교섭에 있어서 성실의무가 파업을 예방할 것이라는 근거는 노사가 진실한 태도를 가지고 접촉하여 교섭을 하게 되면 극한적인 대립상태를 피할 수 있을 것이라는 가정에 입각한 것이다.

여기에서 성실의무란 노사 쌍방이 거부의사 없이 단체교섭에 참가하고 문제에 대해서 솔직하게 토의하며 진지하게 대안을 제시하는 교섭태도라고 할 수 있다.

(3) 사전통고제도

사전통고제도는 파업계획 사전통고와 단체협약 변경 사전통고제도가 있다. 파업계획 사전통고제도는 파업계획을 상대방에게 사전에 통고함으로써 예기치 못한 돌연한 파업발생을 방지하고 쌍방이 합의점을 찾을 수 있도록 제3자에게 조정활동의 기회를 주기 위한 것이다.

단체협약의 체결은 평화 또는 휴전의 성립으로 보고, 단체협약이 종료되거나 노사분규의 결정은 평화의무 또는 휴전조건이 해제된 것으로 본다.

미국의 경우 단체협약을 갱신하거나 변경하고자 할 때에는 그 유효기간 만료 60일 전에 상대방에게 내용을 통고하도록 되어 있고, 일본은 10일로 정하여졌다.

우리나라는 단체교섭 내용에 대한 사전통고제도가 법률적으로 규정되어 있지 않으므로 단체협약에서 정할 수 있다.

(4) 냉각기간 설정

냉각기간(cooling-off period) 설정제도는 노사가 단체교섭에서 의견의 불일치로 발생한 감정적 대립을 가라앉히고 돌연한 파업발생을 방지하기 위하여 이 기간 동안에 제3의 조정기관의 조정・중재노력을 통하여 쌍방이 합의점을 찾을 수 있는 기회를 주기 위한 제도이다. 미국은 공익을 위태롭게 할 쟁의행위에 대하여 정부가 통산 80일까지 쟁의행위를 유보하도록 법원에 신청할 수 있게 되어 있으며, 영국은 노사분쟁이 긴급사태를 초래하게 될 경우에 노동부장관이 60일까지의 냉각기간 설정을 법원에 신청할 수 있도록 하고 있다. 일본도 공익사업이나 국민생활에 현저한 위해를 가져올 우려가 있는 노사분규에 대하여 내각총리대신이 긴급조정결정을 하도록 하고, 긴급조정결정이 내려진 사건에 있어서는 50일 간 쟁의행위를 할 수 없도록 하고 있다.

우리나라 노동조합법은 노동위원회에 조정신청이 있은 날로부터 일반사업의 경우 10일, 공익사업의 경우 15일 이내에 조정을 종료하여야 한다고 조정기간(냉각기간)을 설정하고 있으며, 노사분규 이전에 조정신청주의를 두고 있으나, 실질적으로는 강제적인 조정전치주의를 채택하고 있다.

4) 원천적 예방

노사분규를 해결하고 예방하기 위한 다양한 구상들은 모두 노사가 대립적・적대적 관계에 있다는 가정에서 출발하고 있다. 그러나 노사관계를 적대관계로 규정짓는 것은 생산현장에 대면하고 있는 근로자와 사용자가 아니라 노사관계에 관심을 갖는 지식인들이라는 사실이다.

근로자는 직장을 필요로 하고, 사용자는 근로자를 필요로 하며, 이 두 집단은 서로 필요에 따라 기업이라는 공동체를 통하여 근로자와 사용자가 서로 자신의 욕구를 충족시키기 위해서 만난 관계로 본다면 처음부터 노사관계를 적대관계로 단정하는 것은 잘못된 견해이며, 오히려 협력관계로 재정의하여야 할 것이다.

기업을 하나의 노사공동체로 인식하고 노사관계를 협력관계 내지는 동반자관계로 이해하게 된다며 단체교섭은 공동체를 구성하는 협력자간의 내부조정활동이라고 할 수 있으며, 경영참가는 집단내부의 역할교류라고 할 수 있다.

기업의 공동체성을 인정하게 되면 노사관계는 대립적·적대적 관계라는 기존의 의식에서 벗어나게 되고 기업발전이라는 공동목표를 추구하는 동반자관계 내지는 동질집단관계로 된다. 그렇게 되면 노사분규문제는 원천적으로 해결되며 단체교섭이나 경영참가는 공동목표달성을 위한 협력적 제도로 정착하게 될 것이다.

제8장 노동쟁의와 조정제도

제8장 노동쟁의와 조정제도

제1절 노동쟁의의 보장과 제한

단체교섭 과정에서 사용자대표와 노동조합대표자가 합의에 도달하게 되면 바로 단체협약을 체결하여 노사의 안정과 평화를 유지할 수 있으나, 단체교섭 내용에 대하여 합의를 도출하지 못하고 교섭이 결렬되게 되면 노사당사자들은 실력행사로 들어가 분쟁상태를 일으키게 된다. 이러한 노사의 대립과 분쟁은 기업의 엄청난 경제적 손실을 가져올 뿐만 아니라 국가의 사회불안을 초래하게 되므로 정부는 노동쟁의를 조속히 해결하기 위하여 조정절차에 들어가게 된다.

여기에서는 노동조합 및 노동관계조정법을 중심으로 제도적 차원에서 노동쟁의의 개념을 정의하고 쟁의행위의 제한 및 금지사항, 그리고 쟁의행위 유형을 살펴보며, 노동쟁의의 조정제도에 관하여 논의하도록 한다.

최근의 노동쟁의 조정사건의 처리현황이 다음과 같이 집계되고 있다.

〈표 8-1〉 노동쟁의 조정신청건수 및 조정성립률

(단위: 건수, %)

연 도	조정신청 건수	조정성립률	분쟁해결률	구제신청 건수	행정소송 제기건수
2001년	1,096	43.2	96.3	6,765	253
2005년	896	57.7	94.4	6,284	355
2010년	708	64.5	97.2	11,278	321
2015년	877	53.8	96.4	12,140	415
2019년	1,291	47.6	88.3	14,849	639
2020년	983	53.3	87.8	15,384	593

주: 1) 조정성립률 = 조정성립건수/(조정성립건수 + 조정불성립건수) × 100
2) 분쟁해결률 = (구제신청건수–행정소송제기건수)/구제신청건수 × 100
자료: 2021 KLI통계, 한국노동경제연구원, p. 171.

1. 노동쟁의의 개념

1) 노동쟁의의 정의

근로자와 사용자의 단체교섭은 가능한 한 평화적인 대화와 협의로써 해결하는 것이 가장 이상적이다. 그러나 단체교섭 과정에서 노사가 각각 자기들의 이익을 내세워 양보 없는 주장을 계속하고 대립함으로써 노사문제의 평화적 해결이 이루어지지 않고 교섭이 결렬되는 경우에 쟁의행위가 발생하게 된다. 「노동조합 및 노동관계조정법」 제2조 5호에 따르면 "노동쟁의라 함은 노동조합과 사용자 또는 사용자단체 간에 임금·근로시간·복지·해고 기타 대우 등 근로조건의 결정에 관한 '주장의 불일치'로 인하여 발생한 분쟁상태를 말한다"고 정의하고 있다. 여기에서 주장의 불일치란 당사자 간에 합의를 위한 노력을 계속하여도 더 이상 자주적 교섭에 의한 합의의 여지가 없는 경우를 말한다(동조 5호 후단).

또한 동조 제6호에서는 "쟁의행위라 함은 파업·태업·직장폐쇄 기타 노동관계 당사자가 그 주장을 관철할 목적으로 행하는 행위와 이에 대항하는 행위로서 업무의 정상적인 운영을 저해하는 행위를 말한다"고 정의하여 쟁의행위의 투쟁형태와 대항형태를 포함하고 있다. 다시 말하면 노동쟁의는 단체교섭 과정에서 노사간의 대립 및 협상결렬로 인하여 단체협약의 체결이 성립되지 않고 분쟁상태가 발생하는 것으로서, 근로자측의 노동력 제공 거부행위(파업·태업 등)와 사용자측의 노동력 수용 거부행위(직장폐쇄 등)를 의미한다.

우리나라의 노동쟁의 발생건수와 근로손실일수는 2000년대 들어 안정되는 추세를 보이고 있으며, 〈표 8-2〉에서 보는 바와 같이 노동쟁의 발생은 2007년 115건, 2015년 105건, 2019년 141건이며, 근로손실일수는 2007년 536천일, 2015년 447천일, 2019년 402천일로 다소 불안한 안정추세라 할 수 있다.

〈표 8-2〉 노동쟁의 발생건수 및 근로손실일수 추이

(단위: 건/천일)

	2007	2010	2015	2018	2019
노동쟁의건수	115	86	105	134	141
근로손실일수	536	511	447	552	402

자료: 고용노동부 노동동향보고서(노사분류통계), KLI통계, 2021년, p. 161.

2) 이익분쟁과 권리분쟁

노동쟁의는 추구하는 목적에 따라 이익분쟁(interests disputes)과 권리분쟁(rights disputes)으로 나눌 수 있다. 이익분쟁이란 임금 및 근로조건에 관한 새로운 단체협약을 체결하기 위하여 노사가 단체교섭하는 과정에서 합의에 도달하지 못함으로써 일어나는 분쟁을 말하며, 권리분쟁이란 노사간의 단체교섭 결과에 의하여 체결된 단체협약의 해석 및 적용이나 협약이행에 있어서 주장의 불일치로 발생하는 분쟁상태를 의미한다.

여기에서 임금인상 및 근로조건 개선에 관련한 이익분쟁은 노사쌍방의 성실한 단체교섭을 통하여 자주적으로 해결하는 것이 바람직하다. 그렇지 못한 경우에 파업・태업 또는 직장폐쇄 등의 쟁의행위에 돌입할 수 있다.

그러나 단체협약에서 약정한 노사의 권리・의무에 관련된 권리분쟁에 대해서 노동조합법 제34조에 의하면 노사당사자는 노동위원회에 단체협약의 해석 또는 이행방법에 관한 견해를 요구할 수 있고, 노동위원회는 30일 이내에 명확한 견해를 제시해야 하며, 노동위원회의 견해는 중재재정과 동일한 효력을 갖도록 규정하고 있으므로 권리분쟁은 원칙적(법률적)으로 쟁의행위의 대상이 될 수 없는 것이다

여기서 유의할 점은 노동조합법은 주로 이익분쟁을 전제로 하여 조정제도를 마련하고 있다는 점이다. 따라서 권리분쟁에 관한 것은 노동쟁의의 범주 속에 들어 있지 않다. 그런데 파업이 사실상 허용되지 않았던 1987년 6.29선언 이전에 표출된 대부분의 노사갈등은 권리분쟁에 해당하는 것이었으므로 당시의 노동쟁의조정법으로는 조정할 수 없는 성질의 분쟁이었을 뿐만 아니라, 동법에서 말하는 쟁의로 간주할 수도 없었던 것이다.

2. 쟁의행위의 정당성과 면책

1) 쟁의권 보장

쟁의권이라 함은 근로자가 사용자에 대하여 근로조건에 관한 자기측의 요구를 관철하기 위하여 단결력을 배경으로 각종 쟁의행위를 할 수 있는 권리를 말한다. 즉, 근로자들은 단결권을 행사하여 노동조합을 결성하여 단체교섭권을 행사한다. 그러나 단채교섭이 결렬된 경우에 노동조합은 자기의 주장을 관철하기 위하여 집단행위

로서 실력행사를 하게 된다. 이를 단체행동이라 하며, 단체행동을 할 수 있는 법적 권리를 단체행동권이라 한다.[1)]

헌법 제33조 제1항은 경제적으로 힘이 우세한 사용자와 힘의 열세에 있는 근로자가 대등한 입장에서 힘이 유지될 수 있도록 하기 위해서 근로3권의 하나인 단체행동권을 보장하고 있다.

그러나 노동조합법은 근로자의 쟁의행위가 적합한 절차를 따른 경우에 정당한 행위로서 쟁의권을 보장하고 있다.

2) 정당한 쟁의행위

쟁의행위의 정당성이라 함은 쟁의행위가 적법하게 성립하고 적법한 절차에 따라 진행되어야 한다는 것을 의미한다. 현행 「노동조합법」 제37조 제1항은 "쟁의행위는 그 목적・방법 및 절차에 있어서 법령 기타 사회질서에 위반되어서는 아니 된다"고 규정하고, 동조 제2항에서는 "조합원은 노동조합에 의하여 주도되지 아니한 쟁의행위를 하여서는 아니 된다"는 쟁의행위의 기본원칙을 규정하고 있다. 그러므로 노동쟁의는 노동조합에 의하여 주도되어야 하고, 목적・방법 및 절차에 있어서 법령에 위반되지 아니하여야 실질적인 정당성을 갖는다. 따라서 쟁의행위가 실질적인 요건을 갖추지 못하면 그 쟁의행위가 본질적으로 위법하게 되어 형사상・민사상의 면책을 받지 못하게 될 수도 있다.

3) 쟁의행위의 면책

근로자들의 정당한 단체행동 내지 쟁의행위는 민사상・형사상의 면책을 보장하고 있다. 근로자에게 단체행동권을 보장하는 기본취지는 근로자들의 경제적・사회적 지위의 향상을 목적으로 하는 실력행사를 보장할 뿐 아니라, 근로자의 정당한 실력행사를 법적으로 보호하고, 민사상・형사상 책임을 면책하며, 쟁의행위를 했다는 이유로 근로자에게 해고 기타 불이익을 주는 것을 막으려는 것이다.

「노동조합법」 제3조는 "사용자는 이 법에 의한 단체교섭 또는 쟁의행위로 인하여 손해를 입은 경우에 노동조합 또는 근로자에 대하여 그 배상을 청구할 수 없다"고 규정하여 민사상의 면책을 규정하고 있고, 동법 제4조에서 "형법 제20조(정당행위)의 규정은 노동조합이 단체교섭・쟁의행위 기타의 행위로서 노동조합법 제1조의

---

1) 이상윤, 노동법, 법문사, 1997, p. 755.

목적을 달성하기 위하여 한 정당한 행위에 대하여 적용한다"고 규정하여 형사상의 면책을 규정하고 있다. 그러나 동조 단서에서는 "다만, 어떠한 경우에도 폭력이나 파괴행위는 정당한 행위로 해석되어서는 아니 된다"고 규정하여 형사상의 정당한 쟁의행위가 아닌 행위는 보호되지 않는다는 취지를 강조하고 있다.

3. 쟁의행위의 요건

1) 쟁의행위의 성립요건

「노동조합법」 제2조 6호에 따르면 "쟁의행위라 함은 파업, 태업, 직장폐쇄 기타 노동관계 당사자가 그 주장을 관철할 목적으로 행하는 행위와 이에 대항하는 행위로서 업무의 정상적 운영을 저해하는 것을 말한다"고 규정하고 있다. 헌법 제33조는 단체행동권(쟁의권)을 보장하고 있으며, 노동조합법은 정당한 쟁의행위에 대하여 민사상 또는 형사상의 책임을 물을 수 없고, 해고 기타 불이익 대우를 할 수도 없도록 규정하고 있다. 그러나 이와 같은 쟁의행위가 정당성을 가질 때 효력이 발생하며, 정당하지 못한 쟁의행위는 법률적으로 보호를 받을 수 없다.

쟁의행위의 정당성 여부를 판단하는 데는 일반적으로 쟁의행위의 당사자와 목적 그리고 수단이 고려대상이 된다. 다시 말해서 정당한 쟁의행위라고 하기 위해서는 우선 쟁의행위의 당사자가 적격해야 하고, 목적이 정당하여야 하며, 이 목적을 관철하기 위한 수단 또한 정당하여야 한다.[2]

따라서 쟁의행위가 정당하게 성립되기 위해서는 다음의 요건을 충족시켜야 한다.

(1) 당사자 적격성

노동쟁의는 단체협약을 체결할 자격이 있는 노동조합이어야 쟁의를 할 수 있고(노동조합법 제29조), 쟁의행위는 노동조합에 의하여 주도되어야(동법 제37조 2항) 하므로 정당한 절차에 의하여 조직된 노동조합만이 쟁의행위를 할 수 있다.

쟁의행위는 단체교섭의 결렬로 인하여 단체협약 체결에 실패한 경우에 행해지는 것이므로 단체교섭의 당사자가 쟁의행위의 당사자가 된다. 따라서 쟁의행위를 할 수 있는 당사자는 단체협약의 당사자인 근로자측의 노동조합과 사용자측의 사용자 또는 사용자단체가 된다.

---

2) 한국노동교육원, 노사관계론, 1991, pp. 212-213.

단체협약 체결능력이 없는 근로자의 집단, 즉 노동조합이 아닌 단체 또는 근로자 개인은 노동조합법상의 노동관계의 당사자가 될 수 없다. 그러나 사용자 개인의 행위는 조직을 대표하는 집단성이 있으므로 노동조합의 쟁의행위에 대항하는 사용자의 직장폐쇄는 그 행위가 정당하다.

(2) 목적 정당성

쟁의행위는 근로조건에 관한 쌍방 당사자측의 주장을 관철시키기 위한 목적이 있어야 한다. 쟁의행위는 노동조합과 사용자가 단체교섭을 진행하면서 각자의 요구를 주장하였으나 그것이 관철되지 아니한 경우 이를 관철시키기 위한 수단으로 행해지는 것이므로, 노동쟁의는 단체교섭의 목적달성을 위한 수단이어야 한다.

단체교섭은 노동조합법 제1조의 목적을 대상으로 교섭해야 하므로 쟁의행위의 목적도 근로자의 근로조건의 유지·개선과 경제적·사회적 지위의 향상을 도모함을 목적으로 해야 한다.

만일 근로자의 쟁의행위가 사용자의 경영권·인사권의 부분적 쟁취를 목적으로 하거나, 정치적 목적 또는 다른 노동조합의 파업을 지원하기 위해 실력행사를 하는 것은 정당한 쟁의행위로 인정되지 않는다.

(3) 수단 정당성

쟁의행위는 업무의 정상적 운영을 저해하는 행위이어야 하므로 동맹파업과 같이 집단적으로 근로제공을 거부하거나, 직장폐쇄와 같이 근로자들의 조업을 봉쇄하는 것이어야지, 완장이나 리본의 착용, 플랜카드의 게양 등은 엄격한 의미에서 쟁의행위로 볼 수 없다.

(4) 노동조합의 지도와 책임

쟁의행위는 그 쟁의와 관계없는 자 또는 근로를 제공하고자 하는 자의 출입·조업 기타 정상적인 업무수행을 방해하여서는 아니 되며, 쟁의행위에 참가를 설득하기 위해서 폭행이나 협박을 사용하여서는 아니 된다. 또한 작업시설의 손상이나 원료·제품의 변질 또는 부패를 방지하기 위한 작업은 쟁의행위 기간 중에도 정상적으로 수행되어야 한다. 따라서 노동조합은 쟁의행위가 적법하게 수행될 수 있도록 지도·관리·통제할 책임이 있다(노동조합법 제38조).

2) 쟁의행위의 절차요건

(1) 쟁의행위의 결의

노동조합의 쟁의권은 조합원의 결의로써 행사할 수 있다. 「노동조합법」 제41조 1항은 "노동조합의 쟁의행위는 그 조합원의 직접 · 비밀 · 무기명투표에 의한 조합원 과반수의 찬성으로 결정하지 아니하면 이행할 수 없다고 규정하고, 또한 복수 노동조합이 있는 사업장의 경우에도 동법 제29조의 2에 따라 교섭창구 단일화로 교섭대표노동조합이 결정된 경우에는 그 절차에 참여한 노동조합의 전체 조합원의 직접 · 비밀 · 무기명투표에 의한 과반수의 찬성으로 결정하지 아니하면 쟁의행위를 할 수 없다"고 규정함으로써 노동조합의 쟁의행위는 반드시 조합원 과반수의 결의를 얻음으로써 행할 수 있다.

(2) 조정전치제도

노동쟁의는 근로자측이 노동력 제공을 거부하거나, 사용자측이 노동력 수용을 거부하는 행위로서 상대방에게 매우 심각한 영향을 줄 수 있으므로 노동조합법 제45조는 쟁의행위의 절차요건으로서 조정전치제도를 규정하고 있다. 즉, 동법 제45조 제1항에는 "노동관계 당사자는 노동쟁의가 발생한 때에는 어느 일방이 이를 상대방에게 서면으로 통보하여야 한다"고 규정함으로써 노동쟁의 발생 사실에 대해서 상대방이 알 수 있도록 하고 있다.

그리고 쟁의행위가 결의된 다음에 쟁의행위를 행사하기 위해서는 반드시 노동위원회의 조정절차를 거치도록 제도화하고 있다. 즉, 동조 제2항에서 "쟁의행위는 제5장 제2절 내지 제4절(조정과 중재)의 규정에 의한 조정절차를 거치지 아니하면 이를 행할 수 없다"고 규정함으로써, 노동관계 당사자는 쟁의행위를 시작하기 전에 반드시 조정절차를 거치도록 하고 있다.

따라서 노동관계 당사자의 일방 또는 쌍방은 노동위원회에 노동쟁의 조정을 신청하여야 하며, 조정신청을 접수한 노동위원회는 조정위원회(조정위원 3인)를 구성하거나 단독조정인을 선임하여 지체 없이 조정활동을 개시하도록 하고 있다.

4. 쟁의행위의 제한과 금지

쟁의행위가 발생하면 기업은 생산중단으로 경제적 손실을 초래하고 근로자는 무노동 무임금 원칙에 따라 임금을 받지 못하여 임금소득이 감소하고, 노사양측은 상호불신과 갈등관계의 확산으로 협력관계가 악화되며, 국가는 경제 사회가 불안하여 생활환경이 불안정해진다. 따라서 노동조합 및 노동관계조정법에서는 노동쟁의 대상이나 목적 및 방법에 있어서 일정한 행위를 제한하거나 금지하고 있다.

1) 공무원과 교원의 쟁의행위 금지

헌법 제33조 제2항에서 "공무원인 근로자는 법률이 정하는 자에 한하여 단결권 · 단체교섭권 및 단체행동권을 가진다"고 규정함으로써, 국가공무원, 지방공무원 중에 사실상 노무에 종사하는 공무원(정보통신부 소속의 현업기관과 국립의료원의 작업현장에서 노무에 종사하는 기능직 공무원과 고용직 공무원) 이외에는 노동운동 기타 공무 이외의 일을 위한 집단적 행위를 할 수 없도록 하고 있으며(국가공무원법 제66조 제1항 및 지방공무원법 제58조 제1항), 그리고 현역군인, 군무원, 경찰관리, 형무관리와 소방관리 공무원은 근로3권을 가질 수 없으므로 쟁의행위를 할 수 없다(군인복무규율 제38조, 경찰공무원 복무규율 제12조, 공무원복무규정 제28조 단서).

한편, 「교원의 노동조합 설립 및 운영 등에 관한 법률」 제8조는 "노동조합과 그 조합원은 파업, 태업 또는 그 밖에 업무의 정상적인 운영을 방해하는 일체의 쟁의행위를 하여서는 아니 된다"고 규정하여 교원의 쟁의행위를 원천적으로 금지하고 있으며, 다만 교원의 노사관계에서 단체교섭이 결렬된 경우에는 교섭 당사자의 일방이나 쌍방이 중앙노동위원회에 조정을 신청할 수 있도록 하고 있다(동법 제9조).

2) 필수유지업무에 대한 쟁의행위 제한

(1) 필수유지업무의 범위

필수유지업무라 함은 필수공익사업(노동조합법 제71조 2항)의 업무수행 중에 그 업무를 정지하거나 폐지하는 경우 공중의 생명 · 건강 또는 신체의 안전이나 공중의 일상생활을 현저히 위태롭게 하거나 국민생활을 현저히 저해하고 그 업무의 대체가 용이하지 아니한 사업을 말하는 것으로(노동조합법 제42조 1항), 이와 같은 필수공익사업에 있어서 필수유지업무의 정당한 유지 및 운영을 정지하거나 폐지 또는 방해하는 쟁의행위를 하여서는 아니 된다(동조 2항).

여기에서 동법 제71조 2항에서 규정하는 필수공익사업은 ① 철도사업, 도시철도 및 항공운수업, ② 수도, 전기, 가스, 석유정제 및 석유공급사업, ③ 병원사업 및 혈액공급사업, ④ 한국은행사업, ⑤ 통신사업 등이 포함된다.

(2) 필수유지업무의 협정 및 결정

필수유지업무의 쟁의행위가 실제로 금지되는 범위와 규모에 대해서는 노동관계 당사자가 자율적으로 협의하여 결정하도록 하고 있다. 즉, 노동관계 당사자는 쟁의행위기간 동안 필수유지업무의 정상적인 유지・운영을 위하여 해당 업무의 필요한 최소한의 유지・운영수준, 대상직무 및 필요인원 등을 서면으로 체결하여야 한다. 이 필수유지업무협정은 당사자 쌍방이 서명이나 날인하여야 한다(노동조합법 제42조의 3).

노사간에 필수유지업무협정이 자율적으로 체결되지 아니하는 경우에는 당사자 일방 또는 쌍방은 노동위원회에 필요한 최소한의 유지・운영수준, 대상업무 및 필요인원 등의 결정을 신청하여야 한다(동법 제42조의4)고 규정하고 있고, 이 신청을 받은 노동위원회는 해당 사업 또는 사업장의 필수유지업무의 특성 및 내용을 고려하여 결정할 수 있다.

노동조합은 필수유지업무협정이 체결되거나 노동위원회의 결정이 있는 경우에는 사용자에게 필수유지업무에 근무하는 조합원 중 쟁의행위기간 동안 근무하여야 할 조합원을 통보하여야 하며, 사용자는 이에 따라 근로자를 지명하고 이를 노동조합과 그 근로자에게 통보하여야 한다(동법 제42조 6호).

3) 주요 방위산업체 근로자에 대한 제한

「노동조합법」 제41조 제2항에서 “방위산업법에 의하여 지정된 주요 방위산업체에 종사하는 근로자 중 전력, 용수 및 주로 방산물자를 생산하는 업무에 종사하는 자는 쟁의행위를 할 수 없다”고 규정하고 있으며, 여기서 주요 방위산업체라 함은 군용으로 제공되는 물자를 생산하는 업체로서 일정한 시설기준과 보안요건을 갖추어 정부의 지정을 받은 사업체를 말한다.

그리고 주로 방산물자를 생산하는 업무에 종사하는 자라 함은 방산물자의 완성에 필요한 제조・가공・조립・정비・재생・성능검사・열처리・도장・가스취급 등의 업무에 종사하는 자를 말하므로(노동조합법 시행령 제20조) 그 외의 업무에 종사하는 자는 쟁의행위를 할 수 있다.

4) 조합원 과반수 이하의 찬성

「노동조합법」 제41조 제1항은 “노동조합의 쟁의행위는 그 조합원의 직접・비밀・무기명투표에 의한 조합원 과반수의 찬성으로 결정하지 아니하면 이를 행할 수 없다"고 규정하고 있으므로 이를 위반한 쟁의행위는 정당성을 상실하게 되어 형사 내지 민사상의 책임을 면할 수 없게 된다.

5) 폭력행위 및 생산시설 점거 금지

쟁의행위에 있어서 어떠한 경우에도 폭력이나 파괴행위는 정당한 행위로 인정될 수 없으며(동법 제4조 단서), 쟁의행위는 폭력이나 파괴행위 또는 생산 기타 주요업무에 관련된 시설을 점거하는 형태로 행할 수 없도록 규정하고 있다(동법 제42조 제1항).

따라서 그 행위가 폭행·협박·상해 또는 불법감금·명예훼손과 같은 범죄행위를 구성하는 한 형법에 따라 처벌을 받는 것은 당연하다. 따라서 아무리 취지가 좋고 명분이 있다 하더라도 폭력에 의존해서는 그 정당성을 인정받을 수 없으므로 적법한 절차에 따라 평화적인 방법으로 쟁의행위를 해야 한다.

6) 안전보호시설 방해금지

「노동조합법」 제42조 2항은 "사업장의 안전보호시설에 대하여 정상적인 유지·운영을 정지·폐지 또는 방해하는 쟁의행위는 할 수 없다"고 규정하고 있다. 여기서 안전보호시설이란 용광로시설·동력시설·폭발물시설·낙방지시설·통신시설·위생시설·인명구호시설 등을 말하며, 이러한 시설은 일시적이라도 중단할 수 없는 바, 쟁의행위 중에도 계속 유지되어야 한다.

따라서 쟁의행위는 사용자에게 생산중단 등에 의하여 경제적 타격을 주는 데 그쳐야 하며 안전보호시설을 정지·폐지 또는 방해하는 것과 같은 위험한 행위는 정당성을 상실하게 되므로 쟁의행위 중에도 안전보호시설은 그대로 유지되어야 한다.

7) 쟁의기간 중 임금요구 쟁의 금지

「노동조합법」 제44조 1항은 "사용자는 쟁의행위에 참가하여 근로를 제공하지 아니한 근로자에 대하여는 그 기간 중의 임금을 지급할 의무가 없다"고 규정하여 무노동 무임금의 원칙을 확인하고 있으며, 제2항은 "노동조합은 쟁의행위 기간에 대한 임금의 지급을 요구하여 이를 관철할 목적으로 쟁의행위를 하여서는 아니 된다"고 규정함으로써 쟁의행위 기간에 대한 임금요구를 관철하기 위한 쟁의행위의 불법성을 명백히 하고 있다. 따라서 사용자는 쟁의행위에 참가한 근로자에 대하여 임금지급의 의무가 없을 뿐 아니라, 노동조합은 쟁의행위 기간 동안에 대한 임금지급 요구는 정당성을 인정받지 못한다.

8) 노동쟁의 조정기간의 쟁의금지

노동쟁의의 조정(調停)이 이루어지고 있는 중에는 조정전치주의(調停前置主義)에 따라 조정절차를 거치지 않으면 쟁의행위를 할 수 없다(노동조합법 제45조 2항). 이를테면 일반사업에 있어서는 10일, 공익사업에 있어서는 15일간(1회에 한해 연장 가능) 쟁의행위를 할 수 없고(동법 제54조 1항 및 2항), 노동쟁의가 중재에 회부된 때에는 그 날로부터 15일간(동법 제63조), 그리고 긴급조정의 결정이 공표된 때에는 즉시 쟁의행위를 중지하여야 하며, 공표일로부터 30일이 경과하지 아니하면 쟁의행위를 재개할 수 없도록 하고 있다(동법 제77조).

제2절 쟁의행위의 유형

단체교섭은 될 수 있는 한 높은 임금, 좋은 근로조건을 요구하는 노동조합과 가능한 낮은 임금, 적은 비용의 근로조건을 제공하려는 사용자 사이의 거래이므로 필연적으로 갈등과 협상결렬이 따르게 된다. 노동조합은 자신들의 요구를 관철시키기 위해서 어떤 형태의 실력행사를 할 수 있으며, 또한 사용자도 노동조합의 실력행사를 봉쇄하기 위해 대항하는 실력행사로 맞설 수 있다.

쟁의권 행사는 보통 노동조합이 노동의 제공을 거부하는 행위와 사용자의 노동력 수용을 거부하는 행위로 구분되는데, 이는 모두 상대방의 재산상의 손실을 압박하는 수단으로 이용되고 있다. 이러한 쟁의권 행사는 쟁의행위의 주체에 따라 노동조합측의 쟁의행위와 사용자측의 쟁의행위로 구분할 수 있다. 노동조합측의 쟁의행위는 쟁의수단에 따라 파업, 태업, 보이콧, 피케팅, 생산관리, 보조적 쟁의행위 등이 포함되며, 사용자측의 쟁의행위는 직장폐쇄와 조업계속으로 대항한다.

1. 노동조합의 쟁의행위

1) 파 업

파업(strike)이란 근로자들이 단결하여 근로조건의 유지·개선이라는 목적을 달성하기 위하여 사용자에 대해서 집단적으로 노무의 제공을 거부할 것을 내용으로 하는 쟁의행위로서 근로자측의 쟁의행위 중에서 가장 역사가 오래되고 널리 행해지고 있으며 가장 강력한 쟁의행위이다. 즉, 노동조합 또는 기타 근로자단체가 사용자의 근로자 지배로부터 이탈하여 노동력 제공의 정지를 내용으로 하는 쟁의행위이다. 그러나 근로자들이 집단적으로 노동력의 제공을 거부하는 것은 근로자들이 요구하는 개선된 근로조건 하에서 다시 노동력을 제공할 것을 전제로 하는 것이지 계속적으로 근로제공을 거부하는 사직과는 다르다.

파업은 기업의 손실을 가장 높일 수 있는 노조의 전략으로서 사용자측에서 조업중단으로 인한 경제적 타격(고정비 부담, 매출감소, 거래관계의 단절 등)을 주지만 근로자측에도 사용자의 임금지급의무 정지로 불이익이 초래된다. 그럼에도 불구하고 근로자가 최후의 수단으로서 파업을 선택하는 것은 노무제공의 거부라는 압력을 가하여 임금인상 기타 근로조건의 개선이라는 이익실현을 위한 것이다.

파업의 종류에는 참가자의 범위에 따른 구분(부분파업과 총파업), 합법성 유무에 따른 구분(불법적 파업 혹은 무모한 파업, 합법적 파업), 투쟁목적에 따른 구분(경제적 파업, 정치적 파업)을 할 수 있다. 따라서 파업의 유형은 분류기준에 따라 여러 가지 형태로 설명되고 있다.

(1) 참가범위에 따른 분류

① 부분파업

부분파업은 특정산업의 일부 또는 기업의 핵심이 되는 중요 부서 일부를 파업에 참가하도록 하여 근로자들의 희생을 가능한 최소화하고 기업에게는 최대한의 타격을 주기 위해 실시되는 형태이다.

② 지명파업

지명파업은 부분파업의 극단적인 방법으로서 조합원 한 사람 한 사람을 지명하여 작업을 금지시키는 것을 말한다.

③ 전면파업 혹은 전체파업

전면파업은 특정 산업이나 기업의 전체 근로자들이 모두 파업에 동참하는 형태의 파업을 말한다.

④ 총파업

총파업은 전국적 노동조합연합체 또는 전국적 규모의 근로자가 일제히 공동의 요구사항을 내걸고 전국적으로 파업에 참가하는 것을 총파업이라 한다. 예를 들면 산업별 노동조합 산하의 전체 노동조합이 전국적인 규모로 일제히 파업에 들어가는 것을 말한다.

(2) 조직여부에 따른 분류

① 조합원파업(조직파업)

조합원파업은 노동조합의 조직 하에서 행하여지는 파업을 말한다.

② 비조합원파업(비조직파업)

비조합원파업은 노동조합이 주도하지 않고 조합원 또는 비조합원들이 행하는 파업을 말한다. 파업이 노동조합법이나 단체협약에 위반하고, 노조에 의해 주도되지 않거나 소수 조합원에 의해 행하여지는 파업은 불법파업(out law, wild-cat strike)이 된다.

(3) 투쟁목적에 따른 분류

① 투쟁파업과 시위파업

투쟁파업이란 사용자의 주장을 굴복시켜 자신의 주장을 관철하려는 목적으로 행해지는 파업을 말하고, 시위파업은 사용자에 대한 직접적인 투쟁목적이 없이 행하는 파업을 말한다. 따라서 정치적 파업이나 단순한 시위파업은 쟁의행위로 보지 않는다.

② 경제파업과 부당노동행위파업

경제파업(economic strike)은 그 목적이 임금 등의 노동조건에 관한 자신의 주장을 관철하여 단체협약을 체결하기 위한 파업을 말하고, 부당노동행위파업(unfair labor practice strike)은 사용자의 노동조합 활동 방해 또는 단체협약 위반을 시정하기 위해 실시하는 파업이다.

이 밖에도 다른 기업이나 조직에서 벌이고 있는 쟁의를 지지하는 의미에서 행하는 동정파업(sympathetic strike)과 어떤 노조원이 경고도 없이 갑자기 일을 중단하고 쟁의를 벌이는 돌발파업(flash strike) 등이 있다. 동정파업은 연대파업이라고도 하며, 이는 노동관계법상의 쟁의행위로 보지 않는다.

2) 태 업

태업(soldiering)은 근로자들이 단결해서 의도적으로 작업능률을 저하시키는 것을 말한다. 형식적으로 작업을 계속하고 있지만 실제적으로 작업을 하지 않거나, 필요 이상의 완만한 작업 또는 조잡한 작업을 하는 것을 말한다. 이를테면 불완전 제품을 만든다든지, 연료 · 재료를 필요 이상으로 소모한다든지, 노동시간을 헛되이 보내는 것 등을 들 수 있다. 이는 단순한 태업에 그치지 않고 생산 또는 사무를 방해하기 위하여 의식적으로 생산설비를 파괴하는 사보다지(sabotage)와는 다른 개념이다.

파업이 사용자의 노동력에 대한 지휘명령으로부터 근로자들을 완전히 벗어나게 하는 것이라면, 태업은 사용자의 지휘명령의 범위 내에 있으면서 이에 따르지 않는다는 데 그 특징이 있다. 또한 파업은 노동의 양에 대한 이탈이지만 태업은 노동의 질에 대한 이탈이라고 할 수 있다.

태업과 유사한 쟁의행위로 준법투쟁이 있다. 이것은 일반적으로 준수하도록 되어 있는 보안규정이나 안전규정을 필요 이상으로 엄정하게 준수함으로써 작업능률을 의식적으로 저하시키는 행위로서 종전의 관행을 부정하고 노동조합에 의해 잔업거부 또는 정시출퇴근, 규칙이행, 일제휴가 신청, 집단사표 및 안전투쟁 등이 이루어지는 저항행위이다.

3) 보이콧

보이콧(boycott)은 사용자에게 압박을 가할 목적으로 사용자나 그와 거래관계에 있는 제3자의 제품구입을 거부하거나 시설의 이용을 거절할 것을 요구하는 쟁의행위로서 흔히 불매운동이라고 한다.

보이콧에는 1차적 보이콧과 2차적 보이콧이 있다. 전자는 노동조합이 조합원과 소비자들로 하여금 분규의 직접적 상대인 특정회사 제품의 구입이나 시설의 이용을 하지 말도록 압력을 가하는 것으로서 이는 폭력적 행위를 수반하지 않는 한 정당성이 인정된다. 후자는 노동조합이 사용자와 거래관계에 있는 공급업자와 같은 제3자에게 사용자와의 거래를 단절할 것을 요구하고 이에 응하지 않을 때에 그 회사의 제품구입이나 시설의 이용 또는 노동력의 공급을 중단하겠다는 압력을 가하는 것을 말한다. 이와 같은 보이콧은 실제로는 파업을 지원하기 위한 부수적 수단으로 행해지는 경우가 많다.

이러한 보이콧이 쟁의행위로서 성과를 거두기 위해서는 노동단체의 강력한 통제력과 함께 근로자들의 연대적 공동체의식이 충분해야 한다. 따라서 근로자들이 상호 공동운명적 책임감이 강하지 못하고 조합원으로서의 연대감보다는 종업원으로서 소속감이 크게 작용하고 있는 우리 사회에서는 쟁의행위에서 보이콧 제도가 효과를 거두기 어렵다.

4) 피케팅

피케팅(picketing)은 노동조합대표나 파업 중인 근로자들이 파업을 유지하고 강화하기 위하여 표지판을 들고 노동쟁의의 진행을 알리면서 다른 근로자들도 참가하여 작업장에 들어가지 말 것을 독촉하는 행위로서 파업을 효과적으로 수행하기 위하여 근로희망자들의 사업장 또는 공장의 출입을 저지하고 파업참여에 협력할 것을 요구하는 행위이다. 즉, 파업 중인 사업장에 대하여 노동력의 제공을 철저히 차단함으로써 보다 효과적으로 경제적 타격을 가하려는 것이다. 보통 피케팅은 사업장 또는 공장의 입구에서 플래카드를 들고, 또는 확성기 등을 이용하여 출입자를 감시하고 근로희망자들에게 파업에 동조할 것을 요구하는 것으로 나타난다.

노동조합은 작업장 부근을 감시하고, 일반 근로자들에게 쟁의의 목적을 납득시키며, 또한 쟁의에 계속 참가하도록 권유하는 동시에 파업방해 행위자들을 저지시키고 파업참가자들의 이탈을 방지하게 된다. 이러한 피케팅 행위가 파업에 대한 방해행위를 방지하는 것과 그 방해행위자를 저지하는 방법은 구두나 문서에 의해야 하며 폭력을 동원해서는 안 된다.

피케팅은 평화적인 설득에 머무르는 한 정당성이 인정된다. 최근에 여러 나라에서 피케팅에 있어서 정당성의 한계를 엄격하게 규정하려는 경향이 있다. 피케팅 정당성의 한계는 다음과 같다.

첫째, 피케팅은 평화적인 설득의 방법이여야 하며, 결코 위협적 협박이나 폭행을 사용하여 파업 참가 또는 보이콧에 동참할 것을 요구할 수 없으며(노동조합법 제38조), 고함을 치거나, 비웃거나, 위협을 해서도 안 된다.

둘째, 피케팅은 피케팅을 하는 사람이 작업하는 공장, 사무실 등의 생산시설을 점거하거나 출입 및 조업을 방해하는 행위는 위법이다(노동조합법 제38조).

셋째, 피케팅에 다수인이 참여하는 것은 매스 피케팅(mass picketing)이라고 하여 정당성을 상실한다. 심지어 영국의 경우 1개 출입문에서의 인원은 6명 이내로 제한하고 있는 정도다.

넷째, 피케팅은 설득을 통하여 쟁의행위에 동조할 것을 요구하여야 하므로 출입문을 봉쇄하고 사람과 차량의 출입을 방해하는 것은 위법이다. 따라서 사용자가 비조합원으로 하여금 출하업무를 수행하려는 경우 이를 저지하려는 것도 정당한 행위가 아니다.

5) 생산관리

생산관리는 노조조합원들이 자신들의 요구를 관철시키기 위하여 사용자의 지휘·명령을 거부하면서 사업장 또는 공장을 점거하고 조합간부의 지휘 하에 노무를 제공하는 쟁의행위이다.

이러한 생산관리는 소극적 생산관리와 적극적 생산관리로 구분해서 설명할 수 있다. 전자는 종전의 경영방침에 따라서 사업장을 운영하며 제품 판매대금 등을 회사를 대신해서 보관하고 임금도 가불형식으로 지급하며 사용자로 하여금 근로자측의 요구를 수락하도록 압력을 가하는 행위이며, 후자는 종래의 경영방침을 변경하거나 생산재의 처분도 임의대로 행하며 임금지급도 제품판매 대금에서 요구금액대로 지불하며, 쟁의기간 중의 조합운영비도 회사공금으로 충당하는 행위를 말한다.

생산관리는 생산수단에 대한 사용자의 소유권과 경영권을 침해하는 것으로서 원칙적으로 부당한 쟁의행위이다. 현행 우리나라의 법질서는 사유재산제도를 그 기반으로 하고 있으므로 기업의 이익과 손실은 모두 기업가에게 귀속된다. 기업의 경영과 생산의 지휘명령은 경영자에 의해서 행사되어야 하며 근로자가 기업의 수익사용권이나 기업의 경영권을 장악할 수는 없다. 비록 근로자의 쟁의행위라 하더라도 사유재산제도의 근간을 침해하는 행위는 법적으로 용납되지 않는다.

6) 보조적 쟁의행위

노동조합이 쟁의행위를 할 때 노동조합의 목적달성을 위하여 다음과 같은 여러 가지 방법의 쟁의수단을 강구하게 된다.

첫째, 문서의 배포, 부착, 현수막의 게시 등은 근로자의 단결이나 연대의식의 고취, 또는 노조활동의 선전 등을 위한 노조의 표현활동으로서 일반적으로 합법적인 것으로 간주되고 있다.

둘째, 리본, 완장, 머리띠, 어깨띠 등의 부착은 쟁의행위에 돌입한 근로자들의 항의표시와 종업원의 단결을 고취하기 위한 것으로 특별히 문제시되지 않는다.

셋째, 노동쟁의가 진행되는 동안에 사용자가 생산활동을 계속하기 위하여 비조합원이나 임시직원을 고용하여 조업을 계속하는 경우에 사용자의 조업계속을 저지하기 위해서 제품의 출하 저지 또는 물품을 은닉하는 행위는 사용자의 정상업무를 방해하는 쟁의행위의 부수적 수단이나 평화적인 방법이어야 한다.

넷째, 연좌농성(sitdown strike) 또는 직장점거는 직장에 버티고 앉아 사용자로부터 작업이나 퇴거요구를 거부하는 쟁의행위로서, 사용자의 조업을 방해하지 않는 부분적·병존적 점거파업은 정당성을 잃지 않으나, 사용자의 업무를 방해하거나 사업장 전체에 걸친 배타적·전면적 점거파업은 정당성을 상실한다.

2. 사용자의 쟁의 대항행위

1) 직장폐쇄

직장폐쇄(lock-out)는 사용자가 자신의 주장을 관철시키기 위하여 근로자를 직장으로부터 집단적으로 차단하고 근로자가 제공하는 노무를 총괄적으로 거부하는 쟁의행위이다. 이는 사용자가 자신의 주장을 관철할 목적으로 근로자측의 쟁의행위에 대한 대항행위로서 정당성을 갖는다. 「노동조합법」 제46조에서 직장폐쇄의 요건으로 "사용자는 노동조합이 쟁의행위를 개시한 이후에만 직장폐쇄를 할 수 있다"고 규정하고 있고, 직장폐쇄를 할 경우에는 미리 행정관청 및 노동위원회에 각각 신고하도록 규정하고 있다.

직장폐쇄는 사용자가 근로자들의 노무를 집단적으로 거부함으로써 임금의 손실에 의한 경제적 압력을 가하려는 목적과 쟁의 중인 노동조합의 거점을 봉쇄하려는 목적을 갖고 있다. 그러므로 경영상의 사정이라든가 취업규칙 위반을 이유로 출근정지처분을 내리는 등의 행위는 직장폐쇄가 아니다. 그러나 직장폐쇄는 일단 쟁의행위가 종료되면 노무 수령이 거부되었던 근로자들을 다시 취업시킨다는 것을 전제로 하고 있으므로 집단해고와는 그 개념이 다르다.

직장폐쇄는 근로계약의 존속을 전재로 하고 있지만 쟁의행위의 수단으로서 집단해고는 그것이 종국적인 해고이든 해제조건부 해고이든 우리나라에서는 부당노동행위로 인정되고 있다.

직장폐쇄가 성립하기 위해서는 실질적으로 노무의 수령을 거부하는 것이다. 즉, 직장폐쇄를 단행하는 사용자는 노무를 거부한다고 통고나 선언하는 것만으로는 충분하지 않고 구체적으로 사업장의 문을 폐쇄하고, 사업장에 근로자의 출입을 저지하며, 근로자가 사업장의 시설을 이용하여 작업을 할 수 없도록 하는 행위 등이 직장폐쇄를 성립시키는 요건들이다.

2) 조업계속

노동조합이 동맹파업을 감행할 경우에 사용자는 조업을 의무적으로 휴지해야 하는가 하는 문제가 생길 수 있다. 그러나 이미 근로계약관계에 있으면서 노동조합에 가입하지 아니한 비조합원 근로자나 쟁의행위에 참가하지 아니한 조합원 근로자 중에서 근로희망자를 활용하여 조업을 계속하는 것은 어느 규정에도 금지하고 있지 않다. 다만 노동조합의 운영자치에 개입해서 조합으로부터 탈퇴를 종용하는 등 불법한 행위를 통해서 사용자가 조업을 계속하는 것은 단결권을 침해하는 부당노동행위에 해당한다.

한편, 파업참가자에 대한 임금지급은 당연히 정지되나 파업에 참가하지 않은 근로자의 임금청구권은 문제가 되고 있다. 원래 파업에 참가하지 않은 근로희망자는 원칙적으로 취업을 요구할 수 있고 사용자는 그 근로자를 취업시킬 의무가 있다. 따라서 조업이 가능한 경우 근로희망자의 노무제공이 있음에도 불구하고 사용자가 이를 수령하지 않으면 이에 대한 책임을 져야 한다.

3) 외부근로자에 의한 대체근로 금지

사용자는 쟁의행위 기간에 중단된 업무를 당해 사업 내부의 근로희망 근로자로 대체하여 사용할 수 있으나, 외부 근로자 또는 신규도급 및 하도급은 금지되고 있다. 「노동조합법」 제43조 1항은 "사용자는 쟁의행위 기간 중 그 쟁의행위로 중단된 업무의 수행을 위하여 당해 사업과 관계없는 자를 채용 또는 대체할 수 없다"고 규정하고 있고, 동조 제2항은 "사용자는 쟁의행위 기간 중 그 쟁의행위로 중단된 업무를 도급 또는 하도급 줄 수 없다"고 규정하여 외부 근로자의 투입을 모두 금지하고 있다.

근로자의 쟁의권(단체행동권) 행사는 본질적으로 사용자의 재산권·경영권 행사와 상충관계에 있다. 우리나라는 자본주의 경제체제하에서의 사유재산제도와 재산권은 근로자의 단체행동권 못지않게 헌법상의 기본권리에 해당하므로 근로자의 단체행동권과 사용자의 재산권은 상호균형을 유지하면서 조화를 이룰 수 있도록 보장되어야 한다.

제3절 노동쟁의조정제도

노사관계에 있어서 노동쟁의가 발생하면 기업의 정상적인 운영은 일시 정지되고, 생산활동이 중단됨으로써 노사 쌍방의 경제적 손실을 초래할 뿐 아니라, 국민경제에 막대한 손해를 끼치며 국민생활에도 큰 불편을 주게 된다. 그러므로 노사관계는 단체교섭 과정에서 노사 당사자가 평화적으로 합의하여 쟁의행위를 사전에 예방하는 것이 가장 바람직하며, 쟁의행위가 발생한 경우에는 노사가 자주적으로 신속하게 해결하지 않으면 안 된다.

노동쟁의는 노사 당사자들이 자주적으로 해결하는 것이 가장 이상적이지만 현실적으로 노사의 자주적인 노력만으로 해결하기는 어렵다. 따라서 오늘날 대부분의 국가들은 입법을 통하여 당사자들의 자주적 해결을 지원하고 촉진하며, 필요한 경우에는 강제적으로 쟁의를 조정하는 제도를 마련하고 있다. 즉, 노동쟁의로 인하여 국민경제에 중대한 영향을 미친다든가, 공익을 해친다고 인정될 때에는 입법을 통하여 한편으로 쟁의행위를 제한・금지하고, 다른 한편으로는 국가가 개입하여 노동쟁의를 조정・중재하는 것이 당연한 것으로 받아들여지고 있다.

1. 노동쟁의조정제도의 의의

노동쟁의조정제도는 노사가 노동쟁의를 자주적으로 해결하지 못할 경우에 노사의 주장을 공정하고 객관적으로 조정할 수 있는 노동위원회에서 조정・중재 등을 통하여 해결하는 제도이다.

「노동조합 및 노동관계조정법」 제1조(목적)는 "노동관계를 공정하게 조정하여 노동쟁의를 예방・해결함으로써 산업평화의 유지와 국민경제의 발전에 이바지함을 목적으로 한다"고 규정하고 있고, 또한 동법 제48조는 "노동관계 당사자는 노동쟁의가 발생한 때에는 이를 자주적으로 해결하도록 노력하여야 한다"고 당사자의 쟁의해결을 위한 노력의 책무를 규정하고 있으며, 동법 제49조는 "국가 및 지방자치단체는 노동관계 당사가간에 노동관계에 관한 주장이 일치하지 아니할 경우에 노동관계 당사자가 이를 자주적으로 조정할 수 있도록 조력함으로써 쟁의행위를 가능한 한 예방하고 노동쟁의의 신속・공정한 해결에 노력해야 한다"고 규정하여 국가 등의 책무를 명시하고 있다.

따라서 노동쟁의는 노사의 자주적 해결을 원칙으로 하되, 자주적 해결이 어려울 경우에는 정부가 개입하여 해결하도록 조력하고 나아가서 강제적으로 해결하도록 하는 것이 노동쟁의조정제도의 기본취지이다.

노동쟁의의 조정은 자주적 해결을 원칙으로 하지만 노사의 이해대립이 언제나 평화적・자율적으로 해결되기는 현실적으로 어려우므로 쟁의당사자의 자주적 해결을 지원・촉진함을 목적으로 국가가 일정한 쟁의조정제도를 마련하는 것은 자주적 해결을 간섭하거나 억압하지 않는 한 효과적이며 또한 필요한 것이다.

국가가 개입하는 공적 쟁의조정제도는 당사자에 의한 자주적 해결의 지원 내지 촉진을 임무로 하고 있으므로 노사자치의 기본원리를 존중하여 당사자의 자주적인 의사에 따라 조정이 이루어져야 하며, 또한 쟁의조정기관이 직권을 이용하여 쟁의조정에 적극적으로 개입하는 것은 원칙적으로 제한되지 않으면 안 된다.

2. 우리나라의 노동쟁의조정제도

1) 조정제도의 기본방향

노동조합법은 노사분쟁을 협상을 통하여 해결하는 방법과 절차로서 조정(調整)의 종류를 조정(調停), 중재(仲裁) 및 긴급조정(緊急調整)으로 구분하여 규정하고 있다. 우리나라의 노동쟁의조정에 관한 기본방향은 대체로 공익사업분야와 비공익사업분야의 노동쟁의조정으로 양분하여 고려할 수 있다. 비공익사업분야에 있어서는 노동쟁의에 대한 정부지원을 조정・중재・긴급조정의 3단계로 구분하고 있으나, 당사자의 의사에 반하는 강제중재절차는 포함하지 않고 소위 사적 조정・중재방법을 채택하고 있다. 이것은 일본의 사기업분야에 대한 정책방향과 유사한 것이다.

이에 반하여 공익사업분야이거나 또는 국민경제를 해하거나 일상생활에 위험이 현존하는 사업에 있어서는 행정관청의 판단으로 긴급조정을 결정할 수 있도록 하고 있다. 다만 공익사업의 범위에 관한 개념이 가변적인 성질을 가지고 있다는 점에 대하여 유의하여야 할 것이다.

2) 사적조정・중재제도

사적조정제도는 자주적 해결의 원칙에 따라 법률상의 노동위원회에 의한 공적조정이 아니라, 노사당사자 쌍방의 합의 또는 단체협약이 정하는 바에 따라 자율적으로 선택한 자(者)로 하여금 해결하게 하고 그 결과에 법적 구속력을 부여하는 노동쟁의조정제도를 말하는 것이다.[3)]

「노동조합법」 제52조(사적 조정・중재)는 “제2절(조정) 및 제3절(중재)의 규정은

3) 김명수, 노동법, ㈜ 중앙경제, 2020, p. 548.

노동관계 당사자가 쌍방의 합의 또는 단체협약이 정하는 바에 따라 각각 다른 조정 또는 중재방법(사적조정 등)에 의하여 노동쟁의를 해결하는 것을 방해하지 아니한다"고 규정하고, 이어서 사적 조정·중재에 관한 신고절차, 기간, 효력은 노동위원회에 의한 것과 동일하도록 규정하고 있다.

이와 같이 정부는 급격히 늘어나는 노동쟁의에 대하여 정부의 개입만으로 해결하기는 한계가 있음을 인식하여 새로운 방향에서 민간기구를 이용한 쟁의해결의 길을 열어놓고 있다.

사적 조정은 노사 양측이 다 같이 신뢰할 수 있는 제3자를 선임하여 쟁의해결에 도움을 청하는 것이다. 이때 도움을 청하는 내용, 즉 조정·중재 중 어느 방식을 택할 것인가도 스스로 결정하는 것이므로 쟁의를 해결하려는 의지에 따라 결정될 수 있다.

사적 조정은 쟁의해결에 제3자가 개입한다는 점에서 노동조합법에 의한 정부기관 개입과 같기 때문에 진행절차나 기간 및 효력은 노동조합법이 적용된다. 즉, 사적 조정 결정의 신고, 조정기간 규정 적용, 합의가 이루어졌을 경우의 효력 등은 노동조합법이 정하는 바와 동일하다. 그러나 사적 조정은 조정전문기관이나 신뢰받는 개인에게 의뢰할 수 있다는 것이 다를 뿐이다.

3) 공적조정

조정(調停: mediation)은 노동조합법 제5장 제2절에서 규정하고 있는 노동쟁의조정제도의 기본형태로서, 노동관계 당사자가 쟁의행위를 자주적으로 해결하도록 도와주고 주장의 차이를 좁힐 수 있도록 제안·추천·권고하는 조정절차이다. 조정은 노동위원회 내의 조정위원회 또는 단독 조정인이 관계당사자의 의견을 들어 조정안을 작성하고 양 당사자에게 수락을 권고하는 방식을 취한다.

관계당사자가 사적 조정방식을 합의하여 채택하지 않는 경우 노동조합법 제53조 1항이 정한 공식조정절차가 적용된다. 또한 사적 조정에 의하여 노동쟁의가 해결되지 않는 경우에도 노사 쌍방의 합의로 신청하면 공적 절차가 개시된다(동법 시행령 제23조 3항).

[그림 8-1] 우리나라 노동쟁의 조정절차

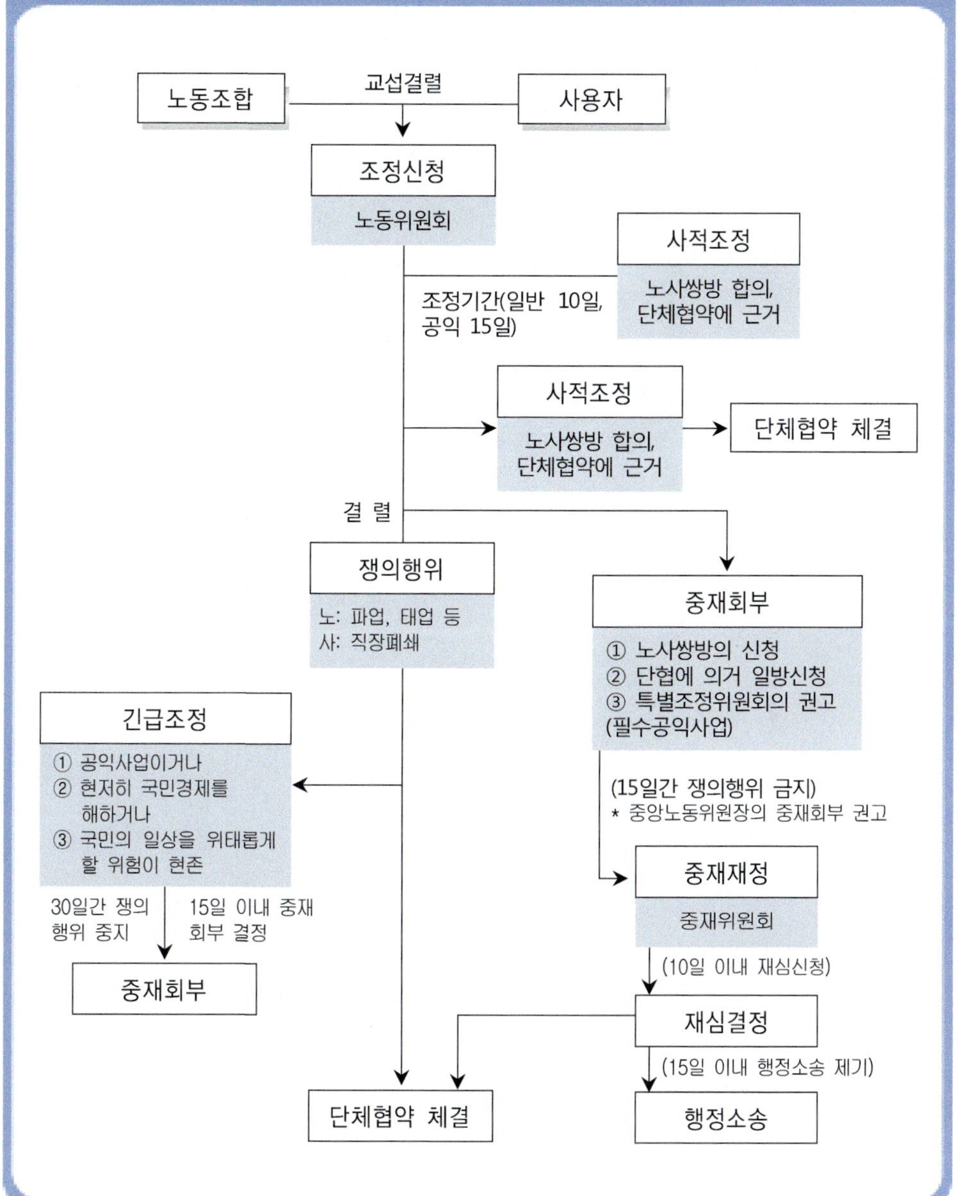

(1) 조정의 요건과 개시

단체교섭이 실패하여 노동쟁의가 발생하면 노동관계 당사자는 상대방에게 서면으로 통보하여야 하고(동법 제45조), 노동위원회에 조정을 신청하여야 한다. 노동위원회는 관계당사자의 일방이 노동쟁의의 조정을 신청할 때에는 지체 없이 조정을 개시하여야 하며 관계당사자 쌍방은 이에 성실히 임하여야 한다(동법 제53조).

그리고 국가·지방자치단체·국공영기업·방위산업체 및 공익사업에 있어서의 노동쟁의의 조정은 우선적으로 취급하고 신속히 처리하여야 하도록 규정하고 있다(동법 제51조).

이 밖에도 쟁의행위가 공익사업에 관한 것이거나, 그 규모가 크거나 그 성질이 특별한 것으로서 현저히 국민경제를 해하거나 국민의 일상생활을 위태롭게 할 위험이 현존하는 때에는 고용노동부장관이 긴급조정을 결정할 수 있다(동조 제76조 1항). 고용노동부장관이 긴급조정을 결정한 때에는 지체 없이 그 이유를 붙여 이를 공표함과 동시에 중앙노동위원회와 관계당사자에게 각각 통고하여야 한다(동조 3항).

일반적으로 조정의 절차는 당사자의 신청을 전제로 하는 임의조정이 원칙이지만 노동조합법상의 조정은 강제개시주의를 채택하고 있다. 동법 제54조의 조정기간은 동법 제53조의 규정에 의한 조정의 신청이 있는 날부터 일반사업에 있어서는 10일, 공익사업에 있어서는 15일 이내에 종료하여야 한다. 그러나 조정기간은 관계당사자간의 합의로 일반사업에 있어서는 10일, 공익사업에 있어서는 15일 이내에서 연장할 수 있다.

(2) 조정위원회의 구성과 활동

조정은 노동위원회에 구성된 조정위원회에서 담당한다(동법 55조). 조정위원회는 조정위원 3인으로 구성되며, 위원은 당해 노동위원회의 위원이나 특별조정위원 중에서 사용자를 대표하는 자, 근로자를 대표하는 자 및 공익을 대표하는 자를 각각 1인씩 노동위원회의 위원장이 지명하되 근로자를 대표하는 노동위원은 사용자가, 사용자를 대표하는 노동위원은 노동조합이 각각 희망하는 노동위원 중에서 지명하여야 한다. 다만, 회의 3일전까지 관계당사자가 희망하는 노동위원의 명단 제출이 없을 때에는 당해 위원을 위원장이 따로 지명할 수 있다. 그리고 조정위원회의 위원장은 공익을 대표하는 조정위원이 된다(동법 제56조).

조정위원회 또는 단독 조정인은 기일을 정하여 분쟁의 현황과 관계당사자들의 의견을 파악하기 위하여 관계당사자 쌍방을 출석케 하여 주장의 요점을 확인하거나(동법 제58조), 조정안을 작성하여 이를 관계당사자에게 제시하고 그 수락을 권고하는 동시에 그 조정안에 이유를 붙여 공표할 수 있으며, 필요한 때에는 신문 또는 방송에 의한 협력을 요청할 수 있다(동법 제60조 제1항).

조정안이 관계당사자의 쌍방에 의하여 수락된 후 구체적인 해석 또는 이해방법에 관하여 의견의 불일치가 있을 때에는 유권해석 또는 이행방법에 관한 명확한 견해의 제시를 요청하여야 한다(동법 제60조 제3항). 그리고 조정위원회 또는 단독 조정인은 동법 제60조 제3항의 규정에 의한 요청을 받은 때에는 그 요청을 받은 날부터 7일 이내에 명확한 견해를 제시하여야 한다(동법 제60조 제4항). 그리고 조정위원회의 유권해석이 제시될 때까지는 조정안의 해석 또는 이행에 관하여 쟁의행위를 할 수 없다(동법 제60조 제5항).

조정절차가 진행되는 도중이라도 동법 제54조의 조정기간(일반사업 10일, 공익사업 15일)이 경과하면 관계당사자는 언제라도 쟁의행위를 할 수 있다. 그러나 조정서가 작성되어 단체협약과 동일한 효력을 갖게 되면, 그 때부터 단체협약의 당사자는 평화의무를 부담하기 때문에 쟁의행위를 할 수 없다.

(3) 조정의 효력

조정안이 관계당사자에 의하여 수락된 때에는 조정위원 또는 단독 조정인은 조정서를 작성하고 관계당사자와 함께 서명 날인하여야 한다(동법 제61조 제1항). 이 조정서의 내용은 단체협약과 동일한 효력을 가진다(동법 제61조 제2항).

4) 중 재

중재(arbitration)는 조정과 달리 당사자를 구속하는 법률적 효력을 갖는다. 노동조합법은 관계 당사자의 쌍방 또는 일방이 단체협약에 의하여 신청한 때 그 절차가 개시되는 임의중재를 원칙으로 하고 있으나, 공익사업의 긴급조정의 경우에는 중앙노동위원회에 의한 강제중재를 결정할 수 있도록 규정하고 있다(동법 제79조).

(1) 중재의 요건과 개시

노동조합법 제62조에 의하면 노동위원회는 다음에 해당하는 경우에 중재를 행하도록 규정하고 있다.

① 관계 당사자의 쌍방이 함께 중재를 신청한 때,

② 관계 당사자의 일방이 단체협약에 의하여 중재를 신청한 때,

③ 제71조 제2항의 규정에 의한 필수공익사업에 있어서 중앙노동위원회 위원장이 특별조정위원회 공익위원의 의견을 들어 중재에 회부한다는 결정을 한 때,

중재를 하게 된 때에는 지체 없이 이를 서면으로 관계당사자에게 각각 통지하여야 한다. 또한 노동쟁의가 중재에 회부된 때에는 그 날부터 15일간은 쟁의행위를 할 수 없다(동법 제63조).

(2) 중재위원회의 구성과 절차

노동쟁의의 중재 또는 재심을 위하여 노동위원회에 중재위원회를 두도록 하고 있다. 중재위원회는 중재위원 3인으로 구성하며, 중재위원은 노동위원회의 공익을 대표하는 위원 중에서 관계당사자의 합의로 선정한 자에 대하여 노동위원회 위원장이 지명한다. 다만 관계당사자 간에 합의가 성립되지 아니한 경우에는 노동위원회의 공익위원 중에서 지명한다(동법 제64조). 중재위원회의 위원장은 중재위원 중에서 호선한다.

중재위원회는 관계당사자 쌍방 또는 일방을 중재위원회에 출석시켜 주장의 요점을 확인하여야 하며(동법 제66조 제1항), 노동위원회의 사용자를 대표하는 위원 또는 노동자를 대표하는 위원은 중재위원회에 출석하여 의견을 진술할 수 있다(동조 제2항).

중재위원회의 해결방안은 중재재정을 서면으로 작성하며 이행은 당사자의 의사와 관계없이 강제성을 가지며, 절차상의 위법이나 월권이 아닌 한 재심신청이 허용되지 않는다.

(3) 중재의 효력

중재재정은 서면으로 작성되어야 하며, 그 서면에는 효력발생 기일을 명시하여야 한다(동법 제68조 제1항). 중재재정은 중재재정서가 관계당사자에게 도달되면 단체협약과 동일한 효력을 갖는다.

중재재정이 위법이거나 월권에 의한 것이라고 인정하는 경우에는 중재재정서를 송달받은 날부터 10일 이내에 중앙노동위원회에 재심을 요청할 수 있고(동법 제69조 제1항), 또한 재심결정이 위법이거나 월권에 의한 것이라고 인정하는 경우에는 중재재정서 또는 재심결정서를 송달받은 날부터 15일 이내에 행정소송을 제기할 수 있도록 하고 있다(동조 제2항). 그러나 중재재정 내용은 재심신청이나 행정소송에 계류 중이라도 단체협약으로서의 효력이 인정되므로 쟁의행위는 중단되어야 한다.

5) 긴급조정

조정과 중재는 단체교섭의 결렬로 인한 노동쟁의 상태에서 노사간 의사소통이 단절되었을 경우에 제3자의 도움으로 쟁의를 해결하려는 노력이었으나, 쟁의행위가 공익사업에서 행해지거나 또는 규모와 성질이 특별한 것으로서 정부가 파업의 영향이 국민의 일상생활과 국민경제를 위태롭게 할 위험이 있다고 판단되는 경우에 정부가 직접 개입하여 해결하는 제도이다.

(1) 긴급조정의 개시요건과 절차

긴급조정은 「노동조합법」 제76조에 의하면 "고용노동부장관은 쟁의행위가 공익사업에 관한 것이거나 그 규모가 크거나 성질이 특별한 것으로서 국민경제를 해하거나 국민의 일상생활을 위태롭게 할 위험이 현존하는 때에는 긴급조정을 결정할 수 있다"고 규정하여 긴급조정의 실질적 요건을 명시하고 있다.

여기에서 공익사업이란 동법 제71조에서 규정하고 있는 정기노선 여객운송사업, 수도·전기·가스·석유정제 및 공급사업, 공중위생 및 의료사업, 은행 및 조폐사업, 방송 및 통신사업 등을 말한다. 그리고 특별한 성질의 사업이란 일시적이라도 국민 전체의 공익에 관계되는 사업, 즉 유행병 시기에 그 유행병에 대한 의약품을 제조하는 사업 등의 사업이다.

동법 제76조 제3항에서 "고용노동부장관은 긴급조정을 결정하려고 할 때에는 중앙노동위원회 위원장의 의견을 들어야 하고, 의견을 들어 긴급조정을 결정한 때는 지체 없이 그 이유를 붙여 공표함과 동시에 중앙노동위원회와 관계당사자에게 통고하여야 한다"고 규정하고 있다.

그리고 중앙노동위원회는 고용노동부장관의 통고를 받은 때에는 지체 없이 조정을 개시하여야 하며, 조정이 성립될 가망이 없다고 인정한 경우에는 긴급조정의 통고를 받은 날로부터 15일 이내에 공익위원회의 의견을 들어 그 사건을 중재에 회부할 것인가의 여부를 결정하여야 한다. 중앙노동위원회는 중재회부의 결정을 한 때에는 지체 없이 중재를 행하여야 한다(동법 제76조).

(2) 특별조정위원회의 구성과 활동

「노동조합법」 제72조는 "공익사업의 노동쟁의의 조정을 위하여 노동위원회에 특별조정위원회를 둔다"고 규정하고 있고, 이 특별조정위원회는 특별조정위원 3인으로 구성한다. 특별조정위원은 노동위원회의 공익을 대표하는 위원 중에서 노동조합과 사용자가 순차적으로 배제하고 남은 4인 내지 6인 중에서 노동위원회의 위원장이 지명한다. 다만, 관계당사자가 합의로 당해 노동위원회 위원이 아닌 자를 추천하는 경우에는 그 추천자를 지명한다(동법 제72조 제1, 2, 3항).

특별조정위원회의 위원장은 공익을 대표하는 노동위원회의 위원인 특별조정위원 중에서 호선하고, 당해 노동위원회의 위원이 아닌 자만으로 구성된 경우에는 그 중에서 호선한다. 다만, 공익을 대표하는 위원인 특별조정위원이 1인인 경우에는 당해 위원이 위원장이 된다(동법 제73조 제2항).

(3) 긴급조정의 효력

관계당사자는 제76조 3항의 규정에 긴급조정의 결정이 공표된 때에는 즉시 쟁의행위를 중지하여야 하며, 공표일로부터 30일이 경과하지 아니 하면 쟁의행위를 재개할 수 없도록 규정하고 있다(동법 제77조).

긴급조정의 조정안이 관계당사자에 의하여 수락되거나 중재재정이 내려지면 동 조정안과 중재재정은 단체협약과 동일한 효력을 갖는다.

노동쟁의 조정사례

Ⅰ. ○○공단 노동쟁의 조정사례

1. 사업장개요

- 노동조합 : 전국○○노동조합 ○○도시관리공단지부
- 사 용 자 : ○○도시관리공단
- 소 재 지 : ○○시 소재
- 근로자수(조합원수) : 161명(102명)
- 업 종 : 도시관리 서비스업

2. 조정신청 경위

위 사업장의 노사는 2010. 2. 5. 단체협약 체결 후 같은 해 5. 26.부터 같은 해 11. 2.까지 14차에 걸쳐 임금교섭 및 단체협약 보충교섭을 진행하였으나 노·사 주장의 불일치로 노동조합측이 2010. 11. 9. 노동쟁의 조정 신청

3. 주요쟁점

구 분	노동조합 요구안	사용자 제시안
【보충 단협】		
제50조(고용안정)	노사 동수의 공동위원회 구성하여 비정규직 문제 해결	노사협의회에서 논의
제60조(유급휴일)	토요일 유급휴일 삭제는 임금 타결 이후 적용(단협체결일 이후 수당 지급)	토요일 유급휴일 삭제 (단협체결일 소급 적용)
【임금교섭】		
일용·계약직 근속가산금	근무년수 1년 초과 매1년 마다 월 1만원(최고한도 20년)	최고 한도 10년
성과상여금 (정원외 비정규직)	정원외 비정규직은 자체결정 (일용직 차등, 계약직 균등)	정규직과 같이 실적에 의거 차등 지급

4. 조정과정 및 결과 : 합의취하

《사전조사》

○ 2010. 11. 10. 담당조사관은 노사를 상대로 사전 조사를 실시하여 조정 신청사항에 대해 당사자입장을 확인한 바,

○ 노동조합 의견

- 비정규직의 정규직 전환은 예산・기획 등 장기적 문제로 노사공동위원회를 노사동수로 구성하여 월1회 정규직화 제도개선 위원회를 발족하여 실질적인 논의가 필요하다는 입장

- 토요일 유급휴일 삭제는 단체교섭 보충교섭시 사용자측에서 요구한 사항인 만큼 금번 임금교섭이 원만히 타결된다면 기존 단협에서 삭제가능하나, 기존 단협체결일(2010.2.5.)부터 현재까지 토요일 유급 휴일수당 지급 요구(미타결시 체불임금 소송 고려)

【단체협약】 제60조(유급휴일) 다음 각호는 유급휴일로 한다.

1. 토요일, 일요일, 국경일, 법정공휴일
2. 노동절(5월1일)
3. 공단창립일(6월9일)
4. 기타 정부에서 임시로 지정한 날

- 2011년도 예산편성 지침에 의해 성과상여금 적용대상은 정관상 정원에 포함한 정규직원만 대상이며, 정원외 비정규 전체는 구체적인 지급방법은 자체 결정하자는 입장

○ 사용자 의견

- 비정규직의 정규직화는 구청의 정원 승인 등 외부 요인에 의거 결정되며, 현실태를 고려하여 사측에서 선 제안한 사항이므로 기존 단협에는 노・사공동 노력문구를 삽입하고 구체적인 사항은 노사협의회에서 논의

- 공단의 취업규칙, 일용직관리규정 등에는 토요일은 '무급휴일'로 규정되어 있으며 2010.2.5. 단체협약 체결시 사측이 단협문구를 간과한 것으로 노측에 지속적으로 삭제를 요구하였으며

* 노측 또한 구두상으로 수용한 만큼 2010.2.5.부터 현재까지 토요일 유급휴일수당 지급에 대한 노조의 요구는 수용 곤란

- 성과상여금은 경영실적 및 근무평가 등에 차등 지급되는 취지에 의거 비정규직도 경영평가 결과에 따라 기본급의(100-30%), 계약직(150-0%) 수준에서 정규직과 같이 차등 지급하여야 한다는 입장

《1차조정회의》

○ 2010. 11. 15. 조정위원회는 1차 조정회의를 개최하여 임금교섭 및 보충단체교섭 과정에서 노사의 주장을 청취 후 노사 간의 입장을 조율하는 등 해결방안을 모색하였나, 노조 지부장과 공단이사장 간에 깊은 불신이 있음을 확인

- 노동조합은 2009. 10. 2. 지부 설립되었으며 초대 지부장인 ○○○은 노동조합 경험은 없으나 상급단체의 지원을 받아 강력한 투쟁을 계획하고 있음.

- 공단은 조직·예산·인력 등 모든 측면에서 자치단체인 구와 의회의 승인을 받아야 하는 등 자치단체의 결정에 의하여 사업을 수행하고 있으며, 노조측의 요구사항 대부분이 인사·경영권에 해당되는 내용인 만큼 노사 교섭 대상이 아님을 강조

【조정회의시 노동조합측 추가 요구사항】

- 셔틀버스 폐지 반대, 주차관리원 충원, 기술직 3인 2교대 근무조건 개선
- 청소미화원 용역 근로자 직접 고용, 경영평가 기준 변경
- 비정규직의 정규직 전환, 토요유급휴일수당 지급
- 소송 중인 직원에 대한 변호사비 지원
- 지부장에 폭언한 직원에 대한 처벌
- 주차관리 수익금이 저조한 주차장 무료화 추진

《1차현장조정》

○ 2010. 11. 17. 근로자위원과 노사대표자간 현장조정회의를 개최하여 노사 입장을 청취하고 노사간의 성실한 교섭과 신뢰회복을 주문

- 노측은 금번 2011년 임금인상에 대한 노사이견보다는 노조 탄압 중단, 비정규직 정규직 전환 등 근로조건 이외의 사용자의 부당한 처우에 대해 반발하며, 공단 이사장의 독단적인 경영행태를 강력 비난

- 사측은 노조법상 쟁의대상 안건(임금인상 등 근로조건)에 대해 노조의 명확한 태도 없이 사측만을 비난하고 있으며, 이에 대해 법적인 조치만을 주장

- 근로자위원은 동 조정사건의 경우 임협, 단협 주요 쟁점 이전에 노사 양측의 신뢰 회복이 우선되어야 함을 강조하며, 11. 18. 제2차 조정회의에서는 협력적이고 노사 상생의 입장에서 본 조정에 임해 줄 것과 이사장 및 지부장이 직접 출석하여 진솔한 대화에 응할 것을 주문

《2차조정회의》

○ 2010. 11. 18. 조정위원회는 2차 조정회의를 개최하여 노사간 변화된 입장을 확인한 바, 노사간에 입장 변화 없이 서로를 비난하는 등 임금·단협의 쟁점사항에 대한 조정보다는 노사간의 신뢰를 회복하여 대화의 창구를 마련해야 함을 인지

○ 조정위원회는 노사대표자에게 조정기간이 11. 19.까지 임을 역설하고 조정기

한의 연장하여 노사 해결방안을 찾을 것을 권고 후 노사 동의에 의거 조정기한을 11. 29.까지로 연장

《2차현장조정》

○ 2010. 11. 23. 사용자위원 및 사측대표자와 현장조정회의를 개최하여, 사측은 제2차 조정회의 이후 2차에 걸쳐 노사대표자가 면담을 갖고 교섭에 임하고 있으나 노측이 2011년 임금인상에 대한 주장보다는 임금 등 근로조건결정이 아닌 경영평가, 셔틀버스운행 등 인사·경영권에 해당되는 내용만을 계속적으로 주장하고 있는 등 다른 의도를 가지고 교섭을 지연하고 있다고 주장

- 이에 노조측의 임금 및 기타 요구사항에 대하여 ○○구 도시관리공단 이사장이 자체적으로 결정하여 수용가능한 사항과 구청의 승인을 거쳐야 하는 사항 등에 대해 분리하여 노조측과 교섭할 것을 주문

- 아울러 노사교섭에서는 신뢰회복이 우선임을 강조하며, 11.24. 노측 대표자인 지부장과도 ○○지노위에서 현장 조정회의를 갖고 노조측의 입장을 청취하고 성실한 교섭을 권고할 계획인 만큼, 사측도 노사 상생의 협력적 관계 유지를 위하여 성실하게 교섭에 임해줄 것을 당부

《3차현장조정》

○ 2010. 11. 24. ○○위원회 회의실에서 사용자위원, 근로자위원 노사 대표자와 현장조정회의를 개최하여 조정기간이 얼마 남지 않은 만큼 현재까지 의견 접근된 부분에 대해서 선 합의하고, 노사간 입장차가 있는 노동현안에 대해서는 추후 교섭한다는 내용으로 합의할 것을 주문

- 사용자위원은 현장조정 후 별도로 사측대표자와 면담을 갖고, 노측에서도 현재 입장이 좁혀진 현안사항부터 합의할 의사가 있는 바, 노사간 신뢰를 갖고 성실교섭을 한다는 전제하에 노사화해할 것을 권고

《4차현장조정》

○ 2010. 11. 26. 공단 회의실에서 사용자위원 및 사측대표자와 현장조정회의를 개최하여 노조가 임금인상 이외에 주장하는 10대 요구사항에 대하여 2010. 11. 25. ○○구청에서 노사대표자와 구청장이 면담한 사실을 확인하고

- 사측은 구청장이 일부 사항에 대해서 긍정적인 입장을 밝힘에 따라 노측의 입장을 최대한 반영할 수 있다는 입장을 확인

- 아울러 노사교섭에서는 신뢰 회복이 우선임을 강조하며, 11. 29. 최종 조정회의에 대하여 성실한 교섭을 주문

《3차조정회의》

○ 2010. 11. 29. 조정위원회는 최종 3차 조정회의를 개최하여 그간 현장조정회

의 및 구청장과의 면담 등을 통하여 입장이 정리된 사실이 있는만큼, 노사관계를 파국으로 몰고가지 않게 하기 위하여 합의할 것을 권고

- 또한 노동조합 설립 후 최초로 체결하는 임금협약이기에 쟁점사항도 많고 노조의 기대치도 높지만, 노사 상생의 신뢰를 가지고 조금씩 합의한다면 좋은 성과를 기대할 것을 노사에 역설

- 조정위원회는 노사조정안을 마련하여 노사양측에 제시

○ 노사는 조정위원회의 조정안에 대하여 합의하고 지노위의 권고에 따라 향후 계속적인 교섭을 통하여 문제를 해결할 것임을 밝히고 본 조정을 합의 취하

【주요합의내용】

- 셔틀버스 운행은 ○○구의 지시를 받은 후 2011년 추경에 반영·추진한다.
- 자연 결원으로 인한 주차관리원의 충원은 △△지역 주차장 폐지 확정 시점에 따라 충원하되, 세부사항은 노사가 협의하여 처리한다.
- 기술직 3인 2교대 근무조건은 현실적 방법을 강구하여, 현재 근로조건을 개선하는 방안을 마련하여 시행한다.
- 청소미화 용역 직접고용은 ○○구의 지시를 받은 후 2011년 추경에 반영·추진한다.
- 평가규정(BSC) 변경은 노사 합의하에 개정 시행한다.
- 비정규직의 정규직 전환은 2011년 9월부터 구체적인 논의를 시작하며, 정규직 시행은 2012년 1월부터 정규직화하는 방향으로 추진한다.
- 임금협정 체결과 동시에 단체협약 제60조 토요유급휴일 규정은 삭제하고, 그 효력은 2010. 2. 5.부터 소급 적용하되, 임금잠정합의(안) 부칙 제3조의 "임금협약은 상호합의 후 ○○구의 승인을 받아 효력을 발생시킨다"라는 내용은 추후 조속히 논의·결정한다.

5. 의의 및 평가

○ 임금협약 및 보충단체교섭에 대한 쟁점보다는 셔틀버스운행, 주차관리원 충원 등 노동쟁의 조정대상이 아닌 인사경영권에 해당하는 내용이 노사간에 중요 갈등요인으로 작용하고 있어 노사가 한치의 양보도 없는 여건에서,

- 조정위원회는 3차례의 조정회의 및 4차례의 현장 조정회의를 통하여 노사분쟁의 핵심요인이 노동쟁의 조정대상인 임금·근로시간·복지 등 근로조건의 결정에 대한 사항은 아니지만, 이를 적절히 판단하여 노사를 설득하고 합의안을 마련하여 제시하는 등 적극적인 조정을 통해 노사갈등을 해결함.

○ 동 사업장은 신설 노조로서 최초 임단협 교섭과정에서 노사분쟁을 대화와 타협으로 해결함으로 향후 노사갈등 관계보다 협력적 노사관계를 이룰 수 있는 기틀을 마련한 것에 의의를 둘 수 있다.

Ⅱ. 동연개발(주) 노동쟁의 조정사례

〈충북지방노동위원회 2003조정18〉

1. 사업장 개요

○ 소 재 지 : 충북 청주시
○ 근로자수(조합원수) : 53명(27명)
○ 업종 : 청소·경비용역업
○ 노동조합 : 전국시설관리노동조합(위원장 구○○)
청주대학교지부(지부장 강○○)
○ 사 용 자 : 동연개발(주) 대표이사(김○○)

2. 조정신청 경위

노사는 임금 및 단체협약 체결을 위하여 2003. 6. 3.부터 2003. 8. 12.까지 4차에 걸쳐 교섭을 진행하였으나, 임금 및 단체협약 5개 조항에 대한 노·사간 의견차이가 좁혀지지 않자 2003. 8. 13. 노동조합에서 노동쟁의 조정을 신청하였다.

3. 주요쟁점

구분	최저임금관련	직책별	현행	노조요구	사측제시
임금	최저임금인상전 (2003. 8. 31.까지)	미화원(여)	514,150	600,000	514,150
		반장	614,150	700,000	614,150
		미화원(남)	850,000	1,000,000	850,000
		야간	650,000	800,000	650,000
	최저임금인상후 (2003. 9. 1.이후)	미화원(여)	직책별 상동	700,000	567,260
		반장		800,000	667,260
		미화원(남)		1,100,000	동결
		야간		900,000	동결

구분	현행	노조안	사용자안
단체협약	조합가입 〈신설〉	- 유니온	- 오픈
	시설편의 〈신설〉	- 전화기 설치 및 전화요금 월 30,000원 지원 요구	- 구내전화 이용
	퇴직금 〈신설〉	- 근속년수 1년 미만자도 일할 계산하여 지급	- 근로기준법에 따라 적용
	급식 〈신설〉	- 현물 또는 중식비 1인당 1일 4,000원 지급요구	- 지급불가
	유족보상 및 장례비 〈신설〉	- 산재급여와 별도로 유족보상 1,000일분과 장례비 100일분 지급요구	- 산재보험법에 의한 급여만 인정

4. 경과

○ 2003. 8. 14. 담당심사관이 양 당사자에 대한 사전조사를 실시하여 교섭상황을 파악한 바, 사측은 청주대학교의 청소·경비용역업체로 경영여건상 최저임금 이상의 임금인상은 불가하며, 단체협약의 미타결 5개 조항에 대하여도 수용이 불가하다는 입장인 반면, 노조(2003. 4. 19. 전국시설노동조합 청주대학교지부로 설립)측은 최저생계비 수준을 확보하기 위해서는 요구안 정도는 관철되어야 한다는 입장을 고수하고 있음을 확인하고, 노사간에 의견차이를 좁힐 수 있는 양보안을 가지고 유연한 자세로 교섭에 임하도록 지도하였다.

○ 2003. 8. 18. 사전 조정회의 시에 조정위원들이 노조측에는 임금인상 요구는 회사 경영여건을 감안하여 수정안을 제시토록하고, 사측에는 노조의 요구사항을 합리적으로 선별하여 수용가능한 사항은 적극 수용토록 하고 수용이 불가한 사항은 그 이유를 제시토록 하여 적극적인 지도를 하였으나, 노사 양 당사자가 기존주장에서 양보 없는 입장만을 견지하자, 다음 조정회의 시에는 합의가 도출될 수 있도록 강조하면서 노사 모두에게 실질적인 양보안을 마련하여 자율교섭을 하도록 적극 지도하였다.

○ 2003. 8. 22. 조정회의 시 조정위원들이 장시간 노사 개별 접촉을 반복하면서 노측에 대해서는 임금인상과 단체협약 요구안 중 "유족보상 및 장례비 지급요구" 등에 대하여는 경영여건 및 지불능력을 감안하여 철회하도록 설득하고, 사측에는 임금인상은 노조의 요구안 중 최저임금 인상 전 요구안으로 수용, 단체협약의 여러 쟁점사항은 급식비를 지급하는 선에서 절충·수용하도록 적극 지도하고, 설득하여 어느 정도 노사의 의견접근이 이루어지자 조정위원들이 의견을 모아 조

정안을 제시하고 노사양측이 이를 수락하였다.

5. 주요합의내용

○ 임금은 미화원(여) 600,000원, 미화원(남) 1,000,000원, 미화원(야간) 800,000원으로 각 인상한다.

○ 회사는 노동조합원에게 1인당 월 20,000원의 중식비를 지급한다.

○ 회사는 노동조합사무실에 전화기 1대를 제공한다.

○ 이미 타결된 단체협약 조항을 제외한 미합의사항 중 조합가입, 퇴직금, 유족보상 및 장례비는 삭제한다.

6. 의의 · 평가

조정신청 당시에는 노사 간에 의견차이가 크고 첨예한 대립으로 쟁의행위 돌입 가능성이 매우 높았으나 사전조사 단계에서 심사관의 적극적인 조율 노력과 아울러 조정위원들의 주요쟁점에 대한 합의점 모색을 위해 장시간 대안을 제시하면서 노사 양측을 설득하여 양 당사자가 수용 가능한 조정안을 도출함으로써 향후 노사가 상호 신뢰를 회복하고 대화와 타협으로 문제를 풀어 나갈 수 있는 계기를 만들었다는 데 의의가 있다.

《조정위원》

공익위원 박승태 / 근로자위원 이영섭 / 사용자위원 안민동

Ⅲ. 롤스로이스마린코리아 노동쟁의 조정사례

〈부산지방노동위원회 2004조정69〉

1. 사업장 개요

○ 소 재 지 : 부산 광역시 강서구 송정동

○ 근로자수 : 80명(조합원수 9명)

○ 업종 : 선박부품제조업

○ 노동조합 : 롤스로이스마린코리아 노동조합(위원장 : ○○○)

○ 사 용 자 : 롤스로이스마린코리아 주식회사(대표이사 : ○○○ ○○○ ○○○)

2. 조정신청 경위

노동조합은 2004년도 임금협약 체결을 위해 2004. 4. 24.부터 2004. 8. 18.까지 총 9차의 교섭을 진행하였으나 당사자간 주장의 불일치로 교섭이 결렬되자 2004. 8. 20. 조정신청을 하였다.

3. 주요쟁점

○ 노동조합안 및 사용자안 비교

구 분	현 행	노동조합안	사용자안	조정결과
임금	-	기본급 9% 인상	기본급 4.5% 인상	기본급 6% 인상
인센티브	회사결정 지급	노조와 합의지급	현행 단협 유효기간 중이므로 수용불가	'04년도분 노조와 협의 지급
휴 가 비	10만원 상당 상품권 지급	- 조합원 : 평균임금 50% 지급 - 비조합원 : 50만원 지급	현행 단협 유효기간 중이므로 수용불가	기본급 6% 인상
통상임금 관련소송	-	1심 노조측 소송 비용 사측 부담시 2심 취하	임금협약과는 무관하므로 수용불가	소송취하시 노동조합에 580만원 지급
조합활동 보장	조합활동 보장	노조위원장 상급 단체 활동 필요시 외출시간 유급 인정	현행 단협에 명시된 사항으로 수용불가	조정대상 제외
노조위원장 질병처리	-	노조위원장 요양비 회사 부담	단협(교섭)대상이 아니므로 수용불가	조정대상 제외

※ 현행 단체협약 유효기간 : 2003. 6. 13. ~ 2005. 6. 12.(2년)

4. 경과

○ 담당심사관은 사전조사 과정에서 동사업장은 외국계(노르웨이) 투자기업으로서 대표이사 및 부사장 모두 외국인이고 실질적인 경영은 부사장이 담당하고, 노동조합과 관련된 제반사항에 대해서는 국내 최대 법률회사의 자문을 받아 원칙적으로 대응하고 있음을 알 수 있었다.

○ 동사의 단체협약 유효기간은 2005. 6. 12.(2년)까지로 되어 있어 2004년도에는 임금교섭만 해당되는 바, 노동조합은 사용자에 대해 임금인상(기본급 9%)외에 1심에서 패소한 통상임금 관련 소송비용을 사용자가 부담해 줄 것과 노조위원장 질병처리 등 임금과 무관한 사항들에 대해서도 요구를 함으로써 원칙에 따라 대응하려는 사용자와는 6차례의 교섭이 진행되는 동안 전혀 의견 접근이 이루어지지 않았고, 이러한 교섭의 교착 이유에 대해 노조측은 사용자측 교섭위원중 한국인 교섭위원(생산이사, 인사과장)이 노동조합의 입장을 사측 대표에게 제대로 전달하지 못하는 것이 주요 원인이라는 불만도 가지고 있었다.

○ 노동조합은 교섭의 한계를 느끼고 실질적인 교섭의 진전을 위해 단위노조보다는 상급단체 차원의 지원을 받고자 연맹에 교섭권을 위임하였고, 교섭권을 위임받은 상급단체 연맹지역본부는 3차례 더 사측과 교섭을 진행하였으나, 여전히 임금과 무관한 사항들이 교섭의 걸림돌로 작용하여 진전을 이루지 못하는 상황이었다.

○ 2004. 8. 24. 사전 조정회의 시 담당 심사관은 조정대상 사업장의 교섭 및 조정신청 경위와 외국인 투자기업의 입장 등을 조정위원장에게 보고하였고, 위원장은 당사자 입장 청취와 노사 개별 접촉을 통해 쟁점사항들을 파악 후 조정회의 전에 추가 교섭권고 및 자율해결을 당부하자 노사는 2004. 8. 26. 교섭을 하기로 합의하였다.

○ 2004. 8. 26. 자율교섭 시 심사관이 출장 참석하였으며, 부사장(외국인)이 참석한 가운데 교섭을 하였으나 전날 노동조합이 조합 사무실 외벽에 각종 구호가 담긴 현수막을 사용자 허가 없이 부착한 사항을 가지고 설전이 계속되었다. 심사관은 이를 중단시키고 지도하여 쟁점사항에 대한 교섭이 시작되었으나 노동조합은 당초의 주장을 계속하였고, 사용자 역시 임금에 관한 교섭만 하겠다는 원칙을 고수할 뿐 아무런 진전이 없었다.

- 이에 심사관은 외국인 경영진들은 노동조합의 요구가 부당하며 장래 보다는 눈앞의 이익만 생각한다는 인식을 갖고 있었고, 나아가 노동조합이 불합리한 요구를 계속할 경우 먼 장래를 생각하여 국내의 공장을 철수하여 타국으로 이전할 수 있다는 인식도 가지고 있다는 생각에 조정위원회의 공정하고 객관적인 입장에서 먼저 우리나라의 노사관계의 현실을 설명하고, 아직 성숙단계에 이르지 못한 점이 일부 있다 할지라도 노사관계 안정 및 자율해결을 위해서 노조의 요구에 대해 원

칙만 고수하기 보다는 유연한 자세를 가지고 융통성 있게 접근해 줄 것과 이후 조정회의 개최시 의사결정권이 있는 회사 대표가 직접 참석해 줄 것을 당부하였다.

○ 2004. 8. 30. 조정회의를 개최한 바, 노동조합은 현재 쟁점사항은 최초 요구안에서 많이 양보한 것이라며, 1) 기본급 9% 인상, 2) 인센티브 지급시 회사가 일방적으로 결정하지 말고 노동조합과 합의하에 지급할 것, 3) 통상임금 관련 소송건에 있어서도 비록 노조원들이 회사를 상대로 소송을 제기하여 1심에서 패소하긴 했으나 2심에서는 어떤 판결이 나올지 모른다며 소송비용 절약을 위해 회사가 1심 소송비용(변호사선임 비용)을 부담해주면 소송을 취하하겠다 하고, 4) 노조위원장의 상급단체 활동을 위한 외출시간을 유급으로 인정할 것, 5) 현재 노조위원장이 회사에서 받은 과도한 스트레스로 인해 쓰러져 요양 중이므로 산재요양 불승인시 요양비를 사측이 부담하여 주도록 주장하였고,

- 사용자는 현행 단체협약 만료일이 2005. 6. 12.이고, 노동조합의 요구사항 중 임금을 제외한 항목은 다음 단체협약 갱신할 때 다루어야 할 사항인데도 노동조합이 무리한 요구를 계속하는 것은 제 법규와 원칙에서 벗어난다 하여 수용불가 입장을 고수하였다.

○ 이와 같이 당사자가 종전 주장만을 견지하여 의견 접근이 쉽지 않은 상황에서 조정위원들이 노사를 개별 접촉을 통해 노조측에 대해서는 주요쟁점이 임금협약 사항임을 감안하고 사측의 입장을 고려하여 본질에서 너무 벗어나지 않도록 설득하고, 사측에 대해서는 원칙 고수보다는 향후 노사관계 안정을 위해서는 일정부분 양보가 필요하다며 설득을 거듭한 결과, 노사 양측이 입장 변화를 보이고 어느 정도 의견접근이 이루어짐에 따라 조정안을 제시하여 양측이 수락하였다.

5. 주요 합의내용

○ 임금은 기본급 6% 인상하기로 한다.
(2004. 1. 1.부터 적용되는 소급인상분은 2004. 9월 급여시 지급한다)

○ 2004년도분(2005년도 지급) 인센티브는 노조와 협의 후 지급한다.

○ 하계휴가비는 2004년도에 한해 현장 생산직에게 1인당 40만원을 9월 급여 시 지급한다.

○ 노동조합이 통상임금 관련 소송을 취하하는 조건으로 회사는 변호사비 580만원을 노동조합에 지급한다.

○ 회사는 2004년도에 한해 타결격려금으로 노동조합에 300만원을 타결 즉시 지급한다.

○ 노동조합은 생산성 향상 및 품질향상을 위해 협조하고, 회사는 부당노동행위를 하지 아니한다.

○ 본 임금협약 유효기간은 2004. 1. 1.부터 2004. 12. 31.(1년)까지로 한다.

6. 의의・평가

본 조정신청 사업장은 외투 다국적기업(4만여명)으로서 중국에도 동종의 사업장이 가동되고 있음에 따라 경영여건이 악화될 경우 중국으로의 공장 이전 가능성도 배제할 수 없는 상황이었음에도 노조측은 사측의 자본 철수 주장에도 강경 입장을 보이는 등 자칫 노사관계 악화가 우려되는 상태에서 조정위원들의 적극적인 노력으로 노사가 조금씩 양보토록 하여 합의를 이루었으며, 특히 조정안에 "노동조합은 생산성 향상 및 품질 향상을 위해 협조한다"는 합의까지 도출하여 앞으로 노사관계를 돈독히 하는 발전의 계기를 마련하였다고 평가된다. 또한 조정회의 시 외국인 사용자의 참석시 통역 등의 불편이 예상되어 한국인 교섭위원만 참석하는 방안을 검토하였으나 한국인 교섭위원의 권한이 극히 제한적임을 사전 인지하여, 실질적인 결정권이 있는 동사 외국인 부사장이 조정회의에 참석토록 함으로서 조정안이 원만히 수락될 수 있는 여건을 조성하였다는 점도 의미가 있다할 것이다.

《조정위원》

공익위원 최진해 / 근로자위원 박동만 / 사용자위원 황영태

제 9 장 부당노동행위와 구제제도

제9장 부당노동행위와 구제제도

제1절 부당노동행위의 개관

우리나라 헌법은 근로자의 단결권, 단체교섭권, 단체행동권의 근로3권을 보장하고 있다. 이와 같이 노사관계는 근로자가 사용자와 대등한 입장에서 임금 및 근로조건에 관하여 교섭하고 쟁의할 수 있도록 헌법이나 노동관계 법률로서 보장하고 있음에도 불구하고 현실적·경제적·사회적 약자의 위치에 있는 근로자들은 사용자에 의하여 기본권을 침해받을 가능성이 상존하고 있으며, 또한 그러한 사례는 과거 여러 나라의 노동운동사에서 얼마든지 찾아볼 수 있다.

근로자가 사용자로부터 기본권의 침해를 받았을 경우, 근로자나 노동조합은 헌법 및 노동조합법의 규정에 따라 사법적 절차에 의하여 구제받을 수 있다. 그러나 법원에 의한 사법적인 구제조치는 시간적으로 오랜 기간 지연될 수 있으므로 사용자의 침해행위에 대한 무효조치나 시정명령은 급변하는 노사관계에서 실효성을 거둘 수 없게 된다. 또한 부당행위로 인한 손해배상 청구권을 인정한다 하더라도 노동권 침해에 대한 경제적 가치의 환산이 매우 어려우며 실제로 손해배상액을 산정한다는 것은 불가능한 일이다.

따라서 사용자의 노동권 침해행위에 대한 사법적인 구제방법은 적절하지 않기 때문에 오늘날 대부분의 국가에서는 부당노동행위에 사법적 처리방식 대신에 행정기관에 의한 구제방법을 채택하고 있다. 이것이 바로 부당노동행위 구제제도이다.

최근의 노동조합 및 노동관계조정법 제81조 각 호의 규정에 따른 부당노동행위 구제신청 접수 현황이 다음과 같이 나타나고 있다.

〈표 9-1〉 부당노동행위 유형별 접수현황

(단위: 건수)

	합 계	1 호	2 호	3 호	4 호	5 호
2010	2,324	1,905	3	33	380	3
2011	1,598	1,321	4	78	124	71
2013	1,163	1,001	5	28	76	53
2015	1,276	1,067	8	65	112	24
2016	1,305	1,059	9	107	120	10
2017	1,090	871	6	105	104	4
2018	1,056	790	18	117	119	12
2019	1,342	923	52	223	134	10

분류기준: 노동조합 및 노동관계조정법 제81조 각 호별 집계임.
자료: 2020 고용노동백서, 고용노동부, p. 580.

1. 부당노동행위의 의의

부당노동행위(unfair labor practices)는 사용자가 노동조합과 근로자의 정당한 노동 기본권리 행위 또는 노동조합 활동에 대하여 방해하는 행위를 말하는 것으로서, 근로3권의 보장을 철저히 하기 위하여 이에 대한 사용자의 침해행위를 신속하게 시정하기 위한 제도를 말한다. 왜냐하면 사용자의 권리는 강대한 것이어서 만약 사용자가 단체활동의 중심적 역할을 하는 근로자에 대한 해고권을 자유로이 행사한다면, 노동조합은 해고의 위협 때문에 약체화될 수밖에 없으므로 사용자는 노조원에 대한 차별대우, 반조합 선전, 어용조합의 결성, 단체교섭 거부 등의 방법으로 조합활동을 억압하거나 간섭하게 될 것이다. 그러므로 근로자의 단결권 등을 침해하는 사용자의 행위를 봉쇄하려는 것이 부당노동행위 구제제도이다.

그러나 사용자의 방해행위가 위법이라고 할지라도 사법적인 판결을 기다려서 해결하려면 시간의 지연과 손해배상액 산정의 어려움으로 실효성을 거둘 수 없게 된다. 사용자의 침해행위를 신속하고 효율적으로 대처하기 위해서는 특별한 법률제도를 마련하여 침해행위 자체를 억제하는 수단이 필요하게 되었다. 따라서 오늘날 사법적 판단을 조건으로 하는 행정기관에 의한 구제방법을 채택함으로써 사용자의 위법행위에 신속하게 대처하기 위하여 생겨난 제도가 부당노동행위 구제제도이다. 이 제도는 근로자의 근로3권에 대한 사용자의 부당한 간섭이나 압박으로부터 근로자 및 노동조합을 보호함으로써 공정한 노사관계를 유지하려는데 그 목적이 있다.

2. 부당노동행위제도의 유래

부당노동행위제도는 1935년 미국의 와그너 법(Wagner Act)에서 처음으로 창설된 제도로서, 당초에는 노동조합의 어용화를 방지하기 위하여 입법화되었으며, 사용자의 노동조합 활동에 대한 간섭·조합지배·차별대우·산업발전의 위협 등을 부당노동행위로 규정하고 금지하는 조항을 두었다.

와그너법[1](본래의 명칭은 전국 노사관계법: National Labor Relations: NLRA)은 사용자의 조합활동에 대한 간섭·조합지배·차별대우·단체교섭 거부 등을 부당노동행위로 규정하고 또한 클로즈드 숍(closed shop) 인정(오픈숍 금지), 개별고용계약보다 단체협약의 우위를 인정하는 등 노동조합주의를 지향하는 친노조법(pro-union law)이었다.

그 후에 입법적 보호를 받게 된 노동조합이 비대하게 되어 산업발전의 안정이 위협을 받게 되자 1947년 친경영자법(pro-management law)인 태프트 하틀리법[2](Taft-Hartley Act: 본래 명칭은 노사관계법: Labor Management Relations Act)에서 노사의 세력균형을 취하고자 노동조합측의 부당노동행위를 새로이 추가하였다. 아울러 1959년 친종업원법(pro-employee act)인 랜드럼그리핀법(Landrum Griffin Act: 일명 노조운영보고공개법: The Labor-Management Reporting and Disclosure Act)에서는 노조의 운영과 자금사용에 대한 보고와 조합원들의 권한을 강화함으로써 노동조합 활동을 더욱 규제하게 되었다. 그 후 이 제도는 일본, 캐나다, 인도, 멕시코 등 여러 나라에서 채택되어 왔으며 우리나라에서도 이 제도를 채택하고 있다.

우리나라는 1953년 「노동조합법」을 제정할 당시에 사용자의 반조합적 행위를 부당노동행위로서 금지하고 사용자의 교섭거부와 노동조합의 교섭거부도 함께 처벌대상으로 규제하였으나, 1963년 노동조합법 개정에서 노동조합측의 교섭거부에 대하

---

1) 와그너법 제7조는 근로자의 권리를 규정하고, 제8조는 ① 제7조에서 보장하는 권리리의 행사에 대하여 근로자에게 간섭·억압·강제를 가하는 것, ② 노동단체의 결성 또는 운영을 지배하거나 이에 개입하거나, 이에 재정상의 원조를 지원하는 것, ③ 채용 또는 고용관계의 계속 혹은 고용조건에 대하여 차별대우를 하여 특정 노동자조직의 구성원이 됨을 장려 또는 방해하는 것, ④ 근로자가 본 법에 의하여 제소 또는 증언하는 것을 이유로 해고 기타의 차별대우를 하는 것, ⑤ 근로자대표와 단체교섭을 거부하는 행위를 사용자의 부당노동행위로 규정하고 있다.

2) 태프트 하틀리법의 특색은 사용자측에서만 적용되었던 부당노동행위를 노동조합에도 적용하였다는 점으로서 이 법의 주요내용은 ① 종래의 노동조합의 최대의 무기였던 클로즈드 숍 제도의 금지, ② 조합원과 비조합원 간의 차별대우 금지, ③ 노동조합에 의한 종업원의 억압·협박 금지, ④ 노동조합비의 과다한 징수나 차별적 징수의 금지, ⑤ 동일산업 전체를 상대로 하는 단체교섭의 금지, ⑥ 쟁의발생시 60일간의 냉각기간 설정, 연방중재위원회 창설 및 긴급조정조항의 적용, ⑦ 공산당원의 노동조합 간부 취임 금지, ⑧ 2차적 보이콧, 관할권 파업 및 쟁의행위의 금지 등이다.

여는 처벌을 삭제하고 사용자측의 부당노동행위만을 인정하면서 처벌주의 대신에 노동위원회에 의한 구제절차를 도입하였다.

또한 1986년 동법 개정에서는 구제명령의 이행여부와 관계없이 부당노동행위 자체도 불법대상이 되도록 처벌주의를 도입하여 처벌주의와 구제명령을 병행하는 제도를 도입하였다. 이어서 1997년 노동조합 및 노동관계조정법 제정에서는 노조전임자에 대한 임금지급을 부당노동행위에 포함하면서, 재심 또는 행정소송을 포기함으로써 노동위원회의 기각결정 또는 구제명령을 확정하도록 하는 이행제도를 도입하였다(동법 제85조 4항).

ILO조약 제87호 역시 단결권의 적극적인 보호와 조성을 요구하고 있고, ILO조약 제98호는 부당노동행위제도의 창설을 요구하고 있으며, 따라서 우리나라도 노동조합 및 노동관계조정법 제81조에서 사용자의 부당노동행위를 규정하고 있다.

제2절 부당노동행위의 유형

부당노동행위의 유형은 나라마다 특색 있게 규정하고 있으며, 산업평화와 근로3권의 실질적 보장이라는 차원에서 대부분의 국가들이 대동소이하게 규정하고 있다. 우리나라는 노동조합법 제81조에서 사용자의 부당노동행위를 다섯 가지로 규정하고 이를 금지하고 있으며, 요약하면 〈표 9-2〉와 같다.

〈표 9-2〉 부당노동행위의 유형

유 형	내 용
불이익 대우 (제81조 1호)	1. 근로자가 노동조합에 가입 또는 가입하려고 하였거나 노동조합을 조직하려고 하였거나 기타 노동조합의 업무를 위한 정당한 행위를 한 것을 이유로 근로자를 해고하거나 불이익을 주는 행위
황견계약 (제81조 2호)	2. 근로자가 어느 노동조합에 가입하지 아니할 것 또는 탈퇴할 것을 고용조건으로 하거나 특정한 노동조합의 조합원이 될 것을 고용조건으로 하는 행위
단체교섭 거부 (제81조 3호)	3. 노동조합의 대표자 또는 노동조합으로부터 위임을 받은 자와의 단체협약 체결, 기타 단체교섭을 정당한 이유 없이 거부하거나 해태하는 행위
지배·개입 및 경비원조 (제81조 4호)	4. 근로자가 노동조합을 조직 또는 운영하는 것을 지배하거나 개입하는 행위와 근로시간 면제한도를 초과하여 급여를 지급하거나 노동조합의 운영비를 원조하는 행위
보복적 불이익 취급 (제81조 5호)	5. 근로자가 정당한 단체행동에 참가한 것을 이유로 하거나 또는 노동위원회에 사용자의 부당노동행위를 신고·증언하거나, 기타 행정관청에 증거를 제출한 것을 이유로 그 근로자를 해고하거나 불이익을 주는 행위

1. 불이익 대우

1) 불이익 대우의 정의

노동조합법 제81조 제1호는 불이익 대우의 원인이 되는 요건으로 ① 노동조합에 가입 또는 가입하려고 한 것, ② 노동조합을 조직하려고 한 것, ③ 노동조합의 업무를 위한 정당한 행위를 한 것 등 세 가지를 규정하고 있다. 여기서 노동조합의 업무를 위한 정당한 행위라 함은 일반적인 조합활동으로서 조합간부의 선거, 조합원의 조합운영 행위, 집회의 개최 및 참가, 유인물 배포, 벽보부착 등의 행위와 쟁의행위 또는 단체행동 등이 포함된다.

한편, 불이익 대우의 형태로는 가장 전형적인 해고를 비롯하여 감봉, 배치전환, 출근정지, 휴직・복직 거부, 계약갱신 거부. 고용거부, 차별 승급이나 승진・승급의 보류, 강등, 복지시설의 차별적 이용, 직종의 변경 그리고 능률급인 경우에 능률이 떨어지는 기계에의 배치 등이 있다. 이러한 경제적 불이익 이외에도 시말서 제출, 견책, 근신, 경고, 좌천 등의 정신적 불이익이 포함된다.

2) 불이익 대우의 입증

사용자의 조치가 불이익 대우가 성립하기 위해서는 「노동조합법」 제81조 제1호 내지 제5호의 조합활동과 사용자의 불이익 대우 사이에 상당한 인과관계가 존재하여야 한다. 흔히 사용자는 규정위반, 근무태만, 능력부족, 부서통폐합, 영업부진 등 적당한 구실을 붙이게 되므로 불이익임을 입증하기 위해서는 충분한 증거를 제시하여야 한다.

근로자의 조합활동과 불이익처분의 연관성에 대한 증명책임은 부당노동행위라고 주장하는 근로자측에서 부담해야 하므로 증명 제시없이 주장만 하는 경우에 이를 그대로 인정될 수는 없을 것이다(대법원 판례 2009.3.26. 2007두25695).

2. 황견계약

1) 황견계약의 의미

황견계약(黃犬契約: yellow dog contract)은 1920년대 미국에서 대량으로 발생했던 부당노동행위로서, 순종을 잘하는 누런 겁쟁이 개에 비유한데서 유래되었다. 「노동조합법」 제81조 제2호는 "근로자가 어느 노동조합에 가입하지 아니할 것 또는 탈퇴할 것을 고용조건으로 하거나 특정한 노동조합의 조합원이 될 것을 고용조건으로 하는 행위"를 부당노동행위로 규정하고 이를 금지하고 있으며, "다만 노동조합이 당해 사업장에 종사하는 근로자의 2/3 이상을 대표하고 있을 때에는 근로자가 그 노동조합의 조합원이 될 것을 고용조건으로 하는 단체협약의 체결은 예외로 하며, 이 경우 사용자는 근로자가 당해 노동조합에서 제명된 것 또는 그 노동조합을 탈퇴하여 새로운 노동조합을 조직하거나 다른 노동조합에 가입한 것을 이유로 근로자에게 신분상 불이익한 행위를 할 수 없다"는 예외규정을 두고 있다(동조 제2항).

2) 황견계약의 요건

① 황견계약은 조합조직을 부인하거나 약화시키기 위하여 혹은 단체교섭을 회피하기 위한 수단으로서, 조합에 가입한 자에게 그 조합에서 탈퇴할 것을, 또는 특정한 노동조합, 즉 어용조합을 만들어 새로 고용되는 자나 이미 고용되어 있는 자를 그 조합에 가입할 것 등의 내용을 갖는 계약이며 이에 대한 대가로서 고용기회를 제공하는 것이다.

② 황견계약은 반드시 문서로서 체결된 것을 요건으로 하지는 않는다. 예를 들어 조합으로부터 탈퇴하지 않은 근로자를 해고하는 조치가 취해진 경우에 그 해고가 황견계약의 실행으로서 행해진 것이라고 인정되는 한 부당노동행위가 된다.

③ 불이익 대우는 종업원이 된 자의 근로3권 보장을 억압하기 위한 것인데 비하여 황견계약은 종업원이 되기 전에 단결권 활동을 봉쇄하려는 것이라는데 불이익 대우와 구별된다. 또한, 이와 같은 반조합적 조건을 고용조건으로 하는 것은 반드시 근로계약의 체결 시에 약정될 필요는 없으며, 종업원으로 된 후에 고용계속의 조건으로 약정하는 것도 황견계약으로 보아야 한다.

④ 노동조합에 가입하더라도 조합활동은 하지 않는다는 것을 고용조건으로 하는 경우에도 이는 단결권에 대한 침해행위이므로 당연히 황견계약에 해당된다고 할 것이다.

3. 단체교섭 거부

1) 단체교섭의 의무

「노동조합법」 제81조 제3호는 "사용자가 노동조합의 대표자 또는 노동조합으로부터 위임을 받은 자와의 단체협약 체결 기타의 단체교섭을 정당한 이유 없이 거부하거나 해태(懈怠)하는 행위"를 부당노동행위로 규정하고, 이를 금지하고 있다.

단체교섭은 노동조합의 목적인 근로조건의 유지·개선에 관한 사항들을 사용자와 실질적으로 대등한 위치에서 교섭을 통하여 해결하려는 것이므로 헌법에서 보장하고 있는 근로3권 중 가장 핵심적인 기본권이라 할 수 있다. 따라서 단체교섭의 거부 또는 해태란 단체교섭에 전혀 불응한 경우는 물론, 기타 특정일의 지정 없이 무기한의 연기 또는 특별한 사유 없이 장기간 연기하는 행위 등은 거부 또는 해태 행위로 보아야 할 것이다.

그리고 「노동조합법」 제30조 2항은 "노동조합과 사용자 또는 사용자단체는 이유 없이 교섭 또는 단체협약의 체결을 거부하거나 해태하여서는 아니 된다"고 단체교섭에 응할 의무를 규정하고 있으므로 노동조합이나 사용자는 정당한 이유가 있는 경우에는 단체교섭 또는 단체협약의 체결을 거부할 수 있음을 인정하고 있다. 단체교섭의 응낙의무는 당사자가 단체교섭에 성의를 가지고 임할 것을 의미하는 것이며, 교섭사항을 반드시 타결해야 할 의무까지 포함하는 것은 아니다. 따라서 단체교섭이 타결되지 않아서 단체협약을 체결하지 못하는 것은 무관하다. 그러나 단체교섭의 타결 후에 단체협약의 서명·날인을 거부하는 경우에는 부당노동행위에 해당된다(동법 제31조).

2) 단체교섭 거부의 정당성

사용자가 단체교섭을 거부하면 원칙적으로 부당노동행위가 되나, 정당한 이유가 있는 경우에는 부당노동행위가 성립되지 않는다. 예를 들면 첫째, 교섭권한이 없는 자가 교섭을 요구하는 경우나 교섭권한의 범위가 명확하지 않은 경우, 노동조합측 교섭대표자가 부당하게 다수인 경우, 둘째, 교섭사항이 근로조건과 전혀 관계없는 경우나 또는 노사간에 타결을 보는 것이 객관적으로 불가능하다고 인정되는 사항인 경우(순수 정치문제 등), 셋째 단체협약에 교섭절차가 규정되어 있던가, 절차에 관한 노사관행이 있는데도 노동조합이 이를 무시하고 교섭을 요구하는 경우 등은 이를 거절해도 부당노동행위가 되지 않는다.[3)]

한편, 노동조합에서 지정한 일시를 사정상 일정기간 연기한다든가, 노동조합의 단체협약안을 수락하지 않는 것은 단체교섭의 거부 또는 해태행위라고 볼 수 없다.

---

3) 박경문·최승욱, 신노사관계론, 무역경영사, 2001, p. 357.

그러나 사용자가 노동조합의 단체협약안을 검토하고 이에 대응하는 대안을 제시하는 등 성실하게 교섭에 임했다는 객관적인 사실들이 있어야 할 것이다.

4. 지배 · 개입 및 경비원조

「노동조합법」 제81조 제4호에서 "근로자가 노동조합을 조직 또는 운영하는 것을 지배하거나 이에 개입하는 행위, 근로시간 면제한도를 초과하여 급여를 지급하거나 노동조합의 운영비를 원조하는 행위"를 부당노동행위로 규정하고, 이를 금지하고 있다. 다만, 근로자가 근로시간 중에 사용자와 협의 또는 교섭하는 것을 사용자가 허용하는 것, 근로자의 후생자금 또는 경제상의 불행 또는 기타의 재액(災厄)의 방지와 구제 등을 위한 기금의 기부, 최소한 규모의 노동조합 사무소의 제공은 예외로 하고 있다.

1) 지배 · 개입

지배·개입이란 사용자가 노동조합의 결성이나 운영에 간섭하는 행위로서 근로자의 단결권과 단체행동권의 행사를 침해하는 행위이다. 따라서 지배·개입은 노동조합의 자주성을 방해하고, 조합활동을 방해·억압하는 행위를 의미한다.

사용자의 노동조합 결성(조직)과 운영에 대한 지배·개입은 아주 다양한 수단과 방법으로 행하여지고 있는데 구체적으로 살펴보면 다음과 같다.

① 조합조직에 대한 지배·개입으로서 노동조합 설립행위 자체를 방해하고 억압하는 행위를 하는 것과, 조합설립과 관련하여 간섭하는 행위를 말한다.

② 조합운영에 대한 지배·개입으로는 조합운영에 대한 사용자의 일반적인 간섭과 방해, 총회 또는 대의원대회 등 각종 행사에 대한 방해, 조직 확대의 방해, 쟁의행위의 억압과 방해, 두 개의 노조가 있는 경우 어용노조를 우대하는 등 조합간의 차별대우를 들 수 있다.

2) 경비원조

노조조합원에게 근로시간 면제한도를 초과하여 급여를 지급하거나 노동조합의 운영비를 원조하는 행위는 부당노동행위로 규정하고 이를 금지하고 있다. 경비원조에 해당하는 형태로는 조합운영 경비의 지원, 조합간부의 출장비 지급, 조합대회의 경비 지원, 쟁의행위 기간 중의 임금상당액지급 등을 들 수 있다. 이러한 사용자의 경비

원조는 대립관계에 있는 노동조합의 활동을 약화시키고 어용조합으로 전락시킴으로써 노동조합의 자주성과 독립성을 해칠 우려가 있기 때문에 이를 부당노동행위로 규정하여 금지하고 있다.

그러나 동법 제81조 제4호의 단서에서는 다음과 같은 예외규정을 두어 원조행위를 허용하고 있다.

① 근로자가 근로시간 중에 사용자와 협의 또는 교섭하는 것을 사용자가 허용하는 것.

② 근로자의 후생자금 또는 경제상의 불행 및 기타 재해방지와 구제 등을 위한 기금을 기부하는 것.

③ 최소한 규모의 노동조합 사무소를 제공하는 것 등이다.

그러나 헌법재판소(2018.5.31.)는 동법 제81조 2항에서 사용자가 노동조합의 운영비 원조를 전면적으로 금지한 것은 노조의 자주적인 활동을 저해할 수 있다며 헌법불합치를 판정함에 따라 동법 제81조 1항 4호의 단서로서 노조의 자주적 활동을 침해할 위험 여부를 다음 사항을 고려하여 판단하도록 보완하였다.〈2020.6.9.개정〉

① 운영비 원조의 목적과 경위

② 원조된 운영비 횟수와 기간

③ 원조된 운영비 금액과 원조방법

④ 원조된 운영비가 노동조합의 총수입에서 차지하는 비율

⑤ 원조된 운영비의 관리방법 및 사용처 등

5. 보복적 불이익 취급

1) 보복적 불이익 취급의 의미

「노동조합법」 제81조 제5호는 "근로자가 정당한 단체행위에 참가한 것을 이유로 하거나 또는 노동위원회에 사용자의 부당노동행위를 신고 또는 증언하거나 기타 행정관청에 증거를 제출한 것을 이유로 그 근로자를 해고하거나 불이익을 주는 행위"를 부당노동행위로 규정하고 있다.

2) 보복적 불이익 취급의 내용

불이익 취급은 불이익 대우와 마찬가지로 해고 또는 위장폐업에 의한 해고·배치전환·승진탈락·권고퇴직 등의 인사상 불이익조치와 임금·수당지급의 차별, 연장

근로의 제외 등 경제적 처우에 관한 불이익조치 그리고 회사의 행사·교육·연수 등의 배제 같은 비경제적 차별처우도 포함된다. 이러한 보복적 불이익 취급은 대체로 사용자측의 그럴듯한 이유와 구실이 수반되므로 이를 입증할 수 있는 증거를 제시하는 것이 중요하다.

제3절 부당노동행위의 구제제도

부당노동행위의 구제는 기본적으로 노동조합 활동에 대한 사용자의 방해를 제거하는데 목적이 있으므로 사용자로 하여금 일정한 부당행위를 하지 않도록 법률로서 금지하는 것만으로는 불충분하며, 사용자의 부당한 노동권 침해행위에 대하여 적절한 구제대책이 필요하다.

부당노동행위에 의한 근로자의 근로3권 침해로 인한 해고 등 보복적 불이익 처우는 복잡한 절차를 거치지 않고 비용의 큰 부담 없이 신속하게 구제되어야 한다. 부당노동행위와 같은 권리침해를 사법적 절차에 의하여 해결하기 위해서는 미해결상태로 장기간 지연됨으로써 피해근로자의 경제적·정신적 타격이 매우 크며 급박하므로 근로자나 노동조합에 대한 효율적인 보호를 위하여 대부분의 국가에서는 전담행정기구를 설치하여 무료속결주의(無料速決主義)를 채택하고 있다. 우리나라에서도 행정부 산하에 노동위원회를 설치하여 부당노동행위의 판정 및 노동쟁의 조정 임무를 수행하도록 하고 있다.

1. 구제제도의 의의

부당노동행위의 구제제도는 사용자가 근로자 또는 노동조합의 근로3권을 침해함으로써 단결권의 행사가 침해되고 단체교섭이 거부되며, 단체행동이 억압됨으로써, 근로자의 신분상으로나 경제적으로 불이익 처분을 받는 경우에 이를 구제하는 제도를 말한다. 이러한 부당노동행위 구제제도는 사용자가 근로자 및 노동조합의 정당한 활동을 방해하지 못하도록 하고, 노동권 침해행위가 일어났을 경우에 이에 대한 신속하고 적절한 조치를 취하기 위한 것이다.

따라서 이러한 대책에는 처벌주의와 원상회복주의가 있다. 전자는 부당노동행위를 범죄로 규정하여 그 행위자를 처벌함으로써 부당노동행위의 발생을 막는다는 입장이고, 후자는 부당노동행위 자체를 범죄로 보지 않고 그 행위가 있기 이전의 상태로 원상회복시키도록 일단 명령을 내리고 이 명령에 위반했을 때는 이를 범죄로 보아 처벌하는 것을 말한다.

우리나라는 구제제도와 처벌제도를 함께 규정하고 있으며. 이때의 처벌은 피해자의 명시된 의사에 따라 구제와 병과될 수 있다는 데 특색이 있다. 그리고 부당노동행위의 구제를 위해 행정기관에 노동위원회를 설치하여 이에 대한 임무를 수행하도록 하고 있다.

2. 노동위원회에 의한 구제

1) 부당노동행위의 관할권

부당노동행위는 지방노동위원회 및 중앙노동위원회가 심급(審級)을 달리하는 2심제를 기본으로 하는데, 그 위에 행정소송을 인정하여 형식상 3심제를 이루고 있다. 1심은 부당노동행위가 발생한 사업장의 소재지를 관할하는 지방노동위원회가 관장하며, 1심의 결정에 불복하는 경우에는 중앙노동위원회에 재심을 신청할 수 있으며, 중앙노동위원회의 결정에 대해 불복하는 경우에는 행정소송을 제기할 수 있다(동법 제85조 제2항).

그리고 지방노동위원회와 중앙노동위원회는 상설기관이나, 특정한 사항을 관장하기 위하여 비상설기관으로서 특별노동위원회를 설치할 수 있으며, 당해 특정사항을 관장하는 중앙행정기관의 장 소속하에 둔다(노동위원회법 제2조 제3항).

2) 구제신청

사용자의 부당노동행위로 인하여 그 권리를 침해당한 근로자 또는 노동조합은 그 행위가 일어난 지방을 관할하는 지방노동위원회에 그 구제신청을 할 수 있다(동법 제82조 제1항). 그러므로 부당노동행위의 구제신청은 권리를 침해받은 근로자나 노동조합이 신청인이 된다.

노동위원회는 부당노동행위 사건을 심사할 권한이 있으나 그것은 신청주의에 따라 당사자의 신청이 있을 때 행사할 수 있는 것이지 직권으로 그를 발동할 수는 없다. 구제신청을 위한 신청서에는 신청인의 성명·주소, 피신청인의 성명·주소, 신청취지, 신청이유, 신청일자를 기재하고 서명 또는 날인하여야 한다.

구제신청은 부당노동행위가 일어난 날(계속하는 행위는 그 종료일)로부터 3월 이내에 서면으로 하여야 한다. 구제신청의 상대방은 개인기업에서는 기업주 개인, 법인기업에 있어서는 법인이 법적 당사자가 된다.

[그림 9-1] 부당노동행위의 구제절차

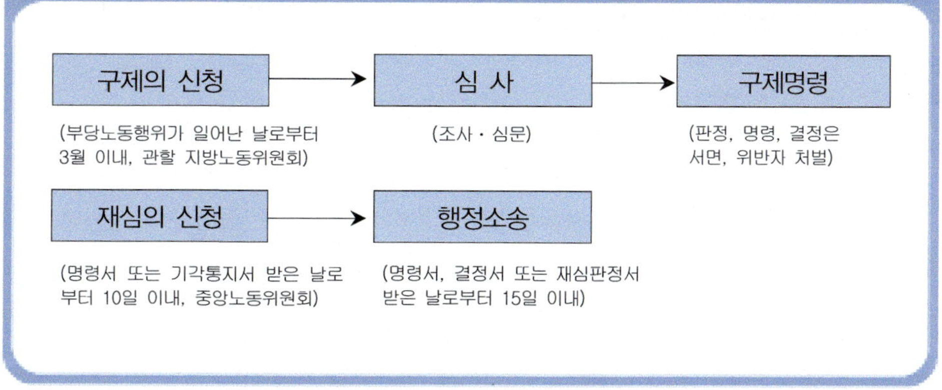

3) 조사와 심문

노동위원회는 구제신청을 받으면 지체 없이 필요한 조사와 관계당사자의 심문, 증인심문, 증거제출, 증인에 대한 반대심문 등의 조사를 하여야 한다(동법 제83조). 심사절차는 조사와 심문의 두 부분으로 나누어지며, 조사 및 심문절차는 소송절차에 있어서와 마찬가지로 당사자 쌍방에게 공격과 방어의 기회를 공평하게 보장하고(당사자 대등의 원칙) 공개주의를 채택함으로써 처리의 공정을 기하고 있다.

조사와 심문에 관한 절차는 중앙노동위원회에서 따로 정하도록 되어 있다(동법 제83조 제4항). 이 과정에서 때로는 주장이 서로 대립되기도 하지만 원만한 양보와 화해를 통하여 구체신청을 취하할 수도 있다.

4) 판 정

노동위원회는 부당노동행위의 조사를 종료하고 부당노동행위가 성립한다고 판정한 때에는 사용자에게 구제명령을 발하여야 하고, 부당노동행위가 성립되지 아니한다고 판정한 때에는 그 구제신청의 기각결정을 하여야 한다(동법 제84조 1항).

판정에는 노동위원회의 3인 내지 5인의 공익위원만이 참여하므로 합의재판에 비유될 수 없다. 여기에서 판정은 문제된 행위의 민법・형법상 법률효과에 구애되지 않으며, 반대로 노동위원회의 판정이 그 행위의 법률효과를 좌우하는 것도 아니다. 이를테면, 법적으로는 유효하게 성립된 노동계약의 해고라 할지라도, 그것의 노동관행으로 보아서 부당하다고 판정할 때는 노동위원회는 사용자에 대하여 원상회복(복직명령 등)을 명할 수 있다. 부당노동행위에 대한 판정과 구제명령은 노동위원회의 공익위원만이 행사하는 권한에 속하지만 조사 및 심문절차에는 사용자위원과 근로자위원도 관여할 수 있다.

5) 구제명령

노동위원회는 심사절차가 끝나서 부당노동행위가 성립한다고 판정한 때에는 사용자에게 구제명령을 발하여야 하고, 부당노동행위가 성립하지 않는다고 판정한 때에는 구제신청을 기각하는 결정을 하여야 한다(동법 제84조 제1항).

판정・명령 및 결정은 서면으로 하여야 하며 이를 관계당사자에게 교부하여야 한다. 그리고 관계당사자는 구제명령에 따라야 한다(동법 제84조 제2항).

구제명령의 내용은 부당노동행위의 양태에 따라 다르다. 즉, 불이익 대우에 있어서는 원상회복을 명하고, 황견계약에 있어서는 해고조건으로 된 조합에의 불가입, 조합탈퇴, 특정조합에의 가입을 위한 계약서 파기를 명하고, 또한 단체교섭 거부에 있어서는 교섭사항, 교섭담당자, 교섭시기 등을 명하여 단체교섭을 개시할 것 또는 단체협약을 체결할 것을 명하고, 지배・개입 내지 경비원조에 있어서는 그 지배・개입행위를 하여서는 아니 된다는 '부작위명령', 사과문 게시명령, 또는 반조합행위 금지명령 등의 조치를 취할 수 있다.

6) 재 심

지방노동위원회 또는 특별노동위원회의 구제명령 또는 기각결정에 불복이 있는 관계당사자는 그 명령서 또는 결정서의 송달을 받은 날로부터 10일 이내에 중앙노동위원회에 재심을 신청할 수 있다(동법 제85조 제1항).

중앙노동위원회는 재심결과 그 신청이 이유가 없다고 인정하는 때에는 이를 기각하고, 이유가 있다고 인정할 때에는 지방노동위원회의 처분을 취소하고 새로운 명령을 내릴 수 있으며, 명령을 변경할 수도 있다.

그러나 재심을 신청하지 않는 경우에는 초심의 명령 또는 기각결정은 확정되며,

관계당사자는 이에 따라야 한다(동법 제85조 제3항 및 4항).

노동위원회의 구제명령이나 기각결정, 또는 재심판정은 재심신청이나 행정소송을 제기하더라도 그 효력이 정지되지 않으며, 중앙노동위원회의 재심판정이나, 행정법원의 판결이 확정됨으로써 효력이 상실된다(동법 제86조).

7) 행정소송

중앙노동위원회의 재심판정은 일종의 행정처분이기 때문에 이에 대하여는 행정소송법상의 취소소송을 제기할 수 있다. 중앙노동위원회의 재심판정에 대하여 관계당사자는 그 재심판정서의 송달을 받은 날로부터 15일 이내에 행정소송법이 정하는 바에 의하여 소송을 제기할 수 있다(동법 제85조 제2항). 이 기간 내에 행정소송을 제기하지 아니한 때에는 구제명령·기각결정 또는 재심판정은 확정되며 관계당사자는 이에 따라야 한다.

8) 부당노동행위의 처벌

노동조합법 제90조의 벌칙조항에는 부당노동행위를 위반한 자(동법 제81조)는 2년 이하의 징역 또는 2천만원 이하의 벌금에 처한다고 규정하고 있다.

부당노동행위 심판사례

Ⅰ. S군청 부당해고 및 부당노동행위 구제 재심신청.

Ⅱ. 주식회사K 부당해고 및 부당노동행위 구제 재심신청.

Ⅰ. S군청 부당해고 및 부당노동행위 구제 재심신청

〈중앙2009부해147,148,150,151/부노30,31,33,34 병합〉

판정요지

■ **초심판정요지**

이 사건 근로자들이 고용되기 이전부터 재활용선별원에 대하여 2~3개월 단위의 기간을 설정하여 고용하여 온 관행이 있었고, 근로자 선정을 위한 이 사건 사용자와 협의회의 공문에도 이러한 점이 명시되어 있으며 이 사건 근로자들의 채용절차, 업무형태, 근로내용 등으로 볼 때 신분과 정년이 보장된 상근인력으로 보기 어렵고, 이 사건 근로자들도 이 사건 사용자에게 단체교섭 등을 통해 정년보장을 계속해서 요구한 바 자신들이 기간의 정함이 있는 근로자임을 스스로 시인했다고 보이는 점 등을 고려할 때, 이 사건 근로자들의 경우 기간의 정함이 단지 형식에 불과하다고 보기 어렵다. 한편, 이 사건 사용자는 지역 주민들과의 형평성을 이유로 로테이션근무를 원칙으로 세웠고, 이 사건 근로자들도 정년까지 계약을 갱신체결할 것이라는 기대를 했다고 볼 수 없으며, 재활용선별시설설치의 목적이 지역주민에 대한 보상적 차원이고, 취업을 희망하는 주민들이 상당수 존재하는 점, 이 사건 사용자에게 계약갱신의무가 있다고 단정할 수 없는 점 등을 고려하여 볼 때, 이 사건 근로자들에게 계약갱신에 대한 정당한 기대권이 있었다고 보기 어려우므로 이 사건 계약갱신 거절이 부당한 처분이라고 볼 수 없다. 또한 사용자의 부당노동행위를 입증할만한 객관적인 증거도 발견할 수 없으므로 부당노동행위 주장 또한 받아들이기 어렵다.

■ **재심판정요지**

이 사건 사용자는 재활용선별원에 대하여 2~3개월 단위의 기간을 설정하여 고용하여 온 것으로 보이고, 근로자 선정을 위한 이 사건 사용자와 지역주민협의회의 공문에도 이러한 사항이 명시된 점, 이 사건 근로자들의 채용절차, 업무형태, 근로내용 등으로 볼 때 신분과 정년이 보장된 상근인력으로 보기 어려운 점 등을 종합하여 판단하면 이 사건 근로자들이 기간의 정함이 없는 근로자로 채용되었다거나 계약갱신 기대권이 형성되었다고 볼 수 없다. 한편, 재활용선별시설설치의 목적이 지역주민에 대한 보상적 차원이고 인근 마을주민들이 원하는 경우 차례대로 고용해야 한다는 점 등을 고려하여 볼 때, 이 사건 계약갱신 거절이 부당한 처분이라고 볼 수 없다. 또한, 사용자의 부당노동행위를 입증할만한 객관적인 증거도 발견할 수 없으므로 부당노동행위 주장 또한 받아들이기 어렵다.

▶ 중앙노동위원회 재판판정서

사 건	2009부해147,148,150,151/부노30,31,33,34 병합 부당해고 및 부당노동행위 구제재심신청
근 로 자 (재심신청인)	강○○ 외 3인
노동조합 (재심신청인)	C노동조합 위원장 한○○
사 용 자 (재심신청인 및 재심피신청인)	S군
판 정 일	2009. 4. 13.

주 문

사건 근로자들 및 노동조합의 구제신청을 모두 기각한다.

초심주문

[충남지방노동위원회2009. 2. 3. 판정 2008부해477, 480~482,484/부노70,73~75,77 병합]
이 사건 근로자들과 이 사건 노동조합의 신청을 모두 기각한다.

재심신청취지

초심판정 취소

이 유

1. 당사자

가. 근로자

이 사건 근로자들은 각각 2006. 11. 13. 및 같은 해 12. 1. S군의 재활용선별원으로 채용되어 근로하던 중 2008. 10. 31. 및 같은 해 11. 30. 각각 근로약계 만료통보를 받은 자들이다.

나. 노동조합

이 사건 노동조합은 C도 내 공공환경업무에 종사하는 환경미화원, 도로보수원 등을 조직대상으로 하여 2003. 11. 18. 설립된 지역단위 노동조합이며, 상급단체를 M노총 전국 공공운수사회서비스노조연맹으로 하고 있고, 현재 조합원 450여 명이 가입하여 활동하고 있다.

다. 사용자

이 사건 사용자는 위 주소에 본청을 둔 기초지방 자치단체로서 상시근로자 600여 명(기간제 근로자 45명)을 사용하여 공공서비스업을 경영하는 자이다.

2. 재심신청에 이른 경위

가. 이 사건 근로자들 및 노동조합은 2008. 11. 30. 해고(근로계약만료)통보가 부당하다며 2008. 12. 18. 초심지노위에 구제를 신청하였다.

나. 초심지노위는 2009. 2. 3. 이 사건 근로계약 갱신거절에 대해 정당해고로 인정하였고, 부당노동행위와 관련하여 입증자료 부족으로 기각 판정하였다.

다. 이 사건 근로자들 및 노동조합은 초심지노위 판정서를 2009. 2. 13. 각각 받고, 이에 불복하여 2009. 2. 23. 우리 위원회에 초심판정의 취소를 구하는 이 사건 재심을 신청하였다.

3. 당사자의 주장 요지

가. 근로자들 및 노동조합의 주장 요지

■ 계약갱신 거절에 대하여

이 사건 근로자들은 연간 300일 이상 사역하는 상근인력이며 업무도 상시적이므로 특별한 해고의 사유가 없는 한 계속적인 근로가 예정된 무기계약 근로자이며, 입사 당시에도 정년이 보장된다는 설명만 듣고 구두계약을 하였을 뿐 기간의 정함이 있는 근로계약서를 직접 작성한 적이 없으므로 기간의 정함이 없는 근로자들이라고 주장한다. 한편, 근로계약서를 날조하고 근로자들의 동의 없이 작성된 근로계약서는 무효이므로 이 사건 사용자는 기간의 정함이 없는 근로계약을 체결한 이 사건 근로자들을 해고하려면 경영상 해고의 절차를 준수하여야 하나, 아무런 절차 없이 일방적으로 통보하였으므로 이 사건 계약갱신 거절은 부당한 해고라고 주장한다.

■ 부당노동행위에 대하여

이 사건 노동조합은 S군이 일부 공무원들은 교섭과정에서 노동조합을 혐오하는 발언을 서슴지 않았으며, 주민지원협의회를 동원하여 조합원들의 탈퇴서를 받았으며 평화협약을 악용하여 적법한 시위 및 집회를 사전 봉쇄한 점 등 정당한 조합활동을 방해하는 등, 위와 같은 이 사건 사용자의 일련의 행위는 부당노동행위라고 주장한다.

나. 사용자의 주장 요지

■ 계약갱신 거절에 대하여

이 사건 사용자는 이 사건 근로자들이 상근인력 관리규정상의 상근인력에 포함되지 않고, 직접 근로계약서에 도장을 찍었으며, 각종 증거자료와 이 사건 근로자들의 입사경위 등을 보더라도 이 사건 근로자들이 기간의 정함이 있는 근로자들이므로 이 사건 계약갱신 거절은 해고가 아니라고 주장한다. 또한, 이 사건 사용자는 피해지역주민과의 형평성을 기해야 하는 점, 이 사건 근로자들이 수차례 자신들의 고용보장을 위해 근로계약체결을 거부한 점 등으로 인하여 이 사건 근로자들과 근로계약 갱신을 거부한 것으로 이는 사유에서도 정당하다고 주장한다.

■ 부당노동행위에 대하여

이 사건 사용자는 “이 사건 근로자들에게 성실 촉구를 한 것이고, 2009년 1월경 담당 공무원은 기존 근무자는 순환근무 원칙상 채용할 수 없다고 알려준 것이지 노조가입을 이유로 재입사를 거부한 것이 아니며, 협의회의 노조탈퇴 종용은 이 사건 사용자와 무관한 것이고, 한편, 근로자들이 취하서를 제출한 것이 부당노동행위의 증거라고 주장하는 것은 이해할 수가 없다”라고 주장한다.

4. 인정사실

≪중 략≫

※ 조사결과 통보 내용

① 재활용 선별장 근로자 인장 도용 및 근로계약서 허위조작 : S경찰서의 조사결과에 따라 S군에서 처리할 예정임,

② 협의회의 노조탈퇴유도 : 협의회는 민간단체로서 조사범위를 벗어남,

③ 집회 및 시위참가 방해 : 2008년 C도 9개 시 · 군 노사공동평화협약에 따라야 함,

④ 예산낭비와 재활용 선별업무 파행 : 파행으로 보기 어려움,

⑤ 기간제법에 반하는 집단해고 : 기간제법 제4조의 규정에 의거 사용자는 2년을 초과하지 아니하는 범위 안에서 기간제 근로자를 사용할 수 있고, 사용기간이 2년이 초과할 경우 무기계약직으로 전환되어 S군과 협의회의 협약에 따른 법의 테두리 안에서 순환근무를 보장한다는 협약내용에 위배됨,

⑥ 생활쓰레기 수집운반 민간대행업체의 계약위반 묵인- S군에서 처리하여야 할 사항임.

너. 2008. 12. 31. S경찰서는 이 사건 근로자 최○○이 이 사건 사용자 담당공무원을 상대로 한 '사인부정사용' 고소사건에 대하여 '불기소(혐의없음)' 의견으로 C지방검찰청 B지청에 송치하였고, 2009. 1월경 S경찰서는 이 사건 노동조합 위원장이 제기한 진정사건과 관련하여 '검사 수사지휘에 의해 내사 종결하였다'라고 이 사건 사용자에게 통보하였다. [사 제14호증의1 공무원범죄 수사상황 통보, 사 제14호증의4 공무원범죄 수사상황 통보]

더. 이 사건 공동재심 신청인이었던 박○○은 2009. 2. 24. 이 사건 재심신청을 취하하였다.

≪중 략≫

5. 판단

이 사건에 관한 당사자의 주장요지가 위와 같으므로 이 사건의 주요 쟁점은

첫째, 이 사건 근로자들이 기간의 정함이 있는 근로자인지 여부에 있고 둘째, 이 사건 근로자들이 기간의 정함이 있는 경우라면 계약갱신기대권이 형성되었는지 여부에 있으며 셋째, 이 사건 계약갱신 거절 및 이 사건 사용자가 이 사건 근로자들의 집회참가를 차단하려고 한 행위 등이 부당노동행위에 해당하는지 여부에 있다 할 것이다.

이러한 쟁점사항에 대하여 본 건 신청에 있어서 양 당사자의 주장과 초심지노위 및 우리 위원회에 제출된 각종 입증자료의 기재내용 및 심문사항 등을 종합하여 다음과 같이 판단한다.

가. 이 사건 근로자들이 기간의 정함이 있는 근로자인지 여부

대법원은 "기간을 정하여 채용된 근로자라고 할지라도 장기간에 걸쳐서 그 기간의 갱신이 반복되어 그 정한 기간이 단지 형식에 불과하게 된 경우에는 사실상 기간의 정함이 없는 근로자의 경우와 다를 바가 없게 된다고 할 것이나, 위와 같은 사정이 인정되지 않는 일반적인 경우에는 기간의 정함이 있는 근로계약은 기간의 만료에 의하여 당연히 종료함이 원칙이라고 할 것이다. (대법원 1995. 7. 11. 선고 95다9280 판결)"라고 판시하고 있다.

살피건대, ① 위 '4. 인정사실'에서와 같이 이 사건 사용자는 이 사건 근로자들이 고용되기 이전부터 재활용 선별작업에 근로할 일용직 공공사역근로자에 대하여 지자체 시행 공공근로와 유사한 2~3개월 단위의 기간을 정하여 고용하여 온 것으로 보이며 이 사건 근로자들도 이와 같은 형식으로 채용되었다고 보이는 점, ② 이 사건 사용자가 협의회에 발송한 일시사역근로자 추천요청 공문, 협의회가 이 사건 사

용자에게 보낸 일시사역근로자 추천통보 공문에 이 사건 근로자들의 근로기간과 근로형태가 명시되어 있는 점, ③ 이 사건 근로자들의 채용절차, 업무형태, 근로내용 및 「S군 상근인력 관리규정」의 정원표 등을 고려할 때 이 사건 근로자들은 신분과 정년이 보장된 상근인력이라고 보기 어려운 점, ④ 비록 이 사건 사용자가 3회차 이후로 체결된 같은 양식의 근로계약서에 이 사건 근로자들의 편의를 위하여 근로자들로부터 도장을 제출받아 날인한 사실만으로 그 기간의 정함이 단지 형식에 불과하다고 볼 수 없는 점 등을 종합적으로 고려하여 볼 때, 이 사건 근로자들의 경우 기간의 정함이 없는 근로계약을 체결하였다고 볼 수 없다.

나. 이 사건 근로자들이 기간의 정함이 있는 경우라면 계약갱신기대권이 형성되었는지 여부

① 이 사건 근로자들은 이 사건 사용자와 2~3개월을 근로기간으로 하여 9회에 걸쳐 근로계약 갱신체결한 점은 인정되나, 이 사건 근로자들의 총 근로연수는 2년이 채 되지 않은 점, ② 이 사건 사용자는 지역주민들과의 형평성을 이유로 2년의 범위 내에서 주민간 순환근무원칙을 세웠고, 근로자 추천권한이 있는 협의회와 동원칙에 대하여 합의를 하였으며, 이 사건 노동조합과의 단체교섭에서도 이러한 원칙을 변경한 적이 없는 바, 이 사건 근로자들도 정년이 될 때까지 근로계약을 계속 갱신할 것이라는 기대가 형성되었다고 보기 어려운 점, ③ 재활용 선별시설은 이 사건 사용자가 수익을 위해서가 아니라 S군 S면일대에 쓰레기매립장을 유치함에 따라 해당 지역주민들에게 보상의 목적으로 설치된 것이라고 보이고, 취업을 희망하는 주민들이 있는 경우 교대로 근로를 시켜야 할 필요성이 있는 점, ④ 이 사건 근로자들을 실제로 상근인력으로 사용한 증거가 보이지 않는 점, ⑤ 이 사건 근로자들에 대한 계약갱신 절차 및 요건 등에 관한 근거규정을 발견할 수 없는 점, ⑥ 이 사건 근로자들의 업무(쓰레기 선별)가 그 업무의 특성상 전문성이 인정되어 계속 근로하게 된다는 기대를 하기 어려운 점 등의 사정을 종합적으로 고려하여 봤을 때, 이 사건 근로자들에게 계속하여 계약갱신이 될 수 있으리라는 정당한 기대권이 형성되었다고 판단할 수 없다.

따라서, 근로기간 종료에 따라 근로관계가 종료된 이 사건 근로자들에 대한 재계약 갱신 거절은 부당한 해고라고 볼 수 없다.

다. 이 사건 부당노동행위 성립 여부

대법원은 "부당노동행위가 성립하기 위해서는 근로자가 노동조합의 업무를 위한 정당한 행위를 한 경우라야 하며, 그 사실의 주장 및 입증책임은 부당노동행위임을 주장하는 근로자에게 있다. (대법원 1996.9.10. 선고95누16783)"라고 판시하고 있다.

살피건대, 이 사건 사용자가 이 사건 근로자들에게 행한 근로계약 갱신거절이 부

당한 처분이라고 볼 수 없고, 이 사건 근로자들과 이 사건 노동조합은 이 사건 근로계약 갱신거절 등 이 사건 사용자의 일련의 행위가 정당한 노동조합활동에 대한 보복조치로서 지배·개입의 부당노동행위라고 주장하지만, 구체적인 입증자료를 제시하지 못하고 있고, 달리 이 사건 사용자의 부당노동행위를 입증할만한 객관적인 증거를 발견할 수 없으므로 부당노동행위에 해당한다는 이 사건 근로자들과 이 사건 노동조합의 주장은 받아들이기 어렵다 할 것이다.

6. 결 론

그렇다면, 이 사건 사용자가 이 사건 근로자들에게 행한 계약갱신 거절은 정당하므로 이 사건 근로자들의 재심신청을 기각하며, 부당노동행위 또한 이를 입증할만한 증거 발견이 어려우므로 이 사건 노동조합의 신청을 기각하기로 하여 「근로기준법」 제30조, 「노동조합 및 노동관계 조정법」 제84조, 「노동위원회법」 제26조의 규정에 의하여 주문과 같이 판정한다.

Ⅱ. 주식회사K 부당해고 및 부당노동행위 구제 재심신청

〈중앙2010부해941/부노310병합〉

판정요지

■ **판정요지**(부해 : 초심취소, 부노 : 초심유지)

가. 부당해고 부분에 대하여

○○지사로 전보발령 이후 전보발령이 부당하고 숙소가 제공되지 아니한다는 이유로 ○○지사 사옥 정문 앞에서 텐트 노숙을 하면서 피켓 등을 이용하여 출근시간 1인 시위를 하고, 텐트 전원연결을 제지한다는 이유로 퇴근하려던 지사장의 차량을 가로막고 차량통제용 쇠사슬로 위협하고, 차에서 내리게 한 후 온갖 욕설을 하고 상해를 입히는 등 이 사건 근로자의 비위행위는 취업규칙 등에 의한 정당한 징계사유로 인정되고, 비위행위의 사안이 중대하고, 개전의 정이 없는 점, 다수의 징계 전력이 있는 점 등에 비추어 징계양정이 과하다고 볼 수 없어 이 사건 해고처분은 정당하다.

나. 부당노동행위 부분에 대하여

이 사건 근로자에 대한 정당한 징계사유가 있어 해고처분이 이루어진 것이므로 부당노동행위는 성립되지 아니한다.

▶ 중앙노동위원회 재판판정서

사　　건	중앙2010부해941/부노310 병합 주식회사 K 부당해고 및 부당노동행위 구제 재심신청
근 로 자	조○○ 서울 ○○구 ○○동 위 대리인 노무법인 ○○ 담당 공인노무사 고○○(재심신청인 겸 재심피신청인)
사 용 자	주식회사 K 경기 ○○시 ○○구 ○○동 대표이사 이○○ 위 대리인 ○○노무법인 담당 공인노무사 주○○, 서○○(재심피신청인 겸 재심신청인)
판 정 일	2010.11.23

우리 위원회는 위 차별적 처우 시정 재심 신청사건에 대하여 심사하고 주문과 같이 판정한다.

주 문

1. ○○지방노동위원회가 2010. 8. 26. 이 사건 근로자와 사용자 사이의 2010부해247/부노52 병합 부당해고 및 부당노동행위 구제신청사건에 관하여 한 초심 판정 중 부당해고 부분에 관한 판정을 취소한다.
2. 이 사건 근로자의 부당해고에 관한 초심 구제신청을 기각한다.
3. 이 사건 근로자의 재심신청을 기각한다.

초심주문

[○○지방노동위원회 2010. 8. 26. 판정, 2010부해247/부노52 병합]

1. 이 사건 사용자가 이 사건 근로자에게 2010. 4. 1.자로 한 해고는 부당해고임을 인정한다.
2. 이 사건 사용자는 이 사건 근로자의 해고처분을 취소하고 이 판정서를 송달받은 날로부터 30일 이내에 이 사건 근로자를 원직에 복직시키고 해고기간동안 정상적으로 근로하였다면 받을 수 있었던 임금상당액을 지급하라.
3. 이 사건 근로자의 부당노동행위 구제신청은 기각한다.

재심신청취지

【부해941】

1. 부당해고에 대한 초심판정을 취소한다.
2. 이 사건 근로자에 대한 해고는 정당한 해고임을 인정한다.

【부노310】

1. 부당노동행위에 대한 초심판정을 취소한다.
2. 이 사건 사용자가 2010. 4. 1. 행한 해고는 부당노동행위임을 인정한다.
3. 이 사건 사용자는 향후 부당노동행위를 하여서는 아니된다.

이 유

1. 당사자

가. 근로자

조○○(이하 '이 사건 근로자'라 한다)은 1989. 10. 23. 주식회사 K에 행정직 6급으로 입사하였고, 2009. 3. 1. 사무직 4급으로 승진하였으며, 2009. 9. 30. ○○지사로 전보되어 근무하다 2010. 3. 15. ○○마케팅단 ○○지사로 복귀하여 근무하던 중 같은 해 4. 1. 해고된 사람이다.

나. 사용자

주식회사 K(이하 '이 사건 사용자'라 한다)는 위 소재지에 본사를 두고 상시근로자 30,000여명을 고용하여 ○○사업 등을 행하는 법인이다.

2. 재심신청에 이른 경위

가. 이 사건 근로자는 2010. 4. 1. 이 사건 사용자가 행한 징계처분은 직권남용에 의한 부당해고이고 또한 부당노동행위라며 2010. 6. 28. ○○지방노동위원회(이하 '초심지노위'라 한다)에 부당해고 및 부당노동행위 구제를 신청하였다.

나. 초심지노위는 2010. 8. 26. 이 사건 해고는 부당해고임을 인정하고, 부당노동행위에는 해당되지 않는다고 판단하여 기각하였다.

다. 이 사건 근로자는 2010. 9. 3. 초심지노위 판정서를 송달받고 부당노동행위에 관한 판정에 불복하여 같은 달 10일 이 사건 재심을 신청하였고, 이 사건 사용자는 같은 달 6일 초심지노위 판정서를 송달받고 부당해고 부분에 관한 판정에 불복하여 같은 달 15일 이 사건 재심을 신청하였다.

3. 당사자의 주장 요지

가. 근로자의 주장 요지

이 사건 근로자는 이 사건 사용자가 해고 사유로 삼은 것은 징계 또는 해고의 사유로 삼기 어려운 것이거나 일부 잘못이 있더라도 그 행위에 이르기까지 이 사건 사용자가 제공한 책임이 가볍지 않으므로 가장 무거운 해고의 책임을 지우는 것은 징계의 재량권을 남용한 것이거나 징계사유에 비추어 징계의 양정이 가혹한 부당해고에 해당되고, 또한 활발한 노동조합활동을 방해하기 위하여 해고한 것이므로 부당노동행위에 해당한다고 주장한다.

나. 사용자의 주장 요지

이 사건 사용자는 ○○지사에 전보발령 받고 첫 출근한 다음날부터 정문 앞 텐트 노숙 농성 및 출근시간 1인 시위를 하다가 2009. 10. 13. 퇴근하려던 ○○지사장에게 쇠사슬로 위협하고 폭언하거나 협박 및 폭력을 행사하여 조직질서를 문란하게 하고, 소속 지사장의 산업안전상의 지시 불이행, 허위사실 유포 및 회사의 명예훼손, 업무방해 행위, 무단결근 및 직무명령을 이행하지 아니하는 등 이 사건 근로자의 비위행위는 사회통념상 근로관계를 지속시킬 수 없을 정도의 중대한 귀책사유에 해당되므로 취업규칙 및 인사규정에 따라 징계해고한 것으로 정당하고, 또한 정당한 사유로 해고한 것이므로 부당노동행위에 해당되지 아니한다고 주장한다.

4. 인정사실

당사자 사이에 다툼이 없거나 입증자료의 각 기재내용, 재심이유서 및 답변서, 초심사건 기록의 전 취지와 심문회의에서의 당사자 진술내용을 종합하면 다음 사실들을 인정할 수 있다.

≪중 략≫

※ 이 사건 사용자는 징계의결 요구 후 이 사건 근로자에게 인사위원회 개최를 통보하여 소명의 기회를 부여하고 인사위원회의 의결 후 징계처분 사유설명서를 전달하는 등의 절차를 취하였으며, 징계절차에 관하여 당사자가 별다른 이의를 제기한 바 없었으며, 이 사건 근로자에 대한 징계의결 요구사유(징계사유)를 요약하면 아래와 같다.

- 2009. 7. 1. 및 같은 해 7. 13. 무단결근 및 직무명령 불이행
- 2009. 7. 13. 기자회견 시 허위사실 유포 및 회사의 명예훼손, 업무방해
- 2009. 9. 30. 전보발령 이후 회사의 명예훼손, 업무방해
- 2009. 10. 13. ○○지사장에 대한 폭언 및 폭력행사, 조직질서 문란, 산업안전상의지시불이행
- 2009. 10. 13. ○○지사장에 대한 폭행으로 입원 및 경찰 출석 등으로 지사장으로서의 업무 지장을 초래한 업무방해

※ 이 사건 근로자의 징계 및 표창 전력은 다음과 같음[답변서, 사 제1호증 징계의결서, 이유서(1)]

○ 징계 전력(경고사항은 제외)

구분	징계일자	사유	
불문경고(사면)	1998. 11. 16	회사의 인력구조조정 반대 총파업관련	1심 정직2월, 재심불문경고, 이후 노사합의로 사면
감봉3월	2001. 10. 10	114 분사에 반대 농성 관련	1심 정직3월, 재심 감봉3월
감봉3월	2005. 5. 11	요금정산자료 등 회부 유출(자칭 K불법영업 공익제보)	2003. 8월 해임, 부당해고 판정으로 재의결
감봉1월	2009. 7. 9	무단지참·결근, 상사폭언	재심기각 결정

○ 표창 전력(20년 근속 공로패(2009.10.31)는 이유불문 수여)

상훈내용	수여일자	상훈명	수여기관
공로표창	1994. 9. 28	사장 표창	한국○○공사
공로표창	1992. 3. 31	본부장 표창	경기사업본부

≪중 략≫

5. 판단

이 사건 해고 및 부당노동행위에 대하여 당사자의 주장 요지가 위와 같으므로 이 사건의 주요 쟁점은 첫째, 징계사유의 존부, 둘째, 징계절차의 정당성 여부, 셋째, 징계양정의 적정성 여부, 넷째, 이 사건 해고가 부당노동행위에 해당하는지 여부에 있다 할 것이다.

이러한 쟁점사항에 대하여 양 당사자의 주장, 우리 위원회에 제출된 각종 입증자료의 기재내용 및 심문사항 등을 종합하여 다음과 같이 판단한다.

가. 징계사유의 존부

근로자에게 여러 가지 징계혐의 사실이 있는 경우, 이에 대한 징계해고처분이 적정한지의 여부는 그 사유 하나씩 또는 그 중 일부의 사유만 가지고 판단할 것이 아니고, 전체의 사유에 비추어 사회통념상 근로관계를 계속할 수 없을 정도로 근로자에게 책임이 있는지 여부에 따라 판단하여야 하며(대법원 1997. 12. 09. 선고 97누9161 판결), 취업규칙에서 징계사유와 그에 대한 징계종류를 규정하고 있는 이상 그 규정 자체가 신의칙에 위반한다거나 권리남용에 해당하는 등 특별한 사정이 없는 한 그 규칙에 정하는 바에 따라야 한다고 보아야 할 것이므로, 근로자의 비위사실이 취업규칙 소정의 해고사유에 해당한다면 위 취업규칙을 그대로 적용하는 것이 위법 부당하다는 어떤 사정이 없는 한 그 규정에 따른 해고의 징계처분은 일응 정당한 것으로 보아야 할 것이다(대법원1991. 10. 11. 선고91다20173 판결등참조).

위와 같은 판례의 취지 및 인정사실에 따라 이 사건 사용자가 이 사건 근로자에 대해 ① 소속 ㅇㅇ지사장에 대한 폭언 및 협박, 폭력행사, 조직질서문란, ② 소속 지사장의 산업안전상 지시불이행, ③ 허위사실 유포 및 회사의 명예훼손, 업무방해, ④ 무단결근 및 직무명령 불이행 등의 비위행위를 징계사유로 삼고 있으므로 그 정당성에 대하여 살펴본다.

≪중 략≫

5) 소결

이 사건 사용자가 이 사건 근로자에 대한 징계사유로 삼은 ① 소속 지사장에 대한 폭언 및 협박, 폭력행사, 조직질서문란, ② 소속 지사장의 산업안전상의 지시 불이행, ③ 허위사실 유포 및 회사의 명예훼손, 업무방해, ④ 무단결근 및 직무명령 불이행 등의 비위행위 가운데 '업무방해'부분에 대하여는 법원에서 무죄선고를 한 점 등에 비추어 징계사유로 보기 어렵다고 하겠으나, 나머지 비위행위는 취업규칙 제15조(품위유지의무) 및 제18조(질서유지), 제20조(회사의 이익을 해하는 행위), 제

54조(징계), 인사규정 제37조(징계사유) 등에 의한 정당한 징계사유에 해당된다고 보아야 할 것이며, 허위사실 유포 및 회사의 명예훼손 행위 중 2009. 7. 13. 기자회견 개최와 관련한 행위와 2009. 7. 1. 및 같은 해 7. 13. 무단결근 및 직무명령 불이행에 관한 행위는 이 사건 사용자가 같은 비위행위를 사유로 2009. 9. 4. 감봉 6개월의 징계처분을 행하였다가 이 사건 근로자의 부당징계 구제신청에 따른 노동위원회의 구제명령으로 그 징계처분을 취소한 후 이 사건 징계사유에 포함한 것이므로 정당하다고 할 것이다.

나. 징계절차의 정당성 여부

이 사건 징계처분은 위 '4. 인정사실'의 '차'항에서와 같이 2010. 3. 30. 개최된 ○○마케팅단 보통인사위원회의 의결 절차를 거친 후 같은 달 31일 징계처분사유 설명서 통지가 있었으며, 이 사건 근로자의 징계재심 청구에 따라 같은 해 4. 29. 홈고객부문 보통인사위원회의 재심 절차가 이루어지는 한편, 인사위원회가 각각 개최됨에 있어서 단체협약 제34조(징계절차), 인사규정 시행세칙 제60조(징계혐의자의 출석)에 따라 이 사건 근로자에게 인사위원회 개최를 통보하여 소명의 기회를 부여하는 등 단체협약 및 취업규칙, 인사규정 등에 의한 절차를 거쳐 이 사건 징계처분이 이루어졌으며, 징계절차에 관하여 당사자가 별다른 이의를 제기한 바 없고, 달리 이에 관한 흠결이 발견되지 아니하므로 이 사건징계처분에 있어 절차적하자는 없다고 판단된다.

다. 징계양정의 적정성 여부

피징계자에게 징계사유가 있어서 징계처분을 하는 경우, 어떠한 처분을 할 것인가 하는 것은 징계권자의 재량에 맡겨진 것이고, 다만 징계권자가 재량권의 행사로서 한 징계처분이 사회통념상 현저하게 타당성을 잃어 징계권자에게 맡겨진 재량권을 남용한 것이라고 인정되는 경우에 한하여 그 처분을 위법하다고 할 수 있고, 그 징계처분이 사회통념상 현저하게 타당성을 잃어 재량권의 범위를 벗어난 위법한 처분이라고 할 수 있으려면 구체적인 사례에 따라 징계의 원인이 된 비위사실의 내용과 성질, 징계에 의하여 달성하려고 하는 목적, 징계양정의 기준 등 여러 요소를 종합하여 판단할 때에 그 징계의 내용이 객관적으로 명백히 부당하다고 인정할 수 있는 경우라야 하며(대법원 2002. 8. 23. 선고 2000다60890, 60906 판결 등 참조), 근로자에게 여러 가지 징계혐의 사실이 있는 경우, 이에 대한 징계해고 처분이 적정한지의 여부는 그 사유 하나씩 또는 그 중 일부의 사유만 가지고 판단할 것이 아니고, 전체의 사유에 비추어 사회통념상 근로관계를 계속 할 수 없을 정도로 근로자에게 책임이 있는지 여부에 따라 판단하여야 한다(대법원 1997. 12. 09. 선고 97누9161 판결).

위와 같은 판례의 취지에 따라 이 사건에 대하여 살펴보건대, 이 사건 근로자는 이 사건 사용자가 내세운 징계사유 중 일부 잘못이 있더라도 사안이 경미한 것이고 이 사건 사용자가 그 원인을 제공한 것이므로 징계해고의 사유로 삼기 어려운 것임에도 징계처분 중 가장 무거운 해고의 처분을 한 것은 징계재량권을 남용한 것으로 부당하다고 주장한다.

그러나 이 사건 근로자의 ○○지사장에 대한 폭언 및 협박, 폭력행사, 조직질서 문란의 비위와 산업안전상의 지시 불이행, 허위사실 유포 및 회사의 명예훼손 등 비위행위는 위 '4. 인정사실'의 '마'항 내지 '사'항에서와 같이 이 사건 근로자가 ○○지사로 전보발령을 받고 2009. 10. 6. ○○지사에 첫 출근하여 ○○지사장의 비용부담으로 하루는 모텔에서 숙박하였으나 그 다음날부터 ○○지사 정문 앞에서 가져간 텐트를 설치한 후 텐트 노숙을 시작하였고, 텐트 노숙을 계속하던 중 텐트 전원연결을 불허한다는 이유로 2009. 10. 13. 19:00경 퇴근하려는 ○○지사장의 차량을 가로 막고 차량 통제용 쇠사슬을 빼내어 "개새끼 내려"라고 삼천포지사장을 위협하여 차에서 내리게 한 후 "새끼야, 니가 전기선을 꼽아라"라며 경비실 쪽으로 강제로 끌고 가는 등 ○○지사장에게 협박 및 폭력을 행사하여 상해를 입힌 행위는 그 행위의 동기 및 내용 등에 비추어 볼 때 중대한 사안이라고 보여 질 뿐만 아니라, 이 사건 근로자가 관계 공무원의 텐트 철거 요구를 비롯하여 ○○지사 직원의 수차에 걸친 만류에도 불구하고 2010. 3. 15. ○○ ○○지사로 복귀하기 전까지 텐트 노숙을 장기간 지속하고, ○○지사와 인근 지사를 순회하면서 1인 시위를 하는 등 전보발령 이후 행한 일련의 행위를 보면 우발적으로 발생한 것이라고 보기 어려우며, 특히 피해자인 ○○지사장이 고소를 제기하자 이 사건 근로자가 이에 대응하여 ○○지사장을 맞고소 한 사실이 있는 점, 검찰의 구약식 처분에 정식재판을 청구하고 관할 법원에서도 벌금형을 선고하는 등 유죄의 판결이 있었으나 항소를 제기하였다면서 잘못을 시인하지 아니하거나 경미한 사안이라고 주장하는 점 등에 비추어 개전의 정도 엿보이지 아니하고, 여기에 더하여 2009. 7. 13. 기자회견 개최와 관련한 허위사실 유포 및 회사의 명예훼손, 무단결근 및 직무명령 불이행 등의 비위가 있음을 감안하면 이 사건 근로자의 전체적인 비위행위는 그 책임이 크다고 하지 않을 수 없으며, 과거 다수의 징계 전력이 있는 점 등에 비추어 볼 때 이 사건 근로자의 비위행위는 사회통념상 근로관계를 계속할 수 없을 정도의 중대한 사유로 인정되므로 이 사건 징계해고는 징계양정이 과하여 징계재량권을 남용한 것이라고 할 수 없다.

라. 부당노동행위 여부

부당노동행위가 성립하기 위하여 사용자의 반조합적 의도 내지 동기라고 하는 이른바 부당노동행위 의사가 있어야 하고, 한편 근로자에 대한 징계처분에 정당한 이유가 있는 것으로 인정되는 경우에는 비록 사용자가 근로자의 조합활동을 못마땅하게 여긴 흔적이 있다거나 사용자에게 반노동조합 의사가 추정된다고 하더라도 당해 불이익처분의 사유가 단순히 표면상의 구실에 불과하다고 할 수는 없어 그와 같은 불이익처분은 부당노동행위에 해당하지 않는다(대법원 2004. 6. 10. 선고 2004두2882 판결 등 참조).

위와 같은 판례의 취지 및 인정사실에 따라 이 사건에 대하여 살펴보면,

이 사건 사용자가 이 사건 근로자에 대한 징계해고는 단체협약, 취업규칙 및 인사규정 등 관련 규정에 의한 징계사유가 있음을 근거로 한 것으로서 부당노동행위를 인정할만한 자료가 없을 뿐만 아니라 이 사건 징계 해고가 정당한 것으로 인정되는 이상 부당노동행위가 성립된다고 할 수 없다.

6. 결론

그렇다면, 이 사건 해고에 대하여 우리 위원회와 결론을 달리한 초심지노위의 판정은 부당하므로 취소하고, 이 사건 사용자의 재심신청은 이유 있어 인용하기로 하며, 부당노동행위에 대하여는 우리위원회와 결론을 같이한 초심지노위의 판정은 정당하므로, 이 사건 근로자의 재심신청은 이유 없어 기각하기로 하여 근로기준법 제30조, 노동조합 및 노동관계조정법 제84조 및 노동위원회법 제26조의 규정에 따라 주문과 같이 판정한다.

제 10 장 공공부문의 노사관계

제10장 공공부문의 노사관계

제1절 공공부문 노사관계의 개관

현대사회가 매우 복잡하게 발전하면서 정부의 기능도 다양한 국민들의 생활을 뒷받침하지 않으면 안 되게 되었다. 국민들을 위한 공공서비스의 수요가 증대함에 따라 정부는 국민들의 서비스 수요를 충족시키기 위해서 공공부문 근로자를 확충해야 하고, 근로자들은 그들의 근로조건 개선을 요구하고 있으므로 정부로서는 공공부문에 대한 노사관계를 정립해야 할 필요가 있다.

민간부문의 노사관계에 있어서 정부는 노사관계 당사자의 하나로서 근로자와 사용자 사이의 조정자 내지는 중재자의 입장에서 노사안정의 임무를 수행하고 있었으나, 공공부문의 노사관계에서는 정부가 노사관계의 직접적 당사자인 사용자로서 공공부문 근로자들을 성실하고 원만하게 이끌어가야 할 책임을 지게 된다.

공공부문의 노사관계는 국민생활에 직접적인 영향을 미칠 뿐 아니라, 정부의 목표수행에 심각한 차질을 초래할 수 있으므로 매우 중요한 문제로 부각되고 있다.

1. 공공부문 노사관계의 개념

1) 공공부문의 정의

공공부문(public sector)이란 시장경제원리가 작동하는 민간부문(private sector)에 대비되는 개념으로 국가가 소유하거나 통제권을 행사하는 부문을 말한다. 그러나 소유와 통제의 정도에 대한 명확한 기준을 세우기 어렵기 때문에 공공부문에 대한 정의도 통일되어 있지 않은 실정이다.[1)]

---

1) 강수돌, 공기업 노사관계 및 인적자원관리 연구, 한국노동연구원, 1997. 6, p. 8.

따라서 노사관계 측면에서 공공부문은 정부 또는 지방자치단체가 직·간접적으로 실질적인 사용자 역할을 하는 기관이라고 정의할 수 있다. 여기서 정부의 사용자 역할을 좁은 의미로 해석하면 공공부문은 정부기관에 한정되지만, 넓은 의미로 해석하면 정부가 실질적인 사용자 역할을 하는 기관까지 포함할 수 있다.

여기에서 공공부문 근로자의 개념은 공익근로자와는 상이한 개념이다. 공익근로자는 공익사업부문에 종사하는 근로자를 말하는데 공익사업부문은 그 사업으로 인하여 대중이 편익을 얻는 사업부문을 말한다. 따라서 민간부문인 특정사업체 및 공공부문인 특정사업체 양자 모두 공익사업부문에 해당될 수 있다.2)

구체적으로 넓은 의미의 공공부문 개념을 사용할 때 우리나라의 공공부문은 정부조직법에 의해 설립된 정부기관과 정부관련 공공기관으로 대별되며, 정부기관은 공무원과 비공무원, 그리고 공공기관은 공기업, 정부출연기관 및 정부재정지원기관(특수법인, 재단·사단법인 등의 공공법인체)으로 다시 구분된다. 공기업은 투자주체, 투자비율에 따라 다시 정부투자기관, 정부출자기관, 재투자기관, 지방공기업 등으로 구분된다. 이와 같은 공공부문의 구성을 정리해 보면 [그림 10-1]과 같다.

[그림 10-1] 공공부문의 구성

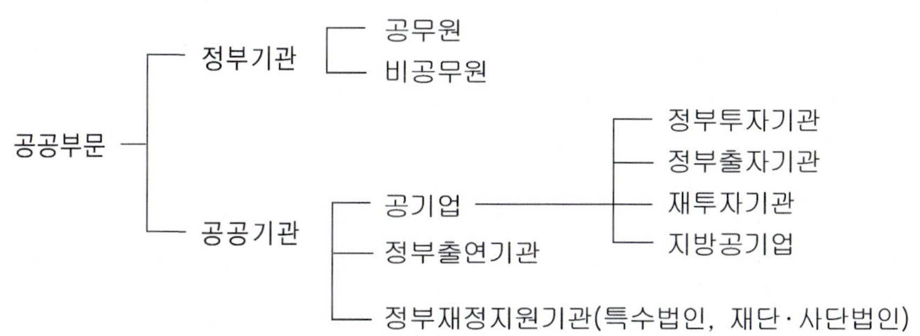

注: 정부출연기관: 관계법에 의해 설립되어 기관운영에 필요한 상당부분의 경비를 정부가 출연하는 기관
정부투자기관: 정부가 총자본금의 50% 이상을 출자한 기관
정부출자기관: 정부의 출자액이 총자본금의 50% 미만인 기관
재투자기관: 정부투자기관이 자본금을 가장 많이 소유한 기관
지방공기업: 지방자치단체가 총자본금의 50% 이상을 출자한 기업
특수법인: 한국은행, 산업은행
재단·사단법인: 관계법에 의해 기관운영에 필요한 재원을 정부의 보조 없이도 충당하거나 정부의 보조금으로 재원의 일부를 충당하는 법인
자료: 이규창·신건호·김길생·이승계, 신노사관계론, 2004, p. 431.

2) 이철수·강성태, 공공부문의 노사관계법, 한국노동연구원, 1997, pp. 3-4.

따라서 공공부문의 노사관계란 정부가 사용자 역할을 하는 조직체의 노사관계를 의미하며, 이는 노동법상의 공익사업과는 개념이 다르다. 실제에 있어 공공부문의 사업이 대부분 공익사업에 해당되지만, 공익사업은 그 수혜자가 누구이며, 얼마나 크며, 국민경제에 미치는 영향을 고려하여 사기업이라도 공익사업의 범주에 들어갈 수 있다(예: 정기노선버스 · 선박 · 항공, 시중은행, 개인병원, 민간방송, 가스 정유사업 등). 그러나 공공부문은 그 수혜자에 관계없이 사용자가 정부 또는 그와 유사한 단체로, 실질적으로 정부가 사용자 역할을 한다는 특징이 있다.

2) 공공부문의 특성

공공부문은 민간부문과는 달리 그 재정운용이나 시장관계, 조직구성원에 대한 통제와 관리방식 등에서 여러 가지 특징을 띠고 있다. 이러한 특수성은 공공부문 특유의 노사관계에 영향을 미치게 된다. 공공부문의 주요 특징을 살펴보면 첫째, 정치 및 정부제도에 의한 영향이 훨씬 크고 시장정보, 신호, 동기가 상대적으로 미약하다. 즉, 예산이 정부나 국회에서 확정되고 시장의 조절 메커니즘이 제대로 작동하지 못한다.

둘째, 공공부문의 사용자들은 민간부문에 비해 제약이 많고 자율성이 낮다. 즉, 국가나 정부가 사용자의 입장이므로 종사자의 근로3권이 일정한 제약을 받으며, 단위기관별 경영의 자율성이나 노사관계의 자율적 조정에 제약이 따른다.

셋째, 공공부문조직의 목표가 민간부문에 비하여 보다 다양하고 불명확하며 상충적이다. 즉, 행정관리부문이나 공공서비스의 경우 다양한 국민이 직접고객이다.

넷째, 공공부문조직은 보다 정교하고 공식적인 규칙과 보다 엄격한 위계구조를 가지며 종사자의 신분보장이 상대적으로 안정적이라는 특징을 들 수 있다.[3)]

또한 민간부문의 활동목표는 영리추구를 통한 이윤의 극대화이며, 공공부문의 활동목표는 공공성의 증진, 즉 국민 복지향상에 초점을 둔다. 민간부문의 사용자는 자본가(소유자) 또는 경영자이나, 공공부문의 사용자는 궁극적으로는 국민이지만 국민들이 정부에 위임한 것이므로 정부가 단체교섭의 당사자가 된다.

여기에서 정부의 개념은 매우 포괄적이므로 단체교섭의 사용자측 당사자는 해당기관의 경영층이 되고 있으나 법률적 · 제도적으로 통일된 권한이 규정되어 있지 않으므로 실질적인 권한이 없어 성실한 교섭을 회피하는 경우가 많다.

민간부문은 경영실적에 따라 사용자의 지불능력이 변화하므로 근로자의 임금이나

---

3) P. B. Beaumont, *Public Sector Industrial Relations*, Poutledge, London and New York, 1992, p. 10.

근로조건은 조직의 수익성에 크게 의존하는 반면에, 공공부문의 재정상태는 국가의 재정상태 또는 정부 및 의회 등 기관 외적 요인에 의해 규정되는 것이 일반적이다. 따라서 사용자의 지불능력 그리고 임금이나 근로조건이 기관 외적 요인에 의해 좌우된다. 이러한 특성이 노사분쟁의 소지가 되기도 한다.

2. 공공부문 노사관계의 등장

1) 공공부문 노사관계의 특징

공공부문의 노사관계는 공무원의 노동기본권 보장과 사회에 미치는 공익성의 관점에서 매우 중대한 과제이므로 정부의 이에 대한 노력과 대책이 절실히 요구되는 사항이다.

현대사회에 있어서 국가의 역할과 기능이 다양한 분야에서 증대되면서 정부의 규모가 확대되고 공공부문의 근로자가 급격히 팽창함에 따라 공공부문의 노사관계가 새로운 변수로 등장하게 되었다.

공공부문의 노사관계는 그 규모가 매우 크고 국민경제 및 국민생활에 미치는 영향이 직접적이므로 그 파장이 매우 심각할 수 있다. 공공부문의 노사관계는 이러한 공익성과 중요성으로 인하여 정부가 법률적 · 제도적으로 많은 제약을 가하게 되므로 공공부문의 노사관계는 근로자에 대한 기본권 보장과 사회에 대한 공익성 존중 사이의 균형을 유지해야 하고, 민간부문과 공공부문 사이의 형평성을 고려하여야 하며, 기본권 제한에 대한 국민적 합의를 도출하여 근로자들에 대한 적절한 보상과 근로조건의 개선이 선행되도록 해야 할 것이다.

2) 공공부문 노사관계의 중요성

오늘날 공공부문 노사관계는 모든 선진산업국가의 노사관계제도에 있어서 아주 중요한 위치를 차지하고 있으며, 우리나라에서도 공공부문 노사관계에 대한 관심이 더욱 높아지고 있다. 1980년대 중반까지만 해도 공공부문의 노사관계는 민간부문에 비교하여 규모가 작고, 노조조직률도 매우 낮았으며, 근로자의 투쟁성도 현격하게 낮은 실정이었으므로 고용조건이 정부의 일방적인 결정에 의하여 정착될 수 있었다.

그러나 1990년대 들어서면서 공공부문의 주요 사업장에서 노사관계가 악화되어 사회문제로 부각되면서 노사관계 악화의 원인분석과 대책마련에 관심을 기울이기 시작였하고, 비효율과 관료주의의 상징처럼 여겨왔던 공공부문의 경영혁신의 필요성이 제기되었으며, 특히 IMF 외환위기 이후에 시장경제의 논리에 기초한 경제정책의 주장에 따라 공기업의 규제완화, 구조조정, 민영화에 의한 효율성 증대가 국민적 관심사로 등장하게 되었다.

여기에서 오늘날 공공부문의 노사관계가 중요성을 띠게 된 배경을 다음의 이유에서 찾아볼 수 있다.[4)]

첫째, 공공부문 자체가 거대하게 팽창하였으며, 그 이유는 정부기능의 확대와 생산영역에 대한 국가의 개입이 증대하였기 때문이다.

둘째, 국가가 가장 거대한 사용자가 되었다. 대부분의 선진국 근로자의 15～25%가 국가에 고용되어 있다(일본 7%, 스웨덴 30%).

셋째, 공무원이 수행하는 업무의 성격이 민간부문 근로자가 수행하는 것보다는 어느 정도 근본적으로 다르다는 관념이 불식되는 경향을 보이고 있다. 두 부분에서의 많은 직업이 성격상 매우 유사하다는 사실이 수용되어 과거의 개념을 대체하는 경향을 띠게 되었다.

넷째, 1950년대와 1960년대의 민간부문 고용조건의 수준이 향상됨에 따라 공공부문의 근로조건이 상대적으로 열악하면서 공공부문 근로자의 전투성 강화로 이어지고 또한 노조조직률의 활성화로 이어졌다.

다섯째, 공공부문 노조조직률이 현저하게 증가하였고, 일반적으로 민간부문을 능가하였으며, 이는 몇몇 국가에서 민간부문 조직률이 하락한 반면에 공공부문의 경우는 최근에 여전히 안정적인 상태를 유지하고 있기 때문이다.

여섯째, 약간의 예외는 있으나 어느 나라 정부든지 앞에서 언급된 변화의 결과로 공공부문 근로자의 고용조건이 더 이상 일방적으로 결정될 수 없고, 합의적인 의사결정과정을 통하여 구체화되어야 한다는 것이다.

이상의 내용을 정리해 보면, 현대사회에 있어서 국가의 역할 증대로 인한 공공부문의 규모 팽창은 국가 전체의 노사관계에 중요한 변수로 작용하게 되었으며, 공공부문의 노사관계가 다른 부문의 노사관계에 중요한 변수로 작용하게 되었으며, 공공부문의 노사관계가 다른 부문의 노사관계, 국민경제, 그리고 국민생활에 미치는 영향력은 그 규모에 비하여 훨씬 크고 중대하며, 공공부문 노사관계의 공익성과 중요성으로 인하여 많은 법적 · 제도적 제약을 받게 되므로, 이에 따라 여러 가지 문제가 발생하게 된다.

---

4) 박영범 · 카멜로 노리엘 편, 이원희 역, 공공부문 노사관계의 국제적 추세와 한국의 과제, 한국노동연구원, 1994, pp. 176-178.

제2절 공무원의 노사관계

공무원의 노사관계는 사회・경제에 미치는 영향이 중요할 뿐 아니라, 사용자인 정부는 노사관계에 있어서 다양한 역할을 수행해야 한다.

첫째, 공무원의 사용자인 정부는 민간부문 사용자가 수행해야 할 역할과 마찬가지로 우수한 자격요건을 갖춘 직원확보, 그들의 동기부여, 능력개발, 비용통제에 관심을 가져야 한다.

둘째, 경제정책 책임자로서의 정부는 거시적인 경제정책 차원에서 안정적이고 건설적이며 건전한 노사관계를 촉진해야 할 책임이 있다.

셋째, 정부는 조정자・중재자로서의 역할을 수행하여야 한다. 즉, 공무원의 노사관계에 있어서 파업이나 직장폐쇄는 불가능하므로 가능한 한 조정으로 분쟁을 해결하도록 해야 하고, 중재는 최후의 해결 수단이 된다.

따라서 공공부문 노사관계에서는 정부가 공공부문 근로자들의 영향력 행사를 일정한 한도에서 허용하고 있다. 각국에서는 공공부문 근로자의 직무특성이나 사회적 영향관계에 따라 법률적・제도적으로 노동기본권을 제한하거나 억제하고 있다.

1. 공무원 노사관계의 당위성

1) 정부의 노사관계 개입정책

정부가 공무원 노사관계에 개입 및 제한하는 정책으로는 근로3권을 모두 유보시키는 경우, 단결권만 인정하는 경우, 단체행동권만을 유보시키는 경우로 구분된다. 정부는 공무원의 사용자인 동시에 공공정책의 의사결정권자이다. 정부가 노사관계에서 근로자들의 고용조건에 영향을 미칠 수 있는 근로자의 기본권을 얼마나 보장할 것인가는 정부의 공공정책의 기본이념에 달려있다.

단체교섭권의 인정 여부에 관한 논쟁으로 두 가지 견해가 있을 수 있다. 하나는 사용자와 근로자 사이에 어떤 갈등이 있을 수 있으므로 근로자들은 노동조합을 통하여 이익을 추구할 권리를 가져야 하며 단체교섭을 수단으로 행사하도록 해야 한다[5]는 것이고, 다른 하나는 정부는 공익을 보장해야 할 우선적인 책임이 있기 때문에 공공부분의 단체교섭은 부적당하다는 견해이다. 즉, 노동조합이 배타적인 단체교섭권을 갖게 되면 다른 이익집단(사회공중집단)의 이익을 침해할 수 있으며 정부의 공익성을 위한 의사결정에 부당한 정치적 힘을 발휘하게 된다는 것이다.

많은 나라에서는 공무원의 근로조건 결정에 있어서 사용자에 의한 일방적인 결정보다는 단체교섭에 의하여 이루어지고 있다. 그러나 아직도 공무원의 노동권은 민간부문 근로자에 비하여 상당한 제약을 받는 것이 현실이다. 예를 들면 일본의 경찰 및 소방공무원은 단결권이 제한되어 있고, 미국의 연방공무원은 임금에 대한 단체교섭권이 없으며, 많은 국가에서 상당수의 근로자는 파업권이 없다.[6] 또한 단체행동권에 대한 논쟁으로는 전면금지론, 전면부여론, 조건부 부여론의 세 가지로 구분할 수 있다.[7]

첫째, 전면금지론의 주장은 공무원에 대하여 쟁의권을 부인하고, 쟁의행위를 위법행위로 인정하여 일체의 쟁의행위를 금지하는 것이다. 이 주장의 정책적 정당성은 공무원의 쟁의행위가 공무원의 기능과 양립할 수 없다는 것이다.

둘째, 전면부여론은 공무원에 대하여 법률적으로 쟁의행위 제한을 모두 철폐할 것을 주장하는 입장이다. 이 주장의 정책적 취지는 공무원의 쟁의행위 억제조치를 폐지하고 오히려 고무하는 것이다. 이러한 주장에 대하여는 다음과 같은 비판이 있다. ① 서비스의 공급독점인 공공기관이 파업을 행하면 그 기관이 제공하는 서비스 수혜자나 이용자들에게 피해를 준다. ② 공무원의 파업은 사용자의 도산을 초래할 염려가 없기 때문에 경제적 압력수단이 되지 않는다. ③ 공무원에게 쟁의권을 인정하면 정부가 무조건 노동조합의 요구를 받아들이거나 외부 노동력에 의존하여 시설을 운영하게 된다. 이는 근로조건 개선비용을 납세자에게 전가시키는 결과를 가져올 것이며, 업무계속에 대한 근로자측의 반발을 가져오고 폭력적 투쟁을 유발할 수 있다.

셋째, 조건부 부여론의 주장은 공무원에 대해서 쟁의권을 인정함과 동시에 쟁의행위에 일정한 규제를 가하는 것이다. 이 주장의 정책적 취지는 쟁의행위의 요인에 따라 규제하려는 것이다. 규제의 방법으로는 예고, 실정조사, 조정, 중지명령, 긴급조정, 강제중재 등이 있다.

---

5) T. A. Kochan and H. C. Katz, *Collective Bargaining and Industrial Relations,* Irwin, 1988, p. 296.
6) 박영범 · 카멜로 노리엘 편, 이원희 역, 공공부문 노사관계의 국제적 추세와 한국의 과제, 한국노동연구원, 1994, pp. 198-199.
7) 이원희 편역, 공무원의 노동기본권, 전국체신노동조합, 1992, pp. 71-80.

2) 공무원 노사관계의 변천

우리나라 공무원 노사관계는 해방 직후부터 철도, 전력 등 공기업에 노동조합이 결성되면서 시작되었다. 그러나 해방 직후의 좌우익투쟁의 혼란을 겪으면서 1953년 노동관계법 제정으로 근대적 노사관계 형성의 계기가 마련되었다. 그러나 이들 노동조합이 자유당정권의 외곽단체로 전락함으로써 근대적 노사관계의 형성은 다시 지연되고 말았다. 더욱이 1963년에 개정된 노동조합법과 노동쟁의조정법에 의해 공무원의 단결권과 공익사업에서의 단체행동권이 크게 제한되고, 1973년 개정된 노동쟁의조정법에 의해 국가・지방자치단체 또는 국영기업체가 행하는 사업에 대해서는 공익사업에 준하여 노동쟁의를 처리할 수 있게 되었으며, 1980년에 개정된 노동쟁의조정법은 국가・지방자치단체・국공영기업체 근로자의 쟁의행위를 금지하는 등 공공부문 근로자의 노동기본권이 점점 더 약화됨으로써 근대적인 노사관계제도와 관행이 성립될 기반 자체가 마련되지 못했다.[8)]

1987년 6・29민주화 선언 이후 노동관계법의 개정으로 우리나라는 공공부문의 노사관계 발전에 중대한 전환점이 되었다. 노동조합의 설립이 사실상 자유화되고 공기업 근로자의 노동쟁의권 제한을 대폭 완화함으로써 공공부문 노사관계가 형성될 수 있는 계기가 마련되었다. 민주화선언 이후에 공공부문의 신생 노동조합이 조직되었으며 공공부문의 조합원수도 1987년 6월 17만9천명에서 1991년 말에는 29만5천명으로 증가하였다.

1997년 말 IMF 외환위기 이후 경기침체와 정부의 신자유주의 경제정책 추구에 따른 규제완화정책은 공공부문의 민영화와 구조조정을 통한 인력감축과 경쟁력 강화를 가속화함으로써 공공부문 근로자의 고용불안과 노동조합운동에 새로운 전기를 맞게 되었다. 한국조폐공사 파업이나 전력・철도・통신・담배인삼 등 정부의 공기업 민영화 추진과 관련하여 공공부문 노동조합들은 공동대책위원회를 구성하고 대응방안을 모색하였으나 큰 효과를 보지 못하였다.

1999년 공공부문에는 총 226개 노조에 411,000명의 조합원이 가입하였다. 이는 우리나라 전체 노동조합수의 4%에 불과하나 노동조합원수 기준으로는 약 28%를 차지한 것이다.

2004년 11월 전국공무원 노동조합이 정부에 대하여 노동쟁의권을 요구하는 전면파업을 시도하였으나 불법파업으로 인정되어 공권력 투입에 의해 원천봉쇄 되었고

---

8) 김준, 공공부문 노사관계제도의 쟁점과 개선방안, 입법조사연구, 1996, 제126호, pp. 4-5.

수많은 공무원 노동조합 간부들이 파면되거나 중징계를 받는 것으로 일단락되고 말았다.

2018년 현재 공무원노조는 총 147개 노조가 설립되어 있으며, 노조 가입대상 공무원 303,000여명 중 81.6%에 해당하는 261,967명이 가입하여 높은 조직률을 유지하고 있다.

〈표 10-1〉 공무원 노동조합 현황(2018년 말 기준)

구분	합계	연합	전국	헌법기관	행정부	자치단체	교육청
조합수	147	14	6	1	1	98	27
조합원수	261,967	-	122,979	200	25,300	78,833	34,685

자료 : 2019년 고용노동백서, 고용노동부, p. 228.

2. 공무원 노사관계의 근로3권

1) 공무원의 노동권 허용

헌법 제33조 2항은 "공무원인 근로자는 법률이 정하는 자에 한하여 단결권・단체교섭권 및 단체행동권을 가진다"고 규정하고 있어, 공무원은 수행하는 업무의 특성에 따라 근로3권의 보호를 받을 수 있도록 법률로 정한다는 취지를 명시하고 있다.

국가공무원법 제66조 1항 단서 및 지방공무원법 제58조 1항 단서에 따라 사실상 노무에 종사하는 공무원에게는 근로3권이 보장되고 있어 이들에게는 노동조합 및 노동관계조정법이 원칙적으로 적용되고 있다.

그러나 공무원의 노동조합 활동에 대하여 노동조합법 제5조 단서에서 공무원이나 교원의 노동조합 설립과 가입과 활동에 대하여는 별도의 법률로 정하도록 하였고, 이에 따라 국가공무원법 제66조와 지방공무원법 제58조에서는 공무원의 노동조합 조직 및 활동 등 노동운동의 금지규정을 적용하지 않도록 하여 노동조합의 설립과 운영을 사실상 허용하였다.

그리고 공무원은 「공무원의 노동조합 설립과 운영 등에 관한 법률」이 시행되면서 동법 제6조에 따라 6급 이하의 일반직 공무원, 기능직공무원 및 고용직공무원에게는 단결권 및 단체교섭권이 인정되고 있으나, 국가공무원법 제66조 1항 단서와 지방공무원법 제58조 1항 단서의 규정에는 "사실상 노무에 종사하는 공무원에 대하여만 노동운동이나 공무 외의 일을 위한 집단행동"을 할 수 있도록 규정하여 노동쟁의행위를 인정함에 따라, 공무원인 근로자는 국가공무원법과 지방공무원법에 의하여 근로3권을 행사할 수 있는 공무원과 공무원노조법에 의하여 단결권과 단체교섭권만을 제한적으로 행사하는 공무원으로 구분된다.

이와 같이 사실상 노무에 종사하는 공무원인 근로자에 한하여 근로3권을 인정하고 있으며(국가공무원법 제66조, 지방공무원법 제58조) 대부분의 공무원은 근로3권을 보장받지 못하고 있다. 특히 현역군인·경찰관리·형무관리인 공무원에게는 근로3권을 인정하지 않는다.9)

이러한 제한의 근거로 공무원은 국민의 봉사자이고, 공공성을 갖고 있는 직무를 수행하며, 또 이들의 처우를 개선하기 위해서는 법률상·예산상의 제한 등이 있기 때문이다. 이 같은 주장은 모든 공무원의 근로3권 전부를 제한할 수 있는 충분한 이유는 될 수 없으며, 공무원의 직무를 그 성질과 내용에 따라 세분화·구체화하는 것이 바람직하다는 주장이다.

2) 사실상 노무에 종사하는 공무원

공무원은 원칙적으로 노동운동이 금지되고 있으나 예외적으로 사실상 노무에 종사하는 공무원에 대하여는 노동운동이 허용되고 있다(국가공무원법 제66조 1항 단서와 지방공무원법 제58조 1항 단서). 여기에서 공무원의 노동운동이란 헌법 33조의 근로자의 근로3권인 단결권·단체교섭권·단체행동권을 행사하는 행위를 말하는 것이다.

근로3권을 행사할 수 있는 공무원의 범위에 대해서는 국가공무원법 제66조 2항과 지방공무원법 제58조 2항에서 규정하고 있다. 과거에는 철도청·전매청·전화국 등이 국가공무원으로서 노무에 종사하는 근로자이었으나 철도청과 전매청이 특수법인으로 조직 신분이 바뀜에 따라 현재는 우체국 우편물 분류 및 집배업무에 종사하는 공무원이 이에 해당한다. 따라서 우체국에 근무하는 공무원들이 체신노동조합에 가입하고 있다.

사실상 노무에 종사하는 공무원은 근로3권을 가지므로 노동조합을 결성하여 이에 가입할 수 있고, 그 노동조합은 단체교섭과 단체행동권을 행사할 수 있으며, 해당 근로자인 공무원이나 노동조합은 원칙적으로 노동조합법을 적용받으므로 근로3권에 대한 침해를 받은 경우 노동조합법에 따라 노동위원회에 구제신청을 제출할 수 있다.

(1) 노동조합의 설립과 가입

공무원이 노동조합을 설립하려는 경우에는 국회·법원·헌법재판소·선거관리위

9) 군인복무규율 제38조·경찰공무원 복무규정 제12조·공무원복무규정 제28조 단서.

원회 · 행정부 · 특별시 · 광역시 · 도 · 시 · 구 및 시 · 도 교육청을 최소단위로 하여 고용노동부장관에게 설립신고를 제출하여야 한다(공무원 노조법 제5조).

노동조합에 가입할 수 있는 공무원의 범위는 6급 이하의 일반직 공무원, 기능직 공무원, 별정직 및 계약직공무원(6급 이하)이 포함된다.

그러나 위의 범위에 해당하는 공무원이라도 그가 종사하는 직무에 따라 가입이 제한된다. 즉, ① 다른 공무원의 업무를 총괄하는 자, ② 인사 · 보수에 관한 업무 수행자, ③ 교정 · 수사업무에 종사하는 자, ④ 노동관계의 조정 · 감독에 종사하는 자는 노동조합에 가입할 수 없다.

한편 공무원노조법은 공무원의 정치적 중립성을 일관성 있게 유지하기 위하여(국가공무원법 제65조 및 지방공무원법 제57조) 노동조합과 조합원의 정치활동을 금지하고 있다(공무원노조법 제4조).

(2) 노동조합 전임자

노조 조합원인 공무원은 임용권자의 동의를 받아 노동조합 업무에만 종사할 수 있으며(공무원노조법 제7조 1항), 전임자에 대해서는 그 기간 중 국가공무원법 제71조 또는 지방공무원법 제63조에 따라 휴직명령을 하여야 하며(동조 제2항), 국가와 지방자치단체는 전임자에 대하여 그 전임기간 중 보수를 지급하여서는 아니 된다(동조 제3항).

3) 단체교섭 및 단체협약

공무원 노동조합의 단체교섭에 관하여는 사실상 노무에 종사하는 공무원인 근로자와 일반 공무원 근로자로 나누어 살펴볼 수 있다. 먼저 사실상 노무에 종사하는 공무원 노동조합의 대표적인 예는 전국체신노동조합이 이에 속하는 것으로, 이 노동조합은 사용자인 정부와 통일교섭을 하며 주요 교섭대상은 근로조건 개선과 복리증진 그리고 경제적 · 사회적 지위와 관련된 사항이 된다.

정부는 예산상의 지불능력과 국민에 대한 공공서비스의 질을 고려하여 공무원의 임금 및 근로조건 개선을 결정해야 한다. 따라서 정부는 그 동안 효율적인 서비스를 제공하기 위하여 정책적 차원에서 공무원의 임금상승을 억제하여 왔으며, 특히 물가안정에 초점을 두고 민간부문 근로자의 임금인상에 파급효과가 있는 공무원의 임금인상을 억제하는 방향에서 임금가이드라인을 제시하고 그 범위 내에서 단체교섭이 이루어졌던 것이다.

(1) 단체교섭 및 단체협약의 체결

노동조합대표자와 정부교섭대표는 교섭을 행하고 단체협약을 체결할 권한을 갖는다. 정부교섭대표는 위에서 설명한 노동조합을 설립할 수 있는 정부조직단위의 대표자가 된다.

단체교섭 및 단체협약 체결의 대상이 되는 사항은 그 노동조합에 관한 사항 또는 조합원의 보수・복지 그 밖의 근무조건에 관한 사항 등이다(공무원노조법 제8조 1항). 다만 법령에 따라 국가나 지방자치단체의 권한에 속하는 정책사항, 임용권의 행사 등 그 기관의 관리・운영에 관한 사항 등은 교섭대상이 되지 아니한다(동조 1항 단서).

정부교섭대표는 법령에 의하여 자신이 관리하거나 결정할 수 있는 권한이 있는 사항에 대하여 노동조합이 교섭을 요구한 때에는 정당한 사유가 없는 한 이에 응하여야 한다(동조 2항).

정부교섭대표는 효율적인 교섭을 위하여 필요한 경우 정부교섭대표가 아닌 관계기관의 장으로 하여금 교섭에 참여하게 할 수 있고, 다른 기관의 장이 관리하거나 결정할 권한을 가진 사항에 대하여 그 기관의 장에게 교섭 및 단체협약 체결권한을 위임할 수 있다(동조 4항).

(2) 단체교섭 절차

노동조합은 노동조합 대표자와 조합원으로 교섭위원을 구성하여야 하고(동법 제9조 1항), 노동조합 대표자는 교섭하려는 사항에 대하여 권한을 가진 정부교섭대표에게 서면으로 교섭을 요구하여야 하며(동조 2항), 정부교섭대표는 노동조합으로부터 교섭을 요구받았을 때에는 그 사실을 공고하여 노동조합이 교섭에 참여할 수 있도록 하여야 한다(동조 제3항).

정부교섭대표는 교섭을 요구하는 노동조합이 둘 이상인 경우에는 해당 노동조합에 교섭창구 단일화를 요청할 수 있으며, 이 경우 교섭창구가 단일화 될 때까지 교섭을 거부할 수 있다(동조 제4항).

(3) 단체협약의 효력

체결된 단체협약의 내용 중에 법령・조례 또는 예산에 의하여 규정되는 내용과 법령 또는 조례에 의하여 위임을 받아 규정되는 내용은 단체협약으로서 효력을 가지지 아니한다(동법 제10조). 따라서 정부교섭대표는 단체교섭으로서 효력을 가지지 아니하는 내용에 대하여는 그 내용이 이행될 수 있도록 성실히 노력하여야 한다(동조 2항)고 정부교섭대표의 의무를 규정하고 있다.

4) 노동쟁의 조정 및 중재

(1) 조정절차

사실상 노무에 종사하는 공무원 노동조합의 쟁의행위 조정절차에 대하여는 「노동조합 및 노동관계조정법」을 적용받는다. 그러나 일반공무원 노동조합과 조합원은 파업·태업 또는 그 밖의 업무의 정상적인 운영을 방해하는 일체의 행위를 하여서는 아니 된다(동법 제11조).

공무원 노동조합에 있어서 단체교섭이 결렬된 경우에는 당사자 어느 일방이나 쌍방이 중앙노동위원회에 조정을 신청할 수 있고(동법 제12조), 중앙노동위원회는 노사 당사자 어느 한쪽 또는 양쪽이 조정을 신청하면 지체 없이 조정을 시작하여야 한다(동조 2항). 조정은 조정신청을 받은 날부터 30일 이내에 마쳐야 하며, 다만 당사자들이 합의한 경우에는 30일 이내의 범위에서 조정기간을 연장할 수 있다(동조 제4항).

(2) 중재절차

중앙노동위원회는 ① 단체교섭이 결렬되어 관계 당사자 쌍방이 함께 중재를 신청한 경우, ② 조정이 이루어지지 아니하여 제14조에 따른 공무원 노동관계 조정위원회 전원회의에서 중재회부를 결정한 경우에는 지체 없이 중재를 개시한다(동법 제13조).

관계 당사자는 중앙노동위원회의 중재재정이 위법하거나 월권에 의한 것이라고 인정하는 경우에는 중재재정서를 송달받은 날부터 15일 이내에 중앙노동위원회 위원장을 피고로 하여 행정소송을 제기할 수 있으며, 이 기간 이내에 제기하지 아니하면 그 중재재정은 확정되며, 중재재정이 확정되면 이에 따라야 하고, 확정된 중재재정은 단체협약과 같은 효력을 갖는다(동법 제16조).

제3절 교원의 노사관계

1. 교원노동조합의 연혁

교원노동조합은 1960년 4·19 이후 결성되었으나 5·16 이후 해체되었고 그 후 국·공립학교 교원이나 사립학교 교원 모두는 근로3권을 인정받지 못하였다. 그것은 국·공립학교 교원의 경우에는 국가공무원법 제66조가, 사립학교 교원의 경우는 사립학교법 제55조 및 제58조 제1항 제4호가 각각 적용되었기 때문이다. 이에 대하여 1991년 헌법재판소에 의하여 합헌결정이 내려졌다.10)

ILO, OECD 등 국제기구로부터 여러 차례에 걸쳐 교원에 대한 노동기본권을 보장하도록 권고를 받았으며, 1999년 1월 29일 「교원의 노동조합 설립 및 운영 등에 관한 법률」이 제정되었고 그해 5월 25일 시행령이 발표되면서 그해 7월 1일부터 시행됨에 따라 1989년 이후에 합법성을 인정받지 못했던 전국교직원노동조합(전교조)이 합법성을 인정받게 되었다. 그 동안 국제적인 비난을 받으면서도 교원노조가 합법화되지 못했던 이유는 ① 군사부일체(君師父一體)의 유교적 가치관, ② 국민의 학습권 및 교육의 정치적 중립성 침해에 대한 국민정서상의 우려 때문이라 할 수 있다.

이는 1996년 문민정부가 노사관계개혁위원회를 설치하고 공무원과 교원의 단결권 문제를 포함하는 전반적인 노동법 개정을 논의하였으며, 1996년 경제협력개발기구(OECD)에 가입하면서 한국 노사관계의 기준을 국제기준에 맞게 개선하겠다는 약속의 이행이라고 할 수 있다.

1998년 2월 6일 노사정위원회는 정부가 1999년 7월부터 교원의 노동조합 결성권이 보장되도록 법률 개정을 추진한다고 합의하였으며, 1998년 10월 31일 노사정위원회 본위원회에서 교원의 노동조합 결성권에 대한 일괄합의가 이루어졌다.

현재 교원노조는 연합단체 2개(자유교원노조, 교원노조연맹)가 조직되어 있고, 단위노조 2개(한국교직원노동조합, 대한민국교원조합)가 구성되어 있다. 그리고 전국교직원노동조합은 1989년 창립되었으나 2013년 정부가 해직교사의 노조가입을 이유로 법외(法外)노조로 판정하고 노동조합으로서의 법적 지위를 박탈하였다가 2020년 9월 3일 대법원에서 법외노조 처분을 취소하는 판결을 함에 따라 현재 적법 교원노조로 활동하고 있으며 조합원 수는 6만 명에 이르고 있다.

〈표 10-2〉 교원노동조합 설립현황

(2018년 12월말 기준)

조직형태	노조명	산하조직	조합원수	설립일자
단위노조	한교조	8개 지부	5,609명	1999. 7. 1
	대한교조	4개 지부	363명	2008.12. 5
연합단체	자유교조	4개 단위노조	215명	2006. 5. 4
	교사노조연맹	7개 단위노조	3,074명	2017.12.20

자료 : 2020년 고용노동백서, 고용노동부, p. 230.

10) 김형배, 노동법(제11판), 박영사, 1999, p. 174.

2. 교원의 근로3권 제한적 보장

「교원의 노동조합 설립 및 운영 등에 관한 법률(이하 교원노조법이라 함)」에서 교원은 「초·중등교육법」제19조 제1항에서 규정하고 있는 교원으로 규정하고 있다(동법 제2조). 따라서 이 법에서 규정하고 있는 국·공립학교 및 사립학교 교원은 근로3권을 가진다. 다만 학생들의 학습권 보호를 위하여 노동조합은 파업·태업 기타 업무의 정상적인 운영을 저해하는 일체의 쟁의행위를 하여서는 아니 된다고 규정하고 있다(동법 제8조, 벌칙 제15조).

교원노동조합은 교원의 임금·근무조건 등이 전국단위에서 획일적으로 결정되며 임용권도 특별시·광역시·도 교육감이 갖고 있는 등 교원의 특수성을 고려하여 특별시·광역시·도·특별자치도 또는 전국단위로 설립하며, 단위학교 차원에서의 교원노동조합 설립은 금지되어 있다.

단체교섭권도 노동조합의 조직체계와 동일하게 임금·근무조건 등이 결정되는 특별시·광역시·도 또는 전국단위로만 교섭할 수 있어서 구체적으로는 교육부장관 또는 16개 시·도교육감과 단체교섭을 하게 된다. 그러나 사립학교 교원 노동조합원의 경우는 사립학교 재단이 사용자가 되는데 사립학교를 설립하여 경영하는 자가 시·도단위로 연합하여 단체교섭에 응해야 한다. 그러나 사립학교에 대해서는 벌칙 등의 강제규정이 없어서 단체교섭권의 행사가 어려울 수 있다.

교원노동조합의 경우는 특별시·광역시·도 또는 전국단위로 복수노조 설립을 인정하고 있다. 따라서 현재는 교원노조 활동을 주도하고 있는 전국교직원노동조합(전교조)과 한국교직원노동조합(한교조), 대한민국교원노조와 자유교원노조가 있으나 앞으로 얼마든지 많은 노동조합이 결성될 가능성이 있다. 또한 교원노동조합의 정치활동을 허용하는 경우에 교육현장이 정치적 영향을 받게 되어 학습권 훼손의 우려가 있으므로 정치활동을 금지하고 있다.

1) 노동조합의 설립과 가입

교원은 특별시·광역시·도·특별자치도 또는 전국단위로만 노동조합을 설립할 수 있으며(교원노조법 제4조), 노동조합을 설립하려는 사람은 고용노동부장관에게 설립신고서를 제출하여야 한다(동조 2항). 다만 둘 이상의 특별시·광역시·도 또는 특별자치도에 걸치는 단위노동조합은 시·도 단위의 지부·분회 등에 한정하여 설립신고를 할 수 있다(동법 시행령 제2조).

노동조합에 가입할 수 있는 자는 '교원'이며, 교원은 「초·중등교육법」 제19조 1항에서 규정하고 있는 교원을 말한다(교원노조법 제2조). 교원이 노동조합의 업무에만 종사하는 전임자가 되려면 임용권자의 허가를 받아야 한다(동법 제5조). 노동조합 전임자는 당해 기간 동안 교육공무원법 제44조 및 사립학교법 제59조에 따른 휴직명령을 받은 것으로 본다(동조 2항). 노조 전임자는 그 전임기간 중에는 봉급을 받지 못하며, 또한 전임기간 중 전임자임을 이유로 승급 등에서 불이익을 받지 아니한다(동조 4항). 한편 교원 노동조합은 일체의 정치활동을 하여서는 아니 된다(동법 제3조).

2) 단체교섭 및 단체협약

(1) 단체교섭

노동조합의 대표자는 그 노동조합 또는 조합원의 임금, 근무조건, 후생복지 등 경제적·사회적 지위 향상에 관하여 교육부장관, 시·도 교육감 또는 사립학교 설립·경영자와 교섭하고 단체협약을 체결할 권한을 가진다. 이 경우 사립학교는 사립학교 설립·경영자가 전국 또는 시·도 단위로 연합하여 교섭에 응하여야 한다(동법 제6조 1항). 따라서 학교단위의 교섭은 허용되지 않기 때문에 이른 바 통일교섭만이 허용된다. 이는 사립학교에 있어서도 교원의 자격·임용·복무 등에 대하여 관련 법률에 국·공립학교의 교원에 관한 규정이 적용되며, 사립학교들은 국가로부터 보조금을 받아 운영하고 있으므로 학교별 교섭의 필요성이 크지 않기 때문이다.

노동조합의 교섭위원은 해당 노동조합의 대표자와 그 조합원으로 구성하며, 노동조합이 복수로 설립되어 있는 경우에는 교섭창구를 단일화하여 단체교섭을 요구하여야 한다(동조 3항).

노동조합 대표자는 상대방과 단체교섭을 하고자 할 때에는 교섭 시작 예정일 30일 전까지 상대방에게 서면으로 알려야 하며(교원노조법 시행령 제3조 1항), 그리고 사립학교를 설립·운영하는 자가 교섭통보를 받았을 때는 전국 또는 시·도 단위로 교섭단을 구성하여야 한다(동법 제6조 1항 및 동시행령 제3조 2항).

(2) 단체협약

단체교섭이나 단체협약의 경우에 관계당사자는 국민여론 및 학부모의 의견을 수렴하여 성실히 교섭하고 단체협약을 체결하여야 하며, 그 권한을 남용하여서는 아니 된다(동법 제6조 제4항). 여기에서의 성실교섭의무는 부당노동행위 판단의 기준이 될 수 있다.

노동조합 대표자와 사용자 사이에 체결된 단체협약의 내용 중에 법령·조례 및 예산에 의하여 규정되는 내용과 법령 또는 조례에 의하여 위임을 받아 규정되는 내용은 단체협약으로서의 효력을 가지지 아니한다(법 제7조 1항). 그러나 교육부장관, 시·도 교육감 및 사립학교 설립·경영자는 제1항에 따라 단체협약으로서의 효력을 가지지 아니하는 내용에 대하여는 그 내용이 이행될 수 있도록 성실하게 노력하여야 한다(동조 제2항)고 성실의무를 명시하고 있다.

3) 쟁의행위 금지와 조정·중재

노동조합과 그 조합원은 파업·태업 또는 그 밖의 업무의 정상적인 운영을 방해하는 일체의 쟁의행위를 하여서는 아니 된다(동법 제8조)고 규정하여 어떤 쟁의행위도 금지하고 있다.

교원의 노동쟁의를 조정·중재하기 위해 중앙노동위원회 내에 교원노동관계조정위원회를 두며(동법 제11조 제1항), 그 위원회는 중앙노동위원회 위원장이 지명하는 조정담당 공익위원 3인으로 구성되며, 관계당사자의 합의로 중앙노동위원회의 조정 공익위원이 아닌 자를 추천하는 경우에는 그 추천된 자를 지명하여야 한다.

단체교섭이 결렬될 경우에는 당사자 일방 또는 쌍방은 중앙노동위원회에 조정을 신청할 수 있고(동법 제9조), 당사자가 조정을 신청하면 중앙노동위원회는 지체 없이 조정을 시작하여야 하며, 조정은 신청한 날부터 30일 이내에 종료하여야 한다(동법 제9조 2항 3항).

중재는 중앙노동위원회가 ① 단체교섭이 결렬되어 관계 당사자 양쪽이 함께 중재를 신청한 경우, ② 중앙노동위원회가 제시한 조정안을 당사자의 어느 한쪽이라도 거부한 경우, ③ 중앙노동위원회 위원장이 직권으로 또는 고용노동부장관의 요청에 따라 중재 회부를 결정한 경우에는 중재를 개시한다(동법 제10조).

한편 중재재정이 위법하거나 월권에 의한 것이라고 인정될 때에는 관계당사자는 중재재정서를 송달받은 날부터 15일 이내에 중앙노동위원회 위원장을 피고로 하여 행정소송을 제기할 수 있으며(동법 제12조 제1항), 그러하지 않을 경우 중재재정은 확정된다(동법 제12조 제2항). 중재재정이 확정되면 관계 당사자는 이 결정에 따라야 하며, 그 중재재정의 내용은 단체협약과 같은 효력을 가진다(동법 제12조 5항).

제4절 외국의 공공부문 노사관계

1. 미국의 공공부문 노사관계

미국의 공공부문 노사관계는 미국 정부가 철저한 연방제조직으로 구성되어 있으므로 연방차원에서는 연방정부가 주(州)차원에서는 주정부가 규율하는 권한을 갖는다. 또한 주단위 이하의 지방자치단체 정부도 연방헌법이나 주헌법에 위반되지 않는 범위에서 공공부문 노사관계에 대하여 독자적인 조례를 제정할 권한이 부여되어 있다. 따라서 미국에서 연방차원의 공공부문 노사관계는 정부가 사용자라는 특징을 갖고 있으며, 연방공무원개혁법(Civil Service Reform Act)을 적용받는 미국우편공사, 테네시개발공사(TVA)의 근로자들이 포함되고 있다. 또한 주 및 지방자치체 차원의 공공부문은 주정부의 중앙행정조직에 고용된 공공부문 근로자와 그 외에 주정부가 운영하는 사업의 담당기관에 고용된 근로자를 적용대상으로 하고 있다. 이하에서는 연방정부의 고용관계규정을 중심으로 살펴보고자 한다.

1) 단결권

1978년 제정된 연방공무원개혁법에서는 연방 공공부문 근로자에 대하여 단결권 및 단체교섭권을 인정하고 있다. 즉, 연방 공공부문 근로자는 아무런 벌칙이나 보복의 두려움 없이 자유로이 노동단체를 결성·가입 또는 지원할 수 있는 권한을 가지며, 대표자를 통하여 근로조건에 관하여 단체교섭을 할 수 있는 권한이 포함되어 있다.[11)]

2) 단체교섭권

연방정부 근로자에게 단체교섭권을 보장하고 있으며, 단체교섭권에는 단체협약체결권까지 포함되므로 합의된 사항의 이행을 구속하는 효력을 갖게 된다. 다만 군인, 국무부 등의 외무공무원, 연방 내외의 안보나 정보수집업무를 담당하는 기관에 종사하는 공공부문 공무원, 연방공무고용관계위원회 및 연방공무쟁의조정위원회에

11) 이철수·강성태, 공공부문의 노사관계법, 노동연구원, 1997, pp. 79-80.

서 종사하는 공공부문 공무원, 일반회계국에 종사하는 근로자, 미국 외에서 고용된 외국인 근로자, 감독직・관리직・기밀직・인사직에 종사하는 근로자에 대해서는 단체교섭권이 인정되지 않는다.

3) 단체행동권 및 쟁의조정

미국의 연방헌법에는 단체행동권을 보장하는 명문의 규정이 없다. 연방 공공부문 근로자에게 파업권을 인정하여야 하는지는 전적으로 연방의 입법정책에 달려 있다. 현재의 연방정책으로는 연방 공공부문 근로자에 대하여는 단체교섭권은 인정하지만, 파업권은 부정하는 정책을 취하고 있다.

따라서 단체교섭이 합의에 도달하지 못하여 교착상태에 빠지게 되면 공공부문 근로자 측은 쟁의행위를 통하여 교착상태를 해결할 수 없고, 노동쟁의 조정절차를 따르게 되며, 특히 단체협약의 해석 이견이나 불이행으로 인한 권리분쟁은 단체협약상의 고충처리절차에 의하여 해결하도록 하고 있다.

2. 독일의 공공부문 노사관계

독일의 공공부문은 연방정부・주정부・지방정부의 정부기관 뿐 아니라 공기업, 공법상의 재단 등을 포함한다. 따라서 공공부문에 종사하는 근로자도 공무원과 비공무원으로 구분하는 이원적 구조를 갖고 있다. 또한 근로자는 직무의 성격에 따라 사무직과 노무직 근로자로 구분된다.

1) 공무원의 노사관계

독일의 「공무원법」은 공무원에게 단결권을 보장하지만 단체협약 체결권 및 쟁의권을 인정하는 명문규정이 없다. 이처럼 공무원에게 단체협약 체결권 및 쟁의권을 부인하는 이유는 「연방공무원법」에 의해 임금・휴가 등 근로조건에 관한 자세한 규정이 따로 법률에 의해 정해지기 때문이다. 대신에 공무원 노동조합에게는 법규 제정에 있어서 일정한 관여권이 인정되고 있다. 즉, 공무원의 근로조건을 정하는 법령의 입법단계에서 공무원노동조합의 상급연맹단체가 일정한 정도 관여하도록 인정하고 있다.

2) 비공무원의 노사관계

비공무원인 사무직·노무직 근로자에게는 민간부문 근로자와 마찬가지로 단결권·단체협약 체결권·쟁의권이 인정되며 그들의 근로조건은 단체협약에 의하여 규율된다. 또한 근로자들이 파업을 일으킬 때에는 공무원의 대체투입을 허용한다는 것이 연방법원의 입장이다.

3) 경영참가제도

1955년에 제정되고 1974년에 개정된 직원대표법(personalvertretungsgesetz)에 의해 연방의 공공부문 근로자들은 직원협의회를 설치하고, 주(州)의 공공부문 근로자들은 이에 상응하는 주의 법률에 따라 직원협의회를 설치·운영하고 있다. 직원협의회는 근로자의 이익옹호를 위해 행정기관의 대표와 사회적·인사적 사항에 관하여 공동으로 결정하고 협정을 체결할 권한을 갖는다. 다만 공무원의 인사사항과 기본적인 조직문제에 대해서는 단순한 관여권만을 갖는다. 이러한 직원협의회는 민간부문에서 실시하고 있는 경영협의회와 유사하나 경제적 사항에 대한 참가를 인정하지 않는 측면이 차이가 있다.

3. 일본의 공공부문 노사관계

일본 헌법은 "근로자는 단결할 권리, 단체교섭 기타 단체행동을 할 권리가 보장된다"고 규정하고 있다. 그러나 헌법의 다른 조항에서는 모든 공무원은 전체의 봉사자라고 규정함으로써 노동기본권에 대한 제한이 가능하다고 해석된다. 국가에 고용된 공무원은 국가공무원으로서 「국가공무원법」의 규율을 받으며, 지방공공단체에 종사하는 공무원은 지방공무원으로서 지방공무원법의 규율을 받는다. 또한 공무원은 직무의 종류에 따라 일반직 공무원과 특별직 공무원으로 구분하고 일반직 공무원을 직원이라는 용어를 사용하고 있다.[12)] 이상의 내용과 근로3권의 보장여부를 정리하면 〈표 10-3〉과 같다.

12) 이철수·강성태, 전게서, pp. 132-133.

〈표 10-3〉 일본 공무원의 노동관계 적용법률 및 근로3권의 개황

직원의 구분			주요 적용법률	단결권	단체협약 체결권	쟁의권
국가 공무원	일반직	비현업 직원	국가공무원법	○	×	×
		국영기업 직원	국영기업 노동관계법	○	○	×
	특별직	재판소 직원	재판소 직원 임시조치법	○	×	×
		국회 직원	국회직원법	○	×	×
		방위청 직원	자위대법	×	×	×
지방 공무원	일반직	비현업 직원	지방공무원법	○	×	×
		지방공영기업	지방공영기업 노동관계법	○	○	×

주: 1) ○은 권리가 인정되는 것을, ×는 금지되는 것을 의미함.
2) 단결권을 인정할 경우에는 교섭권(협의권)은 보장되고 있음
자료: 강순희, 일본 공공부문 노사관계: 노동기본권과 임금결정제도를 중심으로, 한국노동연구원, 1996, p. 27.

1) 국가 및 지방의 일반직 공무원

일반직공무원은 그들의 근로조건 유지·개선을 위하여 직원단체를 결성할 수 있다. 그러나 직원단체는 단체교섭권이 인정되고 있으나 단체협약체결 및 단체행동권은 인정되지 않고 있다. 다만 일반직공무원 중에서 국영기업체나 지방공영기업의 직원은 직원단체 대신에 노동조합을 조직할 수 있다.

직원단체는 직원의 급여·근로시간 기타 근로조건에 관한 사항, 그리고 그에 부대되는 사회적·후생적 활동을 포함하여 단체교섭을 행할 수 있으나, 관리·운영에 관한 사항은 단체교섭에서 배제된다. 그러나 단체교섭은 당사자 간의 구속력을 갖는 단체협약의 체결을 전제로 하고 있지 않아 교섭의 결과에 대해 구속력이 인정되지 않으며 교섭의 거부 역시 부당노동행위로 인정되지 않는다.

한편 일반직공무원에게 쟁의행위를 금지함은 물론 쟁의행위를 공모·교사 또는 선동하는 행위까지도 금지하고 이를 위반하였을 경우 처벌규정을 두고 있다. 따라서 쟁의조정에 대한 절차도 마련되어 있지 않다.

일반직공무원의 급여 및 근로조건에 대한 교섭과정 및 그 이행에 불만을 해소하기 위하여 인사원이라는 기구를 설치·운영하고 있다. 인사원은 일반직공무원의 급여, 기타 근로조건의 개선 및 인사행정에 관한 개선을 권고할 수 있는 권한을 갖고 있으며, 매년 민간부문 근로자의 임금을 광범위하게 조사하여 공공부문 임금인상을 권고한다.

2) 국영기법 · 지방공영기업의 직원

국영기업 및 지방공영기업의 근로자들은 근로조건의 유지 · 개선을 목적으로 노동조합을 결성하거나 조합에 가입할 수 있으며, 단체교섭을 행할 수 있다. 임금 · 근로조건과 승진기준 등은 단체교섭의 대상이 될 수 있으나 개별적인 인사문제나 관리 · 운영에 관한 사항은 대상에서 제외된다.

국영기업 · 지방공영기업의 근로자에게는 쟁의권이 전면적으로 금지되어 있으며 단체교섭상의 교착상태가 발생하였을 경우 노동위원회에 의해 알선 · 조정 · 중재 등의 쟁의조정절차가 진행된다.

3) 공익사업 근로자

운수사업, 우편 · 전기 · 통신사업, 수도 · 전기 또는 가스공급사업, 의료 또는 공중위생사업 등과 같이 일상생활에 없어서는 안 되는 사업을 공익사업이라고 한다. 따라서 공익사업에 있어서 쟁의행위의 방지 및 해결을 위하여 쟁의행위 예고의무, 조정절차에 강제적 개시 및 긴급조정절차를 부과하고 있다.

제 11 장 경영참가제도

제11장 경영참가제도

제1절 경영참가의 기본개념

근로자에게 그들의 권익보호를 위한 근로3권(단결권 · 단체교섭권 · 단체행동권)이 보장되어 있는 것과 마찬가지로 경영자에게도 조직의 목표달성을 위한 계획 · 조직 · 지휘 · 통제의 관리기능 수행에 필요한 경영권(right to manage)이 보장되어 있다. 그러나 기업의 목표는 결코 경영자의 노력만으로 달성되는 것은 아니며, 근로자의 적극적 · 협력적 참여로서 비로소 달성할 수 있는 것이다. 따라서 노사협력을 바탕으로 기업의 목표를 달성하기 위한 제도가 근로자의 경영참가제도(workers participation)이다.

근로자의 경영참가는 제1차 세계대전 이후에 유럽에서 자본가와 노동자의 대립 및 투쟁에 따른 쌍방의 손실을 극복하고, 산업민주주의를 통한 노사협력의 필요성을 인식하면서 등장하게 되었고, 서구에서 인간관계운동이 전개되면서 1960년대와 1970년대에 걸쳐서 노사관계의 안정과 협력, 노동자 소외의 극복, 기업의 경영민주화, 생산성 향상 등을 실현하기 위해서 급속히 보급되었다.

1974년 근로자의 경영참가에 관한 국제노동기구(ILO)의 오슬로(Oslo) 심포지엄에서 "근로자의 경영참가제도는 이제 실시할 것인가 아닌가의 문제가 아니라 어떻게 실시할 것인가의 문제이다"(worker's participation is no longer a question of 'whether' but of 'how')라고 표명함으로써 근로자의 경영참가에 대한 관심이 한층 높아지기 시작하였다.

1. 경영참가제도의 의의

1) 경영참가의 정의

노사관계를 대립적 관계에서 협력적 관계로 전환함으로써 기업의 생산성을 높이고 성과배분을 촉진할 수 있도록 하기 위하여 근로자로 하여금 경영과 자본 그리고 이윤분배 등에 참여할 수 있도록 하는 총체적 제도를 근로자의 경영참가제도라고 일컫는다.

경영참가란 "근로자 또는 노동조합이 기업경영과 관련하여 제기되는 여러 가지 의사결정에 참여하여 영향력을 행사하는 과정"을 말하는 것으로서, 다시 말하면 "근로자의 경영참가란 종래의 경영자 권한이라고 생각하였던 경영권(right to manage)에 대하여 근로자들의 이익을 유지・증대시키기 위해서 노사가 공동으로 경영관리 기능을 수행하는 것을 의미한다."[1] 따라서 경영참가제도는 기업경영의 의사결정 과정에 근로자 또는 노동조합이 직접 또는 간접적으로 참가하여 경영자와 함께 정보를 교환하고 공동으로 협의・결정하는 노사의 통합적 경영관리제도라고 할 수 있다.

경영참가의 개념은 첫째, 근로자가 경영의사결정에 참가하여 자신들의 의사를 교류하고 자신들의 요구를 민주적으로 통합・해결하는 과정으로 인식하려는 협의의 경영참가제도(예: 노사협의제), 둘째, 근로자가 경영자 특유의 경영활동 영역에 참가하여 경영상의 권한과 책임을 공동으로 분담하는 광의의 경영참가제도(예: 자본참가・성과배분 참가)로 구분하여 이해할 수 있다.

이와 같이 경영참가의 개념은 근로자의 경영참가 범위와 정도에 따라 협의의 경영참가와 광의의 경영참가로 구분할 수 있으나, ILO의 국제노동연구소(International Institute for Labor Studies)의 워커(K. F. Walker)의 견해에 의하면 협의의 경영참가를 경영참가의 기본적 개념으로 주장하고 있다. 즉, "주식소유나 성과배분을 경영참가로 본다면 일반주주들이 주식을 소유하고 배당을 받는 경영참가의 개념과 혼동될 수 있으므로 경영참가를 광의로 해석하는 것은 적당하지 않으며, 따라서 경영참가의 개념은 자본참가 및 이익참가와 구분되는 협의의 경영참가로 한정할 수밖에 없다"고 언급하고, 자본참가와 이익참가를 제외한 협의의 의사결정 참가형태로서 노사협의제・노사공동결정제도・단체교섭제도를 주장하였다.

---

1) D. Q. Mills, *Labor-Management Relations*, New York: McGraw-Hill, 1986, p. 370.

한편 우리나라는 1963년 노동조합법의 개정에서부터 노사협의제도의 도입을 규정하였고, 더욱이 1980년에는 노사협의회법이 제정된 바 있다. 또 한편으로 1969년 자본시장육성법을 제정하여 종업원지주제도를 도입하였고, 1974년에는 우리사주조합제도를 통하여 종업원지주제도를 더욱 적극적으로 유도・발전시켰으며, 1997년 「근로자참여와 협력증진에 관한 법률」을 제정하여 노사협의회제도의 실시를 강화하고 있다.

2) 경영참가의 특성

경영참가는 근로자로 하여금 경영의 의사결정과정에 직접 참가하도록 하는 제도로서 이는 정치・사회 민주주의의 발전과 더불어 산업민주주의의 기치 아래 노사관계에 있어서 근로자의 경영참가 문제가 현실적인 문제로 떠오르게 되었다. 노사관계에 있어서 근로자의 경영참가는 경영권에 대한 도전 내지는 침해라는 인식에서 자본가나 경영자들의 반대에 직면하여 대립과 반목의 양상으로 표출되기도 하였다.

근로자 또는 노동조합의 경영참가는 시간이 경과하면서 임금 및 근로조건의 결정 이외에 경영방침이나 경영조직, 생산계획 및 방법, 경영능률 증진활동 등의 의사결정에 발언권을 행사하고, 종업원지주제와 같은 자본참가, 또는 스캔론 플랜(Scanlon Plan) 같은 이익참가에까지 확대되었다.

이러한 근로자 경영참가의 확대는 사용자에 대한 의사결정의 자유를 제약함으로써 경영활동의 위축을 가져오기도 하였으나, 반면에 경영참가는 근로자들의 자발성을 신장시키고 아이디어를 활용함으로써 경영의 활성화를 기대할 수 있다.

따라서 경영참가는 다음과 같은 특성을 갖는다.

첫째, 기업 또는 산업에 대한 자본가 내지는 경영자 지배로부터 근로자의 지배를 확립하려는 것은 결코 아니다. 자본주의 특성상 사유재산권이 보장되므로 근로자 지배는 성립될 수 없으며, 근로자의 경영의사결정 참여에 의미가 있다.

둘째, 경영참가는 광의로 자본참가(종업원지주제), 이익참가(이윤분배제), 관리참가(의사결정 참가)를 포함하고 있으나, 이는 결코 소유권 참가로 확대 해석해서는 안 된다.

셋째, 경영참가는 단체교섭과 구별하여야 한다. 단체교섭은 임금이나 근로조건의 결정에 노동조합대표가 참가하여 생산된 경제적 가치의 분배에 관한 공동결정일 뿐이며, 경영참가는 경영방침이나 계획, 생산수단의 운영에 관한 의사결정에 참가하는 것이므로 단체교섭과는 성격이 다르다.

경영참가제도는 산업사회의 발전에 따라 거대기업들이 탄생하고 경영이 관료제화되었으며, 한편 근로자들의 의식수준이 변화하고 소외현상이 심각한 사회문제로 대두되면서 노동의 인간화, 노동의 민주화를 도모하기 위하여 경영참가가 광범위하게 적극적으로 실시되고 있다.

2. 경영참가의 목적과 중요성

1) 경영참가의 목적

산업사회의 발전과정에서 주식회사제도가 발달함에 따라 소유와 경영의 분리현상이 나타나면서 경영권에 대한 인식이 바뀌었고, 노동운동의 발전으로 노동조합이 경영권에 대해 도전하면서 경영권의 성격도 변화하게 되었다.

오늘날 근로자들은 임금만으로 직장생활에 만족하지 않으며, 직무 및 조직생활을 통하여 성취욕구, 참여욕구 내지는 자아실현욕구를 충족시키려 하고 있다. 따라서 경영자는 근로자들로 하여금 조직경영에 참여하게 함으로써 그들의 창의성・자발성을 발휘할 기회를 제공하고 나아가서 노사협력의 기틀을 마련하는 것이 중요하다. 이러한 의미에서 경영참가제도를 실시하는 목적을 다음과 같이 살펴볼 수 있다.

(1) 산업민주주의 실현

인간은 자신의 이해관계나 관심사에 대하여 의사를 표명하고 참여하고자 하는 본능적인 욕구를 지니고 있다. 이러한 인간의 본능적 참여사고가 민주주의 실현을 촉구하게 된 것이다. 사회의 정치민주주의 발전이 산업사회로 전파되면서 근로자들은 노동조합을 결성하여 근로조건에 대한 단체교섭을 요구하고 자신들의 직무행동과 관련이 있는 작업방식이나 생산체계에 대하여 발언권을 요구하게 되었다.

이러한 근로자들의 요구에 따라 노사의 자주적 협정에 의하여 또는 국가의 입법에 따라 공장위원회, 경영협의회, 노사협의회, 노사공동결정제도 같은 노사협력기구로 발전하게 된 것이다. 근로자나 노동조합대표는 이러한 노사협력기구에 참가하여 자신들의 활동을 강화하고 주장을 관철시키기 위하여 산업민주주의를 실현하려고 한다.

(2) 인간성 존중

근로자의 경영참가는 인간성 회복에 중요한 역할을 한다. 즉, 근로자는 경영의사결정에 참가하여 자신의 의사를 반영함으로써 노동에 대한 인간성 회복을 촉진시킬 수 있다. 경영참가는 근로자에게 많은 자율성을 부여함으로써 그들의 무력감이나 비인간적 통제의식을 감소시킬 수 있으므로 직장생활에서 소외의식이 해소되고 인간성 개발에도 중요한 역할을 한다.

따라서 경영자는 근로자를 경영에 참가토록 함으로써 직무를 통한 내재적 만족을 얻도록 하고, 근로생활에서 소외의식을 해소하도록 하며, 근로자에게 인간성 개발의 기회를 제공하여 자신의 인격과 인권을 가진 도덕적 존재라는 사실을 인식하도록 하는 것이 중요하다.

(3) 경영효율성 제고

경영참가는 근로자의 성취동기 유발을 통하여 경영효율성의 제고에 중요한 기능을 한다. 즉, 근로자는 경영의사결정에 참가하여 창의적 아이디어를 제시함으로써 경영개선에 기여할 수 있고, 참여의식의 제고를 통하여 성취동기를 유발시킴으로써 생산성 향상, 품질개선, 원가절감 등 경영효율성을 제고할 수 있다. 또한 경영참가를 통하여 노사가 경영문제를 진지하게 연구하고 논의하여 해결함으로써 생산성을 개선할 뿐만 아니라, 근로자들의 애사정신이나 충정심이 강화될 수 있다. 이러한 경영참가는 근로자에게는 생산성 향상의식이, 경영자에게는 인간성 존중의 사고가, 노사는 동반자적 공동체 의식이 정착함으로써 공존공영이 이룩될 수 있고, 국가는 노사협력과 산업평화를 유지하는 계기가 될 수 있다.

여기에서 경영참가가 근로자의 성취동기 유발과 경영효율성 증대에 기여할 수 있는 이유를 다음과 같이 설명할 수 있다.

① 근로자들도 유용한 아이디어를 가지고 있다.

② 효과적 하의상달은 고위층의 건전한 정책결정에 필수적 요소이다.

③ 근로자들은 자신들이 참가하여 내린 결정을 더욱 잘 받아들인다.

④ 근로자들은 자신들에게 영향을 미치는 결정에 참가한다면 더욱 열심히 일하게 된다.

⑤ 근로자들이 의사결정참가를 통하여 결정된 정책의 의도를 잘 알게 되므로 더욱 합리적으로 일하게 된다.

⑥ 근로자들의 참가는 근로자와 경영자간에 더욱 협력적인 자세를 촉진하게 될 것이며, 그렇게 함으로써 연대감 증진과 산업평화의 정착으로 능률의 향상을 이룩할 수 있다.

2) 경영참가의 중요성

현대 근로자들은 일반적으로 교육수준이 높아지고 의식수준이 향상됨에 따라 근로를 단순한 생존의 수단으로 생각하기 보다는 근로생활의 질을 향상시키는 터전으로 인식하고 있다. 따라서 기업들은 근로자의 경영참가를 통하여 다음과 같은 노사공존공영의 상호작용을 기대할 수 있게 된다.

첫째, 노사 상호신뢰를 증진시킬 수 있다. 경영참가를 통하여 노사의 일상적인 대화통로가 마련됨으로써 노사문제・경영문제를 대립이 아닌 협의로서 해결하고 노사 공동의 노력으로 경영목표를 달성하는 과정에서 상호 신뢰분위기가 조성되고 노사 공동체 의식이 형성될 수 있다.

둘째, 사용자는 근로자나 노동조합에 대한 이해를 높일 수 있다. 사용자는 근로자의 경영참여를 통해서 그들의 일상생활이나 기업에 대한 태도, 사고방식, 고충사상 등을 보다 정확하게 이해할 수 있으므로 인사관리 관행이나, 단체교섭에 있어서 공정하고 합리적인 결정을 할 수 있다.

셋째, 근로자는 기업과 경영에 대한 이해를 높일 수 있다. 근로자들은 경영참가를 통하여 기업경영에 관한 제반 문제의 토의과정에서 기업의 경영실태를 깊이 이해하게 되고 사기가 높아지며 대립적 의식이 사라지게 된다. 예를 들면 노사 공동협의회에서는 기업의 경영방침 및 사업계획, 그리고 경영실적이 보고될 뿐 아니라, 생산성 향상 방법을 비롯한 근로자의 복지, 훈련개발, 작업환경 등 광범위한 문제들이 협의되므로 근로자들은 기업의 사정을 더욱 잘 이해하게 되고 자부심을 갖게 되므로 자발적인 노력과 협력을 발휘하게 된다.

제2절 경영참가제도의 등장배경과 유형

경영참가제도는 사회의 정치민주주의가 발달하여 산업사회로 전파되면서 산업민주주의로 발전하게 되었다. 산업사회가 발전함에 따라 근로자들의 교육수준이 높아지고 생활수준이 향상되면서 인간존중의 가치를 인식하게 되고 사용자에 대하여 인간성 회복을 요구하고 나서게 되었다. 한편 사용자와 근로자들은 노사의 대립과 투쟁으로는 더 이상의 이익을 얻을 수 없으며 서로 손실과 상처만 남게 된다는 사실을 인식하게 되었다.

따라서 노사는 산업민주주의를 통한 노사협력의 필요성을 인식하게 되었고, 노사협력을 증진시키기 위해서는 경영참가방식도 여러 가지 형태로 다양하게 발전하여 경영과정의 참가방식인 의사결정 참가와 경영성과의 참가방식인 이익참가, 그리고 재산소유의 참가방식인 자본참가로 발전하게 되었다.

1. 경영참가제도의 등장배경

1) 노동자 입장의 상황변화

종래의 단순노동자들은 저소득으로 인하여 빈곤과 불평·불만의 동질성을 갖는 하나의 노동계급이었으나, 오늘날 근로자들은 전문화된 지식과 다양한 직무로 상당한 이질성을 띠고 있으며 높은 소득으로 사회의 중산층을 이루고 있다. 그리고 그들은 불평·불만을 자유롭게 토로할 수 있으며, 자신의 의사를 충분히 표현하고 정당성을 주장할 수 있게 되었다.

또한 과거에는 한번 근로자는 평생을 근로자로 지내야 했으나 오늘날의 근로자들은 그들의 능력과 노력에 따라 감독자·관리자·경영자로 진출하고 승진할 수 있는 기회가 부여되어 있다.

2) 사용자측의 상황변화

사용자도 이제는 사정이 달라지고 있다. 즉, 종래 사용자의 경영목표는 낮은 수준의 노동비용을 통하여 이윤극대화를 도모하는 것이었으나, 오늘날 경영자는 경제적·사회적 환경의 변화에 따라 임금을 개선하고도 노동생산성을 높일 수 있다면 구태여 저임금을 고집하지 않는다. 즉, 고생산성 고임금의 정책으로 방향 전환이 불가피하게 된 것이다.

또한 과거에는 노사관계에 있어서도 노동조합이 주로 공세에 서고, 사용자는 수세에 있었지만, 지금은 유능한 노동전문 스탭을 두고, 도리어 사용자가 노사관계를 주도할 만큼 발전하였다. 이리하여 오늘날 대부분의 사용자는 노동조합을 적대적 존재로서가 아니라, 파트너(partner)로서의 위치와 역할을 이해하여 적극적으로 공존관계를 유지하려고 노력하고 있다.

3) 노동조합의 기능 확대

노동운동이 상당한 정도로 성숙해지면서 노동조합의 기능도 종래의 경제적 지위 향상에 머물지 않고, 정치적 · 사회적 · 문화적 · 교육적 분야로까지 점차 확대되었다. 이와 같이 노동조합의 활동범위가 확대됨에 따라 근로자들의 경영참가 요구를 자극하게 되었고, 이제 그들의 요구를 자연스럽게 받아들이지 않을 수 없게 된 것이다.

4) 인간관계론의 등장

1930년대에 등장한 인간관계론은 경영관리제도의 중대한 변화를 가져왔다. 종전의 과학적 관리에서는 인간의 작업동기는 임금을 비롯한 물리적 조건에 달려있으며, 관리자의 철저한 감독이 필요하다고 믿었으나, 호손실험을 계기로 생산성을 좌우하는 것은 오히려 종업원의 사기와 직무만족이라는 사실이 밝혀지게 되었다. 여기에서 생산의 협력자인 근로자가 자발적 · 능동적으로 경영에 참여할 때 사기와 만족은 더욱 고취되고 생산성이 향상되어 기업발전에 기여하게 된다는 사실을 인식하게 되었다.

5) 사회적 책임의 인식

조직규모가 거대화되는 과정에서 노사 쌍방이 자신들의 사회적 책임에 대한 인식이 중대하게 되었다. 기업과 노동조합의 규모가 거대화되면서 노사관계가 국민경제에 미치는 영향이 지대하다는 사실이 인식됨에 따라 노사분쟁을 단순히 당사자만의 분쟁으로 볼 수 없게 되었다.

여기에서 노사 쌍방은 각기 자신의 사회적 책임을 인식하여 필요 이상의 분쟁행위를 가능한 한 회피하고, 노사문제를 될 수 있는 대로 이성에 입각한 대화를 통해서 평화적으로 해결하지 않을 수 없게 되었다. 따라서 노사 쌍방은 경영의 현실적인 문제를 공개적으로 논의하기 위해서 상호의 협력적 참여를 필요로 하게 된 것이다.

2. 경영참가제도의 유형

경영참가제도는 서구 선진 산업국가에서 비롯된 이후에 각국의 정치 · 경제 · 사회 · 문화적 환경에 따라 여러 가지 참가형태로 실시되고 있다. 따라서 근로자의 경영참가 범위, 정도 또는 참가방식에 따라 다양하게 분류될 수 있다. 그러나 일반적으로 경영참가는 [그림 11-1]에서 보는 바와 같이 근로자가 경영에 직접적으로 참가하느냐 또는 간접적으로 참가하느냐에 따라 구분되고, 그리고 어떤 분야에 어떻게 참가하는가, 즉 경영과정, 경영결과 또는 재산소유에 참가하는가에 따라 의사결정참가, 이익참가, 자본참가로 분류된다.

[그림 11-1] 경영참가제도의 유형

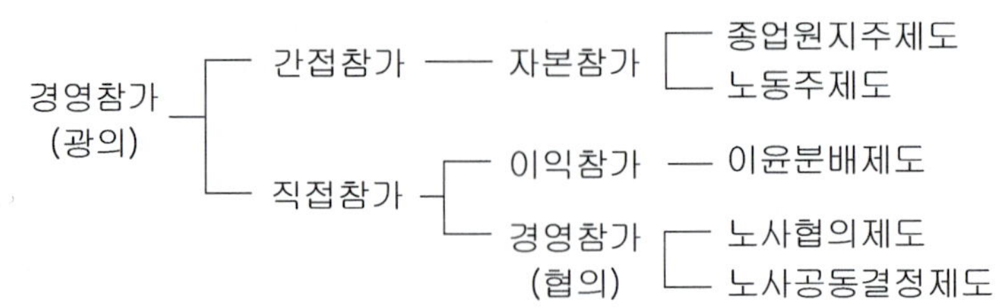

1) 자본참가

자본참가(participation in capital)란 근로자들이 자본의 출자자로서 기업경영에 참여하는 방식으로 재산참가 또는 소유참가라고도 불린다. 즉, 자본참가는 근로자(종업원)들로 하여금 자기회사의 주식을 취득·보유하게 하여 자본의 출자자로 기업경영에 참가하도록 하는 경영참가제도를 말한다. 자본참가의 형태로는 종업원지주제(employee stock ownership system)와 노동주제도(action de travail)가 있다.

종업원지주제는 종업원으로 하여금 일정액의 자기회사 주식을 유상 또는 무상으로 보유하게 하여 주주로서 기업에 대하여 발언권을 갖도록 하고, 기업에 대한 일체감을 갖도록 하며, 자본의 안정적 확보 및 종업원의 재산형성에 기여하도록 하는 제도이다.

노동주제도는 특수한 주식회사에서 근로자가 노동을 제공한다는 조건하에서 그들에게 주식을 제공하는 제도이다. 노동주는 자본을 직접 출자하지 않고 받은 주식이기 때문에 일반 주식과는 구별된다. 이 제도는 오늘날 보편화되지 않고 있으나, 대표적인 예로는 1971년 프랑스의 「노동자참가 주식회사에 관한 법률」을 들 수 있다. 우리나라의 자본참가 방식의 형태는 우리사주제도이다. 우리사주제도는 「근로복지기본법」 제32조 이하에서 규정하고 있다.

2) 이윤참가

이윤참가(participation in profit)는 기업의 생산성 향상에 근로자나 노동조합을 적극적으로 참여시키고 그들의 협력적 참가로 얻어진 이윤의 일부를 임금 이외의 형태(이익분배 · 성과배분)로 근로자들에게 배분하는 경영참가 형태이다. 이 제도는 1891년 영국에서 처음으로 실시되어 유럽에서는 변동성 임금의 형태로 급속히 확대되었으며, 다음과 같은 목적에서 시행되고 있다.

첫째, 종업원들에게 파트너십과 기업운영에 함께 동참하는 의식을 고취시킨다.

둘째, 낮은 이직률과 함께 높은 성과수준을 자극하여 기업의 이윤을 더욱 증가시키기 위하여 추가적인 노력과 창의력을 촉진시킨다.

셋째, 종업원들의 경제적인 안정을 증대시킨다.

이 제도의 대표적인 예로는 미국의 스캔론플랜(Scanlon plan)과 럭커플랜(Rucker plan)이 있다.

이윤참가제도는 근로자의 성취동기 유발, 근로자의 일체감 형성, 탄력적 임금정책의 실현, 노동시장에서의 경쟁우위성 확보, 근로자의 재산형성, 종업원에 대한 공정한 보상 등에서 중요성이 인정되고 있다.

3) 의사결정참가

의사결정참가(participation in decision-making)는 근로자 또는 노동조합이 경영의사결정에 참가하는 제도로서, 의사결정권의 행사 범위와 방식에 따라 노사협의제와 노사공동결정제도로 구분하고 있다. 노사협의제도와 노사공동결정제도에 관하여는 다음 절에서 자세히 살펴보기로 한다.

제3절 경영참가제도의 관리관행

경영참가제도는 기업이 근로자 및 노동조합으로 하여금 자본출자, 이윤분배, 의사결정 등에 참여하게 함으로써 경영민주주의를 실현하고 노사협력을 이룩하여 경영효율성을 높이고자 하는 경영공동체 관리방식으로서 선진기업들은 다양한 경영참가방식을 도입하여 경영관리 관행으로서 실천하고 있다. 여기에서는 여러 나라에서 보편적으로 실행하고 있는 경영참가 관리관행으로서 종업원지주제, 성과배분제, 노사협의제, 공동결정제도 등에 관하여 살펴보고자 한다.

1. 종업원지주제

1) 종업원지주제의 의의

종업원지주제도(employee stock ownership plan: ESOP)는 회사의 경영방침으로 종업원들이 일정한 조건에서 자기회사의 주식을 유상 또는 무상으로 보유할 수 있도록 지원하는 제도를 말한다. 즉, 회사가 종업원들에게 저가격 주식양도, 공로주 제공, 성과배분에 의한 주식분배 등의 방식으로 주식을 제공하여 보유토록 하는 제도이다. 따라서 이 제도는 어떤 회사가 특별한 지원책을 마련하여 그 회사 종업원들에게 자기회사의 주식을 제공한다는 특징을 지니고 있다.

위의 정의에서도 밝힌 바와 같이 종업원지주제도는 다음과 같은 요건을 갖추어야 한다.

① 회사의 경영방침으로 종업원에게 자사 주식을 보유토록 하는 것이다. 즉, 종업원이 개인적으로 자기 의사에 따라 자사 주식을 매입하는 경우에는 종업원이 주식을 소유하고 있더라도 이를 종업원지주제라 할 수 없다.

② 회사가 하나의 제도로서 종업원들에게 특별한 편의를 제공하여야 한다. 즉, 자사 주식을 취득하는데 있어 회사가 자금을 보조・지원하거나 증여하는 방식을 취해야 한다.

③ 자사 주식의 취득이 장기보유를 목적으로 해야 한다. 즉, 주식보유가 일시적이지 않고 우리사주조합 같은 집단에 의하여 항구적으로 보유하게 하여야 한다.

이러한 종업원지주제의 중요성으로는 첫째, 종업원에게 주주의 지위를 부여함으로써 경영과 분배에 참여하도록 하여 노사협력이 촉진되다.

둘째, 회사의 경영이 자신의 이익과 직결되므로 근로의욕 및 생산성 향상과 애사정신을 함양시킨다.

셋째, 종업원들의 주식보유를 통한 재산형성을 촉진한다.

넷째, 자사 주식을 소유토록 함으로써 종업원 확보가 용이하고 그들의 정착을 유도할 수 있다.

종업원지주제도는 18세기 말 영국의 한 광산회사에서 실시한 종업원 이익참가제도를 효시로 하여, 그 후 서독에서는 근로자의 재산형성 목적으로, 미국에서는 경영민주화 사상의 고양으로 크게 발전을 보았다. 한때 미국에서는 1930년대 불경기로 이 제도가 크게 위축된 적이 있었지만, 제2차 세계대전 이후 퇴직소득보장법과 감세법의 제정, 종업원지주신탁회사의 설립 등을 추진하면서 급속한 발전과 더불어 보급이 확산되었다.

2) 종업원지주제의 형태

종업원지주제는 회사가 종업원들에게 자사 주식을 보유할 수 있도록 편의를 제공하거나 자금을 지원하는 방식에 따라 임의 주식구입제도, 저축장려제도, 이윤분배제도 등의 형태로 구분할 수 있다.

(1) 임의 주식구입제도

임의 주식구입제도는 종업원이 자기자금에 의해 자사 주식을 취득하도록 하는 것으로, 회사에서는 자금의 분할납입 및 시가보다 저렴한 가격으로 제공하는 등의 특혜를 준다.

임의 주식구입제도의 장점은 운영비용이 절약되고, 자금사정에 따라 매입한도가 임의로 조정될 수 있다는 것이고, 단점으로는 종업원의 재력한계 때문에 실제로 큰 기대를 걸 수 없으며, 종업원을 출자자 자격으로만 인정하여 참가시키므로 진정한 의미에서 노사협조를 기대할 수 없다는 것이다.

(2) 저축장려제도

저축장려제도는 종업원으로 하여금 그들의 급여에서 일정액을 공제하거나 또는 기타의 방법으로 계속 저축을 장려하고, 저축에 비례하여 장려금이나 무상주를 분배해 주는 방식이다. 종업원이 저축을 계속하는 기간은 대개 5년 정도이며, 만약 이 기간이 경과하기 전에 탈퇴하면 회사로부터 받은 장려금이나 무상주는 반환하여야 한다.

저축장려제도의 장점은 다음과 같다.

첫째, 회사와 종업원의 공동투자 형태로 된다.

둘째, 참가기간이 장기이다.

셋째, 저축액과 투자방법을 종업원이 자유로 선택할 수 있다.

넷째, 종업원의 애사심을 함양한다.

그러나 이 제도의 단점으로는 회사측에서 장려금 또는 무상주 지급 등 높은 비용이 발생할 수 있다.

(3) 이윤분배제도

이윤분배제도는 이익참가제도라고도 하며 회사가 경영활동에서 발생한 이윤의 일부를 종업원에게 주식으로 분배하거나, 공로주 형식으로 자사 주식을 취득하게 하는 제도이다.

이 제도는 임의 주식구입제도나 저축장려제도와는 달리 자기자금을 필요로 하지 않는 것이 특징이다. 따라서 진정한 노사협조에 큰 기대를 걸 수 있다.

이 제도의 장점으로는 ① 종업원의 자금부담을 필요로 하지 않는다.

② 종업원의 애사심을 함양시킨다.

③ 장기간 적립하게 되면 퇴직금의 대체효과가 나타난다.

그러나 단점으로는 ① 기업이익을 분배하는 것이기 때문에 수익의 안정성이 요구된다. ② 종업원에 대하여 과세문제가 생긴다.

3) 종업원지주제도의 효과

종업원지주제도를 도입함으로써 얻게 되는 효과를 기업측과 종업원측으로 구분하여 살펴보기로 한다.

(1) 기업측의 효과

① 종업원들이 자사 주식을 소유함으로써 주인의식이 강화되고 노사공동체의식이 증진되므로 일체감 증대, 애사심 함양, 노사협력, 근로의욕 증진, 이직감소 등으로 생산성이 향상된다.

② 장기안정 주주를 확보할 수 있다.

③ 주가안정에 기여한다.

④ 자본조달의 수단이 된다.

⑤ 세제상의 혜택을 얻을 수 있다.

(2) 종업원측의 효과

① 소액자금으로 자사 주식 투자가 가능하다.

② 투자자금의 지원과 혜택을 받을 수 있다.

③ 자사 주식 투자를 간편하게 할 수 있다.

④ 재산증식의 유용한 수단이 될 수 있다.

⑤ 투자에 따른 위험을 감소시킬 수 있다.

4) 우리나라의 종업원지주제도

(1) 등장배경

우리나라는 1968년 11월 22일 「자본시장육성에 관한 법률」이 제정되면서 종업원지주제를 도입하였다. 정부는 국내 저축을 증대시키고 자본시장을 육성하며, 소유와 경영의 분리를 통하여 기업경영의 건전화를 실현하기 위하여 종업원들에게 자사 주식을 매입하도록 유도하였으나, 대부분의 기업들이 규모도 영세하고 혈연관계를 중심으로 폐쇄적인 관리형태를 취하고 있었다.

우리나라에서 종업원지주제도가 본격적으로 시행되기 시작한 것은 1974년 5월 29일 「기업의 공개와 건전한 기업풍토 조성을 위한 대통령 특별지시」에 따라 동년 7월 13일 「종업원지주제 확대실시 방안」이 발표되었고, 이에 따라 종업원지주제도의 추진방법과 지원대책이 구체화되면서 「우리사주조합」이 본격적으로 설립되면서부터이다.

1987년에는 정치, 경제, 사회적 여건의 변화와 함께 근로자의 욕구도 질적으로 변화되고 다양화됨에 따라 근로자의 주인의식을 제고하고 기업이익에의 참여를 가능하게 하며 재산형성을 촉진하기 위하여 근로자의 자사 주식 소유를 확대하고자 동년 9월1일 「종업원지주제도의 확충방안」이 마련되었다. 이에 따라 우리사주조합원에 대한 주식의 우선배정비율 및 금융・세제상의 지원이 확대되었다.

그러나 종업원 소유주식의 대외유출 등 종업원지주제도가 본래 의도한 성과를 달성할 수 없게 됨에 따라 1988년 6월 22일에는 주식의 장기보유 유도, 우리사주조합의 건전한 운영 등을 내용으로 하는 「종업원지주제도 개선방안」이 마련되었다.

(2) 지원제도

종업원지주제도는 종업원의 복지증진 내지 소득분배라는 사회정책적 차원에서 우리사주조합원에게 신주의 우선배정, 대주주 소유주식의 저가양도 등의 혜택을 부여함과 동시에 세제・금융상의 지원책을 마련하였다.

① 조직상의 지원

우리사주조합은 종업원들이 자사 주식에 대한 투자를 목적으로 자주적이고 자율적으로 조직한 단체로서 종업원들이 자유로운 선택에 의하여 조합에 가입 또는 탈퇴할 수 있도록 하고, 우리사주조합은 회사와 대등한 입장에서 종업원지주제도의 운영에 관하여 협의・결정하며, 종업원들은 우리사주조합을 통하여 자사 주식을 구입하는 경우에 한하여 세제·금융혜택을 받을 수 있도록 하였으며, 또한 당해 조합이 취득한 자사 주식은 취득일로부터 최소한 1년간 한국증권금융(주)에 예탁하도록 하고 있다.

② 세제지원

우리사주조합원이 자사 주식 취득을 위하여 우리사주조합에 저축한 금액, 또는 상여금이나 퇴직금을 자사 주식으로 받은 경우에 주식취득가액은 소득세 공제혜택을 받게 되며, 회사가 우리사주조합원에게 자사 주식 취득에 소요되는 금액을 무이자로 대여한 경우에 대여금에 대한 인정이자를 그 회사의 이익에 산입하지 아니하도록 하고 있다.

③ 금융지원

회사는 우리사주조합원이 자사 주식을 취득하는 경우에 주식취득가액의 50% 이내에서 조합원에게 무이자로 자금을 대여할 수 있고, 이때에 인정이자를 적용하지 않도록 하며, 한편 금융기관이 우리사주조합원에게 직접 자금을 지원하는 예로서는 한국증권금융(주)의 우리사주조합 지원 대출과 예탁주식 담보대출 그리고 국민은행의 재형자금 급부가 있다. 우리사주조합 지원 대출은 조합원에게 자사 주식 취득자금을 대여해 주는 것이며, 예탁주식 담보대출은 예탁된 주식을 담보로 하여 조합원에게 가계자금을 융자해 주는 것이다. 그리고 재형자금 급부는 상호부금의 형식으로 조합원에게 자사 주식 취득자금을 대출해주는 것이다.

2. 이익분배제

이익분배제(profit-sharing plan)는 기업이 생산활동의 결과로 나타난 일정수준 이상의 성과나 이윤의 일부를 종업원에게 부가적으로 지급하는 제도이다. 기업의 이윤은 원칙적으로 자본가의 소유이다. 즉, 자본가는 기업이 이윤을 내지 못하면 배당을 받을 수 없고, 이윤이 나야 배당을 받게 되므로 기업의 이윤은 원칙적으로 자본가의 몫이다. 그러나 종업원들이 일정한 임금을 받고 열심히 노력하여 보다 많은 기업의 이윤을 창출하였다면 그 이윤의 일부를 종업원들의 이윤창출에 대한 보상이나 상여로 배분하는 것이 바람직하다. 이와 같은 이익분배제의 도입은 ① 종업원의 근로의욕이나 동기부여의 향상, ② 종업원의 회사에 대한 충성도 및 집단에 대한 공동체 의식의 제고, ③ 유능한 인재의 확보와 이직률 감소, ④ 근로자의 재산형성 효과, ⑤ 노사관계의 개선 및 협력 촉진 등에 기여할 수 있다.

이익분배의 방식으로는 첫째, 조직구성원에게 싼 값으로 주식을 분배하고 주식에 대한 배당을 받도록 하는 종업원 주식소유제를 실시하거나, 둘째, 연말이나 명절에 근로계약에 의한 임금 이외에 이윤의 일부를 상여금으로 지급하기도 하고, 셋째, 대리점이나 판매부서 등에 매출액의 일부를 지급하기도 하며, 넷째, 종업원들의 복리후생을 위한 공동기금에 이윤의 일부를 출연하는 방식을 취하기도 한다.

3. 성과배분제

성과배분제는 기업이 사전에 결정한 성과표준 보다 종업원들의 노력으로 초과달성한 부분에 대하여 상여금으로 지급하는 제도이다. 즉, 종업원들이 성과표준 이상으로 생산성을 향상시키거나 원가절감을 실현한 경우에 절약된 임금을 모두 종업원에게 상여금으로 배분하는 방식이다. 성과배분을 실시하는 대표적인 방법으로 스캔론플랜과 럭커플랜이 있다.

1) 스캔론플랜

(1) 스캔론플랜의 의의

스캘론플랜(Scanlon plan)은 미국 철강노조의 간부였고 후에 MIT대학 교수였던 스캔론(J. N. Scanlon)이 1937년 개발한 제도로서, 기업의 생산성 향상을 근로자의 아이디어 창출과 노사협력의 결과로 보고 기업의 제품판매 가치인 총매출액에 대한 인건비의 절약부분을 종업원들에게 인센티브(상여금)로 나누어 주는 방식이다. 구체적으로 말하면 스캔론플랜은 기업이 과거의 매출액과 인건비 비율을 기초로 하여 특정 시점의 표준인건비를 산출하고, 실제인건비가 표준보다 적을 경우에 차이(절약부분)를 계산하여 배분액으로 결정하는 방식이다.

(2) 스캔론플랜의 성과배분 방법

스캔론플랜의 성과배분(보너스 계산)방법은 다음과 같다. 표준인건비에서 실제인건비를 차감하여 남은 절약부분을 노사협력에 의하여 달성한 생산성 향상의 결과로 보고 이를 상여자원(bonus pool)으로 산정한다. 상여자원의 25%는 생산성 향상이 원활하지 못할 경우에 상여자원 부족에 충당하기 위해서 기업에 유보하고, 나머지 75%를 가지고 배분하게 되는데 그 중에서 25%는 회사에, 75%는 종업원에게 상여금으로 배분한다. 각 종업원에 대한 배분액은 각자의 기본급과 실제노동시간에 비례하여 산정된다.

스캔론플랜의 성과배분 산출공식은 다음과 같다.

- 표준인건비 = 생산물의 판매가치 × 표준인건비 비율
- 절약인건비 = 표준인건비 - 실제인건비
- 배분유보액 = 절약인건비 × 1/4(25%)
- 실제배분액 = 절약인건비 × 3/4(75%)
- 상여율 = 실제배분액/직접노무비
- 상여액 = 종업원의 실제인건비 × 상여율

(3) 스캔론플랜의 내용

스캔론은 1930년대 세계적인 공황으로 미국경제가 위기에 직면하였을 때 노동조합이 기업과 대립상태에서 노동운동을 계속하게 되면 기업은 도산하고 종업원들은 실직하게 될 것이므로, 임금인상이나 근로시간 단축을 위한 투쟁적인 노동운동의 전개로는 한계가 있음을 알게 되었다.[2] 스캔론은 노동조합이 기업과 대립·투쟁하기보다는 협상을 통하여 노사관계를 개선함으로써 난국을 타개할 수 있다고 보고 철강회사 사장을 설득하여 노동조합과 공동협력을 모색하게 된 것이다.

스캔론플랜은 노사협의에 의한 생산성 향상에 목적을 두고, 이를 위해 종업원의 참여의식과 기업경영의 지식을 총동원할 수 있는 새로운 형태의 제안제도(suggestion plan)와 기업의 이익을 종업원에게 배분하는 보너스제도(bonus plan)를 실시하여 새로운 협력차원에서 노사관계를 형성할 수 있는 제도를 확립하는 것이 핵심과제이다.[3] 따라서 여기에서는 스캔론플랜의 핵심내용을 이루는 제안제도와 보너스제도에 관하여 살펴보도록 한다.

① 제안제도

제안제도(suggestion system)란 조직의 효율성 개선에 관한 종업원들의 아이디어나 충고를 얻기 위한 공식적 방법으로서[4], 즉 종업원으로 하여금 조직의 운영이나 직무수행에 필요한 개선방안을 제안하도록 하고 제안을 심사하여 우수한 제안에 대

2) L. R. Sayles and G. Strauss, *Managing Human Resources,* 2nd ed., Englewood Cliffs. N.J.: Prentice-Hall. 1981. p. 45.

3) D. Q. Mills, *Labor-Management Relations*, 2nd ed., New York: McGraw-Hill, 1982, p. 454.

4) J. M. Ivancevich, *Human Resource Management,* 8th ed., McGraw-Hill/Irwin, 2001. p. 328.

하여 보상하는 제도이다.

제안제도 성공의 기본요소는 종업원들의 참여이다. 근로자 경영참가제도의 하나인 제안제도는 인간관계를 개선하고 고도의 품질개선을 촉진하며 이익을 증대시킬 수 있다.5)

스캔론의 제안제도는 노사협력을 통한 기업의 생산성 향상을 도모하기 위한 제도로서 전통적인 제도와는 성격이 다르다. 즉, 전통적인 제안제도는 개인중심이나 스캔론플랜에서는 조직구성원들의 협력에 초점을 둔 집단중심이고, 기업내부의 경쟁보다는 기업외부의 경쟁에 주의를 기울이며, 전통적인 제안제도는 개인의 아이디어를 평가하여 개인에게 보상하는데 반하여, 스캔론플랜에서는 집단에게 보상한다.

이러한 집단중심적인 스캔론플랜의 제안제도는 생산위원회(production committee)와 상위경영층의 적격심사위원회(screening committee)를 중심으로 운영된다.

생산위원회는 각 부문의 경영자와 부문의 구성원이 뽑은 대표들로 구성하고, 매월 최소한 2회 이상 소집하며 구성원들의 대표가 가져온 제안을 토의한다. 위원회는 종업원들의 독창력과 상상력을 활용하는데 그 목적을 두고 생산성 향상, 품질개선, 낭비감소, 조직의 운영방법 개선 등에 대한 종업원의 제안을 개발하고 심사한다. 그리고 제출된 모든 제안은 채택여부에 관계없이 회의록에 기재되고 이는 보다 상위의 기구인 적격심사위원회로 넘어가게 된다.

적격심사위원회는 기업의 경영층대표와 동수의 종업원대표로 구성된다. 매월 1회 개최되는 회의에서 경영성과와 보너스 결정에 대하여 토의하며, 월별 보너스 발표시에는 토의된 매출액과 원가의 변화상황을 포함하여 알린다. 그리고 생산위원회의 회의록을 사전에 검토하여 생산위원회에서 채택되지 않았거나 실행될 수 없는 사항들을 논의한다.

② 보너스제도

스캔론은 경영성과를 기업과 근로자의 공동노력의 결과로 보고 성과를 증대시키기 위해서는 최고경영자로부터 종업원에 이르기까지 모든 구성원이 경영에 적극적으로 참여하여야 하며, 성과배분에 있어서도 모두 참여시켜야 한다는 것이다.

상여금의 배분은 앞에서 설명한 성과배분 산출공식에 따라 이루어진다. 이와 같이 스캔론 플랜의 상여금 산출공식은 생산물의 판매가치와 인건비의 관계에 기초를

5) Karen Matthes, "What's the Big Idea? Empower Employees through Suggestion," *HR Focus,* 69, 10, October 1992, p. 17.

두고 있으므로 계산이 간단하여 종업원들이 쉽게 이해할 수 있고, 노동의 성과인 노무비 절약액이 명확하게 산출되어 그 기준에 따라 보상이 정확하게 제공되며, 상여금이 매월 계산되어 지급되므로 동기부여 효과가 크다고 할 수 있다.

(4) 스캔론플랜의 효과

스캔론플랜은 일반적으로 협조적 노사관계를 구축하고 생산성을 향상시키는 등의 긍정적인 효과를 얻을 수 있다. 스캔론플랜을 실시한 10개 회사를 연구한 결과 처음 2년 동안에 생산성 향상이 10.3%~39.2%, 평균 23.1%를 나타냈으며, 그 이외에도 종업원의 고충이 크게 감소하였고 종업원의 제안 활성화, 상여금 배분에 따른 동기부여 효과 등이 있는 것으로 발표되었다.6) 스캔론플랜의 효과는 〈표 11-1〉에서 보는 바와 같이 경영의 수익성 증대에 크게 기여하는 것으로 주목되고 있다.

〈표 11-1〉 스캔론플랜의 효과

항 목	내 용
① 원가절감	종업원들이 원가절감을 가져올 아이디어 제안 속출
② 신설비와 작업방법 개선	기술변화에 대한 새로운 설비와 작업방법 개선 및 활용 증대
③ 작업분위기 개선	작업태만에서 벗어나 작업속도 및 작업분위기 개선
④ 품질향상	종업원의 품질에 대한 관심 증가
⑤ 능률증진	회사의 능률향상을 위하여 승진·이동 등에 있어서 연공조항의 탄력적 운영
⑥ 효율적 경영 강조	초과근로시간 감소, 판매문제 및 경쟁대처의 어려움을 종업원이 인식케 함
⑦ 고충의 감소	종업원들의 고충감소 및 현실적인 단체교섭 활성화

자료: Thomas H. Patten, Jr., *Pay : Employee Compensation and Incentive Plans,* New York : Fress, 1977, pp. 420-421.

2) 럭커플랜

럭커플랜(Rucker plan)은 1932년 럭커(A. W. Rucker)에 의하여 개발된 성과배분방식으로서, 기업이 창출한 부가가치에서 인건비가 차지하는 비율을 기준으로 임금배분액을 결정하는 제도이다. 이 제도를 고안한 럭커는 1899년부터 1929년까지 30년 간의 미국 공업센서스 자료를 분석한 결과 부가가치에 대한 임금총액의 비율이

6) A. J. Geare, Productivity from Scanlon-Type Plans, *Academy of Management Review,* vol. 1, No, 2, July 1976, pp. 101-102.

39.395% 수준에서 일정하게 유지되고 있었으므로 부가가치의 증가에 비례하여 임금이 증가된다면 국민경제에 있어서 인플레 효과 없는 임금상승이 가능하다고 믿었다. 따라서 그는 기업이 일정한 인건비를 지출하고 평상시보다 더 많은 부가가치를 창출하였다면 그 초과된 부가가치를 노사협력의 결과로 보아 기업과 종업원에게 배분하도록 한 것이다. 럭커플랜의 성과배분 방식은 다음과 같다.

임금배분액의 결정 : 부가가치 × 부가가치 분배율
임금증가분의 산정 : 임금배분액 - 기지급 임금

럭커플랜에서 종업원에 대한 성과배분은 총임금배분액을 산정하고 여기에서 이미 월급으로 지급한 임금액을 차감하여 나머지를 각 종업원의 기본급과 근로시간에 비례하여 추가로 배분한다.

4. 공동결정제도

1) 공동결정제도의 의의

노사공동결정제도는 근로자 또는 노동조합대표가 중요한 경영문제에 대하여 의견을 교환하고 문제를 제기하며 경영자와 공동으로 의사결정하는 제도이다. 즉, 근로자 또는 노동조합대표와 경영자대표가 기업의 정책결정기구인 감사역회를 구성하고 기업경영의 주요문제에 대하여 공동으로 협의하고 결정하는 제도이다. 따라서 노동조합이 경영에 참가하여 의사결정의 권리와 책임을 지는 경영참가의 형태라 할 수 있다. 대표적인 모델로는 독일의 공동의사결정제도를 들 수 있으며, 공동의사결정제도와 관련된 법률로는 공동결정법과 경영조직법이 있다.

2) 공동결정제도의 기본사고

공동결정제도는 기본적으로 공동체원리를 기초로 하는 노사관계의 경영참가형태로서, 영국이나 미국의 단체교섭방식과는 대조적인 것으로 노동조합을 경영자와 대립되는 세력으로 보지 않고 노조가 경영에 참가하여 의사결정의 권리와 책임을 공유하는 경영참가 형태의 특색을 지니는 산업민주주의의 대표적 모형이라고 할 수 있다.

독일의 공동의사결정제도의 기본사고를 다음과 같이 요약할 수 있다.[7)]

첫째, 노동조합의 활동영역이 기업경영의 내부에 있다고 생각한다.

둘째, 노조와 경영자 사이는 대립관계가 아니라 노조가 경영층과 함께 기업을 대표한다는 사고이다.

셋째, 산업별노조 대표와 산업별 기업대표 사이에 이루어지는 의사결정을 신뢰한다.

넷째, 기업에 불행이 닥쳤을 때 노동조합도 책임을 진다는 근로자의 사회적 책임이 존재한다.

다섯째, 경영층이 경영정책을 결정하기 위해서는 반드시 노조대표가 참가하도록 해야 한다는 것이다.

이상과 같이 독일의 노사관계는 노동조합을 경영층의 대립·투쟁세력이 아니라 공동체의식을 지닌 단체로 보면서 세계적 노사관계 전문가들은 친권적 노사관계형이라고 부르고 있다.

3) 독일의 공동결정제도

독일은 1951년 철강·석탄 등의 주요산업에서 대규모 분규로 인하여 파업이 선언되고 심각한 생산중단이 발생하자 독일정부(아데나워 수상)는 독일 노동총동맹 및 기업경영자단체와 협의하여 공동결정법을 제정하였고, 1952년 10월에는 경영조직법을 제정하여 시행하였다. 독일의 공동결정제도에 관련한 법률의 입법내용은 〈표 11-2〉와 같다.

〈표 11-2〉 독일 공동결정제도의 입법내용

제 도	제정된 해	내 용
공동결정법	1951년	광업 및 제강업의 감사역회 및 이사회에 있어서 근로자의 공동결정에 관한 법률→철강·석탄산업 1,000명 이상 사업장에 적용
신공동결정법	1976년	철강·석탄 이외의 민간기업으로서 2,000명 이상 종업원을 가진 사업장에 적용
경영조직법	1952년, 1972년 개정	종업원 5인 이상을 고용하고 있는 전 기업체에 적용

독일의 공동결정법은 1951년에 제정된 법률로서, 정확히 말하면 「광업 및 제강업의 감사역회 및 이사회에 있어서 근로자의 공동결정에 관한 법률」이다. 공동결정법

7) 김성수, 노사관계론. 삼영사. 2000. p. 249.

은 석탄 · 철강의 채굴 및 선광, 코크스, 연탄제조, 제철 및 제강업 등의 관련 산업에 속하는 종업원 1,000명 이상의 기업에 적용하고 있는 근로자 경영참가의 형태이다.

독일의 공동결정법은 ① 감사역회, ② 경영협의회, ③ 경제위원회, ④ 경영총회의 네 개 기구를 중심으로 운영되고 있다. 여기서 근로자의 경영참가에 의한 산업민주화의 핵심기구는 감사역회라 할 수 있으며, 전자는 기업의 전략적 의사결정에, 후자는 관리적 · 업무적 의사결정에 각각 참가하는 공동의사결정제도를 확립하고 있다.

(1) 감사역회

감사역회는 공동의사결정의 가장 핵심적인 기능을 담당하고 있는 기업의 최고정책결정기구이다. 감사역회는 근로자측 감사역 5명, 사용자측 감사역 5명, 중립감사역 1명의 총 11명으로 구성된다. 여기에서 중립감사역은 흔히 은행가, 변호사, 전직 이사가 선출되는 경향이다.

공동결정법의 핵심적 특징은 기업의 전략적 경영의사결정을 담당하는 기구인 감사역회가 있으며, 그 하위에 일상적 경영을 총괄하는 이사회가 있다. 독일식 주식회사의 의사결정기구는 주주총회, 감사역회, 이사회의 세 가지 통치기구로 구성되어 있다.

이 세 기구의 기능과 권한은 법에 의하여 명확히 규정되어 있다. 즉, 경영의 실무를 담당하는 이사회는 기업의 일상적 운영에 책임을 지고 감사역회의 감사를 받아야 하며 또한 감사역회에 경영상태와 계획된 활동에 관한 정보를 제공해야 한다. 감사역회는 기업활동을 조사하고 평가하여 질의하고 질의에 대한 특별보고서나 회답을 제출하도록 이사회에 명령할 권한을 갖는다. 감사역회는 일상적 업무를 담당하지는 않지만, 중대한 투자와 같은 중요한 기업활동은 감사역회의 동의를 얻어 집행하도록 하고 있다.

(2) 경영협의회

경영협의회는 기업의 관리적 · 업무적 의사결정에 근로자대표의 참가를 통하여 노사협력의 중요한 역할을 담당하는 기구로서, 감사역회가 기업의 전략적 의사결정에 적극적으로 참가하는 기구인데 비하여, 경영협의회는 기업의 하위 의사결정단위인 관리 및 업무적 의사결정에 참가하여 기업과 종업원의 이익을 도모하기 위하여 경영자와 협력하는 역할을 수행한다.

독일의 경영조직법에서는 상시근로자 5명 이상의 선거권 있는 근로자가 취업하고 있고, 그 중 3명 이상이 피선거권이 있는 모든 기업체에서 경영협의회를 설치하도록 하고 있다. 경영협의회 위원은 노조 조합원 또는 비조합원을 포함한 모든 종업원에 의하여 선출되며 쟁의권을 갖고 있지 않으므로 노동조합과 다르고, 또한 경영협의회는 근로자측으로만 구성되므로 노사협의회와도 다르다.

경영협의회의 기능은 종업원의 고용과 사회복지를 중심으로 경영, 사회복지, 인사문제에 대하여 경영층에 제안하고 협의하며 공동으로 결정한다. 즉, 경영협의회는 사회적 사항으로 근무 및 휴식시간, 임금지급방법, 휴가계획, 기능교육, 복지시설, 취업규칙, 기본임률 설정, 능률급기준 등에 관해서 경영자와 협정을 체결하도록 하고 있고, 인사 사항으로는 종업원의 채용, 배치, 전환, 해고 등에 관하여 공동결정권을 가지며, 사무실 및 공장의 시설, 작업방법의 변경 및 확장 등에 대하여도 협의하도록 하고 있으며, 경영사항으로는 종업원 100명 이상의 기업에 있어서 기업의 재정상태, 생산 및 매출실적, 생산 및 투자계획, 합리화계획 등에 관해서는 별도로 경제위원회를 구성하여 경영자에게 조언하고 협의하도록 하고 있다.

(3) 경영총회

경영총회는 모든 종업원이 참여하는 회의기구로 경영협의회가 매 4분기마다 경영총회를 소집하고 그 경영총회에서 경영활동보고서를 제출하도록 되어 있다.

5. 노사협의회제도

노사협의제(joint consultation system)란 기업의 양 당사자인 경영자와 근로자대표가 대등한 입장에서 단체교섭에서 취급하는 임금 및 근로조건 이외의 사항으로서, 노사쌍방의 이해관계를 같이하는 사항에 대하여 협의함으로써 서로의 이해를 도모하고 상호 협력하는 제도이다.

노사협의제는 각국의 역사와 전통 그리고 산업구조와 경제성장의 차이에 따라서 시행되는 제도의 양상이 다르고, 근로자가 구체적으로 기업경영에 참가할 수 있는 정도와 범위에도 많은 차이가 있다. 이 제도의 방식으로는 단체교섭, 근로자대표가 참가하는 노사협의제 또는 기업위원회, 근로자중역제, 작업현장에의 참가방식 및 근로자 자주관리제도 등이 있다. 영국의 경우 공동협의와 직장교섭으로 나뉘며, 프랑스는 종업원대표제와 기업위원회, 독일은 직장노동위원회와 최고경영자위원회로 이원화되어 있다. 일본은 사업장에 따라 경영협의회, 노사협의회, 노사간담회, 생산협의회, 생산위원회, 공장위원회 등의 다양한 명칭을 가진다.

우리나라의 노사협의제도는 앞에서 설명한 바와 같이 「근로자 참여 및 협력증진에 관한 법률」이 정하는 바에 따라 상시근로자 30인 이상을 고용하는 기업에서 의무적으로 노사협의제를 실시하도록 규정하고 있다.

6. 근로자이사제

근로자이사제(employee representation on board)는 근로자대표 또는 노동조합대표가 기업의 이사회 의석을 가짐으로써 공식적으로 기업의 최고의사결정과정에 참여하는 제도이다. 유럽 국가들에서 산업민주주의 실현을 위한 수단으로 법률에 의하여 실시되고 있으며, 당사자 자율주의(voluntarism)를 지향하는 미국에서는 노사간의 합의에 의해서 이를 실시하는 경우가 대부분이다. 근로자이사제의 성과에 대하여는 학자들 간에 서로 이견을 보이고 있다.

긍정적 성과를 거두고 있다고 주장하는 학자들에 의하면 노사간에 서로 정보를 공유할 수 있고, 기업의 의사결정과정에서 노동문제의 중요성을 인식할 수 있는 것으로 되어 있다. 따라서 기업의 의사결정방식이 노동자들의 입장을 보다 존중하며, 의사결정과정에서 노동자들의 전반적 영향력이 강화되었다고 주장하고 있다.

한편 다른 학자들은 근로자이사제가 산업민주주의의 상징으로서 역할은 하지만 기업의 의사결정구조에는 실질적인 영향력을 미치지 못하고 있다는 지적이다. 그 이유는 근로자이사의 수가 대부분의 경우 소수에 불과하며, 근로자대표 자격으로 참가하는 근로자 이사들은 주주의 권리를 대변해야 하는 이사회의 본질적 기능에 대하여 역할갈등을 겪는다는 것이다. 또한 근로자 이사들은 경영전문지식이 결여되어 있는 것으로 지적되기도 한다.

7. 자율적 작업팀

자율적 작업팀(autonomous work team)은 감독자의 간섭 없이 팀구성원들이 생산방식이나 작업할당 등 생산관련 문제에 대하여 자율적으로 의사결정하는 팀을 말한다. 다시 말하면 작업팀이 달성해야 할 목표를 스스로 설정하고 작업할당・휴식시간・검사절차 등을 자유로이 결정하도록 하며, 자신들의 작업집단구성원을 스스로 선발하여 그들의 성과를 서로 직접 평가하도록 하기도 한다.

구체적으로 자율적 작업팀은 직장 내의 구성원이 소집단을 형성하고 그들이 선출한 집단리더 하에서 ① 집단토의를 통하여 작업목표나 작업표준, 품질목표와 실행계획을 결정하고(계획기능), ② 각 구성원에게 적합한 작업을 할당하며(조직기능), ③ 자신이 산출한 작업량이나 품질을 기록하고(지휘기능), ④ 계획과 실적을 비교하여 필요한 시정조치(통제기능) 등에 대해서 집단결정을 행하도록 하는 관리체계이다.

이와 같이 자율적 작업팀의 구성원들은 전체적 과업목표를 공동책임으로 수용하고 집단의 작업성과에 대해서도 외부의 통제를 받지 아니하며 작업방법·작업속도·과업할당 등에 대해서 집단 자신이 의사결정 권한을 갖도록 하고 있다.

자율적 작업팀제의 목적은 과거에 상위경영층이나 중간관리자가 행사했던 상당부분의 의사결정 권한을 조직의 하부구조로 위양함으로써 종업원들의 참여를 통한 사회적 욕구를 자극하여 협동시스템을 구축하고, 개개인의 종업원이 갖고 있는 기술과 노하우를 모든 구성원이 공유할 수 있도록 하며, 개인의 근로의욕과 동기부여를 유도하여 기업의 성과를 높이기 위한 것이다.

현장 근로자들을 자율적 작업팀에 원만하게 적응시키기 위해서는 철저한 교육훈련이 필요하다. 교육훈련은 작업현장에서 직무를 수행하면서 새로운 기술을 습득하는 현장학습훈련(OJT)과 작업집단 내에서 상호관계를 원만히 하고 협의에 의한 집단의사결정을 할 수 있는 대인관계 훈련이 필요하다.

8. 품질관리분임조

품질관리분임조(quality circle: QC)는 작업현장에서 직무를 수행하고 있는 작업수행자들의 품질개선을 위한 자발적 집단으로서, 그들은 매주 근무시간에 회사의 구내에서 품질문제를 토의하기 위해 집회에 참가하여 품질문제의 원인을 조사하고 해결책을 강구하며 시정조치를 취하기 위해 회의를 갖는다. 또한 참가자들은 본래부터 품질관리 능력을 갖고 있지 않으므로 참가자들에게 다양한 품질전략, 품질측정방법, 집단의사소통기법 등을 훈련시키게 된다. QC활동을 위한 교육훈련은 전문적인 컨설턴트가 QC의 구성원들에게 3-4일의 교육훈련을 실시하게 되는데 집단토의요령, 집단합의 도출방법, 문제해결능력 등에 관하여 집중적으로 훈련을 실시한다.

이와 같이 QC는 기존의 수직적 조직구조와 업무절차 등의 큰 변화를 일으키지 않고 쉽게 도입할 수 있기 때문에 가장 널리 보급되고 있는 경영참가 형태이다. QC는 노조로부터 많은 반대에 직면하고 있다. 그 이유는 QC가 정규작업시간에 회의를 개최하기 때문에 근로자들에게 별도의 보수를 지급하거나 회의가 폐지되어야 한다고 주장하고 있다. 또한 회의는 품질과 생산성 개선에 역점을 두고 있으므로 그 결과 고용이 상실될 것을 두려워하여 QC를 반대하고 있다. 그러나 비노조 근로자들은 근로자 경영참가의 수단인 QC를 크게 환영하는 경향이다.

QC구성원들은 매주 1회 정도 주기적으로 품질문제에 관하여 토의하고 해결방안을 도출하여 상위경영층에 제안할 권한을 가지며, 상위경영층은 QC의 제안사항을 검토하고 평가하여 시행여부를 결정하게 된다.

따라서 QC활동은 다음과 같은 효과를 기대할 수 있다.

첫째, QC구성원들이 품질문제를 찾아내고 이를 해결하는 과정에서 조직의 전반적인 생산활동이나 작업과정을 이해하게 되므로 생산성 개선에 도움이 될 수 있다.

둘째, QC를 시행하는 과정에서 QC구성원들의 합의된 제안사항이 상위층에 전달되고 상위경영층의 검토와 평가과정에서 QC구성원들에게 평가결과가 전달되는 하의상달 또는 상의하달의 커뮤니케이션이 점진적으로 개선될 수 있다.

셋째, QC를 시행하는 과정에서 QC구성원들은 품질전략, 품질관리기법 또는 문제해결능력, 대인관계 개선 등에 관한 훈련을 받게 되므로 이는 장기적으로 종업원들의 생산성 향상에 기여하게 될 것이다.

9. 근로생활의 질 개선

산업사회의 발전과정에서 기업이나 경영자들이 지나친 기술개발, 생산성 향상, 경제적 성장만을 추구한 결과 환경적 가치나 인간적 가치를 도외시하는 경향을 보이고 있었다. 이와 같이 산업사회에서 소외된 인간성을 회복하기 위해서 종업원들에게 일을 통한 생활의 만족을 증대시키고 보람을 찾도록 하는 것이 근로생활의 질(quality of work life)이라고 할 수 있다.

산업사회에서 기계기술의 발달은 노동을 극도로 분업화, 표준화, 자동화하면서 인간이 기계에 의하여 움직이는 일차원적 인간(one dimensional man), 기계적 인간 내지는 생산의 도구로 전락함에 따라 근로자의 인간성 소외현상이 초래된 것이다. 인간성 소외현상은 근로자로 하여금 일에 대한 의욕과 흥미를 잃게 할 뿐 아니라 직무만족, 조직몰입을 저하시킴으로써 조직의 효율성이나 성과를 감소시키게 된다. 이러한 인간성 소외 문제를 해결하기 위한 방안으로 QWL 개념이 도입되고 QWL에 대한 관심을 갖게 되었다.

QWL 활동의 목적은 근로자의 복지향상과 생산성 개선이다. QWL의 활동영역으로 참가적 문제해결, 직무설계, 작업환경 개선, 혁신적 보상시스템을 포함하고 있는데, 이러한 QWL 활동은 종업원에 대한 인간적 존중을 실현함으로써 직무만족을 향상시키게 되며, 한편 QWL활동은 근로자의 의사결정참가, 직무재설계를 통하여 노사간 커뮤니케이션이 원활해지므로 종업원들의 동기부여가 향상되고, 작업환경 개선을 통하여 근로자들의 복지와 만족에 기여하게 된다.

최근에 노사관계에 있어서 긴밀한 노사협력과 신뢰관계의 구축으로 근로생활의 질을 개선할 수 있다는 주장이 대두되고 있다. 콧튼(J. L. Cotton)[8]은 QWL의 활동영역으로 다음의 네 가지를 제시하고 있다.

첫째, 참가적 문제해결(participative problem-solving) 영역으로서, 다양한 의사결정에 근로자의 참가정도를 증가시키는 것을 말한다. 예를 들면 품질관리분임조, 노사협의회, 노사합동위원회 등에 공동으로 참여하여 문제를 해결하도록 하는 것을 말한다.

둘째, 직무설계(work design) 영역으로서, 개인 및 집단의 직무수행과정을 재설계하는 것을 말한다. 예를 들면 직무충실화, 자율적 작업팀 등을 통하여 직무를 종업원의 개인적 욕구와 기술적 조건에 적합하게 설계하는 것을 의미한다.

셋째, 작업환경 개선(work environment improvement) 영역으로서, 물리적 작업환경의 변경을 말한다. 작업환경 개선은 신축적 작업시간제를 실시하거나, 자기통제 작업집단 같은 직무설계를 실시할 수 있도록 기계시설을 변경하는 것을 말한다.

넷째, 혁신적 보상시스템(innovative reward system) 영역으로서, 참가적・고성과적 분위기를 촉진하는 창조적 보상시스템을 구축하는 것을 말한다. 예를 들면 스캔론 플랜(Scanlon plan)을 실시하여 비용절약분을 종업원에게 분배하거나, 주차장・사무실・식당 같은 지위상징의 차별화를 최소화하는 것을 의미한다.

---

8) John L. Cotton, *Employment Involvement: Methods for Improving Performance and Work Attitude,* Newbury Park, CA : Sage, 1993.

제 12 장 노사협의회제도

제12장 노사협의회제도

제1절 노사협의제의 개관

근로자 또는 노동조합과 사용자 사이의 단체교섭은 임금인상이나 근로조건 개선에 대한 문제해결을 위하여 협상하게 되므로 기본적으로 대립적인 입장과 자세에서 서로 만나게 되며, 협상과정에서 견해와 입장의 차이로 노사갈등과 적대적인 투쟁으로 이어질 수 있다. 그러나 기업현장에서는 대립적인 감정을 갖기보다는 대화와 협력으로써 해결해야 할 공통의 관심사가 얼마든지 있다. 예를 들면 기업의 발전을 통하여 종업원의 욕구를 충족할 수 있는 경영문제로서 종업원의 능력개발, 교육훈련, 작업개선, 연구개발, 제품개발, 원가절감, 불량감소, 시장개척, 낭비방지 등에 대하여는 노사가 반드시 협력과 협조를 등한시해서는 안 된다.

노사협의제도는 노사의 대립과 갈등을 해소하고 기업의 공통목표 달성을 통한 공존공영을 실천하려는 공동책임의 정신에 따라 노사의 협력관계를 정립함으로써 기업의 생존과 성장을 도모하고, 구성원들의 복지증진, 근로생활의 질을 개선하며, 나아가서 국가사회의 안정과 번영을 성취하려는 제도이다. 노사협의제도는 이러한 기업의 공통목표를 달성하기 위하여 노사가 대등한 입장에서 협의하는 대화기구를 형성하여 근로자의 적극적 참가를 촉구하고 협력적 노력을 자극하여 생산성 향상을 도모하려는 제도이다.

1. 노사협의제도의 의의

1) 노사협의제도의 정의

노사협의제도(joint consultation system)는 기본적으로 단체교섭에서 취급하지 않는 사항에 대하여 노사쌍방이 깊은 관심을 가지고 서로 협력하여 협의하는 제도이다. 국제노동기구(ILO)에 따르면 "노사협의제도란 경영자와 근로자가 대등한 입장에서 단체교섭에서 취급하지 않는 사항으로서 노사쌍방이 공통으로 이해관계를 갖는 사항에 대하여 협의함으로써 서로의 이해를 넓히고 협력하는 기능을 가진 제도"라고 정의하고 있다. 한편 「근로자참여 및 협력증진에 관한 법률」 제3조는 "노사협의회라 함은 근로자와 사용자가 참여와 협력을 통하여 근로자의 복지증진과 기업의 건전한 발전을 도모함을 목적으로 구성하는 협의기구를 말한다"고 규정하고 있다.

따라서 노사협의제도는 단체교섭사항에 해당되지 않는 인사문제, 생산계획, 작업공정으로부터 기업의 경제적 상황, 시장상황 기타 경영전반에 이르기까지 노사가 대등한 입장에서 자문·협력·협의하고 경우에 따라서는 공동으로 결정함으로써 근로조건의 개선, 생산성 향상, 산업평화 유지, 경영민주화 등을 이룩해 가는 노사간의 의사소통제도라고 할 수 있다. 노사협의제도에 대하여 ILO 제35차 총회에서는 「기업에서의 노사협력·협의에 관한 권고」라는 선언문을 채택하였다. 즉, 노사 간에 서로 관계되는 사항으로서 단체교섭의 범위에 속하지 않는 사항, 또는 고용조건 결정에 관한 제도로 보통 취급되지 않는 사항을 대상으로 기업에서 사용자와 근로자 사이에 협의하고 협력을 촉진하기 위해 적당한 조치를 취하도록 권고하였다.

따라서 노사협의제도와 단체교섭은 〈표 12-1〉에서 보는 바와 같이 활동목적, 설립배경, 당사자 등에 있어서 차이가 있다.

〈표 12-1〉 노사협의제도와 단체교섭의 비교

	노사협의회	단체교섭
목적	노사 공동의 이익증진과 산업평화 도모	근로조건의 유지와 개선
배경	노동조합의 설립 여부나 쟁의행위의 위협 없이 진행	노동조합의 존립을 전제로 하고, 노동쟁의를 수단으로 전개
당사자	근로자 대표 및 사용자	노동조합 대표자와 사용자
대상사항	기업경영, 생산성 향상, 복지개선	임금·근로시간, 근로조건에 관한 사항
결과	법적 구속력 없는 합의	단체교섭의 합의에 따른 단체협약 체결, 법적 효력

결국 노사협의제는 근로자와 사용자가 참여와 협력을 통하여 노사공동의 복리증진과 기업의 영속적인 발전이라는 노사의 공통목표와 공통이해사항을 중심으로 협의하여, 사용자의 경영권과 근로자의 노동권을 조화시켜 노사관계를 근대화하고, 기

업경영의 합리화를 통한 생산성 향상을 목적으로 하는 제도로서 조직적인 대화의 한 방법이며 경영참가제의 일종이고, 산업민주주의를 실현하려는 소중한 노사관계 기법의 하나라고 생각된다.

그러나 노사협의제는 나라마다 또는 각 나라의 경제발전 단계에 따라 상당한 차이를 보이므로 그에 관한 통일적인 정의를 내리기는 곤란하다. 일반적인 의미에서 노사협의제란 근로자가 경영조직상의 지휘·명령계통을 넘어서 기업경영의 의사결정에 발언권을 가지는 경영참가의 한 방법이라고 할 수 있다.

2) 노사협의제도의 성격

노사협의제도는 사용자와 근로자가 기업의 인적자원관리에 있어서 상하관계와 단체교섭에 있어서 대립관계에 비교하여 다음과 같은 특성을 갖는다.

첫째, 노사협의제도는 노사가 대등한 입장에서 협의하는 대화기구이다. 인적자원관리에 있어서 경영자와 종업원 사이의 지배와 복종의 관계가 아니라, 노사협의회는 일정한 절차에 따라 종업원들이 선출한 근로자측 위원과 사용자측 위원이 대등한 입장에서 대화에 참가한다. 따라서 위원회의 구성이 민주적이고 운영에 있어서도 자유로운 협의와 협력에 초점을 둔다.

둘째, 노사협의제도는 종업원의 통합적·협력적 참여를 보장하는 제도이다. 노사협의제도는 노사가 대화를 통하여 상호이해와 협력을 증진시킴으로써 생산성 향상을 도모하기 위한 제도로서, 집단적·대립적 참여형태인 단체교섭과는 다르다. 즉, 단체교섭은 노동조합의 주도 하에 교섭이 좌절되면 실력행사로서 문제를 해결하는 데 반해, 노사협의회는 노동조합의 존재를 전제로 하지 않고 쟁의의 위협도 없으며, 종업원의 협력을 통하여 생산성 향상이나 근로자의 복지 등 노사의 이해 공통사항을 다룬다.

셋째, 노사협의회는 장소의 제한을 받지 않고 운영범위가 사업별·지역별·전국적 차원에서 이루어질 수 있다. 노사협의회는 단체교섭과 달리 사업장·사업별 협의회와 전국단위의 협의회를 둘 수 있으며, 기업 내에서 부서별로도 설치·운영할 수 있다.

넷째, 노사협의제도는 노사의 상호이해와 협력을 바탕으로 노사공동의 이익을 증진하고 산업평화를 유지하며 국민경제 발전에 기여함을 목적으로 하고 있으므로, 노동조합의 이익을 우선하여 대립적·투쟁적 입장을 취하는 단체교섭과는 다르다.

다섯째, 노사협의제도는 노사의 상호 신의와 성실의 의무를 강조하고 있다. 즉,

사용자는 근로자의 인간성 존중, 생활의 질적 향상, 복지증진, 생활안정에 초점을 두고 사회적 책임의 이행과 사회발전을 위해 노력하고, 근로자는 사용자의 이러한 노력을 이해하고 기업의 생산성 향상과 성장·발전을 위하여 협력하도록 한다.

여섯째, 노사협의제도는 법령에 의하여 사업 또는 사업장 단위로 노사협의회의 설치와 운영이 강제되어 있다. 우리나라는 「근로자참여 및 협력증진에 관한 법률」에 따라 근로조건의 결정권이 있는 근로자 30인 이상의 사업 또는 사업장 단위로 설치해야 하도록 규정하고 있다.

2. 노사협의제도의 등장

노사협의제도는 서구의 산업사회에서 근로자 경영참가 방식의 하나로 발달하여 전개되기 시작하였다. 노사협의제도의 출현배경을 살펴보면 인간관계론의 등장과 노사관계론의 발전측면에서 이해할 수 있다.

1) 새로운 경영관리제도의 발달

인간관계론은 과학적 관리의 기계적 인간관에 대한 비판에서 호손실험(Hawthorne Studies) 이후에 기업경영에서 인간적 측면의 배려가 생산성 향상에 중요한 영향을 미친다는 사실이 밝혀지면서 본격적인 연구가 전개되기 시작되었다.

근로자들의 교육수준 향상으로 인지가 발달하고 인간의 가치에 대한 관심이 고조되면서 기업에서 인간존중에 대한 요구가 강력하게 나타나기 시작하였고, 근로자들은 기업에서 노사 대등한 인간의 가치에 대한 관심이 고조되면서 기업에서 인간존중에 대하여 강력하게 요구하기 시작하였으며, 노사 대등한 인간관계를 통한 노사 공존공영의 노사관계를 요구하게 되었다.

한편 기업들은 근로자의 직무행동을 강화할 수 있는 인간의 욕구에 기초를 둔 행동과학 내지는 인간관계론의 연구에 집중하였으며, 마침내 경영자들이 기업발전을 위한 노사공동의 책임을 인식하게 되었고, 근로자를 대립자가 아닌 협력자로 인정함에 따라 그들을 자발적·능동적으로 경영에 참여하도록 함으로써 노사협의제도가 출현하는 계기가 된 것이다.

또한 단체교섭은 본질적으로 임금이나 근로조건에 대한 이해의 대립관계에서 투쟁을 전제로 협상하게 되므로 노사협력을 기대할 수 없게 되고, 특히 서구의 기업을 초월한 횡단적 조직인 산업별·직업별 노동조합은 단체교섭이 산업별 노동조합과 산업별 사용자 사이에서 이루어지므로 기업단위의 노사간에 커뮤니케이션의 기회가 없게 된다. 따라서 기업별·사업장별 인사·생산·경영전반의 문제처리를 위한 협의기구를 필요로 하게 된 것이다.

직종별 노동조합의 특색을 띠고 있는 영국의 경우에는 1918년 위틀리위원회(Whitley Committee)의 권고에 따라 노사공동위원회(Joint Consultative Committee)가 설립되어 단체교섭과는 관계없이 주로 조합원인 근로자와 사용자 간에 일상적인 공장운영에 관하여 의견을 교환하고 협의하게 되었다.

산업별 노동조합의 특징을 갖고 있는 독일의 경우는 노사관계의 역할을 분담하여 임금과 근로조건에 관한 사항은 산업차원에서 노동조합이 단체교섭을 통하여 처리하고, 기업 내의 노사관계 문제는 경영협의회가 담당하도록 법률로 규정되어 있다. 따라서 독일의 경영협의회는 산업별 노동조합과는 별도의 기능을 독립적으로 담당하고 있다.

일반적으로 노사협의회는 ① 기업내부에서는 종업원을 대표하고, ② 공식적인 노동조합기구와 별도로 운영되며, ③ 단체교섭이나 파업을 하지 않는 것이 특징이다.[1)]

2) 노사협의제도의 효과

우리나라의 노사협의회는 「근로자참여 및 협력증진에 관한 법률」에 근거하여 구성하고 있으며, 근로자와 사용자가 참여와 협력을 통하여 근로자의 복리증진과 기업의 건전한 발전을 도모함을 목적으로 설치하는 협력기구이다. 노사협의회는 근로조건 결정권이 있는 근로자 30인 이상의 사업 또는 사업장에 설치하도록 되어 있으며, 2018년 43,607개소, 2019년 50,422개소에 설치되어 전년대비 15.6% 증가하였다.

노사협의회는 노사 쌍방에게 모두 유익하다는 평가를 받고 있다. 이러한 평가는 근로자의 참가 확대로 경영에 대한 이해가 증진되고 참여욕구가 충족되었기 때문인 것으로 판단된다. 구체적인 효과로는 ① 노사 간 의사소통의 원활화, ② 노사협력에 의한 근로조건의 향상, ③ 근로자들의 발언권 증대 등에서 효과를 보이는 것으로 나타났으며, 한국노동교육원 설문조사에 따르면 노사 쌍방에게 유익하다는 사용자측의 응답은 67.3%이고, 근로자측의 응답은 69.7%로 매우 높은 효과가 있는 것으로 나타났다.[2)]

---

1) The Conference Board, *Resolving Management-Labor Disputes*, 1973, p. 29.
2) 한국노동교육원, 노사협의회 운영실태 조사, 2000.

제2절 각국의 노사협의제도

노사협의제도는 각국의 정치·경제제도의 발전과정이나 노동조합 조직형태에 따라 차별적으로 발전하였다. 노사분규의 발생빈도가 높고 분쟁의 강도가 심한 우리나라의 산업평화와 노사협력을 위하여 선진국의 노사협의제도를 이해하는 것이 필요하다. 여기에서 선진 산업국가인 영국, 프랑스, 독일과 일본의 노사협의제도에 관하여 살펴보기로 한다.

1. 영국의 노사협의제도

영국의 노사협의제도는 1916년 노사관계 개선방안을 권고하기 위해 설치된 위틀리 위원회(Whitley Committee)가 산업별로 전국합동산업협의회(national joint industrial council)와 지방협의회(district council)를, 그리고 기업별로 공장위원회(works council)를 설치하고 근로자들이 대표를 통하여 자신들에게 관계있는 경영의사결정에 발언권을 가져야 한다고 제안하였다.

영국의 기업 내 노사협의제도는 크게 두 가지로 구분된다. 하나는 기업단위의 공동협의회(joint consultation) 방식이고, 다른 하나는 직장단위의 직장위원회(shop steward) 방식이다.

① 공동협의회 방식은 노사 간의 공동협의를 통하여 기업 내에서 노사의 인간적 동질성을 공감하게 하고, 근로자의 고충과 불만을 해소시키는 통로를 마련해 주며 단체교섭 방식으로 적합하지 않은 분야에 근로자의 경영참가를 가능케 함으로써 산업발전과 노사안정을 이룩하는데 기여하고 있다.

② 직장위원회는 현재 영국에서 기업 내 의사결정에 근로자가 참가할 수 있는 방식 중에서 가장 지배적인 수단이 되고 있다. 그것은 근로자대표가 직장차원에서 사용자와의 단순한 협의가 아닌 공동결정과정에 참가할 수 있도록 하는 제도이다. 직장위원회에서 직장위원은 각 부서나 공장단위로 종업원의 선거에 의해서 선출된다. 이 제도는 제2차 세계대전 이후 노동조합이 전국적으로 결합하여 거대화되고 산업별 단체교섭을 실시함으로써 교섭력은 강화되었으나, 기업차원의 노동조합은 상대

적으로 약화될 수밖에 없었던 상황에서 기업차원의 노사문제를 처리하기 위하여 논의가 시작되었다.

2. 독일의 노사협의제도

독일의 노사협의제도는 러시아 혁명의 영향을 받은 과격한 노동운동을 저지하기 위하여 노사협력에 관한 노사협정을 체결하는 제도가 1919년 바이마르헌법에서 구체적으로 제도화되었다. 오늘날 독일의 노사협의제도는 공동결정법(1951년), 경영조직법(1952년), 신공동결정법(1976년)의 규정에 따라 실시되고 있는데, 크게 감사역회와 경영협의회의 역할로 구분하여 이원화되고 있다.

앞에서도 설명한 바와 같이 감사역회는 노사가 공동으로 기업차원의 전략적 의사결정에 참여하여 협의하는 기구이고, 경영협의회는 각 직장수준에서 직무집행사항의 협의에 참가하는 기구이다. 다시 말하면 감사역회는 최고의사결정기구에 근로자대표가 참가하여 기업의 정책, 전략, 방향을 협의·결정하는 노사협의제도이고, 경영협의회는 근로자대표만으로 구성되며 기업의 관리적·업무적 의사결정에 참여하여 종업원의 고용과 복지에 관하여 협의하고 경영자에게 제안하는 제도이다.

3. 프랑스의 노사협의제도

프랑스는 유럽에서 가장 먼저 근로자의 경영참가 및 노사협의제를 법제화하였으며, 노사협의기구로서 종업원대표제와 기업위원회를 설치하도록 하고 있다.

1) 종업원대표제

프랑스는 1936년에 제정한 단체협약법에서 종업원 10명 이상의 사업장에는 종업원 전원에 의하여 선출된 위원을 임명하여 그들이 임금률, 노동자 보호, 위생, 안전에 관한 법률의 적용에 만족할 수 없는 개인적 불만을 경영자에게 전달하는 권한을 갖도록 하는 규정을 단체협약에 포함하여야 한다고 규정함으로써 종업원대표제가 입법화됨에 따라 공장·상업·농업의 사업장, 행정관청, 자유업, 공기업 등에 있어서 상시 10명 이상의 종업원을 고용하는 경우에는 강제적으로 실시해야 하며, 위원수는 사업장에 근무하는 종업원수에 따라 법률로 정하였다.

단체협약에서 규정하고 있는 종업원대표제의 권한은 다음과 같다.

① 근로조건 및 법령의 적용에 관해 개인적 또는 집단적 불만이 있을 때 이를 사용자에 전달한다.

② 근로감독관에게 법률적용상의 불만 및 의견을 통보한다.

③ 사업장에 경영협의회가 설치되어 있을 경우에는 경영협의회에 주어진 모든 권한사항에 대하여 종업원의 의견 및 제안을 전달한다.

④ 공장위원회가 없을 때에는 그에 대신하여 생산증강 및 기업 내의 조직전반에 관하여 문제를 제안한다.

⑤ 월 1회 이상 사용자와 정기적으로 회합할 권한을 가지며 위원의 신분 에 대하여 특별 보장 규정이 있다.

2) 기업위원회

프랑스는 1945년 기업위원회법을 제정하여 근로자가 기업의 경제적·사회적·기술적 문제에 적극적으로 참여하도록 규정하였다. 기업위원회는 노동조합과는 구별되며 공장, 상업, 관공서, 자유업, 국영기업 등에서 강제로 설치된다. 기업 내에 몇 개의 공장 및 사업장이 있을 때에는 50명 이상의 근로자를 가진 각 공장 및 사업장에 기업위원회를 설치하고, 각 독립된 기업위원회의 대표로 구성되는 중앙기업위원회를 설치할 수 있으며, 기업위원회는 경영자와 근로자대표로 구성되고 경영자 자신 또는 그 대리인이 의장이 된다.

기업위원회가 다루게 되는 사회적·기술적·경제적 사항에 관한 권한은 다음과 같다.

① 사회적 사항에 대한 주요 권한은 복지후생시설, 즉 매점, 탁아소, 보호소의 설치 관리, 스포츠시설, 협동조합 공동관리, 공제조합, 사택, 기능공을 위한 훈련원, 직업훈련시설에 대한 관리·감독 등이다.

② 기술적 사항에 대한 권한은 경영자 또는 종업원에 의해 제안된 모든 생산기술 개선에 관한 사항을 검토·협의할 수 있는 권한이다.

③ 경제적 사항에 대한 권한은 협의권만 갖고 있기 때문에 기업경영에 관한 문제를 경영자와 협의할 수 있고 최소 년 1회 경영성과와 다음 해의 사업계획에 대해 보고를 받을 수 있으며, 주식회사인 경우에는 경영자는 주주총회 전에 손익계산서, 대차대조표 등을 위원회에 제출해야 한다.

4. 일본의 노사협의제도

일본에서의 노사협의제도는 노동법에 아무런 규정이 없기 때문에 대체로 노동조합과 사용자 사이의 단체협약에 의하여 설치되고 있다. 따라서 일본에서는 노사협의를 노동조합의 고유활동인 단체교섭과 엄격하게 구분하기 어렵다.

일본의 노사협의제도는 제2차 세계대전 후에 노동조합이 합법화되면서 본격적으로 활동이 시작되었다. 즉, 1949년 일본 정부가 '경영협의회 지침'을 발표함에 따라 종래의 경영협의회 기능이 단체교섭, 노사협의회(생산위원회), 고정처리로 3분화되면서, 노사협의회는 생산능률의 향상과 경영합리화를 위한 자문기관의 성격을 갖게 되었다.

일본생산성본부가 1969년 산업별 노사협의회 설치를 전국의 기업들에게 제창한 이후에 전 업종에 확산되어 1970년대부터 노사협의제도가 활발하게 전개되어 1977년에는 노동조합이 조직되어 있는 사업장의 82.8%에서 노사협의제도를 실시하고 있었으며, 2000년 말에는 노사협의기구를 상설기구로 설치하고 있는 사업장이 77%에 이르게 되었다.

일본의 노사협의제도는 독일이나 프랑스와 달리 경영참가 또는 노사협의가 법률에 의하여 규정되지 않고 단체협약에 의하여 설치할 수 있도록 함으로써 노사협의의 개념, 특징, 내용이 기업별로 통일되어 있지 않고, 사용하고 있는 명칭도 노사협의회, 경영협의회, 생산위원회 등 다양하게 부르고 있는데, 일반적으로 노사협의회 규정에 다음과 같은 내용들이 포함되어 있다.3)

① 회사와 노동조합은 노사 간의 원만한 관계유지를 위해 노사협의회를 설치한다.

② 노사협의회는 회사와 노동조합 쌍방을 대표하는 각 10명 이상의 위원으로 구성된다.

③ 노사협의회는 월 1회 정기적으로 회의를 개최할 수 있으며, 회사 또는 노동조합의 일방적인 신청에 의해 수시로 개최할 수 있다.

④ 노사협의회의 부의사항으로는 협의결정사항 및 고충처리사항 등이 있고 또한 임금 기타 노동조건에 관하여 협의할 수 있을 뿐 아니라, 근로자의 복지후생 · 안전보건과 나아가서 경영문제까지 광범위하게 협의하고 있다.

⑤ 회사와 노동조합은 노사협의회의 원만한 운영을 위해 하부기관으로 전문위원회를 둘 수 있다.

---

3) 이종범 · 류태모 · 윤대혁, 노사관계론, 대명, 2003, p. 258.

⑥ 노사협의회의 협의사항은 필요한 부분을 기록하여 회사와 노동조합이 기명날인하고 이를 협정서로 할 수 있으며, 그 효력은 단체협약과 동일하다.

일본 노사협의제도의 협의내용으로는 인사사항인 정원, 채용, 배치, 승진, 훈련, 일시해고, 징계 등과, 사회적 사항인 안전, 위생, 복지후생 등, 그리고 단체교섭 사항인 임금, 근로조건, 또는 단체협약의 해석, 적용, 고충처리에 이르기까지 매우 광범위하게 포함되고 있다.

따라서 일본의 노사관계는 노사의 상호작용이 단체교섭보다는 노사협의제도를 중심으로 이루어지며, 임금 기타 근로조건과 같은 대립적인 단체교섭사항까지도 노사협의의 대상에 포함되는 노사협의지향적 노사관계의 특성을 나타내고 있다. 이와 같이 일본 노사협의제도의 특징은 곧 일본 경영의 특색이라고 할 만큼 경영과 노사협의제도가 상호 밀접한 관련성을 지니고 있다.

일본경제의 고도성장 요인을 분석한 서양의 한 연구에서도 전후 일본의 신화적 발전은 일본 고유의 협력적 노사관계에 그 원인이 있다고 평가하고 있다.[4)]

일본의 노사관계는 기업별 노동조합과 종신고용제에 의하여 기업이 동질적인 구성원들로 구성되고 동질적인 조직문화가 정착됨으로써 기업 내에 노사 일체감이 형성되는 계기가 되었으며, 이러한 노사관계의 환경에서 형성된 일본의 노사협의제도는 산업민주주의 이념을 적용해 가면서 일본 노사관계의 특성인 공동체 원리를 기반으로 협력적 노사관계의 성공모델로 계속 발전할 수 있을 것으로 기대된다.

제3절 우리나라의 노사협의회제도

ILO는 1944년 「필라델피아 선언」을 통하여 노사협의의 중요성을 강조하고, 생산능률의 부단한 개선을 위한 경영자와 근로자의 협력, 또는 사회적·경제적 조치의 준비 및 적용에 관한 근로자와 사용자의 협력을 위한 계획을 촉구하였으며, 1952년 ILO는 「권고 94호」에서 노사가 상호 관심사항에 대하여 협의·협력을 촉진하도록 권고하면서 노사 상호신뢰에 바탕을 둔 노사협력이 기업의 능률과 생산성 향상뿐만 아니라 국가 이익에도 도움이 됨을 강조하였다.

---

4) Chalmers Johnson, *MITI and the Japanese Miracle*, Stanford, CA: Stanford University Press, 1982, p. 104.

노사협의제도는 기업의 근로자와 사용자가 대등한 입장에서 단체교섭에서 다루지 않는 근로조건 이외의 사항까지도 노사 쌍방이 이해를 같이하는 사항에 대하여 협의함으로써 상호 이해와 협력을 촉진하는 제도로서, 서구 여러 나라에서는 노사관계의 발전단계에 따라 여러 가지 형태로 발전하여 왔으며, 협의내용에 있어서도 노사협의 초기단계에는 단체교섭 대상 이외의 사항에 대하여 의견교환, 공동협의, 자문을 거치는 정도였으나 시간이 지나면서 고용, 인사, 노무사항 뿐 아니라, 생산계획, 기술개발, 투자대상, 공장이전, 기업합병에 이르는 전반적인 경영방침이나 전략에까지 확대되었다.

1. 노사협의회제도의 등장

1) 노사협의회제도의 변천

우리나라는 1963년 개정 노동조합법에서 처음으로 노사협의회제도를 도입하였으며, 이는 종래의 기업별 노동조합 체제를 산업별 체제로 개편한 후였기 때문에 서구적 산업별 노조가 가지는 횡단적 단체교섭제도의 단점을 보완한다는 목적이 작용한 것이라고 이해할 수 있다.5)

1963년 처음으로 도입한 노사협의제의 입법 목적은 노사협력의 실현과 산업평화의 유지라는 논리적인 유용성에 두고 있었으며, 외국의 예에서 본 바와 같이 기술적 필연성이나 구체적 이념의 실현이라는 강력한 배경요인이 없었다. 더욱이 단체교섭제도와의 관계도 불분명한 채로 노동조합이 조직된 기업으로 하여금 노사협의회를 설치하도록 강제만 하였기 때문에 노사협의회의 성격에 관해서조차 노사 간에 의견이 대립되고 소기의 목적을 실현하지 못하고 있었다.6)

그 후 1973년과 1975년에 노동조합법을 개정하면서 노사협의회의 고유 특성을 추가하였으며, 설치목적에 있어서도 노사협력과 산업평화라는 보편적 방향에 더하여 생산성 향상이라는 구체적 표현을 추가하였다.

또한 1980년 12월 31일의 노동조합법 개정 시에는 노사협의회법이 독립 법률로 제정되었으나, 이 법은 제정 당시부터 집단적 노사관계에 의한 노동조합법과 노동쟁의조정법을 개정하여 노동조합의 조직과 활동은 보다 제한하면서, 노사협의회를

5) 이규창 · 신건호 · 김길생 · 이승계, 신노사관계론, 법문사, 2004, p. 292.
6) 경영자협회, 한국노동문제의 현실, 1970, p. 75.

통한 노사관계를 평화적 관계로 유도하려 한다는 많은 비판을 받았으며, 운영에 있어서도 적지 않은 문제점들을 드러내었다.

결국 1987년 11월 다시 이 법을 개정하면서 노사협의의 자율성을 도모하고 그 기능을 활성화하기 위하여 각 규정을 정비 내지는 보완하였으나, 근본적인 문제는 해결되지 않고 있었다. 따라서 이 노사협의회법은 1997년 3월 13일「근로자참여 및 협력증진에 관한 법률」로 명칭을 바꾸면서 개정되었고(법률 5312호), 일부 조항이 1999년 12월 31일에 개정되었으며, 다시 2007년 12월 27일 협의 및 의결사항을 확대하는 방향으로 법률을 개정하여 현재에 이르고 있다.

2) 노사협의회의 특징

우리나라 노사협의회는 노사관계의 발전과정에서부터 차이가 있다. 외국의 노사협의회는 산업별 또는 직업별 노동조합이라는 횡단적 조직체제에서 출발하였으나, 우리나라는 단위기업 내의 노사관계 개선이라는 고유의 목적이 있었다. 즉, 외국의 경우 단체교섭은 당사자가 산업별 또는 직업별 노동조합대표와 사용자 사이에 이루어지고, 노사협의회는 기업별 근로자 또는 노동조합대표와 사용자 사이에 이루어지고 있으므로 노사관계가 이원화되고 있다.

우리나라의 경우는 기업별 노동조합체제를 유지함으로써 단체교섭의 당사자인 기업별 노동조합대표와 사용자가 노사협의회의 당사자로 협의에 다시 마주앉게 된 것이다. 이러한 노사관계의 배경에서 탄생한 우리나라의 노사협의회는「근로자참여 및 협력증진에 관한 법률」제1조(목적)에서 "근로자와 사용자 쌍방이 참여와 협력을 통하여 노사공동의 이익을 증진함으로써 산업평화를 도모하고 국민경제 발전에 이바지함을 목적으로 한다"고 규정하면서 노사협의제의 방향을 제시하고 있다. 즉, 노사협의회는 근로자와 사용자가 근로자의 복지증진과 기업의 건전한 발전을 도모하기 위하여 구성하는 협의기구로 정의하고 있으며(동법 제3조 제1호), 노사협의회의 당사자인 근로자와 사용자는 상호신의를 바탕으로 성실하게 협의에 임하여야 하는 의무를 부여하고 있다(동법 제2조).

우리나라 노사협의제도의 구체적인 특징으로는 ① 법령에 의하여 사업 또는 사업장 단위로 노사협의회의 설치와 운영이 강제되고 있고(동법 제4조 및 동 시행령 제2조), ② 노사협의의 기능은 경영관리 내지는 경영참가적 성격을 가지며, ③ 근로조건의 결정권이 있는 사업 또는 사업장에는 반드시 노사협의회를 설치하고, 노동조합이 없는 사업 또는 사업장은 근로자를 대표하는 근로자위원을 선출하며, 노동조합이 있는 경우에는 그 노동조합이 위촉하는 자로 하여금 노동자 대표위원이 되도록 함으로써 노동조합의 2원적 기능을 하도록 하고 있다(동법 제4조, 제6조). ④ 노사협의회의 조직과 운영에 관해서는 행정지도와 감독을 할 수 있도록 하고, ⑤ 노동조합과의 관계를 보면 노동조합의 단체교섭 기타 모든 활동은 이 법에 의하여 영향을 받지 않는다(동법 제5조). 즉, 우리나라의 노사협의제도는 경영관리 내지 경영참가적 성질을 띠고 있으면서 노동조합의 단체교섭 기타 모든 활동은 이 법에 의하여 영향을 받지 않는 것으로 되어 있다.

2. 노사협의회의 구성과 운영

1) 노사협의회의 설치

「근로자참여 및 협력증진에 관한 법률」(이하 근로자참여법이라 함) 제4조에 의하면 "노사협의회(이하 협의회라 함)는 근로조건의 결정권이 있는 사업 또는 사업장 단위로 설치하여야 한다"고 규정하여 설치를 의무화하고 있다. 사용자가 정당한 사유 없이 협의회 설치를 거부하거나 방해하는 때에는 벌칙이 적용된다(동법 제30조, 제31조).

그러나 노사협의회를 설치하지 아니할 수 있는 사업 또는 사업장의 범위에 관해서 대통령령으로 정할 수 있도록 규정하고(동법 제4조 제1항 단서), 시행령 제2조는 노사협의회 설치 범위를 30명 미만의 근로자를 사용하는 사업 또는 사업장에서는 노사협의회 설치를 아니할 수 있다고 규정하고 있다.

우리나라에서 노사협의회를 설치한 기업체 수는 <표 12-2>에서 보는 바와 같이 매년 증가하여 2019년 총 50,422개 업체로 2005년의 35,968업체보다 14,454개 기업이 증가하고 있어 노사협의회의 설치·운영의 효과가 있는 것으로 평가되고 있다.

<표 12-2> 노사협의회 설치현황

(단위: 개소)

연 도	합 계	30-49인 기업	50-99인 기업	100-299인 기업	300-499인 기업	500-999인 기업	1000인 이상 기업
2005년	35,968	15,644	11,277	5,382	2,567	709	389
2011년	47,621	19,579	15,384	8,582	2,490	998	588
2015년	51,034	20,602	16,884	9,528	2,243	1,091	686
2018년	43,607	16,353	15,043	9,294	1,372	935	610
2019년	50,422	19,852	17,261	10,063	1,517	1,059	670

자료: 2020 고용노동백서, 고용노동부.

2) 노사협의회의 구성

(1) 노사 동수의 원칙

노사협의회는 근로자와 사용자를 대표하는 동수의 위원으로 구성되며 그 수는 각 3인 이상 10인 이내로 한다(동법 제6조 제1항). 그리고 노사협의회의 구성은 노사 양자의 협의체이며, 근로자위원과 사용자위원을 동수로 한 것은 노사 동등의 원칙에 입각하여 민주적으로 운영하도록 하기 위한 것으로 생각된다.

협의회는 회를 대표하는 의장을 두며, 의장은 위원 중에서 호선한다. 그리고 의장은 근로자위원과 사용자위원 중 각 1인을 공동의장으로 할 수 있다(동법 제7조 제1항). 노사 쌍방은 회무의 기록 등의 사무를 담당하는 간사 1인을 각각 둔다(동법 제7조 제3항).

(2) 위원의 선출

근로자를 대표하는 위원은 근로자의 과반수로 조직된 노동조합이 있는 사업 또는 사업장에서는 노동조합이 위촉하는 자로 한다(동법 제6조 제2항). 그러나 노동조합이 설치되어 있지 않은 경우에는 근로자의 투표에 의하여 선출한다(동법 제6조 제2항)고 규정하고 있으며, 사용자는 근로자위원의 선출에 개입하거나 이를 방해하여서는 아니 되며(동법 제10조 제1항), 사용자가 이에 위반하는 때에는 시정명령 및 벌칙이 과해진다(동법 제11조, 제31조). 또한 사용자는 근로자위원들의 업무수행을 위하여 필요한 장소 사용 등 기본적인 편의를 제공하도록(동법 제10조 제2항) 사용자의 의무를 규정하고 있다.

(3) 위원의 임기와 신분

위원의 임기는 3년으로 하되 연임할 수 있다(동법 제8조 제1항). 그러나 위원의 임기가 만료된 경우라도 후임자가 선출될 때까지 계속 그 직무를 담당하도록 하고 있다(동조 제3항). 그러나 사용자측 위원의 경우 사업 또는 사업장 대표자는 사실상 임기에 구애받지 않게 될 것이다.

위원은 비상임, 무보수로 하며(동법 제9조 제1항), 사용자는 협의회 위원으로서의 직무수행과 관련하여 근로자에게 불이익한 처분을 하여서는 아니 된다. 그리고 위원의 협의회 참석에 소요되는 시간에 대하여는 근로한 것으로 본다(동법 제9조 제3항). 따라서 위원은 임금을 비롯한 모든 근로조건에서 객관적으로 형평을 잃는 처분을 받아서는 아니 된다는 것을 의미한다.

3) 노사협의회의 운영

(1) 협의회 회의

노사협의회 회의는 3개월마다 1회 정기적으로 개최함을 원칙으로 하고(동법 제12조 제1항), 필요에 따라 임시회의를 소집할 수 있으며(동조 제2항), 회의는 의장이 소집하고, 의장은 노사 어느 일방의 대표자가 목적사항을 명시하여 소집을 요구하면 이에 응하여야 하며, 7일 이전에 일시・장소・의제 등을 통보하여야 한다(동법 제13조).

회의의 정족수는 노사위원 각 과반수 출석으로 개최하고, 출석위원 3분의 2 이상의 찬성으로 의결한다(동법 제14조). 회의는 원칙적으로 공개하되, 의결에 의하여 공개하지 아니할 수 있으며(동법 제15조), 협의회에서 정하는 비밀사항은 누설해서는 아니 된다(동법 제16조).

협의회는 회의의 개최일시 및 장소, 출석위원, 협의내용 및 협의사항, 기타 토의사항 등을 기록한 회의록을 작성・비치하여야 한다(동법 제18조). 그리고 협의회는 그 조직과 운영에 관한 규정을 제정하고 이를 협의회 개최일로부터 15일 이내에 노동부장관에게 제출하여야 한다. 이를 변경한 때에도 또한 같다(동법 제17조).

(2) 협의회 임무

노사협의회가 수행해야 하는 임무는 크게 협의, 의결, 보고의 세 가지로 구분된다. 근로자 참여법은 제19조 협의사항, 제20조 의결사항, 제21조 보고사항을 각 각 자세하게 규정하고 있다.

동법 제19조의 협의회가 협의하여야 할 사항.

① 생산성 향상과 성과배분
② 근로자의 채용・배치 및 교육훈련
③ 노동쟁의의 예방
④ 근로자의 고충처리
⑤ 안전・보건・기타 작업환경 개선과 근로자의 건강증진
⑥ 인사・노무관리의 제도개선
⑦ 경영상 또는 기술상의 사정으로 인한 인력의 배치전환・재훈련・해고 등 고용조정의 일반원칙
⑧ 작업 및 휴게시간의 운용
⑨ 임금의 지불방법・체계・구조 등의 제도개선
⑩ 신기계・기술의 도입 또는 작업공정의 개선

⑪ 작업수칙의 제정 또는 개정

⑫ 종업원지주제 기타 근로자의 재산형성에 관한 지원

⑬ 근로자의 복지증진

⑭ 사업장내 근로자 감시설비의 설치

⑮ 여성근로자의 모성보호 및 일과 가정생활의 양립을 지원하기 위한 사항

⑯ 기타 노사협조에 관한 사항

동법 제20조의 사용자가 협의회의 의결을 거쳐야 할 사항.

① 근로자의 교육훈련 및 능력개발 기본계획의 수립

② 복지시설의 설치와 관리

③ 사내 근로복지기금의 설치

④ 고충처리위원회에서 의결되지 아니한 사항

⑤ 각종 노사공동위원회의 설치

동법 제21조의 사용자가 협의회 정기총회에서 보고·설명해야 할 사항(사용자가 보고·설명을 이행하지 않을 경우에 근로자위원은 자료의 제출을 요구할 수 있고, 그래도 이행하지 않을 경우에는 벌칙(동법 제31조)을 적용하도록 되어 있다)

① 경영계획 전반 및 실적에 관한 사항

② 분기별 생산계획과 실적에 관한 사항

③ 인력계획에 관한 사항

④ 기업의 경제적·재정적 상황

또한 협의회는 제20조의 의결사항을 근로자들에게 알려야 하고(동법 제22조), 근로자와 사용자는 의결된 내용을 성실히 이행하여야 한다(제23조).

4) 임의중재

「근로자참여법」 제24조는 "협의회가 다음과 같이 합의에 이르지 못하는 경우에는 근로자위원 및 사용자위원의 합의에 의하여 협의회에 중재기구를 두어 해결하거나 노동위원회 기타 제3자에 의한 중재를 받을 수 있다"고 규정함으로써 ① 제20조에 규정된 사항에 관하여 협의회가 의결하지 못한 경우, ② 협의회에서 의결된 사항의 해석이나 이행방법 등에 관하여 의견의 불일치가 있는 경우에는 중재를 받을 수 있도록 하고 있다. 위 규정에 따라 중재결정이 있는 때에는 협의회의 의결을 거친 것으로 보아 근로자와 사용자는 이에 따라야 한다(동조 제2항). 또한 임의중재의 방법과 절차 등에 관해서는 협의회규정으로 정할 수 있다(동법 시행령 제5조).

3. 고충처리제도

1) 고충처리제도의 정의

일반적으로 고충(grievances)이란 개별 근로자의 불만족과 불편을 일으킬 수 있는 조직의 정책이나 절차 또는 관리관행에 대한 개인적인 불평을 말하는 것으로서, 집단적 성질을 가진 노동쟁의와는 차이가 있다. 고충처리제도는 기업의 인적자원관리 정책이나 직무수행에 관련된 종업원의 불평불만을 해소하고 처리하기 위한 체계적인 제도를 말한다. 고충처리는 주로 근로조건이나 직무환경의 불편사항에 대한 불평불만을 처리하는데 초점을 두고 있으나, 그 밖에 직장 내에서 상사와 부하 간의 의견이나 감정의 대립, 종업원 상호간의 불신이나 갈등의 심화로 인한 고충을 처리하기 위하여 조직 내에 고충처리기구를 운영함으로써 종업원들의 인간관계를 개선하고 조직 활성화를 추구하는 것이다.

고충은 일반적으로 조직의 정책, 직무, 관리관행 또는 노사관계와 관련하여 정당하지 못하거나 불공정하다고 생각하는 사항에 대해서 근로자가 문서로 작성하여 제출함으로써 공식적으로 제기된다. 고충문서는 고충자의 성명, 고충의 발생시기와 장소, 고충의 내용, 고충자의 처리요구 등이 기재된다. 고충이 발생하는 원인을 구체적으로 살펴보면 다음과 같다.

① 사용자의 정실이나 불공정한 처리에 의한 불이익한 대우
② 불명확하고 불공정한 해고와 좌천
③ 연공이나 성과를 무시한 승진 및 승급
④ 과중한 작업과 휴식 및 복리시설의 부족
⑤ 불량한 작업조건이나 보건위생시설
⑥ 지나친 감독이나 인격을 무시하는 감독행동

2) 고충처리제도의 운영절차

우리나라의 근로자참여법은 근로자의 고충처리 운영에 관하여 다음과 같이 규정하고 있다.

동법 제25조 및 시행령에는 상시근로자 30인 이상을 사용하는 사업 또는 사업장에는 근로자의 고충을 청취하고 이를 처리하기 위하여 고충처리위원을 두어야 하고, 동법 제26조에서 고충처리위원은 노사를 대표하는 3인 이내의 위원으로 구성하

되, 노사협의회가 설치되어 있는 사업 또는 사업장의 경우에는 협의위원 중에서 선임하고 협의회가 설치되어 있지 않은 사업장의 경우에는 사용자가 위촉하도록 하고 있으며, 위원의 임기는 3년으로 하되 연임할 수 있다고 규정하고 있다.

동법 제27조에서 고충처리위원은 근로자로부터 고충사항을 청취한 때에는 10일 이내에 조치사항 기타 처리결과를 당해 근로자에게 통보해야 하고, 고충처리위원이 처리하기 곤란한 사항에 대하여는 협의회에 부의하여 처리하도록 규정하고 있다(동조 제2항).

고충처리절차는 일반적으로 [그림 12-1]에서 보는 바와 같이 몇 단계를 거쳐 해결한다.

[그림 12-1] 노동조합이 결성된 기업의 고충처리 절차

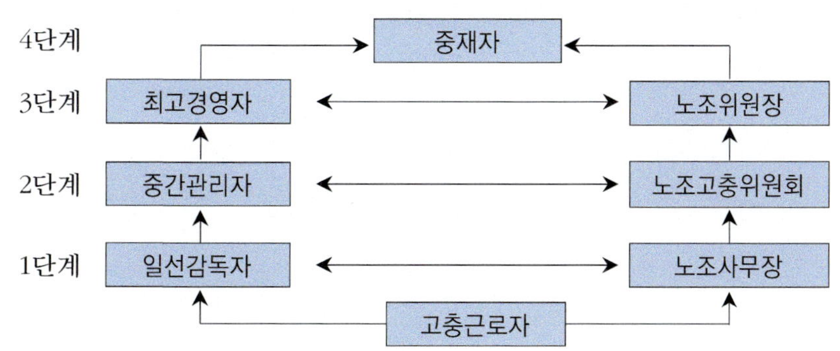

자료: J. M. Ivancevich, *Human Resource Management,* 8th., McGraw-Hill, 2001, p. 511.

① 고충 근로자가 고충문서를 작성하여 일선감독자와 노동조합 사무장(shop steward)을 만나서 고충을 제출한다. 대부분의 고충은 이 단계에서 해결되나 해결되지 않으면 고충처리위원회에 회부된다.

② 해결되지 않은 고충은 중간관리자와 노동조합 간부(위원)로 구성된 고충처리위원회에서 협의하여 처리하도록 노력한다.

③ 최고경영층 대표와 노동조합대표가 고충을 해결하기 위하여 협의하고 시도한다.

④ 노사 간 합의에 이르지 못한 고충은 최종결정을 위하여 중재자에게 넘겨진다. 중재는 보편적으로 쌍방의 합의에 의하여 선임된 개인이나 위원들에 의하여 처리된다.[7]

---

7) P. Feuille and M. LeRoy, "Grievance Arbitration Appeals in the Federal Courts: Facts and Figures," *Arbitration Journal 45*, No. 1, March 1990, pp. 35-47.

제 13 장 노동위원회제도

제13장 노동위원회제도

제1절 노동위원회제도의 개관

산업사회가 발달하면서 기술고도화와 경영합리화의 상승작용으로 사회의 풍요를 성취하였고, 자본주의의 발전과정에서 산업자본과 금융자본이 협력하여 생산시설의 대규모화로 대량생산이 가능해졌으며, 경영의 국제화 내지 다국적화로 대량판매가 성공하면서 자본가의 이익실현이 가속화하여 투자수익이 증대됨에 따라 자본가의 부익부(富益富) 노동자의 빈익빈(貧益貧) 현상이 두드러지게 되었으며, 정치민주주의의 발전과정에서 정치권이 노동자의 평등권 보장과 노동권 보호의 요청 그리고 이익분배의 요구를 지원하고 노동자를 보호하는 입법 활동이 강화되면서 노동운동은 널리 확산되고 고도로 격렬하게 전개되었다.

산업화가 고도화하면서 필연적으로 일어나는 빈부의 격차는 마침내 산업사회 전반에서 '가진 자'와 '갖지 않은 자'로 양극화되고 빈부 간의 갈등과 투쟁이 노사 간의 대립과 투쟁으로 연계되면서 노동운동은 자본주의 사회의 보편화된 현상으로 등장하기 시작하였다.

1. 노동위원회제도의 필요성과 목적

1) 노동위원회의 필요성

노동운동은 민주주의 원칙에 따라 노사가 자율적으로 협상하고 타협하여 이해관계를 조정하고 양보하며 해결하는 것이 민주적 기본질서이겠으나 현실적으로 상하관계이면서 이해당사자인 노사 간의 이해조정은 간단하게 해결될 수 있는 문제가 아니므로 정부가 중립적 입장에서 노사의 이해갈등을 해결하기 위하여 정치적 설득과 법률적 입법 활동을 통하여 노력하였으나 이러한 법률적 강행이나 정치적 노력은 노사갈등을 쉽게 안정시키지 못했고 오히려 노사의 정부에 대한 불신과 불만을 초래하게 되었다.

결국 노동단체의 노동운동이 파업과 투쟁으로 확대되어 생산공장은 폐쇄되고 생산시설이 파괴되면서 노동자들은 집단적 실직사태로 이어졌고 산업생산의 침체와 함께 국민경제는 침체와 불황을 초래하여 사회불안을 가중시키게 되었다.

이러한 사회불안의 악순환이 지속되는 와중에서 노사갈등과 사회불안을 근본적으로 해결하기 위해서는 노사가 신뢰를 바탕으로 갈등과 대립을 안정적으로 조정하고 중재할 수 있는 제3자를 필요로 하게 된 것이다.

2) 노동위원회제도의 목적

노사관계를 동반자의 협력관계로 유지·발전시키기 위해서는 노사의 이해 대립을 중립적 입장에서 조정할 수 있는 제3의 공익관계자가 참여하는 협의체의 구성이 필요하게 되었다. 다시 말해서 노사관계의 직접 당사자인 노동자대표와 사용자대표 그리고 이해가 완전 중립적 입장인 공익대표로 구성하는 협의체가 노사문제를 협의하고 조정하며 판정하는 역할을 맡도록 하는 것이다.

따라서 노동위원회제도는 노동관계에 있어서 노사의 이해관계를 조정하고 근로자의 권익을 보호하여 산업현장에서 노사분쟁으로 인한 경제적 손실을 방지하기 위하여 신속하고 공정하게 노동쟁의를 조정하고 근로자의 부당한 권리침해를 구제함으로써 산업사회의 노사안정과 국민경제의 발전에 이바지함을 목적으로 하는 사회제도이다.

이러한 취지에서 설립되고 운영되는 기관이 노동위원회이며, 이 위원회는 노사와 공익의 3자로 공평하게 구성하고, 노사의 이해와 갈등을 합리적으로 공정하게 조정·중재하며 심판·결정하기 위하여 외부의 간섭을 배제하고 독립적으로 운영하는 준사법적 행정기관이다.

2. 노동위원회의 분류와 구성

1) 노동위원회의 분류

노동위원회는 노사관계에 있어서 일어나는 노사분쟁에 관한 판정 및 조정업무를 신속하고 공정하게 수행하기 위하여 노동위원회를 설치하고 그 운영에 관한 사항을 규정함으로써 노동관계의 안정과 발전에 이바지하기 위한 정부기관이다(노동위원회법 제1조 참조).

노동위원회는 중앙노동위원회・지방노동위원회를 고용노동부장관 소속 하에 두며, 지방노동위원회는 서울특별시와 광역시 및 도에 각각 설치한다(노위법 제2조 2항 및 시행령2조 별표). 특별노동위원회는 특정한 사항을 관장하기 위하여 필요한 경우에 당해 특정사항을 관장하는 중앙행정기관의 장 소속 하에 설치한다(노위법 제2조 3항). 예를 들면 해양수산부 소속의 선원노동위원회가 해당된다.

2) 노동위원회의 소관 업무

노동위원회의 소관 업무로는 「노동조합 및 노동관계조정법」, 「근로기준법」, 「근로자참여 및 협력증진에 관한 법률」, 「교원의 노동조합 설립 및 운영 등에 관한 법률」, 「공무원의 노동조합 설립 및 운영 등에 관한 법률」, 「기간제 및 단시간근로자 보호 등에 관한 법률」 및 「파견근로자 보호 등에 관한 법률」에 따른 판정・결정・의결・승인・인정 또는 차별시정 등에 관한 업무를 다룬다(노위법 제2조 1호).

그리고 「노동조합 및 노동관계조정법」, 「교원의 노동조합 설립 및 운영 등에 관한 법률」, 「공무원의 노동조합 설립 및 운영 등에 관한 법률」에 따른 노동쟁의 조정・중재 또는 관계 당사자의 자주적인 노동쟁의 해결 지원에 관한 업무를 수행한다(동조 제2호).

3) 노동위원회의 사건 관장

각급 노동위원회는 다음 사항의 사건을 관장한다(노위법 제3조 1항). 우선 중앙노동위원회는 ① 지방노동위원회 및 특별노동위원회의 처분에 대한 재심사건, ② 둘 이상의 지방노동위원회의 관할구역에 걸친 노동쟁의의 조정사건(1항 2호), 그러나 중앙노동위원회 위원장은 효율적인 노동쟁의 조정을 위하여 필요하다고 인정하는 경우에는 제1항 2호의 규정에도 불구하고 지방노동위원회를 지정하여 당해 사건을 처리하게 할 수 있다(제4항). ③ 다른 법률에 의하여 그 권한에 속하는 것으로 규정된 사건(동항 3호) 등을 관장한다.

지방노동위원회는 당해 관할구역에서 발생하는 사건을 관장하되, 2 이상의 관할구역에 걸친 사건(제1항 2호의 조정사건을 제외한다)은 주된 사업장의 소재지를 관할하는 지방노동위원회에서 관장한다(동조 제2항).

그러나 중앙노동위원회 위원장은 제2항의 규정에 의한 주된 사업장을 정하기 어렵거나 주된 사업장의 소재지를 관할하는 지방노동위원회가 처리하기 곤란한 사정이 있는 경우에는 직권으로 지방노동위원회를 지정하여 당해 사건을 처리하게 할 수 있다(동조 5항).

각급 노동위원회는 그 권한에 속하는 업무를 독립적으로 수행한다(동법 제4조 1항)고 규정하고 있어 노동위원회의 독립성을 강조하고 있다. 여기서 노동위원회의 독립성이란 위원회가 관장하는 업무수행에 있어서 정부기관이나 어떤 외부 기관으로부터 개입이나 감독을 받지 아니하고 주어진 권한의 범위에서 독립적으로 판단하는 것을 말한다.

제2절 노동위원회의 조직

노동위원회는 공평성과 공정성을 확보하기 위하여 근로자를 대표하는 위원, 사용자를 대표하는 위원, 공익을 대표하는 위원이 참여하는 3자 참여의 구성 원칙을 준수하고 있다.

1. 노동위원의 구성

1) 3자 구성의 원칙

「노동위원회법」 제6조 1항에서 "노동위원회는 근로자를 대표하는 위원과 사용자를 대표하는 위원 및 공익을 대표하는 위원으로 구성한다"고 규정하여 3자 구성의 원칙을 명시하고 있다.

그리고 노동위원회의 위원 수는 근로자위원·사용자위원은 각 10인 이상 50인 이하, 공익위원은 10인 이상 70인 이하의 범위에서 각 노동위원회의 업무량을 감안하여 대통령령으로 정한다. 근로자위원과 사용자위원은 동수로 한다(동조 2항).

공익위원은 중앙노동위원회와 지방노동위원회에 전문성에 따라 심판사건, 차별시정사건, 조정사건을 각각 담당하는 심판담당공익위원, 차별시정담당공익위원과 조정담당공익위원으로 구분하여 둘 수 있다(제6조 4항).

2) 위원의 위촉

근로자위원과 사용자위원은 각각 노동조합 또는 사용자단체가 추천한 자 중에서 위촉하되, 중앙노동원원회 위원은 고용노동부장관의 제청으로 대통령이, 지방노동위원회 위원은 지방노동위원회 위원장의 제청으로 중앙노동위원회 위원장이 각각 위촉한다(동법 제6조 3항).

공익위원은 당해 노동위원회 위원장 · 노동조합 · 사용자단체가 각각 추천한 자 중에서 노동조합과 사용자단체가 순차적으로 배제하고 남은 자를 위촉대상 공익위원으로 하고, 그 위촉대상 공익위원 중에서 중앙노동위원회 공익위원은 고용노동부장관의 제청으로 대통령이, 지방노동위원회의 공익위원은 지방노동위원회 위원장의 제청으로 중앙노동위원회 위원장이 각각 위촉한다(동조 4항).

노동위원회 위원의 임기는 3년으로 하되 연임할 수 있으며(동법 제7조1항), 보궐위원의 임기는 전임자의 잔여임기로 하도록 하고 있다.

2. 노동위원회의 기구

1) 위원장

노동위원회에 위원장 1인을 두며(동법 제9조 1항), 중앙노동위원회 위원장은 공익위원의 자격을 가진 자 중에서 고용노동부장관의 제청으로, 지방노동위원회 위원장은 공익위원 자격을 가진 자 중에서 중앙노동위원회 위원장의 추천과 고용노동부장관의 제청으로 대통령이 각각 임명한다(동조 2항).

중앙노동위원회의 위원장은 정무직(장관급)으로서 중앙노동위원회 및 지방노동위원회의 예산 · 인사 · 교육훈련 기타 행정사무를 총괄하며, 소속 공무원을 지휘 · 감독한다(동법 제4조 1항). 그 밖에 노동위원회 위원장은 당해 노동위원회를 대표하고 위원회의 업무를 통리하며, 공익위원으로서 심판사건과 차별시정사건 및 조정사건을 담당할 수 있다(동법 제9조 4항).

2) 상임위원

노동위원회에 상임위원을 두며, 상임위원은 당해 노동위원회의 공익위원 자격을 가진 자 중에서 중앙노동위원회 위원장의 추천과 고용노동부장관의 제청으로 대통령이 임명한다(동법 제11조 1항). 상임위원은 공익위원으로서 심판사건·차별시정사건·조정사건을 담당할 수 있다(동조 2항).

3) 사무처·사무국

중앙노동위원회에는 사무처를, 지방노동위원회에는 사무국을 둔다(동법 제14조의3 1항). 고용노동부장관은 노동위원회 사무처 또는 사무국 소속 직원을 고용노동부와 노동위원회 간에 전보할 경우 중앙노동위원회 위원장의 의견을 들어야 한다(동조 3항).

사무처와 사무국에는 조사관을 두며, 조사관은 위원장, 부문별 위원회 위원장 또는 주심위원(동법 제16조의2)의 지휘를 받아 노동위원회의 소관 사무 수행에 필요한 조사를 하고 부문별 위원회에 출석하여 의견을 진술할 수 있다(동법 제14조의3 제2항).

제3절 노동위원회의 운영과 권한

노동위원회에는 전원회의 외에 그 권한에 속하는 업무를 부문별로 처리하기 위하여 심판위원회·차별시정위원회·조정위원회·특별조정위원회·중재위원회·교원노동관계조정위원회 및 공무원노동관계조정위원회(이하 부문별위원회라 한다)를 둔다(노위법 제15조 1항).

1. 노동위원회의 구성과 업무

1) 전원회의의 구성과 업무

전원회의는 당해 노동위원회 소속위원 전원으로 구성하며(동법 제15조 2항), ① 노동위원회의 운영 등 일반적인 사항의 결정, ② 관계 행정기관의 근로조건 개선에 대한 권고(동법 제22조 2항 참조), ③ 중앙노동위원회의 지시 및 규칙제정 등을 처리한다.

2) 부문별 위원회

(1) 심판위원회의 구성과 업무

심판위원회는 위원장 또는 상임위원을 포함한 심판담당공익위원 중에서 위원장이 지명하는 3인으로 구성하며, 노동조합 및 노동관계조정법 · 근로기준법 · 근로자참여 및 협력증진에 관한 법률, 그 밖의 법률에 따라 노동위원회의 판정 · 의결 · 승인 또는 인정 등을 받도록 규정된 사항을 처리한다(동법 제15조 3항).

(2) 차별시정위원회의 구성과 업무

차별시정위원회는 위원장 또는 상임위원 1인을 포함한 차별시정담당공익위원 중에서 위원장이 지명하는 3인으로 구성하며, 기간제 및 단시간근로자 보호 등에 관한 법률, 파견근로자 보호 등에 관한 법률, 산업현장 일학습병행 지원에 관한 법률, 또는 남녀고용평등과 일 · 가정 양립 지원에 관한 법률에 따른 차별적 처우의 시정 등과 관련된 사항을 처리한다(동조 4항).

(3) 조정위원회 등의 구성과 업무

조정위원회 · 특별조정위원회 및 중재위원회는 노동조합 및 노동관계조정법(제55조, 64조, 72조 등)이 정하는 바에 따라 구성하며, 동법의 규정에 의한 조정 · 중재 기타 이와 관련된 사항을 각각 처리한다(노위법 제15조 5항).

(4) 교원노동관계조정위원회 등의 구성과 업무

교원노동관계조정위원회는 교원노조법이 정하는 바에 따라, 공무원노동관계조정위원회는 공무원노조법이 정하는 바에 따라 설치 · 구성하며, 각 법률이 규정하는 조정 · 중재 그 밖에 이와 관련된 사항을 처리한다(동법 제15조 8항 9항).

(5) 단독심판

위원장은 신청기간을 넘기는 등 신청요건을 명백히 갖추지 못한 경우 또는 관계당사자 쌍방의 신청이 있거나 동의를 얻은 경우에는 심판담당공익위원 또는 차별시정담당공익위원 1인을 지명하여 사건을 처리하게 할 수 있다(동법 제15조의2).

2. 회의절차 및 운영

1) 회의소집과 의결

위원장은 전원회의의 의장이 되며 부문별위원회 위원장은 그 위원회 위원 중에서 호선하고 당해 부문별위원회의 의장이 된다(동법 제16조 1항).

위원장은 전원회의를, 부문별위원장은 해당 부문별위원회를 각각 소집한다. 다만, 위원장은 필요한 경우에 부문별위원회를 소집할 수 있다(동조 2항). 또한 위원장은 전원회의를, 부문별위원장은 부문별위원회를 구성하는 위원 과반수가 회의 소집을 요구한 때에는 이에 응하여야 한다(동조 3항).

노동위원회의 전원회의는 재적위원 과반수의 출석으로 개의하고 출석위원 과반수 찬성으로 의결한다(동조 제17조 1항). 부문별위원회의 회의는 구성위원 전원의 출석으로 개의하고 출석위원 과반수의 찬성으로 의결한다(동조 2항).

2) 회의운영

위원장 또는 부문별위원회 위원장은 소관회의에 부의된 사항에 관하여 구성위원 또는 조사관으로 하여금 회의에 보고하도록 할 수 있다(동법 제18조 1항). 특히 심판위원회·차별시정위원회는 의결하기 전에 당해 노동위원회의 근로자위원 및 사용자위원 각 1인 이상의 의견을 들어야 한다(동조 2항). 다만, 근로자위원 또는 사용자위원이 출석요구를 받고 정당한 이유 없이 출석하지 아니한 경우에는 그러하지 아니하다.

노동위원회는 공개를 원칙으로 한다(동법 제19조). 그러나 위원장 또는 부문별위원회 위원장은 소관회의의 공정한 진행을 방해하거나 질서를 문란하게 하는 자에 대하여는 퇴장명령 그 밖에 질서유지에 필요한 조치를 취할 수 있다(동법 제20조).

노동위원회 위원은 자신과 직접적인 친족관계 또는 이해관계가 있는 사건으로서 법 소정의 제척사유가 있는 경우에는 그 사건에 관한 직무집행에서 제척되며(동법 제21조 1항), 위원장은 동법 제21조 1항의 사유가 있는 때에는 직권 또는 당사자의 신청에 따라 제척의 결정을 하여야 한다(동조 제2항). 이러한 제척제도는 당해 사건의 판정 및 조정에 있어서 불필요한 오해를 불식시키고 판정과 조정의 공정성을 확립하려는 취지에서 도입된 제도라고 할 수 있다.

노동위원회는 「노동조합 및 노동관계조정법」 제84조(부당노동행위 구제명령) 또는 「근로기준법」 제28조(부당해고 구제신청)의 규정에 따른 판정·명령 또는 결정이 있기 전까지 관계당사자의 신청 또는 직권에 의하여 화해를 권고하거나 화해안을 제시할 수 있다(노위법 제16조의 3 1항).

3. 노동위원회의 권한

1) 노동위원회의 일반적 권한

(1) 사무집행 협조 요청권

노동위원회는 사무집행을 위하여 필요한 경우에는 관계 행정기관에 협조를 요청할 수 있으며, 협조를 요청받은 관계 행정기관은 특별한 사유가 없는 한 이에 응하여야 한다(노위법 제22조 1항). 또한 노동위원회는 관계 행정기관으로 하여금 근로조건의 개선에 관하여 필요한 조치를 하도록 권고할 수 있다(동조 2항).

(2) 사무집행 조사권

노동위원회는 소관업무와 관련한 사무집행을 위하여 필요하다고 인정하는 때에는 사용자·사용자단체·노동조합 기타 관계인에 대하여 출석·보고 또는 필요한 서류의 제출을 요구하거나 위원장 또는 부문별위원회 위원장이 지명한 위원 또는 조사관으로 하여금 사업 또는 사업장의 업무상황·서류 기타 물건을 조사하게 할 수 있다(동법 제23조 1항).

2) 중앙노동위원회의 권한

(1) 중앙노동위원회의 재심권

「노동위원회법」 제26조는 "중앙노동위원회는 당사자의 신청이 있는 경우에는 지방노동위원회 또는 특별노동위원회의 처분을 재심하여 이를 인정·취소 또는 변경할 수 있다"고 규정하고 있다. 재심신청은 지방노동위원회 또는 특별노동위원회가 행한 처분을 통지받은 날부터 10일 이내에 하여야 한다(동조 2항).

(2) 노동쟁의 조정권 등

중앙노동위원회는 2이상의 지방노동위원회의 관할구역에 걸친 노동쟁의의 조정사건을 담당한다(동법 제3조 1항 2호). 또한 중앙노동위원회는 긴급조정절차에 있어서 조정 및 중재를 담당한다(노조법 제78조).

(3) 지방노동위원회 등의 사무처리 지시

중앙노동위원회는 지방노동위원회 및 특별노동위원회에 대하여 사무처리에 관한 기본방침 및 법령의 해석에 관하여 필요한 지시를 할 수 있으며(노위법 제24조), 각급 노동위원회의 운영 기타 필요한 사항에 관한 규칙을 제정할 수 있다(동법 제25조).

3) 행정소송

중앙노동위원회의 처분에 대한 행정소송은 중앙노동위원회 위원장을 피고로 하여 처분의 통지를 받은 날부터 15일 이내에 제기하여야 한다(노위법 제27조 1항). 이 행정소송의 제기로 중앙노동위원회 처분의 효력은 정지하지 아니한다(동조 2항).

제14장 노동시장 유연화와 비전형근로자 고용관계

제14장 노동시장 유연화와 비전형근로자 고용관계

제1절 노동시장 유연성의 개관

세계경제는 글로벌화・정보화라는 급속한 환경변화 속에서 새로운 질서가 필요하게 되었다. 즉, 정보통신기술의 발달과 WTO출범으로 무한경쟁의 시대가 도래하면서 기업들은 생존전략의 일환으로 구조조정과 고용유연화를 검토하기 시작하였다.

우리 경제는 1997년 IMF 외환위기와 2008년 미국발 금융위기 이후에 계속되는 경기침체로 높은 실업률이 지속되는 가운데 노동시장의 경직성과 고임금 저효율 구조로 인하여 고통이 한층 심화되고 있으며, 최근까지 지속되고 있는 기업의 구조조정은 불가피하게 고용조정을 수반하게 되므로 고통이 한층 가중되고 있다.

따라서 이러한 노동환경 변화 속에서 생존을 위해 선택할 수 있는 전략으로서 노동시장의 유연성 제고를 통한 생산성 향상이 중요한 과제로 부각되고 있다. 노동시장의 유연성 제고는 경직된 노동시장에 경쟁원리를 도입하여 생산요소의 하나인 노동을 효율적으로 활용함으로써 궁극적으로 생산성을 향상시키려는 방안이다.

1. 노동시장 유연성의 의의

1) 노동시장유연성의 필요성

노동시장 유연화가 확대되는 원인으로는 첫째, 글로벌경제가 진행되면서 지나친 경쟁으로 장기불황의 늪에서 벗어나지 못함에 따라 기업존립의 기반을 구조조정이나 인건비 절약에 초점을 두고 비정규직근로자의 활용을 확대해 나아가고 있다. 둘째, IT기술의 발달, 서비스업종이 확대되면서 근로자들이 다양한 근로형태를 선호하고 있다.

셋째, 고학력 전문가나 여성근로자들의 사회진출이 증가하면서 그들이 단기간 및 단시간 근로를 선호하면서 여유시간을 즐기려는 풍조가 증가하고 있다. 이러한 노동시장의 유연화로 기간제・단시간 근로형태의 비정규직근로자가 급속히 증가하고 있다.

이와 같이 우리사회의 노동시장에 비정규직근로자가 많은 비중을 차지하고 있음에도 불구하고 비정규직근로자의 근로조건은 정규직근로자에 비하여 매우 열악한 수준에 처하여 있고, 그들 비정규직과 정규직근로자 사이의 차별문제가 심각한 사회문제로 대두되고 있다.

2) 노동시장 유연성의 정의

노동시장 유연성이란 생산요소인 노동력을 신축적으로 고용하고 효율적으로 활용하여 생산과 고용을 극대화함으로써 궁극적으로 실업률을 최소화하고 기업의 경쟁력을 강화하려는 방법이다. 만일 노동시장이 일반 상품시장과 마찬가지로 수요와 공급의 균형을 쉽게 유지할 수 있다면 노동시장의 유연화가 그토록 필요로 하지 않을 것이다. 노동시장은 현실적으로 법률적 제도와 규제, 인사관행, 노사관계, 정보부족, 시장의 추상성 등으로 균형을 유지하기가 어렵다. 따라서 경영의 환경변화에 부응하기 위해서 경직된 노동시장에 경쟁원리를 도입하여 노동시장을 균형상태로 유도하여 경영효율성을 제고시켜야 한다는 주장이 대두되고 있다.

여기에서 노동시장 유연화의 필요성에 관하여 살펴보기로 한다.[1)]

첫째, 아담 스미스(A. Smith)의 '보이지 않는 손'은 현대사회의 시장경쟁의 논리에서 그 위대함이 입증되고 있다. 고도성장기의 지배적인 인사관행이었던 노동시장의 경직성은 시장경쟁의 원리에 적합하지 않으며 경쟁력 제고에 걸림돌로 기능하고 있다. 따라서 노동시장 유연성의 제고가 필요하게 된 것이다.

둘째, 모든 나라에서 일반화되고 있는 지속적인 높은 실업률을 해소하기 위해서는 우선적으로 노동시장의 균형상태를 유지하도록 해야 하므로 이를 위한 노동시장의 유연성이 필요하다.

셋째, 신속한 기술변화에 대처하기 위해서 기업은 근로자의 훈련개발에 과감하게 투자하여 그들이 새로운 기술을 습득하여 적합한 일자리를 선택할 수 있도록 하기 위해서는 노동시장의 유연성이 제고되어야 한다.

넷째, 기술발전은 지식・기술・정보 관련 서비스산업에서 급속도로 새로운 직무

1) OECD. Labor Market Flexibility, *Trends in Enterprises*, 1989.

를 창출하고, 노동집약적 산업에서 기술집약적 산업으로 전환하면서 일자리가 감소하고 있다. 이러한 환경에서 노동력 수급을 적절히 조절하기 위해서 노동시장의 유연화가 필요하다.

다섯째, 경제성장의 결과 근로자들의 소득이 증가하면서 여가선용을 추구하는 추세이다. 경직된 노동시장 하에서의 정규근로형태에서는 자유롭게 여가를 즐길 수 있는 기회를 갖기 어려우므로 근로자로 하여금 다양한 생활패턴을 선택할 수 있도록 하기 위해서도 노동시장의 유연성이 필요로 할 것이다.

2. 고용시장 환경의 변화

우리나라는 1986년 노사분규 발생건수가 276건에서 1987년 6.29 민주화 선언으로 3,749건, 1988년 1,873건, 1989년 1,616건으로 폭발적인 증가를 경험하였다. 그러나 다행히도 1990년대에 들어서면서 노사분규 발생건수는 다시 세 자리 숫자로 안정추세를 보이면서 2019년에는 141건으로 감소하였다. 그러나 노사분규가 줄어들고 있음에도 불구하고 여전히 이직률과 제품불량률이 높게 나타나고 있는 것은 진정한 노사협력관계가 이루어지지 않은 것으로 보인다.

여기에서 고용시장의 환경변화와 관련하여 산업구조 변화, 기술발전, 세계화 진전에 관하여 살펴보기로 한다.

1) 실업률 증가와 높은 생산비용

우리나라는 1990년대 중반까지 2%대의 낮은 실업률을 유지하고 있었으나 1996년부터 경기가 하강국면에 접어들면서 실업률이 증가하기 시작하여 1997년 1월 한 달 동안에 실업자가 무려 5만 명이나 증가하였고, 1/4분기 실업자수는 64만 6천 명으로 전년 대비 42.0% 더 많은 19만 1천 명이나 증가했다. 더욱이 1997년 12월 외환부족으로 IMF의 실질적 관리를 받게 되면서 신규채용이 격감하고 명예퇴직자 및 기업도산과 구조조정으로 인한 실직자가 급증하면서 1998년 7월에는 실업자가 180만 명(실업률 8.3%)에 이르렀다.

2000년에 실업자수 913천명(4.1%), 2010년에 920천명(3.7%), 2020년에 1,108천명(4.0%)을 유지하고 있으며, 특히 청년실업자수는 2020년 370천명(9.0%)으로 상당히 높은 수준을 나타내고 있어 심각한 사회문제로 대두되고 있다.

한편, 우리나라의 국제경쟁력이 경쟁국이나 교역상대국에 비해서 낮다는 것은 주지의 사실이다. 경쟁력을 결정하는 요인으로서 생산비용이 중요한 요인으로 지적되고 있는데, 생산비용이란 임금, 이자, 지대 및 물류비용 등 생산에 직접 소요되는 원가를 말한다. 우리나라는 이들 네 가지 생산비용이 교역국이나 경쟁상대국과 비교할 때 엄청나게 높다는 것은 이미 잘 알려진 사실이다.[2]

우리나라는 당면한 고실업 · 고비용 문제와 관련하여 실업문제를 해결하고 생산성을 향상시키기 위한 방안의 하나로 노동시장의 유연성 제고가 시급한 과제로 떠오르고 있다. 어떤 연구에 의하면 노동측면에서의 국가경쟁력 강화방안을 노동시장의 유연화로 압축할 수 있다고 강조하면서 임금조정과 고용조정은 물론 임금정책 - 인력정책 - 산업정책 - 여성정책 간의 종합적이고 일관성 있는 정책 구상이 요구된다고 생산성 향상방향을 제시하고 있다.[3]

2) 기술발전에 따른 고용형태 변화

제조업에 있어서 기술발전이 노동환경 변화에 미치는 영향을 세 가지 측면에서 검토해 볼 수 있다.[4]

첫째, 1992~1994년간에 제조업 종사자는 4.5% 증가하였으며, 이 중에서 정보 · 지식관련 제조업 취업자는 13.0% 증가한 반면, 그 이외의 취업자는 2.6%만 증가하였다.

둘째, 같은 기간 동안 고용증가율이 빠른 5개 업종은 사무 · 계산 · 회계용 기계, 기타 운송장비, 조립금속제품, 출판 · 인쇄 · 기록매체 복제, 그리고 의료 · 정밀 · 광학기계 · 시계로 나타났으며, 이 중에서 기타 운송장비 제조업을 제외한 4개 업종은 정보 · 지식관련 제조업이다. 이는 제조업의 경우 정보관련 분야의 고용증가가 다른 분야보다도 더 빠르다는 것을 보여주고 있다.

셋째, 산업구조 개편으로 제조업 고용구성비는 감소하는 반면, 도소매 및 음식 · 숙박 · 금융 · 보험, 사회 · 개인서비스 등 서비스업의 고용구성비는 가파르게 증가추세를 보이고 있다.

이러한 기술발전 추세에 따라 향후 제조업근로자의 감소로 인한 실업률 증가가

---

2) 양병무, 한국기업 임금구조의 실태와 과제, 노사포럼, 경총 노동경제연구원, 1996, pp. 1-58.

3) 김재원, 국가경쟁력 강화를 위한 노사관계 개혁의 기본방향, 노사포럼, 경총 노동경제연구원, 1996, pp. 1-82.

4) 김애실, 정보기술의 혁신과 산업별 고용구조의 변화, 경제경영연구, 한국외국어대학교 경제경영연구소, 1997, pp. 21-41.

예상되므로, 이들 실업자들이 새로운 서비스산업에서 일할 수 있도록 훈련개발을 통한 노동시장 유연성을 높여 나아가야 할 것이다.

3) 세계화와 세계무역기구의 출범

세계화는 이제 우리가 선택해야 할 문제가 아니라, 극복해야 할 경제 및 경영환경의 과제이다. 세계화(globalization)는 많은 나라의 경제가 세계경제로 통합되는 지구의 경제적 통합을 의미한다.[5] 이는 자유무역, 자유로운 자본이동, 사람의 이주를 가능하게 해 준다.

다시 말하면 국제화는 단순히 여러 나라가 다른 나라와 서로 협조하고 의지하는 것을 말하며, 세계화는 경제적 목적을 위하여 국경이 효율적으로 사라지는 현상을 의미한다.

우리나라는 ILO에 가입하면서 노사관계분야에서 국제적 기준에 부합하는 노동관계법률을 제정(1997년)해야 했고, OECD에 가입함으로써 선진국 수준의 노사관계제도를 비롯한 세계화 기준에 부합하는 법률과 제도의 개정 요구에 따라 선진화 노동관계법을 시행하게 되었다.

우리나라는 1980년대 초반까지만 하여도 아시아의 주요 인력수출국이었으나, 1980년대 말 이후에는 인력수입 국가로 전환되었고, 구조적인 인력부족의 문제를 해결하기 위해서는 상당 부문 외국 인력에 의존할 수밖에 없게 되었다.

세계무역기구(WTO)의 출범은 우리나라의 노동환경을 크게 변화시켰다. 첫째, 우리 사회에 경쟁분위기를 가중시켰고, 둘째, 근로기준을 강화시켰으며, 셋째, 해외직접투자의 증가를 초래하였다. 이러한 WTO 출범과 같은 환경변화에 직면하여 우리나라가 생산성을 향상시키고 무역과 근로기준법의 연계문제를 극복하기 위해서는 국제관행에 맞는 제도와 법률을 마련하고 노동시장의 유연성을 제고하여야 할 것이다.

5) P. Beamish, A. Morrison, P. Rosenweig & A. Inkpen, *International Management: Text and Cases*, Boston : Irwin McGraw Hill, 2000, p. 3.

제2절 노동시장 유연성의 유형

노동시장 유연성의 필요성에 대하여 본격적으로 논의되기 시작한 것은 1986년 OECD가 발간한 노동시장 유연성에 관한 전문가보고서에 의해서 이다.[6] 이 전문가 보고서는 노동시장의 유연성을 결정하는 요인으로 여섯 가지 큰 항목과 여러 가지 세부 항목으로 나누어 이들 요인이 경제발전, 기술혁신, 실업, 삶의 질에 어떤 영향을 미치는가를 분석하고 있다.

노동시장의 유연성 제고가 경제에 미친 영향을 보면, 노동비용과 근로조건의 유연성 제고는 경제성장에, 노동이동 및 교육·훈련은 기술혁신에, 전체 여섯 가지 큰 항목은 실업해소에, 근로조건과 근로관행은 삶의 질 향상에 도움을 주는 것으로 나타났다.

전문가보고서에 이어 OECD는 같은 해 기술보고서를 발간하여 노동시장의 유연성 형태를 더욱 체계화시켰다. 그 후 학자들에 의해서 많은 연구가 이어졌고, OECD는 1994년 직업연구서[7]를 통해서 노동시장의 유연성 제고를 위한 임금조정과 고용조정 문제를 처음으로 심도 있게 다루고 있다.

1. 노동시장 유연성의 분류

연구자들의 연구내용을 중심으로 노동시장 유연성 형태를 분류하면 〈표 14-1〉과 같으며, 노동시장 유연성에 관한 연구를 중심으로 유연성 유형을 종합하면 노동비용, 노동이동, 근로시간, 고용조정, 적극적 노동시장정책으로 분류할 수 있다.

이들 유연성의 유형을 크게 노동비용조정과 고용조정, 그리고 정책적 조정으로 구분하여 살펴보기로 한다.

---

6) OECD, *Flexibility in Labor Market*, A Technical Report, 1986.

7) OECD, *The OECD Jobs Study*, Evidence and Explanation, Part 1, 1994.

〈표 14-1〉 노동시장 유연성의 유형

연구기관	유연성 유형	내 용
OECD 전문보고서 (1986)	노동비용 노동이동 기업내유연성	실질임금, 상대임금, 비임금비용 등의 상승완화 직장이동, 지역이동, 직업이동 양적 유연성, 기능적 유연성
Sarfati-Kobran[8]	노동비용 고용조정 근로시간 근로조직 훈련개발	임금비용, 비임금비용 고용형태, 해고권, 사회보호제도 근로시간 단축, 정년퇴직연령 단축, 근로시간 재편성 신기술에 적합한 근로조직, 기술다양화, 직업이동 훈련, 기술습득
OECD 보고서 (1994)	임금 조기퇴직제도 근로시간 적극적 노동시장정책	실질 및 상대임금, 노동시장 경쟁, 상품시장 경쟁, 최저임금 및 복지 근로시간 감축, 파트타임제
일본형	고용조정 기타조정	잔업규제, 휴일대체, 휴일·휴가 증가, 임시·계절 파트타임자 재계약정지, 중도채용 축소, 배치전환, 일시휴업, 희망퇴직 조업시간(일)단축, 임금 및 노동비용 삭감, 하청·외주 삭감

1) 노동비용조정

노동비용조정은 근로자의 임금을 비롯한 노동비용의 상승을 완화함으로써 노동력 수요를 증가시키려고 하는 노동시장 유연성 제고방식이다. 노동비용은 임금비용과 비임금비용으로 구분되며, 노동시장 유연성과 관련하여 노동비용조정은 임금수준, 임금체계, 비임금비용이 포함된다.

첫째, 임금상승 완화는 유연성을 제고시켜 실업해소에 도움을 줄 수 있다. 임금상승을 완화시키는 방안으로는 소득정책 실시, 임금동결, 물가와 임금의 연동제 완화 또는 폐지, 법정 최저임금 인상률 완화 또는 최저임금제도의 폐지 등이다. 그런데 임금상승 완화는 일반적으로 노사 간의 합의 하에 결정되어야 하는 어려움이 있고, 규제가 풀린 다음에는 높은 임금상승이 뒤따를 수 있는 문제가 있다.

8) H. Sarfati and C. Kobran, *Labor Market Flexibility,* A Comparative Anthology, Gower, 1988.

이를테면 1987년 6.29 민주화 선언 이후에 경제민주화의 실현으로 높은 임금상승이 지속되었다. 6.29 이후에 명목임금 상승률은 연평균 17.5%를 기록하였고, 매년 임금상승률이 노동생산성 증가율을 상회하였다. 임금상승률이 노동생산성 증가율을 상회하게 되면 노동비용이 상승하여 물가상승요인으로 작용하게 된다.

둘째, 임금체계의 성과급화로서, 근로자의 성과를 반영하여 성과에 따라 임금을 차등적으로 지급하게 되면 사용자는 선택의 폭이 넓어져 노동시장의 유연성이 제고될 수 있다. 임금체계의 성과급화는 한국이나 일본 같이 연공급제가 자리 잡고 있는 나라에서는 노동시장 유연성 제고에 크게 기여할 수 있을 것이다. 우리나라의 지배적인 임금체계인 연공급은 학력에 따라 기본급이 정해지고 근속연수에 따라 매년 균등하게 임금이 인상되는 제도로서 기본급의 비중이 낮고, 수당 종류가 다양하며, 상여금이 고정급화되어 있으므로 근로자의 동기유발 기능이 매우 약한 문제점을 지니고 있다.

셋째, 노동시장에 진입하려는 젊은 근로자들은 기술과 경험이 부족하기 때문에 그들에게 상대적으로 낮은 임금을 지급하게 되면 고용은 상대적으로 증가할 수 있을 것이다.

넷째, 비임금비용을 삭감하는 방식으로서, 사용자가 지급하는 퇴직금, 고용·훈련비, 연금, 고용보험, 재해보험 등의 사회보장성 인건비를 삭감함으로써 노동시장의 유연성을 높이게 될 것이다.

2) 고용조정

고용조정은 비용조정과 달리 근로자의 고용활동을 조정대상으로 하는 것으로서, 크게 양적 조정(quantity adjustment)과 기능적 조정(functional adjustment)으로 구분되는데, 전자에는 노동이동, 근로시간 조정, 근로자수 조정 등의 방법이 있고, 후자에는 노동력 재배치와 근로조직 개편의 방법이 있다.

우리나라 근로기준법 제23조~제28조에는 해고와 관련하여 해고의 제한, 해고의 경영상 이유, 해고의 예고, 해고의 구제신청, 예고해고의 적용 제외 등 고용보호에 관하여 규정하고 있다. 특히 동법 제24조 제1항에는 적당한 경영상 이유 없이 해고할 수 없도록 고용조정 조건에 관하여 다음과 같이 규정하고 있다.

① 사용자는 경영상 이유에 의하여 근로자를 해고하고자 하는 경우에는 긴박한 경영상의 필요가 있어야 한다(제24조 1항).

② 제1항의 경우에는 사용자는 해고를 피하기 위한 노력을 다하여야 하며 합리적이고 공정한 해고의 기준을 정하고 이에 따라 그 대상자를 선정하여야 한다(2항).

③ 사용자는 제2항의 규정에 따른 해고를 피하기 위한 방법 및 해고의 기준 등에 관하여 당해 사업 또는 사업장에 근로자의 과반수로 조직된 노동조합이 있는 경우에는 그 노동조합, 근로자 과반수로 조직된 노동조합이 없는 경우에는 근로자의 과반수를 대표하는 자(이하 근로자대표라 한다)와 성실하게 협의하여야 한다(3항).

④ 사용자가 제1항 내지 제3항의 규정에 의한 요건을 갖추어 근로자를 해고한 때에는 제24조 제1항의 규정에 의한 정당한 이유 있는 해고로 본다(4항).

(1) 양적 고용조정

① 노동이동

노동이동은 다른 조직으로 직장을 옮기는 것으로서, 노동이동이 심하면 고용비용이 증가할 수 있고, 적합하지 않으면 생산차질을 가져올 수 있으나, 적당한 노동이동은 근로자에게 만족과 소득을 높일 수 있고, 사용자에게는 필요한 노동력을 적합하게 고용할 수 있으므로 노동시장 유연성 제고에 도움이 된다.

② 근로시간 및 근로관행 조정

근로시간 및 근로관행 조정은 기존 근로자수를 조정하지 않고 근로시간수 조정과 근로형태의 다양화를 통해서 환경변화에 대처할 수 있는 방식으로 노동시장의 유연성 제고에 도움이 된다. 근로시간과 근로관행의 조정은 노사 간의 합의를 거쳐야 하는 어려움과 법률 적용상의 문제가 따른다.

근로시간 조정의 구체적인 형태로는 정규근로시간의 삭감, 일시휴업, 초과근로시간의 삭감 또는 폐지, 임시근로제 실시, 파트타임근로제 실시, 변형근로제 실시, 근로자수 조정, 신규채용의 중지 또는 삭감, 결원의 불보충 또는 적은 보충, 비정규근로자 재계약 중지, 조기퇴직 유도 및 정리해고 등을 들 수 있다.

우리나라는 법정근로시간이 1989년 주 48시간에서 44시간으로 단축되었고, 현재는 40시간으로 단축됨으로써 근로시간이 빠른 속도로 감소하는 추세이다. 우리나라 근로자의 주당 평균근로시간은 1986년 52.5시간에서 1990년 48.2시간, 1995년 47.7시간, 2000년 47.5시간, 2005년 45.1시간, 2010년 42.5시간, 2016년 40.8시간으로 단기간에 급속도로 감축되고 있다.

우리나라 기업들이 근로시간 감축과 관련하여 가장 많이 활용하고 있는 고용조정 방법으로는 잔업시간 감축, 정규시간 삭감, 일시휴업, 연차휴가 사용, 휴일증가 순이다.

또한 우리나라 기업들이 흔히 사용하는 고용조정방법으로 임시근로제나 파트타임 근로제를 실시하여 근로관행을 조정하고 있다. 이는 정규직근로자를 비정규직근로자로 대체하는 조정방식이다.

(2) 기능적 고용조정

기능적 고용조정은 근로자를 감축하지 않고 근로조직을 개편하거나 노동력을 재배치하여 고용조정을 하는 방법이다. 근로조직의 개편은 경기불황이나 새로운 기술변화에 대응하기 위해서 적합한 조직구조로 변화하는 방식이고, 노동력 재배치는 경기불황을 극복하기 위해서 일시적 또는 영구적으로 기업내부에서 재배치하거나, 기업외부조직으로 파견이나 전직형태로 재배치함으로써 유연성을 높이는 방식이다. 이러한 경우는 노동조합과 사전 합의를 필요로 한다.

2. 정책적 조정

정책적 조정은 정부가 비용을 지출하여 근로자에게 교육훈련을 실시하여 취업능력을 높이고 고용기회를 제공하는 것을 말한다. OECD보고서에 의하면 노동시장정책을 소극적 정책과 적극적 정책으로 분류하고 소극적 정책은 실업보상과 조기퇴직을 포함하고 있으며, 적극적 정책은 고용촉진을 목적으로 하는 직업훈련, 청년대책, 고용보조, 장애자대책 등을 포함하고 있다.

위에서 논의한 노동시장 유연성 제고방안을 도표화하면 [그림 14-1]과 같이 묘사할 수 있다.

[그림 14-1] 노동시장 유연성 유형과 제고 방안

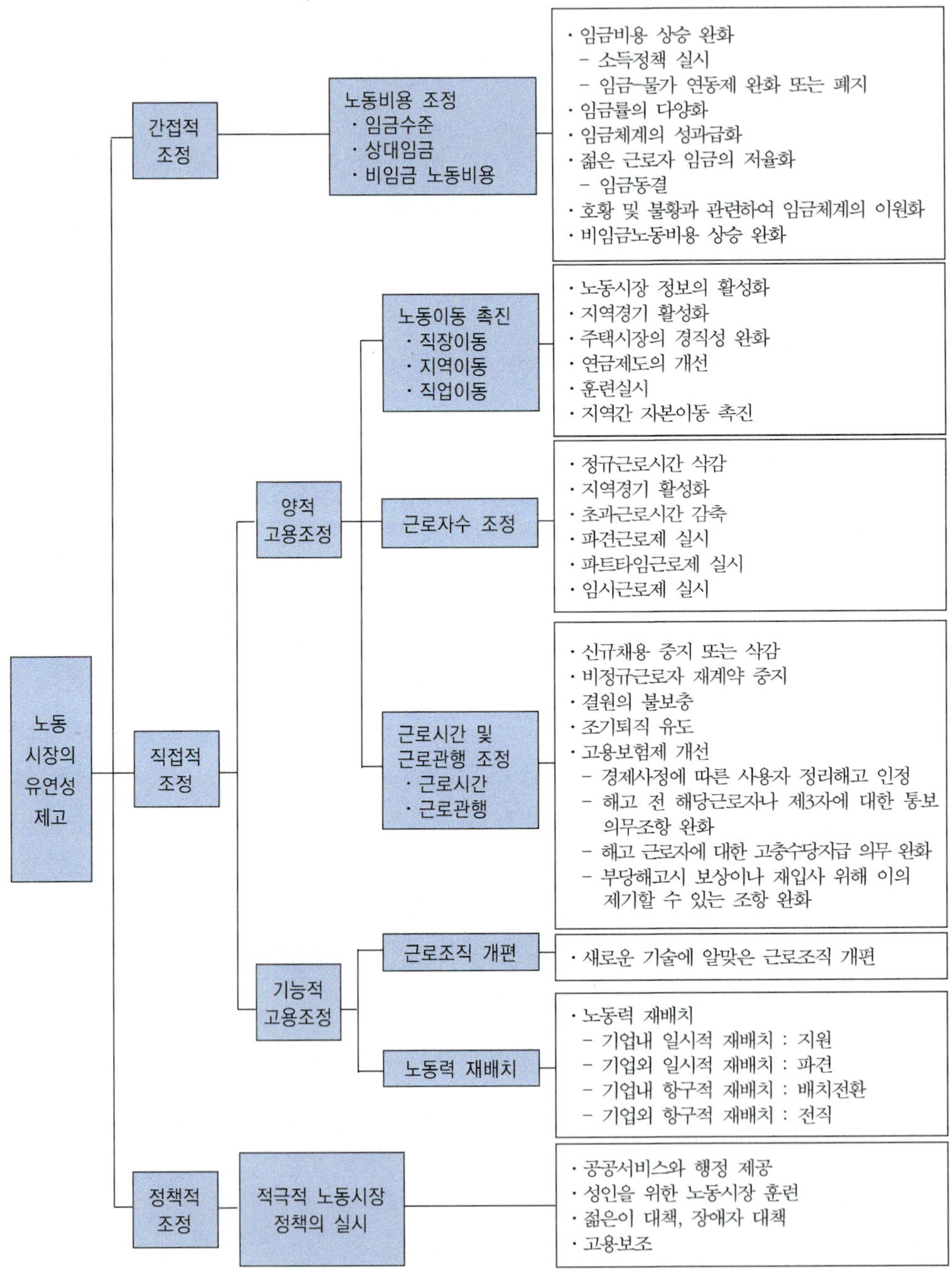

자료: 이종법 · 류태모 · 윤대혁, 노사관계론, 대명, 2003, p. 302.

제3절 기간제 및 단시간근로자 고용관계

노동시장 유연화 추세의 확산으로 기간제・단시간근로자의 고용관행이 정착되어 가고 있다. 기업은 생산성 및 수익성 증대를 겨냥하여 노동시장 유연화의 일환으로 기간제 및 단시간근로자의 고용을 확대함으로써 경쟁력 향상에 상당한 도움이 되겠으나, 같은 일을 하면서도 정규직근로자에 비하여 임금 기타 복지후생에서 차별대우를 받아야 하고, 언제 고용이 종료될지 불안한 비정규직근로자들의 경제적・사회적 불안정은 심각한 사회문제로서 현대 사회가 해결해야 할 중요한 정책과제로 대두되고 있다.

1. 기간제 및 단시간근로자의 개관

사용자들은 경영의 국제경쟁력 제고를 전제로 강한 노동시장 유연성의 확대를 요구함에도 불구하고, 기간제 및 단시간근로자들은 동일한 내용의 근로를 제공하면서도 정규직근로자에 비하여 낮은 수준의 임금과 열악한 근로조건에서 근로를 제공해야 하는 것은 형평성에도 어긋날 뿐 아니라, 사회양극화의 주요 원인이 될 수 있으므로 기간제 및 단시간근로자와 정규직근로자 사이의 차별대우를 적정한 수준에서 합리적인 조화를 유지하도록 요구하고 있다.

따라서 비정규직근로자를 보호하려는 사회적 공감대가 형성됨에 따라 「기간제 및 단시간근로자 보호 등에 관한 법률」이 제정되기에 이른 것이다.

1) 보호 법률의 적용범위

「기간제 및 단시간근로자 보호 등에 관한 법률(이하 기간제보호법이라 함)」은 근로기준법과 마찬가지로 상시 근로자 5인 이상 사용하는 사업 또는 사업장에 적용한다(동법 제3조). 또한 국가 및 지방자치단체의 기관에 대하여는 상시 사용하는 근로자의 수에 관계없이 적용한다(동조 제2항).

2) 근로계약에 근로조건의 명시

사용자는 기간제 또는 단시간근로자와 근로계약을 체결하는 때에는 근로계약기간, 근로 및 휴게시간, 임금의 계산 및 지급방법, 휴일 및 휴가, 종사업무 등에 관한 사항을 근로자가 명확하게 알 수 있도록 서면으로 명시하여야 한다(기간제보호법 제17조).

2. 기간제근로자의 고용관계

1) 기간제근로자의 정의

기간제근로자라 함은 기간의 정함이 있는 근로계약을 체결하고 근로를 제공하는 근로자를 말하는 것으로(기간제보호법 제2조 1호), 흔히 사회에서는 임시직, 계약직, 촉탁직 등으로 불리고 있다. 기간의 정함이 있는 근로계약을 체결한 근로자는 계약상의 고용기간이 종료하면 계약해지 통고(해고 통고)가 없더라도 근로관계가 종료된다.

2) 기간제근로자 사용의 기한

사용자는 2년을 초과하지 아니하는 범위 안에서 기간제근로자를 사용할 수 있다(기간제보호법 제4조 1항). 사용자는 기간제 근로계약의 반복갱신 등의 경우에도 그 근로자를 계속 근로한 총기간이 2년을 초과하여 사용할 수 없으며, 2년을 초과하여 기간제근로자로 사용하는 경우에는 기간의 정함이 없는 근로계약을 체결한 것으로 본다(동조 2항).

그러나 동법 제4조 1항 단서의 합리적인 사유가 있는 경우에는 2년을 초과하여 기간제근로자를 사용할 수 있도록 규정하고 있다.

2년의 계약기간이 초과된 기간제근로자는 그 시점부터 기간의 정함이 없는 근로계약이 체결된 것으로 의제됨으로써 정규직근로자로 전환된 것으로 보아야 하므로 정규직근로자와 동등한 해고 및 근로조건이 보장되어야 한다.

3) 기간제근로자의 차별금지와 시정절차

(1) 차별적 처우의 의미

「기간제보호법」 제8에 따르면 "사용자는 기간제근로자임을 이유로 당해 사업 또는 사업장에서 동종 또는 유사한 업무에 종사하는 기간의 정함이 없는 근로계약을 체결한 근로자(또는 통상근로자)에 비하여 차별적 처우를 하여서는 아니 된다"고 규정하고 있다. 여기에서 차별적 처우라 함은 임금, 정기적 상여금, 성과급, 그 밖의 근로조건 및 복리후생 등에 있어서 합리적인 이유 없이 불리하게 처우하는 것을 일컫는다(동법 제2조 3호).

(2) 차별적 처우의 판단요건

차별적 처우를 설명하려면 우선 첫째, 기간의 정함이 없는 정규직 또는 통상근로자의 근로조건을 비교대상으로 정하여야 하고, 둘째, 비교대상 근로자는 장소적으로 동일하거나 유사한 사업장에서 근무하는 사람이어야 하며, 셋째, 업무적으로 동종 또는 유사한 업무에 종사하는 근로자이어야 한다.

그러나 합리적 이유가 있는 차별은 금지되지 않는다. 이를테면, 기술과 능력, 또는 성과에 따른 임금이나 근로조건의 차별은 충분히 합리적 이유가 있는 정당한 차별이 될 것이다.

(3) 차별적 처우의 시정절차

① 차별시정의 신청

기간제 또는 단시간근로자는 차별 처우를 받은 경우 노동위원회법 제2조의2에 따라 노동위원회에 그 시정을 신청할 수 있다(기간제보호법 제9조). 차별시정 신청을 하는 경우에는 차별 처우의 내용을 구체적으로 명시하여야 한다.

② 조사 · 심문절차

노동위원회는 기간제근로자로부터 차별시정 신청을 접수하면 해당 사건을 담당할 차별시정위원회를 구성하여 지체 없이 필요한 조사와 관계당사자에 대한 심문을 하여야 한다(기간제보호법 제10조 1항). 이때에 조사의 실효성을 높이기 위하여 근로자는 차별신청 이유를 구체적으로 명시하고, 사용자에 대하여는 차별적 처우의 부존재 또는 합리적 이유 등의 입증책임을 부담시키고 있다(동법 제9조 4항).

③ 조정 · 중재

차별시정의 효율성을 높이기 위하여 조사 및 심문과정에서 관계당사자 쌍방 또는 일방의 신청 또는 직권으로 조정절차를 개시할 수 있으며, 관계당사자가 미리 노동위원회의 중재결정에 따르기로 합의하여 중재를 신청하면 중재를 할 수 있다(동법 제11조 1항).

④ 시정명령 또는 기각결정

차별시정위원회는 조사 · 심문을 종료하고 근로자의 신청내용이 차별적 처우에 해당한다고 판단한 경우에는 사용자에게 시정명령을 발하여야 하고, 차별적 처우에 해당하지 아니한다고 판정한 때에는 그 시정신청을 기각하는 결정을 하여야 한다

(동법 제12조 1항). 시정명령 또는 기각결정은 서면으로 하되, 그 이유를 구체적으로 명시하여 관계당사자에게 교부하며, 시정명령을 발하는 경우에는 시정명령의 내용 및 이행기한 등을 구체적으로 기재하여야 한다(동법 제12조).

⑤ 시정명령의 확정

지방노동위원회의 시정명령 또는 기각결정에 대하여 불복이 있는 관계당사자는 시정명령 또는 기각결정서의 송달을 받은 날부터 10일 이내에 중앙노동위원회에 재심을 신청할 수 있고(동법 제14조 1항), 중앙노동위원회의 재심결정에 불복이 있는 관계당사자는 재심결정서의 송달을 받은 날부터 15일 이내에 행정소송을 제기할 수 있다(동조 2항). 그러나 제1항에 규정된 기간 이내에 재심을 신청하지 아니하거나, 제2항에 규정된 기간 이내에 행정소송을 제기하지 아니한 때에는 그 시정명령・기각결정 또는 재심결정은 확정된다(동조 3항).

⑥ 고용노동부장관의 차별시정 지도

근로자가 직접 노동위원회에 차별적 처우의 시정을 신청하지 않더라도 근로감독관이 사업장 점검 시에 기간제 및 단시간근로자에 대하여 임금 기타 근로조건에 대한 차별을 확인한 경우에는 그 시정을 요구할 수 있고(동법 제15조의 2 1항), 사용자가 시정요구에 응하지 아니할 경우에는 차별적 처우의 내용을 구체적으로 명시하여 노동위원회에 통보하여야 하며(동조 2항), 고용노동부장관의 통보를 받은 경우에 노동위원회는 지체 없이 동법 제10조 및 12조의 절차를 이행하여야 한다(동조 4항).

3. 단시간근로자의 고용관계

1) 단시간근로자의 정의

단시간근로자라 함은 1주 동안의 소정근로시간이 그 사업장에서 같은 종류의 업무에 종사하는 통상근로자의 1주 동안의 소정근로시간에 비하여 짧은 근로자를 말한다(근기법 제2조 1항 8호). 단시간근로자와 통상근로자를 구분하는 기준은 1주간 동안의 소정근로시간이 짧은 근로자라고 규정하고 있으므로, 여기에서 단시간근로자의 소정근로시간이란 법정근로시간(근기법 제50조)을 하회하는 범위에서 근로제공을 약정한 근로시간을 일컫는다.

2) 단시간근로자의 근로조건 적용

단시간근로자도 통상근로자와 같이 근로기준법, 최저임금법, 산업안전보건법, 퇴직급여보장법, 노동조합 및 노동관계조정법 등이 적용된다.

단시간근로자의 근로조건은 그 사업장의 같은 업무에 종사하는 통상근로자의 근로시간을 기준으로 산정한 비율에 따라 결정되어야 한다(근기법 제18조 1항). 다만, 4주 동안(4주 미만 근로하는 경우는 그 기간)을 평균하여 1주의 소정근로시간이 15시간 미만인 근로자에 대하여는 근로기준법 제55조(휴일)와 제60조(연차휴가)를 적용하지 아니한다(근기법 제18조3항).

3) 단시간근로자의 보호

최근에 정보통신기술의 발달과 다양한 서비스산업의 등장으로 가정주부나 아르바이트근로자의 파트타임 근로를 희망하는 단시간근로자가 크게 증가하고 있다. 이러한 단시간근로의 육성과 활용을 촉진하기 위하여 단시간근로자를 보호하려는 법률적 제도가 마련되어 있다. 다시 말하면 근로기준법이나 기간제 및 단시간근로자 보호 등에 관한 법률에서 단시간근로자에 대해서 특별보호규정을 두고 있다.

(1) 단시간근로자의 초과근로 제한

기간제보호법 제6조에서 사용자는 단시간근로자에게 소정근로시간을 초과하여 근로하게 하는 경우에는 당해 근로자의 동의를 얻어야 하며, 단시간근로자의 동의를 얻지 아니하고 초과근로를 하게 하는 경우에는 이를 거부할 수 있다. 또한 어떤 경우에도 사용자는 1주간에 12시간을 초과하여 근로하게 할 수 없다고 규정하고 있다.

단시간근로자에 대해서도 통상근로자와 같이 1일 8시간 근로기준이 적용되며(근기법 제50조), 사용자는 단시간근로자가 기준근로시간을 초과하여 근로한 경우에는 가산임금을 지급하여야 하고, 또한 단시간근로자에게도 근로기준법상의 휴게시간이 동일하게 적용된다.

(2) 통상근로자로의 전환 노력

단시간근로자는 가사나 학업을 위하여 일시적으로 단시간근로를 희망하는 경우가 많으므로 이러한 사유가 소멸하면 통상근로자로 전환하여 근로하도록 하는 것이 효율적이다. 기간제보호법 제7조에서 사용자는 통상근로자를 채용하고자 하는 경우에는 당해 사업 또는 사업장의 동종 또는 유사한 업무에 종사하는 단시간근로자를 우선적으로 고용하도록 노력하여야 하며, 또한 가사, 학업 등으로 단시간근로를 신청하는 근로자를 단시간근로자로 전환하도록 노력해야 한다고 규정하고 있다.

(3) 근로조건의 서면 명시 및 차별적 처우 금지

기간제보호법 제17조의 기간제 또는 단시간근로자의 근로조건 서면 명시와 동법 제8조 차별적 처우의 금지에 관하여는 위의 제3절 2항과 3항에서 설명하였으므로 참조하기 바라는 바이다.

제4절 파견근로자의 고용관계

「파견근로자 보호 등에 관한 법률」(이하 파견법이라 함) 제1조(목적)는 “근로자파견사업의 적정한 운영을 기하고 파견근로자의 근로조건 등에 관한 기준을 확립함으로써 파견근로자의 고용안정과 복지증진에 이바지하고 인력수급을 원활하게 함을 목적으로 한다”고 규정하고 있다. 따라서 이 법은 파견근로자의 근로조건 기준을 확립하여 파견근로자의 고용과 복지를 보호하고 인력수급을 원활히 하여 근로자 파견사업을 적정하게 운영함으로써 국가의 노동시장을 효율적으로 관리하여 산업발전과 고용안정을 도모하고자 마련한 법률제도이다.

1. 파견근로의 개관

1) 근로자 파견의 정의

근로자 파견이란 “파견사업주가 근로자를 고용한 후 그 고용관계를 유지하면서 근로자파견계약(파견사업주와 사용사업주 사이에 체결)의 내용에 따라 사용사업주의 지휘·명령을 받아 근로에 종사하는 자”를 말한다(파견법 제2조 1항).

근로자파견사업이란 “근로자 파견을 업으로 행하는 것”을 말하는 것으로(동조 제2호), 여기에서 근로자파견계약이란 “파견사업주와 사용사업주 간에 근로자 파견을 약정하는 계약”을 지칭한다.

따라서 근로자파견사업은 파견사업주가 파견사업을 목적으로 근로자를 고용하고, 파견근로자를 필요로 하는 사용사업주와 근로자파견계약을 체결하여, 그 근로자가 사용사업주의 지휘·명령을 받아 근로를 제공하는 3당사자의 고용계약관계이다. 근로자 파견의 3자 고용관계를 [그림 14-2]와 같이 도시할 수 있다.

[그림 14-2] 근로자파견사업의 3자 고용관계

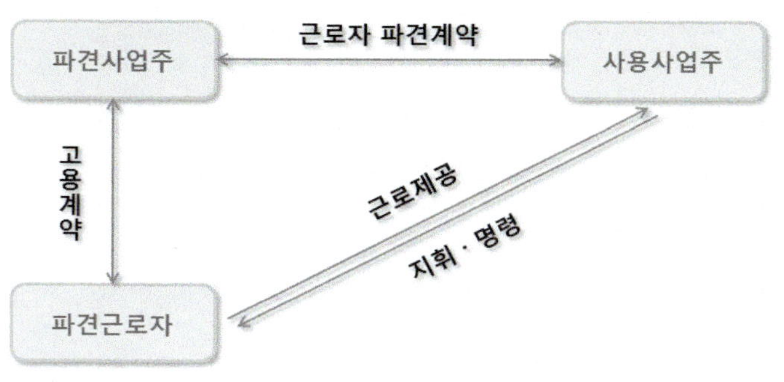

한편, 여기에서 근로자파견사업과 유사한 개념으로 도급사업관계에 관하여 차이점을 설명할 필요가 있다. 도급사업관계는 수급사업주와 도급사업주가 도급계약을 체결하고 수급사업주가 고용한 근로자를 도급사업주 사업장에 투입하여 노무를 제공하는 '사내하도급'의 방식으로서, 근로자파견사업의 파견근로자는 통상 사용사업주의 사업장에 조직적으로 편입되어 사용사업주의 지휘·명령을 받아 업무를 수행하는데 반하여, 도급관계에서 노무를 제공하는 근로자는 수탁사업주의 지휘·명령을 받아 노무를 제공하는 수탁사업자의 노무이행보조자로서 이들은 차이가 있다(대법원 판례 2010.7.22. 2008두4367 참조).

2) 파견대상 업무와 파견제한

(1) 근로자 파견 대상업무

근로자 파견사업은 제조업의 직접생산공정업무를 제외하고 전문지식·기술·경험 또는 업무의 성질 등을 고려하여 적합하다고 판단하는 업무로서 대통령령이 정하는 업무를 대상으로 한다(동법 제5조)고 규정하고 있는데, 제조업의 직접생산공정업무를 제외시킨 이유는 파견대상업무가 지나치게 확대되어 정규직근로자의 고용불안을 제거하기 위한 것이다.

파견근로자보호법 제5조 2항에서 근로자 파견을 금지하는 업무로는 건설현장의 업무, 선원업무, 유해하거나 위험한 업무 등이며, 동법 시행령 제2조 2항에서는 분진작업, 간호보조업무, 의료기사업무, 여객자동차 및 화물차 운전업무는 근로자파견사업 대상에서 제외하고 있다.

(2) 근로자 파견의 제한

근로자파견대상업무라 하더라도 동법 제16조에 해당하는 경우에는 근로자를 파견해서는 아니 된다. 즉, 쟁의행위 중인 사업장에 그 쟁의행위로 중단된 업무의 수행을 위하여 근로자를 파견해서는 아니 되며(동조1항), 근로기준법 제24조에 따른 경영상 이유에 의한 해고를 한 후 대통령령이 정하는 일정기간이 경과하기 전에 당해 업무에 파견근로자를 사용해서는 아니 된다(동조 제2항).

3) 파견사업의 허가 및 요건

근로자파견사업을 하고자 하는 자는 고용노동부령이 정하는 바에 의하여 고용노동부장관의 허가를 받아야 하며, 허가받은 사항 중 고용노동부령이 정하는 중요 사항을 변경하는 경우에도 고용노동부장관의 허가를 받아야 한다(파견법 제7조 1항). 다만, 근로자파견법 제8조에서 정하는 미성년자 · 금치산자 · 한정치산자 · 파산선고된 자, 금고 이상의 형을 받은 자, 사업허가가 취소되고 3년 미경과된 자 등은 허가를 받을 수 없으며(동법 제8조), 또한 식품접객업, 숙박업, 결혼중개업을 하는 자는 파견근로자사업을 겸할 수 없도록 하고 있으며(동법 제14조), 파견사업주는 자기의 명의로 타인에게 근로자파견사업(명의대여 금지)을 하게 할 수 없다(동법 제15조).

한편, 근로자파견사업의 허가 유효기간은 3년이며, 유효기간이 만료한 후에 계속하여 같은 사업을 하고자 하는 자는 고용노동부령에 따라 갱신허가를 받아야 한다(동법 제10조). 그러나 고용노동부장관은 파견사업주가 거짓, 또는 그 밖의 부정한 방법으로 허가를 받았거나, 동법 제8조의 결격사유에 해당하게 된 때에는 근로자파견사업의 하가를 취소하고, 소정의 허가기준에 미달하는 경우에는 동 파견사업의 허가를 취소하거나 6개월 이내의 영업정지를 명할 수 있다(동법 제12조).

2. 3당사자의 법률관계

1) 파견사업주와 사용사업주의 관계

(1) 근로자파견계약 체결

근로자파견계약은 쌍무계약으로서 파견사업주는 근로자를 파견할 책임을, 사용사업주는 약정된 파견보수를 지급할 의무를 부담한다. 근로자파견법 제20조는 파견근로자의 일정한 근로내용과 근로조건을 기재한 근로자파견계약을 서면으로 체결하여야 한다고 규정하고 있으며, 주요 기재내용으로는 파견근로자 수, 그들이 종사할 업무, 파견사유, 근로할 사업장 및 근로장소, 파견근로자를 직접 지휘・명령할 자, 근로자 파견 기간, 근무시간과 휴게시간, 휴일 및 휴가, 연장・휴일・야간근로, 안전보건 등에 관한 사항이 포함된다.

근로자파견계약을 체결하는 경우 사용사업주는 파견사업주에게 동법 제21조 1항의 차별적 처우의 금지규정을 준수하도록 하기 위하여 필요한 정보를 제공하여야 한다. 이 경우 제공하여야 할 정보의 범위 및 제공방법 등에 관한 사항은 차별적 처우 금지의 취지를 감안하여 사용사업주 사업 내의 동종 또는 유사한 업무를 수행하는 근로자의 근로조건에 관한 사항으로서 대통령령으로 정한다(동조 2항)고 규정하고 있다.

(2) 계약당사자의 권리와 의무

근로자파견계약은 파견사업자가 사용사업자에게 일정한 작업능력이나 기술자격을 갖춘 근로자를 일정기간 동안 근로를 제공하도록 공급하는 것을 의무로 한다. 이렇게 파견(공급)된 근로자는 사용사업주의 지시나 명령에 따라 근로를 수행해야 하는 노동관계에 있게 된다.

파견사업주가 동법 제12조에 의하여 사업의 취소 또는 영업정지를 받은 경우에도 그 처분 전에 파견한 파견근로자와 사용사업주에 대하여는 파견기간이 종료될 때까지 파견사업주로서의 의무와 권리를 가진다(동법 제13조)고 규정하여 사용사업주의 노무조달에 차질이 없도록 한 조치이다.

(3) 근로자 파견의 기간

근로자 파견의 기간은 원칙적으로 1년을 초과하지 못 한다(동법 제6조). 다만, 파견사업주・사용사업주・파견근로자 간의 합의가 있는 경우에는 파견기간을 연장할 수 있으며, 이 경우 1회를 연장할 때에는 그 연장기간은 1년을 초과하지 못하고 연장된 기간을 포함한 총파견기간은 2년을 초과하지 못한다(동조 제2항).

(4) 근로자파견계약의 해지

사용사업주는 파견근로자의 성별・종교・사회적 신분이나 파견근로자의 정당한 노동조합 활동 등을 이유로 근로자파견계약을 해지하여서는 아니 되며(동법 제22조), 파견사업주는 사용사업주가 이법 또는 근로기준법이나 산업안전보건법의 명령에 위반하는 경우에 근로자 파견을 정지하거나 근로자파견계약을 해지할 수 있다(동조 제2항).

2) 파견사업주와 파견근로자의 관계

(1) 파견근로자의 성격

파견근로자라 함은 파견사업주가 사용사업주를 위하여 고용한 근로자로서 근로자 파견의 대상이 되는 자를 말하는 것으로서(동법 제2조 5호), 파견사업주와 근로자 사이의 관계는 근로자로 하여금 사용사업주에게 노무를 제공하게 할 목적으로 근로계약을 체결한 고용관계이다. 사용사업주는 근로자를 인수하여 노무의 지휘・명령권을 행사하여 사용함으로써 사업목적을 달성하게 된다.

(2) 파견근로자의 보호조치 의무

근로자파견법은 파견근로자를 보호하고 그들의 법적 지위를 확고히 하기 위하여 파견사업주가 강구해야 할 조치의무를 규정하고 있다. 즉, ① 파견자업주는 파견근로자의 적소 배치, 교육훈련의 제공, 근로조건의 향상, 고용안정 등의 복지증진을 위해 노력하여야 하고(동법 제23조), ② 파견근로자의 채용 시점에 고용취지를 알려야 하며(동법 제24조 1항), ③ 파견근로자로 고용하지 아니한 자를 파견대상으로 하고자 할 때에는 당해 파견근로자의 동의를 얻어야 한다(동조 2항). 또한 ④ 파견사업주는 정당한 이유 없이 파견근로자가 고용관계 종료 후에 사용사업주에게 고용되거나, 사용사업주가 그 근로자를 고용하는 것을 금지하는 근로계약을 체결하여서는 아니 된다(동법 제25조). ⑤ 파견사업주는 근로자 파견을 하고자 할 때에는 미리 근로자파견계약에서 정한 계약내용(동법 제20조)을 파견근로자에게 서면으로 알려 주어야 한다(동법 제26조). 한편, ⑥ 파견사업주는 근로자 파견의 경우에 파견근로자에 관한 인적 사항을 사용사업주에게 통지하여야 한다(동법 제27조).

3) 사용사업주와 파견근로자의 관계

(1) 사용관계의 특성

파견사업주와 파견근로자 사이의 근로계약은 사용사업주를 위해 노무의 제공을 약정한 것이고, 파견사업주와 사용사업주 사이의 근로자파견계약은 파견사업주가 근로자 파견을 통한 노무제공을 성실히 이행하기 위한 약정이므로 파견근로자는 사용사업주에 대하여 근로계약의 내용에 따라 성실하게 노무를 제공할 의무가 발생한다. 따라서 파견근로자는 사용사업주의 지휘・명령에 따라 근로를 제공하고, 사용사업주의 사업장에 적용되는 근로제도와 복무규율을 성실히 따라야 한다.

(2) 근로자파견계약상의 보호조치

근로자파견법 제30조에 의하면 사용사업주는 파견근로자 보호를 위해 동법 제20조에 따른 근로자파견계약의 내용을 위반하지 않도록 필요한 조치를 강구해야 하며, 파견근로자가 파견근로에 대한 고충을 제시하는 경우에는 그 내용을 파견사업주에게 통지하고 적절하게 고충을 처리하여야 한다(동법 제31조)고 규정하고 있다. 그리고 사용사업주는 파견근로자가 적절한 파견근로를 할 수 있도록 사용사업관리책임자를 선임하도록 하고 있다(동법 제32조).

(3) 파견근로자 직접고용 의무

사용사업주는 불법 부당하게 파견근로자를 사용하는 경우에 그 근로자를 직접 고용하여야 한다(근로자파견법 제6조의 2호). 이를테면 근로자 파견 대상이 아닌 업무(동법 제5조 1항)에 파견근로자를 사용하는 경우, 법률규정(동법 제5조 3항)을 위반한 파견근로자를 사용하는 경우, 2년을 초과하여(동법 제6조 2항) 계속적으로 파견근로자을 사용하는 경우, 출산・질병・부상 등의(동조 제4항) 기간에 사용한 경우, 불법한 근로자파견사업의 하가를 받은 경우 등의 사용사업주는 해당 근로자를 직접 고용하여야 한다.

또한 사용사업주가 파견근로자를 사용하고 있는 업무에 근로자를 직접 고용하고자 하는 경우에는 당해 파견근로자를 우선적으로 고용하도록 노력하여야 한다(근로자파견법 제6조의 2호 4항).

(4) 파견근로자의 차별적 처우 금지와 시정절차

「근로자파견법」 제21조에서 “파견사업주와 사용사업주는 파견근로자임을 이유로 사용사업주 사업 내의 동종 또는 유사한 업무를 수행하는 근로자에 비하여 차별적 처우를 하여서는 아니 된다"고 규정하고 이에 대한 시정절차를 도입하고 있다.

차별적 처우를 받은 파견근로자는 노동위원회에 그 시정을 신청할 수 있으며(동법 제21조), 시정신청 및 시정절차에 관하여는 위의 제3절 '기간제근로자'에 대한 차별적 처우의 시정신청과 시정절차에서 상세하게 설명하고 있다.

4) 근로기준법상 파견근로자의 지위

파견사업주는 파견근로자와 근로계약을 체결한 당사자로서의 사용자이며, 또한 사용사업주는 파견근로자의 근로를 제공받아 근로행위를 지휘・명령하고 직접 사용하는 당사자로서의 사용자이다. 따라서 근로기준법 제2조에서는 파견사업주 및 사용사업주를 근로기준법의 각 규정에 따라 사용자로서 동법의 적용을 받도록(동법 제34조 1항) 규정하고 있다. 또한 근로자파견법은 파견사업주와 사용사업주가 함께 책임을 부담하는 사항과 각 사업주가 책임을 분담하는 사항을 각각 규정하고 있다.

한편, 근로자파견법 제35는 특례규정을 두어 사용사업주를 산업안전보건법 제2조 3호의 규정에 의한 사업주로 보아 동법을 적용하도록 규정하고 있다. 그러나 산업안전보건법의 일부 규정에 대해서는 사용사업주와 파견사업주를 함께 동법상의 사업주로 보기도 한다.

(1) 파견사업주가 부담하는 사항

파견사업주는 근로계약상의 사용자로서 파견근로자법 제34조 1항 단서에 규정된 근로계약의 체결, 해고, 근로관계의 종료, 퇴직금, 임금, 연장・야간 및 휴일근로의 가산임금 지급, 연차휴가, 여성과 소년보호, 재해보상에 관한 규정에 대한 책임을 부담하여야 한다. 또한 근로기준법의 규정에 의하여 사용사업주가 유급휴일 또는 유급휴가를 제공한 경우 그 휴일 및 휴가에 대하여 유급으로 지급되는 임금은 파견사업주가 지급하여야 한다(동조 제3항).

(2) 사용사업주가 부담하는 사항

사용사업주는 파견근로자에 대한 차별적 처우의 금지의 원칙에 따라 파견근로자의 근로시간, 휴게, 휴일, 휴가, 임산부의 보호 등의 취업에 관한 사항에 대해서는 사용자로서의 책임을 부담한다(동조 제1항 단서).

또한 파견 중인 근로자의 파견근로에 관하여는 사용사업주를 산업안전보건법 제2조 3호의 규정에 의한 사업주로 보아 동법을 적용한다고 규정하고 있다(파견법 제35조 1항).

(3) 파견사업주와 사용사업주의 공동부담 사항

사용사업주의 귀책사유로 인하여 파견사업주가 근로자에게 임금을 지급하지 못한 때에는 사용사업주는 당해 파견사업주와 연대하여 책임을 진다. 이 경우 근로기준법상의 임금지급(근기법 제43조) 및 임금청구권(동법 제68조)의 적용에 있어서는 파견사업주와 사용사업주를 근로기준법 제2조의 규정에 의한 사용자로 보아 동법을 적용한다(파견법 제34조 2항)고 규정하고 있다.

또한 파견사업주와 사용사업주가 근로기준법을 위반하여 근로자파견계약을 체결하고 그 계약에 따라 파견근로자가 일하게 함으로써 동법을 위반한 경우에는 그 계약당사자 모두를 근로기준법 제15조(위법한 근로계약)의 규정에 의한 사용자로 보아 해당 벌칙 규정을 적용한다(파견법 제34조 4항)고 규정하여 공동의 책임을 부담시키고 있다.

제5절 외국인근로자의 고용관리

세계는 일찍이 경제적 부(富)를 실현한 선진국과 아직도 경제적 빈곤을 면치 못하고 있는 개발도상국(developing countries) 및 후진국이 존재하고 있으며, 대체로 선진국들은 노동력 부족현상을 해결하기 위해서 해외로부터 값싼 노동력의 도입에 의존하고 있고, 개도국이나 후진국들은 경제적 이익을 얻기 위해서 잉여 노동력을 해외에 송출(送出)하고 있으므로 국제교류가 빈번하게 이루어지고 있다.

노동력의 국제이동은 받아들이는 국가와 보내는 국가 사이에 정치적·경제적·법률적 정책과 제도의 차이가 존재하므로 두 나라간의 쌍무적 문제가 현실적으로 나타나게 된다.

우리나라는 고도의 경제성장과 소득향상으로 고학력 근로자는 높은 실업률을 보이고 있는 반면에, 저학력 기능공은 심각한 부족현상을 나타내고 있어 부득이 외국인노동력을 확보함으로써 경제적 이익을 얻고 있으나, 정치·사회·문화적인 측면에서 여러 가지 사회적 부작용을 초래하고 있다.

따라서 외국인근로자의 활용은 단순히 개별 기업의 영리성 차원에서 다루기보다는 국가의 경제적·사회적 합리성 차원에서 다루어져야 하므로 그들에 대한 불법적 고용을 방지하고 인권을 보호해야 하며 공정한 처우와 복지를 제공함으로써 국제적 관례에 어긋나지 않는 범위에서 경제적 이익을 도모하여야 할 것이다.

1. 외국인근로자 고용의 개관

1) 외국인근로자의 정의

외국인근로자(immigrant worker)는 때로는 이민(immigrant)이라는 개념으로 사용되기도 하는데, 이는 일반적으로 다른 나라로 이주 목적의 인구이동을 의미하기 때문이다. 그러나 여기에는 근대사회 이전의 노예무역에 의한 강제 이민이나 일시적·계절적 이동, 유학, 관광 등 특정한 목적으로 외국에 체재하는 사람은 포함되지 않는다.

국제노동기구(ILO)는 협약 제97호와 제143호에서 "외국인근로자란 고용을 목적으로 자기 국적 이외의 다른 나라로 이동하는 사람으로서 합법적으로 입국이 인정된 사람"이라고 규정하고 있고, 우리나라 「외국인근로자의 고용 등에 관한 법률」 제2조는 "외국인근로자란 대한민국의 국적을 가지지 아니한 사람으로서 국내에 소재하고 있는 사업 또는 사업장에서 임금을 목적으로 근로를 제공하고 있거나 제공하려는 사람을 말한다"고 규정하고 있다. 따라서 여기에는 국경근로자, 자유직업종사자 및 예술가의 단기간 입국, 훈련 및 교육을 목적으로 입국하는 자, 단체나 기업의 요청으로 특별한 임무를 위해 잠정적으로 입국이 허가된 자는 대상에서 제외하고 있다.

그러나 우리나라에서는 외국인근로자에 대한 ILO 정의를 포함하여, 합법적인 취업자는 물론 본래의 방문목적과는 다른 불법취업자까지를 포함하여 외국인으로서 국내 산업에 고용된 자를 외국인근로자로 인정하고 있다.

일반적으로 외국인근로자의 국제이동은 근로자의 일시적 또는 영구적 국경이동을 의미하는 것으로 통계상으로는 이민으로 파악된다. 이민은 일반적으로 ① 가족의 초청에 의한 정주(定住) 이민, ② 미숙련·반숙련 근로자들로 이루어지는 일시적 계약노동자, ③ 다국적기업 등에서 일하는 전문 숙련노동자로 이루어지는 일시적 전문노동자, ④ 수입국이 인정하지 않음에도 불구하고 취업목적으로 유입되는 불법노동자, ⑤ 유입 후에 정치적 박해 등을 이유로 특별한 자위를 구하는 비호(庇護)청구자, ⑥ 국제연합의 난민 지위에 관한 조약(1951년)에 준거하는 난민(難民) 등으로 분류된다.

2) 외국인근로자 고용유발요인

근로자의 국제적 이동은 여러 가지 요인에 의하여 이루어지고 있다. 많은 국가들은 국제적·사회적 경제환경의 변화에 대응하기 위한 수단으로 외국인근로자를 고용하고 있으며, 또한 각국의 현실적 필요성에서, 즉 도입국의 노동력 수요와 송출국의 임금소득의 수요를 충족시키기 위해서 근로자의 국제적 이동이 이루어지고 있다.

(1) 국제적 환경요인

근로자의 국제적 이동을 유발할 수 있는 국제적 요인으로는 인구구조의 불균형, 경제적 요인, 제도적 요인으로 구분하여 설명할 수 있다.

첫째, 인구구조의 불균형요인은 국가간 인구동향의 현격한 차이로 노동력 수급불균형이 나타나는 현상으로서 인구증가율 및 생산연령인구 증가율의 격차를 들 수 있다. 개발도상국은 인구증가율이 높고 이에 따라 생산연령인구(15~64세)가 크게 증가하고 있다. 따라서 개발도상국은 자국 내의 취업기회가 충분하지 못하고, 급증하는 생산연령인구를 모두 흡수하기 어려우므로 많은 근로자가 취업기회를 찾아 외국으로 진출하게 됨으로써 국가간 노동력의 이동이 발생하게 된다.

둘째, 경제적 요인으로는 국가간의 소득수준의 차이, 즉 임금수준의 차이와 자본이동을 들 수 있는데, 임금수준의 차이는 임금수준이 낮은 저개발국가의 근로자들이 임금수준이 높은 선진국으로 취업기회를 찾아 이동하게 되며, 국가간의 자본이동은 선진국의 자본이 저개발국가에 투자하는 것을 의미하고, 선진국의 해외직접투자는 외국인근로자의 수요를 일으키게 된다.

셋째, 제도적 요인은 국제사회에서 외국인의 거주나 취업을 자유롭게 인정하는 국가나 지역을 말하는 것으로서, ① 특정지역 내의 국가들 사이에 각국의 국민들에 대하여 거주와 취업을 인정하는 제도로서 대표적인 예로 유럽연합(EU)이 있다. ② 외국인력의 도입에 관하여 국가간에 계약을 체결하여 근로자가 자유롭게 거주하고 취업할 수 있도록 하는 제도가 있다. ③ 외국인력의 정주이민(定住移民) 정책으로서 해외근로자를 적극적으로 유치하여 장래에 자국의 시민권을 취득하도록 하는 제도이다. ④ 국제기구, 국제기업 또는 교육·연구활동 분야에 외국인의 취업을 인정하는 제도이다.

(2) 국내 환경요인

외국인근로자의 국제적 이동을 유발하는 국내환경요인은 노동력의 공급부족으로 외국인근로자를 도입하려는 국가와 근로자를 송출함으로써 경제적 이익을 얻고자 하는 나라로 구분하여 살펴볼 수 있다.

① 근로자 도입국가의 환경요인

- **노동력 부족** : 일반적으로 선진국들은 출산율이 감소하고 노동시간의 감축으로 절대적인 노동력부족 현상이 나타나고 있어 노동력 부족을 해결하기 위해서 노동력을 해외로부터 도입하고 있다.
- **인구고령화** : 인구의 자연증가율은 둔화하고 의학기술의 발달로 인간의 평균수명은 연장되고 있으나, 노동력 공급은 감소하므로 노동력 부족을 충당하기 위해서 외국인근로자의 도입이 필요하게 된다.
- **3D 업종의 기피현상** : 국민들의 소득수준이 높아지고 삶의 질이 향상되면서 선진국 근로자들은 더럽고, 어렵고, 위험한 소위 3D(dirty, difficult, dangerous) 업종의 단순노동에 취업을 기피하는 현상이 나타나고 있어, 중소기업의 생산직은 구인난을 겪고 있고, 서비스 직종의 고급인력들은 구직난에 직면하는 노동시장의 불균형 현상이 지속되므로 외국인근로자의 도입이 불가피하게 되었다.
- **근로의욕의 감퇴** : 근로자들은 임금수준이 높아지고 삶의 질이 향상될수록 근로보다는 여가를 선호하는 경향이다. 따라서 풍요로운 사회가 성숙할수록 여가시간은 증가하고 근로시간과 근로의욕은 감퇴하므로 노동력 부족현상이 나타나게 되어 외국인근로자의 수요가 증가하게 된다.

② 근로자 송출국가의 환경요인

- **소득격차** : 노동력 송출국가들은 일반적으로 저개발국가로서 노동력은 풍부한 반면에 소득수준은 매우 낮은 특징을 지니고 있다. 소득수준이 낮은 후진국 근로자들이 소득수준이 높은 선진국 노동시장으로 이동하게 된다.
- **고용기회의 부족** : 근로자들은 자국에서 고용기회의 부족으로 직장을 구할 수 없어 실업상태에서 빈곤의 고통에 시달리게 되면 해외근로를 희망하여 외국으로 송출되게 된다.
- **인구의 급증** : 후진국들은 높은 출산율에도 불구하고 의학기술의 발달로 인하여 인구는 기하급수로 증가하는데 비하여 식량공급은 산술급수로 증가함으로써 빈곤상태가 지속되어 고소득국가로 송출기회를 찾게 된다.
- **국제수지 개선** : 노동력 송출국가들은 근로자들이 해외에서 벌어들인 임금소득이 본국의 국제수지 개선에 기여하게 되고, 근로자 자신의 생활 뿐 아니라 국가경제에도 긍정적인 효과를 가져 온다.
- **기술습득** : 해외에 송출된 근로자들은 선진국 산업현장에서 습득한 기술을 귀국한 후에 자국의 산업발전에 활용할 수 있는 기회를 갖기를 희망하고 있다.

2. 외국의 외국인근로자 정책

1) 미국의 외국인근로자 정책

① 미국은 건국 이래 노동력 부족(不足)국가이다. 부족한 노동력을 보충하기 위하여 합법적으로 이민을 개방함으로써 외국인근로자를 도입하고 있는 나라이다. 미국에 체재하는 외국인은, ㉠ 이민, ㉡ 난민, ㉢ 비이민, ㉣ 불법입국자 및 불법체류자 등 4종류가 있다.

② 미국의 경우 영주할 목적의 합법적인 이민정책은 외국으로부터 노동력을 받아들이는 것이므로 미국은 외국인근로자 도입정책을 채택한 개방국가라고 할 수 있다. 그러나 취업을 목적으로 한 외국인근로자의 입국에는 원칙적으로 엄격한 제한을 두고 있다.9)

③ 미국의 이민법은 합법적으로 이민을 개방하는 제도로서, 1990년 10월 이민법 개정에서 미국이 필요로 하는 기술이나 능력을 가진 사람의 이민을 촉진하는 방향으로 개정하였으며, 2000년에는 매년 89만명의 이민을 받아들이기로 하였다.

미국의 이민정책은 '인종의 용광로'답게 모든 합법이민자에게 동질화(同質化)정책을 채택하고 있다. 그러나 비이민자인 일시적 노동자에 대한 노동허가제도는 취업을 목적으로 하여 입국하는 사람에게 H-1, H-2의 비자가 발급된다. H-1은 우수한 지식 및 기술을 가진 일시적 노동자에 발행하는 비자로서 구체적으로 대학교수, 기술자, 예술인 등이 여기에 해당된다. H-2는 미국 국내에서 구하지 못하는 노동력을 제공하는 일시적 노동자로서 계절적 노동자가 해당된다. 전자의 경우는 개방정책인데 대하여 후자는 엄격하게 제한적인 것이 특징이다.

2) 독일의 외국인근로자 정책

① 독일은 2차대전 이후 1950년대에 급속한 경제성장으로 부족한 노동력을 외국인 도입정책으로 해결하였다. 1960년까지는 동독에서 대량의 인구가 유입됨으로써 순조로운 경제성장을 할 수 있었으나, 1961년 「베를린장벽」이 형성되면서 동독으로부터의 인력유입이 차단되어 부족한 노동력을 충원하기 위해 외국인근로자 도입 개방정책을 채택하였다.

---

9) 백석현, 현대노사관계론, 형설출판사, 2002, p. 534.

② 구서독의 노동력 도입정책의 하나는 연방고용청 산하에 산업기술연구센터를 운영하여 외국인근로자를 모집, 선발, 도입하여 제조업분야에 공급하고, 또 하나는 독일에서 일정기간 취업한 외국인근로자는 본국으로 송환하는 교대(rotation)정책을 채택하여 외국인근로자의 장기체류를 방지하였다.

③ 1973년 구서독에는 외국인취업자 수가 2,595천명에 달하였으며, 제1차 오일쇼크에 의한 세계경기의 침체와 불황에 따라 신규모집을 정지하고, 비EC지역의 외국인에 대한 노동허가를 엄격하게 제한하였다. 1984년 6월 외국인의 귀국(歸國)촉진정책을 실시하여 귀국을 희망하는 외국인에 대해서 1인당 10,500마르크를 지불하였으나, 이 정책에 의한 귀국자가 25~30만 명에 불과하여 귀국자는 전체 외국인 총수 450만명의 5%로 큰 성과를 거두지 못하였다.

④ 1991년 10월 3일 독일통일 이후에는 동독으로부터 풍부한 노동력을 흡수할 수 있는 독일계 외국인거주자의 유입이 급증하였으며, 1989년 터키가 유럽연합(EU)에 가입함으로써 가맹국 국민의 역내 자유이동이 허용됨에 따라 외국인근로자 규모는 더욱 커지게 되었다.

⑤ 독일 정부는 EU 가맹국 출신을 제외한 외국인에 대하여 체류허가와 노동허가에 의하여 외국인근로자를 관리하는 노동허가제도를 도입하여 실시하고 있다.

3) 일본의 외국인근로자 정책

① 일본경제는 1950년 6.25 한국전쟁과 1960년대 초 월남전쟁의 특수경기를 바탕으로 경제성장의 기틀이 확립되었고, 1980년대에 이르는 경제발전의 고도성장기를 거치면서 1999년 1인당 GNP 3만2천 달러 수준에 도달하였다. 이 과정에서 노동력 부족현상이 계속되었고, 특히 일본은 의료과학의 기술향상으로 인구고령화 현상이 급속히 진전되면서 노동력 공급의 한계를 드러내기 시작하였다.

② 일본은 이러한 노동력 공급부족 현상을 극복하기 위한 정책으로, ㉠ 전문지식과 고등기술 및 재능을 가진 고급인력에 대해서는 수입개방정책을, ㉡ 단순노동을 위한 외국인근로자에 대해서는 폐쇄정책을 도입하였다.

③ 일본은 자국민 근로자의 이익보호라는 입장에서 외국인 단순근로자의 도입을 억제하는 정책을 채택함으로써 일본 내에 체재하는 외국인근로자는 불법취업자의 신분을 면치 못하였고, 이들이 종사하는 업종은 3D 기피업종이면서도 이들의 규모는 계속 증가하여 2000년말 기준 70만 명 이상이 불법 체류하고 있는 것으로 나타났다.

④ 일본은 단순 미숙련 외국인근로자에 대하여 원칙적으로 도입을 금지하는 방침으로 불법취업의 규제를 강화하였다. 고도성장기에는 절대적 노동력 공급부족현상을 해결하기 위하여 중소기업의 저렴한 외국인근로자 도입요구에 대하여 외국인연수생제도를 도입하였으며, 연수생제도는 국제협력의 미명 하에 외국인 단순노동자를 연수생으로 도입하여 연수를 마친 후 일정기간 고용하고 경우에 따라 계약을 갱신하는 편의적인 제도에서 시작되었다.

⑤ 이러한 산업연수생제도는 불법체류자를 양산하게 됨으로써 체류자격제도의 기반을 붕괴시킬 뿐 아니라 인권침해 및 중개브로커에 의한 임금착취, 사용자에 의한 근로조건의 악화 등의 문제를 발생시킨다. 또한 외국인 단순근로자의 불법취업은 국내근로자의 근로조건 악화, 저임금 노동시장의 고착화에 따른 노동시장의 이중구조화, 경영합리화의 지연, 고용구조 개선의 저해, 고용기회가 상대적으로 적은 국내 취약근로자(고령자, 여성 등)에 대한 압박요인으로 작용한다.

⑥ 한편 일본은 1988년 이후에 남미 등으로부터 일본계 외국인근로자의 입국이 급증하였으며, 이들은 포르투갈, 페루 등 남미 제국에 이주했던 일본인 후손 2·3 세들이 취업을 목적으로 일본에 입국한 자로서 개정된 출입국관리 및 난민인정법상 이들 역이민자에 대하여 체류자격을 부여하고 취업하는 동안 체류의 제한이 없다.

4) 싱가포르의 외국인근로자 정책

① 싱가포르는 전문·기술직 외국인근로자와 단순·미숙련 외국인근로자를 차별화하여, 전문·기술직 외국인근로자에 대해서는 문호를 개방하여 싱가포르에 정주·동화시키고, 단순·미숙련 외국인근로자에 대하여는 한시적으로 고용한 후 출국시키는 정책을 취하고 있다.[10)]

② 전문·기술직근로자의 경우는 이민국에 의하여 고용패스가 발급되고, 출입국의 제한이 없으며 희망하는 경우 영주권을 취득할 수 있다. 단순·미숙련 외국인근로자의 경우는 노동성의 노동허가와 이민국의 체류허가를 받아야 하고, 사용자가 정당하게 노동허가를 받지 않은 외국인을 고용하는 경우에 처벌받으며, 노동허가의 효력존속기간은 2년이고, 최고 4년까지 연장할 수 있다.

③ 싱가포르의 외국인근로자 관련정책의 가장 큰 특징은 외국인 단순·미숙련 노동력에 대한 지나친 의존과 자국 근로자의 근로조건 약화를 방지하여 1980년 12월

---

10) 이종법, 류태모, 윤대혁, 노사관계론, 대명, 2003, pp. 430-431.

부터 외국인근로자가 취업하는 건설사업장의 사용자에게 일정액의 고용세를 부과하기 시작한 것이다.

④ 싱가포르는 외국인근로자 고용비율의 상한선을 설정하여 노동시장의 상황변화에 따른 외국인노동력의 수용을 탄력적으로 조절하고 있다. 1992년 4월부터는 싱가포르인 1인당 미숙련 외국인근로자를 3명까지 고용할 수 있도록 하여 전체 종업원의 4분의 3으로 상향조정하였다.

3. 우리나라 외국인근로자 정책

1) 노동력부족 현상

한국의 노동력부족 현상은 1980년대 후반부터 증가하여 1991년의 전체 산업인력 부족률은 5.48%로서 높게 나타났으며, 1995년에는 3.71%를 보였다. 1991년 미숙련 기능직의 부족률이 10.39%이고, 생산직의 경우는 9.0%를 넘었다. 그 중에서도 종업원 규모 30인 미만인 소기업의 생산직 부족률은 15.3%를 기록했으며, 300인 이하의 중소기업의 경우에도 생산직근로자의 부족률이 10.3%로 나타났다. IMF위기 직전인 1996년을 기준으로 할 때, 생산직의 총 부족인원은 10만 6,000여명이며, 생산직의 총 인력부족률은 4.8% 수준이었으나, 1997년 IMF 위기로 인하여 실직자가 늘어나면서 인력부족현상이 크게 감소되었다.

이러한 노동력 부족 현상이 나타난 배경은 다음과 같다.

첫째, 인력공급구조는 고학력화하고 있는데 비하여 인력수요는 아직 반숙련직에 많이 치중되고 있다.

둘째, 인력공급구조는 탈 제조업화하고 있는데 비해 제조업의 인력수요는 증가하고 있어 생산 관련직의 인력난이 심각한 수준이다.

셋째, 인력부족현상은 대기업보다 중소기업에서 더 심각하다.

정부는 인력부족을 극복하기 위하여 1991년 10월 26일부터 외국인근로자에 대하여 산업기술을 연수시킨다는 취지로 외국인근로자를 도입하여 취업하도록 하는 산업기술연수제도를 시행하였으나, 실시과정에서 근로자들이 사업장을 무단이탈함으로써 불법취업이나 불법체류로 인한 심각한 사회문제를 일으키기도 하고, 또한 그들에게 산재보험 및 의료보험이나 안전보건 및 건강관리 같은 복지후생을 제공할 수 없으므로 인권단체나 국제여론에 의한 비판의 대상이 되기도 하였다.

정부는 이러한 폐단을 방지하기 위하여 2004년 8월 17일부터 외국인 고용허가제를 시행하고 있다. 외국인 고용허가제는 한국 내에서 취업을 원하는 외국인에게 소속국가의 정부나 기관을 통하여 한국정부로부터 고용허가를 받아 3년까지 일할 수 있고, 다시 2년 이내에서 연장할 수 있도록 한 제도이다.

고용허가제도는 외국인근로자에게 근로3권을 보장하고, 근로기준법, 최저임금법, 산업안전보건법 등의 노동관계법을 전면적으로 적용하여야 하므로 임금 및 근로조건을 내국인과 동등하게 적용하여 상여금, 퇴직금, 연차수당, 4대 보험료 등을 지급하여야 한다.

통계청이 발표한 「2021년 이민자 체류실태 및 고용조사」에 따르면 2021년 외국인 경제활동인구는 910,000명으로 전년대비 8,000명(-0.9%) 감소하였고, 경제활동 참가율은 68.3%이다.

2) 외국인근로자 고용방향

국가의 경제정책은 성장잠재력 확충, 국제경쟁력 강화 및 삶의 질 향상에 기본목표를 두고, 이를 성취시키기 위한 산업정책은 노동력의 수요·공급의 균형화와 노동력의 질 향상에 역점을 두어야 한다.

우리나라 노동력 부족현상은 노동력 수요·공급의 불균형에서 빚어진 구인난과 구직난이 공존하고 있다. 구체적으로 말하면 양적으로는 생산직 근로자는 부족하고 관리직은 넘치며, 질적으로는 노동 강도가 높은 직종은 부족하고 강도가 낮은 직종은 넘치는 현상을 나타내고 있어, 더럽고 어렵고 위험한 직종(3D)은 사람을 구할 수 없는 것이 현실이다.

따라서 우리나라의 외국인근로자 도입정책은 고급지식, 고급기술 및 전문재능을 가진 고급인력에 대해서 계속 개방정책을 확대해 가면서, 단순기능 근로자에 대해서는 지금보다 더 강력한 폐쇄정책을 유지하며, 한편으로 당장에 부족한 영세 중소기업 및 3D직종에서 제기하고 있는 생산직 부족인력을 충원하기 위해서 단순기능 외국인근로자를 제한적이고 한시적으로 도입하는 정책을 유지해야 할 것이다.

3) 외국인 근로자의 고용제도

(1) 외국인근로자 도입계획

외국인근로자는 국가의 산업에 필요한 인력을 효율적으로 공급하고 그들의 권익을 보호하며 불법취업 및 불법체류 등의 사회문제를 규제하기 위하여 그들의 고용허가 및 절차에 관한 법률적 제도가 필요하다.

국내의 고용시장 변화에 따른 노동력 공급을 원활히 하기 위하여 외국인근로자의 고용관리 및 보호에 관한 주요 사항을 심의·의결하기 위하여 국무총리 소속의 외국인력정책위원회를 설치하고, 그 위원회로 하여금 외국인근로자 관련 기본계획, 도입 업종 및 규모, 송출할 수 있는 국가 등에 관하여 심의·의결하도록 하며(외국인고용법 제4조), 고용노동부장관은 정책위원회의 심의·의결을 거쳐 외국인근로자의 도입계획을 수립하여 3월 31일까지 공표하도록 하고 있다(동법 제5조).

(2) 외국인근로자 고용(허가)절차

① 외국인근로자를 고용하려는 자는 우선 '직업안정기관'에 내국인 구인신청을 하여야 하고(외국인근로자의 고용 등에 관한 법률 제6조), '직업안정기관'은 사용자의 구인조건에 따라 내국인 직업소개를 실행하여야 한다.

② 고용노동부장관은 정책위원회에서 지정한 근로자 송출국가의 노동행정 담당장관과 협의하여 외국인구직자 명부를 작성하고, '한국산업인력공단'으로 하여금 선발기준에 따라 외국인구직자의 자격요건을 평가하도록 한다(동법 제7조).

③ '직업안정기관장'은 외국인근로자의 고용대상 업종 및 규모에 적격한 사용자에게 외국인근로자 명부에 등록된 사람 중에서 적격자를 선발하여 추천하도록 하고(동법 제8조 3항), 사용자가 추천된 적격자를 선정하면 지체 없이 외국인근로자에게 고용허가서를 발급하여야 한다(동법 제8조 4항).

④ 사용자는 동법 제8조 4항에 따라 선정한 외국인근로자를 사용하려면 고용노동부령으로 정한 표준근로계약서를 사용하여 근로계약을 체결하여야 하고(동법 제9조), 사용자와 외국인근로자의 합의에 의하여 취업기간을 연장하려는 경우에 근로계약을 체결하거나 갱신할 수 있다(동조 3항).

(3) 외국인근로자의 고용관리

① 외국인근로자는 입국 후에 외국인 취업활동에 필요한 사항에 대하여 취업교육을 받아야 한다(동법 제9조).

② 외국인근로자를 고용한 사용자는 고용기간을 마치고 출국하는 외국인근로자에게 지급할 출국만기보험, 국민건강보호법에 따른 건강보험, 퇴직 후 귀국 시 필요한 비용 충당을 위한 귀국비용보험·신탁에 가입하여야 한다(동법 제13~15조).

③ 사용자는 외국인근로자가 근로기간을 종료하고 귀국하기 전에 임금 및 금품관계를 청산하여야 한다(동법 제16조).

④ 사용자는 외국인근로자와의 근로계약을 해지하거나 고용관련 사항을 변경하는 때에는 직업안정기관장에게 신고하여야 한다(동법 제17조).

⑤ 외국인근로자는 입국한 날부터 3년의 범위에서 취업활동을 할 수 있고(동법 제18조), 취업활동기간 만료이전에 사용자가 고용부에 재고용허가를 요청한 근로자는 2년 미만의 범위에서 취업기간을 연장할 수 있다(동법 제18조의2).

⑥ 국내에서 취업한 후 출국한 외국인근로자(12조1항의 고용특례자 제외)는 출국한 날부터 6개월 이내에 재입국 취업 할 수 없다(동법 제18조의3).

⑦ 직업안정기관장은 사용자가 고용허가서를 발급받지 아니하고 외국인근로자를 고용하거나, 고용허가가 취소된 자, 또는 출입국관리법을 위반하여 처벌을 받은자 등은 3년간 외국인근로자의 고용을 제한할 수 있다(동법 제20조).

⑧ 사용자는 외국인근로자라는 이유로 부당하게 차별적인 처우를 하여서는 아니 된다(동법 제22조)는 등의 외국인근로자에 대한 보호조치와 규제사항을 법제화하고 있다.

부 록

I. 근로기준법

[시행 2021. 11. 19.] [법률 제18176호, 2021. 5. 18., 일부개정]

제1장 총 칙

제1조(목적) 이 법은 헌법에 따라 근로조건의 기준을 정함으로써 근로자의 기본적 생활을 보장, 향상시키며 균형 있는 국민경제의 발전을 꾀하는 것을 목적으로 한다.

제2조(정의) ① 이 법에서 사용하는 용어의 뜻은 다음과 같다. 〈개정 2018. 3. 20., 2019. 1. 15., 2020. 5. 26.〉

1. "근로자"란 직업의 종류와 관계없이 임금을 목적으로 사업이나 사업장에 근로를 제공하는 사람을 말한다.
2. "사용자"란 사업주 또는 사업 경영 담당자, 그 밖에 근로자에 관한 사항에 대하여 사업주를 위하여 행위하는 자를 말한다.
3. "근로"란 정신노동과 육체노동을 말한다.
4. "근로계약"이란 근로자가 사용자에게 근로를 제공하고 사용자는 이에 대하여 임금을 지급하는 것을 목적으로 체결된 계약을 말한다.
5. "임금"이란 사용자가 근로의 대가로 근로자에게 임금, 봉급, 그 밖에 어떠한 명칭으로든지 지급하는 모든 금품을 말한다.
6. "평균임금"이란 이를 산정하여야 할 사유가 발생한 날 이전 3개월 동안에 그 근로자에게 지급된 임금의 총액을 그 기간의 총일수로 나눈 금액을 말한다. 근로자가 취업한 후 3개월 미만인 경우도 이에 준한다.
7. "1주"란 휴일을 포함한 7일을 말한다.
8. "소정(所定)근로시간"이란 제50조, 제69조 본문 또는 「산업안전보건법」 제139조제1항에 따른 근로시간의 범위에서 근로자와 사용자 사이에 정한 근로시간을 말한다.
9. "단시간근로자"란 1주 동안의 소정근로시간이 그 사업장에서 같은 종류의 업무에 종사하는 통상 근로자의 1주 동안의 소정근로시간에 비하여 짧은 근로자를 말한다.

② 제1항제6호에 따라 산출된 금액이 그 근로자의 통상임금보다 적으면 그 통상임금액을 평균임금으로 한다.

제3조(근로조건의 기준) 이 법에서 정하는 근로조건은 최저기준이므로 근로 관계 당사자는 이 기준을 이유로 근로조건을 낮출 수 없다.

제4조(근로조건의 결정) 근로조건은 근로자와 사용자가 동등한 지위에서 자유의사에 따라 결정하여야 한다.

제5조(근로조건의 준수) 근로자와 사용자는 각자가 단체협약, 취업규칙과 근로계약을 지키고 성실하게 이행할 의무가 있다.

제6조(균등한 처우) 사용자는 근로자에 대하여 남녀의 성(性)을 이유로 차별적 대우를 하지 못하고, 국적·신앙 또는 사회적 신분을 이유로 근로조건에 대한 차별적 처우를 하지 못한다.

제7조(강제 근로의 금지) 사용자는 폭행, 협박, 감금, 그 밖에 정신상 또는 신체상의 자유를 부당하게 구속하는 수단으로써 근로자의 자유의사에 어긋나는 근로를 강요하지 못한다.

제8조(폭행의 금지) 사용자는 사고의 발생이나 그 밖의 어떠한 이유로도 근로자에게 폭행을 하지 못한다.

제9조(중간착취의 배제) 누구든지 법률에 따르지 아니하고는 영리로 다른 사람의 취업에 개입하거나 중간인으로서 이익을 취득하지 못한다.

제10조(공민권 행사의 보장) 사용자는 근로자가 근로시간 중에 선거권, 그 밖의 공민권(公民權) 행사 또는 공(公)의 직무를 집행하기 위하여 필요한 시간을 청구하면 거부하지 못한다. 다만, 그 권리 행사나 공(公)의 직무를 수행하는 데에 지장이 없으면 청구한 시간을 변경할 수 있다.

제11조(적용 범위) ① 이 법은 상시 5명 이상의 근로자를 사용하는 모든 사업 또는 사업장에 적용한다. 다만, 동거하는 친족만을 사용하는 사업 또는 사업장과 가사(家事) 사용인에 대하여는 적용하지 아니한다.

② 상시 4명 이하의 근로자를 사용하는 사업 또는 사업장에 대하여는 대통령령으로 정하는 바에 따라 이 법의 일부 규정을 적용할 수 있다.

③ 이 법을 적용하는 경우에 상시 사용하는 근로자 수를 산정하는 방법은 대통령령으로 정한다. 〈신설 2008. 3. 21.〉

제12조(적용 범위) 이 법과 이 법에 따른 대통령령은 국가, 특별시·광역시·도, 시·군·구, 읍·면·동, 그 밖에 이에 준하는 것에 대하여도 적용된다.

제13조(보고, 출석의 의무) 사용자 또는 근로자는 이 법의 시행에 관하여 고용노동부장관·「노동위원회법」에 따른 노동위원회(이하 "노동위원회"라 한다) 또는 근로감독관의 요구가 있으면 지체 없이 필요한 사항에 대하여 보고하거나 출석하여야 한다. 〈개정 2010. 6. 4.〉

제14조(법령 주요 내용 등의 게시) ① 사용자는 이 법과 이 법에 따른 대통령령의 주요 내용과 취업규칙을 근

로자가 자유롭게 열람할 수 있는 장소에 항상 게시하거나 갖추어 두어 근로자에게 널리 알려야 한다. 〈개정 2021. 1. 5.〉
② 사용자는 제1항에 따른 대통령령 중 기숙사에 관한 규정과 제99조제1항에 따른 기숙사규칙을 기숙사에 게시하거나 갖추어 두어 기숙(寄宿)하는 근로자에게 널리 알려야 한다.
[제목개정 2021. 1. 5.]

제2장 근로계약

제15조(이 법을 위반한 근로계약) ① 이 법에서 정하는 기준에 미치지 못하는 근로조건을 정한 근로계약은 그 부분에 한정하여 무효로 한다. 〈개정 2020. 5. 26.〉
② 제1항에 따라 무효로 된 부분은 이 법에서 정한 기준에 따른다.
[제목개정 2021. 1. 5.]

제16조(계약기간) 근로계약은 기간을 정하지 아니한 것과 일정한 사업의 완료에 필요한 기간을 정한 것 외에는 그 기간은 1년을 초과하지 못한다.
[법률 제8372호(2007. 4. 11.) 부칙 제3조의 규정에 의하여 이 조는 2007년 6월 30일까지 유효함]

제17조(근로조건의 명시) ① 사용자는 근로계약을 체결할 때에 근로자에게 다음 각 호의 사항을 명시하여야 한다. 근로계약 체결 후 다음 각 호의 사항을 변경하는 경우에도 또한 같다. 〈개정 2010. 5. 25.〉
1. 임금
2. 소정근로시간
3. 제55조에 따른 휴일
4. 제60조에 따른 연차 유급휴가
5. 그 밖에 대통령령으로 정하는 근로조건

② 사용자는 제1항제1호와 관련한 임금의 구성항목 · 계산방법 · 지급방법 및 제2호부터 제4호까지의 사항이 명시된 서면(「전자문서 및 전자거래 기본법」 제2조제1호에 따른 전자문서를 포함한다)을 근로자에게 교부하여야 한다. 다만, 본문에 따른 사항이 단체협약 또는 취업규칙의 변경 등 대통령령으로 정하는 사유로 인하여 변경되는 경우에는 근로자의 요구가 있으면 그 근로자에게 교부하여야 한다. 〈신설 2010. 5. 25., 2021. 1. 5.〉
[법률 제8372호(2007. 4. 11.) 부칙 제3조의 규정에 의하여 이 조는 2007년 6월 30일까지 유효함]

제18조(단시간근로자의 근로조건) ① 단시간근로자의 근로조건은 그 사업장의 같은 종류의 업무에 종사하는 통상 근로자의 근로시간을 기준으로 산정한 비율에 따라 결정되어야 한다.
② 제1항에 따라 근로조건을 결정할 때에 기준이 되는 사항이나 그 밖에 필요한 사항은 대통령령으로 정한다.
③ 4주 동안(4주 미만으로 근로하는 경우에는 그 기간)을 평균하여 1주 동안의 소정근로시간이 15시간 미만인 근로자에 대하여는 제55조와 제60조를 적용하지 아니한다. 〈개정 2008. 3. 21.〉
[법률 제8372호(2007. 4. 11.) 부칙 제3조의 규정에 의하여 이 조는 2007년 6월 30일까지 유효함]

제19조(근로조건의 위반) ① 제17조에 따라 명시된 근로조건이 사실과 다를 경우에 근로자는 근로조건 위반을 이유로 손해의 배상을 청구할 수 있으며 즉시 근로계약을 해제할 수 있다.
② 제1항에 따라 근로자가 손해배상을 청구할 경우에는 노동위원회에 신청할 수 있으며, 근로계약이 해제되었을 경우에는 사용자는 취업을 목적으로 거주를 변경하는 근로자에게 귀향 여비를 지급하여야 한다.
[법률 제8372호(2007. 4. 11.) 부칙 제3조의 규정에 의하여 이 조는 2007년 6월 30일까지 유효함]

제20조(위약 예정의 금지) 사용자는 근로계약 불이행에 대한 위약금 또는 손해배상액을 예정하는 계약을 체결하지 못한다.
[법률 제8372호(2007. 4. 11.) 부칙 제3조의 규정에 의하여 이 조는 2007년 6월 30일까지 유효함]

제21조(전차금 상계의 금지) 사용자는 전차금(前借金)이나 그 밖에 근로할 것을 조건으로 하는 전대(前貸)채권과 임금을 상계하지 못한다.
[법률 제8372호(2007. 4. 11.) 부칙 제3조의 규정에 의하여 이 조는 2007년 6월 30일까지 유효함]

제22조(강제 저금의 금지) ① 사용자는 근로계약에 덧붙여 강제 저축 또는 저축금의 관리를 규정하는 계약을 체결하지 못한다.
② 사용자가 근로자의 위탁으로 저축을 관리하는 경우에는 다음 각 호의 사항을 지켜야 한다.
1. 저축의 종류 · 기간 및 금융기관을 근로자가 결정하고, 근로자 본인의 이름으로 저축할 것
2. 근로자가 저축증서 등 관련 자료의 열람 또는 반환을 요구할 때에는 즉시 이에 따를 것

[법률 제8372호(2007. 4. 11.) 부칙 제3조의 규정에 의하여 이 조는 2007년 6월 30일까지 유효함]

제23조(해고 등의 제한) ① 사용자는 근로자에게 정당한 이유 없이 해고, 휴직, 정직, 전직, 감봉, 그 밖의 징벌(懲罰)(이하 "부당해고등"이라 한다)을 하지 못한다.
② 사용자는 근로자가 업무상 부상 또는 질병의 요양을 위하여 휴업한 기간과 그 후 30일 동안 또는 산전(産前) · 산후(産後)의 여성이 이 법에 따라 휴업한 기간과 그 후 30일 동안은 해고하지 못한다. 다만, 사용자가 제84조에 따라 일시보상을 하였을 경우 또는 사업을 계속할 수 없게 된 경우에는 그러하지 아니하다.
[법률 제8372호(2007. 4. 11.) 부칙 제3조의 규정에 의하여 이 조는 2007년 6월 30일까지 유효함]

제24조(경영상 이유에 의한 해고의 제한) ① 사용자가

경영상 이유에 의하여 근로자를 해고하려면 긴박한 경영상의 필요가 있어야 한다. 이 경우 경영 악화를 방지하기 위한 사업의 양도 · 인수 · 합병은 긴박한 경영상의 필요가 있는 것으로 본다.

② 제1항의 경우에 사용자는 해고를 피하기 위한 노력을 다하여야 하며, 합리적이고 공정한 해고의 기준을 정하고 이에 따라 그 대상자를 선정하여야 한다. 이 경우 남녀의 성을 이유로 차별하여서는 아니 된다.

③ 사용자는 제2항에 따른 해고를 피하기 위한 방법과 해고의 기준 등에 관하여 그 사업 또는 사업장에 근로자의 과반수로 조직된 노동조합이 있는 경우에는 그 노동조합(근로자의 과반수로 조직된 노동조합이 없는 경우에는 근로자의 과반수를 대표하는 자를 말한다. 이하 "근로자대표"라 한다)에 해고를 하려는 날의 50일 전까지 통보하고 성실하게 협의하여야 한다.

④ 사용자는 제1항에 따라 대통령령으로 정하는 일정한 규모 이상의 인원을 해고하려면 대통령령으로 정하는 바에 따라 고용노동부장관에게 신고하여야 한다. 〈개정 2010. 6. 4.〉

⑤ 사용자가 제1항부터 제3항까지의 규정에 따른 요건을 갖추어 근로자를 해고한 경우에는 제23조제1항에 따른 정당한 이유가 있는 해고를 한 것으로 본다.

[법률 제8372호(2007. 4. 11.) 부칙 제3조의 규정에 의하여 이 조는 2007년 6월 30일까지 유효함]

제25조(우선 재고용 등) ① 제24조에 따라 근로자를 해고한 사용자는 근로자를 해고한 날부터 3년 이내에 해고된 근로자가 해고 당시 담당하였던 업무와 같은 업무를 할 근로자를 채용하려고 할 경우 제24조에 따라 해고된 근로자가 원하면 그 근로자를 우선적으로 고용하여야 한다.

② 정부는 제24조에 따라 해고된 근로자에 대하여 생계안정, 재취업, 직업훈련 등 필요한 조치를 우선적으로 취하여야 한다.

[법률 제8372호(2007. 4. 11.) 부칙 제3조의 규정에 의하여 이 조는 2007년 6월 30일까지 유효함]

제26조(해고의 예고) 사용자는 근로자를 해고(경영상 이유에 의한 해고를 포함한다)하려면 적어도 30일 전에 예고를 하여야 하고, 30일 전에 예고를 하지 아니하였을 때에는 30일분 이상의 통상임금을 지급하여야 한다. 다만, 다음 각 호의 어느 하나에 해당하는 경우에는 그러하지 아니하다. 〈개정 2010. 6. 4., 2019. 1. 15.〉

1. 근로자가 계속 근로한 기간이 3개월 미만인 경우
2. 천재 · 사변, 그 밖의 부득이한 사유로 사업을 계속하는 것이 불가능한 경우
3. 근로자가 고의로 사업에 막대한 지장을 초래하거나 재산상 손해를 끼친 경우로서 고용노동부령으로 정하는 사유에 해당하는 경우

[법률 제8372호(2007. 4. 11.) 부칙 제3조의 규정에 의하여 이 조는 2007년 6월 30일까지 유효함]

제27조(해고사유 등의 서면통지) ① 사용자는 근로자를 해고하려면 해고사유와 해고시기를 서면으로 통지하여야 한다.

② 근로자에 대한 해고는 제1항에 따라 서면으로 통지하여야 효력이 있다.

③ 사용자가 제26조에 따른 해고의 예고를 해고사유와 해고시기를 명시하여 서면으로 한 경우에는 제1항에 따른 통지를 한 것으로 본다. 〈신설 2014. 3. 24.〉

[법률 제8372호(2007. 4. 11.) 부칙 제3조의 규정에 의하여 이 조는 2007년 6월 30일까지 유효함]

제28조(부당해고등의 구제신청) ① 사용자가 근로자에게 부당해고등을 하면 근로자는 노동위원회에 구제를 신청할 수 있다.

② 제1항에 따른 구제신청은 부당해고등이 있었던 날부터 3개월 이내에 하여야 한다.

[법률 제8372호(2007. 4. 11.) 부칙 제3조의 규정에 의하여 이 조는 2007년 6월 30일까지 유효함]

제29조(조사 등) ① 노동위원회는 제28조에 따른 구제신청을 받으면 지체 없이 필요한 조사를 하여야 하며 관계 당사자를 심문하여야 한다.

② 노동위원회는 제1항에 따라 심문을 할 때에는 관계 당사자의 신청이나 직권으로 증인을 출석하게 하여 필요한 사항을 질문할 수 있다.

③ 노동위원회는 제1항에 따라 심문을 할 때에는 관계 당사자에게 증거 제출과 증인에 대한 반대심문을 할 수 있는 충분한 기회를 주어야 한다.

④ 제1항에 따른 노동위원회의 조사와 심문에 관한 세부절차는 「노동위원회법」에 따른 중앙노동위원회(이하 "중앙노동위원회"라 한다)가 정하는 바에 따른다.

[법률 제8372호(2007. 4. 11.) 부칙 제3조의 규정에 의하여 이 조는 2007년 6월 30일까지 유효함]

제30조(구제명령 등) ① 노동위원회는 제29조에 따른 심문을 끝내고 부당해고등이 성립한다고 판정하면 사용자에게 구제명령을 하여야 하며, 부당해고등이 성립하지 아니한다고 판정하면 구제신청을 기각하는 결정을 하여야 한다.

② 제1항에 따른 판정, 구제명령 및 기각결정은 사용자와 근로자에게 각각 서면으로 통지하여야 한다.

③ 노동위원회는 제1항에 따른 구제명령(해고에 대한 구제명령만을 말한다)을 할 때에 근로자가 원직복직(原職復職)을 원하지 아니하면 원직복직을 명하는 대신 근로자가 해고기간 동안 근로를 제공하였더라면 받을 수 있었던 임금 상당액 이상의 금품을 근로자에게 지급하도록 명할 수 있다.

④ 노동위원회는 근로계약기간의 만료, 정년의 도래 등으로 근로자가 원직복직(해고 이외의 경우는 원상회복을 말한다)이 불가능한 경우에도 제1항에 따른 구제명령이나 기각결정을 하여야 한다. 이 경우 노동위원회는 부당

해고등이 성립한다고 판정하면 근로자가 해고기간 동안 근로를 제공하였더라면 받을 수 있었던 임금 상당액에 해당하는 금품(해고 이외의 경우에는 원상회복에 준하는 금품을 말한다)을 사업주가 근로자에게 지급하도록 명할 수 있다. 〈신설 2021. 5. 18.〉

[법률 제8372호(2007. 4. 11.) 부칙 제3조의 규정에 의하여 이 조는 2007년 6월 30일까지 유효함]

제31조(구제명령 등의 확정) ① 「노동위원회법」에 따른 지방노동위원회의 구제명령이나 기각결정에 불복하는 사용자나 근로자는 구제명령서나 기각결정서를 통지받은 날부터 10일 이내에 중앙노동위원회에 재심을 신청할 수 있다.

② 제1항에 따른 중앙노동위원회의 재심판정에 대하여 사용자나 근로자는 재심판정서를 송달받은 날부터 15일 이내에 「행정소송법」의 규정에 따라 소(訴)를 제기할 수 있다.

③ 제1항과 제2항에 따른 기간 이내에 재심을 신청하지 아니하거나 행정소송을 제기하지 아니하면 그 구제명령, 기각결정 또는 재심판정은 확정된다.

[법률 제8372호(2007. 4. 11.) 부칙 제3조의 규정에 의하여 이 조는 2007년 6월 30일까지 유효함]

제32조(구제명령 등의 효력) 노동위원회의 구제명령, 기각결정 또는 재심판정은 제31조에 따른 중앙노동위원회에 대한 재심 신청이나 행정소송 제기에 의하여 그 효력이 정지되지 아니한다.

[법률 제8372호(2007. 4. 11.) 부칙 제3조의 규정에 의하여 이 조는 2007년 6월 30일까지 유효함]

제33조(이행강제금) ① 노동위원회는 구제명령(구제명령을 내용으로 하는 재심판정을 포함한다. 이하 이 조에서 같다)을 받은 후 이행기한까지 구제명령을 이행하지 아니한 사용자에게 3천만원 이하의 이행강제금을 부과한다. 〈개정 2021. 5. 18.〉

② 노동위원회는 제1항에 따른 이행강제금을 부과하기 30일 전까지 이행강제금을 부과 · 징수한다는 뜻을 사용자에게 미리 문서로써 알려 주어야 한다.

③ 제1항에 따른 이행강제금을 부과할 때에는 이행강제금의 액수, 부과 사유, 납부기한, 수납기관, 이의제기방법 및 이의제기기관 등을 명시한 문서로써 하여야 한다.

④ 제1항에 따라 이행강제금을 부과하는 위반행위의 종류와 위반 정도에 따른 금액, 부과 · 징수된 이행강제금의 반환절차, 그 밖에 필요한 사항은 대통령령으로 정한다.

⑤ 노동위원회는 최초의 구제명령을 한 날을 기준으로 매년 2회의 범위에서 구제명령이 이행될 때까지 반복하여 제1항에 따른 이행강제금을 부과 · 징수할 수 있다. 이 경우 이행강제금은 2년을 초과하여 부과 · 징수하지 못한다.

⑥ 노동위원회는 구제명령을 받은 자가 구제명령을 이행하면 새로운 이행강제금을 부과하지 아니하되, 구제명령을 이행하기 전에 이미 부과된 이행강제금은 징수하여야 한다.

⑦ 노동위원회는 이행강제금 납부의무자가 납부기한까지 이행강제금을 내지 아니하면 기간을 정하여 독촉을 하고 지정된 기간에 제1항에 따른 이행강제금을 내지 아니하면 국세 체납처분의 예에 따라 징수할 수 있다.

⑧ 근로자는 구제명령을 받은 사용자가 이행기한까지 구제명령을 이행하지 아니하면 이행기한이 지난 때부터 15일 이내에 그 사실을 노동위원회에 알려줄 수 있다.

[법률 제8372호(2007. 4. 11.) 부칙 제3조의 규정에 의하여 이 조는 2007년 6월 30일까지 유효함]

제34조(퇴직급여 제도) 사용자가 퇴직하는 근로자에게 지급하는 퇴직급여 제도에 관하여는 「근로자퇴직급여 보장법」이 정하는 대로 따른다.

[법률 제8372호(2007. 4. 11.) 부칙 제3조의 규정에 의하여 이 조는 2007년 6월 30일까지 유효함]

제35조 삭제 〈2019. 1. 15.〉

[2019. 1. 15. 법률 제16270호에 의하여 2015. 12. 23. 헌법재판소에서 위헌 결정된 이 조를 삭제함.]

제36조(금품 청산) 사용자는 근로자가 사망 또는 퇴직한 경우에는 그 지급 사유가 발생한 때부터 14일 이내에 임금, 보상금, 그 밖의 모든 금품을 지급하여야 한다. 다만, 특별한 사정이 있을 경우에는 당사자 사이의 합의에 의하여 기일을 연장할 수 있다. 〈개정 2020. 5. 26.〉

[2019. 1. 15. 법률 제16270호에 의하여 2015. 12. 23. 헌법재판소에서 위헌 결정된 이 조를 삭제함.]

제37조(미지급 임금에 대한 지연이자) ① 사용자는 제36조에 따라 지급하여야 하는 임금 및 「근로자퇴직급여 보장법」 제2조제5호에 따른 급여(일시금만 해당된다)의 전부 또는 일부를 그 지급 사유가 발생한 날부터 14일 이내에 지급하지 아니한 경우 그 다음 날부터 지급하는 날까지의 지연 일수에 대하여 연 100분의 40 이내의 범위에서 「은행법」에 따른 은행이 적용하는 연체금리 등 경제 여건을 고려하여 대통령령으로 정하는 이율에 따른 지연이자를 지급하여야 한다. 〈개정 2010. 5. 17.〉

② 제1항은 사용자가 천재 · 사변, 그 밖에 대통령령으로 정하는 사유에 따라 임금 지급을 지연하는 경우 그 사유가 존속하는 기간에 대하여는 적용하지 아니한다.

[2019. 1. 15. 법률 제16270호에 의하여 2015. 12. 23. 헌법재판소에서 위헌 결정된 이 조를 삭제함.]

제38조(임금채권의 우선변제) ① 임금, 재해보상금, 그 밖에 근로 관계로 인한 채권은 사용자의 총재산에 대하여 질권(質權) · 저당권 또는 「동산 · 채권 등의 담보에 관한 법률」에 따른 담보권에 따라 담보된 채권 외에는 조세 · 공과금 및 다른 채권에 우선하여 변제되어야 한다. 다만, 질권 · 저당권 또는 「동산 · 채권 등의 담보에 관한 법률」에 따른 담보권에 우선하는 조세 · 공과금에 대하여는 그러하지 아니하다. 〈개정 2010. 6. 10.〉

② 제1항에도 불구하고 다음 각 호의 어느 하나에 해당하는 채권은 사용자의 총재산에 대하여 질권 · 저당권 또

는「동산·채권 등의 담보에 관한 법률」에 따른 담보권에 따라 담보된 채권, 조세·공과금 및 다른 채권에 우선하여 변제되어야 한다. 〈개정 2010. 6. 10.〉

1. 최종 3개월분의 임금
2. 재해보상금

[2019. 1. 15. 법률 제16270호에 의하여 2015. 12. 23. 헌법재판소에서 위헌 결정된 이 조를 삭제함.]

제39조(사용증명서) ① 사용자는 근로자가 퇴직한 후라도 사용 기간, 업무 종류, 지위와 임금, 그 밖에 필요한 사항에 관한 증명서를 청구하면 사실대로 적은 증명서를 즉시 내주어야 한다.

② 제1항의 증명서에는 근로자가 요구한 사항만을 적어야 한다.

[2019. 1. 15. 법률 제16270호에 의하여 2015. 12. 23. 헌법재판소에서 위헌 결정된 이 조를 삭제함.]

제40조(취업 방해의 금지) 누구든지 근로자의 취업을 방해할 목적으로 비밀 기호 또는 명부를 작성·사용하거나 통신을 하여서는 아니 된다.

[2019. 1. 15. 법률 제16270호에 의하여 2015. 12. 23. 헌법재판소에서 위헌 결정된 이 조를 삭제함.]

제41조(근로자의 명부) ① 사용자는 각 사업장별로 근로자 명부를 작성하고 근로자의 성명, 생년월일, 이력, 그 밖에 대통령령으로 정하는 사항을 적어야 한다. 다만, 대통령령으로 정하는 일용근로자에 대해서는 근로자 명부를 작성하지 아니할 수 있다. 〈개정 2021. 1. 5.〉

② 제1항에 따라 근로자 명부에 적을 사항이 변경된 경우에는 지체 없이 정정하여야 한다.

[2019. 1. 15. 법률 제16270호에 의하여 2015. 12. 23. 헌법재판소에서 위헌 결정된 이 조를 삭제함.]

제42조(계약 서류의 보존) 사용자는 근로자 명부와 대통령령으로 정하는 근로계약에 관한 중요한 서류를 3년간 보존하여야 한다.

[2019. 1. 15. 법률 제16270호에 의하여 2015. 12. 23. 헌법재판소에서 위헌 결정된 이 조를 삭제함.]

제3장 임 금

제43조(임금 지급) ① 임금은 통화(通貨)로 직접 근로자에게 그 전액을 지급하여야 한다. 다만, 법령 또는 단체협약에 특별한 규정이 있는 경우에는 임금의 일부를 공제하거나 통화 이외의 것으로 지급할 수 있다.

② 임금은 매월 1회 이상 일정한 날짜를 정하여 지급하여야 한다. 다만, 임시로 지급하는 임금, 수당, 그 밖에 이에 준하는 것 또는 대통령령으로 정하는 임금에 대하여는 그러하지 아니하다.

[2019. 1. 15. 법률 제16270호에 의하여 2015. 12. 23. 헌법재판소에서 위헌 결정된 이 조를 삭제함.]

제43조의2(체불사업주 명단 공개) ① 고용노동부장관은 제36조, 제43조, 제51조의3, 제52조제2항제2호, 제56조에 따른 임금, 보상금, 수당, 그 밖의 모든 금품(이하 "임금등"이라 한다)을 지급하지 아니한 사업주(법인인 경우에는 그 대표자를 포함한다. 이하 "체불사업주"라 한다)가 명단 공개 기준일 이전 3년 이내 임금등을 체불하여 2회 이상 유죄가 확정된 자로서 명단 공개 기준일 이전 1년 이내 임금등의 체불총액이 3천만원 이상인 경우에는 그 인적사항 등을 공개할 수 있다. 다만, 체불사업주의 사망·폐업으로 명단 공개의 실효성이 없는 경우 등 대통령령으로 정하는 사유가 있는 경우에는 그러하지 아니하다. 〈개정 2020. 5. 26., 2021. 1. 5.〉

② 고용노동부장관은 제1항에 따라 명단 공개를 할 경우에 체불사업주에게 3개월 이상의 기간을 정하여 소명 기회를 주어야 한다.

③ 제1항에 따른 체불사업주의 인적사항 등에 대한 공개 여부를 심의하기 위하여 고용노동부에 임금체불정보심의위원회(이하 이 조에서 "위원회"라 한다)를 둔다. 이 경우 위원회의 구성·운영 등 필요한 사항은 고용노동부령으로 정한다.

④ 제1항에 따른 명단 공개의 구체적인 내용, 기간 및 방법 등 명단 공개에 필요한 사항은 대통령령으로 정한다.

[본조신설 2012. 2. 1.]

제43조의3(임금등 체불자료의 제공) ① 고용노동부장관은「신용정보의 이용 및 보호에 관한 법률」제25조제2항제1호에 따른 종합신용정보집중기관이 임금등 체불자료 제공일 이전 3년 이내 임금등을 체불하여 2회 이상 유죄가 확정된 자로서 임금등 체불자료 제공일 이전 1년 이내 임금등의 체불총액이 2천만원 이상인 체불사업주의 인적사항과 체불액 등에 관한 자료(이하 "임금등 체불자료"라 한다)를 요구할 때에는 임금등의 체불을 예방하기 위하여 필요하다고 인정하는 경우에 그 자료를 제공할 수 있다. 다만, 체불사업주의 사망·폐업으로 임금등 체불자료 제공의 실효성이 없는 경우 등 대통령령으로 정하는 사유가 있는 경우에는 그러하지 아니하다.

② 제1항에 따라 임금등 체불자료를 받은 자는 이를 체불사업주의 신용도·신용거래능력 판단과 관련한 업무 외의 목적으로 이용하거나 누설하여서는 아니 된다.

③ 제1항에 따른 임금등 체불자료의 제공 절차 및 방법 등 임금등 체불자료의 제공에 필요한 사항은 대통령령으로 정한다.

[본조신설 2012. 2. 1.]

제44조(도급 사업에 대한 임금 지급) ① 사업이 한 차례 이상의 도급에 따라 행하여지는 경우에 하수급인(下受給人)(도급이 한 차례에 걸쳐 행하여진 경우에는 수급인을 말한다)이 직상(直上) 수급인(도급이 한 차례에 걸쳐 행하여진 경우에는 도급인을 말한다)의 귀책사유로 근로자에게 임금을 지급하지 못한 경우에는 그 직상 수급인은 그 하수급인과 연대하여 책임을 진다. 다만, 직상

수급인의 귀책사유가 그 상위 수급인의 귀책사유에 의하여 발생한 경우에는 그 상위 수급인도 연대하여 책임을 진다. 〈개정 2012. 2. 1., 2020. 3. 31.〉

② 제1항의 귀책사유 범위는 대통령령으로 정한다. 〈개정 2012. 2. 1.〉

[본조신설 2012. 2. 1.]

제44조의2(건설업에서의 임금 지급 연대책임) ① 건설업에서 사업이 2차례 이상 「건설산업기본법」 제2조제11호에 따른 도급(이하 "공사도급"이라 한다)이 이루어진 경우에 같은 법 제2조제7호에 따른 건설사업자가 아닌 하수급인이 그가 사용한 근로자에게 임금(해당 건설공사에서 발생한 임금으로 한정한다)을 지급하지 못한 경우에는 그 직상 수급인은 하수급인과 연대하여 하수급인이 사용한 근로자의 임금을 지급할 책임을 진다. 〈개정 2011. 5. 24., 2019. 4. 30.〉

② 제1항의 직상 수급인이 「건설산업기본법」 제2조제7호에 따른 건설사업자가 아닌 때에는 그 상위 수급인 중에서 최하위의 같은 호에 따른 건설사업자를 직상 수급인으로 본다. 〈개정 2011. 5. 24., 2019. 4. 30.〉

[본조신설 2007. 7. 27.]

제44조의3(건설업의 공사도급에 있어서의 임금에 관한 특례) ① 공사도급이 이루어진 경우로서 다음 각 호의 어느 하나에 해당하는 때에는 직상 수급인은 하수급인에게 지급하여야 하는 하도급 대금 채무의 부담 범위에서 그 하수급인이 사용한 근로자가 청구하면 하수급인이 지급하여야 하는 임금(해당 건설공사에서 발생한 임금으로 한정한다)에 해당하는 금액을 근로자에게 직접 지급하여야 한다.

1. 직상 수급인이 하수급인을 대신하여 하수급인이 사용한 근로자에게 지급하여야 하는 임금을 직접 지급할 수 있다는 뜻과 그 지급방법 및 절차에 관하여 직상 수급인과 하수급인이 합의한 경우
2. 「민사집행법」 제56조제3호에 따른 확정된 지급명령, 하수급인의 근로자에게 하수급인에 대하여 임금채권이 있음을 증명하는 같은 법 제56조제4호에 따른 집행증서,「소액사건심판법」 제5조의7에 따라 확정된 이행권고결정, 그 밖에 이에 준하는 집행권원이 있는 경우
3. 하수급인이 그가 사용한 근로자에 대하여 지급하여야 할 임금채무가 있음을 직상 수급인에게 알려주고, 직상 수급인이 파산 등의 사유로 하수급인이 임금을 지급할 수 없는 명백한 사유가 있다고 인정하는 경우

② 「건설산업기본법」 제2조제10호에 따른 발주자의 수급인(이하 "원수급인"이라 한다)으로부터 공사도급이 2차례 이상 이루어진 경우로서 하수급인(도급받은 하수급인으로부터 재하도급 받은 하수급인을 포함한다. 이하 이 항에서 같다)이 사용한 근로자에게 그 하수급인에 대한 제1항제2호에 따른 집행권원이 있는 경우에는 근로자는 하수급인이 지급하여야 하는 임금(해당 건설공사에서 발생한 임금으로 한정한다)에 해당하는 금액을 원수급인에게 직접 지급할 것을 요구할 수 있다. 원수급인은 근로자가 자신에 대하여 「민법」 제404조에 따른 채권자대위권을 행사할 수 있는 금액의 범위에서 이에 따라야 한다. 〈개정 2011. 5. 24.〉

③ 직상 수급인 또는 원수급인이 제1항 및 제2항에 따라 하수급인이 사용한 근로자에게 임금에 해당하는 금액을 지급한 경우에는 하수급인에 대한 하도급 대금 채무는 그 범위에서 소멸한 것으로 본다.

[본조신설 2007. 7. 27.]

제45조(비상시 지급) 사용자는 근로자가 출산, 질병, 재해, 그 밖에 대통령령으로 정하는 비상(非常)한 경우의 비용에 충당하기 위하여 임금 지급을 청구하면 지급기일 전이라도 이미 제공한 근로에 대한 임금을 지급하여야 한다.

[본조신설 2007. 7. 27.]

제46조(휴업수당) ① 사용자의 귀책사유로 휴업하는 경우에 사용자는 휴업기간 동안 그 근로자에게 평균임금의 100분의 70 이상의 수당을 지급하여야 한다. 다만, 평균임금의 100분의 70에 해당하는 금액이 통상임금을 초과하는 경우에는 통상임금을 휴업수당으로 지급할 수 있다.

② 제1항에도 불구하고 부득이한 사유로 사업을 계속하는 것이 불가능하여 노동위원회의 승인을 받은 경우에는 제1항의 기준에 못 미치는 휴업수당을 지급할 수 있다.

[본조신설 2007. 7. 27.]

제47조(도급 근로자) 사용자는 도급이나 그 밖에 이에 준하는 제도로 사용하는 근로자에게 근로시간에 따라 일정액의 임금을 보장하여야 한다.

[본조신설 2007. 7. 27.]

제48조(임금대장 및 임금명세서) ① 사용자는 각 사업장별로 임금대장을 작성하고 임금과 가족수당 계산의 기초가 되는 사항, 임금액, 그 밖에 대통령령으로 정하는 사항을 임금을 지급할 때마다 적어야 한다. 〈개정 2021. 5. 18.〉

② 사용자는 임금을 지급하는 때에는 근로자에게 임금의 구성항목 · 계산방법, 제43조제1항 단서에 따라 임금의 일부를 공제한 경우의 내역 등 대통령령으로 정하는 사항을 적은 임금명세서를 서면(「전자문서 및 전자거래 기본법」 제2조제1호에 따른 전자문서를 포함한다)으로 교부하여야 한다. 〈신설 2021. 5. 18.〉

[제목개정 2021. 5. 18.]

제49조(임금의 시효) 이 법에 따른 임금채권은 3년간 행사하지 아니하면 시효로 소멸한다.

[제목개정 2021. 5. 18.]

제4장 근로시간과 휴식

제50조(근로시간) ① 1주 간의 근로시간은 휴게시간을

제외하고 40시간을 초과할 수 없다.

② 1일의 근로시간은 휴게시간을 제외하고 8시간을 초과할 수 없다.

③ 제1항 및 제2항에 따라 근로시간을 산정하는 경우 작업을 위하여 근로자가 사용자의 지휘·감독 아래에 있는 대기시간 등은 근로시간으로 본다. 〈신설 2012. 2. 1., 2020. 5. 26.〉

[제목개정 2021. 5. 18.]

제51조(3개월 이내의 탄력적 근로시간제) ① 사용자는 취업규칙(취업규칙에 준하는 것을 포함한다)에서 정하는 바에 따라 2주 이내의 일정한 단위기간을 평균하여 1주 간의 근로시간이 제50조제1항의 근로시간을 초과하지 아니하는 범위에서 특정한 주에 제50조제1항의 근로시간을, 특정한 날에 제50조제2항의 근로시간을 초과하여 근로하게 할 수 있다. 다만, 특정한 주의 근로시간은 48시간을 초과할 수 없다.

② 사용자는 근로자대표와의 서면 합의에 따라 다음 각 호의 사항을 정하면 3개월 이내의 단위기간을 평균하여 1주 간의 근로시간이 제50조제1항의 근로시간을 초과하지 아니하는 범위에서 특정한 주에 제50조제1항의 근로시간을, 특정한 날에 제50조제2항의 근로시간을 초과하여 근로하게 할 수 있다. 다만, 특정한 주의 근로시간은 52시간을, 특정한 날의 근로시간은 12시간을 초과할 수 없다.

1. 대상 근로자의 범위
2. 단위기간(3개월 이내의 일정한 기간으로 정하여야 한다)
3. 단위기간의 근로일과 그 근로일별 근로시간
4. 그 밖에 대통령령으로 정하는 사항

③ 제1항과 제2항은 15세 이상 18세 미만의 근로자와 임신 중인 여성 근로자에 대하여는 적용하지 아니한다.

④ 사용자는 제1항 및 제2항에 따라 근로자를 근로시킬 경우에는 기존의 임금 수준이 낮아지지 아니하도록 임금보전방안(賃金補塡方案)을 강구하여야 한다.

[제목개정 2021. 1. 5.]

제51조의2(3개월을 초과하는 탄력적 근로시간제) ① 사용자는 근로자대표와의 서면 합의에 따라 다음 각 호의 사항을 정하면 3개월을 초과하고 6개월 이내의 단위기간을 평균하여 1주간의 근로시간이 제50조제1항의 근로시간을 초과하지 아니하는 범위에서 특정한 주에 제50조제1항의 근로시간을, 특정한 날에 제50조제2항의 근로시간을 초과하여 근로하게 할 수 있다. 다만, 특정한 주의 근로시간은 52시간을, 특정한 날의 근로시간은 12시간을 초과할 수 없다.

1. 대상 근로자의 범위
2. 단위기간(3개월을 초과하고 6개월 이내의 일정한 기간으로 정하여야 한다)
3. 단위기간의 주별 근로시간
4. 그 밖에 대통령령으로 정하는 사항

② 사용자는 제1항에 따라 근로자를 근로시킬 경우에는 근로일 종료 후 다음 근로일 개시 전까지 근로자에게 연속하여 11시간 이상의 휴식 시간을 주어야 한다. 다만, 천재지변 등 대통령령으로 정하는 불가피한 경우에는 근로자대표와의 서면 합의가 있으면 이에 따른다.

③ 사용자는 제1항제3호에 따른 각 주의 근로일이 시작되기 2주 전까지 근로자에게 해당 주의 근로일별 근로시간을 통보하여야 한다.

④ 사용자는 제1항에 따른 근로자대표와의 서면 합의 당시에는 예측하지 못한 천재지변, 기계 고장, 업무량 급증 등 불가피한 사유가 발생한 때에는 제1항제2호에 따른 단위기간 내에서 평균하여 1주간의 근로시간이 유지되는 범위에서 근로자대표와의 협의를 거쳐 제1항제3호의 사항을 변경할 수 있다. 이 경우 해당 근로자에게 변경된 근로일이 개시되기 전에 변경된 근로일별 근로시간을 통보하여야 한다.

⑤ 사용자는 제1항에 따라 근로자를 근로시킬 경우에는 기존의 임금 수준이 낮아지지 아니하도록 임금항목을 조정 또는 신설하거나 가산임금 지급 등의 임금보전방안(賃金補塡方案)을 마련하여 고용노동부장관에게 신고하여야 한다. 다만, 근로자대표와의 서면합의로 임금보전방안을 마련한 경우에는 그러하지 아니하다.

⑥ 제1항부터 제5항까지의 규정은 15세 이상 18세 미만의 근로자와 임신 중인 여성 근로자에 대해서는 적용하지 아니한다.

[본조신설 2021. 1. 5.]

제51조의3(근로한 기간이 단위기간보다 짧은 경우의 임금 정산) 사용자는 제51조 및 제51조의2에 따른 단위기간 중 근로자가 근로한 기간이 그 단위기간보다 짧은 경우에는 그 단위기간 중 해당 근로자가 근로한 기간을 평균하여 1주간에 40시간을 초과하여 근로한 시간 전부에 대하여 제56조제1항에 따른 가산임금을 지급하여야 한다.

[본조신설 2021. 1. 5.]

제52조(선택적 근로시간제) ① 사용자는 취업규칙(취업규칙에 준하는 것을 포함한다)에 따라 업무의 시작 및 종료 시각을 근로자의 결정에 맡기기로 한 근로자에 대하여 근로자대표와의 서면 합의에 따라 다음 각 호의 사항을 정하면 1개월(신상품 또는 신기술의 연구개발 업무의 경우에는 3개월로 한다) 이내의 정산기간을 평균하여 1주간의 근로시간이 제50조제1항의 근로시간을 초과하지 아니하는 범위에서 1주 간에 제50조제1항의 근로시간을, 1일에 제50조제2항의 근로시간을 초과하여 근로하게 할 수 있다. 〈개정 2021. 1. 5.〉

1. 대상 근로자의 범위(15세 이상 18세 미만의 근로자는 제외한다)
2. 정산기간
3. 정산기간의 총 근로시간

4. 반드시 근로하여야 할 시간대를 정하는 경우에는 그 시작 및 종료 시각
5. 근로자가 그의 결정에 따라 근로할 수 있는 시간대를 정하는 경우에는 그 시작 및 종료 시각
6. 그 밖에 대통령령으로 정하는 사항

② 사용자는 제1항에 따라 1개월을 초과하는 정산기간을 정하는 경우에는 다음 각 호의 조치를 하여야 한다. 〈신설 2021. 1. 5.〉

1. 근로일 종료 후 다음 근로일 시작 전까지 근로자에게 연속하여 11시간 이상의 휴식 시간을 줄 것. 다만, 천재지변 등 대통령령으로 정하는 불가피한 경우에는 근로자대표와의 서면 합의가 있으면 이에 따른다.
2. 매 1개월마다 평균하여 1주간의 근로시간이 제50조제1항의 근로시간을 초과한 시간에 대해서는 통상임금의 100분의 50 이상을 가산하여 근로자에게 지급할 것. 이 경우 제56조제1항은 적용하지 아니한다.

[본조신설 2021. 1. 5.]

제53조(연장 근로의 제한) ① 당사자 간에 합의하면 1주 간에 12시간을 한도로 제50조의 근로시간을 연장할 수 있다.

② 당사자 간에 합의하면 1주 간에 12시간을 한도로 제51조 및 제51조의2의 근로시간을 연장할 수 있고, 제52조제1항제2호의 정산기간을 평균하여 1주 간에 12시간을 초과하지 아니하는 범위에서 제52조제1항의 근로시간을 연장할 수 있다. 〈개정 2021. 1. 5.〉

③ 상시 30명 미만의 근로자를 사용하는 사용자는 다음 각 호에 대하여 근로자대표와 서면으로 합의한 경우 제1항 또는 제2항에 따라 연장된 근로시간에 더하여 1주 간에 8시간을 초과하지 아니하는 범위에서 근로시간을 연장할 수 있다. 〈신설 2018. 3. 20.〉

1. 제1항 또는 제2항에 따라 연장된 근로시간을 초과할 필요가 있는 사유 및 그 기간
2. 대상 근로자의 범위

④ 사용자는 특별한 사정이 있으면 고용노동부장관의 인가와 근로자의 동의를 받아 제1항과 제2항의 근로시간을 연장할 수 있다. 다만, 사태가 급박하여 고용노동부장관의 인가를 받을 시간이 없는 경우에는 사후에 지체 없이 승인을 받아야 한다. 〈개정 2010. 6. 4., 2018. 3. 20.〉

⑤ 고용노동부장관은 제4항에 따른 근로시간의 연장이 부적당하다고 인정하면 그 후 연장시간에 상당하는 휴게시간이나 휴일을 줄 것을 명할 수 있다. 〈개정 2010. 6. 4., 2018. 3. 20.〉

⑥ 제3항은 15세 이상 18세 미만의 근로자에 대하여는 적용하지 아니한다. 〈신설 2018. 3. 20.〉

⑦ 사용자는 제4항에 따라 연장 근로를 하는 근로자의 건강 보호를 위하여 건강검진 실시 또는 휴식시간 부여 등 고용노동부장관이 정하는 바에 따라 적절한 조치를 하여야 한다. 〈신설 2021. 1. 5.〉

[법률 제15513호(2018. 3. 20.) 부칙 제2조의 규정에 의하여 이 조 제3항 및 제6항은 2022년 12월 31일까지 유효함.]

제54조(휴게) ① 사용자는 근로시간이 4시간인 경우에는 30분 이상, 8시간인 경우에는 1시간 이상의 휴게시간을 근로시간 도중에 주어야 한다.

② 휴게시간은 근로자가 자유롭게 이용할 수 있다.

[법률 제15513호(2018. 3. 20.) 부칙 제2조의 규정에 의하여 이 조 제3항 및 제6항은 2022년 12월 31일까지 유효함.]

제55조(휴일) ① 사용자는 근로자에게 1주에 평균 1회 이상의 유급휴일을 보장하여야 한다. 〈개정 2018. 3. 20.〉

② 사용자는 근로자에게 대통령령으로 정하는 휴일을 유급으로 보장하여야 한다. 다만, 근로자대표와 서면으로 합의한 경우 특정한 근로일로 대체할 수 있다. 〈신설 2018. 3. 20.〉

[시행일] 제55조제2항의 개정규정은 다음 각 호의 구분에 따른 날부터 시행한다.

1. 상시 300명 이상의 근로자를 사용하는 사업 또는 사업장, 「공공기관의 운영에 관한 법률」 제4조에 따른 공공기관, 「지방공기업법」 제49조 및 같은 법 제76조에 따른 지방공사 및 지방공단, 국가 · 지방자치단체 또는 정부투자기관이 자본금의 2분의 1 이상을 출자하거나 기본재산의 2분의 1 이상을 출연한 기관 · 단체와 그 기관 · 단체가 자본금의 2분의 1 이상을 출자하거나 기본재산의 2분의 1 이상을 출연한 기관 · 단체, 국가 및 지방자치단체의 기관: 2020년 1월 1일
2. 상시 30명 이상 300명 미만의 근로자를 사용하는 사업 또는 사업장: 2021년 1월 1일
3. 상시 5인 이상 30명 미만의 근로자를 사용하는 사업 또는 사업장: 2022년 1월 1일

제56조(연장 · 야간 및 휴일 근로) ① 사용자는 연장근로(제53조 · 제59조 및 제69조 단서에 따라 연장된 시간의 근로를 말한다)에 대하여는 통상임금의 100분의 50 이상을 가산하여 근로자에게 지급하여야 한다. 〈개정 2018. 3. 20.〉

② 제1항에도 불구하고 사용자는 휴일근로에 대하여는 다음 각 호의 기준에 따른 금액 이상을 가산하여 근로자에게 지급하여야 한다. 〈신설 2018. 3. 20.〉

1. 8시간 이내의 휴일근로: 통상임금의 100분의 50
2. 8시간을 초과한 휴일근로: 통상임금의 100분의 100

③ 사용자는 야간근로(오후 10시부터 다음 날 오전 6시 사이의 근로를 말한다)에 대하여는 통상임금의 100분의 50 이상을 가산하여 근로자에게 지급하여야 한다. 〈신설 2018. 3. 20.〉

[시행일] 제55조제2항의 개정규정은 다음 각 호의 구분에 따른 날부터 시행한다.

1. 상시 300명 이상의 근로자를 사용하는 사업 또는 사

업장, 「공공기관의 운영에 관한 법률」 제4조에 따른 공공기관, 「지방공기업법」 제49조 및 같은 법 제76조에 따른 지방공사 및 지방공단, 국가·지방자치단체 또는 정부투자기관이 자본금의 2분의 1 이상을 출자하거나 기본재산의 2분의 1 이상을 출연한 기관·단체와 그 기관·단체가 자본금의 2분의 1 이상을 출자하거나 기본재산의 2분의 1 이상을 출연한 기관·단체, 국가 및 지방자치단체의 기관: 2020년 1월 1일
2. 상시 30명 이상 300명 미만의 근로자를 사용하는 사업 또는 사업장: 2021년 1월 1일
3. 상시 5인 이상 30명 미만의 근로자를 사용하는 사업 또는 사업장: 2022년 1월 1일

제57조(보상 휴가제) 사용자는 근로자대표와의 서면 합의에 따라 제51조의3, 제52조제2항제2호 및 제56조에 따른 연장근로·야간근로 및 휴일근로 등에 대하여 임금을 지급하는 것을 갈음하여 휴가를 줄 수 있다. 〈개정 2021. 1. 5.〉

[시행일] 제55조제2항의 개정규정은 다음 각 호의 구분에 따른 날부터 시행한다.

1. 상시 300명 이상의 근로자를 사용하는 사업 또는 사업장, 「공공기관의 운영에 관한 법률」 제4조에 따른 공공기관, 「지방공기업법」 제49조 및 같은 법 제76조에 따른 지방공사 및 지방공단, 국가·지방자치단체 또는 정부투자기관이 자본금의 2분의 1 이상을 출자하거나 기본재산의 2분의 1 이상을 출연한 기관·단체와 그 기관·단체가 자본금의 2분의 1 이상을 출자하거나 기본재산의 2분의 1 이상을 출연한 기관·단체, 국가 및 지방자치단체의 기관: 2020년 1월 1일
2. 상시 30명 이상 300명 미만의 근로자를 사용하는 사업 또는 사업장: 2021년 1월 1일
3. 상시 5인 이상 30명 미만의 근로자를 사용하는 사업 또는 사업장: 2022년 1월 1일

제58조(근로시간 계산의 특례) ① 근로자가 출장이나 그 밖의 사유로 근로시간의 전부 또는 일부를 사업장 밖에서 근로하여 근로시간을 산정하기 어려운 경우에는 소정근로시간을 근로한 것으로 본다. 다만, 그 업무를 수행하기 위하여 통상적으로 소정근로시간을 초과하여 근로할 필요가 있는 경우에는 그 업무의 수행에 통상 필요한 시간을 근로한 것으로 본다.

② 제1항 단서에도 불구하고 그 업무에 관하여 근로자대표와의 서면 합의를 한 경우에는 그 합의에서 정하는 시간을 그 업무의 수행에 통상 필요한 시간으로 본다.

③ 업무의 성질에 비추어 업무 수행 방법을 근로자의 재량에 위임할 필요가 있는 업무로서 대통령령으로 정하는 업무는 사용자가 근로자대표와 서면 합의로 정한 시간을 근로한 것으로 본다. 이 경우 그 서면 합의에는 다음 각 호의 사항을 명시하여야 한다.

1. 대상 업무
2. 사용자가 업무의 수행 수단 및 시간 배분 등에 관하여 근로자에게 구체적인 지시를 하지 아니한다는 내용
3. 근로시간의 산정은 그 서면 합의로 정하는 바에 따른다는 내용

④ 제1항과 제3항의 시행에 필요한 사항은 대통령령으로 정한다.

[시행일] 제55조제2항의 개정규정은 다음 각 호의 구분에 따른 날부터 시행한다.

1. 상시 300명 이상의 근로자를 사용하는 사업 또는 사업장, 「공공기관의 운영에 관한 법률」 제4조에 따른 공공기관, 「지방공기업법」 제49조 및 같은 법 제76조에 따른 지방공사 및 지방공단, 국가·지방자치단체 또는 정부투자기관이 자본금의 2분의 1 이상을 출자하거나 기본재산의 2분의 1 이상을 출연한 기관·단체와 그 기관·단체가 자본금의 2분의 1 이상을 출자하거나 기본재산의 2분의 1 이상을 출연한 기관·단체, 국가 및 지방자치단체의 기관: 2020년 1월 1일
2. 상시 30명 이상 300명 미만의 근로자를 사용하는 사업 또는 사업장: 2021년 1월 1일
3. 상시 5인 이상 30명 미만의 근로자를 사용하는 사업 또는 사업장: 2022년 1월 1일

제59조(근로시간 및 휴게시간의 특례) ① 「통계법」 제22조제1항에 따라 통계청장이 고시하는 산업에 관한 표준의 중분류 또는 소분류 중 다음 각 호의 어느 하나에 해당하는 사업에 대하여 사용자가 근로자대표와 서면으로 합의한 경우에는 제53조제1항에 따른 주(週) 12시간을 초과하여 연장근로를 하게 하거나 제54조에 따른 휴게시간을 변경할 수 있다.

1. 육상운송 및 파이프라인 운송업. 다만, 「여객자동차 운수사업법」 제3조제1항제1호에 따른 노선(路線) 여객자동차운송사업은 제외한다.
2. 수상운송업
3. 항공운송업
4. 기타 운송관련 서비스업
5. 보건업

② 제1항의 경우 사용자는 근로일 종료 후 다음 근로일 개시 전까지 근로자에게 연속하여 11시간 이상의 휴식 시간을 주어야 한다.

[전문개정 2018. 3. 20.]

제60조(연차 유급휴가) ① 사용자는 1년간 80퍼센트 이상 출근한 근로자에게 15일의 유급휴가를 주어야 한다. 〈개정 2012. 2. 1.〉

② 사용자는 계속하여 근로한 기간이 1년 미만인 근로자 또는 1년간 80퍼센트 미만 출근한 근로자에게 1개월 개근 시 1일의 유급휴가를 주어야 한다. 〈개정 2012. 2. 1.〉

③ 삭제 〈2017. 11. 28.〉

④ 사용자는 3년 이상 계속하여 근로한 근로자에게는 제1항에 따른 휴가에 최초 1년을 초과하는 계속 근로 연수

매 2년에 대하여 1일을 가산한 유급휴가를 주어야 한다. 이 경우 가산휴가를 포함한 총 휴가 일수는 25일을 한도로 한다.

⑤ 사용자는 제1항부터 제4항까지의 규정에 따른 휴가를 근로자가 청구한 시기에 주어야 하고, 그 기간에 대하여는 취업규칙 등에서 정하는 통상임금 또는 평균임금을 지급하여야 한다. 다만, 근로자가 청구한 시기에 휴가를 주는 것이 사업 운영에 막대한 지장이 있는 경우에는 그 시기를 변경할 수 있다.

⑥ 제1항 및 제2항을 적용하는 경우 다음 각 호의 어느 하나에 해당하는 기간은 출근한 것으로 본다. 〈개정 2012. 2. 1., 2017. 11. 28.〉

1. 근로자가 업무상의 부상 또는 질병으로 휴업한 기간
2. 임신 중의 여성이 제74조제1항부터 제3항까지의 규정에 따른 휴가로 휴업한 기간
3. 「남녀고용평등과 일·가정 양립 지원에 관한 법률」 제19조제1항에 따른 육아휴직으로 휴업한 기간

⑦ 제1항·제2항 및 제4항에 따른 휴가는 1년간(계속하여 근로한 기간이 1년 미만인 근로자의 제2항에 따른 유급휴가는 최초 1년의 근로가 끝날 때까지의 기간을 말한다) 행사하지 아니하면 소멸된다. 다만, 사용자의 귀책사유로 사용하지 못한 경우에는 그러하지 아니하다. 〈개정 2020. 3. 31.〉

[전문개정 2018. 3. 20.]

제61조(연차 유급휴가의 사용 촉진) ① 사용자가 제60조제1항·제2항 및 제4항에 따른 유급휴가(계속하여 근로한 기간이 1년 미만인 근로자의 제60조제2항에 따른 유급휴가는 제외한다)의 사용을 촉진하기 위하여 다음 각 호의 조치를 하였음에도 불구하고 근로자가 휴가를 사용하지 아니하여 제60조제7항 본문에 따라 소멸된 경우에는 사용자는 그 사용하지 아니한 휴가에 대하여 보상할 의무가 없고, 제60조제7항 단서에 따른 사용자의 귀책사유에 해당하지 아니하는 것으로 본다. 〈개정 2012. 2. 1., 2017. 11. 28., 2020. 3. 31.〉

1. 제60조제7항 본문에 따른 기간이 끝나기 6개월 전을 기준으로 10일 이내에 사용자가 근로자별로 사용하지 아니한 휴가 일수를 알려주고, 근로자가 그 사용 시기를 정하여 사용자에게 통보하도록 서면으로 촉구할 것
2. 제1호에 따른 촉구에도 불구하고 근로자가 촉구를 받은 때부터 10일 이내에 사용하지 아니한 휴가의 전부 또는 일부의 사용 시기를 정하여 사용자에게 통보하지 아니하면 제60조제7항 본문에 따른 기간이 끝나기 2개월 전까지 사용자가 사용하지 아니한 휴가의 사용 시기를 정하여 근로자에게 서면으로 통보할 것

② 사용자가 계속하여 근로한 기간이 1년 미만인 근로자의 제60조제2항에 따른 유급휴가의 사용을 촉진하기 위하여 다음 각 호의 조치를 하였음에도 불구하고 근로자가 휴가를 사용하지 아니하여 제60조제7항 본문에 따라 소멸된 경우에는 사용자는 그 사용하지 아니한 휴가에 대하여 보상할 의무가 없고, 같은 항 단서에 따른 사용자의 귀책사유에 해당하지 아니하는 것으로 본다. 〈신설 2020. 3. 31.〉

1. 최초 1년의 근로기간이 끝나기 3개월 전을 기준으로 10일 이내에 사용자가 근로자별로 사용하지 아니한 휴가 일수를 알려주고, 근로자가 그 사용 시기를 정하여 사용자에게 통보하도록 서면으로 촉구할 것. 다만, 사용자가 서면 촉구한 후 발생한 휴가에 대해서는 최초 1년의 근로기간이 끝나기 1개월 전을 기준으로 5일 이내에 촉구하여야 한다.
2. 제1호에 따른 촉구에도 불구하고 근로자가 촉구를 받은 때부터 10일 이내에 사용하지 아니한 휴가의 전부 또는 일부의 사용 시기를 정하여 사용자에게 통보하지 아니하면 최초 1년의 근로기간이 끝나기 1개월 전까지 사용자가 사용하지 아니한 휴가의 사용 시기를 정하여 근로자에게 서면으로 통보할 것. 다만, 제1호 단서에 따라 촉구한 휴가에 대해서는 최초 1년의 근로기간이 끝나기 10일 전까지 서면으로 통보하여야 한다.

[전문개정 2018. 3. 20.]

제62조(유급휴가의 대체) 사용자는 근로자대표와의 서면 합의에 따라 제60조에 따른 연차 유급휴가일을 갈음하여 특정한 근로일에 근로자를 휴무시킬 수 있다.

[전문개정 2018. 3. 20.]

제63조(적용의 제외) 이 장과 제5장에서 정한 근로시간, 휴게와 휴일에 관한 규정은 다음 각 호의 어느 하나에 해당하는 근로자에 대하여는 적용하지 아니한다. 〈개정 2010. 6. 4., 2020. 5. 26., 2021. 1. 5.〉

1. 토지의 경작·개간, 식물의 식재(植栽)·재배·채취 사업, 그 밖의 농림 사업
2. 동물의 사육, 수산 동식물의 채취·포획·양식 사업, 그 밖의 축산, 양잠, 수산 사업
3. 감시(監視) 또는 단속적(斷續的)으로 근로에 종사하는 사람으로서 사용자가 고용노동부장관의 승인을 받은 사람
4. 대통령령으로 정하는 업무에 종사하는 근로자

[전문개정 2018. 3. 20.]

제5장 여성과 소년

제64조(최저 연령과 취직인허증) ① 15세 미만인 사람(「초·중등교육법」에 따른 중학교에 재학 중인 18세 미만인 사람을 포함한다)은 근로자로 사용하지 못한다. 다만, 대통령령으로 정하는 기준에 따라 고용노동부장관이 발급한 취직인허증(就職認許證)을 지닌 사람은 근로자로 사용할 수 있다. 〈개정 2010. 6. 4., 2020. 5. 26.〉

② 제1항의 취직인허증은 본인의 신청에 따라 의무교육

에 지장이 없는 경우에는 직종(職種)을 지정하여서만 발행할 수 있다.

③ 고용노동부장관은 거짓이나 그 밖의 부정한 방법으로 제1항 단서의 취직인허증을 발급받은 사람에게는 그 인허를 취소하여야 한다. 〈개정 2010. 6. 4., 2020. 5. 26.〉

[전문개정 2018. 3. 20.]

제65조(사용 금지) ① 사용자는 임신 중이거나 산후 1년이 지나지 아니한 여성(이하 "임산부"라 한다)과 18세 미만자를 도덕상 또는 보건상 유해·위험한 사업에 사용하지 못한다.

② 사용자는 임산부가 아닌 18세 이상의 여성을 제1항에 따른 보건상 유해·위험한 사업 중 임신 또는 출산에 관한 기능에 유해·위험한 사업에 사용하지 못한다.

③ 제1항 및 제2항에 따른 금지 직종은 대통령령으로 정한다.

[전문개정 2018. 3. 20.]

제66조(연소자 증명서) 사용자는 18세 미만인 사람에 대하여는 그 연령을 증명하는 가족관계기록사항에 관한 증명서와 친권자 또는 후견인의 동의서를 사업장에 갖추어 두어야 한다. 〈개정 2007. 5. 17., 2020. 5. 26.〉

[전문개정 2018. 3. 20.]

제67조(근로계약) ① 친권자나 후견인은 미성년자의 근로계약을 대리할 수 없다.

② 친권자, 후견인 또는 고용노동부장관은 근로계약이 미성년자에게 불리하다고 인정하는 경우에는 이를 해지할 수 있다. 〈개정 2010. 6. 4.〉

③ 사용자는 18세 미만인 사람과 근로계약을 체결하는 경우에는 제17조에 따른 근로조건을 서면(「전자문서 및 전자거래 기본법」 제2조제1호에 따른 전자문서를 포함한다)으로 명시하여 교부하여야 한다. 〈신설 2007. 7. 27., 2020. 5. 26., 2021. 1. 5.〉

[전문개정 2018. 3. 20.]

제68조(임금의 청구) 미성년자는 독자적으로 임금을 청구할 수 있다.

[전문개정 2018. 3. 20.]

제69조(근로시간) 15세 이상 18세 미만인 사람의 근로시간은 1일에 7시간, 1주에 35시간을 초과하지 못한다. 다만, 당사자 사이의 합의에 따라 1일에 1시간, 1주에 5시간을 한도로 연장할 수 있다. 〈개정 2018. 3. 20., 2020. 5. 26.〉

[전문개정 2018. 3. 20.]

제70조(야간근로와 휴일근로의 제한) ① 사용자는 18세 이상의 여성을 오후 10시부터 오전 6시까지의 시간 및 휴일에 근로시키려면 그 근로자의 동의를 받아야 한다.

② 사용자는 임산부와 18세 미만자를 오후 10시부터 오전 6시까지의 시간 및 휴일에 근로시키지 못한다. 다만, 다음 각 호의 어느 하나에 해당하는 경우로서 고용노동부장관의 인가를 받으면 그러하지 아니하다. 〈개정 2010. 6. 4.〉

1. 18세 미만자의 동의가 있는 경우
2. 산후 1년이 지나지 아니한 여성의 동의가 있는 경우
3. 임신 중의 여성이 명시적으로 청구하는 경우

③ 사용자는 제2항의 경우 고용노동부장관의 인가를 받기 전에 근로자의 건강 및 모성 보호를 위하여 그 시행 여부와 방법 등에 관하여 그 사업 또는 사업장의 근로자대표와 성실하게 협의하여야 한다. 〈개정 2010. 6. 4.〉

[전문개정 2018. 3. 20.]

제71조(시간외근로) 사용자는 산후 1년이 지나지 아니한 여성에 대하여는 단체협약이 있는 경우라도 1일에 2시간, 1주에 6시간, 1년에 150시간을 초과하는 시간외근로를 시키지 못한다. 〈개정 2018. 3. 20.〉

[전문개정 2018. 3. 20.]

제72조(갱내근로의 금지) 사용자는 여성과 18세 미만인 사람을 갱내(坑內)에서 근로시키지 못한다. 다만, 보건·의료, 보도·취재 등 대통령령으로 정하는 업무를 수행하기 위하여 일시적으로 필요한 경우에는 그러하지 아니하다. 〈개정 2020. 5. 26.〉

[전문개정 2018. 3. 20.]

제73조(생리휴가) 사용자는 여성 근로자가 청구하면 월 1일의 생리휴가를 주어야 한다.

[전문개정 2018. 3. 20.]

제74조(임산부의 보호) ① 사용자는 임신 중의 여성에게 출산 전과 출산 후를 통하여 90일(한 번에 둘 이상 자녀를 임신한 경우에는 120일)의 출산전후휴가를 주어야 한다. 이 경우 휴가 기간의 배정은 출산 후에 45일(한 번에 둘 이상 자녀를 임신한 경우에는 60일) 이상이 되어야 한다. 〈개정 2012. 2. 1., 2014. 1. 21.〉

② 사용자는 임신 중인 여성 근로자가 유산의 경험 등 대통령령으로 정하는 사유로 제1항의 휴가를 청구하는 경우 출산 전 어느 때 라도 휴가를 나누어 사용할 수 있도록 하여야 한다. 이 경우 출산 후의 휴가 기간은 연속하여 45일(한 번에 둘 이상 자녀를 임신한 경우에는 60일) 이상이 되어야 한다. 〈신설 2012. 2. 1., 2014. 1. 21.〉

③ 사용자는 임신 중인 여성이 유산 또는 사산한 경우로서 그 근로자가 청구하면 대통령령으로 정하는 바에 따라 유산·사산 휴가를 주어야 한다. 다만, 인공 임신중절 수술(「모자보건법」 제14조제1항에 따른 경우는 제외한다)에 따른 유산의 경우는 그러하지 아니하다. 〈개정 2012. 2. 1.〉

④ 제1항부터 제3항까지의 규정에 따른 휴가 중 최초 60일(한 번에 둘 이상 자녀를 임신한 경우에는 75일)은 유급으로 한다. 다만, 「남녀고용평등과 일·가정 양립 지원에 관한 법률」 제18조에 따라 출산전후휴가급여 등이 지급된 경우에는 그 금액의 한도에서 지급의 책임을 면한다. 〈개정 2007. 12. 21., 2012. 2. 1., 2014. 1. 21.〉

⑤ 사용자는 임신 중의 여성 근로자에게 시간외근로를

하게 하여서는 아니 되며, 그 근로자의 요구가 있는 경우에는 쉬운 종류의 근로로 전환하여야 한다. 〈개정 2012. 2. 1.〉
⑥ 사업주는 제1항에 따른 출산전후휴가 종료 후에는 휴가 전과 동일한 업무 또는 동등한 수준의 임금을 지급하는 직무에 복귀시켜야 한다. 〈신설 2008. 3. 28., 2012. 2. 1.〉
⑦ 사용자는 임신 후 12주 이내 또는 36주 이후에 있는 여성 근로자가 1일 2시간의 근로시간 단축을 신청하는 경우 이를 허용하여야 한다. 다만, 1일 근로시간이 8시간 미만인 근로자에 대하여는 1일 근로시간이 6시간이 되도록 근로시간 단축을 허용할 수 있다. 〈신설 2014. 3. 24.〉
⑧ 사용자는 제7항에 따른 근로시간 단축을 이유로 해당 근로자의 임금을 삭감하여서는 아니 된다. 〈신설 2014. 3. 24.〉
⑨ 사용자는 임신 중인 여성 근로자가 1일 소정근로시간을 유지하면서 업무의 시작 및 종료 시각의 변경을 신청하는 경우 이를 허용하여야 한다. 다만, 정상적인 사업 운영에 중대한 지장을 초래하는 경우 등 대통령령으로 정하는 경우에는 그러하지 아니하다. 〈신설 2021. 5. 18.〉
⑩ 제7항에 따른 근로시간 단축의 신청방법 및 절차, 제9항에 따른 업무의 시작 및 종료 시각 변경의 신청방법 및 절차 등에 관하여 필요한 사항은 대통령령으로 정한다. 〈신설 2014. 3. 24., 2021. 5. 18.〉
[전문개정 2018. 3. 20.]

제74조의2(태아검진 시간의 허용 등) ① 사용자는 임신한 여성근로자가 「모자보건법」 제10조에 따른 임산부 정기건강진단을 받는데 필요한 시간을 청구하는 경우 이를 허용하여 주어야 한다.
② 사용자는 제1항에 따른 건강진단 시간을 이유로 그 근로자의 임금을 삭감하여서는 아니 된다.
[본조신설 2008. 3. 21.]

제75조(육아 시간) 생후 1년 미만의 유아(乳兒)를 가진 여성 근로자가 청구하면 1일 2회 각각 30분 이상의 유급 수유 시간을 주어야 한다.
[본조신설 2008. 3. 21.]

제6장 안전과 보건

제76조(안전과 보건) 근로자의 안전과 보건에 관하여는 「산업안전보건법」에서 정하는 바에 따른다.
[본조신설 2008. 3. 21.]

제6장의2 직장 내 괴롭힘의 금지

〈신설 2019. 1. 15.〉

제76조의2(직장 내 괴롭힘의 금지) 사용자 또는 근로자는 직장에서의 지위 또는 관계 등의 우위를 이용하여 업무상 적정범위를 넘어 다른 근로자에게 신체적·정신적 고통을 주거나 근무환경을 악화시키는 행위(이하 "직장 내 괴롭힘"이라 한다)를 하여서는 아니 된다.
[본조신설 2019. 1. 15.]

제76조의3(직장 내 괴롭힘 발생 시 조치) ① 누구든지 직장 내 괴롭힘 발생 사실을 알게 된 경우 그 사실을 사용자에게 신고할 수 있다.
② 사용자는 제1항에 따른 신고를 접수하거나 직장 내 괴롭힘 발생 사실을 인지한 경우에는 지체 없이 당사자등을 대상으로 그 사실 확인을 위하여 객관적으로 조사를 실시하여야 한다. 〈개정 2021. 4. 13.〉
③ 사용자는 제2항에 따른 조사 기간 동안 직장 내 괴롭힘과 관련하여 피해를 입은 근로자 또는 피해를 입었다고 주장하는 근로자(이하 "피해근로자등"이라 한다)를 보호하기 위하여 필요한 경우 해당 피해근로자등에 대하여 근무장소의 변경, 유급휴가 명령 등 적절한 조치를 하여야 한다. 이 경우 사용자는 피해근로자등의 의사에 반하는 조치를 하여서는 아니 된다.
④ 사용자는 제2항에 따른 조사 결과 직장 내 괴롭힘 발생 사실이 확인된 때에는 피해근로자가 요청하면 근무장소의 변경, 배치전환, 유급휴가 명령 등 적절한 조치를 하여야 한다.
⑤ 사용자는 제2항에 따른 조사 결과 직장 내 괴롭힘 발생 사실이 확인된 때에는 지체 없이 행위자에 대하여 징계, 근무장소의 변경 등 필요한 조치를 하여야 한다. 이 경우 사용자는 징계 등의 조치를 하기 전에 그 조치에 대하여 피해근로자의 의견을 들어야 한다.
⑥ 사용자는 직장 내 괴롭힘 발생 사실을 신고한 근로자 및 피해근로자등에게 해고나 그 밖의 불리한 처우를 하여서는 아니 된다.
⑦ 제2항에 따라 직장 내 괴롭힘 발생 사실을 조사한 사람, 조사 내용을 보고받은 사람 및 그 밖에 조사 과정에 참여한 사람은 해당 조사 과정에서 알게 된 비밀을 피해근로자등의 의사에 반하여 다른 사람에게 누설하여서는 아니 된다. 다만, 조사와 관련된 내용을 사용자에게 보고하거나 관계 기관의 요청에 따라 필요한 정보를 제공하는 경우는 제외한다. 〈신설 2021. 4. 13.〉
[본조신설 2019. 1. 15.]

제7장 기능 습득

제77조(기능 습득자의 보호) 사용자는 양성공, 수습, 그 밖의 명칭을 불문하고 기능의 습득을 목적으로 하는 근로자를 혹사하거나 가사, 그 밖의 기능 습득과 관계없는 업무에 종사시키지 못한다. 〈개정 2020. 5. 26.〉
[본조신설 2019. 1. 15.]

제8장 재해보상

제78조(요양보상) ① 근로자가 업무상 부상 또는 질병에

걸리면 사용자는 그 비용으로 필요한 요양을 행하거나 필요한 요양비를 부담하여야 한다.
② 제1항에 따른 업무상 질병과 요양의 범위 및 요양보상의 시기는 대통령령으로 정한다. 〈개정 2008. 3. 21.〉
[본조신설 2019. 1. 15.]

제79조(휴업보상) ① 사용자는 제78조에 따라 요양 중에 있는 근로자에게 그 근로자의 요양 중 평균임금의 100분의 60의 휴업보상을 하여야 한다. 〈개정 2008. 3. 21.〉
② 제1항에 따른 휴업보상을 받을 기간에 그 보상을 받을 사람이 임금의 일부를 지급받은 경우에는 사용자는 평균임금에서 그 지급받은 금액을 뺀 금액의 100분의 60의 휴업보상을 하여야 한다. 〈신설 2008. 3. 21., 2020. 5. 26.〉
③ 휴업보상의 시기는 대통령령으로 정한다. 〈신설 2008. 3. 21.〉
[본조신설 2019. 1. 15.]

제80조(장해보상) ① 근로자가 업무상 부상 또는 질병에 걸리고, 완치된 후 신체에 장해가 있으면 사용자는 그 장해 정도에 따라 평균임금에 별표에서 정한 일수를 곱한 금액의 장해보상을 하여야 한다. 〈개정 2008. 3. 21.〉
② 이미 신체에 장해가 있는 사람이 부상 또는 질병으로 인하여 같은 부위에 장해가 더 심해진 경우에 그 장해에 대한 장해보상 금액은 장해 정도가 더 심해진 장해등급에 해당하는 장해보상의 일수에서 기존의 장해등급에 해당하는 장해보상의 일수를 뺀 일수에 보상청구사유 발생 당시의 평균임금을 곱하여 산정한 금액으로 한다. 〈신설 2008. 3. 21., 2020. 5. 26.〉
③ 장해보상을 하여야 하는 신체장해 등급의 결정 기준과 장해보상의 시기는 대통령령으로 정한다. 〈신설 2008. 3. 21.〉
[본조신설 2019. 1. 15.]

제81조(휴업보상과 장해보상의 예외) 근로자가 중대한 과실로 업무상 부상 또는 질병에 걸리고 또한 사용자가 그 과실에 대하여 노동위원회의 인정을 받으면 휴업보상이나 장해보상을 하지 아니하여도 된다.
[본조신설 2019. 1. 15.]

제82조(유족보상) ① 근로자가 업무상 사망한 경우에는 사용자는 근로자가 사망한 후 지체 없이 그 유족에게 평균임금 1,000일분의 유족보상을 하여야 한다. 〈개정 2008. 3. 21.〉
② 제1항에서의 유족의 범위, 유족보상의 순위 및 보상을 받기로 확정된 사람이 사망한 경우의 유족보상의 순위는 대통령령으로 정한다. 〈신설 2008. 3. 21., 2020. 5. 26.〉
[본조신설 2019. 1. 15.]

제83조(장례비) 근로자가 업무상 사망한 경우에는 사용자는 근로자가 사망한 후 지체 없이 평균임금 90일분의 장례비를 지급하여야 한다. 〈개정 2008. 3. 21., 2021. 1. 5.〉
[제목개정 2021. 1. 5.]

제84조(일시보상) 제78조에 따라 보상을 받는 근로자가 요양을 시작한 지 2년이 지나도 부상 또는 질병이 완치되지 아니하는 경우에는 사용자는 그 근로자에게 평균임금 1,340일분의 일시보상을 하여 그 후의 이 법에 따른 모든 보상책임을 면할 수 있다.
[제목개정 2021. 1. 5.]

제85조(분할보상) 사용자는 지급 능력이 있는 것을 증명하고 보상을 받는 사람의 동의를 받으면 제80조, 제82조 또는 제84조에 따른 보상금을 1년에 걸쳐 분할보상을 할 수 있다. 〈개정 2020. 5. 26.〉
[제목개정 2021. 1. 5.]

제86조(보상 청구권) 보상을 받을 권리는 퇴직으로 인하여 변경되지 아니하고, 양도나 압류하지 못한다.
[제목개정 2021. 1. 5.]

제87조(다른 손해배상과의 관계) 보상을 받게 될 사람이 동일한 사유에 대하여 「민법」이나 그 밖의 법령에 따라 이 법의 재해보상에 상당한 금품을 받으면 그 가액(價額)의 한도에서 사용자는 보상의 책임을 면한다. 〈개정 2020. 5. 26.〉
[제목개정 2021. 1. 5.]

제88조(고용노동부장관의 심사와 중재) ① 업무상의 부상, 질병 또는 사망의 인정, 요양의 방법, 보상금액의 결정, 그 밖에 보상의 실시에 관하여 이의가 있는 자는 고용노동부장관에게 심사나 사건의 중재를 청구할 수 있다. 〈개정 2010. 6. 4.〉
② 제1항의 청구가 있으면 고용노동부장관은 1개월 이내에 심사나 중재를 하여야 한다. 〈개정 2010. 6. 4.〉
③ 고용노동부장관은 필요에 따라 직권으로 심사나 사건의 중재를 할 수 있다. 〈개정 2010. 6. 4.〉
④ 고용노동부장관은 심사나 중재를 위하여 필요하다고 인정하면 의사에게 진단이나 검안을 시킬 수 있다. 〈개정 2010. 6. 4.〉
⑤ 제1항에 따른 심사나 중재의 청구와 제2항에 따른 심사나 중재의 시작은 시효의 중단에 관하여는 재판상의 청구로 본다.
[제목개정 2010. 6. 4.]

제89조(노동위원회의 심사와 중재) ① 고용노동부장관이 제88조제2항의 기간에 심사 또는 중재를 하지 아니하거나 심사와 중재의 결과에 불복하는 자는 노동위원회에 심사나 중재를 청구할 수 있다. 〈개정 2010. 6. 4.〉
② 제1항의 청구가 있으면 노동위원회는 1개월 이내에 심사나 중재를 하여야 한다.
[제목개정 2010. 6. 4.]

제90조(도급 사업에 대한 예외) ① 사업이 여러 차례의 도급에 따라 행하여지는 경우의 재해보상에 대하여는 원수급인(元受給人)을 사용자로 본다.
② 제1항의 경우에 원수급인이 서면상 계약으로 하수급

인에게 보상을 담당하게 하는 경우에는 그 수급인도 사용자로 본다. 다만, 2명 이상의 하수급인에게 똑같은 사업에 대하여 중복하여 보상을 담당하게 하지 못한다.

③ 제2항의 경우에 원수급인이 보상의 청구를 받으면 보상을 담당한 하수급인에게 우선 최고(催告)할 것을 청구할 수 있다. 다만, 그 하수급인이 파산의 선고를 받거나 행방이 알려지지 아니하는 경우에는 그러하지 아니하다.
[제목개정 2010. 6. 4.]

제91조(서류의 보존) 사용자는 재해보상에 관한 중요한 서류를 재해보상이 끝나지 아니하거나 제92조에 따라 재해보상 청구권이 시효로 소멸되기 전에 폐기하여서는 아니 된다. 〈개정 2008. 3. 21.〉
[제목개정 2010. 6. 4.]

제92조(시효) 이 법의 규정에 따른 재해보상 청구권은 3년간 행사하지 아니하면 시효로 소멸한다.
[제목개정 2010. 6. 4.]

제9장 취업규칙

제93조(취업규칙의 작성 · 신고) 상시 10명 이상의 근로자를 사용하는 사용자는 다음 각 호의 사항에 관한 취업규칙을 작성하여 고용노동부장관에게 신고하여야 한다. 이를 변경하는 경우에도 또한 같다. 〈개정 2008. 3. 28., 2010. 6. 4., 2012. 2. 1., 2019. 1. 15.〉

1. 업무의 시작과 종료 시각, 휴게시간, 휴일, 휴가 및 교대 근로에 관한 사항
2. 임금의 결정 · 계산 · 지급 방법, 임금의 산정기간 · 지급시기 및 승급(昇給)에 관한 사항
3. 가족수당의 계산 · 지급 방법에 관한 사항
4. 퇴직에 관한 사항
5. 「근로자퇴직급여 보장법」 제4조에 따라 설정된 퇴직급여, 상여 및 최저임금에 관한 사항
6. 근로자의 식비, 작업 용품 등의 부담에 관한 사항
7. 근로자를 위한 교육시설에 관한 사항
8. 출산전후휴가 · 육아휴직 등 근로자의 모성 보호 및 일 · 가정 양립 지원에 관한 사항
9. 안전과 보건에 관한 사항

9의2. 근로자의 성별 · 연령 또는 신체적 조건 등의 특성에 따른 사업장 환경의 개선에 관한 사항

10. 업무상과 업무 외의 재해부조(災害扶助)에 관한 사항
11. 직장 내 괴롭힘의 예방 및 발생 시 조치 등에 관한 사항
12. 표창과 제재에 관한 사항
13. 그 밖에 해당 사업 또는 사업장의 근로자 전체에 적용될 사항

[제목개정 2010. 6. 4.]

제94조(규칙의 작성, 변경 절차) ① 사용자는 취업규칙의 작성 또는 변경에 관하여 해당 사업 또는 사업장에 근로자의 과반수로 조직된 노동조합이 있는 경우에는 그 노동조합, 근로자의 과반수로 조직된 노동조합이 없는 경우에는 근로자의 과반수의 의견을 들어야 한다. 다만, 취업규칙을 근로자에게 불리하게 변경하는 경우에는 그 동의를 받아야 한다.

② 사용자는 제93조에 따라 취업규칙을 신고할 때에는 제1항의 의견을 적은 서면을 첨부하여야 한다.
[제목개정 2010. 6. 4.]

제95조(제재 규정의 제한) 취업규칙에서 근로자에 대하여 감급(減給)의 제재를 정할 경우에 그 감액은 1회의 금액이 평균임금의 1일분의 2분의 1을, 총액이 1임금지급기의 임금 총액의 10분의 1을 초과하지 못한다.
[제목개정 2010. 6. 4.]

제96조(단체협약의 준수) ① 취업규칙은 법령이나 해당 사업 또는 사업장에 대하여 적용되는 단체협약과 어긋나서는 아니 된다.

② 고용노동부장관은 법령이나 단체협약에 어긋나는 취업규칙의 변경을 명할 수 있다. 〈개정 2010. 6. 4.〉
[제목개정 2010. 6. 4.]

제97조(위반의 효력) 취업규칙에서 정한 기준에 미달하는 근로조건을 정한 근로계약은 그 부분에 관하여는 무효로 한다. 이 경우 무효로 된 부분은 취업규칙에 정한 기준에 따른다.
[제목개정 2010. 6. 4.]

제10장 기숙사

제98조(기숙사 생활의 보장) ① 사용자는 사업 또는 사업장의 부속 기숙사에 기숙하는 근로자의 사생활의 자유를 침해하지 못한다.

② 사용자는 기숙사 생활의 자치에 필요한 임원 선거에 간섭하지 못한다.
[제목개정 2010. 6. 4.]

제99조(규칙의 작성과 변경) ① 부속 기숙사에 근로자를 기숙시키는 사용자는 다음 각 호의 사항에 관하여 기숙사규칙을 작성하여야 한다.

1. 기상(起床), 취침, 외출과 외박에 관한 사항
2. 행사에 관한 사항
3. 식사에 관한 사항
4. 안전과 보건에 관한 사항
5. 건설물과 설비의 관리에 관한 사항
6. 그 밖에 기숙사에 기숙하는 근로자 전체에 적용될 사항

② 사용자는 제1항에 따른 규칙의 작성 또는 변경에 관하여 기숙사에 기숙하는 근로자의 과반수를 대표하는 자의 동의를 받아야 한다.

③ 사용자와 기숙사에 기숙하는 근로자는 기숙사규칙을 지켜야 한다.
[제목개정 2010. 6. 4.]

제100조(부속 기숙사의 설치·운영 기준) 사용자는 부속 기숙사를 설치·운영할 때 다음 각 호의 사항에 관하여 대통령령으로 정하는 기준을 충족하도록 하여야 한다.
1. 기숙사의 구조와 설비
2. 기숙사의 설치 장소
3. 기숙사의 주거 환경 조성
4. 기숙사의 면적
5. 그 밖에 근로자의 안전하고 쾌적한 주거를 위하여 필요한 사항

[전문개정 2019. 1. 15.]

제100조의2(부속 기숙사의 유지관리 의무) 사용자는 제100조에 따라 설치한 부속 기숙사에 대하여 근로자의 건강 유지, 사생활 보호 등을 위한 조치를 하여야 한다.
[본조신설 2019. 1. 15.]

제11장 근로감독관 등

제101조(감독 기관) ① 근로조건의 기준을 확보하기 위하여 고용노동부와 그 소속 기관에 근로감독관을 둔다. 〈개정 2010. 6. 4.〉
② 근로감독관의 자격, 임면(任免), 직무 배치에 관한 사항은 대통령령으로 정한다.
[본조신설 2019. 1. 15.]

제102조(근로감독관의 권한) ① 근로감독관은 사업장, 기숙사, 그 밖의 부속 건물을 현장조사하고 장부와 서류의 제출을 요구할 수 있으며 사용자와 근로자에 대하여 심문(尋問)할 수 있다. 〈개정 2017. 11. 28.〉
② 의사인 근로감독관이나 근로감독관의 위촉을 받은 의사는 취업을 금지하여야 할 질병에 걸릴 의심이 있는 근로자에 대하여 검진할 수 있다.
③ 제1항 및 제2항의 경우에 근로감독관이나 그 위촉을 받은 의사는 그 신분증명서와 고용노동부장관의 현장조사 또는 검진지령서(檢診指令書)를 제시하여야 한다. 〈개정 2010. 6. 4., 2017. 11. 28.〉
④ 제3항의 현장조사 또는 검진지령서에는 그 일시, 장소 및 범위를 분명하게 적어야 한다. 〈개정 2017. 11. 28.〉
⑤ 근로감독관은 이 법이나 그 밖의 노동 관계 법령 위반의 죄에 관하여 「사법경찰관리의 직무를 행할 자와 그 직무범위에 관한 법률」에서 정하는 바에 따라 사법경찰관의 직무를 수행한다.
[본조신설 2019. 1. 15.]

제103조(근로감독관의 의무) 근로감독관은 직무상 알게 된 비밀을 엄수하여야 한다. 근로감독관을 그만 둔 경우에도 또한 같다.
[본조신설 2019. 1. 15.]

제104조(감독 기관에 대한 신고) ① 사업 또는 사업장에서 이 법 또는 이 법에 따른 대통령령을 위반한 사실이 있으면 근로자는 그 사실을 고용노동부장관이나 근로감독관에게 통보할 수 있다. 〈개정 2010. 6. 4.〉
② 사용자는 제1항의 통보를 이유로 근로자에게 해고나 그 밖에 불리한 처우를 하지 못한다.
[본조신설 2019. 1. 15.]

제105조(사법경찰권 행사자의 제한) 이 법이나 그 밖의 노동 관계 법령에 따른 현장조사, 서류의 제출, 심문 등의 수사는 검사와 근로감독관이 전담하여 수행한다. 다만, 근로감독관의 직무에 관한 범죄의 수사는 그러하지 아니하다. 〈개정 2017. 11. 28.〉
[본조신설 2019. 1. 15.]

제106조(권한의 위임) 이 법에 따른 고용노동부장관의 권한은 대통령령으로 정하는 바에 따라 그 일부를 지방고용노동관서의 장에게 위임할 수 있다. 〈개정 2010. 6. 4.〉
[본조신설 2019. 1. 15.]

제12장 벌 칙

제107조(벌칙) 제7조, 제8조, 제9조, 제23조제2항 또는 제40조를 위반한 자는 5년 이하의 징역 또는 5천만원 이하의 벌금에 처한다. 〈개정 2017. 11. 28.〉
[본조신설 2019. 1. 15.]

제108조(벌칙) 근로감독관이 이 법을 위반한 사실을 고의로 묵과하면 3년 이하의 징역 또는 5년 이하의 자격정지에 처한다.
[본조신설 2019. 1. 15.]

제109조(벌칙) ① 제36조, 제43조, 제44조, 제44조의2, 제46조, 제51조의3, 제52조제2항제2호, 제56조, 제65조, 제72조 또는 제76조의3제6항을 위반한 자는 3년 이하의 징역 또는 3천만원 이하의 벌금에 처한다. 〈개정 2007. 7. 27., 2017. 11. 28., 2019. 1. 15., 2021. 1. 5.〉
② 제36조, 제43조, 제44조, 제44조의2, 제46조, 제51조의3, 제52조제2항제2호 또는 제56조를 위반한 자에 대하여는 피해자의 명시적인 의사와 다르게 공소를 제기할 수 없다. 〈개정 2007. 7. 27., 2021. 1. 5.〉
[본조신설 2019. 1. 15.]

제110조(벌칙) 다음 각 호의 어느 하나에 해당하는 자는 2년 이하의 징역 또는 2천만원 이하의 벌금에 처한다. 〈개정 2009. 5. 21., 2012. 2. 1., 2017. 11. 28., 2018. 3. 20., 2021. 1. 5.〉
1. 제10조, 제22조제1항, 제26조, 제50조, 제51조의2 제2항, 제52조제2항제1호, 제53조제1항·제2항, 같은 조 제4항 본문·제7항, 제54조, 제55조, 제59조 제2항, 제60조제1항·제2항·제4항 및 제5항, 제64조제1항, 제69조, 제70조제1항·제2항, 제71조, 제74조제1항부터 제5항까지, 제75조, 제78조부터 제80조까지, 제82조, 제83조 및 제104조제2항을 위반한 자
2. 제53조제5항에 따른 명령을 위반한 자

[본조신설 2019. 1. 15.]

제111조(벌칙) 제31조제3항에 따라 확정되거나 행정소송을 제기하여 확정된 구제명령 또는 구제명령을 내용으로 하는 재심판정을 이행하지 아니한 자는 1년 이하의 징역 또는 1천만원 이하의 벌금에 처한다.

[본조신설 2019. 1. 15.]

제112조(고발) ① 제111조의 죄는 노동위원회의 고발이 있어야 공소를 제기할 수 있다.

② 검사는 제1항에 따른 죄에 해당하는 위반행위가 있음을 노동위원회에 통보하여 고발을 요청할 수 있다.

[본조신설 2019. 1. 15.]

제113조(벌칙) 제45조를 위반한 자는 1천만원 이하의 벌금에 처한다.

[본조신설 2019. 1. 15.]

제114조(벌칙) 다음 각 호의 어느 하나에 해당하는 자는 500만원 이하의 벌금에 처한다. 〈개정 2007. 7. 27., 2008. 3. 28., 2009. 5. 21., 2012. 2. 1., 2018. 3. 20.〉

1. 제6조, 제16조, 제17조, 제20조, 제21조, 제22조제2항, 제47조, 제53조제4항 단서, 제67조제1항 · 제3항, 제70조제3항, 제73조, 제74조제6항, 제77조, 제94조, 제95조, 제100조 및 제103조를 위반한 자
2. 제96조제2항에 따른 명령을 위반한 자

[본조신설 2019. 1. 15.]

제115조(양벌규정) 사업주의 대리인, 사용인, 그 밖의 종업원이 해당 사업의 근로자에 관한 사항에 대하여 제107조, 제109조부터 제111조까지, 제113조 또는 제114조의 위반행위를 하면 그 행위자를 벌하는 외에 그 사업주에게도 해당 조문의 벌금형을 과(科)한다. 다만, 사업주가 그 위반행위를 방지하기 위하여 해당 업무에 관하여 상당한 주의와 감독을 게을리하지 아니한 경우에는 그러하지 아니하다.

[전문개정 2009. 5. 21.]

제116조(과태료) ① 사용자(사용자의 「민법」 제767조에 따른 친족 중 대통령령으로 정하는 사람이 해당 사업 또는 사업장의 근로자인 경우를 포함한다)가 제76조의2를 위반하여 직장 내 괴롭힘을 한 경우에는 1천만원 이하의 과태료를 부과한다. 〈신설 2021. 4. 13.〉

② 다음 각 호의 어느 하나에 해당하는 자에게는 500만원 이하의 과태료를 부과한다. 〈개정 2009. 5. 21., 2010. 6. 4., 2014. 3. 24., 2017. 11. 28., 2021. 1. 5., 2021. 4. 13., 2021. 5. 18.〉

1. 제13조에 따른 고용노동부장관, 노동위원회 또는 근로감독관의 요구가 있는 경우에 보고 또는 출석을 하지 아니하거나 거짓된 보고를 한 자
2. 제14조, 제39조, 제41조, 제42조, 제48조, 제66조, 제74조제7항 · 제9항, 제76조의3제2항 · 제4항 · 제5항 · 제7항, 제91조, 제93조, 제98조제2항 및 제99조를 위반한 자
3. 제51조의2제5항에 따른 임금보전방안을 신고하지 아니한 자
4. 제102조에 따른 근로감독관 또는 그 위촉을 받은 의사의 현장조사나 검진을 거절, 방해 또는 기피하고 그 심문에 대하여 진술을 하지 아니하거나 거짓된 진술을 하며 장부 · 서류를 제출하지 아니하거나 거짓 장부 · 서류를 제출한 자

③ 제1항 및 제2항에 따른 과태료는 대통령령으로 정하는 바에 따라 고용노동부장관이 부과 · 징수한다. 〈개정 2010. 6. 4., 2021. 4. 13.〉

④ 삭제 〈2009. 5. 21.〉

⑤ 삭제 〈2009. 5. 21.〉

[전문개정 2009. 5. 21.]

부 칙 〈제18176호, 2021. 5. 18.〉

제1조(시행일) 이 법은 공포 후 6개월이 경과한 날부터 시행한다.

제2조(근로계약기간의 만료 등에 따른 구제명령 등에 관한 적용례) 제30조제4항의 개정규정은 이 법 시행 후 노동위원회가 같은 조 제1항에 따라 구제명령이나 기각결정을 하는 경우부터 적용한다.

제3조(이행강제금에 관한 적용례) 제33조제1항의 개정규정은 이 법 시행 후 발생한 부당해고등부터 적용한다.

Ⅱ. 노동조합 및 노동관계조정법(약칭: 노동조합법)

[시행 2021. 7. 6.] [법률 제17864호, 2021. 1. 5., 일부개정]

제1장 총　칙

제1조(목적) 이 법은 헌법에 의한 근로자의 단결권 · 단체교섭권 및 단체행동권을 보장하여 근로조건의 유지 · 개선과 근로자의 경제적 · 사회적 지위의 향상을 도모하고, 노동관계를 공정하게 조정하여 노동쟁의를 예방 · 해결함으로써 산업평화의 유지와 국민경제의 발전에 이바지함을 목적으로 한다.

제2조(정의) 이 법에서 사용하는 용어의 정의는 다음과 같다. 〈개정 2021. 1. 5.〉

1. "근로자"라 함은 직업의 종류를 불문하고 임금 · 급료 기타 이에 준하는 수입에 의하여 생활하는 자를 말한다.
2. "사용자"라 함은 사업주, 사업의 경영담당자 또는 그 사업의 근로자에 관한 사항에 대하여 사업주를 위하여 행동하는 자를 말한다.
3. "사용자단체"라 함은 노동관계에 관하여 그 구성원인 사용자에 대하여 조정 또는 규제할 수 있는 권한을 가진 사용자의 단체를 말한다.
4. "노동조합"이라 함은 근로자가 주체가 되어 자주적으로 단결하여 근로조건의 유지 · 개선 기타 근로자의 경제적 · 사회적 지위의 향상을 도모함을 목적으로 조직하는 단체 또는 그 연합단체를 말한다. 다만, 다음 각목의 1에 해당하는 경우에는 노동조합으로 보지 아니한다.
   가. 사용자 또는 항상 그의 이익을 대표하여 행동하는 자의 참가를 허용하는 경우
   나. 경비의 주된 부분을 사용자로부터 원조받는 경우
   다. 공제 · 수양 기타 복리사업만을 목적으로 하는 경우
   라. 근로자가 아닌 자의 가입을 허용하는 경우
   마. 주로 정치운동을 목적으로 하는 경우
5. "노동쟁의"라 함은 노동조합과 사용자 또는 사용자단체(이하 "勞動關係 當事者"라 한다)간에 임금 · 근로시간 · 복지 · 해고 기타 대우등 근로조건의 결정에 관한 주장의 불일치로 인하여 발생한 분쟁상태를 말한다. 이 경우 주장의 불일치라 함은 당사자간에 합의를 위한 노력을 계속하여도 더이상 자주적 교섭에 의한 합의의 여지가 없는 경우를 말한다.
6. "쟁의행위"라 함은 파업 · 태업 · 직장폐쇄 기타 노동관계 당사자가 그 주장을 관철할 목적으로 행하는 행위와 이에 대항하는 행위로서 업무의 정상적인 운영을 저해하는 행위를 말한다.

제3조(손해배상 청구의 제한) 사용자는 이 법에 의한 단체교섭 또는 쟁의행위로 인하여 손해를 입은 경우에 노동조합 또는 근로자에 대하여 그 배상을 청구할 수 없다.

제4조(정당행위) 형법 제20조의 규정은 노동조합이 단체교섭 · 쟁의행위 기타의 행위로서 제1조의 목적을 달성하기 위하여 한 정당한 행위에 대하여 적용된다. 다만, 어떠한 경우에도 폭력이나 파괴행위는 정당한 행위로 해석되어서는 아니된다.

제2장 노동조합

제1절 통　칙

제5조(노동조합의 조직 · 가입 · 활동) ① 근로자는 자유로이 노동조합을 조직하거나 이에 가입할 수 있다. 다만, 공무원과 교원에 대하여는 따로 법률로 정한다. 〈개정 2021. 1. 5.〉

② 사업 또는 사업장에 종사하는 근로자(이하 "종사근로자"라 한다)가 아닌 노동조합의 조합원은 사용자의 효율적인 사업 운영에 지장을 주지 아니하는 범위에서 사업 또는 사업장 내에서 노동조합 활동을 할 수 있다. 〈신설 2021. 1. 5.〉

③ 종사근로자인 조합원이 해고되어 노동위원회에 부당노동행위의 구제신청을 한 경우에는 중앙노동위원회의 재심판정이 있을 때까지는 종사근로자로 본다. 〈신설 2021. 1. 5.〉

[제목개정 2021. 1. 5.]

제6조(법인격의 취득) ① 노동조합은 그 규약이 정하는 바에 의하여 법인으로 할 수 있다.

② 노동조합은 당해 노동조합을 법인으로 하고자 할 경우에는 대통령령이 정하는 바에 의하여 등기를 하여야 한다.

③ 법인인 노동조합에 대하여는 이 법에 규정된 것을 제외하고는 민법중 사단법인에 관한 규정을 적용한다.

제7조(노동조합의 보호요건) ① 이 법에 의하여 설립된 노동조합이 아니면 노동위원회에 노동쟁의의 조정 및 부당노동행위의 구제를 신청할 수 없다.

② 제1항의 규정은 제81조제1항제1호 · 제2호 및 제5호의 규정에 의한 근로자의 보호를 부인하는 취지로 해석되어서는 아니된다. 〈개정 2021. 1. 5.〉

③ 이 법에 의하여 설립된 노동조합이 아니면 노동조합이라

는 명칭을 사용할 수 없다.

제8조(조세의 면제) 노동조합에 대하여는 그 사업체를 제외하고는 세법이 정하는 바에 따라 조세를 부과하지 아니한다.

제9조(차별대우의 금지) 노동조합의 조합원은 어떠한 경우에도 인종, 종교, 성별, 연령, 신체적 조건, 고용형태, 정당 또는 신분에 의하여 차별대우를 받지 아니한다. 〈개정 2008. 3. 28.〉

[제목개정 2008. 3. 28.]

제2절 노동조합의 설립

제10조(설립의 신고) ① 노동조합을 설립하고자 하는 자는 다음 각호의 사항을 기재한 신고서에 제11조의 규정에 의한 규약을 첨부하여 연합단체인 노동조합과 2 이상의 특별시·광역시·특별자치시·도·특별자치도에 걸치는 단위노동조합은 고용노동부장관에게, 2 이상의 시·군·구(자치구를 말한다)에 걸치는 단위노동조합은 특별시장·광역시장·도지사에게, 그 외의 노동조합은 특별자치시장·특별자치도지사·시장·군수·구청장(자치구의 구청장을 말한다. 이하 제12조제1항에서 같다)에게 제출하여야 한다. 〈개정 1998. 2. 20., 2006. 12. 30., 2010. 6. 4., 2014. 5. 20.〉

1. 명칭
2. 주된 사무소의 소재지
3. 조합원수
4. 임원의 성명과 주소
5. 소속된 연합단체가 있는 경우에는 그 명칭
6. 연합단체인 노동조합에 있어서는 그 구성노동단체의 명칭, 조합원수, 주된 사무소의 소재지 및 임원의 성명·주소

② 제1항의 규정에 의한 연합단체인 노동조합은 동종산업의 단위노동조합을 구성원으로 하는 산업별 연합단체와 산업별 연합단체 또는 전국규모의 산업별 단위노동조합을 구성원으로 하는 총연합단체를 말한다.

제11조(규약) 노동조합은 그 조직의 자주적·민주적 운영을 보장하기 위하여 당해 노동조합의 규약에 다음 각 호의 사항을 기재하여야 한다. 〈개정 2006. 12. 30.〉

1. 명칭
2. 목적과 사업
3. 주된 사무소의 소재지
4. 조합원에 관한 사항(聯合團體인 勞動組合에 있어서는 그 構成團體에 관한 사항)
5. 소속된 연합단체가 있는 경우에는 그 명칭
6. 대의원회를 두는 경우에는 대의원회에 관한 사항
7. 회의에 관한 사항
8. 대표자와 임원에 관한 사항
9. 조합비 기타 회계에 관한 사항
10. 규약변경에 관한 사항
11. 해산에 관한 사항
12. 쟁의행위와 관련된 찬반투표 결과의 공개, 투표자 명부 및 투표용지 등의 보존·열람에 관한 사항
13. 대표자와 임원의 규약위반에 대한 탄핵에 관한 사항
14. 임원 및 대의원의 선거절차에 관한 사항
15. 규율과 통제에 관한 사항

제12조(신고증의 교부) ① 고용노동부장관, 특별시장·광역시장·특별자치시장·도지사·특별자치도지사 또는 시장·군수·구청장(이하 "행정관청"이라 한다)은 제10조제1항의 규정에 의한 설립신고서를 접수한 때에는 제2항 전단 및 제3항의 경우를 제외하고는 3일 이내에 신고증을 교부하여야 한다. 〈개정 1998. 2. 20., 2006. 12. 30., 2010. 6. 4., 2014. 5. 20.〉

② 행정관청은 설립신고서 또는 규약이 기재사항의 누락등으로 보완이 필요한 경우에는 대통령령이 정하는 바에 따라 20일 이내의 기간을 정하여 보완을 요구하여야 한다. 이 경우 보완된 설립신고서 또는 규약을 접수한 때에는 3일 이내에 신고증을 교부하여야 한다. 〈개정 1998. 2. 20.〉

③ 행정관청은 설립하고자 하는 노동조합이 다음 각호의 1에 해당하는 경우에는 설립신고서를 반려하여야 한다. 〈개정 1998. 2. 20.〉

1. 제2조제4호 각목의 1에 해당하는 경우
2. 제2항의 규정에 의하여 보완을 요구하였음에도 불구하고 그 기간내에 보완을 하지 아니하는 경우

④ 노동조합이 신고증을 교부받은 경우에는 설립신고서가 접수된 때에 설립된 것으로 본다.

제13조(변경사항의 신고등) ①노동조합은 제10조제1항의 규정에 의하여 설립신고된 사항중 다음 각호의 1에 해당하는 사항에 변경이 있는 때에는 그 날부터 30일 이내에 행정관청에게 변경신고를 하여야 한다. 〈개정 1998. 2. 20., 2001. 3. 28.〉

1. 명칭
2. 주된 사무소의 소재지
3. 대표자의 성명
4. 소속된 연합단체의 명칭

② 노동조합은 매년 1월 31일까지 다음 각호의 사항을 행정관청에게 통보하여야 한다. 다만, 제1항의 규정에 의하여 전년도에 변경신고된 사항은 그러하지 아니하다. 〈개정 1998. 2. 20., 2001. 3. 28.〉

1. 전년도에 규약의 변경이 있는 경우에는 변경된 규약내용
2. 전년도에 임원의 변경이 있는 경우에는 변경된 임원의 성명
3. 전년도 12월 31일 현재의 조합원수(聯合團體인 勞動組合에 있어서는 構成團體別 組合員數)

제3절 노동조합의 관리

제14조(서류비치등) ① 노동조합은 조합설립일부터 30일 이내에 다음 각호의 서류를 작성하여 그 주된 사무소에 비치

하여야 한다.

1. 조합원 명부(聯合團體인 勞動組合에 있어서는 그 構成團體의 명칭)
2. 규약
3. 임원의 성명 · 주소록
4. 회의록
5. 재정에 관한 장부와 서류

② 제1항제4호 및 제5호의 서류는 3연간 보존하여야 한다.

제15조(총회의 개최) ① 노동조합은 매년 1회 이상 총회를 개최하여야 한다.

② 노동조합의 대표자는 총회의 의장이 된다.

제16조(총회의 의결사항) ① 다음 각호의 사항은 총회의 의결을 거쳐야 한다.

1. 규약의 제정과 변경에 관한 사항
2. 임원의 선거와 해임에 관한 사항
3. 단체협약에 관한 사항
4. 예산 · 결산에 관한 사항
5. 기금의 설치 · 관리 또는 처분에 관한 사항
6. 연합단체의 설립 · 가입 또는 탈퇴에 관한 사항
7. 합병 · 분할 또는 해산에 관한 사항
8. 조직형태의 변경에 관한 사항
9. 기타 중요한 사항

② 총회는 재적조합원 과반수의 출석과 출석조합원 과반수의 찬성으로 의결한다. 다만, 규약의 제정 · 변경, 임원의 해임, 합병 · 분할 · 해산 및 조직형태의 변경에 관한 사항은 재적조합원 과반수의 출석과 출석조합원 3분의 2 이상의 찬성이 있어야 한다.

③ 임원의 선거에 있어서 출석조합원 과반수의 찬성을 얻은 자가 없는 경우에는 제2항 본문의 규정에 불구하고 규약이 정하는 바에 따라 결선투표를 실시하여 다수의 찬성을 얻은 자를 임원으로 선출할 수 있다.

④ 규약의 제정 · 변경과 임원의 선거 · 해임에 관한 사항은 조합원의 직접 · 비밀 · 무기명투표에 의하여야 한다.

제17조(대의원회) ① 노동조합은 규약으로 총회에 갈음할 대의원회를 둘 수 있다.

② 대의원은 조합원의 직접 · 비밀 · 무기명투표에 의하여 선출되어야 한다.

③ 하나의 사업 또는 사업장을 대상으로 조직된 노동조합의 대의원은 그 사업 또는 사업장에 종사하는 조합원 중에서 선출하여야 한다. 〈신설 2021. 1. 5.〉

④ 대의원의 임기는 규약으로 정하되 3년을 초과할 수 없다. 〈개정 2021. 1. 5.〉

⑤ 대의원회를 둔 때에는 총회에 관한 규정은 대의원회에 이를 준용한다. 〈개정 2021. 1. 5.〉

제18조(임시총회등의 소집) ① 노동조합의 대표자는 필요하다고 인정할 때에는 임시총회 또는 임시대의원회를 소집할 수 있다.

② 노동조합의 대표자는 조합원 또는 대의원의 3분의 1 이상(聯合團體인 勞動組合에 있어서는 그 構成團體의 3分의 1 이상)이 회의에 부의할 사항을 제시하고 회의의 소집을 요구한 때에는 지체없이 임시총회 또는 임시대의원회를 소집하여야 한다.

③ 행정관청은 노동조합의 대표자가 제2항의 규정에 의한 회의의 소집을 고의로 기피하거나 이를 해태하여 조합원 또는 대의원의 3분의 1 이상이 소집권자의 지명을 요구한 때에는 15일 이내에 노동위원회의 의결을 요청하고 노동위원회의 의결이 있는 때에는 지체없이 회의의 소집권자를 지명하여야 한다. 〈개정 1998. 2. 20.〉

④ 행정관청은 노동조합에 총회 또는 대의원회의 소집권자가 없는 경우에 조합원 또는 대의원의 3분의 1 이상이 회의에 부의할 사항을 제시하고 소집권자의 지명을 요구한 때에는 15일 이내에 회의의 소집권자를 지명하여야 한다. 〈개정 1998. 2. 20.〉

제19조(소집의 절차) 총회 또는 대의원회는 회의개최일 7일전까지 그 회의에 부의할 사항을 공고하고 규약에 정한 방법에 의하여 소집하여야 한다. 다만, 노동조합이 동일한 사업장내의 근로자로 구성된 경우에는 그 규약으로 공고기간을 단축할 수 있다.

제20조(표결권의 특례) 노동조합이 특정 조합원에 관한 사항을 의결할 경우에는 그 조합원은 표결권이 없다.

제21조(규약 및 결의처분의 시정) ① 행정관청은 노동조합의 규약이 노동관계법령에 위반한 경우에는 노동위원회의 의결을 얻어 그 시정을 명할 수 있다. 〈개정 1998. 2. 20.〉

② 행정관청은 노동조합의 결의 또는 처분이 노동관계법령 또는 규약에 위반된다고 인정할 경우에는 노동위원회의 의결을 얻어 그 시정을 명할 수 있다. 다만, 규약위반시의 시정명령은 이해관계인의 신청이 있는 경우에 한한다. 〈개정 1998. 2. 20.〉

③ 제1항 또는 제2항의 규정에 의하여 시정명령을 받은 노동조합은 30일 이내에 이를 이행하여야 한다. 다만, 정당한 사유가 있는 경우에는 그 기간을 연장할 수 있다.

제22조(조합원의 권리와 의무) 노동조합의 조합원은 균등하게 그 노동조합의 모든 문제에 참여할 권리와 의무를 가진다. 다만, 노동조합은 그 규약으로 조합비를 납부하지 아니하는 조합원의 권리를 제한할 수 있다.

제23조(임원의 자격 등) ① 노동조합의 임원 자격은 규약으로 정한다. 이 경우 하나의 사업 또는 사업장을 대상으로 조직된 노동조합의 임원은 그 사업 또는 사업장에 종사하는 조합원 중에서 선출하도록 정한다. 〈개정 2021. 1. 5.〉

② 임원의 임기는 규약으로 정하되 3년을 초과할 수 없다.

[제목개정 2021. 1. 5.]

제24조(근로시간 면제 등) ① 근로자는 단체협약으로 정하거나 사용자의 동의가 있는 경우에는 사용자 또는 노동조합으로부터 급여를 지급받으면서 근로계약 소정의 근로를

제공하지 아니하고 노동조합의 업무에 종사할 수 있다. 〈개정 2021. 1. 5.〉

② 제1항에 따라 사용자로부터 급여를 지급받는 근로자(이하 "근로시간면제자"라 한다)는 사업 또는 사업장별로 종사근로자인 조합원 수 등을 고려하여 제24조의2에 따라 결정된 근로시간 면제 한도(이하 "근로시간 면제 한도"라 한다)를 초과하지 아니하는 범위에서 임금의 손실 없이 사용자와의 협의 · 교섭, 고충처리, 산업안전 활동 등 이 법 또는 다른 법률에서 정하는 업무와 건전한 노사관계 발전을 위한 노동조합의 유지 · 관리업무를 할 수 있다. 〈개정 2021. 1. 5.〉

③ 사용자는 제1항에 따라 노동조합의 업무에 종사하는 근로자의 정당한 노동조합 활동을 제한해서는 아니 된다. 〈신설 2010. 1. 1., 2021. 1. 5.〉

④ 제2항을 위반하여 근로시간 면제 한도를 초과하는 내용을 정한 단체협약 또는 사용자의 동의는 그 부분에 한정하여 무효로 한다. 〈개정 2021. 1. 5.〉

⑤ 삭제 〈2021. 1. 5.〉

[제목개정 2021. 1. 5.]

제24조의2(근로시간면제심의위원회) ① 근로시간면제자에 대한 근로시간 면제 한도를 정하기 위하여 근로시간면제심의위원회(이하 이 조에서 "위원회"라 한다)를 「경제사회노동위원회법」에 따른 경제사회노동위원회(이하 "경제사회노동위원회"라 한다)에 둔다. 〈개정 2010. 6. 4., 2021. 1. 5.〉

② 위원회는 근로시간 면제 한도를 심의 · 의결하고, 3년마다 그 적정성 여부를 재심의하여 의결할 수 있다. 〈개정 2010. 6. 4., 2021. 1. 5.〉

③ 경제사회노동위원회 위원장은 제2항에 따라 위원회가 의결한 사항을 고용노동부장관에게 즉시 통보하여야 한다. 〈개정 2021. 1. 5.〉

④ 고용노동부장관은 제3항에 따라 경제사회노동위원회 위원장이 통보한 근로시간 면제 한도를 고시하여야 한다. 〈신설 2021. 1. 5.〉

⑤ 위원회는 다음 각 호의 구분에 따라 근로자를 대표하는 위원과 사용자를 대표하는 위원 및 공익을 대표하는 위원 각 5명씩 성별을 고려하여 구성한다. 〈신설 2021. 1. 5.〉

1. 근로자를 대표하는 위원: 전국적 규모의 노동단체가 추천하는 사람
2. 사용자를 대표하는 위원: 전국적 규모의 경영자단체가 추천하는 사람
3. 공익을 대표하는 위원: 경제사회노동위원회 위원장이 추천한 15명 중에서 제1호에 따른 노동단체와 제2호에 따른 경영자단체가 순차적으로 배제하고 남은 사람

⑥ 위원회의 위원장은 제5항제3호에 따른 위원 중에서 위원회가 선출한다. 〈개정 2021. 1. 5.〉

⑦ 위원회는 재적위원 과반수의 출석과 출석위원 과반수의 찬성으로 의결한다. 〈개정 2021. 1. 5.〉

⑧ 위원의 자격, 위촉과 위원회의 운영 등에 필요한 사항은 대통령령으로 정한다. 〈개정 2021. 1. 5.〉

[본조신설 2010. 1. 1.]

제25조(회계감사) ① 노동조합의 대표자는 그 회계감사원으로 하여금 6월에 1회 이상 당해 노동조합의 모든 재원 및 용도, 주요한 기부자의 성명, 현재의 경리 상황등에 대한 회계감사를 실시하게 하고 그 내용과 감사결과를 전체 조합원에게 공개하여야 한다.

② 노동조합의 회계감사원은 필요하다고 인정할 경우에는 당해 노동조합의 회계감사를 실시하고 그 결과를 공개할 수 있다.

제26조(운영상황의 공개) 노동조합의 대표자는 회계연도마다 결산결과와 운영상황을 공표하여야 하며 조합원의 요구가 있을 때에는 이를 열람하게 하여야 한다.

제27조(자료의 제출) 노동조합은 행정관청이 요구하는 경우에는 결산결과와 운영상황을 보고하여야 한다. 〈개정 1998. 2. 20.〉

제4절 노동조합의 해산

제28조(해산사유) ① 노동조합은 다음 각호의 1에 해당하는 경우에는 해산한다. 〈개정 1998. 2. 20.〉

1. 규약에서 정한 해산사유가 발생한 경우
2. 합병 또는 분할로 소멸한 경우
3. 총회 또는 대의원회의 해산결의가 있는 경우
4. 노동조합의 임원이 없고 노동조합으로서의 활동을 1년 이상 하지 아니한 것으로 인정되는 경우로서 행정관청이 노동위원회의 의결을 얻은 경우

② 제1항제1호 내지 제3호의 사유로 노동조합이 해산한 때에는 그 대표자는 해산한 날부터 15일 이내에 행정관청에게 이를 신고하여야 한다. 〈개정 1998. 2. 20.〉

제3장 단체교섭 및 단체협약

제29조(교섭 및 체결권한) ① 노동조합의 대표자는 그 노동조합 또는 조합원을 위하여 사용자나 사용자단체와 교섭하고 단체협약을 체결할 권한을 가진다.

② 제29조의2에 따라 결정된 교섭대표노동조합(이하 "교섭대표노동조합"이라 한다)의 대표자는 교섭을 요구한 모든 노동조합 또는 조합원을 위하여 사용자와 교섭하고 단체협약을 체결할 권한을 가진다. 〈신설 2010. 1. 1.〉

③ 노동조합과 사용자 또는 사용자단체로부터 교섭 또는 단체협약의 체결에 관한 권한을 위임받은 자는 그 노동조합과 사용자 또는 사용자단체를 위하여 위임받은 범위안에서 그 권한을 행사할 수 있다. 〈개정 2010. 1. 1.〉

④ 노동조합과 사용자 또는 사용자단체는 제3항에 따라 교섭 또는 단체협약의 체결에 관한 권한을 위임한 때에는 그 사실을 상대방에게 통보하여야 한다. 〈개정 2010. 1. 1.〉

제29조의2(교섭창구 단일화 절차) ① 하나의 사업 또는

사업장에서 조직형태에 관계없이 근로자가 설립하거나 가입한 노동조합이 2개 이상인 경우 노동조합은 교섭대표노동조합(2개 이상의 노동조합 조합원을 구성원으로 하는 교섭대표기구를 포함한다. 이하 같다)을 정하여 교섭을 요구하여야 한다. 다만, 제3항에 따라 교섭대표노동조합을 자율적으로 결정하는 기한 내에 사용자가 이 조에서 정하는 교섭창구 단일화 절차를 거치지 아니하기로 동의한 경우에는 그러하지 아니하다. 〈개정 2021. 1. 5.〉

② 제1항 단서에 해당하는 경우 사용자는 교섭을 요구한 모든 노동조합과 성실히 교섭하여야 하고, 차별적으로 대우해서는 아니 된다. 〈신설 2021. 1. 5.〉

③ 교섭대표노동조합 결정 절차(이하 "교섭창구 단일화 절차"라 한다)에 참여한 모든 노동조합은 대통령령으로 정하는 기한 내에 자율적으로 교섭대표노동조합을 정한다. 〈개정 2021. 1. 5.〉

④ 제3항에 따른 기한까지 교섭대표노동조합을 정하지 못하고 제1항 단서에 따른 사용자의 동의를 얻지 못한 경우에는 교섭창구 단일화 절차에 참여한 노동조합의 전체 조합원 과반수로 조직된 노동조합(2개 이상의 노동조합이 위임 또는 연합 등의 방법으로 교섭창구 단일화 절차에 참여한 노동조합 전체 조합원의 과반수가 되는 경우를 포함한다)이 교섭대표노동조합이 된다. 〈개정 2021. 1. 5.〉

⑤ 제3항 및 제4항에 따라 교섭대표노동조합을 결정하지 못한 경우에는 교섭창구 단일화 절차에 참여한 모든 노동조합은 공동으로 교섭대표단(이하 이 조에서 "공동교섭대표단"이라 한다)을 구성하여 사용자와 교섭하여야 한다. 이 때 공동교섭대표단에 참여할 수 있는 노동조합은 그 조합원 수가 교섭창구 단일화 절차에 참여한 노동조합의 전체 조합원 100분의 10 이상인 노동조합으로 한다. 〈개정 2021. 1. 5.〉

⑥ 제5항에 따른 공동교섭대표단의 구성에 합의하지 못할 경우에 노동위원회는 해당 노동조합의 신청에 따라 조합원 비율을 고려하여 이를 결정할 수 있다. 〈개정 2021. 1. 5.〉

⑦ 제1항 및 제3항부터 제5항까지에 따른 교섭대표노동조합을 결정함에 있어 교섭요구 사실, 조합원 수 등에 대한 이의가 있는 때에는 노동위원회는 대통령령으로 정하는 바에 따라 노동조합의 신청을 받아 그 이의에 대한 결정을 할 수 있다. 〈개정 2021. 1. 5.〉

⑧ 제6항 및 제7항에 따른 노동위원회의 결정에 대한 불복절차 및 효력은 제69조와 제70조제2항을 준용한다. 〈개정 2021. 1. 5.〉

⑨ 노동조합의 교섭요구 · 참여 방법, 교섭대표노동조합 결정을 위한 조합원 수 산정 기준 등 교섭창구 단일화 절차와 교섭비용 증가 방지 등에 관하여 필요한 사항은 대통령령으로 정한다. 〈개정 2021. 1. 5.〉

⑩ 제4항부터 제7항까지 및 제9항의 조합원 수 산정은 종사근로자인 조합원을 기준으로 한다. 〈신설 2021. 1. 5.〉

[본조신설 2010. 1. 1.]

제29조의3(교섭단위 결정) ① 제29조의2에 따라 교섭대표노동조합을 결정하여야 하는 단위(이하 "교섭단위"라 한다)는 하나의 사업 또는 사업장으로 한다.

② 제1항에도 불구하고 하나의 사업 또는 사업장에서 현격한 근로조건의 차이, 고용형태, 교섭 관행 등을 고려하여 교섭단위를 분리하거나 분리된 교섭단위를 통합할 필요가 있다고 인정되는 경우에 노동위원회는 노동관계 당사자의 양쪽 또는 어느 한쪽의 신청을 받아 교섭단위를 분리하거나 분리된 교섭단위를 통합하는 결정을 할 수 있다. 〈개정 2021. 1. 5.〉

③ 제2항에 따른 노동위원회의 결정에 대한 불복절차 및 효력은 제69조와 제70조제2항을 준용한다.

④ 교섭단위를 분리하거나 분리된 교섭단위를 통합하기 위한 신청 및 노동위원회의 결정 기준 · 절차 등에 관하여 필요한 사항은 대통령령으로 정한다. 〈개정 2021. 1. 5.〉

[본조신설 2010. 1. 1.]

제29조의4(공정대표의무 등) ① 교섭대표노동조합과 사용자는 교섭창구 단일화 절차에 참여한 노동조합 또는 그 조합원 간에 합리적 이유 없이 차별을 하여서는 아니 된다.

② 노동조합은 교섭대표노동조합과 사용자가 제1항을 위반하여 차별한 경우에는 그 행위가 있은 날(단체협약의 내용의 일부 또는 전부가 제1항에 위반되는 경우에는 단체협약 체결일을 말한다)부터 3개월 이내에 대통령령으로 정하는 방법과 절차에 따라 노동위원회에 그 시정을 요청할 수 있다.

③ 노동위원회는 제2항에 따른 신청에 대하여 합리적 이유 없이 차별하였다고 인정한 때에는 그 시정에 필요한 명령을 하여야 한다.

④ 제3항에 따른 노동위원회의 명령 또는 결정에 대한 불복절차 등에 관하여는 제85조 및 제86조를 준용한다.

[본조신설 2010. 1. 1.]

제29조의5(그 밖의 교섭창구 단일화 관련 사항) 교섭대표노동조합이 있는 경우에 제2조제5호, 제29조제3항 · 제4항, 제30조, 제37조제2항 · 제3항, 제38조제3항, 제42조의6제1항, 제44조제2항, 제46조제1항, 제55조제3항, 제72조제3항 및 제81조제1항제3호 중 "노동조합"은 "교섭대표노동조합"으로 본다. 〈개정 2021. 1. 5.〉

[본조신설 2010. 1. 1.]

제30조(교섭등의 원칙) ① 노동조합과 사용자 또는 사용자단체는 신의에 따라 성실히 교섭하고 단체협약을 체결하여야 하며 그 권한을 남용하여서는 아니된다.

② 노동조합과 사용자 또는 사용자단체는 정당한 이유없이 교섭 또는 단체협약의 체결을 거부하거나 해태하여서는 아니된다.

③ 국가 및 지방자치단체는 기업 · 산업 · 지역별 교섭 등 다양한 교섭방식을 노동관계 당사자가 자율적으로 선택할 수 있도록 지원하고 이에 따른 단체교섭이 활성화될 수 있도록 노력하여야 한다. 〈신설 2021. 1. 5.〉

제31조(단체협약의 작성) ① 단체협약은 서면으로 작성하

여 당사자 쌍방이 서명 또는 날인하여야 한다. 〈개정 2006. 12. 30.〉

② 단체협약의 당사자는 단체협약의 체결일부터 15일 이내에 이를 행정관청에게 신고하여야 한다. 〈개정 1998. 2. 20.〉

③ 행정관청은 단체협약중 위법한 내용이 있는 경우에는 노동위원회의 의결을 얻어 그 시정을 명할 수 있다. 〈개정 1998. 2. 20.〉

제32조(단체협약 유효기간의 상한) ① 단체협약의 유효기간은 3년을 초과하지 않는 범위에서 노사가 합의하여 정할 수 있다. 〈개정 2021. 1. 5.〉

② 단체협약에 그 유효기간을 정하지 아니한 경우 또는 제1항의 기간을 초과하는 유효기간을 정한 경우에 그 유효기간은 3년으로 한다. 〈개정 2021. 1. 5.〉

③ 단체협약의 유효기간이 만료되는 때를 전후하여 당사자 쌍방이 새로운 단체협약을 체결하고자 단체교섭을 계속하였음에도 불구하고 새로운 단체협약이 체결되지 아니한 경우에는 별도의 약정이 있는 경우를 제외하고는 종전의 단체협약은 그 효력만료일부터 3월까지 계속 효력을 갖는다. 다만, 단체협약에 그 유효기간이 경과한 후에도 새로운 단체협약이 체결되지 아니한 때에는 새로운 단체협약이 체결될 때까지 종전 단체협약의 효력을 존속시킨다는 취지의 별도의 약정이 있는 경우에는 그에 따르되, 당사자 일방은 해지하고자 하는 날의 6월전까지 상대방에게 통고함으로써 종전의 단체협약을 해지할 수 있다. 〈개정 1998. 2. 20.〉

[제목개정 2021. 1. 5.]

제33조(기준의 효력) ① 단체협약에 정한 근로조건 기타 근로자의 대우에 관한 기준에 위반하는 취업규칙 또는 근로계약의 부분은 무효로 한다.

② 근로계약에 규정되지 아니한 사항 또는 제1항의 규정에 의하여 무효로 된 부분은 단체협약에 정한 기준에 의한다.

제34조(단체협약의 해석) ① 단체협약의 해석 또는 이행방법에 관하여 관계 당사자간에 의견의 불일치가 있는 때에는 당사자 쌍방 또는 단체협약에 정하는 바에 의하여 어느 일방이 노동위원회에 그 해석 또는 이행방법에 관한 견해의 제시를 요청할 수 있다.

② 노동위원회는 제1항의 규정에 의한 요청을 받은 때에는 그 날부터 30일 이내에 명확한 견해를 제시하여야 한다.

③ 제2항의 규정에 의하여 노동위원회가 제시한 해석 또는 이행방법에 관한 견해는 중재재정과 동일한 효력을 가진다.

제35조(일반적 구속력) 하나의 사업 또는 사업장에 상시 사용되는 동종의 근로자 반수 이상이 하나의 단체협약의 적용을 받게 된 때에는 당해 사업 또는 사업장에 사용되는 다른 동종의 근로자에 대하여도 당해 단체협약이 적용된다.

제36조(지역적 구속력) ① 하나의 지역에 있어서 종업하는 동종의 근로자 3분의 2 이상이 하나의 단체협약의 적용을 받게 된 때에는 행정관청은 당해 단체협약의 당사자의 쌍방 또는 일방의 신청에 의하거나 그 직권으로 노동위원회의 의결을 얻어 당해 지역에서 종업하는 다른 동종의 근로자와 그 사용자에 대하여도 당해 단체협약을 적용한다는 결정을 할 수 있다. 〈개정 1998. 2. 20.〉

② 행정관청이 제1항의 규정에 의한 결정을 한 때에는 지체없이 이를 공고하여야 한다. 〈개정 1998. 2. 20.〉

제4장 쟁의행위

제37조(쟁의행위의 기본원칙) ① 쟁의행위는 그 목적 · 방법 및 절차에 있어서 법령 기타 사회질서에 위반되어서는 아니된다.

② 조합원은 노동조합에 의하여 주도되지 아니한 쟁의행위를 하여서는 아니된다.

③ 노동조합은 사용자의 점유를 배제하여 조업을 방해하는 형태로 쟁의행위를 해서는 아니 된다. 〈신설 2021. 1. 5.〉

제38조(노동조합의 지도와 책임) ① 쟁의행위는 그 쟁의행위와 관계없는 자 또는 근로를 제공하고자 하는 자의 출입 · 조업 기타 정상적인 업무를 방해하는 방법으로 행하여져서는 아니되며 쟁의행위의 참가를 호소하거나 설득하는 행위로서 폭행 · 협박을 사용하여서는 아니된다.

② 작업시설의 손상이나 원료 · 제품의 변질 또는 부패를 방지하기 위한 작업은 쟁의행위 기간중에도 정상적으로 수행되어야 한다.

③ 노동조합은 쟁의행위가 적법하게 수행될 수 있도록 지도 · 관리 · 통제할 책임이 있다.

제39조(근로자의 구속제한) 근로자는 쟁의행위 기간중에는 현행범외에는 이 법 위반을 이유로 구속되지 아니한다.

제40조 삭제 〈2006. 12. 30.〉

제41조(쟁의행위의 제한과 금지) ① 노동조합의 쟁의행위는 그 조합원(제29조의2에 따라 교섭대표노동조합이 결정된 경우에는 그 절차에 참여한 노동조합의 전체 조합원)의 직접 · 비밀 · 무기명투표에 의한 조합원 과반수의 찬성으로 결정하지 아니하면 이를 행할 수 없다. 이 경우 조합원 수 산정은 종사근로자인 조합원을 기준으로 한다. 〈개정 2021. 1. 5.〉

② 「방위사업법」에 의하여 지정된 주요방위산업체에 종사하는 근로자중 전력, 용수 및 주로 방산물자를 생산하는 업무에 종사하는 자는 쟁의행위를 할 수 없으며 주로 방산물자를 생산하는 업무에 종사하는 자의 범위는 대통령령으로 정한다. 〈개정 2006. 1. 2.〉

제42조(폭력행위등의 금지) ① 쟁의행위는 폭력이나 파괴행위 또는 생산 기타 주요업무에 관련되는 시설과 이에 준하는 시설로서 대통령령이 정하는 시설을 점거하는 형태로 이를 행할 수 없다.

② 사업장의 안전보호시설에 대하여 정상적인 유지 · 운영을 정지 · 폐지 또는 방해하는 행위는 쟁의행위로서 이를 행할 수 없다.

③ 행정관청은 쟁의행위가 제2항의 행위에 해당한다고 인정

하는 경우에는 노동위원회의 의결을 얻어 그 행위를 중지할 것을 통보하여야 한다. 다만, 사태가 급박하여 노동위원회의 의결을 얻을 시간적 여유가 없을 때에는 그 의결을 얻지 아니하고 즉시 그 행위를 중지할 것을 통보할 수 있다. 〈개정 1998. 2. 20., 2006. 12. 30.〉

④ 제3항 단서의 경우에 행정관청은 지체없이 노동위원회의 사후승인을 얻어야 하며 그 승인을 얻지 못한 때에는 그 통보는 그때부터 효력을 상실한다. 〈개정 1998. 2. 20., 2006. 12. 30.〉

제42조의2(필수유지업무에 대한 쟁의행위의 제한) ① 이 법에서 "필수유지업무"라 함은 제71조제2항의 규정에 따른 필수공익사업의 업무 중 그 업무가 정지되거나 폐지되는 경우 공중의 생명 · 건강 또는 신체의 안전이나 공중의 일상생활을 현저히 위태롭게 하는 업무로서 대통령령이 정하는 업무를 말한다.

② 필수유지업무의 정당한 유지 · 운영을 정지 · 폐지 또는 방해하는 행위는 쟁의행위로서 이를 행할 수 없다.

[본조신설 2006. 12. 30.]

제42조의3(필수유지업무협정) 노동관계 당사자는 쟁의행위기간 동안 필수유지업무의 정당한 유지 · 운영을 위하여 필수유지업무의 필요 최소한의 유지 · 운영 수준, 대상직무 및 필요인원 등을 정한 협정(이하"필수유지업무협정"이라 한다)을 서면으로 체결하여야 한다. 이 경우 필수유지업무협정에는 노동관계 당사자 쌍방이 서명 또는 날인하여야 한다.

[본조신설 2006. 12. 30.]

제42조의4(필수유지업무 유지 · 운영 수준 등의 결정) ① 노동관계 당사자 쌍방 또는 일방은 필수유지업무협정이 체결되지 아니하는 때에는 노동위원회에 필수유지업무의 필요 최소한의 유지 · 운영 수준, 대상직무 및 필요인원 등의 결정을 신청하여야 한다.

② 제1항의 규정에 따른 신청을 받은 노동위원회는 사업 또는 사업장별 필수유지업무의 특성 및 내용 등을 고려하여 필수유지업무의 필요 최소한의 유지 · 운영 수준, 대상직무 및 필요인원 등을 결정할 수 있다.

③ 제2항의 규정에 따른 노동위원회의 결정은 제72조의 규정에 따른 특별조정위원회가 담당한다.

④ 제2항의 규정에 따른 노동위원회의 결정에 대한 해석 또는 이행방법에 관하여 관계당사자간에 의견이 일치하지 아니하는 경우에는 특별조정위원회의 해석에 따른다. 이 경우 특별조정위원회의 해석은 제2항의 규정에 따른 노동위원회의 결정과 동일한 효력이 있다.

⑤ 제2항의 규정에 따른 노동위원회의 결정에 대한 불복절차 및 효력에 관하여는 제69조와 제70조제2항의 규정을 준용한다.

[본조신설 2006. 12. 30.]

제42조의5(노동위원회의 결정에 따른 쟁의행위) 제42조의4제2항의 규정에 따라 노동위원회의 결정이 있는 경우 그 결정에 따라 쟁의행위를 한 때에는 필수유지업무를 정당하게 유지 · 운영하면서 쟁의행위를 한 것으로 본다.

[본조신설 2006. 12. 30.]

제42조의6(필수유지업무 근무 근로자의 지명) ① 노동조합은 필수유지업무협정이 체결되거나 제42조의4제2항의 규정에 따른 노동위원회의 결정이 있는 경우 사용자에게 필수유지업무에 근무하는 조합원 중 쟁의행위기간 동안 근무하여야 할 조합원을 통보하여야 하며, 사용자는 이에 따라 근로자를 지명하고 이를 노동조합과 그 근로자에게 통보하여야 한다. 다만, 노동조합이 쟁의행위 개시 전까지 이를 통보하지 아니한 경우에는 사용자가 필수유지업무에 근무하여야 할 근로자를 지명하고 이를 노동조합과 그 근로자에게 통보하여야 한다. 〈개정 2010. 1. 1.〉

② 제1항에 따른 통보 · 지명시 노동조합과 사용자는 필수유지업무에 종사하는 근로자가 소속된 노동조합이 2개 이상인 경우에는 각 노동조합의 해당 필수유지업무에 종사하는 조합원 비율을 고려하여야 한다. 〈신설 2010. 1. 1.〉

[본조신설 2006. 12. 30.]

제43조(사용자의 채용제한) ① 사용자는 쟁의행위 기간중 그 쟁의행위로 중단된 업무의 수행을 위하여 당해 사업과 관계없는 자를 채용 또는 대체할 수 없다.

② 사용자는 쟁의행위기간중 그 쟁의행위로 중단된 업무를 도급 또는 하도급 줄 수 없다.

③ 제1항 및 제2항의 규정은 필수공익사업의 사용자가 쟁의행위 기간 중에 한하여 당해 사업과 관계없는 자를 채용 또는 대체하거나 그 업무를 도급 또는 하도급 주는 경우에는 적용하지 아니한다. 〈신설 2006. 12. 30.〉

④ 제3항의 경우 사용자는 당해 사업 또는 사업장 파업참가자의 100분의 50을 초과하지 않는 범위 안에서 채용 또는 대체하거나 도급 또는 하도급 줄 수 있다. 이 경우 파업참가자 수의 산정 방법 등은 대통령령으로 정한다. 〈신설 2006. 12. 30.〉

제44조(쟁의행위 기간중의 임금지급 요구의 금지) ① 사용자는 쟁의행위에 참가하여 근로를 제공하지 아니한 근로자에 대하여는 그 기간중의 임금을 지급할 의무가 없다.

② 노동조합은 쟁의행위 기간에 대한 임금의 지급을 요구하여 이를 관철할 목적으로 쟁의행위를 하여서는 아니된다.

제45조(조정의 전치) ① 노동관계 당사자는 노동쟁의가 발생한 때에는 어느 일방이 이를 상대방에게 서면으로 통보하여야 한다.

② 쟁의행위는 제5장제2절 내지 제4절의 규정에 의한 조정절차(제61조의2의 규정에 따른 조정종료 결정 후의 조정절차를 제외한다)를 거치지 아니하면 이를 행할 수 없다. 다만, 제54조의 규정에 의한 기간내에 조정이 종료되지 아니하거나 제63조의 규정에 의한 기간내에 중재재정이 이루어지지 아니한 경우에는 그러하지 아니하다. 〈개정 2006. 12. 30.〉

제46조(직장폐쇄의 요건) ① 사용자는 노동조합이 쟁의행

위를 개시한 이후에만 직장폐쇄를 할 수 있다.

② 사용자는 제1항의 규정에 의한 직장폐쇄를 할 경우에는 미리 행정관청 및 노동위원회에 각각 신고하여야 한다. 〈개정 1998. 2. 20.〉

제5장 노동쟁의의 조정

제1절 통 칙

제47조(자주적 조정의 노력) 이 장의 규정은 노동관계 당사자가 직접 노사협의 또는 단체교섭에 의하여 근로조건 기타 노동관계에 관한 사항을 정하거나 노동관계에 관한 주장의 불일치를 조정하고 이에 필요한 노력을 하는 것을 방해하지 아니한다.

제48조(당사자의 책무) 노동관계 당사자는 단체협약에 노동관계의 적정화를 위한 노사협의 기타 단체교섭의 절차와 방식을 규정하고 노동쟁의가 발생한 때에는 이를 자주적으로 해결하도록 노력하여야 한다.

제49조(국가등의 책무) 국가 및 지방자치단체는 노동관계 당사자간에 노동관계에 관한 주장이 일치하지 아니할 경우에 노동관계 당사자가 이를 자주적으로 조정할 수 있도록 조력함으로써 쟁의행위를 가능한 한 예방하고 노동쟁의의 신속·공정한 해결에 노력하여야 한다.

제50조(신속한 처리) 이 법에 의하여 노동관계의 조정을 할 경우에는 노동관계 당사자와 노동위원회 기타 관계기관은 사건을 신속히 처리하도록 노력하여야 한다.

제51조(공익사업등의 우선적 취급) 국가·지방자치단체·국공영기업체·방위산업체 및 공익사업에 있어서의 노동쟁의의 조정은 우선적으로 취급하고 신속히 처리하여야 한다.

제52조(사적 조정·중재) ① 제2절 및 제3절의 규정은 노동관계 당사자가 쌍방의 합의 또는 단체협약이 정하는 바에 따라 각각 다른 조정 또는 중재방법(이하 이 조에서 "사적조정등"이라 한다)에 의하여 노동쟁의를 해결하는 것을 방해하지 아니한다. 〈개정 2006. 12. 30.〉

② 노동관계 당사자는 제1항의 규정에 의하여 노동쟁의를 해결하기로 한 때에는 이를 노동위원회에 신고하여야 한다.

③ 제1항의 규정에 의하여 노동쟁의를 해결하기로 한 때에는 다음 각호의 규정이 적용된다.

1. 조정에 의하여 해결하기로 한 때에는 제45조제2항 및 제54조의 규정. 이 경우 조정기간은 조정을 개시한 날부터 기산한다.
2. 중재에 의하여 해결하기로 한 때에는 제63조의 규정. 이 경우 쟁의행위의 금지기간은 중재를 개시한 날부터 기산한다.

④ 제1항의 규정에 의하여 조정 또는 중재가 이루어진 경우에 그 내용은 단체협약과 동일한 효력을 가진다.

⑤ 사적조정등을 수행하는 자는 「노동위원회법」 제8조제2항제2호 각 목의 자격을 가진 자로 한다. 이 경우 사적조정등을 수행하는 자는 노동관계 당사자로부터 수수료, 수당 및 여비 등을 받을 수 있다. 〈신설 2006. 12. 30.〉

제2절 조 정

제53조(조정의 개시) ① 노동위원회는 관계 당사자의 일방이 노동쟁의의 조정을 신청한 때에는 지체없이 조정을 개시하여야 하며 관계 당사자 쌍방은 이에 성실히 임하여야 한다.

② 노동위원회는 제1항의 규정에 따른 조정신청 전이라도 원활한 조정을 위하여 교섭을 주선하는 등 관계 당사자의 자주적인 분쟁 해결을 지원할 수 있다. 〈신설 2006. 12. 30.〉

제54조(조정기간) ① 조정은 제53조의 규정에 의한 조정의 신청이 있은 날부터 일반사업에 있어서는 10일, 공익사업에 있어서는 15일 이내에 종료하여야 한다.

② 제1항의 규정에 의한 조정기간은 관계 당사자간의 합의로 일반사업에 있어서는 10일, 공익사업에 있어서는 15일 이내에서 연장할 수 있다.

제55조(조정위원회의 구성) ① 노동쟁의의 조정을 위하여 노동위원회에 조정위원회를 둔다.

② 제1항의 규정에 의한 조정위원회는 조정위원 3인으로 구성한다.

③ 제2항의 규정에 의한 조정위원은 당해 노동위원회의 위원중에서 사용자를 대표하는 자, 근로자를 대표하는 자 및 공익을 대표하는 자 각 1인을 그 노동위원회의 위원장이 지명하되, 근로자를 대표하는 조정위원은 사용자가, 사용자를 대표하는 조정위원은 노동조합이 각각 추천하는 노동위원회의 위원중에서 지명하여야 한다. 다만, 조정위원회의 회의 3일 전까지 관계 당사자가 추천하는 위원의 명단제출이 없을 때에는 당해 위원을 위원장이 따로 지명할 수 있다.

④ 노동위원회의 위원장은 근로자를 대표하는 위원 또는 사용자를 대표하는 위원의 불참 등으로 인하여 제3항의 규정에 따른 조정위원회의 구성이 어려운 경우 노동위원회의 공익을 대표하는 위원 중에서 3인을 조정위원으로 지명할 수 있다. 다만, 관계 당사자 쌍방의 합의로 선정한 노동위원회의 위원이 있는 경우에는 그 위원을 조정위원으로 지명한다. 〈신설 2006. 12. 30.〉

제56조(조정위원회의 위원장) ① 조정위원회에 위원장을 둔다.

② 위원장은 공익을 대표하는 조정위원이 된다. 다만, 제55조제4항의 규정에 따른 조정위원회의 위원장은 조정위원 중에서 호선한다. 〈개정 2006. 12. 30.〉

제57조(단독조정) ① 노동위원회는 관계 당사자 쌍방의 신청이 있거나 관계 당사자 쌍방의 동의를 얻은 경우에는 조정위원회에 갈음하여 단독조정인에게 조정을 행하게 할 수 있다.

② 제1항의 규정에 의한 단독조정인은 당해 노동위원회의 위원중에서 관계 당사자의 쌍방의 합의로 선정된 자를 그 노동위원회의 위원장이 지명한다.

제58조(주장의 확인등) 조정위원회 또는 단독조정인은 기일을 정하여 관계 당사자 쌍방을 출석하게 하여 주장의 요점을 확인하여야 한다.

제59조(출석금지) 조정위원회의 위원장 또는 단독조정인은 관계 당사자와 참고인외의 자의 출석을 금할 수 있다.

제60조(조정안의 작성) ① 조정위원회 또는 단독조정인은 조정안을 작성하여 이를 관계 당사자에게 제시하고 그 수락을 권고하는 동시에 그 조정안에 이유를 붙여 공표할 수 있으며, 필요한 때에는 신문 또는 방송에 보도등 협조를 요청할 수 있다.

② 조정위원회 또는 단독조정인은 관계 당사자가 수락을 거부하여 더 이상 조정이 이루어질 여지가 없다고 판단되는 경우에는 조정의 종료를 결정하고 이를 관계 당사자 쌍방에 통보하여야 한다.

③ 제1항의 규정에 의한 조정안이 관계 당사자의 쌍방에 의하여 수락된 후 그 해석 또는 이행방법에 관하여 관계 당사자간에 의견의 불일치가 있는 때에는 관계 당사자는 당해 조정위원회 또는 단독조정인에게 그 해석 또는 이행방법에 관한 명확한 견해의 제시를 요청하여야 한다.

④ 조정위원회 또는 단독조정인은 제3항의 규정에 의한 요청을 받은 때에는 그 요청을 받은 날부터 7일 이내에 명확한 견해를 제시하여야 한다.

⑤ 제3항 및 제4항의 해석 또는 이행방법에 관한 견해가 제시될 때까지는 관계 당사자는 당해 조정안의 해석 또는 이행에 관하여 쟁의행위를 할 수 없다.

제61조(조정의 효력) ① 제60조제1항의 규정에 의한 조정안이 관계 당사자에 의하여 수락된 때에는 조정위원 전원 또는 단독조정인은 조정서를 작성하고 관계 당사자와 함께 서명 또는 날인하여야 한다. 〈개정 2006. 12. 30.〉

② 조정서의 내용은 단체협약과 동일한 효력을 가진다.

③ 제60조제4항의 규정에 의하여 조정위원회 또는 단독조정인이 제시한 해석 또는 이행방법에 관한 견해는 중재재정과 동일한 효력을 가진다.

제61조의2(조정종료 결정 후의 조정) ① 노동위원회는 제60조제2항의 규정에 따른 조정의 종료가 결정된 후에도 노동쟁의의 해결을 위하여 조정을 할 수 있다.

② 제1항의 규정에 따른 조정에 관하여는 제55조 내지 제61조의 규정을 준용한다.

[본조신설 2006. 12. 30.]

제3절 중 재

제62조(중재의 개시) 노동위원회는 다음 각 호의 어느 하나에 해당하는 때에는 중재를 행한다. 〈개정 2006. 12. 30.〉

1. 관계 당사자의 쌍방이 함께 중재를 신청한 때
2. 관계 당사자의 일방이 단체협약에 의하여 중재를 신청한 때
3. 삭제 〈2006. 12. 30.〉

제63조(중재시의 쟁의행위의 금지) 노동쟁의가 중재에 회부된 때에는 그 날부터 15일간은 쟁의행위를 할 수 없다.

제64조(중재위원회의 구성) ① 노동쟁의의 중재 또는 재심을 위하여 노동위원회에 중재위원회를 둔다.

② 제1항의 규정에 의한 중재위원회는 중재위원 3인으로 구성한다.

③ 제2항의 중재위원은 당해 노동위원회의 공익을 대표하는 위원중에서 관계 당사자의 합의로 선정한 자에 대하여 그 노동위원회의 위원장이 지명한다. 다만, 관계 당사자간에 합의가 성립되지 아니한 경우에는 노동위원회의 공익을 대표하는 위원중에서 지명한다.

제65조(중재위원회의 위원장) ① 중재위원회에 위원장을 둔다.

② 위원장은 중재위원중에서 호선한다.

제66조(주장의 확인등) ① 중재위원회는 기일을 정하여 관계 당사자 쌍방 또는 일방을 중재위원회에 출석하게 하여 주장의 요점을 확인하여야 한다.

② 관계 당사자가 지명한 노동위원회의 사용자를 대표하는 위원 또는 근로자를 대표하는 위원은 중재위원회의 동의를 얻어 그 회의에 출석하여 의견을 진술할 수 있다.

제67조(출석금지) 중재위원회의 위원장은 관계 당사자와 참고인외의 자의 회의출석을 금할 수 있다.

제68조(중재재정) ① 중재재정은 서면으로 작성하여 이를 행하며 그 서면에는 효력발생 기일을 명시하여야 한다.

② 제1항의 규정에 의한 중재재정의 해석 또는 이행방법에 관하여 관계 당사자간에 의견의 불일치가 있는 때에는 당해 중재위원회의 해석에 따르며 그 해석은 중재재정과 동일한 효력을 가진다.

제69조(중재재정등의 확정) ① 관계 당사자는 지방노동위원회 또는 특별노동위원회의 중재재정이 위법이거나 월권에 의한 것이라고 인정하는 경우에는 그 중재재정서의 송달을 받은 날부터 10일 이내에 중앙노동위원회에 그 재심을 신청할 수 있다.

② 관계 당사자는 중앙노동위원회의 중재재정이나 제1항의 규정에 의한 재심결정이 위법이거나 월권에 의한 것이라고 인정하는 경우에는 행정소송법 제20조의 규정에 불구하고 그 중재재정서 또는 재심결정서의 송달을 받은 날부터 15일 이내에 행정소송을 제기할 수 있다.

③ 제1항 및 제2항에 규정된 기간내에 재심을 신청하지 아니하거나 행정소송을 제기하지 아니한 때에는 그 중재재정 또는 재심결정은 확정된다.

④ 제3항의 규정에 의하여 중재재정이나 재심결정이 확정된 때에는 관계 당사자는 이에 따라야 한다.

제70조(중재재정 등의 효력) ①제68조제1항의 규정에 따른 중재재정의 내용은 단체협약과 동일한 효력을 가진다.

② 노동위원회의 중재재정 또는 재심결정은 제69조제1항 및 제2항의 규정에 따른 중앙노동위원회에의 재심신청 또는 행정소송의 제기에 의하여 그 효력이 정지되지 아니한다.

[전문개정 2006. 12. 30.]

제4절 공익사업등의 조정에 관한 특칙

제71조(공익사업의 범위등) ① 이 법에서 "공익사업"이라 함은 공중의 일상생활과 밀접한 관련이 있거나 국민경제에 미치는 영향이 큰 사업으로서 다음 각호의 사업을 말한다. 〈개정 2006. 12. 30.〉

1. 정기노선 여객운수사업 및 항공운수사업
2. 수도사업, 전기사업, 가스사업, 석유정제사업 및 석유공급사업
3. 공중위생사업, 의료사업 및 혈액공급사업
4. 은행 및 조폐사업
5. 방송 및 통신사업

② 이 법에서 "필수공익사업"이라 함은 제1항의 공익사업으로서 그 업무의 정지 또는 폐지가 공중의 일상생활을 현저히 위태롭게 하거나 국민경제를 현저히 저해하고 그 업무의 대체가 용이하지 아니한 다음 각호의 사업을 말한다. 〈개정 2006. 12. 30.〉

1. 철도사업, 도시철도사업 및 항공운수사업
2. 수도사업, 전기사업, 가스사업, 석유정제사업 및 석유공급사업
3. 병원사업 및 혈액공급사업
4. 한국은행사업
5. 통신사업

제72조(특별조정위원회의 구성) ① 공익사업의 노동쟁의의 조정을 위하여 노동위원회에 특별조정위원회를 둔다.

② 제1항의 규정에 의한 특별조정위원회는 특별조정위원 3인으로 구성한다.

③ 제2항의 규정에 의한 특별조정위원은 그 노동위원회의 공익을 대표하는 위원중에서 노동조합과 사용자가 순차적으로 배제하고 남은 4인 내지 6인중에서 노동위원회의 위원장이 지명한다. 다만, 관계 당사자가 합의로 당해 노동위원회의 위원이 아닌 자를 추천하는 경우에는 그 추천된 자를 지명한다. 〈개정 2006. 12. 30.〉

제73조(특별조정위원회의 위원장) ① 특별조정위원회에 위원장을 둔다.

② 위원장은 공익을 대표하는 노동위원회의 위원인 특별조정위원중에서 호선하고, 당해 노동위원회의 위원이 아닌 자만으로 구성된 경우에는 그중에서 호선한다. 다만, 공익을 대표하는 위원인 특별조정위원이 1인인 경우에는 당해 위원이 위원장이 된다.

제74조 삭제 〈2006. 12. 30.〉

제75조 삭제 〈2006. 12. 30.〉

제5절 긴급조정

제76조(긴급조정의 결정) ① 고용노동부장관은 쟁의행위가 공익사업에 관한 것이거나 그 규모가 크거나 그 성질이 특별한 것으로서 현저히 국민경제를 해하거나 국민의 일상생활을 위태롭게 할 위험이 현존하는 때에는 긴급조정의 결정을 할 수 있다. 〈개정 2010. 6. 4.〉

② 고용노동부장관은 긴급조정의 결정을 하고자 할 때에는 미리 중앙노동위원회 위원장의 의견을 들어야 한다. 〈개정 2010. 6. 4.〉

③ 고용노동부장관은 제1항 및 제2항의 규정에 의하여 긴급조정을 결정한 때에는 지체없이 그 이유를 붙여 이를 공표함과 동시에 중앙노동위원회와 관계 당사자에게 각각 통고하여야 한다. 〈개정 2010. 6. 4.〉

제77조(긴급조정시의 쟁의행위 중지) 관계 당사자는 제76조제3항의 규정에 의한 긴급조정의 결정이 공표된 때에는 즉시 쟁의행위를 중지하여야 하며, 공표일부터 30일이 경과하지 아니하면 쟁의행위를 재개할 수 없다.

제78조(중앙노동위원회의 조정) 중앙노동위원회는 제76조제3항의 규정에 의한 통고를 받은 때에는 지체없이 조정을 개시하여야 한다.

제79조(중앙노동위원회의 중재회부 결정권) ① 중앙노동위원회의 위원장은 제78조의 규정에 의한 조정이 성립될 가망이 없다고 인정한 경우에는 공익위원의 의견을 들어 그 사건을 중재에 회부할 것인가의 여부를 결정하여야 한다.

② 제1항의 규정에 의한 결정은 제76조제3항의 규정에 의한 통고를 받은 날부터 15일 이내에 하여야 한다.

제80조(중앙노동위원회의 중재) 중앙노동위원회는 당해 관계 당사자의 일방 또는 쌍방으로부터 중재신청이 있거나 제79조의 규정에 의한 중재회부의 결정을 한 때에는 지체없이 중재를 행하여야 한다.

제6장 부당노동행위

제81조(부당노동행위) ① 사용자는 다음 각 호의 어느 하나에 해당하는 행위(이하 "不當勞動行爲"라 한다)를 할 수 없다. 〈개정 2006. 12. 30., 2010. 1. 1., 2020. 6. 9., 2021. 1. 5.〉

1. 근로자가 노동조합에 가입 또는 가입하려고 하였거나 노동조합을 조직하려고 하였거나 기타 노동조합의 업무를 위한 정당한 행위를 한 것을 이유로 그 근로자를 해고하거나 그 근로자에게 불이익을 주는 행위
2. 근로자가 어느 노동조합에 가입하지 아니할 것 또는 탈퇴할 것을 고용조건으로 하거나 특정한 노동조합의 조합원이 될 것을 고용조건으로 하는 행위. 다만, 노동조합이 당해 사업장에 종사하는 근로자의 3분의 2 이상을 대표하고 있을 때에는 근로자가 그 노동조합의 조합원이 될 것을 고용조건으로 하는 단체협약의 체결은 예외로 하며, 이 경우 사용자는 근로자가 그 노동조합에서 제명된 것 또는 그 노동조합을 탈퇴하여 새로 노동조합을 조직하거나 다른 노

동조합에 가입한 것을 이유로 근로자에게 신분상 불이익한 행위를 할 수 없다.

3. 노동조합의 대표자 또는 노동조합으로부터 위임을 받은 자와의 단체협약체결 기타의 단체교섭을 정당한 이유없이 거부하거나 해태하는 행위
4. 근로자가 노동조합을 조직 또는 운영하는 것을 지배하거나 이에 개입하는 행위와 근로시간 면제한도를 초과하여 급여를 지급하거나 노동조합의 운영비를 원조하는 행위. 다만, 근로자가 근로시간 중에 제24조제2항에 따른 활동을 하는 것을 사용자가 허용함은 무방하며, 또한 근로자의 후생자금 또는 경제상의 불행 그 밖에 재해의 방지와 구제 등을 위한 기금의 기부와 최소한의 규모의 노동조합사무소의 제공 및 그 밖에 이에 준하여 노동조합의 자주적인 운영 또는 활동을 침해할 위험이 없는 범위에서의 운영비 원조행위는 예외로 한다.
5. 근로자가 정당한 단체행위에 참가한 것을 이유로 하거나 또는 노동위원회에 대하여 사용자가 이 조의 규정에 위반한 것을 신고하거나 그에 관한 증언을 하거나 기타 행정관청에 증거를 제출한 것을 이유로 그 근로자를 해고하거나 그 근로자에게 불이익을 주는 행위

② 제1항제4호단서에 따른 "노동조합의 자주적 운영 또는 활동을 침해할 위험" 여부를 판단할 때에는 다음 각 호의 사항을 고려하여야 한다. 〈신설 2020. 6. 9.〉

1. 운영비 원조의 목적과 경위
2. 원조된 운영비 횟수와 기간
3. 원조된 운영비 금액과 원조방법
4. 원조된 운영비가 노동조합의 총수입에서 차지하는 비율
5. 원조된 운영비의 관리방법 및 사용처 등

[2020. 6. 9. 법률 제17432호에 의하여 2018. 5. 31. 헌법재판소에서 헌법불합치 결정된 이 조를 개정함.]

제82조(구제신청) ① 사용자의 부당노동행위로 인하여 그 권리를 침해당한 근로자 또는 노동조합은 노동위원회에 그 구제를 신청할 수 있다.

② 제1항의 규정에 의한 구제의 신청은 부당노동행위가 있은 날(계속하는 행위는 그 終了日)부터 3월 이내에 이를 행하여야 한다.

제83조(조사등) ① 노동위원회는 제82조의 규정에 의한 구제신청을 받은 때에는 지체없이 필요한 조사와 관계 당사자의 심문을 하여야 한다.

② 노동위원회는 제1항의 규정에 의한 심문을 할 때에는 관계 당사자의 신청에 의하거나 그 직권으로 증인을 출석하게 하여 필요한 사항을 질문할 수 있다.

③ 노동위원회는 제1항의 규정에 의한 심문을 함에 있어서는 관계 당사자에 대하여 증거의 제출과 증인에 대한 반대심문을 할 수 있는 충분한 기회를 주어야 한다.

④ 제1항의 규정에 의한 노동위원회의 조사와 심문에 관한 절차는 중앙노동위원회가 따로 정하는 바에 의한다.

제84조(구제명령) ① 노동위원회는 제83조의 규정에 의한 심문을 종료하고 부당노동행위가 성립한다고 판정한 때에는 사용자에게 구제명령을 발하여야 하며, 부당노동행위가 성립되지 아니한다고 판정한 때에는 그 구제신청을 기각하는 결정을 하여야 한다.

② 제1항의 규정에 의한 판정·명령 및 결정은 서면으로 하되, 이를 당해 사용자와 신청인에게 각각 교부하여야 한다.

③ 관계 당사자는 제1항의 규정에 의한 명령이 있을 때에는 이에 따라야 한다.

제85조(구제명령의 확정) ① 지방노동위원회 또는 특별노동위원회의 구제명령 또는 기각결정에 불복이 있는 관계 당사자는 그 명령서 또는 결정서의 송달을 받은 날부터 10일 이내에 중앙노동위원회에 그 재심을 신청할 수 있다.

② 제1항의 규정에 의한 중앙노동위원회의 재심판정에 대하여 관계 당사자는 그 재심판정서의 송달을 받은 날부터 15일 이내에 행정소송법이 정하는 바에 의하여 소를 제기할 수 있다.

③ 제1항 및 제2항에 규정된 기간내에 재심을 신청하지 아니하거나 행정소송을 제기하지 아니한 때에는 그 구제명령·기각결정 또는 재심판정은 확정된다.

④ 제3항의 규정에 의하여 기각결정 또는 재심판정이 확정된 때에는 관계 당사자는 이에 따라야 한다.

⑤ 사용자가 제2항의 규정에 의하여 행정소송을 제기한 경우에 관할법원은 중앙노동위원회의 신청에 의하여 결정으로써, 판결이 확정될 때까지 중앙노동위원회의 구제명령의 전부 또는 일부를 이행하도록 명할 수 있으며, 당사자의 신청에 의하여 또는 직권으로 그 결정을 취소할 수 있다.

제86조(구제명령등의 효력) 노동위원회의 구제명령·기각결정 또는 재심판정은 제85조의 규정에 의한 중앙노동위원회에의 재심신청이나 행정소송의 제기에 의하여 그 효력이 정지되지 아니한다.

제7장 보 칙

제87조(권한의 위임) 이 법에 의한 고용노동부장관의 권한은 대통령령이 정하는 바에 따라 그 일부를 지방고용노동관서의 장에게 위임할 수 있다. 〈개정 2010. 6. 4.〉

제8장 벌 칙

제88조(벌칙) 제41조제2항의 규정에 위반한 자는 5년 이하의 징역 또는 5천만원 이하의 벌금에 처한다.

제89조(벌칙) 다음 각 호의 어느 하나에 해당하는 자는 3년 이하의 징역 또는 3천만원 이하의 벌금에 처한다. 〈개정 2006. 12. 30., 2010. 1. 1.〉

1. 제37조제2항, 제38조제1항, 제42조제1항 또는 제42조의2제2항의 규정에 위반한 자
2. 제85조제3항(제29조의4제4항에서 준용하는 경우를 포

함한다)에 따라 확정되거나 행정소송을 제기하여 확정된 구제명령에 위반한 자

제90조(벌칙) 제44조제2항, 제69조제4항, 제77조 또는 제81조제1항의 규정에 위반한 자는 2년 이하의 징역 또는 2천만원 이하의 벌금에 처한다. 〈개정 2021. 1. 5.〉

제91조(벌칙) 제38조제2항, 제41조제1항, 제42조제2항, 제43조제1항 · 제2항 · 제4항, 제45조제2항 본문, 제46조제1항 또는 제63조의 규정을 위반한 자는 1년 이하의 징역 또는 1천만원 이하의 벌금에 처한다.
[전문개정 2006. 12. 30.]

제92조(벌칙) 다음 각호의 1에 해당하는 자는 1천만원 이하의 벌금에 처한다. 〈개정 2001. 3. 28., 2010. 1. 1.〉
1. 삭제 〈2021. 1. 5.〉
2. 제31조제1항의 규정에 의하여 체결된 단체협약의 내용중 다음 각목의 1에 해당하는 사항을 위반한 자
 가. 임금 · 복리후생비, 퇴직금에 관한 사항
 나. 근로 및 휴게시간, 휴일, 휴가에 관한 사항
 다. 징계 및 해고의 사유와 중요한 절차에 관한 사항
 라. 안전보건 및 재해부조에 관한 사항
 마. 시설 · 편의제공 및 근무시간중 회의참석에 관한 사항
 바. 쟁의행위에 관한 사항
3. 제61조제1항의 규정에 의한 조정서의 내용 또는 제68조제1항의 규정에 의한 중재재정서의 내용을 준수하지 아니한 자

제93조(벌칙) 다음 각호의 1에 해당하는 자는 500만원 이하의 벌금에 처한다.
1. 제7조제3항의 규정에 위반한 자
2. 제21조제1항 · 제2항 또는 제31조제3항의 규정에 의한 명령에 위반한 자

제94조(양벌규정) 법인 또는 단체의 대표자, 법인 · 단체 또는 개인의 대리인 · 사용인 기타의 종업원이 그 법인 · 단체 또는 개인의 업무에 관하여 제88조 내지 제93조의 위반행위를 한 때에는 행위자를 벌하는 외에 그 법인 · 단체 또는 개인에 대하여도 각 해당 조의 벌금형을 과한다. 다만, 법인 · 단체 또는 개인이 그 위반행위를 방지하기 위하여 해당 업무에 관하여 상당한 주의와 감독을 게을리하지 아니한 경우에는 그러하지 아니하다. 〈개정 2020. 6. 9.〉
[단순위헌, 2019헌가25, 2020. 4. 23. 노동조합 및 노동관계조정법(1997. 3. 13. 법률 제5310호로 제정된 것) 제94조 중 법인의 대리인 · 사용인 기타의 종업원이 그 법인의 업무에 관하여 제90조 가운데 '제81조 제1호, 제2호 단서 후단, 제5호를 위반한 경우'에 관한 부분은 헌법에 위반된다.]
[2020. 6. 9. 법률 제17432호에 의하여 2019. 4. 11. 헌법재판소에서 단순위헌 결정된 이 조를 개정함.]

제95조(과태료) 제85조제5항의 규정에 의한 법원의 명령에 위반한 자는 500만원 이하의 금액(당해 命令이 作爲를 명하는 것일 때에는 그 命令의 불이행 日數 1日에 50萬원 이하의 比率로 算定한 금액)의 과태료에 처한다.

제96조(과태료) ① 다음 각호의 1에 해당하는 자는 500만원 이하의 과태료에 처한다.
1. 제14조의 규정에 의한 서류를 비치 또는 보존하지 아니한 자
2. 제27조의 규정에 의한 보고를 하지 아니하거나 허위의 보고를 한 자
3. 제46조제2항의 규정에 의한 신고를 하지 아니한 자

② 제13조, 제28조제2항 또는 제31조제2항의 규정에 의한 신고 또는 통보를 하지 아니한 자는 300만원 이하의 과태료에 처한다.

③ 제1항 및 제2항의 규정에 의한 과태료는 대통령령이 정하는 바에 의하여 행정관청이 부과 · 징수한다. 〈개정 1998. 2. 20.〉

④ 삭제 〈2018. 10. 16.〉

⑤ 삭제 〈2018. 10. 16.〉

⑥ 삭제 〈2018. 10. 16.〉

부 칙 〈제17864호, 2021. 1. 5.〉

제1조(시행일) 이 법은 공포 후 6개월이 경과한 날부터 시행한다.

제2조(단체협약의 유효기간에 관한 경과조치) 이 법 시행 전에 체결한 단체협약의 유효기간에 대해서는 제32조제1항 및 제2항의 개정규정에도 불구하고 종전의 규정에 따른다.

제3조(근로시간면제심의위원회 이관에 관한 준비행위) ① 경제사회노동위원회는 제24조의2에 따른 근로시간면제심의위원회 구성을 위한 위원 위촉 등 필요한 절차를 이 법 시행 전에 진행할 수 있다.

② 경제사회노동위원회는 이 법 시행 즉시 근로시간면제심의위원회가 조합원 수, 조합원의 지역별 분포, 건전한 노사관계 발전을 위한 연합단체에서의 활동 등 운영실태를 고려하여 근로시간면제한도 심의에 착수한다.

제4조(다른 법률의 개정) 경제사회노동위원회법 일부를 다음과 같이 개정한다.

제1조 중 "협의"를 "심의 · 협의"로 한다.

제11조제1항 중 "대응하기"를 "대응하거나 다른 법률에서 심의하도록 규정된 업무를 수행하기"로 하고, 같은 조 제3항을 제4항으로 하며, 같은 조에 제3항을 다음과 같이 신설하고, 같은 조 제4항(종전의 제3항) 중 "제1항의"를 "제1항에 따라 긴급한 현안에 대응하기 위하여 두는"으로 한다.

③ 제1항에 따라 위원회에 다른 법률에서 심의하도록 규정된 업무를 수행하기 위하여 특별위원회를 두는 경우 해당 특별위원회의 구성 · 운영 등에 관한 사항은 해당 법률의 규정에 따른다.

Ⅲ. 노동위원회법

[시행 2022. 5. 19.] [법률 제18179호, 2021. 5. 18., 일부개정]

제1장 총 칙 〈개정 2015. 1. 20.〉

제1조(목적) 이 법은 노동관계에 관한 판정 및 조정(調整) 업무를 신속 · 공정하게 수행하기 위하여 노동위원회를 설치하고 그 운영에 관한 사항을 규정함으로써 노동관계의 안정과 발전에 이바지함을 목적으로 한다.
[전문개정 2015. 1. 20.]

제2조(노동위원회의 구분 · 소속 등) ① 노동위원회는 중앙노동위원회, 지방노동위원회 및 특별노동위원회로 구분한다.
② 중앙노동위원회와 지방노동위원회는 고용노동부장관 소속으로 두며, 지방노동위원회의 명칭 · 위치 및 관할구역은 대통령령으로 정한다.
③ 특별노동위원회는 관계 법률에서 정하는 사항을 관장하기 위하여 필요한 경우에 해당 사항을 관장하는 중앙행정기관의 장 소속으로 둔다.
[전문개정 2015. 1. 20.]

제2조의2(노동위원회의 소관 사무) 노동위원회의 소관 사무는 다음 각 호와 같다. 〈개정 2019. 4. 30., 2021. 1. 5., 2021. 5. 18.〉
1. 「노동조합 및 노동관계조정법」, 「근로기준법」, 「근로자참여 및 협력증진에 관한 법률」, 「교원의 노동조합 설립 및 운영 등에 관한 법률」, 「공무원의 노동조합 설립 및 운영 등에 관한 법률」, 「기간제 및 단시간근로자 보호 등에 관한 법률」, 「파견근로자 보호 등에 관한 법률」, 「산업현장 일학습병행 지원에 관한 법률」 및 「남녀고용평등과 일 · 가정 양립 지원에 관한 법률」에 따른 판정 · 결정 · 의결 · 승인 · 인정 또는 차별적 처우 시정 등에 관한 업무
2. 「노동조합 및 노동관계조정법」, 「교원의 노동조합 설립 및 운영 등에 관한 법률」 및 「공무원의 노동조합 설립 및 운영 등에 관한 법률」에 따른 노동쟁의 조정(調停) · 중재 또는 관계 당사자의 자주적인 노동쟁의 해결 지원에 관한 업무
3. 제1호 및 제2호의 업무수행과 관련된 조사 · 연구 · 교육 및 홍보 등에 관한 업무
4. 그 밖에 다른 법률에서 노동위원회의 소관으로 규정된 업무

[전문개정 2015. 1. 20.]

제3조(노동위원회의 관장) ① 중앙노동위원회는 다음 각 호의 사건을 관장한다.
1. 지방노동위원회 및 특별노동위원회의 처분에 대한 재심사건
2. 둘 이상의 지방노동위원회의 관할구역에 걸친 노동쟁의의 조정(調整)사건
3. 다른 법률에서 그 권한에 속하는 것으로 규정된 사건

② 지방노동위원회는 해당 관할구역에서 발생하는 사건을 관장하되, 둘 이상의 관할구역에 걸친 사건(제1항제2호의 조정사건은 제외한다)은 주된 사업장의 소재지를 관할하는 지방노동위원회에서 관장한다.
③ 특별노동위원회는 관계 법률에서 정하는 바에 따라 그 설치목적으로 규정된 특정사항에 관한 사건을 관장한다.
④ 중앙노동위원회 위원장은 제1항제2호에도 불구하고 효율적인 노동쟁의의 조정을 위하여 필요하다고 인정하는 경우에는 지방노동위원회를 지정하여 해당 사건을 처리하게 할 수 있다.
⑤ 중앙노동위원회 위원장은 제2항에 따른 주된 사업장을 정하기 어렵거나 주된 사업장의 소재지를 관할하는 지방노동위원회에서 처리하기 곤란한 사정이 있는 경우에는 직권으로 또는 관계 당사자나 지방노동위원회 위원장의 신청에 따라 지방노동위원회를 지정하여 해당 사건을 처리하게 할 수 있다.
[전문개정 2015. 1. 20.]

제3조의2(사건의 이송) ① 노동위원회는 접수된 사건이 다른 노동위원회의 관할인 경우에는 지체 없이 해당 사건을 관할 노동위원회로 이송하여야 한다. 제23조에 따른 조사를 시작한 후 다른 노동위원회의 관할인 것으로 확인된 경우에도 또한 같다.
② 제1항에 따라 이송된 사건은 관할 노동위원회에 처음부터 접수된 것으로 본다.
③ 노동위원회는 제1항에 따라 사건을 이송한 경우에는 그 사실을 지체 없이 관계 당사자에게 통지하여야 한다.
[본조신설 2015. 1. 20.]

제4조(노동위원회의 지위 등) ① 노동위원회는 그 권한에 속하는 업무를 독립적으로 수행한다.
② 중앙노동위원회 위원장은 중앙노동위원회 및 지방노동위원회의 예산 · 인사 · 교육훈련, 그 밖의 행정사무를 총괄하며, 소속 공무원을 지휘 · 감독한다.
③ 중앙노동위원회 위원장은 제2항에 따른 행정사무의 지휘 · 감독권 일부를 대통령령으로 정하는 바에 따라 지방노동위원회 위원장에게 위임할 수 있다.
[전문개정 2015. 1. 20.]

제5조(특별노동위원회의 조직 등) ① 특별노동위원회에 대해서는 제6조제3항부터 제7항까지, 제9조제2항 및 제4항을 적용하지 아니한다.

② 다음 각 호의 어느 하나에 해당하는 사항에 대해서는 해당 특별노동위원회의 설치 근거가 되는 법률에서 다르게 정할 수 있다.

1. 제6조제2항에 따른 근로자위원, 사용자위원 및 공익위원의 수
2. 제11조에 따른 상임위원

③ 특별노동위원회에 대하여 제15조제3항부터 제5항까지의 규정을 적용하는 경우에 제6조제6항에 따른 심판담당 공익위원, 차별시정담당 공익위원 및 조정담당 공익위원은 특별노동위원회의 공익위원으로 본다.

[전문개정 2015. 1. 20.]

제2장 조 직 〈개정 2015. 1. 20.〉

제6조(노동위원회의 구성 등) ① 노동위원회는 근로자를 대표하는 위원(이하 "근로자위원"이라 한다)과 사용자를 대표하는 위원(이하 "사용자위원"이라 한다) 및 공익을 대표하는 위원(이하 "공익위원"이라 한다)으로 구성한다.

② 노동위원회 위원의 수는 다음 각 호의 구분에 따른 범위에서 노동위원회의 업무량을 고려하여 대통령령으로 정한다. 이 경우 근로자위원과 사용자위원은 같은 수로 한다.

1. 근로자위원 및 사용자위원: 각 10명 이상 50명 이하
2. 공익위원: 10명 이상 70명 이하

③ 근로자위원은 노동조합이 추천한 사람 중에서, 사용자위원은 사용자단체가 추천한 사람 중에서 다음 각 호의 구분에 따라 위촉한다.

1. 중앙노동위원회: 고용노동부장관의 제청으로 대통령이 위촉
2. 지방노동위원회: 지방노동위원회 위원장의 제청으로 중앙노동위원회 위원장이 위촉

④ 공익위원은 해당 노동위원회 위원장, 노동조합 및 사용자단체가 각각 추천한 사람 중에서 노동조합과 사용자단체가 순차적으로 배제하고 남은 사람을 위촉대상 공익위원으로 하고, 그 위촉대상 공익위원 중에서 다음 각 호의 구분에 따라 위촉한다.

1. 중앙노동위원회 공익위원: 고용노동부장관의 제청으로 대통령이 위촉
2. 지방노동위원회 공익위원: 지방노동위원회 위원장의 제청으로 중앙노동위원회 위원장이 위촉

⑤ 제4항에도 불구하고 노동조합 또는 사용자단체가 공익위원을 추천하는 절차나 추천된 공익위원을 순차적으로 배제하는 절차를 거부하는 경우에는 해당 노동위원회 위원장이 위촉대상 공익위원을 선정할 수 있다.

⑥ 공익위원은 다음 각 호와 같이 구분하여 위촉한다. 〈개정 2021. 5. 18.〉

1. 심판사건을 담당하는 심판담당 공익위원
2. 차별적 처우 시정사건(「남녀고용평등과 일ㆍ가정 양립 지원에 관한 법률」 제26조제1항에 따른 시정사건을 포함한다. 이하 같다)을 담당하는 차별시정담당 공익위원
3. 조정사건을 담당하는 조정담당 공익위원

⑦ 노동위원회 위원의 추천절차, 공익위원의 순차배제의 방법, 그 밖에 위원의 위촉에 필요한 사항은 대통령령으로 정한다.

[전문개정 2015. 1. 20.]

제6조의2(사회취약계층에 대한 권리구제 대리) ① 노동위원회는 제2조의2제1호 중 판정ㆍ결정ㆍ승인ㆍ인정 및 차별적 처우 시정 등에 관한 사건에서 사회취약계층을 위하여 변호사나 공인노무사로 하여금 권리구제업무를 대리하게 할 수 있다.

② 제1항에 따라 변호사나 공인노무사로 하여금 사회취약계층을 위한 권리구제업무를 대리하게 하려는 경우의 요건, 대상, 변호사ㆍ공인노무사의 보수 등에 관하여 필요한 사항은 고용노동부령으로 정한다.

[전문개정 2015. 1. 20.]

제7조(위원의 임기 등) ① 노동위원회 위원의 임기는 3년으로 하되, 연임할 수 있다.

② 노동위원회 위원이 궐위(闕位)된 경우 보궐위원의 임기는 전임자 임기의 남은 기간으로 한다. 다만, 노동위원회 위원장 또는 상임위원이 궐위되어 후임자를 임명한 경우 후임자의 임기는 새로 시작된다.

③ 임기가 끝난 노동위원회 위원은 후임자가 위촉될 때까지 계속 그 직무를 집행한다.

④ 노동위원회 위원의 처우에 관하여는 대통령령으로 정한다.

[전문개정 2015. 1. 20.]

제8조(공익위원의 자격기준 등) ① 중앙노동위원회의 공익위원은 다음 각 호의 구분에 따라 노동문제에 관한 지식과 경험이 있는 사람을 위촉하되, 여성의 위촉이 늘어날 수 있도록 노력하여야 한다.

1. 심판담당 공익위원 및 차별시정담당 공익위원
 가. 노동문제와 관련된 학문을 전공한 사람으로서 「고등교육법」 제2조제1호부터 제6호까지의 학교에서 부교수 이상으로 재직하고 있거나 재직하였던 사람
 나. 판사ㆍ검사ㆍ군법무관ㆍ변호사 또는 공인노무사로 7년 이상 재직하고 있거나 재직하였던 사람
 다. 노동관계 업무에 7년 이상 종사한 사람으로서 2급 또는 2급 상당 이상의 공무원이나 고위공무원단에 속하는 공무원으로 재직하고 있거나 재직하였던 사람
 라. 그 밖에 노동관계 업무에 15년 이상 종사한 사람으로서 심판담당 공익위원 또는 차별시정담당 공익위원으로 적합하다고 인정되는 사람
2. 조정담당 공익위원
 가. 「고등교육법」 제2조제1호부터 제6호까지의 학교에서

부교수 이상으로 재직하고 있거나 재직하였던 사람
나. 판사 · 검사 · 군법무관 · 변호사 또는 공인노무사로 7년 이상 재직하고 있거나 재직하였던 사람
다. 노동관계 업무에 7년 이상 종사한 사람으로서 2급 또는 2급 상당 이상의 공무원이나 고위공무원단에 속하는 공무원으로 재직하고 있거나 재직하였던 사람
라. 그 밖에 노동관계 업무에 15년 이상 종사한 사람 또는 사회적 덕망이 있는 사람으로서 조정담당 공익위원으로 적합하다고 인정되는 사람

② 지방노동위원회의 공익위원은 다음 각 호의 구분에 따라 노동문제에 관한 지식과 경험이 있는 사람을 위촉하되, 여성의 위촉이 늘어날 수 있도록 노력하여야 한다.

1. 심판담당 공익위원 및 차별시정담당 공익위원
가. 노동문제와 관련된 학문을 전공한 사람으로서 「고등교육법」 제2조제1호부터 제6호까지의 학교에서 조교수 이상으로 재직하고 있거나 재직하였던 사람
나. 판사 · 검사 · 군법무관 · 변호사 또는 공인노무사로 3년 이상 재직하고 있거나 재직하였던 사람
다. 노동관계 업무에 3년 이상 종사한 사람으로서 3급 또는 3급 상당 이상의 공무원이나 고위공무원단에 속하는 공무원으로 재직하고 있거나 재직하였던 사람
라. 노동관계 업무에 10년 이상 종사한 사람으로서 4급 또는 4급 상당 이상의 공무원으로 재직하고 있거나 재직하였던 사람
마. 그 밖에 노동관계 업무에 10년 이상 종사한 사람으로서 심판담당 공익위원 또는 차별시정담당 공익위원으로 적합하다고 인정되는 사람

2. 조정담당 공익위원
가. 「고등교육법」 제2조제1호부터 제6호까지의 학교에서 조교수 이상으로 재직하고 있거나 재직하였던 사람
나. 판사 · 검사 · 군법무관 · 변호사 또는 공인노무사로 3년 이상 재직하고 있거나 재직하였던 사람
다. 노동관계 업무에 3년 이상 종사한 사람으로서 3급 또는 3급 상당 이상의 공무원이나 고위공무원단에 속하는 공무원으로 재직하고 있거나 재직하였던 사람
라. 노동관계 업무에 10년 이상 종사한 사람으로서 4급 또는 4급 상당 이상의 공무원으로 재직하고 있거나 재직하였던 사람
마. 그 밖에 노동관계 업무에 10년 이상 종사한 사람 또는 사회적 덕망이 있는 사람으로서 조정담당 공익위원으로 적합하다고 인정되는 사람

[전문개정 2015. 1. 20.]

제9조(위원장) ① 노동위원회에 위원장 1명을 둔다.

② 중앙노동위원회 위원장은 제8조제1항에 따라 중앙노동위원회의 공익위원이 될 수 있는 자격을 갖춘 사람 중에서 고용노동부장관의 제청으로 대통령이 임명하고, 지방노동위원회 위원장은 제8조제2항에 따라 지방노동위원회의 공익위원이 될 수 있는 자격을 갖춘 사람 중에서 중앙노동위원회 위원장의 추천과 고용노동부장관의 제청으로 대통령이 임명한다.

③ 중앙노동위원회 위원장은 정무직으로 한다.

④ 노동위원회 위원장(이하 "위원장"이라 한다)은 해당 노동위원회의 공익위원이 되며, 심판사건, 차별적 처우 시정사건, 조정사건을 담당할 수 있다.

[전문개정 2015. 1. 20.]

제10조(위원장의 직무) ① 위원장은 해당 노동위원회를 대표하며, 노동위원회의 사무를 총괄한다.

② 위원장이 부득이한 사유로 직무를 수행할 수 없을 때에는 대통령령으로 정하는 공익위원이 그 직무를 대행한다.

[전문개정 2015. 1. 20.]

제11조(상임위원) ① 노동위원회에 상임위원을 두며, 상임위원은 해당 노동위원회의 공익위원이 될 수 있는 자격을 갖춘 사람 중에서 중앙노동위원회 위원장의 추천과 고용노동부장관의 제청으로 대통령이 임명한다.

② 상임위원은 해당 노동위원회의 공익위원이 되며, 심판사건, 차별적 처우 시정사건, 조정사건을 담당할 수 있다.

③ 노동위원회에 두는 상임위원의 수와 직급 등은 대통령령으로 정한다.

[전문개정 2015. 1. 20.]

제11조의2(위원의 행위규범) ① 노동위원회의 위원은 법과 양심에 따라 공정하고 성실하게 업무를 수행하여야 한다.

② 중앙노동위원회는 노동위원회 위원이 제1항에 따라 업무를 수행하기 위하여 준수하여야 할 행위규범과 그 운영에 관한 사항을 제15조에 따른 전원회의의 의결을 거쳐 정할 수 있다.

③ 제2항에 따른 노동위원회 위원의 행위규범에는 다음 각 호의 사항이 포함되어야 한다.

1. 업무수행과 관련하여 향응 · 금품 등을 받는 행위의 금지에 관한 사항
2. 관계 당사자 중 어느 한쪽에 편파적이거나 사건 처리를 방해하는 등 공정성과 중립성을 훼손하는 행위의 금지 · 제한에 관한 사항
3. 직무수행과 관련하여 알게 된 사항을 자기나 다른 사람의 이익을 위하여 이용하거나 다른 사람에게 제공하는 행위의 금지에 관한 사항
4. 제15조에 따른 부문별 위원회의 출석 등 노동위원회 위원으로서의 성실한 업무수행에 관한 사항
5. 그 밖에 품위 유지 등을 위하여 필요한 사항

[전문개정 2015. 1. 20.]

제12조(결격사유) 「국가공무원법」 제33조 각 호의 어느 하나에 해당하는 사람은 노동위원회 위원이 될 수 없다.

[전문개정 2015. 1. 20.]

제13조(위원의 신분보장) ① 노동위원회 위원은 다음 각 호의 어느 하나에 해당하는 경우를 제외하고는 그 의사에 반하여 면직되거나 위촉이 해제되지 아니한다.

1. 「국가공무원법」 제33조 각 호의 어느 하나에 해당하는 경우
2. 장기간의 심신쇠약으로 직무를 수행할 수 없는 경우
3. 직무와 관련된 비위사실이 있거나 노동위원회 위원직을 유지하기에 적합하지 아니하다고 인정되는 비위사실이 있는 경우
4. 제11조의2에 따른 행위규범을 위반하여 노동위원회 위원으로서 직무를 수행하기 곤란한 경우
5. 공익위원으로 위촉된 후 제8조에 따른 공익위원의 자격기준에 미달하게 된 것으로 밝혀진 경우

② 노동위원회 위원은 제1항제1호에 해당하는 경우에 당연히 면직되거나 위촉이 해제된다.
[전문개정 2015. 1. 20.]

제14조(사무처와 사무국) ① 중앙노동위원회에는 사무처를 두고, 지방노동위원회에는 사무국을 둔다.
② 사무처와 사무국의 조직 · 운영 등에 필요한 사항은 대통령령으로 정한다.
③ 고용노동부장관은 노동위원회 사무처 또는 사무국 소속 직원을 고용노동부와 노동위원회 간에 전보할 경우 중앙노동위원회 위원장의 의견을 들어야 한다.
[전문개정 2015. 1. 20.]

제14조의2(중앙노동위원회 사무처장) ① 중앙노동위원회에는 사무처장 1명을 둔다.
② 사무처장은 중앙노동위원회 상임위원 중 1명이 겸직한다.
③ 사무처장은 중앙노동위원회 위원장의 명을 받아 사무처의 사무를 처리하며 소속 직원을 지휘 · 감독한다.
[전문개정 2015. 1. 20.]

제14조의3(조사관) ① 노동위원회 사무처 및 사무국에 조사관을 둔다.
② 중앙노동위원회 위원장은 노동위원회 사무처 또는 사무국 소속 공무원 중에서 조사관을 임명한다.
③ 조사관은 위원장, 제15조에 따른 부문별 위원회의 위원장 또는 제16조의2에 따른 주심위원의 지휘를 받아 노동위원회의 소관 사무에 필요한 조사를 하고, 제15조에 따른 부문별 위원회에 출석하여 의견을 진술할 수 있다.
④ 조사관의 임명 · 자격 등에 관하여 필요한 사항은 대통령령으로 정한다.
[전문개정 2015. 1. 20.]

제3장 회 의 〈개정 2015. 1. 20.〉

제15조(회의의 구성 등) ① 노동위원회에는 전원회의와 위원회의 권한에 속하는 업무를 부문별로 처리하기 위한 위원회로서 다음 각 호의 부문별 위원회를 둔다. 다만, 다른 법률에 특별한 규정이 있는 경우에는 그러하지 아니하다.
1. 심판위원회
2. 차별시정위원회
3. 조정(調停)위원회
4. 특별조정위원회
5. 중재위원회
6. 「교원의 노동조합 설립 및 운영 등에 관한 법률」 제11조제1항에 따른 교원 노동관계 조정위원회
7. 「공무원의 노동조합 설립 및 운영 등에 관한 법률」 제14조제1항에 따른 공무원 노동관계 조정위원회

② 전원회의는 해당 노동위원회 소속 위원 전원으로 구성하며, 다음 각 호의 사항을 처리한다.
1. 노동위원회의 운영 등 일반적인 사항의 결정
2. 제22조제2항에 따른 근로조건의 개선에 관한 권고
3. 제24조 및 제25조에 따른 지시 및 규칙의 제정(중앙노동위원회만 해당한다)

③ 제1항제1호에 따른 심판위원회는 심판담당 공익위원 중 위원장이 지명하는 3명으로 구성하며, 「노동조합 및 노동관계조정법」, 「근로기준법」, 「근로자참여 및 협력증진에 관한 법률」, 그 밖의 법률에 따른 노동위원회의 판정 · 의결 · 승인 및 인정 등과 관련된 사항을 처리한다.
④ 제1항제2호에 따른 차별시정위원회는 차별시정담당 공익위원 중 위원장이 지명하는 3명으로 구성하며, 「기간제 및 단시간근로자 보호 등에 관한 법률」, 「파견근로자 보호 등에 관한 법률」, 「산업현장 일학습병행 지원에 관한 법률」 또는 「남녀고용평등과 일 · 가정 양립 지원에 관한 법률」에 따른 차별적 처우의 시정 등과 관련된 사항을 처리한다. 〈개정 2019. 4. 30., 2021. 1. 5., 2021. 5. 18.〉
⑤ 제1항제3호부터 제5호까지의 규정에 따른 조정위원회 · 특별조정위원회 및 중재위원회는 「노동조합 및 노동관계조정법」에서 정하는 바에 따라 구성하며, 같은 법에 따른 조정 · 중재, 그 밖에 이와 관련된 사항을 각각 처리한다. 이 경우 공익위원은 조정담당 공익위원 중에서 지명한다.
⑥ 위원장은 제3항 및 제4항에 따라 부문별 위원회를 구성할 때 위원장 또는 상임위원의 업무가 과도하여 정상적인 업무수행이 곤란하게 되는 등 제25조에 따라 중앙노동위원회가 제정하는 규칙으로 정하는 부득이한 사유가 있는 경우 외에는 위원장 또는 상임위원 1명이 포함되도록 위원을 지명하여야 한다.
⑦ 위원장은 제3항부터 제5항까지의 규정에도 불구하고 부문별 위원회를 구성할 때 특정 부문별 위원회에 사건이 집중되거나 다른 분야의 전문지식이 필요하다고 인정하는 경우에는 심판담당 공익위원, 차별시정담당 공익위원 또는 조정담당 공익위원을 담당 분야와 관계없이 다른 부문별 위원회의 위원으로 지명할 수 있다.
⑧ 제1항제6호에 따른 교원 노동관계 조정위원회는 「교원의 노동조합 설립 및 운영 등에 관한 법률」에서 정하는 바에 따라 설치 · 구성하며, 같은 법에 따른 조정 · 중재, 그 밖에 이와 관련된 사항을 처리한다.
⑨ 제1항제7호에 따른 공무원 노동관계 조정위원회는 「공무원의 노동조합 설립 및 운영 등에 관한 법률」에서 정하는 바

에 따라 설치 · 구성하며, 같은 법에 따른 조정 · 중재, 그 밖에 이와 관련된 사항을 처리한다.
[전문개정 2015. 1. 20.]

제15조의2(단독심판 등) 위원장은 다음 각 호의 어느 하나에 해당하는 경우에 심판담당 공익위원 또는 차별시정담당 공익위원 중 1명을 지명하여 사건을 처리하게 할 수 있다.

1. 신청기간을 넘기는 등 신청 요건을 명백하게 갖추지 못한 경우
2. 관계 당사자 양쪽이 모두 단독심판을 신청하거나 단독심판으로 처리하는 것에 동의한 경우

[전문개정 2015. 1. 20.]

제15조의3(「행정심판법」 등의 준용) 사건 처리와 관련하여 선정대표자, 당사자의 지위 승계, 대리인의 선임에 관하여는 「행정심판법」 제15조, 제16조 및 제18조를 준용하고, 대리의 흠과 추인, 대리의 범위에 관하여는 「민사소송법」 제60조 및 제90조를 준용한다.
[본조신설 2015. 1. 20.]

제16조(회의의 소집) ① 부문별 위원회 위원장은 다른 법률에 특별한 규정이 있는 경우를 제외하고는 부문별 위원회의 위원 중에서 호선(互選)한다.

② 위원장 또는 부문별 위원회 위원장은 전원회의 또는 부문별 위원회를 각각 소집하고 회의를 주재한다. 다만, 위원장은 필요하다고 인정하는 경우에 부문별 위원회를 소집할 수 있다.

③ 위원장 또는 부문별 위원회 위원장은 전원회의 또는 부문별 위원회를 구성하는 위원의 과반수가 회의 소집을 요구하는 경우에 이에 따라야 한다.

④ 위원장 또는 부문별 위원회 위원장은 업무수행과 관련된 조사 등 노동위원회의 원활한 운영을 위하여 필요한 경우 노동위원회가 설치된 위치 외의 장소에서 부문별 위원회를 소집하게 하거나 제15조의2에 따른 단독심판을 하게 할 수 있다.
[전문개정 2015. 1. 20.]

제16조의2(주심위원) 부문별 위원회 위원장은 부문별 위원회의 원활한 운영을 위하여 필요하다고 인정하는 경우에 주심위원을 지명하여 사건의 처리를 주관하게 할 수 있다.
[전문개정 2015. 1. 20.]

제16조의3(화해의 권고 등) ① 노동위원회는 「노동조합 및 노동관계조정법」 제29조의4 및 제84조, 「근로기준법」 제30조에 따른 판정 · 명령 또는 결정이 있기 전까지 관계 당사자의 신청을 받아 또는 직권으로 화해를 권고하거나 화해안을 제시할 수 있다.

② 노동위원회는 화해안을 작성할 때 관계 당사자의 의견을 충분히 들어야 한다.

③ 노동위원회는 관계 당사자가 화해안을 수락하였을 때에는 화해조서를 작성하여야 한다.

④ 화해조서에는 다음 각 호의 사람이 모두 서명하거나 날인하여야 한다.

1. 관계 당사자
2. 화해에 관여한 부문별 위원회(제15조의2에 따른 단독심판을 포함한다)의 위원 전원

⑤ 제3항 및 제4항에 따라 작성된 화해조서는 「민사소송법」에 따른 재판상 화해의 효력을 갖는다.

⑥ 제1항부터 제4항까지의 규정에 따른 화해의 방법, 화해조서의 작성 등에 필요한 사항은 제25조에 따라 중앙노동위원회가 제정하는 규칙으로 정한다.
[전문개정 2015. 1. 20.]

제17조(의결) ① 노동위원회의 전원회의는 재적위원 과반수의 출석으로 개의하고, 출석위원 과반수의 찬성으로 의결한다.

② 부문별 위원회의 회의는 구성위원 전원의 출석으로 개의하고, 출석위원 과반수의 찬성으로 의결한다.

③ 제2항에도 불구하고 제15조제1항제7호의 공무원 노동관계 조정위원회의 회의(「공무원의 노동조합 설립 및 운영 등에 관한 법률」 제15조에 따른 전원회의를 말한다)는 재적위원 과반수의 출석으로 개의하고, 출석위원 과반수의 찬성으로 의결한다.

④ 전원회의 또는 부문별 위원회의 회의에 참여한 위원은 그 의결 사항에 대하여 서명하거나 날인하여야 한다.
[전문개정 2015. 1. 20.]

제17조의2(의결 결과의 송달 등) ① 노동위원회는 부문별 위원회의 의결 결과를 지체 없이 당사자에게 서면으로 송달하여야 한다.

② 노동위원회는 처분 결과를 당사자에게 서면으로 송달하여야 하며, 처분의 효력은 판정서 · 명령서 · 결정서 또는 재심판정서를 송달받은 날부터 발생한다.

③ 제1항 및 제2항에 따른 송달의 방법과 절차에 필요한 사항은 대통령령으로 정한다.
[전문개정 2015. 1. 20.]

제17조의3(공시송달) ① 노동위원회는 서류의 송달을 받아야 할 자가 다음 각 호의 어느 하나에 해당하는 경우에는 공시송달을 할 수 있다.

1. 주소가 분명하지 아니한 경우
2. 주소가 국외에 있거나 통상적인 방법으로 확인할 수 없어 서류의 송달이 곤란한 경우
3. 등기우편 등으로 송달하였으나 송달을 받아야 할 자가 없는 것으로 확인되어 반송되는 경우

② 제1항에 따른 공시송달은 노동위원회의 게시판이나 인터넷 홈페이지에 게시하는 방법으로 한다.

③ 공시송달은 제2항에 따라 게시한 날부터 14일이 지난 때에 효력이 발생한다.

④ 제1항에 따른 공시송달의 요건과 제2항에 따른 공시송달의 방법 및 절차에 필요한 사항은 대통령령으로 정한다.
[본조신설 2015. 1. 20.]

제18조(보고 및 의견 청취) ① 위원장 또는 부문별 위원회의 위원장은 소관 회의에 부쳐진 사항에 관하여 구성위원 또

는 조사관으로 하여금 회의에 보고하게 할 수 있다.

② 제15조제1항제1호 및 제2호의 심판위원회 및 차별시정위원회는 의결하기 전에 해당 노동위원회의 근로자위원 및 사용자위원 각 1명 이상의 의견을 들어야 한다. 다만, 근로자위원 또는 사용자위원이 출석요구를 받고 정당한 이유 없이 출석하지 아니하는 경우에는 그러하지 아니하다.

[전문개정 2015. 1. 20.]

제19조(회의의 공개) 노동위원회의 회의는 공개한다. 다만, 해당 회의에서 공개하지 아니하기로 의결하면 공개하지 아니할 수 있다.

[전문개정 2015. 1. 20.]

제20조(회의의 질서유지) 위원장 또는 부문별 위원회의 위원장은 소관 회의의 공정한 진행을 방해하거나 질서를 문란하게 하는 사람에 대하여 퇴장명령, 그 밖에 질서유지에 필요한 조치를 할 수 있다.

[전문개정 2015. 1. 20.]

제21조(위원의 제척 · 기피 · 회피 등) ① 위원은 다음 각 호의 어느 하나에 해당하는 경우에 해당 사건에 관한 직무집행에서 제척(除斥)된다. 〈개정 2016. 1. 27.〉

1. 위원 또는 위원의 배우자이거나 배우자였던 사람이 해당 사건의 당사자가 되거나 해당 사건의 당사자와 공동권리자 또는 공동의무자의 관계에 있는 경우
2. 위원이 해당 사건의 당사자와 친족이거나 친족이었던 경우
3. 위원이 해당 사건에 관하여 진술이나 감정을 한 경우
4. 위원이 당사자의 대리인으로서 업무에 관여하거나 관여하였던 경우

4의2. 위원이 속한 법인, 단체 또는 법률사무소가 해당 사건에 관하여 당사자의 대리인으로서 관여하거나 관여하였던 경우

5. 위원 또는 위원이 속한 법인, 단체 또는 법률사무소가 해당 사건의 원인이 된 처분 또는 부작위에 관여한 경우

② 위원장은 제1항에 따른 사유가 있는 경우에 관계 당사자의 신청을 받아 또는 직권으로 제척의 결정을 하여야 한다.

③ 당사자는 공정한 심의 · 의결 또는 조정 등을 기대하기 어려운 위원이 있는 경우에 그 사유를 적어 위원장에게 기피신청을 할 수 있다.

④ 위원장은 제3항에 따른 기피신청이 이유 있다고 인정되는 경우에 기피의 결정을 하여야 한다.

⑤ 위원장은 사건이 접수되는 즉시 제2항에 따른 제척신청과 제3항에 따른 기피신청을 할 수 있음을 사건 당사자에게 알려야 한다.

⑥ 위원에게 제1항 또는 제3항에 따른 사유가 있는 경우에는 스스로 그 사건에 관한 직무집행에서 회피할 수 있다. 이 경우 해당 위원은 위원장에게 그 사유를 소명하여야 한다.

[전문개정 2015. 1. 20.]

제4장 권 한 〈개정 2015. 1. 20.〉

제22조(협조 요청 등) ① 노동위원회는 그 사무집행을 위하여 필요하다고 인정하는 경우에 관계 행정기관에 협조를 요청할 수 있으며, 협조를 요청받은 관계 행정기관은 특별한 사유가 없으면 이에 따라야 한다.

② 노동위원회는 관계 행정기관으로 하여금 근로조건의 개선에 필요한 조치를 하도록 권고할 수 있다.

[전문개정 2015. 1. 20.]

제23조(위원회의 조사권 등) ① 노동위원회는 제2조의2에 따른 소관 사무(제3호의 업무는 제외한다)와 관련하여 사실관계를 확인하는 등 그 사무집행을 위하여 필요하다고 인정할 때에는 근로자, 노동조합, 사용자, 사용자단체, 그 밖의 관계인에 대하여 출석 · 보고 · 진술 또는 필요한 서류의 제출을 요구하거나 위원장 또는 부문별 위원회의 위원장이 지명한 위원 또는 조사관으로 하여금 사업 또는 사업장의 업무상황, 서류, 그 밖의 물건을 조사하게 할 수 있다. 〈개정 2016. 1. 27.〉

② 제1항에 따라 조사하는 위원 또는 조사관은 그 권한을 표시하는 증표를 관계인에게 보여 주어야 한다.

③ 노동위원회는 제1항에 따라 관계 당사자 외에 필요하다고 인정되어 출석한 사람에게 대통령령으로 정하는 바에 따라 비용을 변상한다.

④ 노동위원회는 심판사건과 차별적 처우 시정사건의 신청인이 제출한 신청서 부본을 다른 당사자에게 송달하고 이에 대한 답변서를 제출하도록 하여야 한다.

⑤ 노동위원회는 제4항에 따라 다른 당사자가 제출한 답변서의 부본을 지체 없이 신청인에게 송달하여야 한다.

[전문개정 2015. 1. 20.]

제24조(중앙노동위원회의 지시권 등) 중앙노동위원회는 지방노동위원회 또는 특별노동위원회에 대하여 노동위원회의 사무 처리에 관한 기본방침 및 법령의 해석에 관하여 필요한 지시를 할 수 있다.

[전문개정 2015. 1. 20.]

제25조(중앙노동위원회의 규칙제정권) 중앙노동위원회는 중앙노동위원회, 지방노동위원회 또는 특별노동위원회의 운영, 부문별 위원회가 처리하는 사건의 지정방법 및 조사관이 처리하는 사건의 지정방법, 그 밖에 위원회 운영에 필요한 사항에 관한 규칙을 제정할 수 있다.

[전문개정 2015. 1. 20.]

제26조(중앙노동위원회의 재심권) ① 중앙노동위원회는 당사자의 신청이 있는 경우 지방노동위원회 또는 특별노동위원회의 처분을 재심하여 이를 인정 · 취소 또는 변경할 수 있다.

② 제1항에 따른 신청은 관계 법령에 특별한 규정이 있는 경우를 제외하고는 지방노동위원회 또는 특별노동위원회가 한 처분을 송달받은 날부터 10일 이내에 하여야 한다.

③ 제2항의 기간은 불변기간으로 한다.
[전문개정 2015. 1. 20.]

제27조(중앙노동위원회의 처분에 대한 소송) ① 중앙노동위원회의 처분에 대한 소송은 중앙노동위원회 위원장을 피고(被告)로 하여 처분의 송달을 받은 날부터 15일 이내에 제기하여야 한다.
② 이 법에 따른 소송의 제기로 처분의 효력은 정지하지 아니한다.
③ 제1항의 기간은 불변기간으로 한다.
[전문개정 2015. 1. 20.]

제5장 보 칙 〈개정 2015. 1. 20.〉

제28조(비밀엄수 의무 등) ① 노동위원회의 위원이나 직원 또는 그 위원이었거나 직원이었던 사람은 직무에 관하여 알게 된 비밀을 누설하면 아니 된다.
② 노동위원회의 사건 처리에 관여한 위원이나 직원 또는 그 위원이었거나 직원이었던 변호사 · 공인노무사 등은 영리를 목적으로 그 사건에 관한 직무를 하면 아니 된다.
[전문개정 2015. 1. 20.]

제29조(벌칙 적용에서 공무원 의제) 노동위원회의 위원 중 공무원이 아닌 위원은 「형법」이나 그 밖의 법률에 따른 벌칙을 적용할 때에는 공무원으로 본다.
[전문개정 2015. 1. 20.]

제6장 벌 칙 〈개정 2015. 1. 20.〉

제30조(벌칙) 제28조를 위반한 사람은 1년 이하의 징역 또는 1천만원 이하의 벌금에 처한다.
[전문개정 2015. 1. 20.]

제31조(벌칙) 제23조제1항에 따른 노동위원회의 조사권 등과 관련하여 다음 각 호에 해당하는 자는 500만원 이하의 벌금에 처한다.
1. 노동위원회의 보고 또는 서류제출 요구에 응하지 아니하거나 거짓으로 보고하거나 거짓의 서류를 제출한 자
2. 관계 위원 또는 조사관의 조사를 거부 · 방해 또는 기피한 자

[전문개정 2015. 1. 20.]

제32조(양벌규정) 법인 또는 단체의 대표자, 법인 · 단체 또는 개인의 대리인 · 사용인, 그 밖의 종업원이 그 법인 · 단체 또는 개인의 업무에 관하여 제31조의 위반행위를 하면 그 행위자를 벌하는 외에 그 법인 · 단체 또는 개인에게도 같은 조의 벌금형을 과(科)한다. 다만, 법인 · 단체 또는 개인이 그 위반행위를 방지하기 위하여 해당 업무에 관하여 상당한 주의와 감독을 게을리하지 아니한 경우에는 그러하지 아니하다. 〈개정 2021. 1. 5.〉
[전문개정 2015. 1. 20.]

제33조(과태료) ① 제20조에 따른 퇴장명령에 따르지 아니한 사람에게는 100만원 이하의 과태료를 부과한다.
② 제1항에 따른 과태료는 대통령령이 정하는 바에 따라 노동위원회가 부과 · 징수한다.
[전문개정 2015. 1. 20.]

부 칙 〈제18179호, 2021. 5. 18.〉

이 법은 공포 후 1년이 경과한 날부터 시행한다.

찾 아 보 기

ㄱ

ㄴ

ㅊ

ㅋ

ㅌ

ㅍ

저자약력

◆ 신철우

[학력 및 경력]

성균관대학교 대학원 졸업(경영학 석사)
중앙대학교 대학원 졸업(경영학 박사)
미국 Monsanto회사(Korsil) 최고경영자
경기대학교 경영대학원 교수
청주대학교 경영학과 교수
충북지방노동위원회 위원, 고용노동부, 노사민정협의체 자문위원
안전행정부 행정혁신 자문위원

〈주요저서 및 논문〉

『경영학원론』, 『현대사회와 경영』, 『조직행동론』, 『목표에 의한 관리』, 『인적자원관리』, 『경영과 사회』
「기업문화가 조직유효성에 미치는 영향에 관한 연구」, 「노사의 안정적 협력을 위한 기업문화 전략」, 「목표에 의한 관리를 기초로 한 연봉제의 제언」, 「한국기업의 연봉제 실패요인에 관한 실증적 연구」, 「한국의 전력산업 구조개편과 민영화 조건에 관한 연구」, 「덴마크의 노사협력제도에 관한 연구」, 「핀란드의 노사민정협의에 의한 고용안정 정책 연구」

◆ 윤정현

[학력 및 경력]

영남대학교 대학원 졸업(경영학 석사), 영국 Newcastle University(UK) ph. D,
포항공과대학교 연구교수, 영국 플리머스대학교 연구원, 영남대학교 사회과학연구소 선임연구원
(현) 영남대학교 경영학과 부교수

〈주요저서 및 연구논문〉

『인적자원의 이해와 활용』
「Organizational structure and innovation performance: Is employee innovative behavior a missing link?」, 「The role of networks among innovators in regional innovation: Comparative analysis between China and South Korea」,
「초기창업기업의 성공요인에 관한 연구: 창업보육센터 입주기업을 대상으로」, 「기업가정신 변화주도행동과 진로준비행동에 미치는 영향에 있어 회복탄력성의 매개효과」

◆ 김대수

[학력 및 경력]

영남대학교 대학원 졸업(경영학 석사・박사)
계명문화대학교, 대경대학교, 영진전문대학교 외래교수
울산대학교 객원교수
영남대학교 사회과학연구소 선임연구원
경북일자리 100인포럼 고용정책분과위원
경북지역 맞춤형 일자리 통합 플랫폼 위촉위원
기업가정신 교육전문 강사
(재) 한국행정자치연구원장
People and Global Business Association(P&GBA) 학술이사
현) 영남대학교, 울산대학교 강사
Society of Open Innovation: Technology, Market, and Complexity(SOI) 이사

〈주요저서 및 논문〉

『경영학원론』, 『경영조직론』, 『윤리경영론』, 『노사관계론』, 『인적자원관리』
「The Effect of Entrepreneurship on Start-Up Open Innovation: Innovative Behavior of University Students」, 「Core self-evaluation Linking career social support to life satisfaction」, 「Empirical Relationships among Technological Characteristics, Global Orientation, and Internationalisation of South Korean New Ventures」, 「Impacts of Metacognition on Innovative Behaviors」,
이외 17편의 연구

저자와의
협의하에
인지생략

[제2판]

현대 노사관계론 -이론 · 제도 · 사례 중심-

2018년 1월 30일 1판 1쇄 발행
2022년 8월 10일 2판 1쇄 발행

저 자 신 철 우 · 윤 정 현 · 김 대 수
발행인 김 광 식
조 판 아 람 기 획

07285
발행처 서울특별시 영등포구 선유로3길 10, 617호
도서출판 탑 북 스
등 록 2009.12.21 제 2016-000101호
전 화 02)365-2223 팩스 02)365-2224

ⓒ2022, 신철우 외

정가 30,000 원

ISBN 979-11-90247-52-8-93320

불법복사는 지적재산을 훔치는 범죄행위입니다.
이 책의 무단전재 또는 복제행위는 著作權法 제136조에 의거, 5년 이하의 징역 또는 5,000만원 이하의 벌금에 처하게 됩니다.